תלמוד בבלי

מהדורת נאה

שבועות חלק א

Steinsaltz Center

ירושלים

KOREN

Please note that the number ranges that appear at the bottom of each daf of the Vilna pages indicate the corresponding pages of the Koren Talmud Bavli translation and commentary.

תלמוד בבלי

הוצאת קורן ירושלים

מהדורת נאה

מסכת שבועות

דף ב. עד דף יט:

COMMENTARY BY

Rabbi Adin Even-Israel
Steinsaltz

EDITOR-IN-CHIEF

Rabbi Dr Tzvi Hersh Weinreb

EXECUTIVE EDITOR

Rabbi Joshua Schreier

STEINSALTZ CENTER
KOREN PUBLISHERS JERUSALEM

שְׁבוּעוֹת

מתני׳ *שְׁתַּיִם שֶׁהֵן אַרְבַּע. יְדִיעוֹת הַטּוּמְאָה — שְׁתַּיִם שֶׁהֵן אַרְבַּע. יְצִיאוֹת הַשַּׁבָּת — שְׁתַּיִם שֶׁהֵן אַרְבַּע. *מַרְאוֹת נְגָעִים — שְׁנַיִם שֶׁהֵן אַרְבָּעָה. [א]אֶת שֶׁיֵּשׁ בָּהּ יְדִיעָה בַּתְּחִלָּה וִידִיעָה בַּסּוֹף וְהֶעְלֵם בֵּינְתַיִם — הֲרֵי זֶה בְּעוֹלֶה וְיוֹרֵד. [ב]יֵשׁ בָּהּ יְדִיעָה בַּתְּחִלָּה וְאֵין בָּהּ יְדִיעָה בַּסּוֹף — שָׂעִיר הַנַּעֲשֶׂה בִּפְנִים וְיוֹם הַכִּפּוּרִים תּוֹלֶה, עַד שֶׁיִּוָּדַע לוֹ וְיָבִיא בְּעוֹלֶה וְיוֹרֵד. [ג]אֵין בָּהּ יְדִיעָה בַּתְּחִלָּה אֲבָל יֵשׁ בָּהּ יְדִיעָה בַּסּוֹף — שָׂעִיר הַנַּעֲשֶׂה בַּחוּץ וְיוֹם הַכִּפּוּרִים מְכַפֵּר, שֶׁנֶּאֱמַר: °"מִלְּבַד חַטַּאת הַכִּפּוּרִים", *עַל מַה שֶּׁזֶּה מְכַפֵּר זֶה מְכַפֵּר, *מַה הַפְּנִימִי אֵין מְכַפֵּר אֶלָּא עַל דָּבָר שֶׁיֵּשׁ בָּהּ יְדִיעָה, אַף הַחִיצוֹן אֵין מְכַפֵּר אֶלָּא עַל דָּבָר שֶׁיֵּשׁ בָּהּ יְדִיעָה. [ד]וְעַל שֶׁאֵין בָּהּ יְדִיעָה לֹא בַּתְּחִלָּה וְלֹא בַּסּוֹף — שְׂעִירֵי הָרְגָלִים וּשְׂעִירֵי רָאשֵׁי חֳדָשִׁים מְכַפְּרִין, דִּבְרֵי ר׳ יְהוּדָה. ר״ש אוֹמֵר: שְׂעִירֵי הָרְגָלִים מְכַפְּרִין, אֲבָל לֹא שְׂעִירֵי רָאשֵׁי חֳדָשִׁים. וְעַל מָה שְׂעִירֵי רָאשֵׁי חֳדָשִׁים מְכַפְּרִין — עַל

תורה אור: במדבר כט

רש״י

שבועות שתים שהן ארבע. בשבועת ביטוי שפתים הכתוב בויקרא (ה) אצל קרבן עולה ויורד קאמר, כדמפרש בפרק שלישי (דף כ.). שתים. כתיבי בקרא, דכתיב (שם): "להרע או להיטיב", ומפרש במשנה פרק שלישי (דף כה.): "אוכל" – להיטיב, "לא אוכל" – להרע, שמענה את עצמו. וה״ה לכל דבר שהוא הן ולאו להבא, ד"להרע או להיטיב" להבא משמע. ובפ״ג (שם) מרבה מן המקרא אף דברים שאין בהן הרעה והטבה. ומיהו שתים נינהו ותו לא, דבר וחילופו. שהן ד׳. יש לרבות מריבוי הכתובים, כדמפרש בפ״ג (שם) אף דבר וחילופו לשעבר, כגון "אכלתי" והוא לא אכל, או "לא אכלתי" ואכל. ידיעות הטומאה. חיוב קרבן עולה ויורד מחמת טומאת מקדש וקדשיו הכתובה אצל שבועת ביטוי, "או נפש כי תגע" וגו׳, וילפינן בפירקין שאין הכתוב מדבר אלא בטומאת מקדש וקדשיו, שנכנס בשוגג למקדש אחר טומאה זו, או אכל בשר קודש. שתים שהן ארבע. שתים כתיבי, דכתיב (ויקרא ה): "ונעלם ממנו והוא טמא" משמע שנתעלמה ממנו טומאה, וע״י אותו העלם אכל קודש – הרי אחת, או שנכנס למקדש – הרי שתים. ולפי שאין חייב עליה אלא אם כן ידע בתחלה שנטמא ואח״כ נעלמה ממנו ולאחר מעשה נודע לו שחטא, משום הכי קרי לי׳ ידיעות. שהן ארבע. יש לרבות מן המקרא עוד שני חיובים: העלם קודש והעלם מקדש וזכור הוא את הטומאה. יציאות השבת שתים שהן ארבע. הוציא מרשות היחיד לרשות הרבים למדנו מן המקרא שחייב בפרק "הזורק" במסכת שבת (דף צו:) מ"ויצו משה ויעבירו קול במחנה" וגו׳ *(ומתרגמינן) לא תפיקו מרה״י לרה״ר – זהו שתים, אחת לעומד בחוץ והושיט ידו לפנים ונטל חפץ והוציאו לחוץ, ואחת לעומד בפנים ונטל חפץ ממקומו והוציאו בידו והניחו בחוץ. שהן ארבע. יש ללמוד מאלו שכשם שהקפידה תורה מרשות לרשות בהוצאה כך הקפידה בהכנסה. והרי הן שתים, אחת לעומד בפנים והושיט ידו לחוץ ונטל חפץ והכניסו, ואחת לעומד מבחוץ ונטל חפץ ממקומו והושיטו בפנים והניחו. מראות נגעים. שהמצורע מביא עליהם קרבן לטהרתו – שנים כתובין במקרא, שאת ובהרת, והן חלוקין במראיהן כדמפרש בגמ׳. שהן ארבעה. יש לרבות תולדה לזו ותולדה לזו, כדמפרש בגמ׳. את שיש בה ידיעה. כוליה בטומאה קאי. ובגמרא מפרש אמאי מפרש מילי דטומאה ברישא. ויציאות ומראות – כל חדא וחדא מפרש במסכת דידה, להכי לא פרשינהו בהאי מסכת, והאי דתנינהו הכא משום דדמו להדדי בשתים שהן ארבע. ידיעה בתחלה. שידע שנטמא. וידיעה בסוף. משאכל את הקודש בהעלם או נכנס למקדש ויצא, ונודע לו שבטומאה אכל או בטומאה נכנס. והעלם בינתים. כשאכל את הקודש ונעלמה ממנו טומאה או קודש. וכן הנכנס למקדש נעלמה ממנו טומאה או מקדש. הרי זה. בקרבן המפורש באותה פרשה: לעשיר חטאת בהמה, ולעני עוף, ולדל שבדלים עשירית האיפה, והיא מנחת חוטא האמורה בכל מקום. וזהו לשון "עולה ויורד", לעשיר עולה ולעני יורד. ובגמרא מפרש מנא ליה דבידיעה בתחלה ובסוף והעלם בינתים כתיב. שעיר הנעשה בפנים. שלשה שעירים נעשין לצבור ביוה״כ. אחד מתן דמו לפנים, וחבירו משתלח לעזאזל, כמה שכתוב ב"אחרי מות". ואחד קרב במזבח החיצון במוספין, והוא כתוב בפרשת פינחס עם שאר כל מוספי המועדות. תולה. להגין עליו מן היסורין. שאע״פ שאינו יודע שחטא יש לו לדאג, שכל השוגגין צריכים כפרה לכשידעו, אלמא קודם ידיעה ענושים הן. עד שיודע לו. שאכל קודש בטומאה. אין בה ידיעה בתחלה. שלא ידע בטומאה מימיו – זה לא יבא לכלל קרבן עוד לעולם, שהרי אין קרבן בא אלא על שיש בו ידיעה בתחלה. שעיר הנעשה בחוץ ויום הכפורים מכפר. ויום הכפורים הוא עצמו מועיל עם הקרבנות, שנאמר (ויקרא כג): "כי יום כפורים הוא". שנאמר. בשעיר הנעשה בחוץ: "ושעיר חטאת אחד מלבד חטאת הכפורים" והוא שעיר הנעשה בפנים, הקישם לך הכתוב, ללמד שעל מה שזה מכפר זה מכפר. מה פנימי אינו מכפר אלא על דבר שיש בו ידיעה. בתחלה, דהכי ילפינן בהדיא בגמ׳ דאינו תולה אלא על דבר שיש בו ידיעה בתחלה. אף חיצון אינו מכפר אלא על דבר שיש בו ידיעה. *מאי נינהו – ידיעה בסוף ולא בתחלה, דלא אתא לכלל קרבן, ומכפר זה כפרה גמורה בלא תלייה. וא״ת: כיון שהוקשו יכפרו שניהם על שיש בו ידיעה בתחלה, וי״מ לטומאה שאירעה בין זה לזה! הא פריך בגמ׳ (דף ח:) ומשני לה. שעירי הרגלים. בכל הרגלים נאמר שעירי חטאת. ובגמ׳ מפרש שאכלה ליה דאשאין בה ידיעה לא בתחלה ולא בסוף מכפר. ר״ש אומר שעירי הרגלים מכפרים. עליה, אבל לא שעירי ראשי חדשים.

על

תוספות

שבועות. הא דלא פתח האי מסכת "כל כינויי שבועות כשבועות" כדפתח נדרים ונזיר — משום דתנא ממכות קא סליק כדמפרש בגמרא הוצרך לפתוח בשתים שהן ארבע, והואיל ולא מצי פתח בכינוי תו לא חש לשנות אח״כ. וא״ת: אמאי לא תני ידיעות ברישא? דהא בקרא כתיב ברישא "או נפש אשר תגע" וגו׳ והדר "או נפש כי תשבע" וגו׳! וי״ל: דשבועות הוא עיקר המסכת, דבסדר ישועות קאי, ואגב שבועות תני ידיעות משום דגבי הדדי כתיבן כדמפרש בגמרא. א״נ, משום דמילי דשבועות כתיבי בקרא ברישא "ונפש כי תחטא" וגו׳ (ויקרא ה) — "והוא עד" דהיינו שבועת העדות. והאי דלא פתח בשבועת העדות — משום דלית בהו שתים שהן ארבע.

ידיעות הטומאה שתים שהן ארבע. תימה: דהעלמות הו״ל למיתני, דהיא עיקר מילתא — העלם טומאה דקודש ומקדש, והעלם קודש ומקדש! וי״ל: דניחא ליה למנקט לשון ידיעה מטעמא דמפורש בפ״ב (דף יד:): ידיעות קמייתא דליתנהו בכל התורה כולה קא חשיב. א״נ לאידך לישנא, דידיעות בתרייתא דאתיין לידי קרבן קא חשיב. ולהך לישנא, הא דלא תני נמי ידיעות השבת — משום דניחא ליה למינקט יציאות, דבמלאכות גופייהו איכא שתים שהן ארבע. אבל הכא לא מצי למינקט הטומאות שתים שהן ד׳, דליכא אלא תרתי: טומאת קודש וטומאת מקדש.

יציאות השבת שתים שהן ארבע. בגמ׳ מפרש: שתים — הוצאה דעני ודבעל הבית, שהן ארבע — הכנסה דעני ודבעל הבית. ותימה: אמאי חשיב דעני ודבעל הבית בתרתי? דמה לי עני ומה לי בעל הבית! ויש לומר: דאצטריך למתניינהו משום דקס״ד דלא הוי דרך הוצאה אלא כשעומד ברשות היחיד ונטל פירות ויצא לרשות הרבים, אבל כי האי גוונא, דגופו ברשות היחיד וידו ברשות הרבים או איפכא — לאו דרך הוצאה היא, וכי האי גוונא אמר בפ״ק דשבת (דף ג:): ידו של אדם אינה לא כרשות היחיד ולא כרשות הרבים. ואיצטריך למיתני תרוייהו, דאי תנא חדא לא הוה שמעינן אידך. ומהאי טעמא ניחא ליה דלא תני הך הוצאה שלישית, כדפרישית. ור״ת מפרש דהוצאה מלאכה גרועה היא, דמה לי אם מוציא מרשות היחיד לרשות היחיד ומה לי לרשות הרבים — לכך הוצרך לפרש כל עניינים דעני ודעשיר. ותדע דמלאכה גרועה היא, מדאמר בריש "הזורק" (שבת דף צו: ושם): הוצאה גופא היכא כתיבא? ודריש לה מ"ויכלא העם מהביא" כו׳. וקאמר: אשכחנא הוצאה, הכנסה מנלן? סברא היא, מה לי אפוקי מה לי עיולי. ולשאר אבות לא בעינא קרא, אלא מחייבינן כל דהוו במשכן. והוצאה היתה במשכן, כדאמר בפרק "במה טומנין" (שם דף מט:): הם הורידו קרשים מעגלה לקרקע ואתם אל תוציאו, הם העלו קרשים לעגלה ואתם אל תכניסו. ולשאר תולדות לא חיישינן דלהוו במשכן אלא אאב לחודה, אבל תולדות דהוצאה בעי בפרק "הזורק" (שם דף צו:) או סברא או דלהוו במשכן, כגון מכניס וזורק ומעביר ומושיט. והיינו משום דמלאכה גרועה היא. ואין להאריך כאן יותר.

מראות נגעים שנים. גרסינן, ולא "שתים", ד"מראה" לשון זכר הוא כדכתיב (שמות ג) "את המראה הגדול הזה", ותנן נמי במס׳ נגעים (פ״א משנה ד) ומייתי לה ב"המזבח מקדש" (זבחים דף פח: ושם): מראות נגעים, רבי דוסא בן הרכינס אומר: שלשים וששה, עקביא בן מהללאל אומר: שבעים ושנים. והא דקתני התם טובא — משום דחשיב נמי פתיכי. אי נמי, כייל נגעי בתים ובגדים*.

מבדי

הגהות ומראי מקומות

א א מיי׳ פי״א מהל׳ שגגות הלכה א סמג לאוין ריח ועשין רטז:
ב ב ג ד מיי׳ שם הל׳ ט:

שבת ב.
פירש״י על זה עיין לקמן ה:
[יומא ע:]
כדפי׳ ליתא ועי׳ רש״ש
[ועי׳ תוס׳ לקמן ח: ד״ה מה פנימי]
[וע״ע תוס׳ שבת ב: ד״ה מראות]
נ״ל ומאי רש״ל

עַל הַטָּהוֹר שֶׁאָכַל אֶת הַטָּמֵא. *ר' מֵאִיר אוֹמֵר: כָּל הַשְּׂעִירִין כַּפָּרָתָן שָׁוָה – עַל טוּמְאַת מִקְדָּשׁ וְקָדָשָׁיו. הָיָה ר"ש אוֹמֵר: שְׂעִירֵי רָאשֵׁי חֳדָשִׁים מְכַפְּרִים עַל הַטָּהוֹר שֶׁאָכַל אֶת הַטָּמֵא, וְשֶׁל רְגָלִים מְכַפְּרִין עַל שֶׁאֵין בָּהּ יְדִיעָה לֹא בַּתְּחִלָּה וְלֹא בַסּוֹף, וְשֶׁל יוֹם הַכִּפּוּרִים מְכַפֵּר עַל שֶׁאֵין בָּהּ יְדִיעָה בַּתְּחִלָּה אֲבָל יֵשׁ בָּהּ יְדִיעָה בַּסּוֹף. *אָמְרוּ לוֹ: מַהוּ שֶׁיִּקְרְבוּ זֶה בָּזֶה? אָמַר לָהֶן: יִקְרְבוּ. אָמְרוּ לוֹ: הוֹאִיל וְאֵין כַּפָּרָתָן שָׁוָה, הֵיאַךְ קְרֵבִין זֶה בָּזֶה? אָמַר לָהֶם: כּוּלָּן בָּאִין לְכַפֵּר עַל טוּמְאַת מִקְדָּשׁ וְקָדָשָׁיו. ר"ש בֶּן יְהוּדָה אוֹמֵר מִשְּׁמוֹ: שְׂעִירֵי רָאשֵׁי חֳדָשִׁים מְכַפְּרִין עַל הַטָּהוֹר שֶׁאָכַל אֶת הַטָּמֵא; מוֹסִיף עֲלֵיהֶן שֶׁל רְגָלִים – שֶׁמְּכַפְּרִין עַל טָהוֹר שֶׁאָכַל אֶת הַטָּמֵא, וְעַל שֶׁאֵין בָּהּ יְדִיעָה לֹא בַּתְּחִלָּה וְלֹא בַּסּוֹף; מוֹסִיף עֲלֵיהֶן שֶׁל יוֹם הַכִּפּוּרִים (א) – שֶׁהֵן מְכַפְּרִין עַל הַטָּהוֹר שֶׁאָכַל אֶת הַטָּמֵא, וְעַל שֶׁאֵין בָּהּ יְדִיעָה לֹא בַּתְּחִלָּה וְלֹא בַּסּוֹף, וְעַל שֶׁאֵין בָּהּ יְדִיעָה בַּתְּחִלָּה אֲבָל יֵשׁ בָּהּ יְדִיעָה בַּסּוֹף. אָמְרוּ לוֹ: מַהוּ שֶׁיִּקְרְבוּ זֶה בָּזֶה? אָמַר לָהֶם: הֵן. אָמְרוּ לוֹ: אִם כֵּן, יִהְיוּ שֶׁל יוֹם הַכִּפּוּרִים קְרֵבִין בְּרָאשֵׁי חֳדָשִׁים, אֲבָל הֵיאַךְ שֶׁל רָאשֵׁי חֳדָשִׁים קְרֵבִין בְּיוֹם הַכִּפּוּרִים לְכַפֵּר כַּפָּרָה שֶׁאֵינָהּ שֶׁלָּהּ? אָמַר לָהֶם: כּוּלָּן בָּאִין לְכַפֵּר עַל טוּמְאַת מִקְדָּשׁ וְקָדָשָׁיו. [א]וְעַל זְדוֹן טוּמְאַת מִקְדָּשׁ וְקָדָשָׁיו – שָׂעִיר הַנַּעֲשֶׂה בִּפְנִים וְיוֹם הַכִּפּוּרִים מְכַפְּרִין. [ב]עַל שְׁאָר עֲבֵירוֹת שֶׁבַּתּוֹרָה, הַקַּלּוֹת וְהַחֲמוּרוֹת, הַזְּדוֹנוֹת וְהַשְּׁגָגוֹת, *הוֹדַע וְלֹא הוֹדַע, עֲשֵׂה וְלֹא תַעֲשֶׂה, כְּרֵיתוֹת וּמִיתוֹת בֵּית דִּין – שָׂעִיר הַמִּשְׁתַּלֵּחַ מְכַפֵּר. אֶחָד יִשְׂרְאֵלִים וְאֶחָד כֹּהֲנִים וְאֶחָד כֹּהֵן מָשׁוּחַ. מַה בֵּין יִשְׂרְאֵלִים לְכֹהֲנִים וּלְכֹהֵן מָשׁוּחַ? אֶלָּא [ג]שֶׁהַפָּר מְכַפֵּר עַל הַכֹּהֲנִים עַל טוּמְאַת מִקְדָּשׁ וְקָדָשָׁיו. ר"ש אוֹמֵר: כְּשֵׁם שֶׁדַּם הַשָּׂעִיר הַנַּעֲשֶׂה בִּפְנִים מְכַפֵּר עַל יִשְׂרָאֵל, כָּךְ דַּם הַפָּר מְכַפֵּר עַל הַכֹּהֲנִים; כְּשֵׁם שֶׁוִּידּוּיוֹ שֶׁל שָׂעִיר הַמִּשְׁתַּלֵּחַ מְכַפֵּר עַל יִשְׂרָאֵל, כָּךְ וִידּוּיוֹ שֶׁל פַּר מְכַפֵּר עַל הַכֹּהֲנִים.§ **גמ'** מִכְּדֵי תַּנָּא מִמַּכּוֹת סָלֵיק, מַאי שְׁנָא דְּתָנֵי שְׁבוּעוֹת? מִשּׁוּם דְּתָנֵי: *[ד]חַיָּיב עַל הָרֹאשׁ שְׁתַּיִם – אַחַת מִכָּאן וְאַחַת מִכָּאן, וְעַל

מכדי תנא ממכות סליק. אע"ג דקיימא לן (ע"ז דף ז.) דבתרי מסכתות אין סדר למשנה – ה"מ לענין מחלוקת ואחר כך סתם, שרבי לא שנה לתלמידיו המסכתות על הסדר. אבל אחר ששנאן – סדרן על מכוון בהויתן זו אחר זו*. **חייב** על הראש שתים. נראה: דאע"ג דעל הזקן אינו חייב אלא בתער, כדאמר בפ' בתרא דמכות (דף כא.) דבעי' גילוח שיש בו השחתה, ⊕בהקפת הראש חייב אף במספריים כעין תער, כדמוכח בפ' "ג' מינים" (נזיר דף מא: ושם). דקאמר: אי כתיב "ראשו" ולא "זקנו" הוה אמינא תרתי משמע: דאתי עשה ודחי לא תעשה, ומשמע דהקפת כל הראש שמיה הקפה, ואכתי בתער מנלן? ולהכי כתיב "זקנו". ואי לא מחייב בהקפת הראש אלא בתער, א"כ שפיר שמעינן מ"ראשו" דגילוח מצורע בתער, מדאמר רחמנא דעשה דמצורע דחי לאו דהקפה. והא דקתני בתוספתא דמכות גבי ראש דאינו חייב עד שיקיפנו בתער, איכא למימר: מאי תער – כעין תער, כדאשכחן פרק "ב' נזירים" (שם דף נח:) דאמר רב: מיקל אדם כל גופו בתער, ומפרש התם: כעין תער. וליכא למימר דהקפת הראש שרי במספריים, ונקט בתוספתא דוקא תער לאפוקי מספריים, ומ"מ מ"ראשו" לא שמעינן דגילוח מצורע בתער, כיון דהקפת הראש אסור נמי במלקט ורהיטני. דהא ודאי במלקט ורהיטני לא אפשר במצורע, דגילוח כתיב ביה, וא"כ מ"ראשו" ידעינן תער. וכרבי אליעזר דאמר בפרק "אלו הן הלוקין" (מכות דף כא.) דמלקט ורהיטני נמי גילוח עבדי, ליכא לאוקמי', דא"כ מ"זקנו" נמי לא שמעינן תער, דהא מלקט ורהיטני הוי גילוח שיש בו השחתה. ומיהו מתורת כהנים דקתני: יש בראש מה שאין בזקן שהראש אסור במספריים כבתער – אין ראיה, דבנזיר איירי, דקתני התם: מה ת"ל "ראשו"? לפי שנאמר: "תער לא יעבור על ראשו" וכו' והדר מסיק: מה ת"ל "ראשו" מה ת"ל "זקנו"? מפני שיש בראש מה שאין בזקן כו'. ועל

עַל טָהוֹר שֶׁאָכַל אֶת הַטָּמֵא. אָדָם טָהוֹר שֶׁאָכַל אֶת הַקּוֹדֶשׁ טָמֵא. וּבַגְּמָרָא מְפָרֵשׁ מְנָא לֵיהּ. וְאַף עַל פִּי שֶׁאֵין בָּהּ חִיּוּב כָּרֵת, נִיתְּנָה כַּפָּרָה זוֹ עַל כָּךְ. כָּל הַשְּׂעִירִים כַּפָּרָתָן שָׁוָה. כָּל שְׂעִירֵי מוּסָפִין, בֵּין שָׂעִיר הַנַּעֲשֶׂה בַּחוּץ דְּיוֹם הַכִּפּוּרִים, בֵּין שֶׁל רְגָלִים, בֵּין שֶׁל רָאשֵׁי חֳדָשִׁים, כַּפָּרָתָן שָׁוָה – כּוּלָּן מְכַפְּרִים עַל כֹּל, בֵּין עַל שֶׁאֵין בָּהּ יְדִיעָה בַּתְּחִלָּה וְיֵשׁ בָּהּ יְדִיעָה לַבַּסּוֹף, בֵּין עַל שֶׁאֵין בָּהּ יְדִיעָה לֹא בַּתְּחִלָּה וְלֹא בַּסּוֹף, בֵּין עַל טָהוֹר שֶׁאָכַל אֶת הַטָּמֵא. וְנַפְקָא מִינָּהּ לְטוּמְאָה שֶׁאֵירְעָה בֵּין זֶה לָזֶה. אֲבָל שָׂעִיר הַנַּעֲשֶׂה בִּפְנִים – לֹא נֶחְלְקוּ עָלָיו שֶׁאֵינוֹ מְכַפֵּר עִם אֵלּוּ, וְלֹא אֵלּוּ תּוֹלִין אֶת תְּלִיָּיתוֹ כְּשֶׁיֵּשׁ בָּהּ יְדִיעָה בַּתְּחִלָּה וְאֵין בָּהּ יְדִיעָה בַּסּוֹף, כִּדְאָמַר בַּגְּמָרָא (דף ח:). הָיָה ר"ש אוֹמֵר. הַאי נָקַט לָהּ מִשּׁוּם דְּבָעֵי לְמֵימַר: אָמְרוּ לוֹ מַהוּ שֶׁיִּקְרְבוּ זֶה בָּזֶה. אִם אָבַד שָׂעִיר שֶׁהוּפְרַשׁ לְיוֹם הַכִּפּוּרִים וְנִתְכַּפְּרוּ בְּאַחֵר, וְנִמְצָא זֶה בָּרֶגֶל אוֹ בְּרֹאשׁ חֹדֶשׁ, מַהוּ שֶׁיַּקְרִיב לְשֵׁם שְׂעִירוֹ שֶׁל יוֹם. הֵיאַךְ יַקְרִיבוּ. וַהֲלֹא כְּשֶׁהוּפְרַשׁ לֹא לְכַפֵּר עַל כַּפָּרָה זוֹ הוּפְרַשׁ! וְרַבִּי מֵאִיר דְּקָאָמַר לְהָא, בִּשְׁלָמָא אִי אָמְרִינַן כּוּלָּן כַּפָּרָתָן שָׁוָה – יִקְרַב, שֶׁהֲרֵי כּוּלָּם כַּפָּרָה אַחַת מְכַפְּרִים. אֶלָּא לְדִידָךְ, זֶה הוּפְרַשׁ לְכַפֵּר עַל שֶׁאֵין בָּהּ יְדִיעָה בַּתְּחִלָּה וְיֵשׁ בָּהּ יְדִיעָה בַּסּוֹף, הֵיאַךְ יִקְרַב לְכַפֵּר בָּרֶגֶל עַל שֶׁאֵין בָּהּ יְדִיעָה לֹא בַּתְּחִלָּה וְלֹא בַּסּוֹף, אוֹ בְּר"ח לְכַפֵּר עַל טָהוֹר שֶׁאָכַל אֶת הַטָּמֵא? כּוּלָּן בָּאִין לְכַפֵּר עַל טוּמְאַת מִקְדָּשׁ וְקָדָשָׁיו. כָּל דְּהוּ, וְכֵיוָן דִּבְכָךְ שָׁוִין וְאע"פ שֶׁכַּפָּרוֹתֵיהֶן חֲלוּקוֹת – יָכוֹל הוּא לִיקְרַב, דְּהָא לְכַפֵּר עַל טוּמְאַת מִקְדָּשׁ וְקָדָשָׁיו הוּפְרַשׁ וְעַל טוּמְאַת מִקְדָּשׁ וְקָדָשָׁיו הוּא קָרֵב. מִשְּׁמוֹ. שֶׁל ר"ש, וּסְתַם ר"ש הוּא ר"ש בֶּן יוֹחַאי. וְעַל זְדוֹן טוּמְאַת מִקְדָּשׁ וְקָדָשָׁיו. סְתָמָא הִיא. הוֹדַע וְלֹא הוֹדַע. בַּגְּמָ' מְפָרֵשׁ לָהּ. אֶחָד יִשְׂרָאֵל כו'. בַּגְּמָ' פָּרֵיךְ מַאי קָאָמַר, שֶׁבַּתְּחִלָּה הִשְׁוָוס וַהֲדַר תָּנֵי: מַה בֵּין יִשְׂרָאֵל לְכֹהֲנִים. אֶלָּא שֶׁהַפָּר מְכַפֵּר עַל הַכֹּהֲנִים גָּרְסִי'. וְל"ג: "שֶׁדַּם הַפָּר". אֶלָּא שֶׁהַפָּר מְכַפֵּר עַל הַכֹּהֲנִים. כָּל שֶׁשָּׂעִיר הַפְּנִימִי מְכַפֵּר עַל יִשְׂרָאֵל, דְּהַיְינוּ תְּלַיַּית יִסּוּרִין דְּיֵשׁ בָּהּ יְדִיעָה בַּתְּחִלָּה וְלֹא בַּסּוֹף, וּזְדוֹן טוּמְאַת מִקְדָּשׁ וְקָדָשָׁיו, וְכֵן כַּפָּרַת שָׂעִיר הַחִיצוֹן – פָּרוֹ שֶׁל כֹּהֵן הַקָּרֵב בְּיוה"כ בִּפְנִים, כְּמוֹ שֶׁמְּפוֹרָשׁ בְּ"אַחֲרֵי מוֹת", מְכַפֵּר עַל הַכֹּהֲנִים, כִּדְיָלֵיף בַּגְּמָרָא.

רַבִּי שִׁמְעוֹן אוֹמֵר וכו'. לַחֲלוֹק בָּא עַל שֶׁאוֹמֵר לְמַעְלָה: אֶחָד כֹּהֲנִים וְאֶחָד יִשְׂרְאֵלִים שָׁוִין בְּכַפָּרַת שְׁאָר עֲבֵירוֹת בְּשָׂעִיר הַמִּשְׁתַּלֵּחַ, וְאֵין חֲלוּקִין בְּכַפָּרָתָן אֶלָּא בְּטוּמְאַת מִקְדָּשׁ וְקָדָשָׁיו. וְקָאָמַר ר' שִׁמְעוֹן: כְּשֵׁם שֶׁאַתָּה מוֹדֶה בְּדַם הַשָּׂעִיר הַפְּנִימִי שֶׁמְּכַפֵּר עַל יִשְׂרָאֵל כַּפָּרָתוֹ בְּלֹא שׁוּם וִידּוּי אֶלָּא כַּפָּרַת הֲזָיוֹת הַדָּם, שֶׁאֵין וִידּוּי בְּשָׂעִיר הַפְּנִימִי אֶלָּא בְּמִשְׁתַּלֵּחַ כָּךְ דַּם הַפָּר מְכַפֵּר בְּלֹא שׁוּם וִידּוּי עַל הַכֹּהֲנִים עַל טוּמְאַת מִקְדָּשׁ וְקָדָשָׁיו. אַיְּיתַר לֵיהּ וִידּוּיוֹ שֶׁל פַּר בִּמְקוֹם וִידּוּיוֹ שֶׁל שָׂעִיר הַמִּשְׁתַּלֵּחַ לְכַפֵּר עַל הַכֹּהֲנִים בִּשְׁאָר עֲבֵירוֹת, וְאֵין לָהֶם כַּפָּרָה בְּשָׂעִיר הַמִּשְׁתַּלֵּחַ. **גמ'** מִמַּכּוֹת סָלֵיק. כָּךְ סֵדֶר הַמִּשְׁנָה, שְׁבוּעוֹת אַחַר מַכּוֹת. עַל הָרֹאשׁ. עַל הַקָּפַת רֹאשׁ שְׁתַּיִם, דְּהָא "פְּאַת" כְּתִיב (ויקרא יט), וּפֵאָה לְשׁוֹן סוֹף וְקָצֶה הוּא, כְּמוֹ: (שמות כו) "לִפְאַת נֶגֶב", (שם) "לִפְאַת יָם", מְקוֹם חִיבּוּר הַגֻּלְגּוֹלֶת עִם הַלֶּחִי, וְהֵן מְקוֹם הַצְּדָעִין. וְעַל

ורהיטני אף דתוס' כתבו אחר כך וליכא למימר דשרי במספרים וכו' דהקפת הראש אסור במלקט הרי דר"ל דלענין מספרים אתקש ולמלקט לא אתקש. היינו דאתקש רק לענין המפורש בקרא וז דלא תשחית דבעי' השחתה ולמלקט לא אתקש. אבל בהיפך לומר דלמלקט אתקש ולמספרים לא אתקש מה"ת לחלק וא"כ למה דפסקי' בש"ע סי' קפ"א ס"ב דראוי לחוש להאוסרים בהקפת הראש במספרים ה"נ יש לאסור במלקט וא"כ יהיה אסור לסרוק פאות הראש. וצ"ע לדינא וכתבתי מזה בתשובה:

ג א מיי' פי"א מהל' שגגות הלכה ט סמג עשין רעז:

[וע"ע תוס' ב"ק קב. ד"ה אין ותוס' ריש ב"מ ב. ד"ה שנים ותוס' ריש ב"ב ב.]

ד ב מיי' פ"א מהל' תשובה הלכה ב:

ה ג מיי' פי"א מהל' שגגות הלכה ט:

ו ד מיי' פי"ב מהל' עכו"ם הלכה א סמג לאוין נז טוש"ע י"ד סי' קפא סעיף א:

רבינו חננאל

מכדי תנא ממכות סליק. כלומר מסכת מכות השלים. מ"ט פתח אחריה מס' שבועות. ופשטנא איידי דתנא במכות וחייב

[לקמן ט.]

[עי' תוס' לק' י. ד"ה מהו]

[כריתות יח: כו.]

מכות כ.

הגהות הב"ח

(א) במשנה מוסיף עליהן של יום הכפורים שהוא מכפר על הטהור:

גליון הש"ס

תוס' ד"ה חייב וכו' בהקפת הראש חייב אף במספרים. לפ"ז נראה דגם במלקט ורהיטני חייב כיון דלא מקשי' ראש לזקן לענין מספרים מנ"ל לפטור בראש במלקט

[א]ועל הזקן — שתים מיכן ושתים מיכן ואחת מלמטה, חדא דמיחייב עלה תרתי — תנא: שבועות שתים שהן ארבע. מאי שנא הכא דתני להו לכולהו, ומאי שנא גבי יציאות שבת ומראות נגעים דלא קתני להו לכולהו? אמרי: שבועות וידיעות הטומאה דגבי הדדי כתיבין, ודמיין אהדדי בקרבן עולה ויורד — תני להו גבי הדדי, ואיידי דתנא תרתי תנא כולהו. פתח בשבועות ומפרש ידיעות הטומאה! *איידי דזוטרין מילייהו פסיק שרי להו, והדר תני שבועות דנפישן מילייהו. *[ב]שבועות שתים שהן ארבע: שתים — "שאוכל" ו"שלא אוכל", שהן ארבע — "אכלתי" ו"שלא אכלתי". [ג]ידיעות הטומאה שתים שהן ארבע: שתים — ידיעת טומאת קדש וידיעת טומאת מקדש, שהן ארבע — קדש ומקדש. § *[ד]יציאות שבת שתים שהן ארבע: שתים — הוצאה דעני והוצאה דבעל הבית, שהן ארבע — הכנסה דעני והכנסה דבעל הבית. מראות נגעים שנים שהן ארבעה: שנים — [ה]שאת ובהרת, שהן ארבעה — שאת ותולדתה, בהרת ותולדתה. מני מתניתין? לא רבי ישמעאל ולא ר' עקיבא; אי רבי ישמעאל — *האמר: אינו חייב אלא על העתיד לבוא [לקמן כה. כח. תמורה ג:], אי ר' עקיבא — האמר: *על העלם טומאה הוא חייב, ואינו חייב על העלם מקדש! [לקמן יד:] איבעית אימא: רבי ישמעאל, איבעית אימא: ר' עקיבא; איבעית אימא: רבי ישמעאל, מהן לחיוב ומהן לפטור; ואיבעית אימא: רבי עקיבא, מהן לחיוב ומהן לפטור? הא

רש"י

ועל הזקן שתים. מכל צד ב' לחיים. לפי שהלחי רחב כנגד הצדעים, ויש לכל דבר רחב קצה לשני צדדין בראשו. וא' מלמטה. בסנטר שהלחיים מחוברין שם, והעצם קצר מלמטה בסנטר שקורין מונטו"ן בלע"ז. חדא. אזהרה דמיחייב עליה תרתי, היינו דומיא דשתים שהן ארבע. לכולהו. כל ב' שהן ד' שמנאם כאן. ודמיין להדדי בקרבן עולה ויורד. כהא דמיין להדדי, ששתיהן עולה ויורד. ומפרש ידיעות. דקתני: את שיש בה ידיעה וכו', ופריש כולה מתני' מילי דידיעות טומאה, ושבקינהו למלתא דשבועות. דזוטרין מילייהו. שני פרקים אלו הראשונים. שרי להו = מתיר אותן. כלומר, מתיר התנא עצמו מהן ונפטר מהן תחלה. שבועות שתים וכו'. פרישית לכולה במתני'. [בכורות יג.] ידיעות טומאת קדש. שנעלמה ממנו טומאה ואכל קדש. וידיעות טומאה דמקדש. ידיעות שנעלמה ממנו ידיעת טומאה ונכנס למקדש. [לקמן יט:] ידיעת קדש. שנעלמה ממנו ידיעת קדש וסבור שאין זה קדש, ומתחלה ידע. הוצאה דעני. העומד בחוץ. והוצאה דבעל הבית. העומד בפנים. [שבת ב.] שאת ובהרת. אבל ספחת אינו שם נגע אלא שם תולדה, כדמפרש לקמן (דף ו.) בפרקין. אינו חייב. קרבן. אלא על העתיד. דדייק "להרע או להיטיב" לקמן בפ"ג. ואי רבי עקיבא האמר כו'. במתניתין בפרק שני, ומתניתין קתני "שהן ארבע". מה

תוספות

ועל הזקן שתים מכאן. נראה דמשחית ונשחת שניהם חייבין, כמו בהקפת הראש דאמר בפ' "ב' נזירים" (נזיר דף נז: ושם): אחד המקיף ואחד הניקף במשמע. ואע"ג דהתם דריש מדכתיב "לא תקיפו" לשון רבים, וגבי זקן כתיב "לא תשחית" לשון יחיד — הא כתיב נמי בכהנים "לא יגלחו" לשון רבים, וילפינן מהדדי לענין גילוח שיש בו השחתה בפרק "ב' נזירים" (שם דף נח:), ובג"ש ד"פאת" "פאת" ילפינן מהדדי בפ"ק דקדושין (דף לה: ושם). ובהדיא תניא בתוספתא [פ"ג] דמכות: המשחית פאת זקנו של חבירו — שניהם חייבין. ואסור לישראל להניח לגוי להקיף ראשו ולהשחית זקנו, דהא אמר רב הונא בפ' "ב' נזירים" (נזיר דף נז:): המקיף את הקטן — חייב. וה"ה איפכא, דלא מקיש מקיף לניקף*. [נ"ל וה"ה איפכא ואע"ג כו'] ואע"ג דהתם פליג עליה רב אדא בר אהבה, משום דכתיב "לא תקיפו" אחד המקיף ואחד הניקף משמע, ואתקש מקיף לניקף: כל היכא דניקף מיחייב מקיף נמי מיחייב, ומשמע התם דלרב אדא בר אהבה אפי' איסורא דרבנן ליכא, מדקאמר ליה לרב הונא: בניך הקטנים לדידך מאן מגלח להו? א"ל: חובה. משמע דלדידיה ניחא, דשרי אפי' לאיש — אין הלכה כרב אדא, דסתמא דהתלמוד בפרק א' דבבא מציעא (דף י:) כרב הונא, דקאמר: איכא בינייהו איש דאמר לאשה "תקיף לי קטן", דלליסנא דתלי בבר חיובא — הכא אשה לאו בת חיובא היא מיחייב שולחה. משמע דאי מקיף ליה גדול — מיחייב. ועוד נראה, דאפי' רב אדא מחייב היכא דניקף בר חיובא אע"ג דמקיף לאו בר חיובא, ולא פטר אלא היכא דניקף לאו בר חיובא הוא, מדלא קאמר: איש דאמר לקטן או לגוי "אקיף לי גדול" והוי נפקותא לרב אדא. ויש לדחות, משום דלרב הונא דלא מקיש מקיף לניקף — לא יניח גדול להקיף עצמו. וגם אין להביא ראיה מדאמר ביבמות (דף ה. ושם) דאתי עשה דמצורע ודחי לאו דהקפה מדכתיב "ראשו", משמע דכ"ע מודו דאסור ע"י אשה וגוי, דאי שרי לרב אדא — אמאי דחי? הא אפשר לקיים שניהם. דיש לדחות, דאצטריך קרא למימר דדחי היכא דאין שם אשה וגוי. ואין לומר ימתין עד שימצא אשה או גוי או קטן, מדבעי למימר בפ' "שילוח הקן" (חולין דף קמא.) דאתי עשה דמצורע ודחי עשה דשילוח הקן, ולא אמרינן ימתין עד שימצא אחר. אבל יש להביא ראיה מפ' "ב' נזירים" (נזיר דף נז:) דקאמר: ולמאן לאו טמאין אינון וקעביד הקפה! ומשני שמואל: באשה וקטן. ודייק התם דקסבר שמואל דהקפת כל הראש שמה הקפה מדלא אוקי בגדול. והשתא, אי שרי לרב אדא כי מקיף ליה לאו בר חיובא, אכתי תקשי ליה: ולוקמה בגדול ויקיפנו לאו בר חיובא, דהא שמואל כרב אדא ס"ל, מדשרי להקיף באשה וקטן, ומשמע דמקיף בר חיובא הוא, דלא פירש באשה וקטן: ומגלח להו אשה וקטן.

חדא דמיחייב עלה תרתי. בהתראה אחת איירי, ובגילוח בבת אחת או בזה אחר זה תוך כדי דיבור, דלא מ"ל איפלגו. דאי בכמה התראות — לא הוה פליג ר' אליעזר בפ' בתרא דמכות (דף כ.), דאמר: אם נטלן כולן כאחת אינו חייב אלא אחת. ואע"ג דהתם מצרכי קרא למחייב על כל קרחה וקרחה ועל כל שריטה ושריטה — הכא לא צריך קרא, דפאות מחלקות, ור' אליעזר לית ליה מחלקות.

גבי הדדי כתיבי ודמיין אהדדי. בטעמא דכתיבי גבי הדדי סגי, כדאמר במס' נדרים (דף ג:). וא"ת: גבי מראות נגעים ליתני כולהו, דדמיין אהדדי בקרבן עולה ויורד! וי"ל: דליתיה בדלי דלות. וא"ת: מ"מ ליתני במתניתין קודם יציאות שבת, כיון דאיתא בדלות ודמי טפי לשבועות! וי"ל: דהני לכפר והני להכשיר.

פתח בשבועות ומפרש ידיעות. וליכא למימר דמינה דסליק מפרש ברישא, דהא ממראות נגעים קא סליק.

איידי דזוטרן מילייהו. אע"ג דנפישי מילייהו משבועת בטוי, דבידיעות איכא תרי פרקי קמאי, ומשבועת בטוי ליכא אלא פרק ג', מ"מ מילי דכל שבועות נפישן טפי: שבועת בטוי, שבועת העדות, שבועת הפקדון, ושבועת הדיינין.

והדר תני שבועות. אע"ג דלא דמי, דידיעות מפרש מילי דידיעות ברישא והדר תני שתים שהן ארבע, ובשבועות מפרש שתים שהן ארבע ברישא.

שהן ארבע אכלתי ולא אכלתי. וא"ת: ומה דוחקיה לפרושי הכי, דהשתא קשיא ליה בסמוך: אי ר' ישמעאל האמר אינו חייב כו'? לימא: שהן ארבע "אזרוק" ו"לא אזרוק", ונתוקמא מתניתין שפיר כר' ישמעאל! וי"ל: דבפ"ג (לקמן דף יט:) בהדיא תנן: שהן ארבע "אכלתי" ו"לא אכלתי", והיא מתניתין קיימא לפרושי מתניתין דהכא. ואין להקשות, ליתני: שתים שהן שמונה, "אזרוק" ו"לא אזרוק", "זרקתי" ו"לא זרקתי". דלא תני אלא דבר וחילופו, כדפירש בקונטרס במתניתין*.

[וע"ע תוספות שבת ב. ד"ה שבועות] אי ר' ישמעאל הא אמר אין חייב כו'. וא"ת: תקשי ליה נמי ידיעות, דמתניתין בעיא ידיעה בתחלה, כדתנן: כל שיש בה ידיעה בתחלה כו', ור' ישמעאל לא בעי ידיעה תחלה, כדמוכח בפירקין (דף ט.) דקאמר: לר' ישמעאל אין בה ידיעה בתחלה ויש בה ידיעה בסוף בר קרבן הוא. ואמר נמי בספ"ב (לקמן דף יט:): הא מני ר' ישמעאל היא דלא בעי ידיעה בתחלה! וי"ל: דמידיעות לא בעי למיפרך, דהמ"ל דידיעה דמתני' היינו ידיעת בית רבו, ור' ישמעאל סבר לה כרבי דאמר ידיעת בית רבו שמה ידיעה, כדאמר בירושלמי: ר' ישמעאל כרבי ורבי כר' ישמעאל. אע"ג דגמ' דידן פליג אירושלמי וסבר דר' ישמעאל לא בעי ידיעה בתחלה אפי' ידיעת בית רבו, מדלא מוקי לקמן דחילון מכפר אאין בה ידיעה תחלה אפי' ידיעת בית רבו, משמע דלעולם בר קרבן הוא אפי' אין בו ידיעה בתחלה כלל. וכן משמע בפ"ב (לקמן דף יד: ושם), דבעי ר' ירמיה: בן בבל שעלה לא"י ונעלם ממנו מקום מקדש, מהו? וקאמר: אי אליבא דר' ישמעאל — הא לא בעי ידיעה בתחלה. ומסיק דבעי אליבא דרבי דבעי ידיעת בית רבו, משמע דר' ישמעאל לא בעי ידיעה כלל בתחלה. מ"מ השתא אי הוי מצי אתיא מתניתין כר' ישמעאל נימא דודאי בעי ר' ישמעאל ידיעת בית רבו, אבל לפי האמת דמתניתין אתיא כרבי אמרי' דר' ישמעאל לא בעי ידיעה בתחלה כלל, דלא מצינו תנא דסבר דהוי ידיעת בית רבו ידיעה אלא רבי. ומיהו מתניתין דפ"ב (שם.) דקאי לפרושי פירקין משמע קצת דבעי ידיעה גמורה, דקתני: נטמא וידע, משמע שהידיעה היא אחר שנטמא דהיא ידיעת הטומאה, לאפוקי ידיעת בית רבו דהיא קודם הטומאה. ונראה דמידיעות לא מצי למיפרך, שהיה יכול לדחוק ולתרץ כדקאמר התם:* [לקמן יט:] מקראי לית ליה, מגמרא אית ליה.

מהן לחיוב מהן לפטור. אהאי שינויא ואשינויא דמלקות ה"מ למיפרך מסיפא, דמוכח דמתני' לענין חיוב קרבן. וא"ת: בשלמא כי מוקי לה כר' ישמעאל, דאע"ג דאינו חייב אלא על העתיד, מ"מ שפיר תני בהו "שהן ארבע" הואיל וקעביד איסורא במזיד. אבל כי מוקי כר' עקיבא — אמאי תני ליה כלל, כיון דשוגג הוא ולא מייתי קרבן? וי"ל: דמ"מ חשיב להו שפיר שהן ארבע, הואיל וקעביד איסורא בשוגג. הא

עין משפט נר מצוה

ז א מיי' פי"ב מהל' עכו"ם הלכה ז סמג שם טוש"ע י"ד סי' קפא סעיף יא:
ח ב מיי' פ"א מהל' שבועות הלכה א ב טוש"ע י"ד סי' רלו סעיף א:
ט ג מיי' פ"א מהל' שגגות הלכה א:
י ד מיי' פי"ב ופי"ג מהל' שבת סמג לאוין סה טוש"ע א"ח סי' שמז:
יא ה מיי' פ"א מהל' טומאת צרעת הל' ב:

רבינו חננאל

על הזקן שתים והן שתים שהן ארבע כדתני שתים מיכן ושתים מיכן ואחת מלמטה חדא ומיחייב עלה תרתי תנא נמי בתרה שבועות שתים שהן ארבע. ואיידי דתנא שבועות תנא נמי ידיעות הטומאה דבפרשה אחת כתיבי ותרוייהו בקרבן עולה ויורד נינהו. אם עשיר מביא כשבה או שעירה ואם הוא דל שתי תורים או שני בני יונה. ואיידי דתנא הני תנא נמי יציאות השבת ומראות נגעים דדמיין להו. ואיידי (דתנא) [דדיני] דידיעות הטומאה הוויין דידהו מעט פסיק שרי להו והדר תני שבועות: שבועה שאוכל ושלא אוכל שאכלתי ושלא אכלתי. הנה שתים להבא ושתים לשעבר. ידיעות הטומאה ולא ידע הקדש ולא המקדש או ידע ידיעות הקדש והמקדש ולא ידע הטומאה הרי אלו שתים שהן ד'. וכן הוצאה דעני והוצאה דבעל הבית הכנסה דעני והכנסה דבעל הבית הרי אלו יציאות שתים שהן ארבע. ומקשינן מני מתני' אי ר' ישמעאל קשיא שבועות. דתנן בפ"ג ר' ישמעאל אומר אינו [חייב] אלא על העתיד שנאמר להרע או להיטיב ואנן אוקימנא למתני' שאכלתי ושלא אכלתי שהוא לעבר. אי ר' עקיבא קשיא ידיעות. דתנן בסוף פ"ב ר' עקיבא אומר על העלם טומאה חייב ואינו חייב על העלם מקדש. ואנן אוקימנ' למתני' על העלם זה וזה. ופרקינן איבעית תימא ר' ישמעאל. לעולם ארבע הן ומהן לחיוב והן שלא אוכל ושאוכל. ומהן לפטור שאכלתי ושלא אכלתי. ואיבעית תימא ר' עקיבא מהן לחיוב ומהן לפטור.

יב א מיי' פ"ד מהל' שבועות הלכה כ:
יג ב מיי' פ"י מהל' קרבן פסח הלכה יא:
יד ג מיי' שם הלכה א:
טו ד מיי' שם הלכה יא ופי"ח מהל' פסולי מוקדשין הלכה ט:

הָא דּוּמְיָא דְּמַרְאוֹת נְגָעִים קָתָנֵי, מַה הָתָם כּוּלְּהוּ לְחִיּוּבָא, אַף הָכָא נַמִּי כּוּלְּהוּ לְחִיּוּבָא! לְעוֹלָם ר' יִשְׁמָעֵאל, וְכִי לָא מְחַיֵּיב רַבִּי יִשְׁמָעֵאל לְשֶׁעָבַר — קָרְבָּן, אֲבָל מַלְקוֹת חַיּוּבֵי מְחַיֵּיב; וְכִדְרָבָא, *דְּאָמַר רָבָא: בְּפֵירוּשׁ רִיבְּתָה תּוֹרָה שְׁבוּעַת שֶׁקֶר דּוּמְיָא דִּשְׁבוּעַת שָׁוְא, מַה שָּׁוְא לְשֶׁעָבַר, אַף שֶׁקֶר נַמִּי לְשֶׁעָבַר. בִּשְׁלָמָא "אָכַלְתִּי" וְ"לֹא אָכַלְתִּי" — כִּדְרָבָא, "שֶׁלֹּא אוֹכַל" וְאָכַל נַמִּי — לָאו שֶׁיֵּשׁ בּוֹ מַעֲשֶׂה הוּא. אֶלָּא "אוֹכַל" וְלֹא אָכַל — אַמַּאי? לָאו שֶׁאֵין בּוֹ מַעֲשֶׂה הוּא! קָסָבַר רַבִּי יִשְׁמָעֵאל: לָאו שֶׁאֵין בּוֹ מַעֲשֶׂה לוֹקִין עָלָיו. אִי הָכִי, קַשְׁיָא דְּר' יוֹחָנָן אַדְּרַבִּי יוֹחָנָן; דְּאָמַר רַבִּי יוֹחָנָן: *הֲלָכָה כִּסְתַם מִשְׁנָה, וְאִתְּמַר: "שְׁבוּעָה שֶׁאוֹכַל כִּכָּר זוֹ הַיּוֹם", וְעָבַר הַיּוֹם וְלֹא אֲכָלָהּ — ר' יוֹחָנָן וְרֵישׁ לָקִישׁ דְּאָמְרִי תַּרְוַיְיהוּ: אֵינוֹ לוֹקֶה; ר' יוֹחָנָן אָמַר: [א]אֵינוֹ לוֹקֶה, מִשּׁוּם דַּהֲוָה לָאו שֶׁאֵין בּוֹ מַעֲשֶׂה, וְכָל לָאו שֶׁאֵין בּוֹ מַעֲשֶׂה אֵין לוֹקִין עָלָיו; וְרֵישׁ לָקִישׁ אָמַר: אֵינוֹ לוֹקֶה, הַתְרָאַת סָפֵק הִיא, וְהַתְרָאַת סָפֵק לֹא שְׁמָהּ הַתְרָאָה! רַבִּי יוֹחָנָן סְתָמָא אַחֲרִינָא אַשְׁכַּח. הֵי סְתָמָא? אִילֵימָא הַאי סְתָמָא, דִּתְנַן:* [ב]אֲבָל הַמּוֹתִיר בַּטָּהוֹר [ג]וְהַשּׁוֹבֵר בַּטָּמֵא אֵינוֹ לוֹקֶה אֶת הָאַרְבָּעִים; בִּשְׁלָמָא שׁוֹבֵר בַּטָּמֵא — דִּכְתִיב: °"וְעֶצֶם לֹא תִשְׁבְּרוּ בוֹ", בְּכָשֵׁר וְלֹא בְּפָסוּל. (שמות יב) אֲבָל הַמּוֹתִיר בַּטָּהוֹר, מַאי טַעְמָא? לָאו מִשּׁוּם דַּהֲוֵי לָאו שֶׁאֵין בּוֹ מַעֲשֶׂה, וְכָל לָאו שֶׁאֵין בּוֹ מַעֲשֶׂה אֵין לוֹקִין עָלָיו? וּמִמַּאי דְּר' יַעֲקֹב הִיא, דְּאָמַר: לָאו שֶׁאֵין בּוֹ מַעֲשֶׂה אֵין לוֹקִין עָלָיו? דִּלְמָא ר' יְהוּדָה הִיא, וּמִשּׁוּם דְּבָא הַכָּתוּב לִיתֵּן עֲשֵׂה אַחַר לֹא תַעֲשֶׂה, הָא לָאו הָכִי לָקֵי. דְּתַנְיָא:* °"לֹא תוֹתִירוּ מִמֶּנּוּ עַד בֹּקֶר (שם) וְהַנּוֹתָר מִמֶּנּוּ עַד בֹּקֶר בָּאֵשׁ תִּשְׂרֹפוּ" — [ד]בָּא הַכָּתוּב לִיתֵּן עֲשֵׂה אַחַר לֹא תַעֲשֶׂה, לוֹמַר שֶׁאֵין לוֹקִין עָלָיו, דִּבְרֵי ר' יְהוּדָה; רַבִּי יַעֲקֹב אוֹמֵר: לֹא מִן הַשֵּׁם הוּא זֶה, אֶלָּא מִשּׁוּם דַּהֲוָה לָאו שֶׁאֵין בּוֹ מַעֲשֶׂה, וְלָאו שֶׁאֵין בּוֹ מַעֲשֶׂה אֵין לוֹקִין עָלָיו! אֶלָּא הַאי סְתָמָא אַשְׁכַּח: "שְׁבוּעָה שֶׁלֹּא אוֹכַל כִּכָּר זוֹ", "שְׁבוּעָה שֶׁלֹּא אוֹכְלֶנָּה", וַאֲכָלָהּ — אֵינוֹ

תורה אור

מה התם כּוּלְּהוּ לְחִיּוּבָא. שֶׁאַף הַתּוֹלָדוֹת נְגָעִים הֵן, וּכְשֶׁיִּטַּהֵר מֵבִיא עֲלֵיהֶן קָרְבַּן טָהֳרָה. וְכִי לָא מְחַיֵּיב ר' יִשְׁמָעֵאל לְשֶׁעָבַר קָרְבָּן. קָאָמַר, וּבְשׁוֹגֵג. אֲבָל מַלְקוֹת אִם הֵזִיד וְהִתְרוּ בּוֹ חַיּוּבֵי מִיחַיַּיב, וּמַתְנִיתִין בְּמֵזִיד קָמַיְירֵי וּמַלְקוֹת. וְכִדְרָבָא. כְּלוֹמַר, וְא"ת: לָאו שֶׁאֵין בּוֹ מַעֲשֶׂה הוּא, וְאֵין לוֹקִין עָלָיו – עַל זֶה לוֹקִין, כִּדְרָבָא. דִּבְפ"ג אָמְרִינַן שֶׁלּוֹקִין עַל שְׁבוּעַת שָׁוְא, וְיָלְפִינַן מִ"כִּי לֹא יְנַקֶּה ה'" – ה' הוּא דְּלֹא יְנַקֶּה, אֲבָל ב"ד מַלְקִין אוֹתוֹ וּמְנַקִּין אוֹתוֹ. וּפָרְכִינַן עֲלָהּ: אַשְׁכַּחַן שְׁבוּעַת שָׁוְא, וְהוּא נִשְׁבַּע לְשַׁנּוֹת אֶת הַיָּדוּעַ, כְּגוֹן עַל הָאִישׁ שֶׁהוּא אִשָּׁה וְעַל הָאֶבֶן שֶׁהוּא זָהָב, דְּ"שָׁוְא" מַשְׁמַע דָּבָר שֶׁאֵינוֹ שֶׁל כְּלוּם, כְּמוֹ (ישעיהו ה): "מוֹשְׁכֵי הֶעָוֹן בְּחַבְלֵי הַשָּׁוְא". שְׁבוּעַת שֶׁקֶר מְנָא לָן? שְׁבוּעָה שֶׁאֵינוֹ נִיכָּר אִם אֱמֶת אִם לָאו. וְאָמְרִי': "לַשָּׁוְא" "לַשָּׁוְא" ב' פְּעָמִים, אִם אֵינוֹ עִנְיָן לִשְׁבוּעַת שָׁוְא תְּנֵהוּ עִנְיָן לִשְׁבוּעַת שֶׁקֶר. וְאָמַר רָבָא הָתָם: הַךְ שְׁבוּעַת שֶׁקֶר דְּקָא מְרַבֵּינַן מֵרִבּוּיָא דְּ"לַשָּׁוְא" "לַשָּׁוְא", לֹא רִבְּתָה תּוֹרָה אֶלָּא לַשֶּׁקֶר דִּלְשֶׁעָבַר, כְּגוֹן "אָכַלְתִּי" אוֹ "לֹא אָכַלְתִּי", שֶׁמַּשְׁמָע שֶׁנִּשְׁבַּע יָצְתָה שְׁבוּעָה מִפִּיו לַשֶּׁקֶר דּוּמְיָא דִּשְׁבוּעַת שָׁוְא, דִּלְהָכִי אַפְּקָהּ בִּלְשׁוֹן שָׁוְא – לְמֵימְרָא דְּבִלְשֶׁעָבַר קָמַיְירֵי: מַה שָּׁוְא לְשֶׁעָבַר – נִשְׁבַּע לְשַׁנּוֹת אֶת הַיָּדוּעַ, עָבַר אֶת שְׁבוּעָה מִשֶּׁיָּצְתָה מִפִּיו. בִּשְׁלָמָא אָכַלְתִּי וְלֹא אָכַלְתִּי. כְּלוֹמַר, שֶׁהֵן אַרְבַּע לָא מַשְׁכַּחַת לָהּ. דְּבִשְׁלָמָא עַל שְׁתַּיִם דִּלְשֶׁעָבַר לָקֵי – כִּדְרָבָא, וְעַל "לֹא אוֹכַל" וְאָכַל נַמִּי לָקֵי – דְּלָאו שֶׁיֵּשׁ בּוֹ מַעֲשֶׂה הוּא, דִּבְשָׁעָה שֶׁאָכַל עָבַר עַל "לֹא תִשָּׁבְעוּ", וַאֲכִילָה מַעֲשֶׂה הוּא. אוֹכַל וְלֹא אָכַל לָאו שֶׁאֵין בּוֹ מַעֲשֶׂה הוּא. שֶׁמֵּאֵלָיו, כְּיוֹשֵׁב וְאֵינוֹ אוֹכֵל, עוֹבֵר עַל הַשְּׁבוּעָה. וּשְׁבוּעָה שֶׁאֵינָהּ לְשֶׁעָבַר לָא אִיתְרַבֵּי מִ"לַשָּׁוְא" "לַשָּׁוְא" ב' פְּעָמִים, דְּהָא אָמְרִינַן דּוּמְיָא דִּשְׁבוּעַת שָׁוְא רִיבְּתָהּ. קָסָבַר רַבִּי יִשְׁמָעֵאל. בְּכָל הַתּוֹרָה כּוּלָּהּ לָאו שֶׁאֵין בּוֹ מַעֲשֶׂה לוֹקִין עָלָיו, וְאֵין צָרִיךְ לְרַבּוֹת. קַשְׁיָא. הַךְ דְּ"אֵלּוּ הֵן הַלּוֹקִין" כו' לָא גָּרְסִינַן, וְתַלְמִיד טוֹעֶה שֶׁהוּקְשָׁה לוֹ כְּתָבָהּ בְּגִלְיוֹן סִפְרוֹ: קַשְׁיָא לִי הַךְ דְּ"אֵלּוּ הֵן הַלּוֹקִין", וּכְתָבוּהָ סוֹפְרִים בַּגְּמָרָא. וְהַתַּלְמִיד טָעָה, שֶׁאֵינָהּ קוּשְׁיָא, דְּהַהִיא לָאו רַבִּי יִשְׁמָעֵאל גּוּפֵיהּ אֲמָרָהּ אֶלָּא סוּגְיָא דִּגְמָרָא פְּרָכָהּ הָתָם. דְּיָלֵיף לְר' יִשְׁמָעֵאל מַלְקוֹת מֵ"אִם לֹא תִשְׁמוֹר לַעֲשׂוֹת אֶת כָּל דִּבְרֵי" וגו', וְדָרֵישׁ "כָּל". וּפָרְכִינַן: אִי הָכִי לָאו שֶׁאֵין בּוֹ מַעֲשֶׂה נַמִּי! וּמְשַׁנֵּינַן: "לַעֲשׂוֹת" כְּתִיב. וְקַשְׁיָא לֵיהּ לְאוֹתוֹ תַּלְמִיד, דַּהֲוָה לֵיהּ לְשַׁנּוֹיֵי הָתָם: אִין הָכִי נַמִּי לְר' יִשְׁמָעֵאל לוֹקִין אַלָּאו שֶׁאֵין בּוֹ מַעֲשֶׂה. וְלָאו קוּשְׁיָא הִיא, דְּהָא דְּאָמְרִינַן הָכָא לְר' יִשְׁמָעֵאל לוֹקִין – לָא מִיתּוֹקְמָא, דְּעַל כָּרְחָךְ שָׁבְקִינַן לְהָא אוּרְחָא בְּסוֹף שְׁמַעְתִּין וּמוֹקְמִינַן מַתְנִי' רַבִּי הִיא וּלְקָרְבָּן. אִי הָכִי. דְּמַתְנִי' בְּמַלְקוֹת, וּסְתַם לָן לָאו שֶׁאֵין בּוֹ מַעֲשֶׂה לוֹקִין עָלָיו – קַשְׁיָא דְּרַבִּי יוֹחָנָן אַדְּרַבִּי יוֹחָנָן. דְּאָמְרִי תַּרְוַיְיהוּ אֵין לוֹקֶה. וּמ"מ חוֹלְקִין בְּטַעְמוֹ שֶׁל דָּבָר, טַעְמָא דְּיָהֵיב מָר לָא יָהֵיב מָר וּמָר לֵית לֵיהּ טַעְמָא דְּמָר. וּלְקַמָּן מְפָרֵשׁ פְּלוּגְתַּיְיהוּ. סְתָמָא אַחֲרִינָא אַשְׁכַּח. דְּאֵין לוֹקִין עַל לָאו שֶׁאֵין בּוֹ מַעֲשֶׂה. הַמּוֹתִיר בַּטָּהוֹר. בְּפֶסַח טָהוֹר וְכָשֵׁר. הַשּׁוֹבֵר. אֶת הָעֶצֶם בַּטָּמֵא – אֵינוֹ סוֹפֵג אֶת הָאַרְבָּעִים. הַמּוֹתִיר בַּטָּהוֹר אֲפִילּוּ בַּטָּהוֹר, וְכ"ש בַּטָּמֵא. וּמִמַּאי. דְּהַאי סְתָמָא רַבִּי יַעֲקֹב הִיא, דְּאָמַר טַעֲמָא דְּהַמּוֹתִיר אֵינוֹ לוֹקֶה מִשּׁוּם לָאו דְּאֵין בּוֹ מַעֲשֶׂה הוּא. אַחַר לֹא תַעֲשֶׂה. אִם תּוֹתִיר וְעָבַרְתָּ עַל לָאו – בָּאֵשׁ תִּשְׂרְפוּ. נְתָקוֹ הַכָּתוּב בַּעֲשֵׂה זֶה מֵעוֹנְשָׁן שֶׁל שְׁאָר לָאוִין, לוֹמַר: זֶה עָנְשׁוֹ וְתַקָּנַת עֲבֵירָתוֹ, שֶׁיִּשְׂרְפֶנּוּ. לֹא מִן הַשֵּׁם הוּא זֶה. לֹא מִטַּעַם זֶה הַמַּלְקוֹת בָּטֵל בּוֹ, אֲבָל כָּל עַצְמוֹ אֵין בּוֹ מַלְקוֹת לְפִי שֶׁאֵין בּוֹ מַעֲשֶׂה. אינו

הא דומיא דמראות נגעים קתני. הא דלא פריך מיציאות השבת, משום דיציאות גופייהו לא ידעינן דהוו בכולהו לחיובא אלא מדומיא דמראות נגעים, לקמן בפירקין (דף ה.). **לעולם** כר' ישמעאל. לקמן (דף ד.) מפרש אמאי לא מוקמינן לה נמי כר' עקיבא.

אבל לענין מלקות חיובי מיחייב וכדרבא. סוגיא דהכא כרבין דאמר התם (דף כא.): "אכלתי" ו"לא אכלתי" — שקר, ואזהרתיה מ"לא תשבעו בשמי לשקר", "אוכל" ו"לא אוכל" — עובר ב"לא יחל", ואיזהו שוא — נשבע לשנות את הידוע. ואליביה מסקינן: בפירוש ריבתה תורה. אבל רב דימי אמר התם: "אכלתי" ו"לא אכלתי" — שוא, ולא צריכא להאי ריבתה תורה, ולדידיה לא מיתוקמא ב' שהן ד', דלא מפרשי טפי הני מהני למלקות. ולפי זה, למאי דמסיק: קסבר לאו שאין בו מעשה לוקין עליו, תימה לר"י: דמאי מיפרשי הני טפי מהני? ונראה, דאף על גב דלענין מלקות כולהו שוין, מ"מ שייך שפיר למיתני בהו ב' שהן ד', משום דבשתים קרבן נמי אית בהו, אע"ג דמתניתין לא איירי אלא במלקות. וריצב"א פי' דסוגיא זו כרבין כדפי', ולדידיה מיפרשי טפי "אוכל" ו"לא אוכל" מ"אכלתי" ו"לא אכלתי", דפשטי' ד"לא תשבעו" משמע להבא כדפירש בקונט' גבי רב דימי, דהכי קאמר רחמנא: לא תשבעו בשמי כדי לשקר בשבועה לאחר זמן, ואפי' רבין מודה. והא דמפיק ליה מפשטיה ומוקי לה ב"אכלתי" ו"לא אכלתי", היינו משום דלהבא נפקא מ"לא יחל". ולהכי חשיב הכא "אכלתי" ו"לא אכלתי" שהן ד' דלא מיפרשי, משום דקרא לא משמע אלא להבא, ולא מוקי ליה ב"אכלתי" ו"לא אכלתי" אלא משום דלא ניחא ליה לאוקמי בלאו יתירא.

וכדרבא. תימה: דאמאי מייתי מילתיה דרבא? אדרבה להחליף לאותיות רש"י, ה"ל לאתויי מילתיה דר' יוחנן, דאמר*: "לשוא" "לשוא" שתי פעמים, אם אינו ענין לשבועת שוא תנהו ענין לשבועת שקר. דממילתיה דר' יוחנן הוה לקי אפילו ב"אוכל" ו"לא אכל" אי לאו מילתיה דרבא! וי"ל, דהיינו דפריך: בשלמא "אכלתי" ו"לא אכלתי" כדרבא, אלא "אוכל" ולא אכל — לאו שאין בו מעשה הוא! ומשני: דקסבר ר' ישמעאל לאו שאין בו מעשה לוקין עליו. פירוש: ולית ליה דרבא, °אלא דריש "לשוא" "לשוא" ב' פעמים, אם אינו ענין לשבועת שוא תנהו ענין לשבועת שקר, בין "אוכל" ולא אכל בין "אכלתי" ו"לא אכלתי".

בפירוש ריבתה תורה. פירש בקונט': מ"לשוא" "לשוא" ב' פעמים. ואין נראה, דאין זה בפירוש, דאההיא דרשא גופה פריך לקמן (דף כא.): ומאי שנא? פירוש: דאפי' "אוכל" ולא אכל נמי. אלא נראה כפירוש ר"ת, דפירש: בפירוש ריבתה תורה, דבדברות הראשונות כתיב (שמות כ): "לא תענה ברעך עד שקר", ובדברות אחרונות כתיב (דברים ה): "עד שוא", לומר דשוא ושקר אחד הן. **אי** הכי קשיא הך **דאלו הן הלוקין**. פירש בקונטרס דל"ג ליה, משום דלמסקנא דהכא מלי סבר דאין לוקין עליו, ופריך התם: אי הכי לאו שאין בו מעשה נמי, לפי המסקנא דהכא. ועי"ל: °דהתם רוצה ליישב דרבי ישמעאל, דקאמר התם: חייבי מיתות ב"ד ישנן בכלל מלקות, אפי' למ"ד אין לוקין עליו. ולמאי דפרישי', דדוקא הכא סבר רבי ישמעאל דלוקין עליו מ"לשוא" "שוא", אתי שפיר. **התראת** ספק היא. אבל משום דהוי לאו שאין בו מעשה לא מיפטר, דקסבר ריש לקיש דלוקין עליו. ותימה: דבפ' "ד' מיתות" (סנהדרין דף סה: ושם) פטר ר"ל חסמה והנהיגה בקול, דעקימת שפתיו לא הוי מעשה! וי"ל: דהתם אליבא דרבנן קאמר, דב"השוכר את הפועלים" (ב"מ דף צ: ושם) פריך ליה רבי יוחנן ממתני' דאם המיר מומר וסופג את הארבעים, ומשני ר"ל: הא מני ר' יהודה היא. כלומר, ואנא אמרי אליבא דרבנן.

אבל

רבינו חננאל

ודחינן דומיא דמראות נגעים מה התם שאת ותולדתה בהרת ותולדתה כולהו לחיובא. ושני' מתני' לעולם ר' ישמעאל היא וכי לא מחייב ר' ישמעאל לשעבר כגון אכלתי ולא אכלתי קרבן אבל מלקות מחייב. ומתני' דהכא דמחייב בארבעת' מלקות הוא דמחייב וכדרבה דאמר שוא ושקר אחד הוא. הלא תראה א) דבלוחות הראשונים כתיב לא תענה ברעך עד שקר. ובלוחות האחרונים כתיב לא תענה ברעך עד שוא. ומיכן אמר רבה במסכת תמורה בתחלתה בפירוש רבתה תורה שבועת שקר דומיא דשבועת שוא. מה שבועת שוא שהוא לשעבר ולוקין עליה. דא"ר יוחנן משום ר' מאיר כי לא ינקה ה' ב"ד של מעלה הוא דאין מנקין אותו אבל ב"ד של מטה מלקין אותו ומנקין אותו. מיכן לשבועת שוא שלוקה. אף שבועת שקר לשעבר וכתיב לא תשבעו בשמי לשקר. פי' כשם שלוקה על שבועת שוא כך לוקה על שבועת שקר. וכיון דאוקמ' בשתים שהן ד' כולהו לחיובא למלקות אקשינן עליה והא שבועה שאוכל ולא אכל (שבועה) [לאו] שאין (בה) [בו] מעשה (היא) [הוא] אמאי חייב. ופרקינן ר' ישמעאל סבר לאו שאין בו מעשה לוקין עליו. והני מילי בנשבע מחייב ר' ישמעאל בלאו שאין בו מעשה מלקות. דגרסינן בתחלת תמורה אמר ר' יוחנן ר' יהודה אומר משום ר' יוסי הגלילי כל לאו שיש בו מעשה לוקין עליו ושאין בו מעשה אין לוקין עליו חוץ מן הנשבע והמימר והמקלל את חבירו בשם. ב) דאי לא תימא הכי קשיא דר' אדר' ישמעאל הכא אמר לאו שאין בו מעשה לוקין עליו ובתחלת מכות קתני בהדיא ר' ישמעאל אומר לאו שאין בו מעשה אין לוקין עליו מאי טעמא לעשות את כל דברי התורה הזאת כתיב. ואקשינן כיון דאוקימנא מתני' דהכא לר' ישמעאל והוא סתמא דמתני' לאו שאין בו מעשה לוקין עליו ואמר ר' יוחנן כל סתם משנה הלכתא כוותיה היכי אמר ר' יוחנן בנשבע שיאכל ככר זה היום ועבר היום ולא אכלה אינו לוקה משום דהואי ליה לאו שאין בו מעשה וכל לאו שאין בו מעשה אין לוקין עליו. ופרקינן ר' יוחנן סתמא אחרינא אשכח. דתנן בפרק כיצד צולין את הפסח אבל המותיר בפסח הטהור אינו לוקה מ'. ואמרינן וממאי דהאי מתני' דר' יעקב היא משום דהוה ליה לאו שאין בו מעשה דקא פטר ליה למותיר דלמא ר' יהודה היא ומשום דבא הכתוב ליתן עשה אחר לא תעשה הוא שאין לוקין עליו. אלא האי סתמא אשכח. דתנן שבועה

שלא

א) עי' בתוס' כאן ד"ה בפרוש שהביאו לדברי רבינו. ב) עי' בתוס' סד"ה וכדרבא וסד"ה בפירוש דפירשו ג"כ כדברי רבינו

לקמן כח.

[שבת מו. וש"נ]

מכות טו: תמורה ג: פסחים סג: [לקמן כח. כח:]

פסחים פג. מכות יז.

(לקמן כח.)

פסחים פד. סנהדרין סג. חולין פב: תמורה ד: מכות ד: טז.

לקמן כח. כז: [תמורה ג:]

גליון הש"ס

תוס' ד"ה וכדרבא וכו' אלא דריש לשוא לשוא ב' פעמי'. עי' תשובות דברי ריבות סי' רנה: **ד"ה** אי וכו' דהתם רוצה ליישב. כעין זה בתוס' חולין דף ע: ד"ה קלוט:

אינו חייב אלא אחת. דְּמֵאַחַר שֶׁנִּשְׁבַּע עָלָיו שְׁבוּעָה רִאשׁוֹנָה – נֶאֱסֶרֶת עָלָיו, וְכִי הֲדַר אִישְׁתַּבַּע ה"ל נִשְׁבַּע לְקַיֵּים אֶת הַמִּצְוָה, וּתְנַן לְקַמָּן (דף כז.): נִשְׁבַּע לְקַיֵּים אֶת הַמִּצְוָה וְלֹא קִיֵּים – פָּטוּר מִשְּׁבוּעַת קָרְבָּן. **זו היא.** לְהַבָּא דְּלָקֵי עֲלָהּ, דְּהָוְיָא לָהּ לָאו שֶׁיֵּשׁ בּוֹ מַעֲשֶׂה, אֲבָל "אוֹכַל" וְלֹא אָכַל – לָא לָקֵי. **אלא מעיקרא סבר לה כו'.** הִלְכָּךְ רַבִּי יוֹחָנָן ס"ל כִּסְתָמָא בַּתְרָא, דַּהֲדַר בֵּיהּ רַבִּי מִקַּמַּיְיתָא. **ומשנה לא זזה ממקומה.** וּמִשְׁנָה רִאשׁוֹנָה, אע"פ שֶׁחָזַר בּוֹ מִסְּתִימָתָהּ, מֵאַחַר שֶׁפָּשְׁטָה בְּרוֹב הַתַּלְמִידִים – לֹא הָיְתָה יְכוֹלֶת בַּדּוֹרוֹת שֶׁאַחַר רַבִּי לְשַׁכְּחָהּ מִפִּיהֶם וּלְבַטְּלָהּ מִבֵּית הַמִּדְרָשׁ, וְהִנִּיחוּ אֶת שְׁתֵּיהֶן, וְהַמַּשְׂכִּיל יָבִין שֶׁאַחֲרוֹנָה עִיקָּר, שֶׁחָזַר בּוֹ מִן הָרִאשׁוֹנָה. **לאו שניתן לאזהרת מיתת ב"ד.** לָאו הָאָמוּר בְּשַׁבָּת לֹא נִיתַּן לְעוֹנֶשׁ מַלְקוּת, אֶלָּא שֶׁאִם יַעֲבוֹר עָלָיו יַתְרֶה בּוֹ הַמַּתְרֶה שֶׁהוּא בִּסְקִילָה וְיִסָּקֵל. וְאִם לֹא הַתְרָה בּוֹ סְקִילָה וְהִתְרָה בּוֹ מַלְקוּת – אֵין דִּינוֹ לִלְקוֹת, שֶׁלֹּא לְעוֹנֶשׁ מַלְקוּת כְּתָבוֹ מִתְּחִלָּה. וּמְשַׁנֵּינַן: לְהָכִי אוֹקִימְנָא כְּרַבִּי יִשְׁמָעֵאל, דְּאָמַר בְּמַסֶּכֶת מַכּוֹת: לָאו שֶׁנִּיתַּן לְאַזְהָרַת מִיתַת ב"ד, אִם הִתְרוּ בּוֹ מַלְקוּת וְלֹא מִיתָה מַלְקִין אוֹתוֹ, דְּתַנְיָא: אַחַת חַיָּיבֵי כָּרֵיתוֹת וְאַחַת חַיָּיבֵי מִיתוֹת ב"ד יֶשְׁנָן בִּכְלַל מַלְקוּת מ', דִּבְרֵי רַבִּי יִשְׁמָעֵאל. **הא לאו הכי מתוקמא כר"ע.** בִּתְמִיָּה, וְהָא קַשְׁיָא יְדִיעוֹת הַטּוּמְאָה, כִּדְאָמַר לְעֵיל (דף ג.) דִּלְר"ע (א) אֵינוֹ חַיָּיב עַל הֶעְלֵם קֹדֶשׁ וּמִקְדָּשׁ! וּמְשַׁנֵּי: **לאו אמרת ר' ישמעאל היא.** דַּהֲוֵי קַשְׁיָא לָן שְׁבוּעוֹת גַּבֵּי קָרְבָּן, וְאוֹקִימְנָא לְמַלְקוּת וְלָא קַשְׁיָא לָן לְר"ע נַמִי, אִי לָאו מִשּׁוּם קוּשְׁיָא דְּלָאו שֶׁנִּיתַּן לְאַזְהָרַת מִיתַת ב"ד, דְּשָׁמְעִינַן לֵיהּ לְר"ע בְּמַסֶּ' מַכּוֹת דְּאֵין לוֹקִין עָלָיו, אִי הֲוָה קַשְׁיָא לָן יְדִיעוֹת לְקָרְבָּן הֲוָה מוֹקְמִינַן לָהּ לְמַלְקוּת כּוּלָּהּ מַתְנִיתִין וְר"ע, וַהֲוָה נִיחָא לָן לְאוֹקְמָהּ אַלִּיבָּא דְּר"ע מִשּׁוּם דְּכוּלְּהוּ סְתִימְתָּאֵי אַלִּיבֵּי', דְּאָמְרִי' (סנהדרין דף פו.): סְתָם מַתְנִי' ר"מ סְתָם סִפְרָא ר' יְהוּדָה סְתָם תּוֹסֶפְתָּא ר' נְחֶמְיָה, וְכוּלְּהוּ אַלִּיבָּא דְּר"ע, מִמֶּנּוּ קִבְּלוּ. **אי הכי.** דְּמַתְנִי' לְמַלְקוּת. **ידיעות.** דְּמַשְׁמַע וְנֶעֶלְמוּ, הֵיכִי תְּנַן? הָא הַתְרָאוֹת נִינְהוּ וְאֵין כָּאן הֶעְלֵם! **הא לא קשיא.** כְּלוֹמַר, אִם אֵין לְךָ קוּשְׁיָא אַחֶרֶת זוֹ יֵשׁ לְתָרֵץ כָּךְ. **תרתי הוא דהויין.** דְּאֵין מַלְקוּת אֶלָּא א"כ הִזְכִּירוּ אֶת הַטּוּמְאָה וְהַקּוֹדֶשׁ אוֹ אֶת הַטּוּמְאָה וְהַמִּקְדָּשׁ, וְתַרְתֵּי הוּא דְּאִיכָּא, מַלְקוּת לְקוֹדֶשׁ וּמַלְקוּת לְמִקְדָּשׁ. דִּבִשְׁלָמָא לְקָרְבָּן אִיכָּא אַרְבַּע: הֶעְלֵם טוּמְאָה וְאָכַל קוֹדֶשׁ וְזָכוּר הוּא לוֹ, הֶעְלֵם טוּמְאָה וּבָא לַמִּקְדָּשׁ וְזָכוּר הוּא לוֹ, הֶעְלֵם קוֹדֶשׁ וַאֲכָלוֹ, הֶעְלֵם מִקְדָּשׁ וְנִכְנַס לוֹ, וְזָכוּר הוּא אֶת הַטּוּמְאָה. וְתוּ ה"ז בְּעוֹלֶה וְיוֹרֵד. וְהָא בְּמֵזִיד אוֹקִימְתָּהּ. **אלא אמר רב יוסף.** לְעוֹלָם לְקָרְבָּן. וּדְקַשְׁיָא לָךְ: לָא רַבִּי יִשְׁמָעֵאל וְלָא ר"ע הִיא – ר' סְתָמָהּ וְאַלִּיבָּא דְּתַנָּאֵי. וְה"ג: בִּשְׁבוּעוֹת נָסֵיב לָהּ כְּר"ע, בִּידִיעוֹת נָסֵיב לָהּ כְּר' יִשְׁמָעֵאל. וְלָא מְסַתֵּם סְתָמִינְהוּ, אֶלָּא ה"ק: שְׁבוּעוֹת לְר"ע שְׁתַּיִם שֶׁהֵן ד', יְדִיעוֹת לְר' יִשְׁמָעֵאל שְׁתַּיִם שֶׁהֵן ד'. **אמריתא לשמעתא כו'.** אֲנִי פֵּירַשְׁתִּי שְׁמוּעָה זוֹ שֶׁל רַב יוֹסֵף לִפְנֵי רַב כָּהֲנָא, וְאָמַר דְּהַאי נָסֵיב לָהּ אַלִּיבָּא דְּתַנָּאֵי דְּקָאָמַר רַב יוֹסֵף, לָא תֵּימָא נָסֵיב וְלָא ס"ל וְלָא סְתָמִינְהוּ. אֶלָּא וַדַּאי מִסְתַּם סְתָמִינְהוּ רַבִּי, וְהָכִי קָסָבַר לָהּ, בִּשְׁבוּעוֹת כְּר"ע וּבִידִיעוֹת כְּר' יִשְׁמָעֵאל, וְטַעְמָא דְּנַפְשֵׁיהּ קָאָמַר. **ונעלם ונעלם שני פעמים.** תְּרֵי "וְנֶעְלַם" כְּתִיבִי גַּבֵּי טוּמְאַת קָרְבָּן עוֹלֶה

אֵינוֹ חַיָּיב אֶלָּא אַחַת, זוֹ הִיא שְׁבוּעַת בִּיטּוּי שֶׁחַיָּיבִין עַל זְדוֹנָהּ מַכּוֹת וְעַל שִׁגְגָתָהּ קָרְבָּן עוֹלֶה וְיוֹרֵד; זוֹ הִיא דְּחַיָּיבִין עַל זְדוֹנָהּ מַכּוֹת, אֲבָל "אוֹכַל" וְלֹא אָכַל — לָא לָקֵי. מִכְּדֵי הַאי סְתָמָא וְהַאי סְתָמָא, מַאי חָזֵי דְּעָבֵיד כִּי הַאי סְתָמָא? לַעֲבֵיד כִּי הַאי סְתָמָא! וּלְטַעְמִיךְ, רַבִּי גּוּפֵיהּ הֵיכִי סָתַם לָן הָכָא הָכִי וְהָכָא הָכִי? אֶלָּא, מֵעִיקָּרָא סָבַר: לָאו שֶׁאֵין בּוֹ מַעֲשֶׂה לוֹקִין עָלָיו, וּסְתָמָהּ, וַהֲדַר סָבַר: אֵין לוֹקִין עָלָיו וּסְתָמָהּ, *וּמִשְׁנָה לֹא זָזָה מִמְּקוֹמָהּ. בְּמַאי אוֹקִימְתָּא? כְּר' יִשְׁמָעֵאל וּלְמַלְקוּת, מַרְאוֹת נְגָעִים מַאי מַלְקוּת אִיכָּא? בְּקוֹצֵץ בַּהַרְתּוֹ; וּכְרַבִּי אָבִין א"ר אִילְעָא, *דְּא"ר אָבִין א"ר אִילְעָא: כָּל מָקוֹם שֶׁנֶּאֱמַר "הִשָּׁמֶר" "פֶּן" וְ"אַל" — אֵינוֹ אֶלָּא לֹא תַעֲשֶׂה. יְצִיאוֹת שַׁבָּת מַאי מַלְקוּת אִיכָּא? לָאו שֶׁנִּיתַּן לְאַזְהָרַת מִיתַת ב"ד הוּא, *)[א]וְכָל לָאו שֶׁנִּיתַּן לְאַזְהָרַת מִיתַת ב"ד — אֵין לוֹקִין עָלָיו! מִשּׁוּם הָכִי קָא מוֹקְמִינָא כְּר' יִשְׁמָעֵאל, *דְּאָמַר: לָאו שֶׁנִּיתַּן לְאַזְהָרַת מִיתַת ב"ד — לוֹקִין עָלָיו. הָא לָאו הָכִי קַיְימָא כְּר"ע? קַשְׁיָא יְדִיעוֹת! לָאו אָמְרַתְּ: רַבִּי יִשְׁמָעֵאל הִיא וּלְמַלְקוֹת? ר"ע נַמִי וּלְמַלְקוֹת. אִי הָכִי, יְדִיעוֹת — הַתְרָאוֹת מִיבָּעֵי לֵיהּ! הָא לָא קַשְׁיָא, תְּנֵי: יְדִיעוֹת דְּהַתְרָאוֹת. אִי הָכִי, שְׁתַּיִם שֶׁהֵן אַרְבַּע — תַּרְתֵּי הוּא דְּהָוְיָין! וְתוּ, אֶת שֶׁיֵּשׁ בָּהּ יְדִיעָה בַּתְּחִלָּה וִידִיעָה בַּסּוֹף וְהֶעְלֵם בֵּינְתַיִם — הַעֲלָמָה לְמַלְקוֹת מַאי עֲבִידְתֵּיהּ? וְתוּ, הֲרֵי זֶה בְּעוֹלֶה וְיוֹרֵד! אֶלָּא אָמַר רַב יוֹסֵף: *רַבִּי הִיא, וְנָסֵיב לָהּ אַלִּיבָּא דְּתַנָּאֵי, בִּידִיעוֹת — נָסֵיב לָהּ כְּרַבִּי יִשְׁמָעֵאל, בִּשְׁבוּעוֹת — נָסֵיב לָהּ כְּר"ע. אָמַר רַב אָשֵׁי: אֲמַרִיתָא לִשְׁמַעְתָּא קַמֵּיהּ דְּרַב כָּהֲנָא, וַאֲמַר לִי: לָא תֵּימָא, רַבִּי נָסֵיב לָהּ אַלִּיבָּא דְּתַנָּאֵי וְלֵיהּ לָא ס"ל. אֶלָּא רַבִּי טַעֲמֵיהּ דְּנַפְשֵׁיהּ מְפָרֵשׁ; *דְּתַנְיָא: מִנַּיִן שֶׁאֵינוֹ חַיָּיב אֶלָּא עַל שֶׁיֵּשׁ בָּהּ יְדִיעָה בַּתְּחִלָּה וִידִיעָה בַּסּוֹף וְהֶעְלֵם בֵּינְתַיִם? ת"ל: °"וְנֶעְלַם" "וְנֶעְלַם" שְׁנֵי פְעָמִים, דִּבְרֵי ר"ע; רַבִּי אוֹמֵר: אֵינוֹ צָרִיךְ, [ב]הֲרֵי הוּא אוֹמֵר: וְנֶעְלַם

°ויקרא ה

*) [שבת קנד. עירובין יז: ב"ק עד: סנהדרין פו: מכות יג:]

אבל אוכל ולא אכל לא לקי. דלמעט "אכלתי" ו"לא אכלתי" לא אתי, כדאמר בפ"ג (לקמן דף כא: ושם) דקאי בלהבא וממעט להבא. ו"לא אזרוק" וזרק — חייב לכ"ע. וליכא למימר נמי דאתי למעוטי נשבע לבטל המצוה, דהא קתני לה התם (דף כז.) ברישא דהך מתני'. וא"ת: היכי דייק מהכא דלאו שאין בו מעשה אין לוקין עליו? דלמא טעמא משום דהוי התראת ספק! וי"ל: דמשמע ליה דפטר אפילו נשבע על הככר וזרקו לים והתרו בו בשעת זריקה. ומיהו הא נמי חשיב התראת ספק למ"ד ביטלו ולא בטלו, (ב)דחשיב התראת ספק אפילו שיבר כנפיה בפ' בתרא דמכות (דף טו: ושם). א"נ, אינו חושש רק למצוא תנא דפליג אמתני'. וא"ת: ומנלן דפליג? דלמא מתני' דהכא איירי בזורק ככר לים דהוי התראת ודאי, (ג) ולעולם תרוייהו סבירא להו דלוקין על לאו שאין בו מעשה, ומתני' דפ"ג (לקמן דף כז:) איירי בהתראת ספק! וי"ל: דמתני' משמע ליה דאיירי כמתני' דלקמן (שם) וכן מייתי לעיל שפיר ממתני' דמותיר בטהור אע"ג דאיכא למימר דפטר משום דיש בהן התראת ספק, דמ"מ אייתי ראיה דפליג תנא אמתני', דבהאי טעמא דפטר מותיר בטהור יש לפטור הך דמתניתין. **והדר** סבר לאו שאין בו מעשה אין לוקין עליו. וא"ת: דבריש "אלו טריפות" (חולין דף מג.) פריך לר' יוחנן דאמר הלכה כדברי האומר בכזית: והא"ר יוחנן הלכה כסתם משנה, ותנן: ניטלה הכבד ולא נשתייר ממנה כלום! ומאי פריך? והא סתמא בתרא עדיף! וי"ל: ד"אלו טריפות" ו"אלו כשירות" חדא מילתא היא, ולא שייך למימר בהו קמייתא ובתרייתא. והר"ר יעקב דאורלינ"ש תירץ דה"פ: והא"ר יוחנן הלכה כסתם משנה — ע"כ סתמא ד"אלו כשירות" לאו סתמא מעלייתא היא, דאי סתם גמור הוא אמאי הוצרך לפסוק כוותיה? והא"ר יוחנן חדא זימנא דהלכה כסתם משנה. **מראות** נגעים מאי מלקות איכא. ואין לומר כגון אם התרו בו שלא ליכנס למקדש ונכנס, או שלא לאכול בשר קודש ואכל. דא"כ היינו ידיעות הטומאה, ואם התרו בו שלא ליכנס במחנה לויה ונכנס לפנים ממחיצתו — הא אמר בפרק "אלו דברים" (פסחים דף סז. וע"ש בתד"ה הכתוב) דלא לקי, שהכתוב נתקו לעשה דכתיב "בדד ישב". אבל אי איירי לענין קרבן — ניחא, דיש קרבן לאחר שנטהר מנגעו. **בקוצץ** בהרתו. משמע הכא דאין לוקין אלא על קציצת ד' מראות נגעים. וקשה: דבפ' "ר"א דמילה" (שבת דף קלג: ושם) משמע דלקי אף על קציצת נגעים טהורים. דאין לרעת דוחה את העבודה, ופריך: *ונקלץ בהרתו, דאתי עשה דעבודה ודחי לאו דקוצץ בהרתו! ומשני: מחוסר טבילה. התינח נגעים טמאים, נגעים טהורין מאי איכא למימר? משמע דלקי אקציצת נגעים טהורים! ואומר ריצב"א: דהתם נמי לא איירי אלא בד' מראות, וטהורים דקאמר — כגון דעמד בעיניו בזה ובזה או כהה, וקרי ליה טהורה לפי שאין מוחלט ואין מחוסר טבילה, שכבר טבל. **הא** לאו הכי מתוקמא כר"ע קשה ידיעות. תימה: דהא ודאי אי הוה סבר ר"ע לאו שניתן לאזהרת מיתת ב"ד לוקין עליו, הוה אתיא מתני' שפיר כר"ע. ולא הוה קשיא ליה ידיעות, כיון דלמלקות איירי מתני', דאיצטריך למימר דסבר תנא דמתניתין לאו שניתן לאזהרת מיתת ב"ד לוקין עליו! וי"ל: דקשיא ליה ידיעות כי מוקמינן מתני' כר"ע אע"ג דמתניתין איירי למלקות, כדמסיק בתר הכי: אי הכי ידיעות התראות מיבעי ליה. אבל כרבי ישמעאל ולמלקות — אתי שפיר הא דקתני ידיעות, דמתני' איירי בין לקרבן בין למלקות. והשתא אתי שפיר, דיש ליישב "אי הכי", דפריך: אמאי מוקי כרבי עקיבא ולמלקות, דכרבי ישמעאל ולמלקות א"ש, כדפרישית. **רבי** עקיבא נמי ולמלקות. א"כ סבר ר"ע לאו שאין בו מעשה לוקין עליו, כדאמר הגמ' לעיל אליבא דר' ישמעאל. וא"ת: והיכי מצי סבר דלוקין עליו? והא למ"ד לוקין עליו — משום דגמר ממוציא ש"ר ועדים זוממין כדאמר בפ"ק דמכות (דף ב:), ור"ע דאומר עדים זוממין קנסא הוא לא מצי גמר, דאיכא למימר שכן קנס! וי"ל: דדלמא סבר כרב דימי דאמר בפ"ג (לקמן דף כ:): "אכלתי" ו"לא אכלתי" שבועת שוא היא, ולקי עליו מ"לא ינקה". ולמאי דפרישית לעיל, דדוקא גבי שבועה קאמר לעיל דלקי עליו, אתי שפיר.

ונעלם

עין משפט נר מצוה

טז א מיי' פי"ח מהל' סנהדרין הלכה ב:

יז ב מיי' פי"ח מהל' שגגות הלכה ח:

רבינו חננאל

שלא אוכלנה שבועה שלא אוכלנה. אינו חייב אלא אחת. וזו היא שבועת ביטוי שחייבין על זדונה מכות ועל שגגתה קרבן עולה ויורד. ודייק' מינה מדקתני וזו היא זהו דלקי. דעבד מעשה דאכל אבל אוכל ולא אכל לא לקי. ומאי אולמיה דהאי סתמא מהאי סתמא. ותו רבי היכי סתים הכא לאו שאין בו מעשה לוקין עליו והכא סתים לן לאו שאין בו מעשה אין לוקין עליו. ופשטינן מעיקרא סבר לאו שאין בו מעשה לוקין עליו וסתם הכי. והדר סבר לאו שאין בו מעשה אין לוקין עליו וסתם הכי. ונדחת הראשונה דהלכתא כבתראה. ומשנה לא זזה ממקומה. ור' יוחנן דאמר כסתמא בתראה. ומקשינן במאי אוקימתה למתני' דהכא דקתני שתים שהן ארבע למלקות ולא לקרבן. מראות נגעים מאי למלקות איכא. ופרקינן כגון דאיכא אחד מאלו ארבע' מראות נגעים בראשי אבריו וקוצצן שלוקה. כר' אבין דאמר כל מקום שנאמר השמר פן ואל אינו אלא בלא תעשה. יציאות השבת לאו שניתן לאזהרת מיתת ב"ד הוא ואין לוקין עליו. ופרקינן להכי אוקימנא כר' ישמעאל דתניא אחד חייבי [כריתות ואחד חייבי] מיתות ב"ד ישנן בכלל מלקות ארבעים דברי ר' ישמעאל. אבל לר' עקיבא ולמלקות לא מיתוקמא. דהעלמה במלקות ליכא. דהא ליכא מלקות אלא בידיעה והתראה. ותוב הא לקרבן היא דהא קתני בעולה ויורד. אלא אמר רב יוסף רבי היא. ובשבועות סבר לה כר' עקיבא דמחייב אפילו לשעבר. ובידיעות הטומאה סבר לה כר' ישמעאל דמחייב על העלם טומאה ועל העלם מקדש.

ויקלץ. יעב"ץ

גליון הש"ס

תום' ד"ה אבל וכו' דחשיב התראת ספק אפי' שיבר כנפי'. לא זכיתי להבין דהתם שעת עבירה הלקיחה ובשעה ששיבר כנפים אינו העבירה אלא למבטל בזה תיקון העשה ויתחייב המלקות למפרע בשעה שלקח. בזה לא שייך ההתראה על שעת שיבור כנפים דעתה אינו עושה העבירה. וכשלקח היה התראת ספק שמא לא ישבר כנפים. אבל הכא דהעבירה אינו על שעת שבועה אלא על שעה שעובר על השבועה דקס בלאו דלא יחל וכיון דאתו דנין לחייבו בהטלתו לים לדוטו בלאו שיש בו מעשה דעתה הוא יעשה עבירה דבהטלתו לים עובר על שבועתו שאינו אוכלו. א"כ ההתראה הוא עתה כשמטילו לים ולא הוי התראת ספק ועע"ג:

מסורת הש"ס

[יבמות ל. וש"נ]

לקמן לו. מכות יג: סוטה ה. זבחים קו. מנחות [לו:] לט: עירובין לו. ע"ז נח:

מכות יג:

[ר"ה ז: וש"נ]

רש"ל דאשכחן דאית ליה טעמא דנפשיה דתניא

הגהות הב"ח

(א) רש"י ד"ה הא לאו הכי וכו' דלר"ע (אינו חייב בהעלם קדש ומקדש) תא"מ ונ"ב ס"א אינו חייב אלא בהעלם טומאת קדש ומקדש: (ב) תום' ד"ה אבל וכו' דהוי התראת ודאי ומתני' דפ"ג איירי בהתראת ספק ולעולם תרוייהו סבירא להו וכו' שאין בו מעשה וי"ל כצ"ל:

"וְנֶעְלַם" — מִכְּלָל דְּיָדַע, "וְהוּא יָדַע" — הֲרֵי כָּאן שְׁתֵּי יְדִיעוֹת, אִם כֵּן מַה ת"ל °"וְנֶעְלַם" "וְנֶעְלַם"? לְחַיֵּיב עַל הֶעְלֵם טוּמְאָה וְעַל הֶעְלֵם מִקְדָּשׁ. אַשְׁכְּחַן בִּידִיעוֹת דְּאִית לֵיהּ טַעֲמֵיהּ דְּנַפְשֵׁיהּ, שְׁבוּעוֹת דְּלֵית לֵיהּ טַעֲמֵיהּ דְּנַפְשֵׁיהּ מְנָלַן? סְבָרָא הוּא (לִישָּׁנָא אַחֲרִינָא: אַשְׁכְּחַן בִּידִיעוֹת דְּסָבַר לָהּ כְּר' יִשְׁמָעֵאל, בִּשְׁבוּעוֹת דְּסָבַר לָהּ כְּר"ע מְנָלַן? סְבָרָא הוּא): ר"ע מַאי טַעֲמָא קָא מְחַיֵּיב לְשֶׁעָבַר? דְּדָרֵישׁ רִיבּוּיֵי וּמִיעוּטֵי, רַבִּי נַמִי דָּרֵישׁ רִיבּוּיֵי וּמִיעוּטֵי; דְּתַנְיָא, *רַבִּי אוֹמֵר: בַּכֹּל פּוֹדִין בְּכוֹר אָדָם חוּץ מִן הַשְּׁטָרוֹת, וְרַבָּנַן אָמְרִי: [א]בַּכֹּל פּוֹדִין בְּכוֹר אָדָם חוּץ מֵעֲבָדִים וּשְׁטָרוֹת וְקַרְקָעוֹת. (א) מַאי טַעֲמָא דְּרַבִּי? דָּרֵישׁ רִיבּוּיֵי וּמִיעוּטֵי: °"וּפְדוּיָו מִבֶּן חֹדֶשׁ" — רִיבָּה, °"בְּעֶרְכְּךָ כֶּסֶף חֲמֵשֶׁת שְׁקָלִים" — מִיעֵט, "תִּפְדֶּה" — חָזַר וְרִיבָּה, רִיבָּה וּמִיעֵט וְרִיבָּה — רִיבָּה הַכֹּל, מַאי רִיבָּה? כָּל מִילֵּי, וּמַאי מִיעֵט? מִיעֵט שְׁטָרוֹת. וְרַבָּנַן דָּרְשִׁי כְּלָלֵי וּפְרָטֵי: "וּפְדוּיָו מִבֶּן חֹדֶשׁ" — כְּלָל, "בְּעֶרְכְּךָ כֶּסֶף חֲמֵשֶׁת שְׁקָלִים" — פְּרָט, "תִּפְדֶּה" — חָזַר וְכָלַל, כְּלָל וּפְרָט וּכְלָל — אִי אַתָּה דָּן אֶלָּא כְּעֵין הַפְּרָט: מַה הַפְּרָט מְפוֹרָשׁ דָּבָר הַמִּטַּלְטֵל וְגוּפוֹ מָמוֹן — אַף כָּל דָּבָר הַמִּטַּלְטֵל וְגוּפוֹ מָמוֹן; יָצְאוּ קַרְקָעוֹת שֶׁאֵינָן מִטַּלְטְלִין, יָצְאוּ עֲבָדִים שֶׁהוּקְשׁוּ לְקַרְקָעוֹת, יָצְאוּ שְׁטָרוֹת, אע"פ שֶׁמִּטַּלְטְלִין — אֵין גּוּפָן מָמוֹן. א"ל רָבִינָא לַאֲמֵימָר: רַבִּי דָּרֵישׁ רִיבּוּיֵי וּמִיעוּטֵי? וְהָא רַבִּי כְּלָלֵי וּפְרָטֵי דָּרֵישׁ! דְּתַנְיָא: *°"מַרְצֵעַ", אֵין לִי אֶלָּא מַרְצֵעַ, מִנַּיִן לְרַבּוֹת הַסּוּל וְהַסִּירָה, הַמַּחַט וְהַמַּקְדֵּחַ וְהַמַּכְתֵּב? ת"ל: °"וְלָקַחְתָּ", כָּל דָּבָר שֶׁנִּלְקַח בַּיָּד, דִּבְרֵי ר' יוֹסֵי בְּר' יְהוּדָה. רַבִּי אוֹמֵר: "מַרְצֵעַ" — מַה מַּרְצֵעַ מְיוּחָד שֶׁל מַתֶּכֶת — [ב]אַף כָּל שֶׁל מַתֶּכֶת; וְאָמְרִינַן: בְּמַאי קָא מִיפַּלְגִי? רַבִּי דָּרֵישׁ כְּלָלֵי וּפְרָטֵי, וְרַבִּי יוֹסֵי בְּר' יְהוּדָה דָּרֵישׁ

ריבויי

תורה אור: ויקרא ה; במדבר יח; שם; דברים טו; שם

עולה ויורד: "ונעלם ממנו והוא טמא" (ויקרא ה), "ונעלם ממנו והוא ידע" (שם), קמא דוקא למיגמר מיניה: על העלם טומאה הוא חייב ואינו חייב על העלם מקדש, ואידך קרא יתירא הוא לדרשא: הטיל "והוא ידע" בין תרי "ונעלם" ודרוש דלאחר שהיתה ידיעה נעלם. ולמימר דבעי ידיעה בתחלה וידיעה בסוף לא צריכא קרא, דאי לא ידע שחטא אמאי לייתי קרבן? מכלל שידע. לקמן מפרש לה. **א"כ מה ת"ל כו'.** אלמא רבי אהעלם מקדש נמי מחייב, כר' ישמעאל. **דדריש ריבויי ומיעוטי.** מדרשא דריבויי ומיעוטי נפקא ליה בפ"ג (לקמן כו.), שלא היה דורש את התורה במשמעות כללות ופרטות אלא במשמעות רבויין ומיעוטין. וגבי שבועות הכי דריש: "נפש כי תשבע" ריבה כל השבועות, "להרע או להיטיב" מיעט את הריבוי, ולימד שאינו חייב אלא על הדומה למיעוט שיהא להבא כמותו. ולא דדריש ליה במשמעות כלל ופרט, דנימא "להרע או להיטיב" פירושו של כלל הוא ואין לך להביא בו אלא הוא לבדו – הרעה והטבה, ולא שאר דברים ואפילו להבא שאינו הרעה והטבה. שכל הדורש התורה כלל ופרט אית ליה אין בכלל אלא מה שבפרט, וכי הדר אתי כללא אחרינא בתר פרטא כי הכא דכתיב בתריה "לכל אשר יבטא" וגו', די לך אם תוסיף על הפרט בכלל אחרון דברים שאין בהן הרעה והטבה ויהיו כעין הפרט בלהבא, ולא לשעבר שאינו דומה לפרט כלל, דלהכי אהני כלל קמא למעוטי. והיינו דאומר: כלל ופרט וכלל אי אתה דן אלא כעין הפרט, כלומר דן אתה להוסיף על הפרט ע"י כלל האחרון, אבל אי אתה דן להוסיף עליו אלא הדומה לו. אבל הדורש בריבה ומיעט אין הפרט פירושו של כלל אלא ממעטו במקצת, כלומר, לא את הכל ריבה בריבוי הראשון אלא זה וכיוצא בו. בלא ריבוי בתרא משתמע ליה זה וכיוצא בו, הלכך כי אתא ריבוי אחרינא בתריה – לרבות בא ואפי' שלא כעין הפרט, ולא מיעט המיעוט אלא דבר אחד הראוי להוציא מן הכלל הזה יותר מן הכל. ור"ע הכי דריש בפ"ג להאי "כי תשבע", ואינו ממעט מן המיעוט אלא נשבע לבטל את המצוה. **פרט** הוא לשון פירוש, לפיכך כלל ופרט אין בכלל אלא מה שבפרט. מיעוט אינו פירוש, אלא ממעט את משמעות הכלל במקצת ומשייר את כל הדומה למיעוט, כך מפורש בסנהדרין בפרק "נגמר הדין" (דף מו.) גבי "והומת ותלית", דריבה ומיעוט לחודיה מביא כל כעין הפרט בלא רבויא בתריה. **ורבי נמי דריש ריבוי ומיעוט,** כלומר שמעי' ליה בעלמא שדורש את התורה במשמעות ריבוי ומיעוט ולא במשמעות כלל ופרט. **חוץ מן השטרות.** היה חייב לו אדם בשטר ה' סלעים ונתן זה אותו שטר לכהן בפדיון בנו – אינו פדוי. אבל בשאר כל דברים פודין. ורבנן פליגי עליה במתני' במסכת בכורות, דתנן: אין פודין לא בעבדים ולא בשטרות ולא בקרקעות. **ופדויו.** בכל דבר משמע. **תפדה חזר וכלל.** ואע"פ ד"תפדה" ו"פדויו" גבי הדדי כתיבי, והדר כתיב "בערכך כסף", איכא תנאי דסבירא להו בשתי כללות הסמוכין זה לזה והפרט אחריהם – הטל פרט ביניהם ודונם בכלל ופרט וכלל. **שהוקשו לקרקעות.** "והתנחלתם אותם" וגו' (ויקרא כה). **אין גופן ממון.** הנייר אינו שוה כלום, ואינו עומד אלא לראיה שבו. **מיעט שטרות.** שהן ראויין למעט יותר מן הכל, שאינן ממון. **הסול.** חתיכת עץ חדודה. **הסירה.** קוץ. **המכתב.** חרט שקורין גריפ"א. **דריש כלל ופרט.** "ולקחת" כלל, "מרצע" פרט, "ונתת באזנו" כל דבר הנתון, חזר וכלל: מה הפרט מפורש של מתכת וכו'.

ריבויי

---

*__ונעלם ונעלם__ ב' פעמים. פי' בקונט': תרי "ונעלם" כתיבי גבי טומאה בקרבן עולה ויורד, "ונעלם ממנו והוא טמא" "ונעלם ממנו והוא ידע", קמא — למיגמר מיניה על העלם טומאה הוא חייב ולא על העלם מקדש, ואידך — קרא יתירא הוא לדרשה, והטל "והוא ידע" בין שני "ונעלם" ודרוש דלאחר שהיתה לו ידיעה נעלם. ולמימר דבעי ידיעה בתחלה וידיעה בסוף לא בעי קרא, דאי לא ידע שחטא אמאי מייתי קרבן. ע"כ לשון הקונט'. וקשה הרבה לפירושו: א', דאמאי איצטריך "ונעלם" למימר דאינו חייב על העלם מקדש, דמהי תיתי דאיצטריך קרא למיפטריה? תדע, דהא לרבי איצטריך "ונעלם" לחייבו על העלם מקדש! ועוד, דפירש דלידיעה בתרייתא לא צריך קרא, דאי לא ידע שחטא אמאי מייתי קרבן — א"כ בכל החטאות דכתיב "או הודע" ליבעי ידיעה בתחלה! ועוד, הרי רבי דריש "והוא ידע" לידיעה בתרייתא, וכתיב קרא לאורחא דמילתא אף ע"ג דלא איצטריך. א"נ, איצטריך לידיעה בתרייתא למעוטי הפריש קרבן קודם שנודע לו. דאפי' למ"ד בפ' "דם שחיטה" (כריתות דף כב:) אשם ודאי לא בעי ידיעה בתחלה, ואם הפריש אשמו קודם שידע הוי קדוש כחטאת, דכתיב "או הודע אליו" — מודה דבעי ידיעה! ועוד, דבסוף פ"ב (לקמן יט:) קאמר דר' ישמעאל לא בעי ידיעה בתחלה מדמצריך תרי "ונעלם" להעלם מקדש ולהעלם טומאה, משמע דר"ע דבעי ידיעה בתחלה דריש ליה מ"ונעלם" יתירא! לכך נראה לר"ת: דר"ע דריש ליה מ"ונעלם" יתירא — מכלל שידע. ורבי מ"ונעלם" דאתי לגופי' דריש מכלל שידע ידיעת בית רבו. ועוד יש לפרש: "ונעלם" "ונעלם" שתי פעמים — שדי "והוא ידע" בין תרי "ונעלם", דהשתא איכא ידיעה אחר העלמה וקודם העלמה.

ר"ע דמחייב לשעבר משום דדריש ריבויי ומיעוטי. וא"ת: דבפ"ק דב"מ (דף ד: ושם) גבי "סלעין דינרין" קאמר ר"ע דאין נשבעין על כפירת שעבוד קרקעות, וא"כ דריש כללי ופרטי, דלמאן דדריש ריבויי ומיעוטי לא ממעטי' אלא שטרות כדמוכח בסמוך! ולספרים דגרסי התם רבי יעקב ניחא. וי"ל: דאפי' מאן דדריש ריבויי ומיעוטי, כי איכא תרי מיעוטי מוקמת חד למעוטי קרקעות וחד למעוטי שטרות, כדמשמע בפ' "מרובה" (ב"ק דף סב. ושם), ור"ע אית ליה נמי שום מיעוט אחרינא גבי שבועות למעוטי קרקעות. וי"מ: דההיא ד"הזהב" (ב"מ דף נז: ושם) דממעט קרקע משבועה מקרא ד"כי יתן איש" מכלל ופרט וכלל — אינה עיקר דרשה, אלא מקרא דממעטי' כפל מ"על כל דבר פשע" ממעטינן נמי שבועה. והתם איכא טובא מיעוטי למעט שטרות וקרקעות. וקרא ד"כי יתן איש" אתא לדרשא אחריתי, "כי יתן איש" — (לקמן מג.) עד שיתן כשהוא איש, "כסף (ב) כלים" — (שם לט:) מה כלים שנים כו'. ועי"ל: דאפי' מאן דדריש ריבויי ומיעוטי — מיעט וריבה ומיעט לא דריש, אלא דרש ליה בפרט וכלל ופרט, כדמשמע פ' "ג' מינים" (נזיר דף לה. ושם), ומ"ל דר"ע ידרוש גבי שבועות בפרט וכלל ופרט. דכה"ג דריש גמ' בב"מ (דף נז:) "כי יתן איש אל רעהו חמור" וגו' בכלל ופרט וכלל, ובפ' "ג' מינים" (נזיר דף לה.) מאן דדריש ריבה ומיעט דריש ליה בפרט וכלל ופרט.

בכל פודין בכור אדם. הא דפליגי בפ"ק דקדושין (דף כט.) גבי הוא לפדות ובנו לפדות הוא קודם לבנו, ר' יהודה אומר: בנו קודמו, *ומפרש: כגון דאיכא חמש בני חורין וחמש משועבדים, לרבי יהודה מלוה הכתובה בתורה כמלוה הכתובה בשטר דמיא, ואזיל כהן וטריף הנך משועבדים — לאו דמפריק בקרקעות, אלא ימכרם ויתן דמים לכהן.

יצאו שטרות. הא דמשמע הכא דשייך בשטרות מכר, מדאיצטריך למעוטי שטרות, מפורש במקום אחר (כתובות פה: קדושין מח. ובשאר דוכתי).

דתניא מרצע. הוי מצי לאיתויי מההיא ד"הקומץ רבה" (מנחות דף כח:) גבי מנורה של עץ ושל אבר ושל גיסטרון, רבי פוסל ור' יוסי בר' יהודה מכשיר.

הסול והסירה והמקדח. "זו ואין צ"ל זו" קתני, דהמקדח ומחט ומכתב ה"ל למיתני ברישא, דמודה בהו רבי, שהן של מתכת.

לרבות כל דבר הנלקח ביד. לאו דוקא, דהא ממעט סס.

דתנא

עין משפט
נר מצוה
שייך לע"א

יח א מיי' פי"א מהל' בכורים הלכה ו סמג עשין קמד טוש"ע י"ד סי' שה סעיף ג:

יט ב מיי' פ"ג מהל' עבדים הלכה ט סמג עשין פג:

רבינו חננאל

ר' עקיבא מחייב לשעבר מרבוי הכתוב שנאמר לכל אשר יבטא האדם בשבועה. דתנן א"ל ר' עקיבא א"כ אין לי אלא דברים שיש בהן הרעה והטבה. דברים שאין בהם הרעה והטבה מנין. א"ל מרבוי הכתוב. א"ל אם ריבה הכתוב אפילו לדברים שאין בהם הרעה והטבה. ריבה הכתוב נמי לשעבר וכיון דר' עקיבא דריש רבויי ומיעוטי ור' נמי דריש רבויי ומיעוטי שמעינן מינה דר' נמי מחייב לשעבר כר' עקיבא. דתניא ר' אומר בכל פודין את הבכור חוץ מן השטרות. שנאמר ופדויו מבן חדש תפדה. ופדויו מבן חדש. ריבה לפדות בכל דבר. בערכך כסף חמשת שקלים מיעט כל דבר זולתי כסף. תפדה חזר וריבה כו'. וחכ"א בכל פודין בכור אדם חוץ מקרקעות ועבדים ושטרות. שנאמר ופדויו מבן חדש תפדה. ופדויו מבן חדש כלל. בערכך כסף פרט. תפדה חזר וכלל. כלל ופרט וכלל אי אתה דן אלא כעין הפרט כו'. ומקשה רבינא והא אשכחן לר' דדריש נמי כללי ופרטי דתניא ולקחת את המרצע. מרצע אין לי אלא מרצע מנין לרבות הסול והסירה והמקדח והמחט והמכתב ת"ל ולקחת לרבות כל דבר הניקח ביד. דברי ר' יוסי בר' יהודה. ר' אומר מרצע. מה מרצע של מתכת אף כל של מתכת. ואמרינן במאי פליגי. ר' יוסי דריש רבויי ומיעוטי ולקחת ריבה כל דבר הניקח. את המרצע מיעט הכל זולתי המרצע. ונתתה באזנו חזר וריבה כל דבר הניתן ריבה ומיעט וריבה ריבה הכל. ר' אומר ולקחת כלל את המרצע פרט. ונתתה חזר וכלל. כלל ופרט וכלל אי אתה דן אלא כעין הפרט כו'.

ומפרש היכא לליכא אלא חמש סלעים כ"ע סברי דהוא קדים למצוה לגופו עדיף כי פליגי כגון דאיכא חמש. כצ"ל רש"ל:

מסורת הש"ס

ס"א ל"ג

בכורות נא.

בכורות נא. לז: קדושין כט:

הגהות הב"ח

(א) גמ' חוץ מעבדי' ושטרו' וקרקעות (מאי טעמא דרבי דריש ריבויי ומיעוטי וכו' אף על פי שמטלטלין אין גופן ממון) תא"מ ונ"ב ס"א ואמרינן במאי קא מיפלגי רבנן דרשי כללי ופרטי ור' דריש ריבויי ומיעוטי רבנן דרשי כללי ופרטי ופדויו מבן חדש כלל בערכך כסף חמשת שקלים פרט תפדה חזר וכלל כלל ופרט וכלל אי אתה דן אלא כעין הפרט מה הפרט מפורש דבר המיטלטל וגופו ממון אף כל דבר המיטלטל וגופו ממון יצאו קרקעות שאינן מיטלטלין יצאו עבדים שהוקשו לקרקעות יצאו שטרות אע"פ שמיטלטלין אין גופן ממון ורבי דריש ריבויי ומיעוטי ופדויו מבן חדש ריבה בערכך כסף חמשת שקלים מיעט תפדה חזר וריבה ריבה מיעט וריבה ריבה הכל מאי ריבה ריבה כל מילי ומאי מיעט מיעט שטרות אמר ליה רבינא לאמימר וכו': (ב) תוס' ד"ה ר"ע וכו' כשהוא איש כסף או כלים:

גליון הש"ס

תוס' ד"ה ר"ע וכו' ור"ע אית ליה נמי. עי' לקמן דף כה. תוס' ד"ה רב:

ריבויי ומיעוטי! אין, בעלמא כללי ופרטי דריש, והכא היינו טעמא – כדתנא דבי ר' ישמעאל.
ויקרא יא *דתנא דבי ר' ישמעאל: °"במים" "במים" שני פעמים, אין זה כלל ופרט אלא ריבה ומיעט. ורבנן? אמר רבינא, כדאמרי במערבא: כל מקום שאתה מוצא שתי כללות הסמוכות זה לזה, הטל פרט ביניהן ודונם בכלל ופרט. השתא דאמרת: רבי כללי ופרטי דריש, בעל כורחיך קשיא שבועות! אלא בשבועות נסיב אליבא דר' עקיבא, וליה לא סבירא ליה.§ גופא: מנין שאינו חייב אלא על שיש בה ידיעה בתחלה וידיעה בסוף והעלם בינתים? ת"ל
שם ה °"ונעלם" "ונעלם" שני פעמים, דברי ר"ע. רבי אומר: אינו צריך, הרי הוא אומר "ונעלם" – מכלל שידע, "והוא ידע" – הרי כאן שתי ידיעות; א"כ, מה ת"ל "ונעלם"? (א) לחייב על העלם טומאה ועל העלם מקדש.§ אמר מר: "ונעלם" – מכלל שידע. מאי משמע? אמר רבא: מדלא כתיב "והיא עלומה ממנו". א"ל אביי: אלא מעתה,
במדבר ה גבי סוטה דכתיב: °"ונעלם מעיני אישה" – מכלל דהוי ידע מעיקרא; אי הוה ידע מי בדקו לה
שם מיא? והא *תניא: °"ונקה האיש מעון והאשה ההיא תשא את עונה", אבזמן שהאיש מנוקה מעון – המים בודקין את אשתו, אין האיש מנוקה מעון – אין המים בודקין את אשתו! ותו,
איוב כח גבי תורה, דכתיב: °"ונעלמה מעיני כל חי ומעוף השמים נסתרה", מכלל דאיכא דהוה
שם ידע *ביה? והכתיב: °"לא ידע אנוש ערכה"! אלא אמר אביי, קסבר רבי: *ידיעת בית רבו שמה ידיעה. א"ל רב פפא לאביי, אלא דקתני: אין בה ידיעה בתחלה ויש בה ידיעה בסוף, מי איכא דלית ליה ידיעת בית רבו? א"ל: אין, משכחת לה בתינוק שנשבה לבין
שבת ב. הגוים.§ "יציאות שבת – שתים שהן ארבע". *תנן התם: יציאות שבת – שתים שהן ארבע בפנים, ושתים שהן ארבע בחוץ. מאי שנא הכא דתנא "שתים שהן ד'", ותו לא, ומאי שנא התם דתני: שתים שהן ארבע בפנים, ושתים שהן ארבע בחוץ? התם דעיקר שבת הוא – תני אבות ותולדות, הכא דלאו עיקר שבת הוא – אבות תני ותולדות לא תני. אבות מאי נינהו? יציאות, יציאות תרתי הויין! וכ"ת, מהן לחיוב ומהן לפטור, והא דומיא דמראות נגעים קתני, מה התם כולהו לחיובא, אף הכא כולהו לחיובא! אלא אמר רב פפא: התם דעיקר שבת – תני חיובי ופטורי, הכא – חיובי תני ופטורי לא תני. חיובי מאי
נ"ל ויציאות נינהו? יציאות, *יציאות תרתי הוא דהויין! שתים דהוצאה ושתים דהכנסה. והא יציאות קתני! אמר רב אשי: תנא, הכנסה נמי הוצאה קרי לה. ממאי? דתנן

ריבויי ומיעוטי. וריבה הכל ומיעט סס, הכי מפרש לה בקדושין. והכא. גבי פדיון הבן להכי דריש ליה בריבויי ומיעוטי, משום דאין הפרט בין שני כללות. כדתנא דבי רבי ישמעאל. ב"אלו טריפות", דאיכא תנא דדריש: "את זה תאכלו מכל אשר במים" כלל, "בימים ובנחלים" פרט, "במים" חזר וכלל. ופליג עליה תנא דבי רבי ישמעאל ואמר: "במים" "במים" סמוכין זה לזה ואח"כ כתיב "בימים ובנחלים", הלכך אין זה כלל ופרט, אלא הטילהו ביניהם לדרשו בריבויי ומיעוטי. ורבנן. דפליגי עליה דרבי ודרשי ליה בכלל ופרט, סבירא להו כדאמרי במערבא. אין האיש מנוקה מעון. שבא עליה [illegible] אחר שנסתרה. ידיעת בית רבו. שלמד בבית רבו שהנוגע בטומאה טמא, והוא ידע שהרגיש כשנגע, אבל לא התבונן לשום על לבו שנטמא (בטומאה כשנוגע בה) שמה ידיעה. ד' בפנים. שתים לחיוב הכנסה דעני והכנסה דבעל הבית, וב' לפטור כשזה עוקר וזה מניח, דכתיב "בעשותה" – העושה את כולה (שבת דף ג.). דעיקר שבת. שעיקר מסכת באיסורי שבת. אבות. יציאות, שהן מן התורה. תולדות. הכנסות, דלא מיפרשן בהדיא. תרתי הויין. ומתני' דהכא ד' תנן! שתים. לחיוב, הוצאה דעני והוצאה דבעל הבית. ושתים. לפטור, אחת שהעני פושט ידו לפנים ונתן בעה"ב לתוכה והעני הוציאה, ועבד איהו הנחה ולא עבד עקירה, ובעה"ב עקר ולא הניח, ושניהם פטורין. ואחת שבעה"ב פושט ידו מליאה לחוץ ונטל העני מתוכה והניח, דעבד נמי בעל הבית עקירה והעני הנחה, ושניהם פטורין בשתי הוצאות הללו. חיובי מאי נינהו יציאות. דהא יציאות קתני, ויציאות דחיובא תרתי הוא דהויין, חדא דעני וחדא דבעה"ב.

דתנא דבי ר' ישמעאל במים במים שני פעמים כו'. תימה: דר' ישמעאל תני בי"ג מדות התורה נדרשת, והא איכא טפי הך מדה דשני כללות הסמוכו' דדרשינן בריבה ומיעט.
בשבועות נסיב לה כר' עקיבא ולא סבר לה. זימנין דלא בעי למימר הכי, בפרק "כיסוי הדם" (חולין דף פה:) גבי רבי חייא דנפל ליה *יניכה בכיתני', וא"ל רבי: לא ונחור, ופריך: ולימא ליה לא וטרוף, דהא רבי ראה דבריו של ר"ש בכיסוי הדם ושנאם בלשון חכמים, דשחיטה שאינה ראויה לא שמה שחיטה! ולא בעי למימר תני לה ולא סבר לה.
ונעלם מעיני אישה מכלל דה"ל ידיעה מעיקרא. י"מ: דה"ל ידיעה שנטמאת, דהכי משמע קרא "ושכב איש אותה שכבת זרע ונעלם" וגו'. וקשה לפירוש זה: דהיכי דמי? אי בשעת השקאה נזכר מן הטומאה – למה משקה אותה, ואם אינו נזכר אמאי משקה אותה? הא בעינן ידיעה מעיקרא, והוא סבור שלא היתה לו ידיעה מעולם! ומיהו יש ליישב דמיירי כשאינו נזכר, ומ"מ משקה אותה מספק, דע"י השקאה יתברר אם היתה לו ידיעה מעיקרא או לאו. ולפי המפרשים ד"ונעלם" קאי אסתירה – מיירי שפיר דבשעת השקאה זכור מן הסתירה. אבל מ"מ קשה: אמאי חשיב ליה אין מנוקה אם לא בא עליה משנסתרה? וי"ל: כיון דשכח – מוכיח שלא הקפיד, ולא חשיב מנוקה מעון. דאפילו אינו מוחה אעון בניו ובנותיו אין מים בודקין את אשתו, כדאיתא בפ"ב דסוטה (דף מז:). *ואמר נמי התם: אם אתם מקפידין על עצמכם המים בודקין את נשותיכם.
ידיעת בית רבו שמה ידיעה. אף על פי שדבר זה לא נעלם ממנו, שגם עתה יודע כן, ולא אתי למעוטי אלא תינוק שנשבה. וכן בסוטה – יודע שאם נטמאה אסורה. וגבי תורה נמי – אף בשעת העלמה נמי יודע שהיא בעולם.
אמר ליה רב פפא לאביי והא תנן כו' מי איכא דלית ליה ידיעת בית רבו. ה"ה דה"מ למיפרך אהא דדריש מקרא ד"ונעלם" לידיעת בית רבו: ומי איכא דלית ליה ידיעת בית רבו.
שתים שהן ד' בפנים. הכא פי' בקונטרס: בפנים היינו הכנסות, ובחוץ היינו הוצאות. ואין נראה, מדאיצטריך לקמן למימר: וקמפרש הכנסה לאלתר' – ה"ל לאוכוחי משתים שהן ד' בפנים דהוו כולהו הכנסה. ונראה כמו שפירש בקונטרס במסכת שבת (דף ג.): שתים – הוצאה והכנסה דחיוב של בעל הבית העומד בפנים, שהן ארבע – הוצאה והכנסה דפטור ובחוץ לעני העומד בחוץ. וריב"א פירש: שתים – דהוצאה דחיוב והוצאה דפטור, שהן ד' – הכנסה דחיוב ודפטור לבעל הבית העומד בפנים וכן לעני העומד בחוץ. דה"נ מפרש לעיל מתני' דהכא: שתים – הוצאה דעני ודבעל הבית, שהן ד' – הכנסה דעני ודבעל הבית. ובירושלמי בעיא אי איכא לפרושי מתני' כמו שפירש בקונט' או כריב"א, ואין להאריך. ואין להקשות לפירוש ריב"א הא דמפרש ואזיל במתני' דשבת כסדר הקונט' הכנסה והוצאה דעני, ולא מפרש הוצאה והוצאה הכנסה והכנסה, דניחא ליה למינקט הכי כדי לקצר – פשט עני ידו לפנים או שנטל כו', והוצאה והוצאה היה צריך להאריך. ועוי"ל: שתים שהן ד' בפנים היינו חיוב, שחייב ומביא קרבן עליהם בפנים בעזרה, דהיינו ב' הוצאות וב' הכנסות. ושתים שהן ד' בחוץ היינו פטור.
ומאי שנא הכא דתני שתים שהן ד' ותו לא. וא"ת: וליתני דהכא לא מצי תני כי התם משום דדומיא דמראות נגעים קתני כולהו לחיובא! וי"ל: דשפיר הוה דומיא דמראות נגעים הואיל ואיכא בהו ד' לחיובא. והר"ר משה פירש: משום דומיא דמראות נגעים אין לו להניח מלפרש דיני שבת. אבל בתר דמסיק דהכא לאו עיקר שבת הוא, פריך שפיר: והא דומיא דמראות נגעים קתני.
אבות תני תולדות לא תני. אע"ג דבמראות נגעים תני אבות ותולדות, התם משום דאי אפשר למנות ב' שהן ד' בענין אחר.
והא יציאות קתני. לפי הפשט משמע דלא פריך אלא אהן דהכא משום דלא תני פטורי, אבל אההיא דשבת דתני חיובי ופטורי ניחא ליה. ותימה: דהיכי משכחת לה בהוצאות גרידא ב' שהן ד' לבעל הבית וכן לעני? ומפרש ר"י: דהשתא חשיב אף פטור דפטור ומותר, דמשכחת כל הח' בהוצאות.

רבינו חננאל
ופרקינן רבי בעלמא בכללי ופרטי דריש ולענין בכור איידי דכתב ופדויו מבן חדש תפדה סמוכים זה לזה ואח"כ כתב בערכך כסף חמשת שקלים סבר אין זה כלל ופרט אלא ריבוי ומיעוט. וכדתנא דבי ר' ישמעאל בענין הדגים דכתיב וכל אשר אין לו סנפיר וקשקשת בימים ובנחלים מכל שרץ המים ומכל נפש החיה אשר במים שקץ הם לכם. תנא דבי ר' ישמעאל במים במים שתי פעמים אין זה כלל ופרט אלא ריבוי ומיעוט רבי סבר לה כתנא דבי ר' ישמעאל ודריש לה בריבויי ומיעוטי ומיעוטי. ורבנן סברי כדאמרי במערבא כל מקום שאתה מוצא שני כללות סמוכין זה לזה הטל פרט ביניהן ודונם בכלל ופרט. וכבר פירשנוה בסוף פרק ואלו טרפות. ואסיקנא אלא ר' בשבועות נסיב לה למתני' כר' עקיבא ולא סבר לה כוותיה דחייב לשעבר. גופא מנין שאינו חייב אלא בשיש בה ידיעה בתחלה וידיעה בסוף והעלם בינתים. ת"ל ונעלם שתי פעמים דברי ר' עקיבא. רבי אומר אינו צריך שני ונעלם. אלא ונעלם מכלל שהוא יודע. שאין אדם מי שלא קרא המקרא הזה בבית רבו בבית הספר. ועוד כתיב והוא ידע. הרי ידיעה אחרת. הנה ידיעה בתחלה והעלם בינתים וידיעה בסוף. ונעלם השני למה בא. לחייב על העלם טומאה ועל העלם מקדש. והא דתנן אין בה ידיעה בתחלה ויש בה ידיעה בסוף. אוקימנא בתינוק שנשבה לבין הגוים ולא היתה לו ידיעה בבית רבו כלל. יציאות השבת שתים שהן ד'. ואקשינן אמאי לא תני שתים שהן ד' בפנים וכו' כדקתני במסכת שבת. ופרקינן התם תני אבות ותולדות הכא אבות תני תולדות לא תני. אבות מאי ניהו יציאות וכו'. וכבר פירשנוה במקומה:

ב א מיי' פ"ב מהל' סוטה הלכה ח סמג עשין מה:

[נ"ל יאניכא]

ב"ק סז: חולין סז. בכורות נא.

הגהות הב"ח
(א) גמ' ונעלם ונעלם לחייב על העלם טומאה:

רש"ל מ"ז

סוטה כח. [מז: יבמות נח. קדושין כז:]

נ"ל בה. יעבץ

[לקמן יד:]

גליון הש"ס
רש"י ד"ה ידיעת וכו' והוא ידע שהרגיש. עיין לקמן דף יד: דתוס' ד"ה או:

עין משפט
נר מצוה

כא א מיי' פ"ז מהל' שבת הלכה א סמג לאוין סה:
כב ב מיי' פ"א מהל' טומאת צרעת הל' ב:

*דתנן: [א]המוציא מרשות לרשות — חייב; מי לא עסקינן דקא מעייל עיולי, וקא קרי ליה הוצאה. ודלמא *קא מפיק מרשות היחיד לרשות הרבים! אם כן, ניתני: המוציא מרשות היחיד לרשות הרבים, מאי "מרשות לרשות"? דאפילו מרשות הרבים לרשות היחיד, וקא קרי לה הוצאה. וטעמא מאי? תנא, כל עקירת חפץ ממקומו הוצאה קרי לה. אמר רבינא: מתניתין נמי דיקא, דקתני: יציאות שבת שתים שהן ארבע בפנים ושתים שהן ארבע בחוץ, וקא מפרש הכנסה, שמע מינה. רבא אמר: רשויות קתני, רשויות שבת שתים.§ "מראות נגעים — שנים שהן ארבעה".§ •תנן התם, *מראות נגעים שנים שהן ארבעה: [ב]בהרת — עזה כשלג, שניה לה — כסיד ההיכל; *שאת — כצמר לבן, שניה לה — כקרום ביצה. (א) א"ר חנינא: מאן תנא מראות נגעים? דלא כר' עקיבא, דאי ר"ע, כיון דאמר: זו למעלה מזו וזו למעלה מזו, א"כ טיהרת סיד היכל מלצרף; בהדי מאן ליצרפי'? ליצרפיה בהדי בהרת — איכא שאת דעדיפא מיניה, ליצרפיה בהדי שאת — לאו תולדה דידיה הוא. אי הכי, קרום ביצה נמי בהדי מאן ליצרפי'? ליצרפיה בהדי שאת — איכא סיד דעדיף מיניה, ליצרפיה בהדי סיד — לאו בר מיניה הוא!
האי

רש"י

דתנן. *בענין אבות מלאכות: המוציא מרשות לרשות. מי לא עסקינן דקא מעייל עיולי. דעל כרחך קיימא לן נמי בהא דחייב, וקרי ליה "המוציא". הוצאה קרי לה. (ב) שמוציאה ממקומו. מתני'. במסכת שבת דייק דהכנסה קרי יציאה, דקאמר: יציאות השבת שתים וכו' ופירש הכנסה לאלתר, דקתני התם: כיצד, העני עומד בחוץ ובעל הבית בפנים, פשט העני את ידו לפנים ונתן לתוך ידו של בעל הבית, דהיינו הכנסה. תנן התם. בתחלת מסכת נגעים. *שנים שהן ארבעה. מראה לשון זכר הוא, להכי תנן להו בלשון זכר, כדכתיב (יחזקאל א): "מראה הנוגה סביב הוא מראה דמות כבוד ה'" וגו'. שנים. כתובין, שאת ובהרת. דספחת אינו שם נגע, כדלקמן, אלא לשון טפל לאחרים. שהן ארבעה. יש לך לרבות להם ב' תולדות מריבויא דספחת כדלקמן. בהרת עזה כשלג וכו' עזה לבנה ביותר. ולקמן מפרש מנא ליה. שניה לה כסיד ההיכל. דאע"ג דצמר לבן עזה לבנוניתו מסיד, על כרחך שאת שהוא אב קרוב אל לבנוניתו של בהרת הוא, אלא שגבוה ממנו מעט מתוך שאינו לבן כמוהו, וכל דבר שחור נראה גבוה מן הלבן, ולפיכך נקרא שאת. והשניות שנתרבו להם — סיד וקרום ביצה, והסיד לבן מן הקרום. ולמטה מן הקרום אינו נגע, אלא בוהק וטהור הוא. ושני מראות של תולדות, הלבנה לאב הלבן, *הגבוה לאב הגבוה, הלכך סיד לבהרת וקרום לשאת, וריבה הכתוב את התולדות להצטרף עם אבותיהן לכגרים שהוא שיעור נגע. מאן תנא מראות נגעים. גרסינן, ולא גרסינן "שנים שהן ארבעה", דכולי עלמא הכי אית להו. אלא הכי קאמר: מי שנה משנה זו בלשון אבות ותולדות — דלא כר' עקיבא, דאי כר' עקיבא, כיון דאמר לקמן: מראות נגעים זו למעלה מזו *נשנו כסדר מעלתן, השלג והצמר והסיד והקרום, ואמרינן לקמן שכסדר משנתן הן מצטרפין זה לזה ואין אחד מצטרף לגבוה הימנו שתי מעלות אלא מעלה אחת. אם כן. דהוא שנאן בלשון אבות ותולדות. טיהרת. מראה הסיד מלהצטרף. דמדתנייה לסיד שנייה לבהרת ולא תנייה נמי שנייה לשאת, והרי אף משאת היא פחותה — ש"מ סבירא ליה לתנא דלא בת מינה דשאת היא ולא מיצטרפא בהדה. ומהשתא בהדי מאן נצרפה? אי בהדי בהרת אביה — הא איכא שאת שהיא כצמר דעדיפא מינה בלובן, נמצאת בהרת למעלה מן הסיד שתי מעלות, ור' עקיבא זו למעלה מזו בעי. נצרפיה בהדי שאת. שהוא מעלה אחד. לאו תולדה דידיה. (ג) דהא שקלת לה מיניה ושויתיה מין בהרת, ולר' עקיבא הכי איבעי לי' למיתנא: בהרת עזה כשלג ושאת כצמר לבן ושניה לה סיד ההיכל וקרום ביצה, דנימלי למימר כולהו מינא דהדדי נינהו, ובהרת ושאת מצטרפין, ושאת וסיד, נמצא לו צירוף לסיד. והכי אמרינן בת"כ דבהרת ושאת דמצטרפי, והיה מלמד דמצטרפין זה עם זה. אבל השתא דמחלקת תולדה לזו ותולדה לזו, סבירא לן שאין מצטרף כל אחד אלא עם אביו. אי הכי. דאית ליה לר"ע דלא מצטרפי לגבוה ממנו שתי מעלות. קרום של ביצה נמי. אמאי *לא קשיא לך: בהדי מאן נצטרפיה? אי בהדי שאת אביו — איכא סיד דעדיף מיניה, הרי השאת גבוה שתי מעלות. נצרפיה בהדי סיד. לאו בר מיניה הוא, (ד) שאינה תולדה לאב אחד! ומשנינן:
האי

תוספות

מי לא עסקינן דמעייל כו'. ואם תאמר: ומאי שנא דתני תולדה דהוצאה משאר תולדות של אבות? ועוד תימה, דקתני סיפא: הרי אלו מ' אבות מלאכות חסר אחת — משמע דלא תני שום תולדה! וי"ל: דודאי המוציא מרשות לרשות עיקרה לא תנא אלא משום הוצאה, אלא דכייל הכנסה דרך קצרה. ור"ת פי': משום דהוצאה והכנסה גרועות הן והוי חידוש, תנא לה להכנסה לחודה בהדה.

וקמפרש הכנסות לאלתר. ריב"א לא גרים "לאלתר", דבלא לאלתר מוכח שפיר, דלא מצינן לאשכוחי ב' שהן ד' בפנים וכן בחוץ בלא הכנסות. ומיהו לפי מאי דפרישית לעיל גרס ליה שפיר.

רבא אמר רשויות קתני. פי' בקונ' בפ"ק דשבת (דף ג:): יציאות השבת שתים — כלומר שתי רשויות, רשות הרבים ורה"י, ועל ידיהם יש לך ד' איסורים בפנים וד' בחוץ. ולפירושו לא ה"ל למיתני "ב' שהן ארבע בחוץ", אלא "ושהן ד' בחוץ". לכך מפרש ר"י דה"ק: ברשויות שבת יש ב' חיובים שהן ד' בפנים וב' חיובים שהן ד' בחוץ*. רבא אמר. יש שמוחקים רב אשי בתירוצא דלעיל דתנא הכנסה הוצאה קרי לה, דהתלמוד לא היה קובע דברי רבא אחר רב אשי, דביום שמת רבא נולד רב אשי*. ואין למחקו בשביל כך, דמילתא דרבא לא קאי לתרוצי קושיות, ורבא לא בא אלא ליישב דמתני' דקתני יציאות ולא קתני הוצאות, דיציאות משמע מוצאות ומבואות, דהיינו רשויות, והתלמוד קבעה כאן משום דבהכי מיתרצא פירכא ד"והא יציאות קתני". תדע, דאי בא לתרץ — מי דוחקו לומר כן? הא ע"כ תנא הכנסה הוצאה קרי ליה מהיא דהמוציא מרשות לרשות.

שנים שהן ד' בהרת כו'. סדר לבנוניתן: שלג, צמר לבן, סיד ההיכל וקרום ביצה. והיה נראה לומר דכל למעלה משלג בכלל שלג, ומצמר ועד שלג בכלל צמר, ומסיד ועד צמר בכלל סיד, ומקרום ועד סיד בכלל קרום. והוה אתי שפיר הא דתנן במסכת נגעים (פ"א משנה ד): ע"ב מראות, דהרבה מראות נגעים יש אבל אין לחלקם לענין צירוף אלא לארבעה. אבל קשה, דהיכי פריך לקמן: ויאמרו מקרום בילה ולמעלה טמא ומצטרף — איך היינו מחלקים אותן לד' מראות הללו, והיאך הייתי יודע סדר צירופן אם לא מנאם? לכך נראה דאין דרך הנגע לבא אלא בד' מראות הללו, ואין מראות אחרות בינתיים. וכן פירש בקונט' בסמוך. וע"ב דחשיב במסכת נגעים חשיב פתיכי או נגעי בתים ובגדים כדפי' במתני'. ומיהו אפשר שבכל אחד יש כמה מראות, שיש שלגים לבנים זה מזה וכולן מראה שלג, וכן צמר לבן נקי בן יומו דמפרש לקמן לבן מצמר אחר, והכל מראה צמר, וכן סיד וקרום. אבל לעולם לא יבא הנגע כ"א בד' מראות הללו.

שאת כצמר לבן. התלמוד מקצר ומדלג, דר"מ דאמר בריש מסכת נגעים: שאת כקרום בילה, שניה לה כצמר לבן. ונראה דלצמר לבן דר"מ לא איירי בנקי בן יומו כמו חכמים, אלא צמר שאינו נקי. ושחור מסיד, דאין סברא דלשאת, שהיא שחורה מכולן, שתהיה תולדתה מתולדה דבהרת שהיא לבנה מכולן.

אם כן טיהרת סיד מלצרף. תימה, תקשה נמי ליה: טיהרת בהרת מלצרף, דאי בהדי סיד — איכא צמר דעדיף מסיד, ואי בהדי צמר — לאו מינה הוא! ובקונטרס פירש דבהרת ושאת שמצטרפים, כדדרשינן בת"כ: "והיה" מלמד שמצטרפים זה עם זה. וקשה: דא"כ תולדות נמי יצטרפו! וע"ק: דבירושלמי בריש מכילתין אומר רבי יוסי ב"ר בון: "והיו" אין כתוב כאן אלא "והיה", מלמד שאין מצטרפות זה עם זה. תני חזקיה: "לנגעי צרעת" אין כתוב כאן אלא "לנגע", מלמד שאין מצטרפות. ומיהו ההיא גופה תימה, דמייתי לה אהך דמסיק התם דמצטרפים, וצ"ע שם.

טיהרת סיד ההיכל מלצרף. וא"ת: אמאי לא מקשה בפשיטות דמתני' דלא כר' עקיבא, דבמתני' קתני: שניה כסיד ההיכל — משמע דמצטרפין סיד עם השלג, אבל לא עם הצמר. ולר"ע אדרבה, מצטרפת עם הצמר ולא עם השלג, שגבוה ממנו ב' מעלות! וי"ל דה"פ: אם נאמר מתני' ר"ע היא, והא דקתני שניה לה כסיד ההיכל — לא להצטרף עמהם, אלא לומר שתולדה היא, ולא תצטרף עם הצמר אע"פ שאין גבוה ממנו כ"א מעלה אחת. ור' עקיבא דקתני זו למעלה מזו — לא שיצטרף הסיד עם הצמר, דהא לאו תולדה היא, אלא לומר שלא יצטרף הסיד עם השלג אע"ג דתולדה היא, הואיל וגבוה ממנו ב' מעלות — א"כ טיהרת סיד ההיכל.

אי הכי קרום של ביצה נמי. פירוש: אא"ב דמתניתין דלא כר' עקיבא — שפיר. והר"ר משה מאייבר"א פירש: אא"ב דר' עקיבא דקאמר זו למעלה מזו מודה נמי דאב ותולדה דידיה מצטרפין, והא דקאמר זו למעלה מזו אתא לאוסופי דאפילו סיד וצמר או סיד וקרום מצטרפין אף על גב דלאו בר מיניה הוא, ומתניתין נמי דקתני: ושניה לה כו' סבירא לה נמי זו למעלה מזו, אלא דאתא לאשמועינן דאפי' שלג וסיד או צמר וקרום שגבוהות זו מזו שתי מעלות מצטרפין הואיל ובר מיניה הוא — אתי שפיר, דכולהו מצטרפין אהדדי בר משלג וקרום שאין מצטרפין זה עם זה יחד. אלא לדידך, דפרכת: א"כ טיהרת סיד ההיכל, אם כן סבירא לך דלרבי עקיבא לעולם לא מצטרפין אלא עם סמוכה מעלה אחת, ולמתני' אין מצטרפין אלא אם כן בר מינה. ואי אתיא מתניתין כרבי עקיבא לא מצטרפין אלא אב ותולדה דידיה שהיא גבוה מעלה אחת, א"כ קרום נמי תקשי לך.

[עי' בתוס' לשבת ב: ד"ה רשויות קתני]

[כדאיתא בקדושין עב:]

רבינו חננאל

תנן התם בתחלת מסכת נגעים מראות נגעים שנים שהן ד'. בהרת עזה כשלג. שניה לה כסיד ההיכל. שאת כצמר לבן. שניה לה כקרום ביצה ואמרינן הא מתניתא דלא כר' עקיבא דאמר מראות נגעים זו למעלה מזו. דאם כן טיהרת סיד ההיכל מלצרף דבהדי מאן נצרפיה כלומר שיעור הבהרת. כדתנן (רפ"ו דנגעים) כגרים הקילקי מרובע מקום הגרים תשע עדשות. מקום עדשה ד' שערות נמצאו ל"ו שערות. עתה אם תהיה בהרת כחצי גרים וחציה כסיד ההיכל אינה מצטרפת לדברי ר' עקיבא דאמר זה למעלה מזה שהרי השאת למעלה מן הסיד של היכל הוא. תצטרף הסיד בהדי שאת לאו תולדה דשאת היא. ואקשינן אי הכי נימא כקרום ביצה נמי בהדי מאן נצרפיה בהדי שאת הרי סיד עדיף מיניה. בהדי סיד תרוייהו תולדות נינהו.

מסורת הש"ס

בדפו"י הגירסא כמנין
שבת עג.
גי' יעב"ץ דקא וכ"ה בס"א
[שייך לעיל במשנה]
נגעים פ"א מ"א שבת ב:
שבת נד.
נ"ל והגבוה
נ"ל ונשנו
לא קשיא ליה נ"ל רש"ל

הגהות הב"ח

(א) גמרא אמר רבא מאן תנא מראות נגעים: (ב) רש"י ד"ה הוצאה וכו' שמוציאו: (ג) ד"ה לאו תולדה דידיה הוא דהא וכו' בת"כ דבהרת ושאת דמצטרפי דכתיב והיה: (ד) ד"ה נצרפי' וכו' שאין שניהם תולדה לאב:

גליון הש"ס

גמ' תנן התם מראות נגעים. עי' בסוגיא זו בתשובת דברי ריבות סי' כ"ה:

אף

הַאי מַאי? בִּשְׁלָמָא בְּלָא סִיד הֵיכָל — קְרוּם בֵּיצָה לָא קַשְׁיָא, דְּאַע"ג דִּקְרוּם בֵּיצָה מִתַּתַּאי דִּשְׂאֵת, רַחֲמָנָא אָמַר: °"וְלַשְּׂאֵת וְלַסַּפַּחַת", סַפַּחַת טְפֵילָה לַשְּׂאֵת, אע"ג דְּמִנַּחְתָּא מִינֵּיהּ טוּבָא. אֶלָּא סִיד הֵיכָל קַשְׁיָא! אֶלָּא מְחַוַּורְתָּא, מַתְנִיתִין דְּלָא כְּרַבִּי עֲקִיבָא. וְהֵיכָא שָׁמְעִינַן לְרַבִּי עֲקִיבָא זוֹ לְמַעְלָה מִזּוֹ? אִילֵימָא מֵהָא דְּתַנְיָא: *אָמַר רַבִּי יוֹסֵי, שָׁאַל יְהוֹשֻׁעַ בְּנוֹ שֶׁל רַבִּי עֲקִיבָא מֵרַבִּי עֲקִיבָא: מִפְּנֵי מָה אָמְרוּ מַרְאוֹת נְגָעִים שְׁנַיִם שֶׁהֵן אַרְבָּעָה? אָמַר לוֹ: וְאִם לָאו, מַה יֹּאמְרוּ? יֹאמְרוּ: מִקְּרוּם בֵּיצָה וּלְמַעְלָה טָמֵא! אָמַר לוֹ: [א]לוֹמַר שֶׁמִּצְטָרְפִים זֶה עִם זֶה. אָמַר לוֹ, וְיֹאמְרוּ: מִקְּרוּם בֵּיצָה וּלְמַעְלָה טָמֵא, וּמִצְטָרְפִין זֶה עִם זֶה! אָמַר לוֹ, [ב]לוֹמַר לְךָ: *כָּל כֹּהֵן שֶׁאֵינוֹ בָּקִי בָּהֶן וּבִשְׁמוֹתֵיהֶן — אֵינוֹ רוֹאֶה אֶת הַנְּגָעִים; וְאִילּוּ מִסִּיד הֵיכָל וּלְמַעְלָה לָא קָאָמַר; מִדְּלָא אֲמַר לֵיהּ, ש"מ דִּשְׁמִיעַ לֵיהּ לְר' עֲקִיבָא דְּאָמַר: כּוּלְּהוּ לְבַהֲדֵי שְׂאֵת מִצְטָרְפִין. וְדִלְמָא שְׂאֵת וְתוֹלַדְתָּהּ, בַּהֶרֶת וְתוֹלַדְתָּהּ! אֶלָּא מִדְּרַבִּי חֲנִינָא, דְּאָמַר ר' חֲנִינָא: מָשָׁל דְּרַבִּי עֲקִיבָא לְמָה הַדָּבָר דּוֹמֶה? [ג]לְאַרְבָּעָה כּוֹסוֹת שֶׁל חָלָב, אֶחָד נָפְלוּ לְתוֹכוֹ שְׁתֵּי טִיפִּין שֶׁל דָּם, וְאֶחָד נָפְלוּ לְתוֹכוֹ אַרְבַּע טִיפִּין שֶׁל דָּם, וְאֶחָד נָפְלוּ לְתוֹכוֹ שְׁמוֹנֶה, וְאֶחָד נָפְלוּ לְתוֹכוֹ שְׁתֵּים עֶשְׂרֵה טִיפִּין, וְאָמְרִי לָהּ: [ד]שֵׁשׁ עֶשְׂרֵה טִיפִּין, שֶׁכּוּלָּן מַרְאוֹת לוֹבֶן הֵן, אֶלָּא שֶׁזֶּה לְמַעְלָה מִזֶּה וְזֶה לְמַעְלָה מִזֶּה; אֵימוֹר דִּשְׁמַעְתְּ לֵיהּ לְרַבִּי עֲקִיבָא — בְּפָתוּךְ, בְּחָלוּק מִי שְׁמַעְתְּ לֵיהּ? וְכִי תֵּימָא: כִּי הֵיכִי דִּשְׁמַעְתְּ לֵיהּ בְּפָתוּךְ הָכִי שְׁמַעְתְּ לֵיהּ בְּחָלוּק, וּבְפָתוּךְ גּוּפֵיהּ מִי שָׁמְעַתְּ לֵיהּ? (א) וְהָתַנְיָא, רַבִּי עֲקִיבָא אוֹמֵר: אֲדַמְדַּם שֶׁבָּזֶה וְשֶׁבָּזֶה כְּיַיִן הַמָּזוּג בְּמַיִם, אֶלָּא שֶׁל בַּהֶרֶת עַזָּה כְּשֶׁלֶג, וְשֶׁל סִיד דֵּיהָה הֵימֶנָּה; וְאִם

ויקרא יד

[תוס' דנגעים פ"א]

[ערכין ג.]

תורה אור

הַאי מַאי בִּשְׁלָמָא בְּלָא סִיד קְרוּם בֵּיצָה לָא קָשֶׁה. "וְלַשְּׂאֵת וְלַסַּפַּחַת" כְּתִיב, מַשְׁמַע: לַשְּׂאֵת וְלַסַּפַּחַת = וְלַנִּטְפָּל עִמָּהּ, ש"מ דְּרַבִּי לָהּ רַחֲמָנָא טְפֵילָה, וּטְפֵילָה כָּל שֶׁהוּא בְּמַשְׁמַע וּבִלְבַד שֶׁיְּהֵא מִמַּרְאוֹת נְגָעִים. וְאַף ע"ג דְּמִנַּחְתָּא מִינָּהּ טוּבָא. וס"ל לְר"ע דִּלְשְׂאֵת רַבִּי, לְבַהֶרֶת לָא רַבִּי, דְּהָא "סַפַּחַת" בִּשְׂאֵת הוּא דִּכְתִיב. הִלְכָּךְ שְׂאֵת הוּא דְּמִצְטָרְפָא לְבַהֶרֶת דִּסְמוּכָה לָהּ, וּכְתִיב "וְהָיָה" מְלַמֵּד שֶׁמִּצְטָרְפִין. וְסִיד לִשְׂאֵת מֵאֵילָא, דְּהָא דָּמְיָא לָהּ. וְכֵן קְרוּם לִשְׂאֵת, דְּ"סַפַּחַת" בִּשְׂאֵת כְּתִיבָא, וְרַבִּי לָהּ תּוֹלָדָה. וְ"זוֹ לְמַעְלָה מִזּוֹ" דְּר' עֲקִיבָא בְּסִיד וּשְׂאֵת וּבַהֶרֶת מִיתּוֹקַם. אֶלָּא סִיד הַהֵיכָל. כִּי מְפַלְּגַתְּ לְהוּ בְּתַרְתֵּי מִינֵי, זוֹ תּוֹלָדָה לָזוֹ וְזוֹ תּוֹלָדָה לָזוֹ. קַשְׁיָא. הֵיאָךְ יִצְטָרֵף בַּהֶרֶת לְסִיד וְתוֹלַדְתּוֹ, לְרַבִּי עֲקִיבָא דְּאִית לֵיהּ זוֹ לְמַעְלָה מִזּוֹ? דְּהָא לֵיכָּא לְמֵימַר לְרַבִּי עֲקִיבָא דְּכִי הֵיכִי דְּאִיתְרַבַּאי טְפֵילָה לִשְׂאֵת מִמַּשְׁמָעוּת – אִיתְרַבַּאי טְפֵילָה נַמִי לְבַהֶרֶת מִדְּרָשָׁא כִּדְאָמַר לְקַמָּן לְרַבָּנַן, דְּא"כ "זוֹ לְמַעְלָה מִזּוֹ" דְּרַבִּי עֲקִיבָא הֵיכָא אִיתֵיהּ? אָבוֹת וְתוֹלָדוֹת הוּא דְּאִיכָּא, וְאֵין בָּהֶם צֵירוּף אֶלָּא לַגָּבוֹהַּ מִמֶּנּוּ שְׁתֵּי מַעֲלוֹת. וְהֵיכָא שָׁמְעִינַן לֵיהּ לְר' עֲקִיבָא. דְּקָפֵיד אַסֵּדֶר מַעֲלוֹת לְצֵירוּף. יְהוֹשֻׁעַ בְּנוֹ שֶׁל ר' עֲקִיבָא. הוּא יְהוֹשֻׁעַ בֶּן קָרְחָה, שֶׁר' עֲקִיבָא קֵרֵחַ הָיָה כִּדְאָמְרִי' בִּבְכוֹרוֹת (דף נח.): "חוּץ מִן הַקֵּרֵחַ הַזֶּה". מִפְּנֵי מָה כו'. כִּדְמְפָרֵשׁ בָּעֵי וְאָזֵיל: יֹאמְרוּ מִקְּרוּם כו'. וְאִם לָאו מַה יֹּאמְרוּ. מְחַזֵּר הָיָה (ב) שֶׁמְּפָרֵשׁ מַה הוּא שׁוֹאֵל. יֹאמְרוּ מִקְּרוּם בֵּיצָה וּלְמַעְלָה טָמֵא. אַחַר שֶׁאֵין לָנוּ חִלּוּק בְּמַרְאוֹת לוֹבֶן לְמַעְלָה מִקְּרוּם בֵּיצָה אֶלָּא ד' מַרְאוֹת הַלָּלוּ, יֹאמְרוּ: כָּל מַרְאֶה לוֹבֶן שֶׁהוּא מִקְּרוּם וּלְמַעְלָה טָמֵא, דְּקַיְימָא לָן (פסחים דף ג:): לְעוֹלָם יִשְׁנֶה אָדָם לְתַלְמִידוֹ דֶּרֶךְ קְצָרָה, וְלָמָּה הִזְכִּירוּ שְׁמוֹתָן? אָמַר לוֹ לוֹמַר לְךָ שֶׁמִּצְטָרְפִין זֶה עִם זֶה. לְכָךְ שְׁנָאוּם וְסִידְּרוּם, לוֹמַר לְךָ שֶׁכְּסֵדֶר הַזֶּה מִשְׁנָתָן וְכָךְ דֶּרֶךְ צֵירוּפָם. וַעֲדַיִין אֵין אָנוּ יוֹדְעִין בְּאֵיזֶה סֵדֶר הוּא שׁוֹנֶה אוֹתָן, וּמִתְּשׁוּבוֹת בְּנוֹ אָנוּ בָּאִין לִלְמוֹד. אָמַר לוֹ וְיֹאמְרוּ מִקְּרוּם בֵּיצָה וּלְמַעְלָה טָמֵא וּמִצְטָרְפִין זֶה עִם זֶה. וּמִתְּשׁוּבָתוֹ אָנוּ לְמֵידִין סֵדֶר מִשְׁנַת אָבִיו. וְאִילּוּ מִסִּיד וּלְמַעְלָה לָא קָאָמַר לֵיהּ. יֹאמְרוּ: מִקְּרוּם בֵּיצָה וּלְמַעְלָה טָמֵא וּמִצְטָרֵף, וּמִסִּיד וּלְמַעְלָה טָמֵא וּמִצְטָרֵף. שְׁמַע מִינָּהּ שָׁמִיעַ לֵיהּ מִינֵּיהּ: כּוּלְּהוּ בַּהֲדֵי שְׂאֵת מִצְטָרְפִין, עֶלְיוֹן אֶחָד לִשְׁתֵּי תוֹלָדוֹת. דְּאִי סָלְקָא דַּעְתָּךְ מִשְׁנַת אָבִיו כְּסֵדֶר מִשְׁנָתֵנוּ, תּוֹלָדָה לְבַהֶרֶת סִיד וְתוֹלָדָה לִשְׂאֵת קְרוּם בֵּיצָה – הָכִי הֲוָה לֵיהּ לְמֵימַר: יֹאמְרוּ מִקְּרוּם בֵּיצָה וּלְמַעְלָה טָמֵא וּמִצְטָרֵף, מִסִּיד וּלְמַעְלָה טָמֵא וּמִצְטָרֵף. וּמִדְּיָהֲבִינַן עֶלְיוֹן לְסִיד בִּפְנֵי עַצְמוֹ וְעֶלְיוֹן לִקְרוּם בִּפְנֵי עַצְמוֹ, מֵאֵילָא שָׁמְעִינַן דְּ"מִצְטָרְפִין" דְּקָאָמְרִי רַבָּנַן – כָּל חַד לְעֶלְיוֹן שֶׁלּוֹ אָמְרִי. וְהָא מִסְתַּבְּרָא יָדְעִינַן דְּעֶלְיוֹנוֹ שֶׁל סִיד שֶׁלֶג, שֶׁל קְרוּם צֶמֶר, דְּכֵיוָן דְּאֵין חִלּוּק מַרְאוֹת בְּלוֹבֶן מִקְּרוּם וּלְמַעְלָה אֶלָּא ד' אֵלּוּ, וּבִקְרָא תְּרֵי כְּתִיבִי, וְהַכָּתוּב מֵעִיד שֶׁבַּהֶרֶת לְבָנָה כִּדְלְקַמָּן וְהַשְּׂאֵת קְרוֹבָה לָהּ כְּמַשְׁמָעָהּ גְּבוֹהָה, מֵאֵילָא כִּי יָהֲבַתְּ תּוֹלָדָה לָזֶה וְתוֹלָדָה לָזֶה מַרְאֵה הַסִּיד תִּתֵּן לְבַהֶרֶת וּמַרְאֵה הַקְּרוּם תִּתֵּן לִשְׂאֵת. שֶׁאִם בָּאתָ לִיתֵּן מַרְאֵה סִיד לְצֶמֶר מִפְּנֵי שֶׁהוּא קָרוֹב לָהּ, לְמִי תִּתֵּן מַרְאֵה הַקְּרוּם? הָכִי הֲוָה לֵיהּ לְמֵימַר, וְלָא הֲוָה לֵיהּ לְמֵימַר: יֹאמְרוּ מִקְּרוּם וּלְמַעְלָה טָמֵא וּמִצְטָרְפִין, דְּאִי הֲוָה תָּנֵי הָכִי לָא הֲוָה סָלְקָא דַּעְתָּךְ לְחַלֵּק תּוֹלָדָה לָזֶה וְתוֹלָדָה לָזֶה. וּמִדְּאוֹתְבֵיהּ הָכִי, ש"מ שָׁמִיעַ לֵיהּ שֶׁאֵין תּוֹלָדָה לְבַהֶרֶת, אֶלָּא עֶלְיוֹן אֶחָד לִשְׁתֵּי תוֹלָדוֹת, וְהִלְכָּךְ עַל כָּרְחָךְ הוּא שְׂאֵת, דְּרַבִּי לֵיהּ רַחֲמָנָא טְפֵילָה. וְסֵדֶר מִשְׁנָתָן דְּקָא"ל שֶׁנִּשְׁנֵית כְּסֵדֶר צֵירוּפָן – הָכִי קָא"ל: זוֹ לְמַעְלָה מִזּוֹ נִשְׁנוּ שֶׁלֶג וְהַצֶּמֶר וְהַסִּיד וּקְרוּם, וּמִצְטָרְפִין שֶׁלֶג עִם הַצֶּמֶר, וְהַצֶּמֶר עִם הַסִּיד וְהַקְּרוּם. דְּהָא לֵיכָּא לְמֵימַר דִּשְׁמִיעַ לֵיהּ מִינֵּיהּ שְׁתֵּיהֶן תּוֹלָדָה לִשְׁתֵּיהֶן, דְּהָא מֵהֵיכָא תֵּיתֵי שֶׁיְּהֵא הַקְּרוּם מִצְטָרֵף לַשֶּׁלֶג, לֹא כְּסֵדֶר מַעֲלוֹת וְלֹא מִן הַמִּקְרָא. אֶלָּא וַדַּאי בַּהֲדֵי שְׂאֵת הוּא דִּשְׁמִיעַ לֵיהּ מִינֵּיהּ דְּמִצְטָרְפִין, דְּרַחֲמָנָא יְהָבִינְהוּ לֵיהּ טְפֵילָה לִשְׂאֵת וְלֹא לְבַהֶרֶת. וּלְכָךְ הֵשִׁיבוֹ: יֹאמְרוּ מִקְּרוּם וּלְמַעְלָה טָמֵא וּמִצְטָרְפִין, וְהַכֹּל יוֹדְעִין דְּצֵירוּף מַרְאֶה דְּאָמְרִי' – לַדּוֹמֶה *הוּא לוֹ דְּקָאָמְרִינַן, וְכָל מַה שֶּׁאָדָם יָכוֹל לְהָבִין מִסֵּדֶר מִשְׁנָתָן בְּהַזְכָּרַת שְׁמוֹתָן הָיָה מֵבִין מֵאֵלָיו, שֶׁאֵין לְךָ אָדָם מְסַדְּרָן אֶלָּא כְּסֵדֶר שֶׁהֵן שְׁנוּיִים עַכְשָׁיו. וְדִלְמָא שְׂאֵת וְתוֹלַדְתָּהּ בַּהֶרֶת וְתוֹלַדְתָּהּ. שָׁמִיעַ לֵיהּ, וְהָכִי נַמִי קָא"ל: יֹאמְרוּ מִקְּרוּם וּלְמַעְלָה מִסִּיד וּלְמַעְלָה, וְתַנָּא הוּא דְּלָא קָפֵיד לְמֵיחְשַׁב וּלְמֵיזַל כִּי רוּכְלָא. מָשָׁל דְּרַבִּי עֲקִיבָא. סֵדֶר צֵירוּפָן. פָּתוּךְ. מְעוֹרָב, (ג) הוּא נֶגַע לָבָן אֲדַמְדָּם הַכָּתוּב בַּתּוֹרָה. דְּמִדְּקָאָמַר שֶׁנָּפְלוּ לְתוֹכוֹ טִיפֵּי דָם, מִכְּלָל דִּבְפָתוּךְ קָאָמַר. שֶׁבָּזֶה וְשֶׁבָּזֶה. עַל כָּרְחָךְ עַל רִאשׁוֹן וְשֵׁנִי קָאָמַר, שֶׁכֵּן לְשׁוֹן מִשְׁנָה, וְהָכִי קָאָמַר: אֲדַמְדָּם שֶׁבָּרִאשׁוֹן וְשֵׁנִי סִימָן פְּתִיכַת אוֹדֶם שֶׁבָּהֶם נִכֶּרֶת בְּמָקוֹם אַחֵר, כְּגוֹן טִיפַּת דָּם בֶּחָלָב, וּמַרְאֵיהֶן לֹא אָדוֹם וְלֹא לָבָן אֶלָּא כְּיַיִן הַמָּזוּג וּסְבִיבוֹתָיו לָבָן. אֶלָּא שֶׁאַדְמוּמִיתוֹ שֶׁל שֶׁלֶג עַזָּה. כְּלוֹמַר לְבָנָה מִשֶּׁל סִיד, וְשֶׁל סִיד דֵּיהָה הֵימֶנָּה. וּמִדְּקָתָנֵי הָכִי בְּסֵיפָא שָׁמְעִינַן לְרֵישָׁא דְּ"שֶׁבָּזֶה וְשֶׁבָּזֶה" דְּקָאָמַר – בְּשֶׁלֶג וְסִיד קָאָמַר. אַלְמָא סֵדֶר מִשְׁנָתוֹ שֶׁל רַבִּי עֲקִיבָא סִיד אַחַר שֶׁלֶג.
וְאִם

לדומה לו הוא דקאמרינן. יעב"ץ

אף על גב דמנחתא מינה טובא. פירש בקונטרס דלר' עקיבא סיד וקרום הוו תרוייהו תולדה דשאת, וספחת אשאת קאי ולא אבהרת. והא דקבעי בסמוך טפילה לבהרת מנא ליה — לרבנן קבעי, דלרבי עקיבא אין לבהרת שום טפילה. וכן פירש לקמן. וקשיא, דהא בקונטרס פירש בעצמו דאית ליה לר' עקיבא ב' שהן ארבע. וכן נמי מוכח בסמוך, דקאמר: מפני מה אמרו מראות נגעים שנים שהן ארבעה כו', ו"שנים שהן ארבעה" משמע שמכל אב יוצאה תולדה אחת, כמו "שתים שהן ארבע" דשבת וידיעות ושבועות. ועוד, כיון ד"לספחת" לא קאי אלא אשאת, מנ"ל לרבות שתי תולדות? לא נרבה לה כ"א סיד, אבל קרום נימא דטהור! ועוד, דאמר לקמן: משל דרבנן למה הדבר דומה — לתרי מלכי ותרי איפרכי, מלכו של זה למעלה ממלכו של זה. ופריך: האי זו למעלה מזו וזו למעלה מזו כו'! והיינו כרבי עקיבא. משמע דלרבי עקיבא נמי יש לכל אב תולדה! לכך נראה לפרש: דלר' עקיבא נמי סיד תולדה דבהרת, ואפ"ה אין מצטרפת עמה הואיל שגבוהה ממנה שתי מעלות. אבל עם השאת מצטרפת, שאין גבוהה הימנה אלא מעלה אחת. והא דקאמר: האי לאו בת מינה הוא — היינו אם מתניתין כר' עקיבא אתיא. וקרום שהיא תולדה דשאת מצטרפת עמה ואע"ג דמרחקא טובא, מדכתיב טפי ספחת אשאת מבהרת, מדלא כתיב "ולשאת ולבהרת ולספחותיהם". והשתא, הא דקבעי לקמן: טפילה לבהרת מנא ליה — בעי נמי לר"ע. **מפני** מה אמרו. פירוש: למה הזכירו כלל שמותיהן. **ויאמרו** מקרום ביצה ולמעלה טמא ומצטרפין. פירוש: ויפרשו דמצטרפין זה לזה הסמוכים במעלה אחת, דאם לא יפרשו הוה אמינא דכולהו מצטרפי בהדי הדדי. ואע"פ שלא הייתי יודע כל דין צירופן, כגון קרום בהדי צמר — בזה לא היה חושש, דהשתא נמי דתני ב' שהן ד' לא שמעינן כל סדר צירופן.

כל כהן שאינו בקי בהן ובשמותיהן כו'. כשאין ישראל (ד) חכם עמו. דאם ישראל בקי עמו, אפי' כהן שוטה — אומר לו ישראל: אמור טמא, והוא אומר. וישראל בקי היינו דמסברו ליה וסביר, כדאמר בריש ערכין (דף ג. ושם). ואם תאמר: ומה לנו לזה הישראל הואיל ויש שם ישראל אחר המסבירו? ויש לומר: כגון שהמסביר עיניו כהות ואינו יכול לראות*. **ואחד** נפל לתוכו י"ב. כאן לא כפל טיפות, משום דכבר נפלו הרבה, ודבר מועט שמוסיפין עליו ניכר.
ואם

[וע"ע תוס' ערכין. ד"ה דמסברי]

כג א ב מיי' פ"א מהל' טומאת צרעת הלכה ג סמג עשין רלד ועיין בכ"מ ובהשגות:
כד ג ד מיי' שם הל' ד:

רבינו חננאל

ודחינן הא לא קשיא דאע"ג דקרום ביצה מתחתיו דסיד כלומר מכהייה מסיד ההיכל. רחמנא אמר ולשאת ולספחת ספחת טפילה לשאת. אלא סיד ההיכל קשיא. אלא מחוורתא מתני' דלא כר' עקיבא. והיכא שמעינן לר' עקיבא דאמר זו למעלה מזו. אילימא כדשאיל ליה בריה מפני מה אמרו מראות נגעים שנים שהן ד' ולא אמרו מקרום ביצה ולמעלה בלבנות טמא והשיבו אביו לומר שמצטרפין זו עם זו. ואמר לו ויאמרו מקרום ביצה ולמעלה טמא ומצטרפין זו עם זו וכו'. ודייקת מדלא אמר ליה מסיד ההיכל ומקרום ביצה ולמעלה ש"מ דשמיע ליה מאבוה דבהדי שאת מצטרפי דבעינן זו למעלה מזו. דלמא לא אמר הכי. אלא שאת ותולדתה דהוא קרום ביצה והוא הדין לבהרת ותולדתה דהוא סיד ההיכל אלא (מדתניא המזוג שבזה ושבזה כיין המזוג במים. אלא של שלג עזה ושל סיד דיהה הימנה ואמר) [מדר"ח דאמר] ר' חנינא משל דר' עקיבא למה הדבר דומה לד' כוסות של חלב אחד נפל לתוכו שתי טיפות דם ואחד נפל לתוכו ד' טיפות דם כו' עד שכולן מראה לבן הן אלא שזו למעלה מזו. ודחינן אימור דשמעת ליה לר' עקיבא זו למעלה מזו בפתוך. פי' במעורב. בחלוק. כלומר בשאינו מעורב מי שמעת ליה הכי. ואפי' בפתוך גופיה מי אית ליה האי סברא. והא תנן בתחלת מסכת נגעים ר' עקיבא אומר אדמדם שבזה ושבזה כיין המזוג במים אלא של שלג עזה ושל סיד דיהה הימנה.

הגהות הב"ח

(א) גמרא ליה והתנן ר' עקיבא: (ב) רש"י ד"ה ואם לאו וכו' היה שיפרש מה הוא שואל: (ג) ד"ה פתוך מעורב והוא: (ד) תוספות ד"ה כל וכו' כשאין ישראל בקי עמו לאס:

תורה אור

וְאִם אִיתָא, שֶׁל צֶמֶר דֵּיהָה הֵימֶנָּה מִיבָּעֵי לֵיהּ! אָמְרִי: אִין הָכִי נַמִי; וְהָתַנְיָא, רַבִּי נָתָן אוֹמֵר: לֹא שֶׁאָמַר ר' עֲקִיבָא שֶׁל סִיד דֵּיהָה הֵימֶנָּה, אֶלָּא: שֶׁל צֶמֶר דֵּיהָה הֵימֶנָּה. וּמְנָלַן דְּבַהֶרֶת עַזָּה הִיא? אָמַר אַבַּיֵי, אָמַר קְרָא: "וְאִם בַּהֶרֶת לְבָנָה הִיא" (ויקרא יג), הִיא לְבָנָה וְאֵין אַחֶרֶת לְבָנָה. תָּנוּ רַבָּנַן: [א]בַּהֶרֶת — עֲמוּקָּה, וְכֵן הוּא אוֹמֵר: "וּמַרְאֶהָ עָמוֹק מִן הָעוֹר" (שם), *כְּמַרְאֵה חַמָּה הָעֲמוּקָּה מִן הַצֵּל. "שְׂאֵת" — *[ב]אֵין שְׂאֵת אֶלָּא גָּבוֹהַּ, וְכֵן הוּא אוֹמֵר: "עַל כָּל הֶהָרִים הָרָמִים וְעַל כָּל הַגְּבָעוֹת הַנִּשָּׂאוֹת" (ישעיהו ב). "סַפַּחַת" — אֵין סַפַּחַת אֶלָּא טְפֵילָה, וְכֵן הוּא אוֹמֵר: "וְאָמַר סְפָחֵנִי נָא" (שמואל א ב). אַשְׁכְּחַן טְפֵילָה לַשְׂאֵת, טְפֵילָה לַבַּהֶרֶת מְנָלַן? אָמַר רַבִּי זֵירָא: נֶאֶמְרָה "לְבָנָה" בַּשְׂאֵת וְנֶאֶמְרָה "לְבָנָה" בַּבַּהֶרֶת, מַה "לְבָנָה" הָאֲמוּרָה בַּשְׂאֵת יֵשׁ לָהּ טְפֵילָה, אַף "לְבָנָה" הָאֲמוּרָה בַּבַּהֶרֶת יֵשׁ לָהּ טְפֵילָה. בְּמַתְנִיתָא תָּנָא: הֵטִיל הַכָּתוּב לַסַּפַּחַת בֵּין שְׂאֵת לְבַהֶרֶת, לוֹמַר לְךָ: כְּשֵׁם שֶׁטְּפֵילָה לַשְׂאֵת, כָּךְ טְפֵילָה לַבַּהֶרֶת. § "שְׂאֵת כְּצֶמֶר לָבָן". § *מַאי "צֶמֶר לָבָן"? אָמַר רַב בֵּיבָי אָמַר רַב אַסִּי: צֶמֶר נָקִי בֶּן יוֹמוֹ שֶׁמְּכַבְּנִין בּוֹ לְמֵילָת. אָמַר רַבִּי חֲנִינָא: מָשָׁל דְּרַבָּנַן לְמָה הַדָּבָר דּוֹמֶה? לִתְרֵי מַלְכֵי וְלִתְרֵי אִיפַּרְכֵי, מַלְכּוֹ שֶׁל זֶה לְמַעְלָה מִמַּלְכּוֹ שֶׁל זֶה, וְאִיפַּרְכוֹ שֶׁל זֶה לְמַעְלָה מֵאִיפַּרְכוֹ שֶׁל זֶה. הַאי זֶה לְמַעְלָה מִזֶּה וְזֶה לְמַעְלָה מִזֶּה הוּא! אֶלָּא, מַלְכּוֹ שֶׁל זֶה לְמַעְלָה מֵאִיפַּרְכֵיהּ דְּנַפְשֵׁיהּ, וּמַלְכּוֹ שֶׁל זֶה לְמַעְלָה מֵאִיפַּרְכֵיהּ דְּנַפְשֵׁיהּ. רַב אַדָּא בַּר אַבָּא אָמַר: כְּגוֹן מַלְכָּא וְאַלְקַפְטָא, *רוּפִילָא וְרֵישׁ גָּלוּתָא. הַאי זֶה לְמַעְלָה מִזֶּה הוּא! אֶלָּא, כְּגוֹן מַלְכָּא וְרוּפִילָא, וְאַלְקַפְטָא וְרֵישׁ גָּלוּתָא. רָבָא אָמַר: כְּגוֹן שָׁבוֹר מַלְכָּא וְקֵיסָר. א"ל רַב פַּפָּא לְרָבָא: הֵי מִינַּיְיהוּ עָדִיף? אֲמַר לֵיהּ: *בְּחוּרְשַׁיָּא קָא אָכֵיל לֵיהּ! פּוּק חֲזִי טִיבְעָא דְּמַאן סָגֵי בְּעָלְמָא, דִּכְתִיב: "וְתֵאכֻל כָּל אַרְעָא וּתְדוּשִׁנַּהּ וְתַדְּקִנַּהּ" (דניאל ז), *א"ר יוֹחָנָן: זוֹ רוֹמִי חַיֶּיבֶת, שֶׁטִּיבְעָהּ יָצָא בְּכָל הָעוֹלָם כּוּלּוֹ. רָבִינָא אָמַר: כְּגוֹן גְּלִימָא דַּעֲמַר וְשַׁחֲקֵיהּ, סְדִינָא דְּכִיתָּנָא וְשַׁחֲקֵיהּ. § "אֶת שֶׁיֵּשׁ בָּהּ יְדִיעָה בַּתְּחִלָּה" וכו'. § ת"ר: מִנַּיִן שֶׁאֵין הַכָּתוּב מְדַבֵּר אֶלָּא בְּטוּמְאַת מִקְדָּשׁ וְקָדָשָׁיו? וְדִין הוּא: הוֹאִיל וְהִזְהִיר וְעָנַשׁ עַל הַטּוּמְאָה וְחִיֵּיב קָרְבָּן עַל הַטּוּמְאָה, מַה כְּשֶׁהִזְהִיר וְעָנַשׁ עַל הַטּוּמְאָה — לֹא הִזְהִיר וְעָנַשׁ אֶלָּא עַל טוּמְאַת מִקְדָּשׁ וְקָדָשָׁיו, אַף כְּשֶׁחִיֵּיב קָרְבָּן עַל הַטּוּמְאָה — לֹא חִיֵּיב אֶלָּא עַל טוּמְאַת מִקְדָּשׁ וְקָדָשָׁיו. וְאֵימָא: תְּרוּמָה, שֶׁהִזְהִיר וְעָנַשׁ! לָא אַשְׁכְּחַן עֲוֹן מִיתָה דְּחַיֵּיב עָלֶיהָ קָרְבָּן. אֵימָא: ה"מ קָרְבָּן קָבוּעַ, אֲבָל עוֹלֶה

רש"י

ואם איתא. דְּאָמַר אַחַר שֶׁלֶג תָּנֵי לְהוּ. שֶׁל צֶמֶר דֵּיהָה הֵימֶנָּה מִיבָּעֵי לֵיהּ. דֵּיהָה = פלית"א בְּלַעַ"ז. עֲמוּקָּה וּגְבוֹהָה לָאו דַּוְקָא קָאָמַר, אֶלָּא נִרְאֵית כַּעֲמוּקָּה. טְפֵילָה לַבַּהֶרֶת מְנָלַן. לְרַבָּנַן קָבָּעֵי לָהּ, דְּאִילּוּ לְרַבִּי עֲקִיבָא לֵית לֵיהּ רִיבּוּי טְפֵילָה לַבַּהֶרֶת. סְפָחֵנִי = אָסְפֵנִי. בֶּן יוֹמוֹ = כְּיוֹם הִוָּלְדוֹ. מְכַבְּנִין. לְשׁוֹן "הָרְחֵלִים יוֹצְאוֹת כְּבוּנוֹת" (שבת דף נג:) וּכְמוֹ (גיטין דף יד:) "תִּפָּתֵן כְּבֵנָתִי לְבִתִּי", פרמוי"ל, וְהוּא (א) בַּת נֶפֶשׁ שֶׁקּוֹרִין נוסק"א שֶׁמְּחַבְּרִין בָּהּ פְּתִיחוֹת פִּי הֶחָלוּק. כָּךְ כְּשֶׁנּוֹלַד הַכֶּבֶשׂ וְהָאָדָם לוֹקְחוֹ אֵין לַמְרוֹ נָקִי *כְּאוֹתוֹ יוֹם, וְהָרוֹצֶה לְהַלְבִּינוֹ לְמֵילַת עוֹשֶׂה לַכֶּבֶשׂ מְעַטֶּה עוֹר וּמְכַסֵּהוּ עָלָיו שֶׁלֹּא יִתְפַּלֵּשׁ, וְנִמְצָא הַצֶּמֶר מְכוּסֶּה כָּל הַיָּמִים. מַלְכּוֹ שֶׁל זֶה. בַּהֶרֶת שֶׁהוּא מַלְכּוֹ שֶׁל סִיד, לְמַעְלָה מִשְּׂאֵת שֶׁהוּא מַלְכּוֹ שֶׁל קְרוּם, וְלָכֵן הֵן מִצְטָרְפִין הַבַּהֶרֶת וְהַשְּׂאֵת. וְאִיפַּרְכוֹ שֶׁל מֶלֶךְ זֶה לְמַעְלָה מֵאִיפַּרְכוֹ שֶׁל מֶלֶךְ זֶה — סִיד לְמַעְלָה מִקְּרוּם, וּמִמֵּילָא שָׁמְעִינַן דְּסִיד לְמַטָּה מִשְּׂאֵת הוּא. **אלא מלכו של זה** לְמַעְלָה מֵאִיפַּרְכֵיהּ דְּנַפְשֵׁיהּ. כָּל אִיפַּרְכוּס הוֹלֵךְ אַחַר מַלְכּוֹ, כָּךְ כָּל תּוֹלָדָה מִצְטָרֶפֶת לַחֲבֵירָהּ. הָכִי גָּרְסִינַן: וּמַלְכּוֹ שֶׁל זֶה לְמַעְלָה מֵאִיפַּרְכֵיהּ דְּנַפְשֵׁיהּ. **מלכא ואלקפטא.** שְׁנֵי מְלָכִים הֵם, וּמַלְכָּא חֲשִׁיב מֵאַלְקַפְטָא. **רופילא.** אִיפַּרְכוּס שֶׁל מַלְכָּא. **וריש גלותא.** אִיפַּרְכוּס שֶׁל אַלְקַפְטָא. **כגון מלכא ואלקפטא.** כְּשֶׁמְּהַלְּכִין זֶה אַחַר זֶה, כְּסֵדֶר זֶה הוֹלְכִים. **האי זה למעלה מזה הוא אלא כגון מלכא ורופילא ואלקפטא וריש גלותא.** כְּשֶׁמְּהַלְּכִין שְׁנַיִם שְׁנַיִם, כָּל אִיפַּרְכוּס הוֹלֵךְ אַחַר מַלְכּוֹ. **שבור מלכא.** מֶלֶךְ פָּרַס, וְקֵיסָר מֶלֶךְ רוֹמִי, וְכָל אֶחָד יֵשׁ לוֹ אִיפַּרְכוּס. **הי מנייהו חשיב.** שָׁבוֹר אוֹ קֵיסָר. **בחורשיא אכיל ליה.** הָאִישׁ הַזֶּה מוּטְמָן בַּיְּעָרִים כָּל יָמָיו, שֶׁלֹּא שָׁמַע בְּטִיבְעָהּ שֶׁל מַלְכוּת רוֹמִי וְהוּצְרַךְ לִשְׁאוֹל זֹאת. וְרַב פַּפָּא, מִשּׁוּם דְּאַקְדֵּים רָבָא שָׁבוֹר מַלְכָּא לְקֵיסָר הוּא דְּשָׁיְילֵי'. וְרָבָא מִיִּרְאָה עָשָׂה, שֶׁהָיָה תַּחְתָּיו בְּמַלְכוּתוֹ, כִּדְאָמַר בְּמַסֶּ' חֲגִיגָה (דף ה:): שְׁדוּר דְּבֵי שָׁבוֹר מַלְכָּא וְגַרְדּוּהִי. **רומי חייבת.** תַּרְגּוּם שֶׁל רִשְׁעָה, שֶׁנֶּאֱמַר (מלאכי א): "וְקָרְאוּ לָהֶם גְּבוּל רִשְׁעָה". **רבינא אמר.** מָשָׁל דְּרַבָּנַן כְּגוֹן גְּלִימָא דְּעַמְרָא, שֶׁהוּא מְלוּבָּן כְּשֶׁהוּא חָדָשׁ, וְלִיבּוּנוֹ מַבְהִיק הַרְבֵּה יוֹתֵר מִשֶּׁל טַלִּית יְשָׁנָה. **וגלימא דכיתנא ושחקיה.** שֶׁהֶחָדָשׁ לָבָן הַרְבֵּה מִשֶּׁל יָשָׁן, אֲבָל הַחֲדָשׁוֹת שֶׁל זוֹ וְשֶׁל זוֹ קְרוֹבוֹת לִהְיוֹת שָׁווֹת. כָּךְ הַבַּהֶרֶת גְּבוֹהָה הַרְבֵּה מִן הַסִּיד שֶׁהוּא תּוֹלַדְתּוֹ, וְהַשְּׂאֵת מִן הַקְּרוּם, וְהָאָבוֹת קְרוֹבִים לִהְיוֹת שָׁוִים. **שאין הכתוב מדבר.** פָּרָשַׁת קָרְבָּן עוֹלֶה וְיוֹרֵד שֶׁחִיְּיבָתוֹ קָרְבָּן עַל הַטּוּמְאָה, מִנַּיִן שֶׁאֵין מְחַיְּיבוֹ עַל מַגָּע אֶלָּא אִם כֵּן אוֹכֵל בְּאוֹתָהּ טוּמְאָה קֹדֶשׁ אוֹ נִכְנָס לַמִּקְדָּשׁ. **ודין הוא.** הֲרֵי אַתָּה דָּן מֵאֵלָיו. הוֹאִיל וְהִזְהִיר וְעָנַשׁ עַל הַזָּדוֹן טוּמְאָה. וְחַיָּיבִין נַמִי קָרְבָּן עַל שִׁגְגַת טוּמְאָה. מַה מָּצִינוּ כְּשֶׁהִזְהִיר וְעָנַשׁ כָּרֵת, עַל זְדוֹן טוּמְאָה בְּטוּמְאַת מִקְדָּשׁ וְקָדָשָׁיו הִזְהִיר וְעָנַשׁ, שֶׁנֶּאֱמַר (ויקרא כא): *"לֹא יְטַמְּאוּ אֶת מִקְדָּשַׁי" הֲרֵי זֶה אַזְהָרַת מִקְדָּשׁ, "בְּקָדָשִׁים לֹא יֹאכַל עַד אֲשֶׁר יִטְהָר" (שם כב) הֲרֵי אַזְהָרַת קֹדֶשׁ, "כִּי אֶת מִקְדַּשׁ ה' טִמֵּא וְנִכְרַת" (במדבר יט) הֲרֵי עוֹנֶשׁ מִקְדָּשׁ, "וְהַנֶּפֶשׁ אֲשֶׁר תֹּאכַל בָּשָׂר מִזֶּבַח הַשְּׁלָמִים" וגו' (ויקרא ז) הֲרֵי עוֹנֶשׁ קֹדֶשׁ. **תרומה.** אִם אָכַל תְּרוּמָה בְּטוּמְאָה, דְּהִזְהִיר וְעָנַשׁ. דִּכְתִי' "בְּקָדָשִׁים לֹא יֹאכַל", וּתְרוּמָה בִּכְלָל, מִדִּכְתִי' בָּהּ בְּהַהִיא עִנְיָנָא "וּבָא הַשֶּׁמֶשׁ וְטָהֵר וְאַחַר יֹאכַל מִן הַקֳּדָשִׁים", וְאָמְרִינַן בִּיבָמוֹ' (עד:) דְּבִתְרוּמָה קָאֵי מִדְּתָלֵי' בְּהַעֲרֵב שֶׁמֶשׁ, דְּאִילּוּ קָדָשִׁים עַד דְּמַיְיתֵי כַּפָּרָה. **וענש.** "וּמֵתוּ בוֹ כִּי יְחַלְּלֻהוּ". **לא אשכחן עון מיתה דמחייב קרבן.** שֶׁאֵין חַטָּאת בָּאָה אֶלָּא אַשִּׁגְגַת כָּרֵת, כִּדְאָמְרִי' בְּהוֹרָיוֹ' (ח.). מִידִּי

תוספות

ואם איתא ליתני של צמר דיהה הימנו. תימה: דע"כ צריך למיתני שלג וסיד, דאת"ק קאי, דקתני: הפתוך שבשלג כיין המזוג בשלג, הפתוך שבסיד כיין המזוג בחלב, דברי ר' ישמעאל. רבי עקיבא אומר כו'! וי"ל: דהיינו דקמשני, אמרי: אין כדתניא. כלומר, לא נקט סיד דוקא, אלא קאי את"ק. או שמא רבי נתן מגיה נמי במילתיה דרבי ישמעאל שאת במקום סיד. **ואין** אחרת לבנה. והא דכתיב (תהלים קמז): "הנותן שלג כצמר", אורחיה דקרא למיתלי שאינו מלוי במלוי. **גלימא** דכיתנא ושחקיה. פי' בקונטרס דחדש יותר לבן. ולא יתכן, דבפ' "כל היד" (נדה דף יז.) משמע דשחקים לבנים יותר ומעלו טפי לבדיקה. אלא לענין חשיבות נקט ליה, דומיא דכל הני דלעיל. ומיהו בנדה י"ל דמעלו לבדיקה לפי שהם רכים יותר. אבל הקונטרס פירש שם: לפי שהם לבנים יותר*. **לא** הזהיר אלא על טומאת מקדש וקדשיו. פירש בקונטר': אזהרת קדש — דכתיב: "בקדשים לא יאכל עד אשר יטהר". ותימה: דבפרק בתרא דמכות (דף יד:) משמע דבין לרבי יוחנן ובין לריש לקיש אתי האי קרא לאזהרת תרומה, ואזהרת קדש נפק' לן לר' יוחנן מג"ש ד"טומאתו" "טומאתו" ממקדש, ולר"ל מ"בכל קדש לא תגע". ויתכן פירוש הקונטרס להההוא תנא דאמר בפ' "הערל" (יבמות עה. ושם): בזב בעל ג' ראיות ובמצורע מוחלט הכתוב מדבר, ומאי "אשר יטהר" — עד דמייתי כפרה. והני אמוראי דמכות — כרבי ישמעאל דפליג עליה התם ומוקי לה בתרומה. ור' יוחנן גופיה מסיק לה בפרק "הערל" (שם דף עד.) משמיה דרבי ישמעאל: איזהו דבר השוה בזרעו של אהרן — הוי אומר זה תרומה. **אימא** תרומה. פירוש: אימא נמי תרומה. אבל אין לפרש: אימא דוקא תרומה, אבל מקדש וקדש דאיכא כרת לא תסגי ליה בקרבן עולה ויורד. דהא בסמוך לא פריך הכי אלא משום דכתיב ביה מיעוטא. וה"נ דהוה מצי למיפרך: אימא טמא שרץ. שאפשר להיות איסור עבודה בלא איסור מקדש, כגון שנטמא בעזרה וילא בלא שהייה והפך בגנורא דרך הליכתו, כדאמר בפ"ב לקמן (דף יז:). אלא משום דהיא גופה גמר מתרומה בפרק "אלו הן הנשרפין" (סנהדרין דף פג:) להכי נקט תרומה. ומטומאת כהנים לא מצי למיפרך, שלא הוזהרו אלא על המת, והכא כתב שרץ ונבלה.

לא אשכחן עון מיתה דמחייב עליה קרבן. תימה: ה"נ לא אשכחן עון כרת דמחייב עליה קרבן עולה ויורד! ויש לומר: דההוא טעמא עדיף ליה טפי.

עולה

רבינו חננאל

א) הוה ליה למימר דהא שאת עדיפא מסיד. אמרי אין דהא תניא הכי ר' נתן אומר לא שאמר ר' עקיבא של סיד דיהה הימנה אלא של שאת דיהה הימנה. בהרת עזה כשלג שנאמר והנה מרים מצורעת כשלג. בהרת לבנה היא. אין לבנה למעלה הימנה. תנא הטיל הכתוב הספחת בין שאת לבהרת. כשם שטפילה לזו כך טפילה לזו. ומנא לן שהספחת טפילה היא שנאמר ספחני נא אל אחת הכהונות לאכל פת לחם. שאת אין שאת אלא גבוהה שנאמר על ההרים הגבוהים ועל הגבעות הנשאות. ומראה עמוק מן העור כמראה חמה העמוקה מן הצל. שאת כצמר לבן שהוא נקי בן יומו שמכבנין אותו למילת. א"ר חנינא משל (דר' חנינא) [דרבנן] למה הדבר דומה לתרי מלכי ותרי איפרכי. מלכו של זה למעלה מאיפרכו (של זה) דנפשיה וכן מלכו של זה למעלה מאיפרכו דנפשיה והוא כגון מלכא ורופילא אלקפטא וריש גלותא. א"ל רב פפא לרבא שבור מלכא חשיב או קיסר. א"ל רבא בי חרשיה אכול ליה. פי' מכה אוכלת לך בעיניך. כלומר אינך רואה טיבעא דמאן סגי בעלמא אלא טבעא דקיסר קאולא כר' יוחנן דאמר מאי דכתיב ותאכל כל ארעא ותדושנה ותדקנה. זו רומי חייבת שטבעה יוצאה בכל העולם. ג) כדמתרגמינן בקרחתו בשחיקותיה שחקיהו. פי' בלאותיהם: **מתני'** כל שיש בה ידיעה בתחלה כו': ת"ר בתורת כהנים מנין שאין חייב אלא בטומאת מקדש וקדשיו. הזהיר וענש על הטומאה במקדש. הזהיר ולא יטמאו את מחניהם. וענש שנאמר כל הנוגע במת בנפש האדם אשר ימות ולא יתחטא [את משכן ה' טמא] ונכרתה וגו' (במקדש) [ובקדש] הזהיר אמר ריש לקיש בכל קדש לא תגע וגו' ותניא כוותיה ומפורש בפרק אלו הן הלוקין בתחלתו ג) דאתקש קדש למקדש. ועוד מפורש ביבמות פרק הערל כי זו הנגיעה אכילה היא. וענש ונפש כי תגע בכל טמא בטומאת אדם או בבהמה טמאה וגו' ואכל מבשר זבח השלמים ונכרתה וחייב קרבן על הטומאה שנאמר או נפש אשר תגע בכל דבר טמא או בנבלת חיה טמאה וגו' מה זה שהזהיר וענש לא הוא אלא בטומאת מקדש וקדשיו. אף זו הטומאה שחייב בה קרבן אינו אלא בטומאת מקדש וקדשיו. ודחי' ואימא טומאת תרומה דהא אית בה הזהרה וענש דכתיב ולא תשאו עליו חטא ומתו בו כי יחללוהו. ופרקינן תרומה עון מיתה היא ולא אשכחן בעון מיתה דחייב קרבן. ואמרינן נהי דאינו חייב קרבן קבוע קרבן עולה ויורד ליחייב. מידי

א) נראה דל"ל ואם איתא של שאת דיהה הימנה הוה ליה כו'. ב) אולי צ"ל ושחקיה פי' בלאותיהם כדמתרגמינן בקרחתו בשחיקותיה. ג) אולי צ"ל בתחלתו דמיירי באכילה דאיתקש קודש וכו'.

עין משפט נר מצוה

כה א מיי' פ"א מהל' טומאת צרעת הל' ו:

כו ב עיין בהשגות שם וכס"מ:

[סוטה ה:]

[וע"ע תוס' נדה יז. ד"ה האי]

[כלשון רומי הוא שר החיל. מוסף הערוך]

[עי' בערוך ערך חרש ג' מה שפירש בשם רב האי גאון]

מסורת הש"ס

צ"ל כאותו. יעב"ץ וכ"ה הרש"ל בדפוס הראשון

[כ"ב פז. בכורו' מח. חולין סג.]

[שבת נז.]

צ"ל ולא יטמאו את מחניהם (במדבר ה)

הגהות הב"ח

(א) רש"י ד"ה מכבנין וכו' והוא בית נפש:

גליון הש"ס

תוס' ד"ה לא אשכחן וכו' וי"ל דה"ט עדיף טפי. וקשה לי דמ"מ אחרי דלאמרי' מידי דהוי אשמיעת קול ולגבי תרומה ליכא כלל סברת לא מצינו דעון מיתה חייב קרבן למידי דהוי שמיעת קול ונשאר ממילא הסברא לאוקמי בתרומ' ולא במקדש מכח הסברא דלא מצינו דעון כרת לסגי בעולה ויורד א"כ מאי פרכי' ואימא בה למעוטי הקדש הא לזה ל"ל קרא למסברא מוקמי' בתרומה ולא במקדש ומוכח דבה למעט תרומה וצ"ע:

תורה אור

עוֹלֶה וְיוֹרֵד נֵיתֵי, מִידֵי דַּהֲוָה אַשְׁמִיעַת קוֹל וְאַבִּיטּוּי שְׂפָתַיִם! אָמַר קְרָא: °"בָּהּ", בָּהּ — לְמַעוּטֵי תְּרוּמָה. אֵימָא: "בָּהּ" — לְמַעוּטֵי מִקְדָּשׁ, דְּלָא סַגִּי לֵיהּ בְּקָרְבָּן עוֹלֶה וְיוֹרֵד עַד דְּמַיְיתֵי קָרְבָּן קָבוּעַ! קָרֵי רָבָא עֲלֵיהּ דְּרַבִּי: דּוֹלֶה מַיִם מִבּוֹרוֹת עֲמוּקִים; דְּתַנְיָא, *רַבִּי אוֹמֵר: אֶקְרָא אֲנִי חַיָּה, בְּהֵמָה לָמָּה נֶאֶמְרָה? נֶאֱמַר כָּאן °"בְּהֵמָה טְמֵאָה" וְנֶאֱמַר לְהַלָּן °"בְּהֵמָה טְמֵאָה", מַה לְּהַלָּן טוּמְאַת קוֹדֶשׁ, אַף כָּאן טוּמְאַת קוֹדֶשׁ. אַשְׁכְּחַן טוּמְאַת קוֹדֶשׁ, טוּמְאַת מִקְדָּשׁ מְנָלַן? אָמַר קְרָא: °"בְּכָל קֹדֶשׁ לֹא תִגָּע וְאֶל הַמִּקְדָּשׁ לֹא תָבֹא", אִיתְקַשׁ מִקְדָּשׁ לְקוֹדֶשׁ. אִי הָכִי, תְּרוּמָה נַמִי, *דְּאָמַר מָר: "בְּכָל קֹדֶשׁ לֹא תִגָּע" — לְרַבּוֹת אֶת הַתְּרוּמָה! הָא מִיעֵט רַחֲמָנָא "בָּהּ". אֵימָא: "בָּהּ" — לְמַעוּטֵי מִקְדָּשׁ! מִסְתַּבְּרָא, מִקְדָּשׁ לָא מְמַעֲטִינַן, שֶׁכֵּן בְּכָרֵת כְּמוֹתָהּ. אַדְּרַבָּה, תְּרוּמָה לָא מְמַעֲטִינַן, שֶׁכֵּן אֲכִילָה כְּמוֹתָהּ! אֶלָּא אָמַר רָבָא: שָׁלֹשׁ כְּרֵיתוֹת בִּשְׁלָמִים לָמָּה? אַחַת לִכְלָל, וְאַחַת לִפְרָט, וְאַחַת לְטוּמְאָה הַכְּתוּבָה בַּתּוֹרָה סְתָם וְאֵינִי יוֹדֵעַ מַה הִיא — הֱוֵי אוֹמֵר: טוּמְאַת קוֹדֶשׁ; וְאִם אֵינוֹ עִנְיָן לְטוּמְאַת קוֹדֶשׁ, דְּנָפְקָא לֵיהּ מִדְּרַבִּי, תְּנֵהוּ עִנְיָן לְטוּמְאַת מִקְדָּשׁ. וְהַאי מִיבָּעֵי לֵיהּ לְכִדְרַבִּי אַבָּהוּ, דְּאָמַר רַבִּי אַבָּהוּ: *שָׁלֹשׁ כְּרֵיתוֹת בִּשְׁלָמִים לָמָּה? אַחַת לִכְלָל, וְאַחַת לִפְרָט, וְאַחַת לִדְבָרִים שֶׁאֵינָן נֶאֱכָלִין. וּלְר"ש *דְּאָמַר: [א]דְּבָרִים שֶׁאֵינָן נֶאֱכָלִין אֵין חַיָּיבִין עֲלֵיהֶן כָּרֵת מִשּׁוּם טוּמְאָה — לְאִיתּוּיֵי חַטַּאת הַפְּנִימִית; דְּס"ד אָמִינָא, הוֹאִיל *וְאָמַר ר"ש: כֹּל שֶׁאֵינוֹ קָרֵב עַל מִזְבֵּחַ הַחִיצוֹן כִּשְׁלָמִים אֵין חַיָּיבִין עָלָיו מִשּׁוּם פִּיגּוּל, מִשּׁוּם טוּמְאָה נַמִי לָא, קמ"ל דְּמִיחַיֵּיב! אֶלָּא אָמְרִי נְהַרְדְּעֵי מִשְּׁמֵי' דְּרָבָא: שָׁלֹשׁ טוּמְאוֹת בִּשְׁלָמִים לָמָּה? אַחַת לִכְלָל, וְאַחַת לִפְרָט, וְאַחַת לְטוּמְאָה הַכְּתוּבָה בַּתּוֹרָה סְתָם וְאֵינִי יוֹדֵעַ מַה הִיא, הֱוֵי אוֹמֵר: טוּמְאַת קוֹדֶשׁ; וְאִם אֵינוֹ עִנְיָן לְטוּמְאַת קוֹדֶשׁ, דְּנָפְקָא לֵיהּ מִדְּרַבִּי, תְּנֵהוּ עִנְיָן לְטוּמְאַת מִקְדָּשׁ. וְהַאי נַמִי מִיבָּעֵי לֵיהּ, *אַיְּדֵי דְּבָעֵי לְמִכְתַּב כָּרֵת לִכְדר' אַבָּהוּ, כָּתַב נַמִי טֻמְאוֹת, דְּלָא סַגִּי לָהּ בְּלָאו הָכִי! אֶלָּא אָמַר רָבָא: אָתְיָא "טוּמְאָתוֹ" "טוּמְאָתוֹ", כְּתִיב הָכָא: °"לְכָל טוּמְאָתוֹ", וּכְתִיב

(ויקרא ה) | שם | שם ז | שם יב | [זבחים מג.] | שם ה

רש"י

מִידֵי דַּהֲוָה אַשְׁמִיעַת קוֹל. שְׁבוּעַת הָעֵדוּת וּשְׁבוּעַת בִּיטּוּי, דְּאִיתְנְהוּ נַמִי בְּקָרְבַּן עוֹלֶה וְיוֹרֵד וְאֵין עוֹנֶשׁ עַל זְדוֹנָן, לֹא מִיתָה וְלֹא כָּרֵת. אָמַר קְרָא בָּהּ. "לְכֹל טוּמְאָתוֹ אֲשֶׁר יִטְמָא בָּהּ", בְּעִנְיָנָא דְּעוֹלֶה וְיוֹרֵד כְּתִיב. וְאֵימָא. חִיּוּבָא בִּתְרוּמָה הִיא, וּ"בָהּ" לְמַעוּטֵי מִקְדָּשׁ, וְהוֹאִיל וּזְדוֹנוֹ כָּרֵת — לֹא תִּסְגֵּי לֵיהּ בְּעוֹלֶה וְיוֹרֵד אֶלָּא קָבוּעַ, לְעָשִׁיר וּלְעָנִי שָׁוֶה. עֲלֵיהּ דְּרַבִּי. מִשּׁוּם דְּהוּא יָלֵיף לָהּ שַׁפִּיר. אֶקְרָא אֲנִי חַיָּה. בְּקָרְבַּן עוֹלֶה וְיוֹרֵד כְּתִיב (ויקרא ה): "אוֹ בְּנִבְלַת חַיָּה טְמֵאָה אוֹ בְּנִבְלַת בְּהֵמָה טְמֵאָה", וְדַי אִם הָיִיתִי קוֹרֵא "בְּנִבְלַת חַיָּה טְמֵאָה" שֶׁנִּכְתַּב רִאשׁוֹן, וְלֹא הָיָה צָרִיךְ לַחֲזוֹר וְלִכְתּוֹב בְּהֵמָה, שֶׁהֲרֵי בְּהֵמָה בִּכְלַל חַיָּה, שֶׁנֶּאֱמַר (שם יא): "זֹאת הַחַיָּה אֲשֶׁר תֹּאכְלוּ" וְסָמֵיךְ לֵיהּ "כֹּל בְּהֵמָה מַפְרֶסֶת פַּרְסָה". וְנֶאֱמַר לְהַלָּן. בְּאוֹכֵל קָדָשִׁים בְּטוּמְאַת הַגּוּף בְּ"צַו אֶת אַהֲרֹן": (א) "נֶפֶשׁ כִּי תִגַּע בְּכָל טָמֵא בְּטוּמְאַת אָדָם אוֹ בִּבְהֵמָה טְמֵאָה וְאָכַל מִבְּשַׂר זֶבַח הַשְּׁלָמִים". אֵימָא תְּרוּמָה נַמִי אִתְרַבַּאי. דְּאִיהוּ נַמִי אִיתְקַשׁ לְקוֹדֶשׁ, דִּכְתִיב: "בְּכָל קֹדֶשׁ" וְדָרְשִׁינַן "בְּכָל" לְרַבּוֹת תְּרוּמָה שֶׁאֲסוּרָה לִטְבוּל יוֹם, כְּגוֹן יוֹלֶדֶת בִּימֵי טוֹהַר שֶׁלָּהּ, שֶׁהִיא טְבוּלַת יוֹם אָרוֹךְ שֶׁאֵין לָהּ הָעֶרֶב שֶׁמֶשׁ עַד מְלֹאת יָמֶיהָ שֶׁמְּבִיאָה לְמָחָר כַּפָּרָתָהּ. מִקְדָּשׁ לָא מְמַעֲטִינַן. מִדִּין קוֹדֶשׁ, שֶׁכֵּן בִּיאָתוֹ בְּכָרֵת כַּאֲכִילַת קוֹדֶשׁ. שֶׁכֵּן אֲכִילָה. חִיּוּבוֹ ע"י אֲכִילָה הוּא. שָׁלֹשׁ כְּרֵיתוֹת בִּשְׁלָמִים. בְּאוֹכְלָן בְּטוּמְאָה. אַחַת בְּ"אֱמוֹר אֶל הַכֹּהֲנִים": "כָּל אִישׁ אֲשֶׁר יִקְרַב מִכָּל זַרְעֲכֶם אֶל הַקֳּדָשִׁים" וגו', וְאָמְרִינַן בִּזְבָחִים בְּפ' רְבִיעִי (דף מה:) דְּהָא "יִקְרַב" אֲכִילָה הוּא, וּמַהוּ "יִקְרַב" — בְּרָאוּי לְהַקְרָבָה, שֶׁהוּקְדַּשׁ בִּכְלִי. וּשְׁתַּיִם בְּ"צַו אֶת אַהֲרֹן": "וְהַנֶּפֶשׁ אֲשֶׁר תֹּאכַל *מִבְּשַׂר זֶבַח הַשְּׁלָמִים", וְסָמֵיךְ לֵיהּ "וְהַנֶּפֶשׁ כִּי תִגַּע בְּכָל טָמֵא", וּבִתְרַוַּיְיהוּ כְּתִיב "וְנִכְרְתָה". אַחַת לִכְלָל. הַהִיא דְּ"אֶל הַקֳּדָשִׁים" שֶׁכָּלַל אֶת הַכֹּל, וְאַחַת מִן הַשְּׁתַּיִם לִפְרָט. וּמִדָּה זוֹ נִדְרֶשֶׁת בְּתוֹרַת כֹּהֲנִים בִּתְחִלַּת הַסֵּפֶר: דָּבָר שֶׁהָיָה בִּכְלָל וְיָצָא מִן הַכְּלָל לְלַמֵּד כו', כֵּיצַד? "וְהַנֶּפֶשׁ אֲשֶׁר תֹּאכַל מִבְּשַׂר זֶבַח הַשְּׁלָמִי'" וגו', וַהֲלֹא שְׁלָמִים בִּכְלַל כָּל הַקֳּדָשִׁים הָיוּ, וְלָמָּה יָצְאוּ? לְהַקִּישׁ אֲלֵיהֶם: מַה שְּׁלָמִים מְיוּחָדִין קָדְשֵׁי מִזְבֵּחַ — אַף כָּל קָדְשֵׁי מִזְבֵּחַ, יָצְאוּ קָדְשֵׁי בֶּדֶק הַבַּיִת שֶׁאֵין חַיָּיבִין עֲלֵיהֶן מִשּׁוּם טוּמְאָה. וְא"ת: לָמָּה אֵין נִידּוֹנִים בִּכְלָל וּפְרָט וְאֵין בִּכְלָל אֶלָּא מַה שֶּׁבִּפְרָט; שְׁלָמִים אִין, מִידֵּי אַחֲרִינָא לָא? מִשּׁוּם דִּמְרוּחָקִין זֶה מִזֶּה בִּשְׁנֵי עִנְיָנִים. וְכָךְ מְפוֹרָשׁ בִּמְנָחוֹת בְּפֶרֶק "כָּל הַמְּנָחוֹת בָּאוֹת מַצָּה" (דף נה:) דְּהֵיכָא דִּפְרָט מְרוּחָק מִן הַכְּלָל נִידּוֹן בְּמִדָּה זוֹ לְלַמֵּד עַל הַכְּלָל וכו'. וְאִם תֹּאמַר: מַה בֵּין זוֹ לְמִדַּת כְּלָל וּפְרָט וּכְלָל שֶׁאַתָּה דָּן כְּעֵין הַפְּרָט? הַרְבֵּה יֵשׁ, שֶׁמִּדַּת כְּעֵין הַפְּרָט בָּאָה לְהוֹסִיף עַל הַפְּרָט בִּכְלָל אַחֲרוֹן דְּבָרִים אֲחֵרִים שֶׁאֵין כְּתוּבִין בּוֹ, וְזוֹ בָּאָה לְגַלּוֹת עַל הַפְּרָט וְלֹא לְהוֹסִיף עָלָיו. וּדְבָרִים רַבִּים לְמֵידִין בְּמִדָּה זוֹ שֶׁאֵינָן בָּאִין בְּמִדַּת כְּעֵין הַפְּרָט, כְּגוֹן בְּהַבְעָרָה שֶׁאָנוּ אוֹמְרִים לְחַלֵּק יָצְאתָה, וּבְמִדָּה זוֹ הִיא בָּאָה: *הַבְעָרָה בִּכְלָל הָיְתָה, וְלָמָּה יָצְאָה? לְהַקִּישׁ אֵלֶיהָ וּלְגַלּוֹת עַל כָּל הַכְּלָל, שֶׁכְּשֵׁם שֶׁחַיָּיב עַל הַבְעָרָה בִּפְנֵי עַצְמָהּ כָּךְ חַיָּיב עַל כָּל אַב מְלָאכָה שֶׁבַּכְּלָל בִּפְנֵי עַצְמוֹ. וְאַחַת לְטוּמְאָה הַכְּתוּבָה בַּתּוֹרָה סְתָם כו'. וְאַחַת מִן הַכְּרֵיתוֹת הָאֵלּוּ שֶׁהִיא יְתֵירָה, נִכְתְּבָה לְגַלּוֹת עַל הַטּוּמְאָה הַכְּתוּבָה אֵצֶל עוֹלֶה וְיוֹרֵד וּסְתָמָהּ הַכָּתוּב וְלֹא פֵּירֵשׁ עַל אֵיזוֹ טוּמְאָה חִיְּיבַתּוּ תּוֹרָה קָרְבָּן, הוּפְנָה כָּרֵת לְלַמֶּדְךָ שֶׁלְּכַפֵּר עַל כָּרֵת זֶה הוּא בָא, שֶׁהוּא טוּמְאַת קֹדֶשׁ. (אִם אֵינוֹ עִנְיָן כו') לִדְבָרִים שֶׁאֵינָן נֶאֱכָלִין. כְּגוֹן עֵצִים שֶׁל מַעֲרָכָה וּלְבוֹנָה וּקְטֹרֶת, אִם אֲכָלָן בְּטוּמְאָה חַיָּיב. וּלְר"ש דְּאָמַר כו'. בְּמַסֶּכֶת זְבָחִים בְּפֶרֶק "ב"ש" (דף מה:). הוֹאִיל וְאָמַר ר' שִׁמְעוֹן כו'. חַטָּאוֹת הַפְּנִימִיּוֹת, כְּגוֹן פַּר וְשָׂעִיר שֶׁל יוֹם הַכִּפּוּרִים וּפַר כֹּהֵן מָשִׁיחַ וּפַר הֶעְלֵם דָּבָר, שֶׁטְּעוּנִין הַזָּיָה בִּפְנִים עַל הַפָּרוֹכֶת וְעַל מִזְבַּח הַזָּהָב. כִּשְׁלָמִים. מִשּׁוּם דְּפִיגּוּל בִּשְׁלָמִים כְּתִיב יָלֵיף ר"ש מִינָּהּ שֶׁאֵינָהּ נוֹהֶגֶת בְּחַטָּאוֹת הַפְּנִימִיּוֹת. שָׁלֹשׁ טוּמְאוֹת. בְּהָנָךְ שָׁלֹשׁ כְּרֵיתוֹת כְּתִיב בְּכָל חֲדָא "וְטוּמְאָתוֹ עָלָיו". כְּתִיב הָכָא. בְּעוֹלֶה וְיוֹרֵד. וּכְתִיב

[חולין עא. לקמן יט.] | יבמות עה. מכות יז: | [זבחים מו. וכן איתא ר' יוחנן] | שם מה | [נ"ל תאכל בשר מזבח השלמים וסמיך ליה ונפש כי כו' כ"ה בדפו"י] | [פסחים סז: יבמות נד: וש"נ]

תוספות

עולה ויורד נייתי. וא"ת: קרבן קבוע נמי ה"ל למיפרך דנייתי, מידי דהוה אשפחה חרופה דלית בה כרת ומייתי קרבן קבוע! וי"ל: דהתם אשם הוא דמייתי ולא חטאת. **מקיש** מקדש לקודש. ובאכילה דקודש איירי קרא, כדאמר בפר' בתרא דמכות (דף יד:). **ואימא** אף תרומה. דכתיב "בכל קודש" משמע לפי סוגיא דשמעתין דהאי קרא איירי בין בתרומה בין בקודש. ותימה: דסוגיא דמכות (שם) מוכחת דלא מיירי בתרווייהו, דר"ל מוקי ליה בקודש גרידא ורבי יוחנן בתרומה גרידא! וי"ל: דסוגיא דהכא כברייתא דת"כ, דתניא התם: "בכל קדש לא תגע", יכול אף במעשר — ת"ל: "ואל המקדש לא תבא", מה מקדש דבר שיש בו נטילת נשמה אף כל כו', יצא מעשר. אי מה מקדש הנכנס בו בטומאה ענוש כרת אף קודש האוכלו בטומאה ענוש כרת, יצתה תרומה — ת"ל: "בכל קדש" לרבות את התרומה. אלמא בהדיא מוקי קרא בתרווייהו. וה"ה דהוה מצי למיפרך לפי סוגיא דמכות: הניחא לר"ל, אלא לר' יוחנן דמוקי לה בתרומה מא"ל. **אחת** לכלל ואחת לפרט. פירש בקונטרס: וא"ת, כלל ופרט ואין בכלל אלא מה שבפרט! ואגב ריהטיה לא דק, דה"ל להקשות: פרט וכלל הוא ונעשה כלל מוסיף על הפרט, דהפרט ב"צו" וכלל ב"אמור". ומה שפי' דמדת כלל ופרט המרוחקין אינה כמדת כלל ופרט וכלל — אין נראה, דבפ' "נגמר הדין" (סנהדרין דף מו.) מוכיח דריבה ומיעט הוי כמדת כלל ופרט המרוחקין. ובקונטרס גופיה פירש לעיל (דף ד:) דריבה ומיעט שוה למדת כלל ופרט וכלל. וא"ת: כיון דמדת כלל ופרט המרוחקין זה מזה שוה למדת כלל ופרט וכלל, א"כ לא הוה לן למעוטי קדשי בדק הבית לבד, אלא ה"ל למימר: מה שלמים מיוחדין שיש להן מתירין, כדדריש ר' שמעון לקמן גבי פיגול, ונצריך כרת שלישי לדברים שאין להן מתירין, ומנ"ל לאוקמה לטומאה הכתובה בתורה סתם או לדברים שאינן נאכלין? וי"ל: דלדברים שאין להן מתירין לא אצטריך, דבפ' "ב"ש" (זבחים דף מד.) מרבי להו מ"אשר הם מקדישים". ולספרים דגרסי התם דמרבו להו מ"ואל הקדשים" לא יתכן, דהאי קרא גופיה מוקמינן ליה הכא לכלל. **תנהו** ענין לטומאת מקדש. אבל לתרומה ליכא למימר, דכרת בתרומה ליכא. ומיהו בסמוך דנפקא לן מ"טומאתו" — קשה, דנוקמה בתרומה. וכ"ת, משום דכתיב גבי כרת — הכי נמי כתיב גבי אכילה! ומיהו עדיפא מינה פריך. **ואחת** לדברים שאינן נאכלין. ואזהרה מ"והבשר אשר יגע בכל טמא לא יאכל", דדרשינן בפרק רביעי דזבחים (דף מו:) לרבות עצים ולבונה. אי נמי, כרת לא בעי אזהרה, מידי דהוה אפסח ומילה. **אתיא** טומאתו טומאתו. ואע"ג דגבי תרומה נמי כתיב טומאה בפרשת "אמור אל הכהנים" — שמא אתי לדרשה אחריתי. וא"ת: ולר"ל, דלא גמר ג"ש דטומאה כדאמר בפרק בתרא דמכות (דף יד:), מנליה? וי"ל: דאתיא ליה מהיקשא דלעיל מ"בכל קדש לא תגע", דלא מוקי ליה בתרומה כלל כדמוכח התם. וא"ת: ולמה לן השתא בנין אב ד"הואיל וענש והזהיר" בברייתא דלעיל? וי"ל: דברייתא נמי סמיך אהך ג"ש, ונקט בנין אב לאפוקי מאחר עבירות, ואיצטריך

עין משפט נר מצוה

כז א מיי' פי"ח מהל' פסולי מוקדשין הל' כל ועיין בהשגות ובכ"מ:

רבינו חננאל

מידי דהוה אשמיעת קול ואביטוי שפתים. שהיא א) שבועה ואין בה כרת חייבין בה קרבן עולה ויורד. אמר קרא בה וגו'. ואתא רב למיפשטיה מהא דרבי. דתניא רבי אומר אקרא אני. פי' כיון שריבתה התורה בהמה בכלל חיה וחיה בכלל בהמה כו'. פירשנו זו בפרק אלו טרפות. מאחר דכתב קרא או בנבלת חיה טמאה. למה לי למכתב או בנבלת בהמה טמאה. אלא נאמר כאן בהמה טמאה. ונאמר להלן בשלמים ונפש כי תגע בכל טמא בטומאת אדם או בבהמה טמאה או בכל שקץ טמא ואכל מבשר זבח השלמים וגו' מה להלן בטומאת קדש אף כאן זה שכתב ב) בטומאת בהמה טמאה אכילת טומאת קדש ואתקש מקדש לקדש דכתיב בכל קדש לא תגע ואל המקדש לא תבא. ואימא תרומה. דכתיב בכל קדש ואמרינן לרבות את התרומה: אמר קרא אשר יטמא בה. בה ולא בתרומה אימא בה ולא במקדש כו'. קדש ומקדש תרווייהו כרת כתיבא בהו. ולאפוקי תרומה דלית בה כרת. אדרבה קדש ותרומה תרווייהו בני אכילה נינהו. לאפוקי מקדש דנגיעה היא: שלש כריתות. והנפש אשר תאכל בשר מזבח השלמים אשר לה' וטומאתו עליו ונכרתה. וכתיב ואכל מבשר זבח השלמים אשר לה' ווררחה. וכתיב כל איש אשר יקרב מכל זרעכם אל הקדשים אשר יקדישו בני ישראל לה' ונכרתה. פי' דברים שאין נאכלין. עצים ולבונה וקטרת ומפורש בתורת כהנים. ר' (ישמעאל) [שמעון] אומר מה [שלמים] מיוחדין שהן ראוים לאכילה וכו' יצאו עצים ולבונה וקטרת שאינן ראוין לאכילה. ואסקינא אלא אמר רבא אתיא טומאתו טומאתו כתיב הכא בקרבן או כי יגע בטומאת אדם לכל טומאתו אשר יטמא בה

א) אולי נ"ל שהוא איסור לאו ואין בה כרת וכו'. ב) נ"ל אף כאן זה שכתב בנבלת בהמה טמאה מיירי באכילת קודש בטומאה.

הגהות הב"ח

(א) רש"י ד"ה ונאמר וכו' אהרן ונפש כי:

גליון הש"ס

רש"י ד"ה אחת לכלל וכו' הבערה בכלל היתה. שבת דף ע ע"א:

וּכְתִיב הָתָם: "טָמֵא יִהְיֶה עוֹד טוּמְאָתוֹ בוֹ", מַה לְהַלָּן טוּמְאַת מִקְדָּשׁ, אַף כָּאן טוּמְאַת מִקְדָּשׁ. וְאֶלָּא, "בָּהּ" לָמָּה לִי? לְרַבּוֹת נִבְלַת עוֹף טָהוֹר. הָא אָמְרַתְּ: "בָּהּ" מִיעוּטָא הוּא! מִשּׁוּם דְּמִיעוּטָא הוּא אִיַּיתַּר; כְּתִיב: "אוֹ כִי יִגַּע" — דְּבַר נְגִיעָה אִין, דְּלָאו בַּר נְגִיעָה לָא, וּכְתִיב "בָּהּ" — מִיעוּטָא, הֲוָה מִיעוּט אַחַר מִיעוּט, *וְאֵין מִיעוּט אַחַר מִיעוּט אֶלָּא לְרַבּוֹת.§ "יֵשׁ בָּהּ יְדִיעָה בַּתְּחִלָּה וְאֵין בָּהּ יְדִיעָה בַּסּוֹף שָׂעִיר הַנַּעֲשֶׂה בִּפְנִים" וכו'.§ ת"ר: "וְכִפֶּר עַל הַקֹּדֶשׁ מִטּוּמְאוֹת בְּנֵי יִשְׂרָאֵל" וגו', יֵשׁ לִי בְּעִנְיָן זֶה לְהָבִיא שָׁלֹשׁ טוּמְאוֹת: טוּמְאַת ע"ז, וְטוּמְאַת גִּילּוּי עֲרָיוֹת, וְטוּמְאַת שְׁפִיכוּת דָּמִים; בַּע"ז הוּא אוֹמֵר: "לְמַעַן טַמֵּא אֶת מִקְדָּשִׁי", בְּגִילּוּי עֲרָיוֹת הוּא אוֹמֵר: "וּשְׁמַרְתֶּם אֶת מִשְׁמַרְתִּי לְבִלְתִּי עֲשׂוֹת מֵחֻקּוֹת הַתּוֹעֵבוֹת וגו' וְלֹא תִטַּמְּאוּ בָּהֶם", בִּשְׁפִיכוּת דָּמִים הוּא אוֹמֵר: "וְלֹא תְטַמֵּא אֶת הָאָרֶץ", יָכוֹל עַל ג' טוּמְאוֹת הַלָּלוּ יְהֵא שָׂעִיר מְכַפֵּר? ת"ל: "מִטּוּמְאוֹת בְּנֵי יִשְׂרָאֵל", וְלֹא כָּל טוּמְאוֹת, מַה מָּצִינוּ שֶׁחִלֵּק הַכָּתוּב מִכְּלַל כָּל טוּמְאוֹת — הֱוֵי אוֹמֵר: טוּמְאַת מִקְדָּשׁ וְקָדָשָׁיו, אַף כָּאן — בְּטוּמְאַת מִקְדָּשׁ וְקָדָשָׁיו, דִּבְרֵי ר' יְהוּדָה. ר"ש אוֹמֵר: מִמְּקוֹמוֹ הוּא מוּכְרָע, הֲרֵי הוּא אוֹמֵר: "וְכִפֶּר עַל הַקֹּדֶשׁ מִטּוּמְאוֹת" — מִטּוּמְאוֹת שֶׁל קוֹדֶשׁ. יָכוֹל עַל כָּל טוּמְאָה שֶׁבַּקּוֹדֶשׁ יְהֵא שָׂעִיר זֶה מְכַפֵּר? תַּלְמוּד לוֹמַר: "וּמִפִּשְׁעֵיהֶם לְכָל חַטֹּאתָם", *חֲטָאִים דּוּמְיָא דִּפְשָׁעִים, מַה פְּשָׁעִים שֶׁאֵינָם בְּנֵי קָרְבָּן, אַף חֲטָאִים שֶׁאֵינָם בְּנֵי קָרְבָּן. וּמִנַּיִן לְיֵשׁ בָּהּ יְדִיעָה בַּתְּחִלָּה וְאֵין בָּהּ יְדִיעָה בַּסּוֹף שֶׁשָּׂעִיר זֶה תּוֹלֶה? ת"ל: "לְכָל חַטֹּאתָם", חַיָּיבֵי חַטָּאוֹת בְּמַשְׁמַע. אָמַר מָר, יֵשׁ לִי בְּעִנְיָן זֶה לְהָבִיא ג' טוּמְאוֹת: טוּמְאַת ע"ז, וְטוּמְאַת גִּילּוּי עֲרָיוֹת, וְטוּמְאַת שְׁפִיכוּת דָּמִים. הַאי ע"ז הֵיכִי דָּמֵי? אִי בְּמֵזִיד בַּר קְטָלָא הוּא, אִי בְּשׁוֹגֵג — בַּר קָרְבָּן הוּא! בְּמֵזִיד וְלָא אַתְרוּ בֵּיהּ, בְּשׁוֹגֵג וְלָא אִתְיְדַע לֵיהּ.

גִּילּוּי

רש"י

וּכְתִיב הָתָם. בְּטוּמְאַת מִקְדָּשׁ בְּפָרָשַׁת פָּרָה אֲדוּמָּה. בָּהּ לָמָּה לִי. לְמַעוּטֵי תְּרוּמָה, דְּמֵהֵיכָא תֵּיתֵי לְחִיּוּבָא? דְּמֵהָנֵי לָא אָתְיָא שֶׁכֵּן כָּרֵת. לְרַבּוֹת נִבְלַת עוֹף טָהוֹר. הַמְטַמְּאָה בְּבֵית הַבְּלִיעָה, שֶׁאִם אֲכָלָהּ וְנִכְנַס לַמִּקְדָּשׁ – חַיָּיב. מִשּׁוּם דְּמִיעוּטָא הוּא דְּאִיַּיתַּר. מִיעוּט זֶה בָּא לְרַבּוֹת כִּדְמְפָרֵשׁ וְאָזֵיל, וְאִיתְרַבַּאי בֵּיהּ נִבְלַת עוֹף טָהוֹר ע"י מִיעוּט אַחַר מִיעוּט. כְּתִיב אוֹ כִי יִגַּע. בְּטוּמְאַת אָדָם בְּעוֹלֶה וְיוֹרֵד כְּתִיב. דְּלָאו בַּר נְגִיעָה. שֶׁאֵינוֹ מְטַמֵּא בִּנְגִיעָה, אֶלָּא בְּבֵית הַבְּלִיעָה עַל יְדֵי אֲכִילָה. כִּדְכְתִיב (ויקרא יז): "אֲשֶׁר תֹּאכַל נְבֵלָה וּטְרֵפָה וְכִבֶּס בְּגָדָיו", וּמוֹקְמִינַן לָהּ בְּנִבְלַת עוֹף טָהוֹר בְּתוֹרַת כֹּהֲנִים, וְאָמְרִינַן הָתָם: יָכוֹל תְּטַמֵּא בְּמַגָּע – ת"ל "לְטָמְאָה בָהּ", אֵין לְךָ אֶלָּא הָאָמוּר בָּהּ, שֶׁאֵין לָהּ טוּמְאָה אֶלָּא אֲכִילָתָהּ. וְכִפֶּר עַל הַקֹּדֶשׁ. בְּשָׂעִיר הַנַּעֲשֶׂה בִּפְנִים כְּתִיב בְּ"אַחֲרֵי מוֹת". מִטּוּמְאוֹת וְלֹא כָּל טוּמְאוֹת. וְהוֹאִיל וְלֹא פֵּירֵשׁ לְךָ עַל אֵיזוֹ מֵהֶם – לֹא מְסָרָן אֶלָּא לַחֲכָמִים לְפָרֵשׁ עַל אֵיזוֹ מְדַבֵּר, לֹא וּלְמַד בְּבִנְיַן אָב. מַה מָּצִינוּ שֶׁחִלֵּק כו'. כְּלוֹמַר, אֵיזֶהוּ טוּמְאָה מָצִינוּ חֲלוּקָה בְּמָקוֹם אַחֵר – טוּמְאַת מִקְדָּשׁ וְקָדָשָׁיו. וּלְקַמָּן מְפָרֵשׁ לָהּ הֵיכָא. אַף כָּאן. שֶׁחִילֵּק לִהְיוֹת בְּכַפָּרָה וְאֵין שְׁאָר טוּמְאוֹת עִמָּהּ, דַּע שֶׁבְּטוּמְאַת מִקְדָּשׁ וְקָדָשָׁיו הַכָּתוּב מְדַבֵּר. אַף כָּאן בְּטוּמְאַת מִקְדָּשׁ וְקָדָשָׁיו. גָּרְסִינַן, וְלָא גָּרְסִינַן "נַחֲלוֹק". מִמְּקוֹמוֹ הוּא מוּכְרָע. אֵין אַתָּה צָרִיךְ לְהַכְרִיעוֹ מִמָּקוֹם אַחֵר, כִּי בּוֹ עַצְמוֹ הִכְרִיעַ הַכָּתוּב, שֶׁאֵינוֹ מְדַבֵּר אֶלָּא בְּטוּמְאַת מִקְדָּשׁ וְקָדָשָׁיו. יָכוֹל עַל כָּל טוּמְאָה שֶׁבַּקֹּדֶשׁ. בֵּין שֶׁיֵּשׁ בָּהּ יְדִיעָה בֵּין שֶׁאֵין בָּהּ יְדִיעָה. מַה פְּשָׁעִים שֶׁאֵינָן בְּנֵי קָרְבָּן. שֶׁאֵין פֶּשַׁע אֶלָּא מֵזִיד. אַף חֲטָאִים שֶׁאֵינָן בְּנֵי קָרְבָּן. יָצָא שֶׁיֵּשׁ בָּהּ יְדִיעָה בַּתְּחִלָּה וִידִיעָה בַּסּוֹף וְהֶעְלֵם בֵּינְתַיִם, שֶׁהִיא בַּת קָרְבָּן. וּמִנַּיִן לְשֶׁיֵּשׁ בָּהּ יְדִיעָה בַּתְּחִלָּה כו'. וְלֹא לְשֶׁאֵין בָּהּ יְדִיעָה בַּתְּחִלָּה, אע"פ שֶׁאַף הִיא אֵינָהּ בַּת קָרְבָּן. לְכָל חַטֹּאתָם. הָרָאוּי לָבֹא לִכְלַל חַטָּאתָם, יָצְאָה שֶׁאֵין בָּהּ יְדִיעָה בַּתְּחִלָּה, שֶׁאֵינָהּ בָּאָה לִכְלַל חַטָּאת עוֹד לְעוֹלָם. הָכִי גָּרְסִינַן: חַיָּיבֵי חַטָּאוֹת בְּמַשְׁמַע. וְלָא גָּרְסִינַן "כָּל חַיָּיבֵי חַטָּאוֹת". חַיָּיבֵי חַטָּאוֹת בְּמַשְׁמַע. הָרָאוּי לָבֹא לִידֵי חַטָּאת לִכְשֶׁתִּוָּדַע לוֹ יְדִיעָה בַּסּוֹף. בַּר קָרְבָּן הוּא. כְּבָר מְפוֹרָשׁ קָרְבָּן בְּפָרָשַׁת "שְׁלַח לְךָ". בְּמֵזִיד וְלָא אַתְרוּ בֵּיהּ. וְאֵינוֹ נֶהֱרָג בְּלֹא הַתְרָאָה, כִּדְאָמְרִי' בְּסַנְהֶדְרִין בְּפֶרֶק "הָיוּ בּוֹדְקִין" (דף מא.). וְלָא אִתְיְדַע לֵיהּ. סָלְקָא דַּעְתָּךְ הָשְׁתָּא אָמֵינָא לִתְלֵי לֵיהּ, לְהָגֵן מִן הַיִּסּוּרִין עַד שֶׁיִּוָּדַע לוֹ.

אִי

תוספות

ואיצטריך ג"ש לאפוקי תרומה. וא"ת: אמאי איצטריך ג"ש דרבי? כיון דידעינן מקדש מג"ש דטומאה, נילף קודש מדאיתקש למקדש! וליכא למימר תרומה נמי — דאמר קרא "בה" ולא בתרומה. דהשתא ליכא למיפרך: ואימא "בה" ולא קודש, הואיל וקודש הוא בכרת כמו מקדש, אבל תרומה לא דמי למקדש. וי"ל: דאיצטריך ג"ש לאייתורי "בה" לרבות נבלת עוף טהור. דלמעט תרומה לא איצטריך, דמהיכא תיתי? דמהיקשא דמקדש לא אתי, מדאיצטריך ג"ש דרבי. אבל אי לאו ג"ש דרבי לא הוה מרבינן נבלת עוף, אלא אדרבה הוה ממעטינן ליה מ"כי יגע", ו"בה" אתא למעוטי תרומה. ומיהו תימה: למה לי ג"ש דרבי? תיפוק מג"ש דטומאה, דלענין קודש נמי דרשינן ליה בפרק בתרא דמכות (דף יד:).

יש לי בענין הזה להביא ג' טומאות. אכתי איכא טובא, כגון אוכל תרומה בטומאה וטמא ששימש. אלא נקט הני לרבותא, דיש להביא אע"פ שהן חמורות, וכי ממעט להו ממעט נמי אחריני. א"נ, נקט הני אע"ג דלאו טומאה ממש נינהו אלא בלשון טומאה נכתבו. וא"ת: איך יכפר על כולן? הא אמר לקמן (דף ח:): כפרה אחת מכפר ואינו מכפר ב' כפרות! וליכא למימר דה"ק: יש להביא אחת מג' טומאות. *דא"כ אמאי איצטריך "מטומאה ולא כל טומאה" דלא מכפר אלא אחת? תיפוק ליה מ"אחת" דדרשינן מיניה לקמן דאינו מכפר ב' כפרות, וע"כ אית לן לאוקמה בטומאת מקדש וקדשיו לפי שחלק הכתוב! וי"ל: דלא חשיב ב' כפרות אלא כשמכפר מה שקרבן אחר מכפר. וכן משמע לשון הקונטרס דלקמן. תדע, דהא מכפר על הקודש ועל המקדש ולא מיקרי ב' כפרות, כיון שאין קרבן אחר מכפר כענין זה.

בע"ז הוא אומר למען טמא את מקדשי. פירוש: קדושת שמי. והאי קרא במולך כתיב, וקסבר האי תנא מולך היינו ע"ז. ופלוגתא היא בפרק ארבע מיתות (סנהדרין ד' סד.).

וכפר על הקדש. אע"ג דבמקדש מיירי כדמוכח לקמן בשמעתין, מ"מ מדאפקיה רחמנא בלשון קודש שמעינן טומאת קודש. ומדאיתקש ליכא למימר, דאם כן תרומה נמי.

אי בשוגג בר קרבן הוא. הכא אתי שפיר דפשיטא ליה דלא מכפר אבר קרבן, כדדרשינן בסיפא דברייתא: חטאים דומיא דפשעים דלאו בני קרבן. אבל לקמן, דפריך אסיפא דברייתא גופה דקתני "יכול על כל טומאה של קודש" וכו' — האי בר קרבן הוא — משמע דבלאו הך דרשה דחטאים דומיא דפשעים פשיטא ליה דלא מכפר אבר קרבן. ונראה דפשיטא ליה משום דאתי מקל וחומר משעיר המשתלח, דמכפר על (א) כמה עבירות ומרובה כפרתו אפ"ה אינו מכפר אבר קרבן, כדדרשינן ביה התם חטאים דומיא דפשעים, וכ"ש אבר קטלא ואבר מלקות דלא מכפר. כדמוכח התם, דאמר: חייבי מלקיות שעבר עליהן יום הכפורים חייבין, ופריך: פשיטא, מ"ש מחייבי חטאות ואשמות ודאין. וא"ת: ונוקי כגון דאיידע ליה סמוך לשקיעת החמה! וי"ל: דהאי (ב) נמי נפקא לן מסיפא דברייתא דלא תלי ליה.

במזיד ולא אתרו ביה. ואם תאמר: והא לא אתיא לכלל חטאת! וי"ל: דהשתא דמוקי במזיד — לא הוי חטאים אלא פשעים, ובפשעים לא בעינן דאתיא לכלל חטאת, דכולהו לאו בני חטאת נינהו. אבל גבי שפיכות דמים קשיא, דמוקי ליה בשוגג ולא אתיידע ליה — והא לא אתי לכלל חטאת! ואין לומר: הואיל ואתי לכלל גלות אתי לכלל חטאת קרינא ביה, דהא מוקי להו נמי בהנך דלאו בני גלות נינהו. ויש לומר: אף על גב דלא אתי לכלל חטאת — אין לחוש, כיון דתלי נמי אטומאת מקדש וקדשיו דאתי לכלל חטאת. וכן משמע לקמן דפריך: ויכפר פנימי אדידיה ואדחיצון, ואע"ג דכפרת חיצון לא אתי לכלל חטאת. וא"ת: והיאך אפשר לאוקמה במזיד? והא לא משכחת ביה כפרת חיצון, דהיינו אין בה ויש בה! וי"ל: דאין לחוש, דמוקמא כפרת חיצון אטומאת מקדש וקדשיו גרידא. וא"ת: והיכי מצי לאוקמה במזיד ולא אתרו ביה? הלא בגדי כהונה מכפרין על אלו ג' עבירות: *אפוד על ע"ז, כתונת על שפיכות דמים, ומכנסים על גילוי עריות! וי"ל: דבעי למימר ששעיר הפנימי יכפר עמהם, וזה בלא זה לא יועיל. ואע"ג דלקמן פריך: ויכפר פנימי אדידיה ואדחיצון, ולא בעי למיפרך: ויכפרו תרוייהו אחד. דשתי קרבנות ודאי אין סברא שיבואו לכפר על דבר אחד, אבל זה אפשר דבגדי כהונה יכפרו עם קרבן דבר אחד.

בשוגג ולא אתיידע ליה. ואם תאמר: והמקשה מה היה סבור? דהא כי מוקמינן ליה בטומאת מקדש וקודש — איירי נמי בשוגג ולא אתיידע ליה, דהיכא דאתיידע ליה בר קרבן הוא! ויש לומר דמטומאת מקדש וקדשיו אתי שפיר, דאיכא לאוקמה במזיד ואפילו אתרו ביה, דליכא *כרת. ומשום הכי פריך טפי אהנך ג' טומאות, דאיכא למיפרך בין בשוגג בין במזיד. אבל קשיא, דאטומאת מקדש וקדשיו נמי איכא למיפרך אמזיד: אי במזיד בר מלקות הוא, דחייבי כריתות שלקו נפטרו מידי כריתתן!

גילוי

רבינו חננאל

וכתיב במקדש טמא יהיה עוד טומאתו בו. מה להלן (קרבן) [טומאת מקדש] אף כאן קרבן בטומאת מקדש וקדשיו. אשר יטמא בה לרבות נבלת עוף טהור דלא מטמא במגע אלא בבית הבליעה: ת"ר וכפר על הקדש מטומאת בני ישראל. יש לי בענין זה להביא ג' טומאות. טומאת ע"ז וטומאת גלוי עריות וטומאת שפיכות דמים. טומאת ע"ז שנאמר למען טמא את מקדשי ולחלל את שם קדשי. בג"ע כתיב כו'. עד ומנין שעל שיש בה ידיעה בתחלה ואין בה ידיעה בסוף שעיר ויוה"כ תולה. שנאמר לכל חטאתם חייבי חטאות במשמע. אוקמוה [טומאת ע"ז] יש לומר לך אם הוא במזיד ולא אתרו ביה דלאו בר קטלא הוא. או בשוגג ולא אתיידע ליה דלאו בר קרבן הוא שעיר זה תולה והוא הדין בטומאת גלוי עריות וטומאת שפיכות דמים כו'.

הגהות הב"ח

(א) תוספות ד"ה אי וכו' דמכפר על עבירות ידועות ומרובה וכו' כדדרשינן ביה התם. נ"ב בפ' בתרא דכריתו': (ב) בא"ד וי"ל דהאי מיהא נפקא:

מסורת הש"ס / תורה אור

[לשון דא"כ מגומגם ויש להגיה דאכתי במקום דא"כ. רש"א]

[יומא מג. וש"נ]

כריתות כה:

[זבחים פח:]

[נ"ל אלא כרת]

תורה אור: במדבר יט; ויקרא ה; שם טז; שם כ; שם יח; במדבר לה; ויקרא טז; שם; שם

גילוי עריות נמי, היכי דמי? אי במזיד — בר קטלא הוא, אי בשוגג — בר קרבן הוא! במזיד ולא אתרו ביה, בשוגג ולא אתידע ליה. שפיכות דמים נמי, ה"ד? אי במזיד — בר קטלא הוא, אי בשוגג — בר גלות הוא! במזיד ולא אתרו ביה, בשוגג ולא אתידע ליה. אי נמי, בהנך דלאו בני גלות נינהו. אמר מר: יכול על שלש טומאות הללו יהא שעיר מכפר? ת"ל: °"מטומאות", ולא כל טומאות, מה מצינו שחלק הכתוב מכלל כל הטומאות — בטומאת מקדש וקדשיו, אף כאן — בטומאת מקדש וקדשיו, דברי רבי יהודה. מאי חלק — דמייתי בעולה ויורד? אימא: ע"ז, ומאי חלק — (סימן: ע"ז יולדת מצורע נזיר (וכו')) דמייתי שעירה ולא כשבה! אמר רב כהנא: אנן חלק להקל קאמרינן, והאי חלק להחמיר הוא. (א) אימא: יולדת, דחלק, דמייתא עולה ויורד! אמר רב הושעיא: °"לכל חטאתם", ולא לכל טומאתם. ולר' שמעון בן יוחאי דאמר: יולדת נמי חוטאת היא, מאי איכא למימר? רבי שמעון לטעמיה, דאמר: ממקומו הוא מוכרע. (ב) אימא: מצורע! *אמר רב הושעיא: "לכל חטאתם", ולא לכל טומאתם. ולר' שמואל בר נחמני *דאמר: על שבעה דברים נגעים באין, מאי איכא למימר? התם נגעיה דאכפר ליה, וקרבן לאישתרויי *בקהל. ואימא: נזיר טמא, דחלק, דמייתי תורים ובני יונה! אמר רב הושעיא: "לכל חטאתם", ולא לכל טומאתם. ולר' אלעזר הקפר *דאמר: נזיר נמי חוטא הוא, מאי איכא למימר? סבר לה כר' שמעון, דאמר: ממקומו הוא מוכרע. אמר מר, ר' שמעון אומר: ממקומו הוא מוכרע, הרי הוא אומר: °"וכפר על הקדש מטומאות" — מטומאתו של קודש כו'. שפיר קאמר רבי שמעון! ורבי יהודה אמר לך: ההוא מיבעי ליה, כי היכי דעביד לפני ולפנים הכי נעביד בהיכל. ורבי שמעון? ההוא מ°"וכן יעשה" נפקא. ורבי יהודה? אי מההיא, הוה אמינא: ניתי פר ושעיר אחריני ונעביד, קמ"ל. ור' שמעון? "וכן יעשה לאהל מועד" — מיניה משמע. אמר מר: יכול על כל טומאות שבקודש יהא שעיר זה מכפר? ת"ל: "מפשעיהם לכל חטאתם" וגו'. מאי ניהו? יש בה ידיעה בתחלה ויש בה ידיעה בסוף, האי בר קרבן הוא! לא צריכא, דאתידע ליה סמוך לשקיעת החמה; ס"ד אמינא אדמייתי ניתלי

רש"י

אי נמי בהנך דלאו בני גלות. הרבה שנויין במסכת מכות (פ"ב) כגון שהרגו דרך עלייה, או מי שנשמטה הלה ראשו וקבלה. מה חלק. בטומאת מקדש וקדשיו דמייתי עולה ויורד. ושאר שגגת עבירה בקרבן קבוע. דמייתי שעירה ולא כשבה. ובשאר כריתות או כשבה או שעירה. חלק להקל קאמרינן. האי "מה מצינו שחלק" חילוק שהוא להקל מיבעי לן לאשכוחי, דומיא דשעיר הפנימי, דקולא הוא, שיחיד מתכפר בקרבן צבור שלא חסר בו ממון משלו. והאי חילוק להחמיר. שאם לא ימצא שעירה אלא בדמים יקרים יביאנה בעל כרחו. ואימא יולדת. שאם עבר עליה יום הכפורים אוכלת בקדשים בלא קרבן. ולא לכל טומאתם. וקרבן יולדת אינו בא לכפרה, אלא לטהרה מטומאתה לאכול בקדשים. ולרבי שמעון דאמר כו'. במסכת נדה בפרק "המפלת" (דף לא:). יולדת חוטאת היא. שכשכורעת לילד נשבעת שלא תזקק לבעלה. ממקומו הוא מוכרע. ואיהו לא צריך להך דרשה דחלק. "מה חלק דמייתי לפרים" לא גרסינן, שאין זה להקל, שהפרים אינן קריבין ולבד הקרבן הם באין ז' ימים לפני הקרבן. והכי גרסינן: אימא מצורע. וחלק דידיה לא מיצטריך לפרושה, דהא פריש גבי קושיא דיולדת ומאי חילוק דמייתא בעולה ויורד, והיא גופה איתא במצורע. ז' דברים. מפרש במסכת ערכין בפרק "יש בערכין". אלמא על חטאת אתי קרבן דיליה. התם מנגעיה איכפר ליה. בצער נגעו נתכפר לו העון. ואימא נזיר טמא. דכתיב (במדבר ו): "וביום השמיני יביא שתי תורים". ולא לכל טומאתם. וכי מייתי נזיר קרבן למיחל עליה נזירות טהרה מייתי, כדכתי' (שם): "והזיר לה' את ימי נזרו והימים הראשונים יפלו", וגזרת הכתוב הוא דלא חיילא נזירות עד דמייתי קרבן. דרבי אלעזר הקפר. במסכת תענית (דף יא.). חוטא הוא. שציער עצמו מן היין. כי היכי דעביד לפני ולפנים. דמפרש לעיל במניינא אחת למעלה וז' למטה מדם הפר וכן מדם השעיר, ואתא האי "וכפר על הקדש" לאיתויי היכל, שיעשה כמו כן על הפרוכת מבחוץ. נייתי פר ושעיר אחריני קמ"ל. "וכפר" מההוא גופיה, והדר כתיב "וכן יעשה" לפרושי מה היא כפרה שהכתוב מצוה עליו, שיהא ככל אשר עשה לפנים. מיניה משמע. ואייתר ליה "וכפר על הקדש" לדרשה. ה"ג: מאי ניהו יש בה ידיעה כו' ולא גרסינן "טומאה במקדש מאי ניהו". והכי פירושא: קתני מה פשעים שאינן בני קרבן אף חטאים. ומאי ניהו טומאה דממעיט מהאי קרא – הויא דבת קרבן, ואיזו – זו שיש בה ידיעה בתחלה וידיעה בסוף. האי בר קרבן. עולה ויורד הוא, ולמה לי למימר דלא ניכפר האי שעיר עליה? סמוך לשקיעת החמה. ערב יום הכפורים, ולא היה שהות להביא קרבנו. ניתלי

תוספות

גילוי עריות כו' אי במזיד בר קטלא הוא. ובהנך דליכא קטלא אלא כרת ליכא לאוקומה, דהא איכא למיפרך: בר מלקות הוא, כדפרישית. ואימא יולדת. פירש הקונטרס: יולדת שעבר עליה יום הכפורים תאכל בקדשים ואין צריכה להביא קרבן. ואף על גב דאם כן לא אתי לכלל חטאת — אין לחוש, כיון דבטומאת מקדש וקדשיו אתי לכלל חטאת, כדפרישית לעיל. ולא מקרי נמי פעמים בשנה, הואיל ואין זמנה קבוע אלא פעם אחת בשנה. אבל קשה: דהא בר קרבן הוא, ואיך יכפר על בר קרבן? וי"ל: דהואיל וקרבן יולדת לא אתי לכפרה אלא להכשיר בקדשים — אין זה בר קרבן. אפילו לר' שמעון דאמר יולדת חוטאת היא, מכל מקום עקרו אינו אלא להכשיר בקדשים. אבל קשה: מאי פריך? דאי פריך שלא תצטרך להביא קרבן כלל — הוה ליה לשנויי כדמשני גבי שעיר המשתלח בפרק בתרא דכריתות (דף כו.) דיולדת כי קמייתי קרבן — לאישתרויי בקדשים, ואנזיר נמי משני דלא מייתי אלא כדי למיחל עליה נזירות טהרה! לכך נראה לרבינו תם: דהכא מספק יולדת פריך, כגון ספק אם נפל הפילה אם רוח הפילה. ולא הוחזקה עוברה, דאי הוחזקה בתר רובא אזלינא כדמוכח בפרק "המפלת" (נדה דף כט.). או לא הרגישה שהפילה, דלאו בת קרבן היא. ואע"ג דמייתא חטאת העוף על הספק כדאמרינן *בסוף נדה (דף עג.), לא חשיב בר קרבן, מידי דהוה אחייבי אשמות תלויין דלא חשיבי בני קרבן בפרק בתרא דכריתות (דף כה:) כיון דאין באין אלא על הספק. ועוד, דהא איכא עולת העוף שאין מביאין על הספק. והשתא פריך הכא דיתלה לה השעיר עד לאחר יוה"כ שתביא חטאת העוף. וכן כל הני דבסמוך. אבל בפרק בתרא דכריתות (דף כו.) פריך דלא תביא כלל, דהשתא אתי שפיר דלא משני הכא כדמשני התם. אמר קרא לכל חטאתם. וא"ת: קרבן יולדת נמי איקרי חטאת! וי"ל: דבעי שבא על חטאת דומיא דפשעים. ולא מצי לשנויי: אמר קרא "וכפר", דיולדת נמי כתיב "וכפר", והיינו שמכפרה ומטהרה לאכול בקדשים. ואימא מצורע. ומאי חלק וכו'. ואם תאמר: והא מייתי נמי אשם! וי"ל: בחטאת שלו מיהא חלק להקל. על ז' דברים נגעים באין. תימה: והא לא מייתי בעלמא קרבן אהנך עבירות אלא כשהוא מצורע, והיכי תיסק אדעתין דאחטאה קמייתי? ונראה לריב"ן: דס"ד דאתרווייהו מייתי, לכפרה ולאשתרויי בקהל. ומשני דלאו לכפרה מייתי אלא לאשתרויי בקהל. אימא נזיר טמא. פירוש: ולא ידע שנטמא, ומאי חלק — דמייתי תורין. אע"ג דמייתי נמי אשם, מכל מקום הקרבן שחייבו הכתוב לבד מאשם חלק להקל. ולרבי אלעזר הקפר דאמר נזיר חוטא הוא כו'. ואם תאמר: והא לא איקרי חוטא אלא לפי שציער עצמו מן היין, והשעיר אינו בא לכפר אלא על הטומאה! ויש לומר: כיון שעל ידי הטומאה בא לו שציער עצמו מן היין פעם שניה, כדאמר בנזיר (דף ג. ע"ש) שנה בחטא, קרינן ביה וכפר מטומאתו. ודוקא לרבי אלעזר הקפר, אבל לרבנן — אפילו נטמא במזיד הקרבן אינו בא על החטא, דהא אפילו נטמא באונס דלאו חוטא הוי, לרבנן מביא קרבן. ו"מאשר חטא על הנפש" הוי לרבנן לשון חסרון, כמו (מלכים א א) "והייתי אני ובני שלמה חטאים", וכמו (שופטים כ) "אל השערה ולא יחטיא". ו"לכל חטאתם" ליכא לפרושי הכא לשון חסרון הוה, דהא דומיא דפשעים כתיב. דאתידע ליה סמוך לשקיעת החמה. ואם תאמר: הא נמי נילף משעיר המשתלח, דבדידיה נמי דרשינן חטאים דומיא דפשעים! ויש לומר: דלא דרשינן ביה דומיא דפשעים אלא לענין אם נודע לו מבעוד יום, שראוי להביא קרבן, אבל סמוך לשקיעת החמה לא חשיב בר קרבן. להכי אייתר בשעיר הפנימי חטאים דומיא דפשעים, דאפי' אתידע ליה סמוך לשקיעה לא תלי.

ומאי

רבינו חננאל

מאי היא חלוקת טומאת מקדש וקדשיו מכל חייבי קרבן דאינון בעולה ויורד. ואימא ע"ז דחלוקה טומאתה דהיא בשעירה. ודחינן אנן חלק להקל קאמרינן. וחלוקה דטומאת ע"ז להחמיר עליה היא. מפורשת בספרי. ואימא יולדת ואליבא דר' שמעון דאמר יולדת חוטאת היא. כי בשעה שכורעת לילד נשבעת שלא תזקק לבעלה. ודחינן ר' שמעון לטעמיה דאמר ממקומו הוא מוכרע. ואימא טומאת מצורע שהוא חוטא. דאמר ר' שמואל בר נחמני א"ר יונתן על שבעה דברים נגעים באים. על לשון הרע. ועל שפיכות דמים. ועל שבועת שוא. ועל גילוי עריות. ועל גסות הרוח. [ועל הגזל.] ועל צרות העין. על לשון הרע שנאמר מלשני בסתר רעהו אותו אצמית. ואין צמיתות אלא צרעת דמתרגם לצמיתות לחלוטין. ואמרינן מצורע מוחלט. זו השמועה מפורשת בסוף כריתות. ואמר שאני נגעים דהתם כפר ליה נגעיה. ואימא נזיר וכר' אלעזר הקפר דאמר במסכת תענית כי כל נזיר חוטא הוא ושנינן סבר לה כר'

[בתמורה לז. ובנזיר כט.]

[בסוטה טו. ובכריתות כו. איתא לאישתרויי בקדשים אבל מלת בקהל דהכא בגמרא וכן בתוס' דהכא ד"ה על ז' דברים וכו' אין לו מובן. שוב מצאתי בס' ב"ש שכתב בסוגיא דכריתות מפי עצמו ומפי עדות דל"ל הכא כמו דאיתא בכריתות ומלת בקהל דהכא טעות הוא עכ"ל ואולם חילוק התוס' דהכא ד"ה על ז' דברים וכו' ונראה לריב"ן וכו' הזכירו ונקטו בלשונם לאשתרויי בקהל שני פעמים ובאין ספק דצריכין תיקון וצ"ל גם בתוס' על נכון לאשתרויי בקדשים]

מסורת הש"ס / תורה אור

ויקרא טז

[כריתות כו.]

ערכין טז. ע"ש [סוטה טו. ע"ש כריתות כו. ע"ש]

נזיר יט. כב. תענית יא. ב"ק צא: נדרים י.

הגהות הב"ח

(א) גמ' הוא ואימא יולדת: (ב) שם מוכרע ואימא מצורע:

ניתלי ליה, קמ"ל. אמר מר: מנין (א) שיש בה ידיעה בתחלה ואין בה ידיעה בסוף, ששעיר זה תולה? מנין?! מאי קא קשיא ליה? הכי קא קשיא ליה: השתא דאמרת חטאים דומיא דפשעים, מה פשעים דלאו בני קרבן – אף חטאים נמי דלאו בני קרבן; אימא: מה פשעים דלאו בני קרבן לעולם – אף חטאים דלאו בני קרבן לעולם, ומאי נינהו? אין בה ידיעה בתחלה ויש בה ידיעה בסוף; אבל יש בה ידיעה בתחלה ואין בה ידיעה בסוף, כיון דכי מתידע ליה בר קרבן הוא – אימא לא ליתלי! וכי תימא: אין בה ידיעה בתחלה ויש בה ידיעה בסוף – שעיר הנעשה בחוץ ויוה"כ מכפר, ס"ד אמינא ניפוך מיפך! אמר קרא: °"לכל חטאתם", מכלל דבני חטאות נינהו. ונתכפר כפרה גמורה! אי כתיב "מחטאתם" – כדקא אמרת, השתא דכתיב "לכל חטאתם" – להנך דאתו לכלל חטאת. וכי מאחר שאינו מכפר, למה תולה? אמר ר' זירא: לומר, שאם מת – מת בלא עון. א"ל רבא: אם מת – מיתה ממרקת! אלא אמר רבא: להגן עליו מן היסורין.§ "אין בה ידיעה בתחלה ויש בה ידיעה בסוף – שעיר הנעשה בחוץ ויוה"כ מכפר" כו'.§ מכדי איתקושי איתקוש להדדי, ונכפר פנימי אדידיה ואדחיצון, ונפקא מינה – להיכא דלא עבד חיצון! אמר קרא: °"אחת", *כפרה אחת מכפר, ואינו מכפר שתי כפרות. ונכפר חיצון אדידיה ואמאי דעביד פנימי, נפקא מינה – לטומאה דאירעה בין זה לזה! אמר קרא: °"אחת בשנה", *כפרה זו לא תהא אלא

ויקרא טז | שמות ל | שם

ניתלי ליה. מן היסורים. מאי קשיא ליה. דקאמר: ומנין שעל זה מכפר? הא יליף לה דעל שאינה בת קרבן מכפר, וזו אינה בת קרבן, ואתיא ליה מחטאים דומיא דפשעים! ניפוך מיפך. זה יכפר על שאין בה ידיעה בתחלה ויש בה ידיעה בסוף דלא אתי לכלל קרבן, והחיצון יתלה על שיש בה ידיעה בתחלה ואין בה ידיעה בסוף, ולהכי איצטריך "לכל חטאתם"! לכל חטאתם. ולא כתיב "מפשעיהם וחטאתם", לומר: עכשיו הוא כפשע, שאינו בר קרבן, ויתלה עליו עד שיבא לכלל חטאת. שאם מת. קודם שיוודע לו. מיתה ממרקת. דהכי אמרינן בפרק בתרא דיומא (פו.) שמיתה ממרקת כל העונות שעשה תשובה עליהן ואין התשובה גומרת כפרתן ולא יום הכפורים גומר כפרתן, כגון עבירות חמורות. וניכפר פנימי אדידיה. לתלות על שיש בה ידיעה בתחלה ואין בה ידיעה בסוף. ואדחיצון. על שאין בה ידיעה בתחלה ויש בה ידיעה בסוף. ה"ג: ונפקא מינה להיכא דלא עבד חיצון. אם לא היה להם שעירים בכל הצורך. אמר קרא אחת. "וכפר אהרן על קרנותיו אחת בשנה". ובמזבח הפנימי כתיב, שמכפר עליו מדם הפר והשעיר, פר לכהנים ושעיר לעם. והכא קרא יתירא הוא, דלמאי איצטריך? אי לאורויי לך שדם חטאת הכפורים מכפר עליו – בהדיא כתיב ב"אחרי מות": "ויצא אל המזבח אשר לפני ה' וכפר עליו" וגו'! אלא לדרשה אתא, וקאמר "אחת" דאין כאן אלא כפרה אחת. אמר קרא אחת בשנה. תרי זימני כתיבי "אחת בשנה": "וכפר אהרן על קרנותיו אחת בשנה מדם חטאת הכפורים", "אחת בשנה יכפר". ברישיה דקרא סמך "אחת" ל"וכפר על קרנותיו", ודרשינן מיניה "וכפר אחת" שאין כאן אלא כפרה אחת, *לימד שאינו מכפר כפרה אחרת. ובסיפא דקרא סמך "יכפר" ל"בשנה", דכתיב "אחת בשנה יכפר", לומר שאין אחד מכל קרבנות השנה מכפר כפרה זו אלא זה בלבד. *ולרבי ישמעאל דאמר וכו'. בשלהי "ידיעות הטומאה" (לקמן דף יט:) מוקמינן דלא בעי רבי ישמעאל ידיעה בתחלה בקרבן עולה ויורד.

כפרתן

ומאי נינהו אין בה ויש בה. ולא בעי למימר אין בה ואין בה. ואי משום דהא שעירי הרגלים ושעירי ראשי חדשים מכפרים, ס"ד נפיך מיפך – כתיב התם "לה'", חטאת שאין מכיר בו אלא ה'. ואפי' לר' שמעון דלא דריש "לה'", לא ה"מ למינקט מאי נינהו אין בה ואין בה, משום היקשא דמתניתין: על מה שזה מכפר זה מכפר.

ונכפר כפרה גמורה. וא"ת: ומי עדיף משעיר המשתלח דאינו אלא תולה, כדאמר בפרק בתרא דכריתות (דף כה.) דחייבי חטאות ואשמות ודאין חייבים להביא אחר יוה"כ? וי"ל: דהכא ממשמעות דקרא קא פריך, ד"וכפר לכל חטאתם" משמע שמכפר לגמרי כל החטא. אבל גבי שעיר המשתלח לא כתיב "לכל חטאתם" אלא גבי וידוי ולא גבי כפרה.

מאי לכל חטאתם דאתי לכלל חטאת. תימה: דפריך בפרק בתרא דכריתות (דף כו.) גבי שעיר המשתלח: אימא כי מתיידע אחר יוה"כ נמי לא מייתי חטאת! ואמאי? הא בדידיה נמי כתיב "לכל חטאתם"! וי"ל: דהתם נמי, כיון שנודע לו קודם יוה"כ שהיה בספק, והיה לו להביא אשם תלוי, אלא שהשעיר המשתלח מכפר – אפי' כשנודע לו אחר יוה"כ ידיעה ודאית לא יצטרך להביא חטאת, דשפיר מיקרי אתי לכלל חטאת הואיל ואתא לכלל אשם. אבל פשיטא, היכא דלא נודע לו כלל, אפי' ידיעת ספק קודם יוה"כ – שיביא חטאת כשיודע לו, מדרשה (ב) ד"כל חטאתם" כדדריש הכא. אי נמי, גבי שעיר המשתלח לית לן למידרש דוקא הנך דאתו לכלל חטאת, שהרי מכפר על כמה עבירות שאינן כלל בני קרבן, על עשה ועל לא תעשה ושאר עבירות. אי נמי, שעיר המשתלח עדיף, שתולה כי אתיידע ליה סמוך לשקיעת החמה, כדפרישית.

***מה** פנימי אין מכפר אלא על דבר שיש לו ידיעה אף חיצון וכו'. ואם תאמר: התינח לר' שמעון דלא דריש חטא שאין מכיר בו אלא ה', דאיצטריך היקשא דלא מכפר חיצון (ג) ארגלים. אלא לר' יהודה אמאי איצטריך היקשא? הא ע"כ חיצון מכפר אאין בה ויש בה, דבמאי מוקמת ליה? דליכא למיפרך דנפיך מיפך חיצון ארגלים, דהא כתיב "לה'" חטאת שאין מכיר בה אלא ה'! ואין לומר דאיצטריך היקשא דלא מכפר אשאר עבירות אלא בטומאת מקדש וקדשיו, דמלשון מתניתין משמע דאיצטריך אאין בה ויש בה! וי"ל: דאי לאו היקשא הוה מוקמינן כפרת חיצון באין בה ואין בה דטומאת מקדש וקדשיו, וכפרת ר"ח ודרגלים באין בה ואין בה בשאר עבירות, ולא הוי דרשינן: הואיל וזה בא בזמן קבוע, (ד) מה זה אין מכפר אלא על טומאת מקדש וקדשיו כו' כדדריש תנא דבי ר' ישמעאל, אלא הוי דרשינן: מה זה מכפר אאין בה ואין בה אף זה כו'. אבל השתא דאיכא היקשא דחיצון מפנימי, על כרחך דרשינן כדדריש תנא דבי ר' ישמעאל. **ניכפר** פנימי אדידיה ואדחיצון. אע"ג דלא אתי לכלל חטאת אין לחוש, כדפרישית לעיל.

ונפקא מינה היכא דלא עבד חיצון. ואם תאמר: א"כ חיצון למה בא כלל? וי"ל: משום טומאה שאירעה בין זה לזה. **כפרה** אחת מכפר ואין מכפר שתי כפרות. ואם תאמר: אמאי לא משני דאי מכפר נמי אדחיצון אם כן תהיה כפרה זו פעמים בשנה? וי"ל: דאין לחוש, כיון דעיקר כפרתו הכתובה בו, דהיינו יש בה ואין בה, לא תהא אלא פעם אחת בשנה. ואם תאמר: תיפוק ליה מדאיתקש חיצון לפנימי דבעינן שלא תהא כפרת חיצון אלא פעם אחת בשנה! תדע, מדקאמר בסמוך גבי חיצון: האי שעירי רגלים ושעירי ר"ח מכפרין, פירוש: ואם כן הויא פעמים בשנה. וכן לקמן פריך: והא כי כתיב "אחת" בשעיר הפנימי כתיב! ומשני: מדאתקש חיצון לפנימי. ובסמוך נמי דפריך: וניכפר חיצון אדידיה ואדפנימי – ליטני דאין חיצון מכפר ב' כפרות, מדאיתקש! וי"ל: דכיון דלא כתיב "אחת" בגופיה דחיצון, אלא דיליף בהיקשא, לית לן למעוטי שלא יכפר פנימי אדחיצון וחיצון אדפנימי. ואדרבה, מכח היקשא אית לן לומר: על מה שזה מכפר זה מכפר, ומכח דאיתקוש להדדי הוא דפריך. אבל חיצון ור"ח ודרגלים, דלא איתקוש להדדי, פריך בסמוך שפיר: הא שעירי רגלים ושעירי ר"ח מכפרים. דלענין כפרת אחרים הוי כאילו כתיב "אחת בשנה" בגוף דחיצון. **וניכפר** חיצון אדידי' ואמאי דעביד פנימי. ואם תאמר: המקשה דלא ידע הך דרשה "אחת בשנה", אמאי לא פריך דליכפרו או ליתלו תרווייהו אפנימי ותו לא? וי"ל: דאהך קושיא ודאי ידע שיתרץ לו "אחת בשנה", הואיל וחיצון אינו מכפר כפרה אחרת אלא זו. אבל אפירכא דפריך: וניכפר חיצון אדידיה ואדפנימי – לא מיסתבר ליה למקשה דנימעוט מ"אחת בשנה", כיון דעיקר כפרתו לא הוי דפנימי. אי נמי י"ל, דסברא הוא שלא יבאו שניהם על דבר אחד ולא יועיל זה בלא זה. וזה אין סברא לומר, שיועיל ולא בא חיצון אלא משום טומאה שאירעה בין זה לזה. והשתא אתי שפיר דקאמר לעיל: ונפקא מינה היכא דלא עביד חיצון, ולא קאמר: נפקא מינה להגן דיני ודיני. דהיכא דעביד חיצון אח"כ לא יכפר פנימי אדחיצון, כדי שלא יבא חיצון אטומאה שאירעה בין זה לזה בלבד. וא"ת: ונימא דלעולם אתו תרווייהו אדפנימי לחוד, והוי פנימי לתלות וחיצון לכפרה! וי"ל: דאי חיצון מכפר לגמרי, אם כן לא אתי לכלל חטאת, והיאך יתלה על זה פנימי? **לטומאה** שאירעה בין זה לזה. הכא לא קאמר: ונפקא מינה להיכא דלא עבד פנימי, כדקאמר לעיל. דפנימי קרב קודם חיצון, °ואי ליכא אלא חד יעשו פנימי ולא חיצון.

כפרה זו לא תהא כו'. פ"ה: דלאו היינו קרא דלעיל. ונראה דסברתו, דלא מצינן למדרש הך דרשה מקרא קמא אע"ג דכתיב ביה נמי "אחת בשנה", משום דלא סגי דליכתוב "אחת" בלא "שנה", ולא מצינו למידרש מיניה אלא דרשה קמייתא דאין מכפר שתי כפרות. *(ורש"י) [ור"י] מפרש דהא דרשה נמי שמעינן מקרא קמא, מדלא כתיב "אחת בעשור", וכתיב "בשנה". וקרא אחרינא איצטריך לשום דרשה.

אלא

רבינו חננאל

שמעון דאמר ממקומו הוא מוכרע. ודייק האי תנא מדלא כתיב על חטאתם אלא לכל חטאתם להנך דאתו לכלל חטאת. ומאן נינהו מי שיש בו ידיעה בתחלה ואין בו ידיעה בסוף עדיין דלכי מיתידע ליה בעי לאיתויי קרבן. ומאחר שאינו מכפר למה תולה. אמר רבא להגן עליו מן היסורים. אבל אם מת מיתה ממרקת עונו: **מתני'** אין בה ידיעה בתחלה אבל יש בה ידיעה בסוף כו':

הגהות הב"ח

(א) גמ' מנין ליש בה: (ב) תום' ד"ה מאי וכו' מדרשא דלכל חטאתם: (ג) שם ד"ה מה וכו' חיצון אדרגלים: (ד) בא"ד קבוע וזה בא בזמן קבוע מה זה:

[לקמן י:] [שייך למשנה דלעיל כ.] [ואולי צ"ל ור"ש והיינו רבינו שמואל או רבינו שמשון]

[לקמן י:] [ולימד שאינו כנ"ל] [שייך לדף ט]

גליון הש"ס

תום' ד"ה לטומאה וכו' ואי ליכא אלא חד יעשו פנימי ולא חיצון. תמוה דא"א לעשות פנימי בלא הגרלה. אח"כ ראיתי בספר מעין החכמה לבעל עני אלמוגים שעמד בזה:

אלא אַחַת בַּשָּׁנָה.§ וּלְר' יִשְׁמָעֵאל דְּאָמַר: אֵין בָּהּ יְדִיעָה בַּתְחִלָּה וְיֵשׁ בָּהּ יְדִיעָה בַּסּוֹף בַּר קָרְבָּן הוּא, שָׂעִיר הַנַּעֲשֶׂה בַחוּץ אַמַּאי מְכַפֵּר? עַל שֶׁאֵין בָּהּ יְדִיעָה לֹא בַתְּחִלָּה וְלֹא בַסּוֹף. הַאי שְׂעִירֵי הָרְגָלִים וּשְׂעִירֵי רָאשֵׁי חֳדָשִׁים מְכַפְּרִין! סָבַר לָהּ כְּר"מ, דְּאָמַר: *כָּל הַשְּׂעִירִים כַּפָּרָתָן שָׁוָה עַל טוּמְאַת מִקְדָּשׁ וְקָדָשָׁיו. אֶלָּא לְמַאי הִלְכְתָא אִיתְקַשׁ חִיצוֹן לִפְנִימִי? מַה פְּנִימִי אֵינוֹ מְכַפֵּר בִּשְׁאָר עֲבֵירוֹת, אַף חִיצוֹן אֵינוֹ מְכַפֵּר בִּשְׁאָר עֲבֵירוֹת.§ "עַל שֶׁאֵין בָּהּ יְדִיעָה בַּתְּחִלָּה וְלֹא בַסּוֹף – שְׂעִירֵי רְגָלִים וּשְׂעִירֵי רָאשֵׁי חֳדָשִׁים מְכַפְּרִין, דִּבְרֵי ר' יְהוּדָה".§ א"ר יְהוּדָה אָמַר שְׁמוּאֵל: מ"ט דְּר' יְהוּדָה? אָמַר קְרָא: (במדבר כח) °"וּשְׂעִיר עִזִּים אֶחָד לְחַטָּאת לַה'", חֵטְא שֶׁאֵין מַכִּיר בּוֹ אֶלָּא ה' – יְהֵא שָׂעִיר זֶה מְכַפֵּר. וְהַאי מִיבָּעֵי לֵיהּ לְכִדְר"ל, *דְּאָמַר ר"ל: מַה נִּשְׁתַּנָּה שָׂעִיר שֶׁל ר"ח שֶׁנֶּאֱמַר בּוֹ "לַה'"? אָמַר הקב"ה: שָׂעִיר זֶה יְהֵא כַּפָּרָה *עַל שֶׁמִּיעַטְתִּי אֶת הַיָּרֵחַ! א"כ, לֵימָא קְרָא: "עַל ה'", מַאי "לַה'"? לְכִדַאֲמָרַן. וְאֵימָא: כּוּלֵּיהּ לְהָכִי הוּא דַּאֲתָא! א"כ, נֵימָא קְרָא: "חַטַּאת ה'", מַאי "לַה'"? שְׁמַעַתְּ מִינַּהּ תַּרְתֵּי. וּנְכַפֵּר נַמִי אֲפִי' בִּשְׁאָר עֲבֵירוֹת! תָּנָא דְּבֵי ר' יִשְׁמָעֵאל: הוֹאִיל וְזֶה בָּא בִּזְמַן קָבוּעַ וְזֶה בָּא בִּזְמַן קָבוּעַ, מַה זֶּה אֵינוֹ מְכַפֵּר אֶלָּא עַל טוּמְאַת מִקְדָּשׁ וְקָדָשָׁיו, אַף זֶה אֵינוֹ מְכַפֵּר אֶלָּא עַל טוּמְאַת מִקְדָּשׁ וְקָדָשָׁיו. אַשְׁכְּחַן שְׂעִירֵי רָאשֵׁי חֳדָשִׁים, שְׂעִירֵי הָרְגָלִים מְנָלַן? וְכִי תֵּימָא: הָא נַמִי כִּדְתָנָא דְּבֵי ר' יִשְׁמָעֵאל – אִיכָּא לְמִיפְרַךְ: אִי מֵרֹאשׁ חֹדֶשׁ, שֶׁכֵּן תָּדִיר! אִי מִיּוֹם הַכִּפּוּרִים, שֶׁכֵּן מְרוּבָּה כַּפָּרָתוֹ! וְכִי תֵּימָא, הָא

רש"י

כַּפָּרָתָן שָׁוֶה. וְנָפְקָא מִינַּהּ לְטוּמְאָה שֶׁאֵירְעָה בֵּין זֶה לָזֶה. **אֶלָּא לְמַאי הִלְכְתָא אִיתְקַשׁ.** הוֹאִיל דְּלָאו לִידִיעָה אִיתְקוּשׁ כְּדְתְנַן בְּמַתְנִי'. **אֵינוֹ מְכַפֵּר בִּשְׁאָר עֲבֵירוֹת.** אֶלָּא בְּטוּמְאַת מִקְדָּשׁ וְקָדָשָׁיו כִּדְדָרְשִׁינַן לְעֵיל. **מַאי טַעְמָא** דְּרַבִּי יְהוּדָה. דְּאָמַר: כָּל הָאֲחֵרִים מְכַפְּרִין עַל שֶׁאֵין בָּהּ יְדִיעָה לֹא בַּתְּחִלָּה וְלֹא בַּסּוֹף חוּץ מִשֶּׁל יוה"כ. **לְחַטָּאת לַה'.** בְּשֶׁל רֹאשׁ חֹדֶשׁ כְּתִיב. **הָבִיאוּ כַּפָּרָה.** לְהַפִּיס דַּעְתָּהּ שֶׁל לְבָנָה. **א"כ.** דְּלִכְדר"ש בֶּן לָקִישׁ לְחוּדֵיהּ הוּא דַּאֲתָא. **וּנְכַפֵּר נַמִי אַשְּׁאָר עֲבֵירוֹת.** כָּל חֵטְא שֶׁלֹּא נוֹדַע, דְּהָא קְרָא סְתָמָא כְּתִיב. **וְזֶה בָּא בִּזְמַן קָבוּעַ.** שְׂעִיר יוה"כ דְּחִיצוֹן. **מַה זֶּה אֵינוֹ מְכַפֵּר כו'.** דְּהָא אִיתְקַשׁ לִפְנִימִי. **הָא נַמִי כִּדְתָנָא דְּבֵי רַבִּי יִשְׁמָעֵאל.** הוֹאִיל וְזֶה בָּא כו', וְנֵילִיף לְהוּ אִי מֵרֹאשׁ חֹדֶשׁ אִי מִיּוֹם הַכִּפּוּרִים. **מְרוּבָּה כַּפָּרָתוֹ.** שֶׁל יוה"כ, שֶׁהוּא מְכַפֵּר עַל כָּל עֲבֵירוֹת, תֹּאמַר בָּרְגָלִים. וְאע"ג דִּכְתִיב בְּהוּ "לְכַפֵּר" – אֵימָא לָא מְכַפְּרֵי אֶלָּא מִידֵּי דַּעֲוֹן כָּרֵת. הָתָם

[לעיל ב:]
חולין ס:
זהו סוד מסורות הקבלה ואין להבינו כמשמעו ח"ו כי כל כבודה בת מלך פנימה

תוספות

אלא פעם אחת בשנה. אע"ג דכי מתיידע ליה אחר יוה"כ מביא חטאת, מ"מ כפרה זו של תלויה אינה אלא פעם אחת. א"נ, לא מיקרי פעמים בשנה אלא כשזמנן קבוע. ולרבי ישמעאל דאמר **לא בעי ידיעה בתחלה כו'** – ופשיטא ליה להתלמוד דלא בעי אפי' ידיעת בית רבו, לפי המסקנא דמוקי (לעיל דף ה.) מתני' כרבי, דלא מסתבר ליה שיסבור שום תנא דידיעת בית רבו שמה ידיעה אלא רבי. **חיצון** אמאי מכפר. וליכא למימר שיתלה על שיש בה ויש בה היכא דאתיידע ליה סמוך לשקיעת החמה, דהאי בר קרבן הוא. אע"ג דגבי שעיר הפנימי אי לאו קרא דחטאים דומיא דפשעים ה"א דתולה, מ"מ הואיל וגלי לך קרא התם דלא מכפר אמידי דבר קרבן – סברא הוא דכולהו נמי לא מכפרי. והשתא אתי שפיר הא דקאמר לקמן אמילתיה דר"ש אשעירי רגלים ע"כ אין מכפרים אלא אאין בה ואין בה, ולא מוקמה איש בה ויש בה ואתיידע ליה סמוך לשקיעת החמה. אבל אין נראה לומר דהא דלא קאמר הכא דמכפר איש בה ויש בה ואתיידע ליה סמוך לשקיעת החמה משום דחיצון איתקש לפנימי, ובסמוך דקאמר אלא למאי הלכתא איתקש להדדי המ"ל דאיתקש להכי אלא דבלאו הכי משני שפיר. דלקמן אמלתיה דר"ש גבי שעירי רגלים לא יתיישב בכך. **על** שאין בה ידיעה לא בתחלה ולא בסוף. וא"ת: ולרבי ישמעאל נפיק ונימא דפנימי מכפר אאין בה ואין בה, ושעיר החיצון איש בה ואין בה, דהא אין בה ואין בה אתי לכלל חטאת לרבי ישמעאל! וי"ל: דמ"מ טפי אתי לכלל חטאת יש בה ואין בה, דדבר שיש בה ידיעה מעיקרו בקל יכול ליזכר מדבר שלא היתה לו ידיעה מעולם. ולפי המסקנא דרבי ישמעאל סבר לה כר"מ דכל השעירים כפרתן שוה – אתי שפיר, דלא מ"ל נפיק מיפך דהא בר"ח כתיב "לה'" שאין מכיר בו אלא ה'. וא"ת: לרבי ישמעאל, למאי איצטריך "לכל חטאתם"? וי"ל: כי היכי דלא נימא דנכפר כפרה גמורה. **סבר** לה כר"מ. לאו דוקא כר"מ, דר"מ בעי ידיעה בתחלה, דקתני לקמן דכולהו מכפרין על שאין בה ידיעה בתחלה ויש בה ידיעה בסוף, ואילו לר' ישמעאל האי בר קרבן הוא. **מאי** טעמא דר' יהודה. וא"ת: מאי קבעי? הא ע"כ ליכא לאוקומה לכפרה דרגלים ודר"ח אלא דאין בה ואין בה, דאיש בה ידיעה בתחלה או בסוף פנימי וחיצון מכפרין! וי"ל: דבעי, מאי טעמא דמכפרי אטומאת מקדש וקדשיו? אימא בשאר עבירות; אי משום בנין אב דתני דבי ר' ישמעאל – הא איכא למיפרך כדפריך בסמוך: מה ליוה"כ שכן מרובה כפרתו! ומשני: "לחטאת לה'", חטאת שאין מכיר אלא ה', וכיון דמכפר אאין בה ואין בה – לא שייך למיפרך: מה ליוה"כ כו', דגילוי מילתא בעלמא הוא דחטאת דקרא היינו טומאת מקדש וקדשיו, כדאמר בסמוך. **שעיר** זה יהא כפרה עלי. פירש בערוך: שעיר זה כפרה לישראל, ועלי לקבוע זמן כפרה זו, וקבעתי בר"ח להפיס דעתה של ירח. **הואיל** וזה בא בזמן קבוע. פ"ה: שעיר חיצון. וכן נ"ל, דאי מפנימי גמר, בסמוך דפריך: מה ליוה"כ שכן מרובה כפרתו – ה"ל למיפרך: שכן נכנס דמה לפני ולפנים. ועוד, אדליף מפנימי – לילף משעיר המשתלח דמכפר אשאר עבירות. אע"ג דשעיר המשתלח אין קרבן, פנימי נמי לאו קרבן גמור הוא, דנשרף חוץ למחנה, ואית לן למילף טפי משעיר המשתלח דהוי חוץ מחוץ. אבל השתא דגמר מחיצון ניחא טפי, דדמו אהדדי טפי משעיר המשתלח. וניחא נמי דאיצטריך לעיל היקישא דחיצון מכפר מפנימי, דאין ללמוד מפנימי מבנין אב, דחוץ מפנים לא ילפינן. וא"ת: אי מחיצון גמר, תפשוט מהכא דדבר הלמד בהיקש חוזר ומלמד בבנין אב, דחיצון גופיה לא ידעינן דמכפר אטומאת מקדש וקדשיו אלא משום דהוקש לפנימי. ובעיא היא בפ' "איזהו מקומן" (זבחים דף נ.)! וי"ל: דהאי לא חשיב בנין אב, אלא גילוי מילתא בעלמא, כדמוכח בסמוך. והשתא נמי א"ש דקאמר: ואיתקוש שעירי רגלים לשל ר"ח, אע"ג דשל ר"ח לא ידעינן אלא בבנין אב דחיצון, וחיצון מהיקשא דפנים. ובקונטרס פירש בסמוך דדבר הלמד בבנין אב חוזר ומלמד בהיקש, וילפינן שעירי רגלים מר"ח, אע"ג דר"ח לא ידעינן אלא בבנין אב מיוה"כ, וא"א לומר כך, דהא בעיא היא בפרק "איזהו מקומן" (שם דף נא.) אי דבר הלמד בבנין אב חוזר ומלמד בהיקש אי לא. ועוד, דהכא גרע מדבר הלמד בהיקש דאינו חוזר ומלמד בהיקש כדפ"ה גופיה בסמוך, דהכא שעירי ראשי חדשים גמרינן משעיר החיצון דגמר בהיקש מפנימי*.

[וע"ע תוספות זבחים נ. ד"ה לא ניכתוב]

אף זה אינו מכפר כו'. ואין להקשות: ונילף מהאי בנין אב דליכפר נמי ר"ח אכפרה דחיצון! דהא איתקש חיצון לפנימי שלא תהא כפרתו פעמים בשנה. ועוד, דלענין זה איכא למיפרך: מה ליוה"כ שכן מרובה כפרתו. דהשתא ליכא למימר גילוי מילתא הוא, דקרא דר"ח לא משמע אלא אאין בה ואין בה. **שעירי** רגלים מנ"ל. הכא אין לפרש: מנין דלא מכפרי נמי אשאר עבירות, כדבעי לעיל אדר"ח. דא"כ מאי פריך בסמוך: שכן תדיר, שכן מרובה כפרתו? אדרבה, כ"ש דנילף מהתם, דאע"ג דחמירי לא מכפרי נמי אשאר עבירות. אלא יש לפרש: מנלן דמכפרי אטומאת מקדש וקדשיו דאיכא כרת? אימא דלא מכפר אלא בשאר עבירות דליכא כרת, כיון דאין כפרתו מפורשת. ולא דמי לדר"ח, שמפורשת, ד"חטא שאין מכיר בו" משמע כל חטאים שאינם ידועים כדפירש הקונטרס בסמוך. ולהכי בעי: מנלן דלא מכפרי נמי אשאר עבירות. ולהכי נמי חשיב לה בסמוך גילוי מלתא בעלמא. **שכן** מרובה כפרתו. פ"ה: מרובה כפרה של יום. והדין עמו, דאין לפרש שמכפר על טומאת מקדש וקדשיו דאית בהן כרת, דהא היא גופה בעינן למילף. וא"ת: והיכי בעי למילף מדיוה"כ? והא דבר הלמד בהיקש אינו חוזר ומלמד בבנין אב, ומה צריך פירכא ד"שכן כפרה מרובה"! וי"ל: דאיצטריך האי פירכא דלא נילף מדר"ח, דאי פרכת מה לדר"ח שכן תדיר – נימא: יוה"כ יוכיח. אבל השתא דאיכא פירכא – ליכא למימר תוכיח. וא"ת: ונילף במה הצד מתרווייהו! וי"ל: דאיכא למיפרך שכן מרובה כפרתו דר"ח, הואיל ותדיר חשיב הא מרובה כפרה.

רבינו חננאל

אסיקנא דשני השעירים הנעשה בחוץ והנעשה בפנים אינן מכפרים בשאר עבירות. אלא בטומאת מקדש וקדשיו בלבד: **מתני'** על שאין בה ידיעה לא בתחלה ולא בסוף כו'. מאי טעמא דכתיב ושעיר עזים אחד לחטאת לה'. חטא שאין מכיר בו אלא ה'. שעיר זה מכפר. א) ואחריתי יהא כפרה לפני שמיעטתי את הירח. ואקשי' [ויכפר] שעיר ר"ח אשאר עבירות. ודחינן תנא דבי ר' ישמעאל הואיל וזה בא בזמן קבוע ושעיר יום כפורים בא בזמן קבוע. מה שעיר יום הכפורים אין מכפר אלא בטומאת מקדש וקדשיו. אף זה כן.

הא

הא גמרינן ר"ח מדיוה"כ ולא פרכינן – התם כפרה מיכתב כתיבא, גלויי מילתא בעלמא הוא, אבל הכא איכא למימר כולה מילתא לא גמרינן! אלא כדא"ר חמא בר' חנינא: "שעיר" "ושעיר", ה"נ "שעיר" "ושעיר", ואיתקוש שעירי רגלים לשעירי ראשי חדשים, מה שעירי ראשי חדשים אינן מכפרין אלא על שאין בה ידיעה לא בתחלה ולא בסוף, אף שעירי הרגלים אינן מכפרין אלא על שאין בה ידיעה לא בתחלה ולא בסוף.§ איבעיא להו: כי אמר ר' יהודה על שאין בה ידיעה לא בתחלה ולא בסוף – הני מילי בחטא שאין סופו ליודע, אבל חטא שסופו ליודע – כמי שיש ידיעה בסוף דמי, ושעיר הנעשה בחוץ ויוה"כ מכפר. או דלמא, אפילו חטא שסופו ליודע – השתא מיהא "חטא שאין מכיר בו אלא ה'" קרינא ביה? ת"ש, דתניא: על שאין בה ידיעה לא בתחלה ולא בסוף וחטא שסופו ליודע – שעירי הרגלים ושעירי ר"ח מכפרים, דברי ר"י.§ ר"ש אומר: שעירי הרגלים מכפרין, אבל לא שעירי ר"ח" וכו'.§ א"ר אלעזר א"ר אושעיא: מאי טעמיה דר"ש? אמר קרא: °"ואותה נתן לכם לשאת את עון העדה", (ויקרא י) והאי קרא בשעיר דר"ח כתיב; ויליף "עון" "עון" מציץ, נאמר כאן "עון" ונאמר להלן °"עון", (שמות כח) מה להלן טומאת בשר, אף כאן טומאת בשר. אי מה להלן עולין, אף כאן עולין! "עון העדה" כתיב. מכדי מיגמר גמרי מהדדי, נכפר דר"ח אדידיה ואדציץ; נפקא מינה להיכא דנשבר הציץ! אמר קרא: "עון", עון אחד הוא נושא, ואין נושא ב' עונות. ונכפר ציץ אדידיה ואדר"ח; נפקא מינה לטומאה דאירעה בין זה לזה! אמר קרא: "אותה", אותה נושא עון, ואין (א) אחרת נושא עון. רב אשי אמר: כתיב הכא "עון העדה" – עדה ולא קדשים, והתם כתיב "עון הקדשים" – קדשים ולא עדה. אשכחן שעירי ראשי חדשים דמכפרי על טהור שאכל את הטמא, שעירי רגלים דמכפרי על שאין בה ידיעה לא בתחלה ולא בסוף מנלן? כדאמר ר' חמא ברבי חנינא: "שעיר" "ושעיר", ה"נ "שעיר" "ושעיר",

ואיתקוש

הא גמרינן ר"ח מיוה"כ ולא פרכינן. הכא לא גרסינן "שכן מרובה כפרה", דר"ח מיוה"כ קולא בעינן למילף שלא יכפרו נמי בשאר עבירות, ולא שייכא האי פירכא דחומרא. אלא גרסינן "ולא פרכינן" ותו לא, והיינו פירכא – שכן אינו תדיר. כדאמר רב חמא שעיר ושעיר כו'. תימה: ועצרת דלא כתיב ביה "ושעיר" מנ"ל? אי בבנין אב דשאר רגלים – תפשוט מהכא *דבר הלמד בהיקש חוזר ומלמד בבנין אב! [זבחים נ:] ועוד, דאי בבנין אב אתי למילף, בקמא דבתר ר"ח נכתוב "ושעיר" ואינך ניתי בבנין אב! ושמא יש לפרש דלא דריש הכא אלא בההוא שעיר דכתיב בתר ר"ח, ואינך "ושעיר" לשום דרשה, וממילא אתו שאר רגלים, דכיון דגלי בחד הוו אחריני למד סתום מן המפורש, ואפילו בנין אב לא צריך. ולקמן דפריך מעצרת ויוה"כ – עיקר קושייתו מיוה"כ. ופריך דוקא לר"מ, משום דאמר כל השעירים כפרתן שוה ואפילו דיוה"כ. ור"ת פי' דה"נ סמיך אהיקשא דרבי יונה כדמסיק לקמן, ולא נקט אלא תחלת סוגיא דלקמן ●דהוי כמו "וכו'". ואע"ג דר' יהודה אית ליה היקשא ד"במועדיכם" וכר"מ, מ"מ לא מסתבר ליה לרבי יהודה לומר שיהו כל השעירים כפרתן שוה כמו שאומר ר"מ, משום דעדיפא ליה היקשא דחיצון לפנימי, ואית לן למימר דאין מכפר ב' כפרות וגם שלא תהא כפרתו פעמים בשנה. ולר' מאיר עדיפא היקשא דמועדות.

אבל חטא שסופו ליודע כמי שיש בה ידיעה לבסוף דמי. וא"ת: ולפ"ז אמאי הוצרך לשנויי לעיל דר' ישמעאל סבר לה כר"מ? נימא דחיצון מכפר אאין בה ואין בה שסופו ליודע, דהאי לא מכפר רגלים ור"ח, דכיון שסופו ליודע לא קרינן ביה חטא שאינו מכיר בו אלא ה'! ויש לומר: כיון דהאמת דלר' יהודה חטא שסופו ליודע מכפרים רגלים ור"ח, לא מסתבר ליה להתלמוד שיחלוק עליה רבי ישמעאל בדבר זה.

אי מה להלן עולין כו' ונפקא מינה היכא דנשבר הציץ כו' וציץ נפקא מינה לטומאה שאירעה בין זה לזה. ואם תאמר: אמאי לא משני כדמשני בסמוך, דאין אחר נושא אותו עון? וי"ל: דציץ לא מקרי אחר לגבי ר"ח, כיון דעולין לא כתב בר"ח אלא דיליף מציץ. אבל אעון העדה דכתיב בר"ח משני שפיר בסמוך דאין אחר נושא אותו עון. ומהר"ר שמואל מפרש: מה להלן עולין, כלומר, דציץ מכפר אקרבן עד שיהא מרוצה, ור"ח מכפר על עון המקריב שהקריבו בטומאה. והשתא אין אנו צריכין לנפקותא דנשבר הציץ. ומשני: "עון העדה" כתיב, פי': עון דלא שייך אלא בעדה, ועולין שייך אף בקרבן. אי נמי, עון העדה ולא עון הכהן. **וניכפר** ר"ח אדידיה ואדציץ. פירוש: קרבן שקרב בטומאה בשעה שקרב ר"ח. דקרבנות שקרבו בטומאה קודם ר"ח אין סברא שיכפר, דהיאך יכפר למפרע מה שכבר קרב בטומאה? **וניכפר** ציץ אדידיה ואדר"ח. וא"ת: ואמאי לא משני דעון אחד הוא נושא ולא ב' עונות? וי"ל: דגבי ציץ כתיב "עון הקדשים", וטומאת בשר ועולין הוו תרוייהו עון הקדשים. ועוד, "עון הקדשים" משמע שפיר ב' עונות, ד"קדשים" משמע קדשים הרבה. **אמר** קרא אותה. אפירכא קמייתא לא מצי לשנויי הכי, ד"אותה" אעון העדה קאי, ודוקא בטומאת בשר אין אחר נושא עון. **רב** אשי אמר העדה כו'. נראה דלא פליגי. וע"כ איצטריך דרשה ד"אותה" משום פירכא דלקמן, דרגלים אמאי לא מכפרי אדר"ח, ודרשה דרב אשי נמי איצטריך לר"ש, כר' יהודה דלא משמע ליה "אותה" כדלקמן. **הכא** נמי שעיר ושעיר. אהיקשא דר' יונה סמיך כדפרישית לעיל.

התם כפרה. בגופיה כתיב (במדבר כח): "לחטאת לה'", פירש לך הכתוב בו כפרה על חטא שאינו ידוע, ומשמע דכל חטאים שאינם ידועים במשמע. **גלוי מילתא בעלמא הוא.** דגמרי מיוה"כ, שלא יכפר אלא(ב) טומאת מקדש וקדשיו, הלכך ליכא למיפרך מה ליוה"כ שכן מרובה כפרתו, דהא לא גמרינן מיניה כפרה, אלא מיעוטא הוא דגמרינן מיניה(ג). אבל כולה מילתא, כגון שעירי הרגלים דלא מיפרשא כפרה דידהו, "לכפר" הוא דכתיב בהו ולא פירש על מה, (ד) וא"ת בא ללמוד משל יוה"כ שיכפר על טומאת מקדש שהוא עון כרת – פרכינן: מה ליוה"כ שכן מרובה כפרתו. [לקמן י.] **שעיר ושעיר.** "שעיר" הוה מצי למיכתב בכולהו, וכתיב "ושעיר", וי"ו מוסיף על ענין ראשון להקיש, ומהו ההיקש? איתקוש שעירי הרגלים לשל ר"ח, והוא כבר למד בבנין אב מיוה"כ, ודבר הלמד בבנין אב חוזר ומלמד בהיקש. כל המלמד בכל המדות חוזר ומלמד, חוץ מהלמד בהיקש שאין חוזר ומלמד בהיקש בקדשים. והכי אמרינן בזבחים בפרק "איזהו מקומן" (דף מט:). **שסופו ליודע.** כגון שראוהו שנטמא ונכנס למקדש וסופו להודיעו. **ואותה נתן לכם.** בשעיר החטאת אשר דרש משה והנה שורף כתיב, ושל ר"ח היה. ושלשה שעירים קרבו ביום שהוקם המשכן, והוא יום שמיני של מלואים: שעיר של ר"ח, דכתיב (שמות מ): "באחד לחדש תקים את משכן אהל מועד". ושעיר דנחשון שהקריב לחנוכת המזבח, ובכל הנשיאים אומר (במדבר ז): "שעיר עזים אחד לחטאת". ובשעיר שמיני כתיב (ויקרא ט): "ואל בני ישראל תדבר לאמר קחו שעיר עזים לחטאת". והשנים אכלו, ושל ר"ח נשרף, כדילפינן בתורת כהנים ובשחיטת קדשים בפ' "טבול יום" (זבחים דף קא:). **עון עון מציץ.** דכתי' ביה: "ונשא אהרן את עון הקדשים" (שמות כח). **מה להלן טומאת בשר.** שאין הציץ מרצה על טומאת הגוף, אלא על הדם או על החלב או על הבשר של עולה שקרב בטומאה, ומרצה ציץ על הקרבן שמכשירו לרצון, שאין הבעלים צריכין להביא קרבן אחר. אף כאן טומאת בשר – יכפר על האוכל בשר קודש טמא והוא טהור. **אי מה להלן עולין.** מה הציץ אינו מכפר על שום חטא אלא מרצה על העולין, אף זה ירצה על העולין כי היכי דעביד ציץ, ונפקא מיניה להיכא דנשבר הציץ. ולא יכפר על עון האדם האוכל! [לקמן י.] **עון העדה כתיב.** אלמא מכפר על עון אנשים הוא. **מכדי מיגמר גמרי מהדדי.** בגזירה שוה, ניכפר אתרווייהו! ניכפר אדידיה כדקאמרת "עון העדה" כתיב, על אדם האוכל טומאת בשר, ואמאי דעביד ציץ לרצות על העולין אם נשבר הציץ. **בין זה לזה.** בין ר"ח לר"ח. **אותה.** "ואותה נתן לכם לשאת את עון העדה". **רב אשי אמר כו'.** ה' יתירא ד"העדה" וד"קדשים" דריש למיעוטא.

ניכפרו

ואיתקוש

רבינו חננאל

וכיון דכתיב ושעיר וי"ו מוסיף ואתקש שעירי רגלים לשעירי ראשי חדשים במה שאלו מכפרים אלו מכפרים. איבעיא להו כי קאמר ר' יהודה בחטא שאין סופו להוודע. אבל חטא שסופו להוודע כמי שיש בו ידיעה לבסוף דמי. ושעיר הנעשה בחוץ ויום הכפורים מכפר וכו'. ופשטנא מהא דתניא על שאין בה ידיעה לא בתחלה ולא בסוף בחטא שאין סופו להוודע א) שעירי הרגלים ושעירי ראשי חדשים מכפרים דברי ר' יהודה. ר' שמעון אומר שעירי הרגלים מכפרין על שאין בה ידיעה לא בתחלה ולא בסוף. מאי טעמא שעיר ושעיר ו' מוסיף ואתקש. ולא אשכחנן לה כפרה. במקום אחר. דמי שיש בה ידיעה בתחלה וידיעה בסוף והעלם בינתים בר קרבן הוא. ומי שיש בה ידיעה בתחלה ואין בה ידיעה בסוף שעיר של יוה"כ הנעשה בפנים תולה. ומי שאין בה ידיעה בתחלה ויש בה ידיעה בסוף שעיר של יוה"כ הנעשה בחוץ מכפר על כרחך לא מכפרי שעירי הרגלים אלא על שאין בה ידיעה לא בתחלה ולא בסוף. ושעירי ר"ח מכפרין על טהור שאכל בשר קדש טמא דברי ר' שמעון מאי טעמא יליף עון עון מציץ. בשעיר ר"ח כתיב ואת שעיר החטאת דרוש דרש משה וגו' ואותה נתן לכם לשאת את עון העדה וגו' והיא חטאת דר"ח. ובציץ כתיב והיה על מצח אהרן ונשא אהרן את עון הקדשים וגו' וגרסי' בתחלת יומא (דף ז) על מה הציץ מרצה על הדם ועל הבשר ועל החלב שנטמא בין בשוגג בין במזיד בין באונס בין ברצון כו'. קתני מיהא בשר שנטמא ונקרב הציץ מרצה כך עון הכתוב בשעיר ר"ח מכפר על טהור שאכל קדש [טמא]. ודחינן אי מה בציץ אינו נושא אלא על עון העולים על גבי המזבח. אף שעיר ר"ח אינו מכפר אלא על העולים. ופרקינן עון העדה כתיב כלומר עון העדה שהקרבן בא על עון העדה והיא החטאת שכפרתה באכילתה כדכתיב ואכלו אותם אשר כופר בהם מלמד שהכהנים אוכלין והבעלים מתכפרין. ואימא שעיר דר"ח מכפר בטהור שאכל קדש טמא ובעולים שנטמאו ונקרבו ב) ונשבר הציץ ואינו מכפר יהא שעיר ר"ח מכפר בשניהם. ודחינן עון כתיב עון אחד הוא נושא ואינו נושא שתי עונות וכו'. רב אשי אמר בשעיר ר"ח כתיב עון העדה ולא הקדשים. ובציץ כתיב עון הקדשים ולא עון העדה.

א) עי' תי' רי"ן מיגש. ב) וכ"מ להיכא שנשבר הציץ וכו'

הגהות הב"ח

(א) גמ' ואין אחר כצ"ל: (ב) רש"י ד"ה גלוי כו' אלא על טומאת: (ג) בא"ד מיניה הס"ד ואח"כ מ"ה כולה מילתא: (ד) בא"ד מה ואתה בא:

גליון הש"ס

תוס' ד"ה כדאמר וכו' דהוי כמו וכו'. כעין זה ברכות דף מה ע"א תוס' ד"ה שלשה. שבת דף קכג ע"א תוס' ד"ה אסוכי. גיטין דף פ ע"ב תוס' ד"ה זו.נזיר דף נד ע"ב תוס' ד"ה ומשני. לקמן דף מא ע"א תוס' ד"ה ומאן. מעילה דף יב ע"ב תוס' ד"ה חלב:

תורה אור

וְאִיתְקוּשׁ שְׂעִירֵי הָרְגָלִים לִשְׂעִירֵי רָאשֵׁי חֳדָשִׁים, מַה שָּׂעִיר דְּרֹאשׁ חוֹדֶשׁ בְּמִילְּתָא דְקוֹדֶשׁ מְכַפְּרִי, אַף שְׂעִירֵי רְגָלִים בְּמִילְּתָא דְקוֹדֶשׁ מְכַפְּרִי. וְכִי תֵּימָא: נִיכַפְּרוּ אַדְּרֹאשׁ חֹדֶשׁ — הָא אָמְרִינַן: "אוֹתָהּ" — אוֹתָהּ נוֹשֵׂא עָוֹן, וְאֵין אַחֵר נוֹשֵׂא עָוֹן. וְכִי תֵּימָא: נִיכַפְּרוּ אַדְּיוֹם הַכִּפּוּרִים — הָא אָמְרִי׳: °"אַחַת בַּשָּׁנָה" — *כַּפָּרָה זוֹ לֹא תְּהֵא אֶלָּא אַחַת בַּשָּׁנָה; אַמַּאי מְכַפְּרִי? אִי עַל שֶׁיֵּשׁ בָּהּ יְדִיעָה בַּתְּחִלָּה וְיֵשׁ בָּהּ יְדִיעָה בַּסּוֹף — הַאי בַּר קָרְבָּן הוּא! אִי עַל שֶׁיֵּשׁ בָּהּ יְדִיעָה בַּתְּחִלָּה וְאֵין בָּהּ יְדִיעָה בַּסּוֹף — הַאי שָׂעִיר הַנַּעֲשֶׂה בִּפְנִים וְיוֹם הַכִּפּוּרִים תּוֹלֶה! אִי עַל שֶׁאֵין בָּהּ יְדִיעָה בַּתְּחִלָּה אֲבָל יֵשׁ בָּהּ יְדִיעָה בַּסּוֹף — הַאי שָׂעִיר הַנַּעֲשֶׂה בַּחוּץ וְיוֹם הַכִּפּוּרִים מְכַפֵּר! עַל כָּרְחָךְ אֵינוֹ מְכַפֵּר אֶלָּא עַל שֶׁאֵין בָּהּ יְדִיעָה לֹא בַּתְּחִלָּה וְלֹא בַּסּוֹף.§ "ר׳ מֵאִיר אוֹמֵר: כָּל הַשְּׂעִירִים כַּפָּרָתָן שָׁוָה" כו׳.§ *אָמַר ר׳ חָמָא בַּר ר׳ חֲנִינָא: מַאי טַעְמָא דְּר׳ מֵאִיר? אָמַר קְרָא: "שְׂעִיר" "וּשְׂעִיר", הוּקְשׁוּ כָּל הַשְּׂעִירִים זֶה לָזֶה, *וָי"ו מוֹסִיף עַל עִנְיָן רִאשׁוֹן. קָסַלְקָא דַּעְתָּךְ כָּל חַד וְחַד מֵחַבְרֵיהּ גָּמַר; *וְהָאָמַר ר׳ יוֹחָנָן: כָּל הַתּוֹרָה כּוּלָּהּ לְמֵידִין לָמֵד מִלָּמֵד, חוּץ מִקֳּדָשִׁים שֶׁאֵין לְמֵידִין לָמֵד מִלָּמֵד! הָא לָא קַשְׁיָא, כּוּלְּהוּ מִקַּמָּא גָּמְרִי. תֵּינַח כָּל דִּכְתַב בֵּיהּ "וּשְׂעִיר", עֲצֶרֶת וְיוה"כ דְּלָא כְּתַב בֵּיהּ "וּשְׂעִיר", מְנָלַן? אֶלָּא *אָמַר ר׳ יוֹנָה, אָמַר קְרָא: °"אֵלֶּה תַּעֲשׂוּ לַה׳ בְּמוֹעֲדֵיכֶם", *הוּקְשׁוּ כָּל הַמּוֹעֲדִי׳ כּוּלָּן זֶה לָזֶה.§ וְהָא ר"ח לָאו מוֹעֵד הוּא! אִיבְּרָא, ר"ח נַמִי אִיקְּרֵי מוֹעֵד, כִּדְאָמַר אַבַּיֵי. *דְּאָמַר אַבַּיֵי: תַּמּוּז דְּהַהִיא שַׁתָּא מַלּוֹיֵי מַלְּיוּהוּ, דִּכְתִיב: °"קָרָא עָלַי מוֹעֵד לִשְׁבּוֹר בַּחוּרָי". אָמַר רַבִּי יוֹחָנָן: וּמוֹדֶה ר"מ בְּשָׂעִיר הַנַּעֲשֶׂה בִּפְנִים — שֶׁהוּא אֵינוֹ מְכַפֵּר כַּפָּרָתָן, וְהֵן אֵינָן מְכַפְּרִין כַּפָּרָתוֹ; הוּא אֵינוֹ מְכַפֵּר כַּפָּרָתָן — כַּפָּרָה אַחַת מְכַפֵּר וְאֵינוֹ מְכַפֵּר שְׁתֵּי כַּפָּרוֹת; הֵן אֵינָן מְכַפְּרִין כַּפָּרָתוֹ — אָמַר קְרָא: "אַחַת בַּשָּׁנָה", כַּפָּרָה זוֹ לֹא תְּהֵא אֶלָּא אַחַת בַּשָּׁנָה. תַּנְיָא נַמִי הָכִי: עַל שֶׁאֵין בָּהּ יְדִיעָה לֹא בַּתְּחִלָּה וְלֹא בַּסּוֹף, וְעַל שֶׁאֵין בָּהּ יְדִיעָה בַּתְּחִלָּה אֲבָל יֵשׁ בָּהּ יְדִיעָה בַּסּוֹף, וְעַל טָהוֹר שֶׁאָכַל אֶת הַטָּמֵא — שְׂעִירֵי הָרְגָלִים וּשְׂעִירֵי רָאשֵׁי חֳדָשִׁים וְשָׂעִיר הַנַּעֲשֶׂה בַּחוּץ מְכַפְּרִין, דִּבְרֵי ר׳ מֵאִיר; וְאִילּוּ שָׂעִיר הַנַּעֲשֶׂה בִּפְנִים *שַׁיְּירָהּ, וְכַפָּרָתָן נַמִי שַׁיְּירָהּ.§ הָיָה ר׳ שִׁמְעוֹן אוֹמֵר: שְׂעִירֵי רָאשֵׁי חֳדָשִׁים מְכַפְּרִין עַל טָהוֹר שֶׁאָכַל אֶת הַטָּמֵא כו׳.§ בִּשְׁלָמָא דְּרָאשֵׁי חֳדָשִׁים לָא מְכַפְּרִי אַדְּרְגָלִים, דְּאָמַר קְרָא: "עָוֹן", עָוֹן אֶחָד הוּא נוֹשֵׂא וְאֵינוֹ נוֹשֵׂא שְׁנֵי עֲוֹנוֹת. אֶלָּא דִּרְגָלִים נִיכַפְּרוּ אַדְּרָאשֵׁי חֳדָשִׁים! אָמַר קְרָא: "אוֹתָהּ", אוֹתָהּ נוֹשֵׂא עָוֹן וְאֵין אַחֵר נוֹשֵׂא עָוֹן. בִּשְׁלָמָא דִּרְגָלִים לָא מְכַפְּרִין אַדְּיוֹם הַכִּפּוּרִים, דְּאָמַר קְרָא: "אַחַת בַּשָּׁנָה", *כַּפָּרָה זוֹ לֹא תְּהֵא אֶלָּא אַחַת בַּשָּׁנָה. אֶלָּא דְּיוֹם הַכִּפּוּרִים נִיכַפְּרוּ אַדִּרְגָלִים! אָמַר קְרָא: "אַחַת", *כַּפָּרָה אַחַת מְכַפֵּר וְאֵינוֹ מְכַפֵּר שְׁתֵּי כַּפָּרוֹת. וְהָא כִּי כְּתִיב "אַחַת", בְּשָׂעִיר הַנַּעֲשֶׂה בִּפְנִים הוּא דִּכְתִיב! אָמַר קְרָא: °"מִלְּבַד חַטַּאת

(ויקרא טז; במדבר כט; איכה א; [לעיל ח:]; [שם]; במדבר כט; בדפו"י הגירסא שיירי' וכפרתו)

ניכפרו אדיום הכפורים. עַל כַּפָּרַת שָׂעִיר הַנַּעֲשֶׂה בַּחוּץ, שֶׁאֵין בָּהּ יְדִיעָה בַּתְּחִלָּה וְיֵשׁ בָּהּ יְדִיעָה בַּסּוֹף. **הָא אָמְרִינַן.** לְקַמָּן: "אַחַת בַּשָּׁנָה", כַּפָּרָה זוֹ לֹא תְּהֵא אֶלָּא אַחַת בַּשָּׁנָה. וְאַע"ג דְּהַאי בְּשָׂעִיר הַפְּנִימִי כְּתִיב, הָא אִיתְקוּשׁ לַהֲדָדֵי כִּדְאָמַר בְּמַתְנִי׳. קס"ד כָּל חַד וְחַד מֵחַבְרֵיהּ גָּמַר. שֶׁל פֶּסַח הַסָּמוּךְ לְר"ח גָּמַר מֵר"ח לְכַפֵּר עַל הַטָּהוֹר שֶׁאָכַל אֶת הַטָּמֵא, וּבְר"ח ס"ל לְר"מ כְּר"ש. וְשֶׁל סוּכּוֹת הַסָּמוּךְ לְשֶׁל יוֹם הַכִּפּוּרִים גָּמַר מִדְּיוֹם הַכִּפּוּרִים לְשֶׁאֵין בָּהּ יְדִיעָה בַּתְּחִלָּה אֲבָל יֵשׁ בָּהּ יְדִיעָה בַּסּוֹף, וְשֶׁל יוֹם הַכִּפּוּרִים מִשֶּׁל סוּכּוֹת לְאֵין בָּהּ יְדִיעָה לֹא בַּתְּחִלָּה וְלֹא בַּסּוֹף, וַהֲדַר גָּמְרִי כּוּלְּהוּ כָּל חַד וְחַד מִדְּסָמֵיךְ לֵיהּ, עֶלְיוֹנִים מִתַּחְתּוֹנִים וְתַחְתּוֹנִים מֵעֶלְיוֹנִים. **לָמֵד מִן הַלָּמֵד.** בְּהֶיקֵּשׁ קָאָמַר, וְהָנֵי כּוּלְּהוּ הֶיקֵּשָׁא נִינְהוּ. **כּוּלְּהוּ.** מֵר"ח גָּמַר לְטָהוֹר שֶׁאָכַל אֶת הַטָּמֵא, וְרֹאשׁ חֹדֶשׁ מִינַּיְיהוּ לְשֶׁאֵין בָּהּ יְדִיעָה כְּלָל, וְכוּלְּהוּ מִדְּיוֹם הַכִּפּוּרִים לְאֵין בָּהּ יְדִיעָה בַּתְּחִלָּה וְיֵשׁ בָּהּ יְדִיעָה בַּסּוֹף, וְכֵן הוּא מֵהֶן לְשֶׁאֵין בָּהּ יְדִיעָה לֹא בַּתְּחִלָּה וְלֹא בַּסּוֹף. **אִיבְּרָא** = בֶּאֱמֶת. **קָרָא עָלַי מוֹעֵד.** בְּמַסֶּכֶת תַּעֲנִית (דף כט.): תַּמּוּז דְּהַהִיא שַׁתָּא שֶׁל שָׁנָה הַשֵּׁנִית לִיצִיאַת מִצְרַיִם שֶׁנִּשְׁתַּלְּחוּ בָּהּ מְרַגְּלִים, בְּעֶשְׂרִים וְתִשְׁעָה דְּסִיוָן מַלּוֹיֵי מַלְיוּהוּ לְתַמּוּז, לְפִיכָךְ אֵירַע בּוֹ יוֹם חֲזָרַת מְרַגְּלִים בִּשְׁמוֹנָה בְּאָב. "וַיִּבְכּוּ הָעָם בַּלַּיְלָה הַהוּא", בְּתִשְׁעָה בְּאָב בָּכוּ בְּכִיָּה שֶׁל חִנָּם וְהוּקְבְּעָה לָהֶם בְּכִיָּה לְדוֹרוֹת. **לִשְׁבּוֹר בַּחוּרָי.** בְּחוּרְבַּן הַבַּיִת. **וְכַפָּרָתוֹ שִׁיְּירָהּ.** שֶׁלֹּא הִזְכִּיר כָּאן יֵשׁ בָּהּ יְדִיעָה בַּתְּחִלָּה וְאֵין בָּהּ יְדִיעָה בַּסּוֹף בְּכַפָּרָה שֶׁל אֵלּוּ. *ה"ג: **אַחַת לָא מַשְׁמַע לֵיהּ.** דְּכִי כְּתִיב "אַחַת" בְּשָׂעִיר הַנַּעֲשֶׂה בִּפְנִים כְּתִיב. **אֶלָּא לְעוֹלָם אַחַת מַשְׁמַע לֵיהּ נַמִי אַחִיצוֹן דְּהָא אִיתְקוּשׁ וְשָׁאנֵי הָכָא דְּאָמַר קְרָא כו׳.** הָכִי פֵּירוּשָׁא: "אַחַת" דְּסֵיפֵיהּ דִּקְרָא, דִּמְמַעֲטִינַן מִינָּהּ שֶׁאֵין אַחֵר מְכַפֵּר כַּפָּרָתוֹ, דְּסָמִיךְ "יְכַפֵּר" לְ"בַשָּׁנָה", מַשְׁמַע לֵיהּ נַמִי אַחִיצוֹן. דְּהָא בְּשָׂעִיר פְּנִימִי כְּתִיב בֵּיהּ, כִּדְכְתִיב: "מִדַּם חַטַּאת הַכִּפּוּרִים אַחַת בַּשָּׁנָה יְכַפֵּר", וְחַטַּאת

([לעיל ח:]; [לעיין ט:]; [יבמות ט. וש"נ]; זבחים מט: [תמורה כח:]; [שייך לע"ב]; [עי' תוס' ע"ז כד. ד"ה ואבני]; פסחים עז. תענית כט.)

ואיתקוש שעירי רגלים לשעירי ר"ח. ואם תאמר: ה"ל דבר הלמד בג"ש דר"ח מלין, וחוזר ומלמד אדרגלים בהיקש, ופלוגתא היא דרב פפא ומר זוטרא ב"איזהו מקומן" (זבחים דף נ.)! ואי הוה אמר דפנימי נמי איתקוש בהאי היקשא דמועדות, שהוזכר בסדר קרבן מוספין, דכתיב "מלבד חטאת הכפורים" — הוה אתי שפיר, דהשתא איתקש רגלים לפנימי דמכפר אטומאת מקדש וקדשיו. אבל קשה: לר"ש בן יהודה ולר"מ, דאית להו דרגלים מכפרים אטהור שאכל הטמא, היכי ילפינן הא בהיקש מר"ח? ר"ח גופיה לא ילפינן ביה הך כפרה אלא מג"ש מלין! וע"ק: אי פנימי נמי איתקש בהאי היקשא, אמאי איצטריך לרבי יהודה "חטאת לה'" חטא שאין מכיר בו אלא ה'? הא איתקש ר"ח ורגלים לפנימי דמכפר אטומאת מקדש וקדשיו, וליכא לאוקמה בהו אלא באין בה ואין בה! וי"ל: כיון דלין לאו עבודה היא אלא תכשיט — חוזר ומלמד, דהא דלמד אינו חוזר ומלמד היינו בעבודה עצמה. אבל קשיא: לר"מ, היכי יליף בר"ח ורגלים אין בה ויש בה מחיצון? הא חיצון גופיה לא גמרינן אלא משעיר הפנימי שמכפר על דבר שיש בה ידיעה! ותירץ ר"ת בספר הישר: דכיון דהך היקשא דמועד הוי היקשא גמור לחיצון ורגלים מר"ח לענין חטא שאין מכיר בו אלא ה' דכתיב ביה בהדיא — עבדינן היקשא לכולה מילתא, אפילו לדברים דלא גמר אלא בהיקש ממקום אחר. וכן מוכח בסוף פרק "איזהו מקומן" (שם דף נז.).

קס"ד דכל חד וחד מחבריה גמר אינו והאמר רבי יוחנן וכו׳. השתא לא קשיא עצרת ויום הכפורים מא"ל כדפריך בסמוך, משום דכיון דכל חד וחד מחבריה גמר, אפילו להך דלא כתב ביה נמי "שעיר" "ושעיר" יליף מהך דלעיל, הואיל והך דלקמיה כתב "ושעיר". אבל לקמן פריך שפיר, דכיון דכולהו מר"ח גמרי — לא מצי למילף עצרת ויום הכפורים דלא כתב בהו "ושעיר", הואיל ויש הפסק בינם ובין ר"ח.

אלא דרגלים ניכפרו אדר"ח. הא דלא פשיטא ליה דרשה ד"אותה" כמו דרשה ד"עון" — משום דר"ש בן יהודה דריש "עון" ולא דריש "אותה". וכן צריך לפרש בסמוך גבי דרשה ד"אחת", דפשיטא ליה טפי דרשה ד"אחת בשנה" מדרשה ד"אחת יכפר".

***מהו** שיקרבו זה בזה. של ר"ח זה בר"ח אחר, או של רגל זה ברגל אחר, ניחא לכולהו שיקרבו. ותימה: דבעיא היא בפ"ק דזבחים (דף ו.) אי מכפר עולה אעשה דלאחר הפרשה, והשתא, אי לא מכפר היאך יקרב? הא לא הופרש על טומאה שאירעה בין זה לזה! וי"ל: דהכא כיון דנאבד — נעקר הפרשתו, ואחר שהופרש במקומו כיפר על עבירות שהיה לו לזה לכפר, וכשיבא ר"ח תחול עליו הפרשה לעבירות שעברו קודם לכן. והא דמייתי התם מכבשי עצרת, ולא אמרי׳ כשנשחט הראשון איגלאי מילתא שלא תחול על השני הפרשה עד שעת שחיטה — לא דמי כלל לשעיר שאבד, דכבשי עצרת על דעת כן הופרשו שישחטו זה אחר זה.

(ור"ה ז.)

רבינו חננאל

ר׳ מאיר אומר כל השעירים כפרתן שוה על טומאת מקדש וקדשיו מאי טעמא ושעיר וי"ו מוסיף ומקיש זה לזה. ואקשינן השלישי אינו למד מן השני דהנה השני תלמוד הוא. וא"ר יוחנן דאין למדין למד מלמד בקדשים. ופרקינן כולהו משעיר קמא ילפי. ואקשינן והא שעיר יוה"כ ושעיר עצרת צרת דלא כתיב בהן ושעיר. ופריק ר׳ יונה אלה תעשו לה׳ במועדיכם הוקשו כל המועדים כולם זה לזה. ור"ח נמי אקרי מועד כדאביי דאמר (אמר) [וכו׳] קרא עלי מועד לשבור בחורי. וא"ר יוחנן מודה היה ר׳ מאיר בשעיר של יוה"כ הנעשה בפנים שאינו מכפר כפרתן. מאי טעמא אחת כתיב כפרה אחת הוא מכפר ואינו מכפר שתי כפרות. והן נמי אינן מכפרין כפרתו. מאי טעמא אחת בשנה. כפרה שאין מתכפרת אלא פעם אחת בשנה יוה"כ מכפר. תניא נמי הכי דשעיר הנעשה בפנים אין אחר מכפר כפרתו ולא הוא מכפר כפרת אחרים: **מתני׳** היה ר׳ שמעון אומר שעירי ר"ח מכפרין על טהור שאכל טמא ושל רגלים מכפרין כו׳. אמרו לו מהו שיקרבו זה בזה. פי׳ אם לא נקרבו שעירי הרגלים בר"ח. וכן שעיר ר"ח ברגלים. מהו שיקרבו. אמר להם יקרבו. הואיל וכולם באין לכפר על טומאת מקדש וקדשיו: **גמ׳ בשלמא** דר"ח לא מכפר אדרגלים. עון כתיב בה. עון אחד נושא ואינו נושא שתי עונות. אלא דרגלים אמאי לא מכפרי אדר"ח כו׳. ופשוטה היא ואסיקנא אמר קרא מלבד

אותה

כח א מיי' פ"ד מהל' שקלים הלכה יא:
כט ב מיי' שם הל' יב:

אותה לא משמע ליה. וא"ת: א"כ מנלן דמכפר אאין בה ואין בה? דלמא לא מכפר אלא אדר"ח גרידא, דהיינו טהור שאכל את הטמא, ולא טמא שאכל את הקודש! דבשלמא לר"ש, כיון דדריש "אותה" על כרחך מיבעי ליה לאוקומה כפרה דרגלים אאין בה ואין בה כדקתני לעיל. ולר"מ נמי, אע"ג דלא דריש "אותה" אתי שפיר, דהא דריש חטא שאין מכיר בו אלא ה', וגם אית ליה ג"ש ד"עון" "עון" מלין, וילפינן כולהו מר"ח. אבל לר"ש בן יהודה דלא דריש "אותה", ולא דריש נמי חטא שאין מכיר בו אלא ה', דהא קאמר דראש חדש לא מכפרת אלא על טהור שאכל את הטמא, קשה! וי"ל: דלענין זה ודאי דריש "אותה", כיון דלרגלים אין להם כפרה אחרת אלא זאת. אבל בשיש לרגלים כפרה אחרת, דהיינו אין בה ואין בה — מכפר נמי אדראש חדש. ולא פשיטא ליה דרשה ד"אותה", דסבירא ליה דאין סברא למעט שלא ישא אחר אותו עון, אלא בשאינו נושא אלא עון זה. והשתא אתי שפיר הא דפריך לעיל: אלא דרגלים אמאי לא מכפרי אדר"ח, פי': אמאי לא מכפרי נמי אדר"ח. ולא פשיטא ליה דרשה ד"אותה", כיון שיש להן כפרה אחרת כדפרישית. מיהו גבי דרשה ד"אחת בשנה" דפשיטא ליה טפי מדרשה ד"אחת יכפר", צריך לפרש כדפירשתי לעיל. ועי"ל: דלר"ש בן יהודה איתקוש שעירי רגלים לשעיר החיצון, מה חיצון מכפר על דבר שיש בו כרת, דהיינו טומאת מקדש וקדשיו — אף שעירי רגלים כן.

קדושה שבהן להיכן הלכה. וא"ת: הא בפרק בתרא דכתובות (דף קה. ושם) אמר דדייני גזירות נוטלין שכרם מתרומת הלשכה, וכן (שם קו.) מגיהי ספרים, וטובא חשיב התם — אלמא לב ב"ד מתנה עליהן, ומאי קשיא ליה הכא? וי"ל: דשאני התם דלא קדש קדושת הגוף.

מותר הקטורת. פ"ה: מותר משלשה מנין היתירים בכל שנה ממלוא חפנים ביוה"כ, דאי אפשר שיכנסו כולם בחפניו. ובחנם פירש כן, דבלאו הכי יש מותר, שבכל שנה היו מפטמין (ג) שס"ה מנים למנין ימות החמה וג' מנים לחפני כה"ג ביום הכפורים, ומשס"ה היה נשאר בכל שנה פשוטה י"א מנין, כמנין שנות החמה יתירים על שנות הלבנה. ואע"פ שהיו צריכין למלאות בהן לשנים מעוברות, שהן ג"ח י"א י"ד י"ז י"ט, מ"מ צריכין היו לחדש בר"ח ניסן כדי שיהיו מתרומה חדשה. ומיהו, הא דתניא בפ"ק דכריתות (דף ו:) *דא' לע"ב שנה היו בו חצאים של שיריים — א"א לפרש אלא ממותר ג' מנים של יום הכפורים, שהרי כל מותר של י"א של שנה פשוטה היו צריכין למלאות במעוברות, ובסוף המחזור חמה ולבנה שוין רק שעה אחת ותפ"ה חלקים. אלא המותר שלשה מנים היה נשאר, ולא היה נכנס בחפניו אלא חצי מנה, וב' מנים וחצי נשאר בכל שנה, נמצא לע"ב שנה ק"פ מנים, ועוד חסר ד' מנים לפלגא דשס"ח, ולא דק. וי"ם דל"ג "שתים", אלא "אחת לשבעים שנה" ותו לא, וכן יש בירושלמי פרק "טרף בקלפי". וניחא טפי למימרא דלא דק, דאי גרסי' "שתים" לא ניחא כל כך.

[ע"ש דליתא אחת לששים או לשבעים שנה]

ובפסוק הקטורת הכתוב במחזורים גרס: אחת לששים שנה או לשבעים שנה. ויכול להיות כשכלים ס' שנה בשתי שנים פשוטות זו אחר זו.

מפרישין. לא גרסי' "מִמֶּנָּה". שמתרומת הלשכה היו מפרישין, והתם במסכת שקלים (דף ו.) לא איירי בתרומת הלשכה, ומאי "ממנה" שייך. **מפרישין** שכר האומנין. פ"ה: שמזכין להן ע"י אחד מן הגזברין. ולפי', הא דקאמר בסמוך: ומחללין אותה על מעות האומנין — היינו מדעתן, מאחר שכבר זכו בהן. ומיהו לשון "מפרישין" לא משמע אלא הפרשה בעלמא. וקאמר נמי: נותנין אותה לאומנין בשכרן — משמע שעדיין לא זכו בשכרן. ולכך נראה דלב ב"ד מתנה עליהן וההפרשה בעלמא יהיו חולין. ואם תאמר: ולמה להו כולי האי? יתנו הקטורת מתחלה לאומנין בשכרן! ומיהו, לבן עזאי דאמר במס' שקלים בפ' "התרומה" (שם) דאין הקדש מתחלל על המלאכה, ניחא. ואפי' לר"ע נמי דאמר מתחלל על המלאכה — ה"מ בקטורת דיחיד, כגון במקדיש נכסיו והיו בהן דברים הראוים לקרבנות צבור, דגבי הני מיתניא, אבל בקטורת של צבור החמירו טפי. אי נמי, הכא איירי בשכר פטום אומני הקטורת של שנה חדשה, וצריך ליתן להן מתרומה חדשה. ולמאי דאמרינן במעילה בפרק "ולד חטאת" (דף יד: ושם) דהני אומנין באומני הבנין, מ"מ אין יכולין לתת הקטורת בשכרן, דאין נותנין שכרן אלא מקדושת בדק הבית. *וכי תימא דכל קדושת דמים נפסל בטבול יום. וא"ת: בלא נתינה למכתשת נמי תיפסל, דמעיקרא נמי קדושת דמים הוא! וי"ל: דאפילו קדושת דמים לא פסלה בטבול יום אלא בנתינה למכתשת וכתישה שראוי להקריב, אבל קודם כתישה לא.

שייך לדף יא.

חַטַּאת הַכִּפּוּרִים", וְאִיתְקוּשׁ חִיצוֹן לִפְנִימִי.§ "רַבִּי שִׁמְעוֹן בֶּן יְהוּדָה אוֹמֵר מִשְּׁמוֹ" כו'.§ מַאי שְׁנָא דְּרָאשֵׁי חֳדָשִׁים דְּלָא מְכַפְּרֵי אַדְּרְגָלִים — דְּאָמַר קְרָא: °"עֲוֹן", עָוֹן אֶחָד הוּא נוֹשֵׂא וְאֵינוֹ נוֹשֵׂא שְׁנֵי עֲוֹנוֹת; דִּרְגָלִים נַמִּי לָא נִיכַפְּרוּ אַדְּרָאשֵׁי חֳדָשִׁים, דְּאָמַר קְרָא: °"אוֹתָהּ", אוֹתָהּ הוּא נוֹשֵׂא עָוֹן וְאֵין אַחֵר נוֹשֵׂא עָוֹן! "אוֹתָהּ" לָא מַשְׁמַע לֵיהּ. מ"ש דִּרְגָלִים דְּלָא מְכַפְּרֵי אַדְּיוֹם הַכִּפּוּרִים — דְּאָמַר קְרָא: °"אַחַת בַּשָּׁנָה", *כַּפָּרָה זוֹ לֹא תְּהֵא אֶלָּא אַחַת בַּשָּׁנָה; אִי הָכִי, דְּיוֹם הַכִּפּוּרִים נַמִּי לָא נִיכַפְּרוּ אַדִּרְגָלִים, "אַחַת" כְּתִיב, כַּפָּרָה אַחַת מְכַפֵּר וְאֵינוֹ מְכַפֵּר שְׁתֵּי כַפָּרוֹת! "אַחַת" לָא מַשְׁמַע לֵיהּ. אַמַּאי? דְּכִי כְּתִיב "אַחַת" — בְּשָׂעִיר הַנַּעֲשֶׂה בִּפְנִים כְּתִיב; אִי הָכִי, דִּרְגָלִים נַמִּי נִכַּפְּרוּ אַדְּיוֹם הַכִּפּוּרִים, דְּכִי כְּתִיב "אַחַת" — בְּשָׂעִיר הַנַּעֲשֶׂה בִּפְנִים כְּתִיב! לְעוֹלָם "אַחַת" מַשְׁמַע לֵיהּ, וְשָׁאנֵי הָכָא, דְּאָמַר קְרָא: °"וְכִפֶּר אַהֲרֹן עַל קַרְנֹתָיו אַחַת בַּשָּׁנָה", קַרְנוֹתָיו דְּמִזְבֵּחַ הַפְּנִימִי הוּא דְּכַפָּרָה אַחַת מְכַפֵּר וְאֵינוֹ מְכַפֵּר שְׁתֵּי כַפָּרוֹת, הָא דְּחִיצוֹן — אֲפִילּוּ שְׁתֵּי כַפָּרוֹת. *אָמַר עוּלָּא אָמַר רַבִּי יוֹחָנָן: [א]תְּמִידִין שֶׁלֹּא הוּצְרְכוּ לַצִּבּוּר — נִפְדִּין תְּמִימִים. יָתֵיב רַבָּה וְקָאָמַר לָהּ לְהָא שְׁמַעְתָּא. א"ל *רַב חִסְדָּא: מַאן צָיֵית לָךְ וּלְר' יוֹחָנָן רַבָּךְ! וְכִי קְדוּשָּׁה שֶׁבָּהֶן לְהֵיכָן הָלְכָה? אֲמַר לֵיהּ: אַתְּ לָא תִּסְבְּרָא דְּלָא אָמְרִינַן קְדוּשָּׁה שֶׁבָּהֶן לְהֵיכָן הָלְכָה? *וְהָתְנַן: [ב]מוֹתַר הַקְּטוֹרֶת מֶה הָיוּ עוֹשִׂין בָּהּ? מַפְרִישִׁין (א) מִמֶּנָּה שְׂכַר הָאוּמָּנִין, וּמְחַלְּלִין אוֹתָהּ עַל מְעוֹת הָאוּמָּנִין, וְנוֹתְנִין אוֹתָהּ לָאוּמָּנִין בִּשְׂכָרָן, וְחוֹזְרִין וְלוֹקְחִין אוֹתָהּ מִתְּרוּמָה חֲדָשָׁה; וְאַמַּאי? נֵימָא: קְדוּשָּׁה שֶׁבָּהֶן לְהֵיכָן הָלְכָה! א"ל: קְטוֹרֶת קָאָמְרַתְּ? שָׁאנֵי קְטוֹרֶת, דִּקְדוּשַּׁת

ויקרא י | שם | שמות ל | שם

וחטאת יום הכפורים היינו פר כהן גדול ושעיר, וכיון דבשעיר הפנימי כתיב וחיצון איתקש לפנימי — דרשינן נמי אחיצון שאין אחר מכפר כפרתו. אבל "אחת" דרישיה דקרא, דדרשי' מיניה דהוא אינו מכפר כפרת אחרים — לא מידריש אחיצון, דהא לאו בשעיר כתיב אלא במזבח כתיב:

תורה אור

וכפר אהרן על קרנותיו של מזבח הפנימי אחת, הלכך שעיר החיצון לא מימעיט מהכא, דלאו למזבח איתקש. תמידים שלא הוצרכו לצבור. שלקחום ממעות תרומת הלשכה, ותנן (ערכין דף יג.): אין פוחתין מששה טלאים המבוקרין בלשכת הטלאים. וכשמגיע ר"ח ניסן לא היו מקריבין שוב קרבנות צבור ממעות התרומה של אשתקד, כדאמר במסכת ראש השנה (דף ז.): "חדש בחדשו" — חדש והבא קרבן מתרומה חדשה, ונמצאו בכל שנה ושנה ארבעה טלאים בלשכת הטלאים ממעות התרומה הישנה, והיינו "לא הוצרכו לצבור" להקריב בשנה שעברה. נפדין תמימין. להכשירן בשנה זו. מחללין אותן על מעות חולין, ואותם המעות ילכו למותר התרומה ישנה, שעושין מהן רקועי פחים ליפוי לבית קודש הקדשים כדתנא במסכת שקלי' (פ"ד מ"ד), וכיון שיצאו לחולין — חוזרים ולוקחים אותם ממעות תרומה חדשה ויקרבו בשנה זו. ואע"ג שאין בהמת קדשי יחיד מתחללת בלא מום, כדקיימא לן (מנחות דף קא.) מ"ואם כל בהמה טמאה", דאמר מר: בבעלי מומין שנפדו הכתוב מדבר — אלו של צבור נפדים. ולקמיה מפרש טעמא. ובלא חולין אי אפשר לפדותן ממעות תרומה החדשה, שאין הקדש מתחלל על הקדש. הא מילתא נקט הכא משום דמותביה לקמן ממתני'. קדושה שבהן. קדושת הגוף שבהן, דקים לן שאינה מתחללת בלא מום, היכן הלכה? ואת לא תסברא. דבמידי דצבור לא אמרינן קדושה שבהן להיכן הלכה, היכא (ב) דחילול לצורך תקנה? מותר הקטורת. המותר בכל שנה מתרומה ישנה. מה היו עושין בה. להכשירה לשנה הבאה. דאין לך שנה שאין בה מותר קטורת משלשת מנים יתירים שמפטמין בכל שנה למלוא חפנים ביוה"כ ואי אפשר שיכנסו כולם בחפניו, כדתניא בכריתות (דף ו:): אחת לששים או לשבעים שנה היתה חציה של שיריים. מפרישין שכר האומנין. מתרומת הלשכה, שכר אומני בית אבטינס מפטמי הקטורת, דאמר במסכת יומא (דף לח.) שהיו נוטלין בכל שנה שנים עשרה מנים. ומחללין אותה על שכר מעות האומנין. מזכין המעות לאומנין על ידי אחד מן הגזברים והרי הן חולין, ואחר כך יחללו הקטורת עליהם ונותנין אותה לאומנין והרי היא חול, וחוזרים ולוקחים אותה מתרומה חדשה. והכי נגיע מילתא טפי, ולא למכרה ולחזור ולקנותה, דזילא מילתא. נימא קדושה שבהן להיכן הלכה. דס"ד שהמכתשת כלי שרת הוא, וכיון דקדשה לה בכלי הויא לה קדושת הגוף, ואילו מידי דיחיד שקדש בכלי אין לו פדיון.

דקדושת

זבחים ז. ע"ש | [לעיל ח:] | [פסחים לג: וש"נ] | כריתות ו. [שקלים פ"ד מ"ה ע"ש מעילה יד:]

הגהות הב"ח

(א) גמ' מפרישין שכר האומנין כצ"ל ותי' ממנה נמחק: (ב) רש"י ד"ה ואת לא כו' היכא דחילולו לצורך: (ג) תוס' ד"ה מותר וכו' היו מפטמין שס"ח מנים שס"ה מנים לשס"ה ימים למנין ימות כצ"ל:

רבינו חננאל

מלבד חטאת הכפורים. ואתקש חיצון לפנימי: **מתני'** ר' שמעון בן יהודה אומר משמו שעירי ר"ח מכפרין על טהור שאכל הטמא מוסף עליהם של רגלים שמכפרין על טהור שאכל הטמא ועל שאין בה ידיעה לא בתחלה ולא בסוף. מוסף עליהן של יוה"כ שמכפר על טהור וכו'. וגמרא דילה פשוטה היא. ואקשינן אי הכי דרגלים נמי נכפרו אדיום [כפורים] דכי כתיב אחת בשעיר הנעשה בפנים כתיב. ופרקינן אלא לעולם אחת משמע ליה ושאני התם. דאמר קרא על קרנותיו אחת בשנה בקרנות המזבח הפנימי הוא דמכפר כפרה אחת. אבל בקרנות מזבח החיצון מכפר אפילו שתי כפרות: יתיב רבה וקאמר אמר עולא ר' יוחנן תמידין שלא הוצרכו לצבור נפדין תמימין: אמר ליה רב חסדא מאן צאית לך ולר' יוחנן רבך. וכי קדושה שבהן להיכן הלכה: אמר ליה רבה והרי קטורת שנשתיירה מן השנה שעברה שנינו בשקלים פ"ד שמחללין אותה על מעות האומנין. פי' אומנין שבנו ביה"מ או עשו מלאכה בקדש ובאין ליטול שכרן נותנין להן בשכרן מותר התרומה ומחללין אותה בשכרן כו'. אמאי מחללין אותה נימא קדושה שבהן להיכן הלכה אלא ש"מ כל כי האי גוונא לא אמרינן קדושה שבהן להיכן הלכה. ופריק שאני קטורת דקדשי

הוכשרו

ל א מיי' פ"ב מהל' מעילה הלכה ז:
לא ב מיי' פ"ד מהל' שקלים הל' יא יב:
לב ג מיי' פ"ה מהל' ערכין הלכה יד:

דִּקְדוּשַּׁת דָּמִים הוּא. אֶלָּא מֵעַתָּה, לֹא תִפָּסֵל בִּטְבוּל יוֹם; אַלְּמָה תַּנְיָא: נְתָנָהּ בְּמַכְתֶּשֶׁת – נִפְסֶלֶת בִּטְבוּל יוֹם! וְכִי תֵּימָא, כָּל קְדוּשַּׁת דָּמִים מִיפַּסְלִי בִּטְבוּל יוֹם, וְהָתְנַן: *[א]הַמְּנָחוֹת מוֹעֲלִין בָּהֶן מִשֶּׁהוּקְדְּשׁוּ. קָדְשׁוּ בִּכְלִי – הוּכְשְׁרוּ לִיפָּסֵל בִּטְבוּל יוֹם וּבִמְחוּסַּר כִּפּוּרִים וּבְלִינָה; קָדְשׁוּ בִּכְלִי – אִין, לֹא קָדְשׁוּ בִּכְלִי – לָא! אֶלָּא מַאי, קְדוּשַּׁת הַגּוּף הִיא? אֶלָּא מֵעַתָּה תִּיפָּסֵל בְּלִינָה; אַלְּמָה *תְּנַן: הַקּוֹמֶץ, וְהַלְּבוֹנָה, וְהַקְּטוֹרֶת, וּמִנְחַת כֹּהֲנִים, וּמִנְחַת כֹּהֵן מָשׁוּחַ, וּמִנְחַת נְסָכִים – מוֹעֲלִים בָּהֶן מִשֶּׁהוּקְדְּשׁוּ, קָדְשׁוּ בִּכְלִי – הוּכְשְׁרוּ לִיפָּסֵל בִּטְבוּל יוֹם וּבִמְחוּסַּר כִּפּוּרִים וּבְלִינָה; קָדְשׁוּ בִּכְלִי – אִין, לֹא קָדְשׁוּ בִּכְלִי – לָא! אֲמַר לֵיהּ: לִינָה קָאָמְרַתְּ? שָׁאנֵי קְטוֹרֶת, הוֹאִיל וְצוּרָתָהּ בְּכָל הַשָּׁנָה כּוּלָּהּ. מ"מ קַשְׁיָא: וְכִי קְדוּשָּׁה שֶׁבָּהֶן לְהֵיכָן הָלְכָה? אָמַר רַבָּה: *[ב]לֵב בֵּית דִּין מַתְנֶה עֲלֵיהֶן, אִם הוּצְרְכוּ – הוּצְרְכוּ, וְאִם לָאו – יְהוּ לִדְמֵיהֶן. א"ל אַבַּיֵי, *וְהָא מָר הוּא דְּאָמַר: [ג]הִקְדִּישׁ זָכָר לְדָמָיו – קָדוֹשׁ קְדוּשַּׁת הַגּוּף! לָא קַשְׁיָא: הָא דְּאָמַר לִדְמֵי עוֹלָה, הָא דְּאָמַר *לִדְמֵי נְסָכִים. אֵיתִיבֵיהּ אַבַּיֵי: *פַּר וְשָׂעִיר שֶׁל יוֹם הַכִּפּוּרִים שֶׁאָבְדוּ וְהִפְרִישׁ אֲחֵרִים תַּחְתֵּיהֶם, וְכֵן

מעילה ט.
שם י.
[כתובות קו: מנחות עט:]
תמורה יא: [ודף יט: ערכין ה. כריתות יד:]
יומא נ. סס. הוריות ו. [לקמן יב.]

דקדושת דמים. אין בה אלא קדושת דמים, שלקחה מתרומת הלשכה. אבל בכלי לא קדשה דתתקדש קדושת הגוף, דמכתשת שנשחקה בה לאו כלי שרת היא. בטבול יום. אם נגע בה. המנחות. מנחת יחיד. מועלין בהן משהוקדשו. דקדושת דמים נמי מעילה היא. קדשו בכלי. הביא לעזרה ונתנה בכלי שרת. הוכשרה. נגמרה קדושתה ליפסל בטבול יום. וכל לשון הכשר לשון תיקון, שמתקנו ומזמינו לכך. הקומץ. של מנחת יחיד. והלבונה. של מנחת יחיד. ומנחת כהנים. שהיא כליל ואינה נקמצת. ומנחת כהן משוח. חביתי כהן גדול שבכל יום, מחציתה בבוקר ומחציתה בערב. ומנחת נסכים. הבאה עם הבהמה, שלשה עשרונים לפר ושני עשרונים לאיל ועשרון לכבש, והן כולן כליל. קדשו בכלי כו'. והך דפליג לה בתרתי בבי, הך והך דלעיל ד"המנחות מועלין בהן" כו' – משום דבסיפא יש חילוק ביניהם במילי אחרניתא במסכת מעילה, דבההיא דלעיל לא קתני: וחייבין עליה משום פיגול ונותר וטמא בקדושת כלי עד שיקרב הקומץ, ובהנך שכולן כליל קתני בקדושת כלי דידהו: וחייבין עליהם משום נותר ומשום טמא. קתני מיהא קטורת, וקתני "קדשו בכלי", וע"כ (א) מתניתין לעיל גבי קדושת מכתשת תנא נפסלת בטבול יום ולא תנא לינה והכא תנא לינה – ש"מ קדושת כלי דהכא לאו מכתשת היא, אלא כלי שבשעת הקטרה, דומיא דקומץ ולבונה ושאר השנויים כאן עמה. אלמא מכתשת לא מקדשא ליה קדושת הגוף. הואיל וצורתה. (ב) אינה משנה את מראיתה, הלכך אע"ג דקדושת הגוף היא לא מיפסלא בלינה. ומיהו, משקדשה בכלי ליקרב גזור בה רבנן פסול לינה, דלמא אתי לאכשורי בשאר המתקדשים בכלי. מכל מקום קשיא קדושה שבהן להיכן הלכה. בין בתמידין בין בקטורת. לב ב"ד מתנה עליהם. בשעת לקיחה, דלא ליקדשו קדושת הגוף אלא הצריכין לשנה. וכל מידי דליבור נותנין ב"ד לב. והא מר הוא דאמר. במסכת תמורה. הקדיש זכר לדמיו. הקדיש איל לדמיו. קדוש קדושת הגוף. ואינו נמכר, מאחר שהקדישו והוא עצמו ראוי להקרבה אינו יוצא מידי מזבח. והכא נמי, למאי מהני תנאה דלב ב"ד? כי אמרי' נמי יהו לדמיהן, קדשי להו לגופייהו!
הא

הוכשרו ליפסל בטבול יום. וא"ת: כי לא קדשו בכלי נמי ליפסל בטבול יום, מידי דהוה אחולין שנעשו על טהרת הקודש דמיפסל בטבול יום, כדמוכח בסוף נדה (דף עא: ושם). דתנן: היושבת על דם טוהר מערה מים לפסח, ודייקינן: מערה אין, נוגעת לא, דחולין שנעשו על טהרת קודש כקודש דמו! וי"ל: דתנא דהכא סבר לאו כקודש דמו, כ"חזרו לומר" דהתם, דהרי הוא כמגע טמא מת בקדשים ולא לחולין. א"נ, הכא מיירי מדאורייתא. וה"ה דמקודם לכן מיפסלי מדרבנן. ואם תאמר: א"כ, מאי פריך לעיל? נימא דקדושת דמים היא, והא דקתני נפסלת בטבול יום היינו מדרבנן, וכמשנה ראשונה דהתם דסברה דכקודש דמו! וי"ל: דאי מטעם דכקודש דמו מיפסלא בטבול יום, א"כ אפילו לא נתנה במכתשת נמי, דכיון דמדרבנן מיפסלא אפי' אינה ראויה להקרב נמי. או שמא קטרת לא מיפסלא משום חולין שנעשו על טהרת קדש, דלא שייך בה האי טעמא כיון דלאו בת אכילה היא. אבל לעיל קאמר שפיר: וכ"ת כל קדושת דמים מיפסלא בטבול יום, ולא קשה ליה: אפי' לא נתנה במכתשת נמי, דלא מפסלא קדושת דמים כל זמן שמחוסר מעשה בגופו, דהיינו כתישה. והשתא נמי ניחא מה שמקשה דאמאי לא פריך מרישא דתנא לעיל מהך דהמנחות כו' דמייתי הכא ובפ"ב דמעילה (דף ט.): שתי הלחם ולחם הפנים מועלין בהם משהוקדשו, קרמו בתנור הוכשרו ליפסל בטבול יום, קרמו אין, לא קרמו לא. ולפי מה שפרישית, דקדושת דמים לא מיפסלא בטבול יום כל זמן שמחוסר מעשה בגופו, לא ה"מ למיפרך מרישא, דאפילו נתנוה בתנור אכתי מחוסר קרימה, וכשישחט עליהן הזבח אחר הקרימה שהיא אפייה.

[עי' תוס' מנחות ע: ד"ה זאת אומרת]

אלא מעתה תיפסל בלינה אלמה תנן כו'. פירש בקונטרס דדייק מדקתני לעיל גבי מכתשת טבול יום ולא קתני לינה, והכא תנא לינה — ש"מ דכלי דהכא לאו מכתשת היא. אבל אי לאו הך מתניתין דמייתי, מברייתא גופה דמכתשת דקתני טבול יום ולא קתני לינה לא מצי למיפרך, דאיכא למימר: תנא טבול יום וה"ה לינה. וא"ת: ותקשה ליה מטבול יום גופיה, דבברייתא קתני דמכי נתנה למכתשת נפסלה בטבול יום, ואילו הכא תנן: קדשו בכלי הוכשרו ליפסל בטבול יום, דהיינו כלי דבשעת הקטרה — אין, לא קדשו — לא! וי"ל: דהא לא הוה קשה ליה כולי האי, דמצי למימר דבקטרת אפילו לא קדשו בכלי נפסלת בטבול יום, והא דנקט קדשו בכלי לענין טבול יום — לא נקט אלא משום מנחת כהנים ומנחת כהן משוח השנויים כאן. [אבל לעיל דייק שפיר: לא קדשו — לא, אטבול יום. ד"קדשו בכלי" קאי אטבול יום ומחוסר כפורים ולינה, דאל"כ בחנם נקט ט"י]. תדע, דהא קומץ נמי אפילו לא קדש בכלי נפסל בטבול יום ובמחוסר כפורים ובלינה מכי נתקדשה המנחה (ג) *)בסיסא, כדקתני לעיל: המנחות מועלין בהן. והא דתנא קומץ בהדי הנך — משום סיפא דקתני: וחייבין משום נותר וטמא, דקאי אכולהו. אבל מלינה פריך שפיר, דליכא למימר דהוא הדין לא קדשו ונקט קדשו משום מנחת כהנים ותבירה, דא"כ אמאי תנא כלל קטורת בהדייהו? ועוד י"ל: דהא פשיטא ליה דאין קטורת נפסלת בלינה משעת נתינה במכתשת, שהרי היו עושים אותה בתחלת השנה לצורך כל השנה. ולא מייתי מהך מתניתין אלא דשייך פסול לינה בקטורת, דאי לאו מתני' ה"א דאין שייך בקטורת פסול לינה כלל. **הואיל** וצורתה כל השנה כולה. פי' בקונטרס: שאין מראיתה משתנה, הלכך אע"ג דקדושת הגוף היא לא מיפסלא בלינה. מיהו, משקדשה בכלי ליקרב גזור בה רבנן לינה, דלמא אתי לאכשורי בשאר קרבנות המתקדשים בכלי. ולפי' אי אפשר לה ליפסל אלא מדרבנן. וקשה: דבפרק "הוציאו לו" (יומא דף מח. ושם) בעי רב פפא: חישב בחפינת קטורת, מהו? ופשיט לה מהא דאמר ר"ע: הסלת והלבונה והגחלים והקטורת שאם נגע טבול יום במקצתן פסל את כולן, ומדפסיל טבול יום פסלה נמי לינה, ומדפסלה לינה פסלה נמי מחשבה. והקשה בקונטרס שם, דאמאי לא מייתי ראיה מהכא דפסלה לינה? וליכא למימר [illegible] דמדאורייתא פסלה לינה, ומהכא ליכא לאוכוחי דפסלה מדאורייתא, דהא לפ"ה דהכא ע"כ לא פסלה אלא מדרבנן! לכ"נ לפרש: שאני קטורת הואיל וצורתה כל השנה כולה — שעיקר מצותה בכך לעשותה כולה בתחלת השנה. ולאחר קידוש כף אפשר דמיפסלא מדאורייתא כשאר קרבנות. ועוד, כיון דיש שיעור להקרבת קטורת, פרס שחרית ופרס ערבית, אין כלי שרת מקדשה (ד) שלא מדעת, כדמשמע בס"פ "לולב וערבה" (סוכה דף נ.). אי נמי, אין כלי שרת מקדשים אלא בזמנן אפילו ליפסל, כדמוכח בס"פ "שתי הלחם" (מנחות דף ק.). אע"ג דבס"פ "לולב וערבה" צריך לומר דמילוי ערב שבת חשיב בזמנן לפי שא"א למלאות בשבת, גבי מכתשת חשיב אפשר. והשתא אתי שפיר, דלא מצי למידק מהכא דפסלה לינה מדאורייתא, אבל מההיא מוכח שפיר דפסלה מדאורייתא, מידי דהוה אטבול יום דפסל מדאורייתא, מדפסל אפילו ע"י צירוף כלי. ואע"ג דטבול יום חמיר, דפסיל משנתנה למכתשת, קידוש כף חשיב לגבי לינה כנתינה למכתשת לטבול יום. ועי"ל: דלאו מדפסול טבול יום דייק פסול לינה. אלא כלומר, מדפסול ע"י צירוף כלי — אלמא צריך הקטרה לכלי. דכשאין צריך לכלי — אין כלי מצרפו, ואפי' הוי צירוף כלי מדרבנן, לא תקון אלא בצריך לכלי מדאורייתא. וכיון דבעי כלי א"כ פסלה לינה, כדדייקי' בפרק "התכלת" (שם דף נא.): "על מחבת" — מלמד שטעונה כלי, דאי אפי לה מאתמול מיפסלא בלינה. אבל קשה: דתפשוט מסיפא דהכא דפסלה דאורייתא, דקתני: וחייבין עליהן משום נותר, דמשמע דקאי נמי אקטורת! ועוד, דקתני: ופיגול אין בהן לפי שאין להם מתירין, ואי לא מיפסלא מחשבה — תיפוק ליה דלא פסלה מחשבה. **מכל** מקום קשיא. תימה: אי מכתשת מיקדשא קדושת הגוף, א"כ היכי אמר בערכין (דף י:) גבי מכתשת שניקבה (ה) ונשברה ושלחו אומנין מאלכסנדריא של מצרים ותקנוה? האמר בזבחים (דף פח.): כלי שרת שנשברו אין מתקנין אותן, ושניקבה אין מתיכין לתוכה אבר, דאין עניות במקום עשירות! וי"ל: דמכתשת של משה שאני, שהיתה מפטמת ביותר. וי"מ דודאי לא היתה כלי שרת, אלא שהקטורת היה קדוש קדושת הגוף בדבורו שהיה אומר "הא זה קטורת" היה חל עליה קדושת הגוף אחר כתישה במכתשת שהיה ראוי להקטיר, כמו הבהמה שהיא קדושה כשאומר "הא זה לעולה" "הא זה לחטאת". וכי משני לעיל: שאני קטורת דקדושת דמים היא — ה"ק, דכשאומר "הא זה לקטורת" לא חייל עלה קדושת הגוף. **פר** ושעיר של יום הכפורים. פי' בקונטרס דלכך ימותו — דלא חזי לשנה הבאה משום תרומה ישנה. ובפ' "שני שעירים" (יומא דף סה:) ליתא למסקנא הכי, אלא מסקינן דלא בעינן חדשה אלא למצוה, וטעמא דימותו — משום דחיישינן לתקלה.

*) נ"ל בביסא

רבינו חננאל

דקדשי דמים הוא ולאו קדושת הגוף. והתמידים קדושתן קדושת הגוף היא: אי הכי אמאי נפסלת הקטורת במגע טבול יום מעת שנתנה למכתשת לשוחקה ועדיין לא קדשה. וכי תימא כל דבר שהוא קדושתו קדושת דמים נפסלת במגע טבול יום. והתנן במס' מעילה פ"ב המנחות מועלין בהן משהוקדשו קדשו בכלי הוכשרו ליפסל בטבול יום כו'. אם קדשו בכלי הן נפסלין ואם לא קדשו בכלי שרת אין נפסלין. הנה קדושת דמים הן אלו המנחות ואינן נפסלין בטבול יום. ולא מצא תשובה. ואמר ליה (רבה) [רב חסדא] אלא מאי הקטרת קדושת הגוף היא אי הכי תפסל בלינה כמו הזבחים. אלמה תנן במעילה פ"ב הקומץ והלבונה והקטורת אם קדשו בכלי הוכשרו להיפסל בלינה. ודחי רבה שאני קטורת דאע"ג דקדושת הגוף היא כיון דצורתה בכל השנה. כלומר הואיל והיא נעשית מתחלת השנה אין הלינה פוסלת בה אלא עד שתקדש בכלי. ויש מי שאומר כיון שהקטורת כך צורתה לא גמרינן מינה דלא אמרינן קדושה שבהן להיכן הלכה. כמו שאין אומרים בקטורת קדושה שבה להיכן הלכה אלא מחללין אותה. כך [אין] אומרים בתמידין קדושה שבהן להיכן הלכה אלא נפדין תמימים. אלא אמרינן שאני קטורת והקושיא בתמידין עומדת. וי"א כיון שהן קדושת הגוף שניהן שוין. והא דאמר מ"מ קשיא וכי קדושה שבהן להיכן הלכה אתרוייהו מקשינן. ורבא מפרק אתרוייהו לב ב"ד מתנה עליהן. כלומר בעת קנייתם ובעת עשייתם לב ב"ד מתנה עליהן אם הוצרכו לצבור הוצרכו ואם לאו יהיו לדמיהן. א"ל אביי לרבא א) והא את הוא דאמרת הקדיש זכר לדמיו קדוש קדושת הגוף. א"ל כי קאמינא היכא דא"ל לדמי עולה קדוש הוא עצמו לעולה. אבל המקדיש לדמי נסכין לא קדיש אלא לדמיו. ומותיב עליה אביי מפר ושעיר יום הכפורים שאבדו וכן

א) עי' תוס' ערכין ה' א' ד"ה והא.

הגהות הב"ח

(א) רש"י ד"ה קדשו וכו' וע"כ מדתניא לעיל: (ב) ד"ה הואיל וצורתה כל השנה. לעולם במכתשת קדושת הגוף ובלינה היינו טעמא דלא מיפסל לפי שאינה משנה את מראיתה: (ג) תוס' ד"ה אלא וכו' בסיסא נ"ב בפ"ג דמנחות ד' כג ע"ב פרש"י ביסא כלי שבו בוללין מנחה ובתוס' ס"פ המזבח מקדש משמע דהם גורסי' סיסא: (ד) ד"ה הואיל וכו' אין כלי שרת מקדשה (שלא מדעת) תא"מ ונ"ב ס"א אלא הראוי וכל"ל: (ה) ד"ה מ"מ וכו' גבי מכתשת שניקבה ושלחו כצ"ל ותיבת ונשברה נמחק:

גליון הש"ס

גמ' לדמי נסכים. עי' נזיר ד' כו ע"ב תוס' ד"ה אבל:

לג א מיי' פ"ד מהל' פסולי מוקדשין הלכה ב ופ"ה מהל' עבודת יוה"כ הלכה טז:
לד ב ג מיי' פ"א מהל' פרה אדומה הל' ח:
לה ד מיי' שם הל' ט:
לו ה מיי' שם הל' י:
לז ו מיי' שם הל' ט:
לח ז מיי' שם הל' ח:

וְכֵן שְׂעִירֵי ע"ז שֶׁאָבְדוּ וְהִפְרִישׁ אֲחֵרִים תַּחְתֵּיהֶן – כּוּלָּן יָמוּתוּ, דִּבְרֵי ר' יְהוּדָה. ר' אֶלְעָזָר וְר' שִׁמְעוֹן אוֹמְרִים: א יִרְעוּ עַד שֶׁיִּסְתָּאֲבוּ, וְיִמָּכְרוּ וְיִפְּלוּ דְּמֵיהֶן לִנְדָבָה, שֶׁאֵין חַטַּאת צִבּוּר מֵתָה; וְאַמַּאי? לֵימָא: לֵב בֵּית דִּין מַתְנֶה עֲלֵיהֶן! אֲבוּדִין קָאָמַרְתְּ? שָׁאנֵי אֲבוּדִין, דְּלָא שְׁכִיחִי. הֲרֵי פָּרָה דְּלָא שְׁכִיחָא, וְתַנְיָא: * ב פָּרָה נִפְדֵּית עַל כָּל פְּסוּל שֶׁבָּהּ, ג מֵתָה – תִּפָּדֶה, ד נִשְׁחֲטָה – תִּפָּדֶה, ה מָצָא אַחֶרֶת נָאָה הֵימֶנָּה – תִּפָּדֶה. ו שְׁחָטָהּ עַל גַּבֵּי מַעֲרַכְתָּהּ – אֵין לָהּ פִּדְיָיה עוֹלָמִית! שָׁאנֵי פָּרָה, *דְּקָדְשֵׁי בֶּדֶק הַבַּיִת הִיא. אִי הָכִי, מֵתָה אוֹ נִשְׁחֲטָה תִּפָּדֶה? הָא בָּעֵינַן *הַעֲמָדָה וְהַעֲרָכָה! הָא מַנִּי? ר"ש הִיא, דְּאָמַר: קָדְשֵׁי מִזְבֵּחַ הָיוּ בִּכְלַל הַעֲמָדָה וְהַעֲרָכָה, *קָדְשֵׁי בֶּדֶק הַבַּיִת לֹא הָיוּ בִּכְלַל הַעֲמָדָה וְהַעֲרָכָה. אִי רַבִּי שִׁמְעוֹן, אֵימָא סֵיפָא: שְׁחָטָהּ עַל גַּבֵּי מַעֲרַכְתָּהּ, אֵין לָהּ פִּדְיָיה עוֹלָמִית. *וְהָתַנְיָא, ר"ש אוֹמֵר: פָּרָה מְטַמְּאָה טוּמְאַת אוֹכָלִין הוֹאִיל וְהָיְתָה לָהּ שְׁעַת הַכּוֹשֶׁר; וְאָמַר ר"ל, אוֹמֵר הָיָה ר' שִׁמְעוֹן: פָּרָה נִפְדֵּית עַל גַּב מַעֲרַכְתָּהּ! אֶלָּא שָׁאנֵי פָּרָה, הוֹאִיל וְדָמֶיהָ יְקָרִין. אָמַר מָר: מֵתָה – תִּפָּדֶה. *וְכִי פּוֹדִין אֶת הַקֳּדָשִׁים לְהַאֲכִילָן לִכְלָבִים? אָמַר רַב מְשַׁרְשִׁיָּא: ז מִשּׁוּם עוֹרָהּ. וְקַיְימִי ב"ד וּמַתְנוּ אַדַּעְתָּא דְּעוֹרָהּ? אָמַר רַב כָּהֲנָא, אָמְרֵי אֱינָשֵׁי: מִגַּמְלָא אוּנָּא. אֵיתִיבֵיהּ, אָמְרוּ לוֹ לְר' שִׁמְעוֹן: מַהוּ שֶׁיִּקְרְבוּ זֶה בָּזֶה? אָמַר לְהוּ: יִקְרְבוּ, אָמְרוּ לוֹ: הוֹאִיל וְאֵין כַּפָּרָתָן שָׁוָה, הֵיאַךְ הֵן קְרֵיבִין?(א) אָמַר לָהֶן: כּוּלָּן בָּאִין לְכַפֵּר עַל טוּמְאַת מִקְדָּשׁ וְקָדָשָׁיו; וְאַמַּאי? לֵימָא: לֵב ב"ד מַתְנֶה עֲלֵיהֶן! ר' שִׁמְעוֹן קָאָמַרְתְּ? ר"ש *לֵית לֵיהּ לֵב ב"ד מַתְנֶה עֲלֵיהֶן; דְּאָמַר *רַב אִידִי בַּר אָבִין אָמַר רַב עַמְרָם א"ר יוֹחָנָן: תְּמִידִין שֶׁלֹּא הוּצְרְכוּ לַצִּבּוּר, לְדִבְרֵי רַבִּי שִׁמְעוֹן – אֵין נִפְדִּין תְּמִימִים, לְדִבְרֵי חֲכָמִים – נִפְדִּין תְּמִימִים. וְרַבָּנַן דִּפְלִיגִי עֲלֵיהּ דְּרַבִּי שִׁמְעוֹן מַאן נִינְהוּ? אִי נֵימָא רַבָּנַן דִּקְטוֹרֶת – שָׁאנֵי

הָא דְּאָמַר לִדְמֵי עוֹלָה. כִּי אָמְרִי אֲנָא קָדוֹשׁ קְדוּשַּׁת הַגּוּף – הֵיכָא דְּאָמַר "יְהֵא לְהָבִיא בְּדָמָיו עוֹלָה", דְּכֵיוָן דְּאִיהוּ חֲזֵי לְהָכִי לָא מְזַבְּנִינַן לֵיהּ. אֲבָל אָמַר "יְהֵא לִדְמֵי נְסָכִים", אַף עַל גַּב דִּנְסָכִים נַמִי לַמִּזְבֵּחַ וּקְדוּשַּׁתַּיְיהוּ דָּמְיָין לַהֲדָדֵי, כֵּיוָן דְּלָא לְהָכִי חֲזֵי – מִזְדַּבַּן, וְכָל שֶׁכֵּן הֵיכָא דְּמַתְנוּ ב"ד שֶׁיְּהוּ לִדְמֵי מוֹתַר תְּרוּמָה שֶׁהִיא לְרִקּוּעֵי פַּחִים. פַּר וְשָׂעִיר שֶׁל יוה"כ. שֶׁהֵן חַטָּאוֹת הַפְּנִימִיּוֹת*. וְכֵן שְׂעִירֵי ע"ז. לְבוּר שֶׁחָטְאוּ בַּע"ז בְּהוֹרָאַת ב"ד מְבִיאִין פַּר לְעוֹלָה וְשָׂעִיר לְחַטָּאת, כִּדְכְתִיב בְּפָרָשַׁת "שְׁלַח לְךָ", וְאוֹתוֹ שָׂעִיר מַתַּן דָּמוֹ עַל הַפָּרוֹכֶת וְעַל מִזְבַּח הַזָּהָב, כִּדְאָמַר בִּזְבָחִים בְּפֶרֶק "ב"ש" (דף לט:). כּוּלָּן יָמוּתוּ. דְּלָא דָּמוּ לִשְׂעִירֵי הָרְגָלִים דִּתְנַן בְּהוּ בְּמַתְנִיתִין: לֹא קָרְבוּ בְּרֶגֶל זֶה יִקָּרְבוּ בְּרֶגֶל אַחֵר. אֲבָל אִלּוּ אֵינָן רְאוּיִין עַד יוֹם הַכִּפּוּרִים לְשָׁנָה הַבָּאָה, וּכְבָר עָבְרָה לָהּ שָׁנָה וְהָווּ לְהוּ מִתְּרוּמָה יְשָׁנָה, וְהִלְכָּךְ יָמוּתוּ כְּדִין חַטָּאת שֶׁכִּפְּרוּ בְּעָלֶיהָ, שֶׁהֲלָכָה לְמֹשֶׁה מִסִּינַי חָמֵשׁ חַטָּאוֹת מֵתוֹת וְזוֹ אַחַת מֵהֶם. שֶׁאֵין חַטַּאת צִבּוּר מֵתָה. לֹא נֶאֶמְרָה הֲלָכָה דְּחָמֵשׁ חַטָּאוֹת אֶלָּא בְּיָחִיד. וְטַעֲמָא דְּר"ש מְפָרֵשׁ בְּהוֹרָיוֹת (דף ו:) וּבִתְמוּרָה (דף טו:). לֵימָא לֵב ב"ד מַתְנֶה עֲלֵיהֶן. שֶׁיִּפָּדוּ בְּלֹא מוּם. דְּלָא שְׁכִיחַ. הִילְכָּךְ לָא *חָשׁוּב ב"ד לְהַתְנוֹת עֲלֵיהֶן. וַהֲרֵי פָּרָה. אֲדוּמָּה. דְּלָא שְׁכִיחָא. בְּכָל יְמֵי בַּיִת רִאשׁוֹן וּבַיִת שֵׁנִי לֹא עָשׂוּ אֶלָּא שֶׁבַע. עַל כָּל פְּסוּל שֶׁבָּהּ. אִם אֵירַע בָּהּ שׁוּם פְּסוּל תִּפָּדֶה. נִשְׁחֲטָה תִּפָּדֶה. נִשְׁחֲטָה חוּץ לִמְקוֹמָהּ. ע"ג מַעֲרַכְתָּהּ. בְּהֶכְשֵׁר, בְּהַר הַמִּשְׁחָה וּבַמָּקוֹם הַבָּדוּק לָהּ מִקֶּבֶר הַתְּהוֹם, כִּדְאָמַר בְּפֶרֶק בַּתְרָא דִּזְבָחִים (דף קיג.). אֵין לָהּ פִּדְיָיה עוֹלָמִית. מֵאַחַר שֶׁנַּעֲשֵׂית בְּהֶכְשֵׁר גַּנַּאי הוּא לְהוֹצִיאָהּ לְחוּלִּין. דִּקְדוּשַּׁת בֶּדֶק הַבַּיִת הִיא. כְּלוֹמַר אֵינָהּ מִקָּדְשֵׁי מִזְבֵּחַ לִיקַדֵּשׁ קְדוּשַּׁת הַגּוּף, לְפִיכָךְ נִפְדֵּית בְּלֹא מוּם וְאֵינָהּ צְרִיכָה לֵב ב"ד. הַעֲמָדָה וְהַעֲרָכָה. שֶׁתַּעֲמוֹד עַל רַגְלֶיהָ וְיַעֲרִיכֶנָּה הַכֹּהֵן, כִּדְכְתִיב (ויקרא כז): "וְהֶעֱמִיד אֶת הַבְּהֵמָה לִפְנֵי הַכֹּהֵן וְהֶעֱרִיךְ הַכֹּהֵן" וגו'. דְּר"ש. בְּמַסֶּכֶת תְּמוּרָה בְּפֶרֶק בַּתְרָא (דף לג:). פָּרָה מְטַמְּאָה טוּמְאַת אוֹכָלִין. אע"ג דְּאִית לֵיהּ לְר"ש אִיסּוּרֵי הֲנָאָה אֵין מְטַמְּאִין טוּמְאַת אוֹכָלִין, וְיָלֵיף לֵיהּ מִ"כָּל הָאוֹכֶל אֲשֶׁר יֵאָכֵל", אוֹכֶל שֶׁאַתָּה יָכוֹל לְהַאֲכִילוֹ לַאֲחֵרִים קָרוּי אוֹכֶל וְשֶׁאֵין אַתָּה יָכוֹל לְהַאֲכִילוֹ לַאֲחֵרִים אֵין קָרוּי אוֹכֶל, בְּמַסֶּכֶת מְנָחוֹת בְּפֶרֶק "הַמְּנָחוֹת וְהַנְּסָכִים" (דף קא:), וּפָרָה אִיסּוּרֵי הֲנָאָה הִיא. מְטַמְּאָה טוּמְאַת אוֹכָלִין. אִם נָגַע שֶׁרֶץ בִּבְשָׂרָהּ וְחָזַר וְנָגַע בִּבְשָׂרָהּ בָּאוֹכָלִין טִימְאָתַן. הוֹאִיל וְיֵשׁ לָהּ שְׁעַת הַכּוֹשֶׁר. לְקַמָּן. וְאָמַר רֵישׁ לָקִישׁ. מַהוּ שְׁעַת הַכּוֹשֶׁר שֶׁלָּהּ. אוֹמֵר הָיָה ר' שִׁמְעוֹן פָּרָה. שֶׁנִּשְׁחֲטָה כְּהִלְכָתָהּ עַל גַּב מַעֲרַכְתָּהּ. נִפְדֵּית. אִם מָצָא נָאָה הֵימֶנָּה. וּסְבִירָא לֵיהּ לְר"ש הָעוֹמֵד לִפְדּוֹת כְּפָדוּי דָּמֵי, וְהָוְיָא לֵיהּ אוֹכֶל שֶׁאַתָּה יָכוֹל לְהַאֲכִילוֹ לַאֲחֵרִים. אֶלָּא. לָא תּוֹקְמָהּ כְּר"ש. וְהַאי דְּקָתָנֵי: מָצָא נָאָה הֵימֶנָּה תִּפָּדֶה מִשּׁוּם דְּלֵב ב"ד מַתְנֶה עָלֶיהָ, אע"ג דְּלָא שְׁכִיחָא, אַיְּידֵי דְּדָמֶיהָ יְקָרִין מַסְּקִי אַדַּעְתַּיְיהוּ לְאַתְנוּיֵי. "הַאי תַּנָּא סְבִירָא לֵיהּ" וכו' עַד "דְּאֵין מַעֲמִידִין" לָא גָּרְסִינַן. וְכִי קַיְימוּ ב"ד וּמַתְנוּ. מִשּׁוּם הַפְּלָה פּוֹרְתָּא דִּדְמֵי עוֹרָהּ? נֵימָא. לְהוּ ר"ש: לֵב ב"ד מַתְנֶה שֶׁאִם לֹא יַקְרִיב *בְּרֶגֶל זֶה יַקְרִיב בְּרֶגֶל זֶה, וְלָמָּה לֵיהּ לְשַׁנּוּיֵי שִׁינּוּיָא דְּחִיקָא: כּוּלָּן בָּאִין לְכַפֵּר כו'? *)דְּלֵית תַּקַּנְתָּא בְּרַעְיָיה. הִלְכָּךְ מַתְנוּ עֲלַהּ. אֲבָל תְּמִידִין, דְּאִית לְהוּ תַּקַּנְתָּא בְּרַעְיָיה *וְלִכְשֶׁיּוּמְמוּ יִפָּדֵם – לָא קַיְימֵי בֵּית דִּין וּמַתְנוּ. אֶלָּא

*) שייך לקף יב.

וכן שעירי ע"ז שאבדו. למאן דמפרש בפרק "הוציאו לו" (יומא דף נ.) דפר דקתני הכא הוא פר העלם דבר של צבור – ניחא. אבל למ"ד פר כ"ג – תימה: אמאי לא תני ליה פר העלם דבר בהדי שעירי ע"ז, שרגיל לשנותם יחד, כדקתני להו התם אמילתא דאחרים? ועוד תימה: מאי שנא דלא קתני "פרי העלם דבר" בלשון רבים, כדקתני "שעירי" לשון רבים? דמדקתני "שעירי" א"כ קסבר י"ב שבטים מביאים י"ב שעירים – ה"נ מייתו י"ב פרים, דשניהן שוין כדקתני פרק קמא דהוריות (דף ז:)*! אי הכי נשחטה תפדה הא בעינן העמדה והערכה. תימה: דמשמע דאי קדשי מזבח היא ניחא. והא רבי יוחנן אית ליה בפרק בתרא דתמורה (דף לג: ושם) דאחד זה ואחד זה היו בכלל העמדה והערכה! ומיהו יש לומר: הך סוגיא אתיא כר"ל, דאמר: לרבנן קדשי מזבח לא היו בכלל העמדה והערכה. אבל קשה: דמעיקרא פריך אביי דלא אמר לב ב"ד מתנה עליהן, ולבסוף פריך דאפילו במידי דלא שכיח אמר לב ב"ד מתנה עליהן. ועוד, דסבר דפרה קדשי מזבח היא, וכן במסקנא, ובכל דוכתין מסקינן: שאני פרה דקדשי בדק הבית היא, וסתמא דהתלמוד בפ"ק דחולין (דף יא. ושם) מפרש דטרפות פוסל בפרה משום דחטאת קרייה רחמנא! לכן נראה דאביי ידע שפיר דפרה קדשי בדק הבית היא, ומ"מ סבר דאין נפדית אלא מחמת לב ב"ד מתנה עליהן. להכי פריך: והרי פרה דלא שכיח, פירוש: שימצאו נאה ממנה, אפילו הכי מסקי דעתייהו ואמר לב ב"ד מתנה עליהם משום דקדשי בדק הבית היא – א"כ בקדשי מזבח נמי, אי אמר לב ב"ד מתנה עליהן אית לן למימר אפילו במילתא דלא שכיח! ומשני: שאני פרה דקדשי בדק הבית היא, ואין צריך ללב ב"ד מתנה. והשתא פריך: אי הכי נשחטה תפדה! אא"ב דמכח לב ב"ד נפדית – כן דעתם להתנות: ואי לאו – תהא לדמי נסכים. והוי כבעל מום מעיקרו דמודי ביה ר' יוחנן דלא בעי העמדה והערכה – שפיר. וא"ת: ואי קדשי בדק הבית היא, היכי פריך בסמוך: וכי פודין את הקדשים להאכילם לכלבים? הא של בדק הבית ודאי פודין, דהא דאין פודין נפקא לן מ"ואכלת" ולא לכלביך (דברים יב) דכתיב בפסולי המוקדשים של מזבח, כדמוכח בפרק ב' דבכורות (דף טו. ושם), דמההוא קרא נפקא לן גיזה וחלב של קדשי בדק הבית מותרים, ואפילו קדם הקדישן למומן תנן התם דמותרין לאחר פדיונן בגיזה ועבודה, ובהדיא קתני התם: אם מתו יפדו! יש לומר: דמדרבנן אסור, כדמוכח בפרק "כל שעה" (פסחים דף לב*) גבי חמץ של הקדש. והא דקתני: אם מתו יפדו – היינו מדאורייתא. פרה מטמאה טומאת אוכלין. מפורש במקום אחר. וכי פודין את הקדשים. ואע"ג דפלוגתא היא בפ"ב דבכורות (דף טו:) אפילו בקדם הקדישן למומן, מ"מ סתם משנה התם (דף יד.) ובפרק "הזרוע" (חולין דף קל.) כמ"ד אין פודין. משום עורה. הקשה הר"ר מרדכי: מ"ש מהא דאמר [זבחים] (דף קג.): בכור שנטרף קוברים אותו עם עורו לפי שאין פודין את הקדשים להאכילם לכלבים, ולא אמר שיפדו משום עורו? ולמאי דפרישית שאין פודין מדרבנן בקדשי בדק הבית, ניחא, ולפיכך מותר ליהנות מעורה. אבל התם, דאין פודין מדאורייתא – אסור גם העור. רבי שמעון לית ליה לב ב"ד מתנה עליהם. ולא מצי לשנויי: אבודין שאני, דאבודין דלעיל ודאי לא שכיחי, דנזהרים לשמרן ביותר לפי שקדושתן מרובה, שדמן נכנס לפני ולפנים. א"נ, אינהו גופייהו לא שכיחי, דפר ושעיר של יום הכפורים אינן אלא פעם אחת בשנה, וכן שעירי ע"ז לא שכיחי כלל. אבל הכא, אע"ג דמיירי נמי בשעיר החיצון של יום הכפורים, מכל מקום שעירי חיצונים שכיחי טובא, ואבודין דידהו שכיחי, ומסקי בית דין דעתייהו להתנות עליהן.

שאני

ועי"ע תוס' יומא נ. ד"ה פר

רבינו חננאל

וכן שעירי ע"ז שאבדו והפריש אחרים תחתיהם ואח"כ נמצאו בין למאן דאמר ימותו בין למאן דאמר ירעו עד שיסתאבו אמאי לא אמרינן לב ב"ד מתנה עליהם ונפדין תמימין. ופריק שאני אבודין. כלומר כיון דלא שכיחי דכל מאן דפריש קרבן מוזהר זהיר ביה. לפיכך אין לב ב"ד מתנה עליהן. ואקשינן והרי פרה דלא שכיחא ותניא פרה נפדית על כל פסול שבה. מתה או נשחטה או מצא אחרת נאה הימנה תפדה לאו משום דאמרינן לב ב"ד מתנה עליהם. ואע"ג דלא שכיחא. שחטה ע"ג מערכתה אין לה פדיה עולמית. ופריק שאני פרה דקדשי בדק הבית היא דלעולם לפדיה קיימי: הא ר' שמעון היא דאמר קדשי מזבח הוו בכלל העמדה והערכה אבל קדשי בדק הבית אינן בכלל העמדה והערכה כלומר אפילו בלא העמדה אלא נשחטו נערכין ונפדין ומפורש בסוף תמורה. ואסיקנא והא לר' שמעון פרה נפדית על גבי מערכתה אמאי תני אין לה פדיה עולמית. אלא שאני פרה שנפדית על כל פסול שבה הואיל ודמיה יקרים. ואסיקנא לעולם אין פודין הקדשים להאכילן לכלבים והאי דקתני מתה תפדה משום עורה. וכדאמרי אנשי מגמלא אונא. ומותבינן לרבה ממתני' אמרו לו הואיל ואין כפרתן שוה היאך הן קרבין. אמר להן כולן באין לכפר על טומאת מקדש וקדשיו ואמאי לימא להו לב ב"ד מתנה עליהן [ופריק ר' שמעון ל"ל לב ב"ד מתנה עליהם]. דאמרי משמיה דר' יוחנן תמידין שלא הוצרכו לצבור לדברי ר' שמעון אין נפדין תמימין לדברי חכמים נפדין תמימין. ור'

[כט. וע"ש תוס' ד"ה אין וכו' דה"ק אין פודין מדרבנן וכו']

מסורת הש"ס

ע"כ שייך לע"א
[תוספתא דפרה פ"א]
[יומא מב. וש"נ]
[בכורות לב: חולין פד.]
[בכורות יד: תמורה לב:]
ב"ק עז. חולין פא: [מנחות קא: תוספתא דפרה פ"ו]
[פסחים כט. בכורות טו. תמורה יז. ל: לא.]
[זבחים ו: ע"ש מנחות עט: ע"ש]

הגהות הב"ח

(א) גמ' קריבין זה בזה אמר:

גליון הש"ס

גמ' מנא אחרת נאה ממנה. עיין לקמן דף טו ע"א תוס' ד"ה ללמדך:

עיין רש"ל

בדפו"י הגירסא ולכשיוממו.

שָׁאנֵי קְטוֹרֶת, דְּלָא *בַּר רְעִיָּה הִיא! אֶלָּא רַבָּנַן דְּפָרָה — דִּלְמָא שָׁאנֵי פָּרָה, דְּדָמֶיהָ יְקָרִין! וְאֶלָּא רַבָּנַן דְּאָמְרוּ לוֹ — מִמַּאי דְּר' יְהוּדָה הִיא, וְהָכִי קָאָמַר לֵיהּ: בִּשְׁלָמָא לְדִידִי דְּאָמֵינָא לֵב ב"ד מַתְנֶה עֲלֵיהֶן — אַמְטוּ לְהָכִי יִקְרְבוּ, אֶלָּא לְדִידָךְ דְּאָמְרַתְּ לָא, אַמַּאי יִקְרְבוּ? דִּלְמָא ר"מ הִיא, וְהָכִי קָאָמַר לֵיהּ: בִּשְׁלָמָא לְדִידִי דְּאָמֵינָא כָּל הַשְּׂעִירִים כַּפָּרָתָן שָׁוָה — מש"ה יִקְרְבוּ, אֶלָּא לְדִידָךְ אַמַּאי יִקְרְבוּ! אֶלָּא, ר' יוֹחָנָן גְּמָרָא גָּמִיר לָהּ: לְדִבְרֵי ר"ש — אֵין נִפְדִּין, לְדִבְרֵי חֲכָמִים — נִפְדִּין. וּלְר"ש דְּלֵית לֵיהּ לֵב ב"ד מַתְנֶה עֲלֵיהֶן, מַאי עָבְדִין לְהוּ? א"ר יִצְחָק א"ר יוֹחָנָן: מְקַיְּצִין בָּהֶן אֶת הַמִּזְבֵּחַ. א"ר שְׁמוּאֵל בַּר רַב יִצְחָק: וּמוֹדֶה ר"ש בִּשְׂעִירֵי חַטָּאת — שֶׁאֵין מְקַיְּצִין בְּגוּפָן אֶלָּא בִּדְמֵיהֶן; הָכָא הוּא דְּמֵעִיקָּרָא עוֹלָה וְהָשְׁתָּא עוֹלָה, אֲבָל הָתָם דְּמֵעִיקָּרָא חַטָּאת וְהָשְׁתָּא עוֹלָה — גְּזֵירָה לְאַחַר כַּפָּרָה אַטּוּ לִפְנֵי כַפָּרָה. אָמַר אַבַּיֵּי, אַף אֲנַן נַמִּי תָּנֵינָא: *פַּר וְשָׂעִיר שֶׁל יוה"כ שֶׁאָבְדוּ וְהִפְרִישׁ אֲחֵרִים תַּחְתֵּיהֶם, וְכֵן שְׂעִירֵי ע"ז שֶׁאָבְדוּ וְהִפְרִישׁ אֲחֵרִים תַּחְתֵּיהֶן — כּוּלָּן יָמוּתוּ, דִּבְרֵי ר' יְהוּדָה. ר' אֶלְעָזָר וְר"ש אוֹמְרִים: יִרְעוּ עַד שֶׁיִּסְתָּאֲבוּ, וְיִמָּכְרוּ וְיִפְּלוּ דְּמֵיהֶן לִנְדָבָה, שֶׁאֵין חַטַּאת צִבּוּר מֵתָה; וְאַמַּאי? נִקְרְבוּ אִינְהוּ גּוּפַיְיהוּ עוֹלָה! אֶלָּא לָאו ש"מ: [א]גְּזֵירָה לְאַחַר כַּפָּרָה אַטּוּ לִפְנֵי כַפָּרָה. אָמַר רָבָא, אַף אֲנַן נַמִּי תָּנֵינָא: *[ב]וְהַשֵּׁנִי יִרְעֶה עַד שֶׁיִּסְתָּאֵב, וְיִמָּכֵר וְיִפְּלוּ דָּמָיו לִנְדָבָה; וְאַמַּאי? יִקְרַב אִיהוּ גּוּפֵיהּ עוֹלָה! אֶלָּא לָאו ש"מ: גְּזֵירָה אַחַר כַּפָּרָה אַטּוּ לִפְנֵי כַפָּרָה. אָמַר רָבִינָא, אַף אֲנַן נַמִּי תָּנֵינָא: *אָשָׁם שֶׁמֵּתוּ בְּעָלָיו אוֹ שֶׁנִּתְכַּפְּרוּ בְּעָלָיו — [ג]יִרְעֶה עַד שֶׁיִּסְתָּאֵב, וְיִמָּכֵר וְיִפְּלוּ דָּמָיו לִנְדָבָה. רַבִּי אֱלִיעֶזֶר אוֹמֵר: יָמוּת. רַבִּי *יְהוֹשֻׁעַ אוֹמֵר: יָבִיא בְּדָמָיו עוֹלָה; וְלִיקְרַב *הָא גּוּפָא עוֹלָה! [ד]אֶלָּא לָאו גְּזֵירָה לְאַחַר כַּפָּרָה אַטּוּ לִפְנֵי כַפָּרָה, שְׁמַע מִינָּהּ. תַּנְיָא נַמִּי הָכִי: [ה]מַה הֵן מְבִיאִין מִן הַמּוֹתָרוֹת?

קַיִץ

רש"י

אֶלָּא רַבָּנַן דְּאָמְרוּ לוֹ. בְּמַתְנִי'. וְהָכִי אָמְרִי לֵיהּ: הוֹאִיל וְאֵין כַּפָּרָתָן שָׁוָה, וְלֵית לָךְ לֵב ב"ד מַתְנֶה שֶׁאִם אָבַד בָּזֶה יַקְרִיב לָזֶה לְכַפָּרָה אַחֶרֶת, הֵיאָךְ הֵן קְרֵיבִין? מִמַּאי דְּר' יְהוּדָה. קָאָמַר לֵיהּ, דְּאִית לֵיהּ נַמִּי אֵין כַּפָּרָתָן שָׁוָה כְּר"ש, וּמִשּׁוּם לֵב ב"ד מַתְנֶה הוּא דְּקָא מוֹתִיב לָהּ, וְהָכִי קָאָמַר לֵיהּ: בִּשְׁלָמָא כו'. דִּלְמָא ר"מ. קָאָמַר לָהּ, דְּאִית לֵיהּ כַּפָּרָתָן שָׁוָה, וְהָכִי קָאָמַר לֵיהּ כו'. מַאי עָבֵיד לְהוּ. לִתְמִידִין שֶׁלֹּא הוּצְרְכוּ לַצִּבּוּר. מְקַיְּצִין בָּהֶן אֶת הַמִּזְבֵּחַ. כְּשֶׁהַמִּזְבֵּחַ בָּטֵל מַקְרִיבִין אוֹתוֹ עוֹלָה לְנִדְבַת צִבּוּר, כִּדְשָׁמְעִינַן לֵיהּ לְר"ש דְּאָמַר בְּמַתְנִי' גַּבֵּי שָׂעִיר שֶׁלֹּא קָרַב בָּזֶה יִקְרַב בָּזֶה מִשּׁוּם טַעֲמָא דְּכוּלָּן בָּאִין לְכַפֵּר עַל טוּמְאַת מִקְדָּשׁ וְקָדָשָׁיו. אַלְמָא אע"ג דְּלָאו הַיְינוּ דְּהַהִיא כַּפָּרָה גּוּפָהּ, כֵּיוָן דְּשַׁיְיכָא בְּמִקְלָתָהּ — קָרֵב לָהּ. ה"נ אֵלּוּ שֶׁלְּקָחוּ לְצוֹרֶךְ תְּמִידִין וְלֹא הוּצְרְכוּ יִקְרְבוּ לְקַיִץ הַמִּזְבֵּחַ, שֶׁהֲרֵי לְשֵׁם עוֹלָה הוּפְרְשׁוּ, וְקַיִץ נַמִּי עוֹלָה הוּא. וּלְקַמָּן מְפָרֵשׁ מַהוּ לְשׁוֹן קַיִץ. מוֹדֶה ר"ש בִּשְׂעִירֵי חַטָּאוֹת. שֶׁנִּקְנוּ מִתְּרוּמַת הַלִּשְׁכָּה שֶׁל שָׁנָה זוֹ וְנִיתּוֹתְרוּ, כְּגוֹן שָׂעִיר שֶׁל ר"ח אֲדָר שֶׁאָבַד וְנִמְצָא בְּנִיסָן, שֶׁאֵינוֹ רָאוּי לִיקְרַב עוֹד לְחוֹבַת צִבּוּר וַהֲרֵי הוּא לְקַיִץ הַמִּזְבֵּחַ — מוֹדֶה הוּא שֶׁאֵין מְקַיְּלִין בְּגוּפוֹ לִיקְרַב הוּא עוֹלָה, אֶלָּא בְּדָמָיו, שֶׁיִּרְעֶה וְלִכְשֶׁיּוּמַם יִקְחוּ בְּדָמָיו עוֹלָה לְקַיִץ הַמִּזְבֵּחַ. הָתָם. הוּא, גַּבֵּי תְּמִידִים שֶׁלֹּא הוּצְרְכוּ, קָאָמַר ר"ש דִּמְקַיְּלִים בְּגוּפָן, דְּמֵעִיקָּרָא לְשֵׁם עוֹלָה נִלְקְחוּ וְהָשְׁתָּא נַמִּי לְעוֹלָה קָרְבִי. אֲבָל הָכָא גְּזֵירָה לְאַחַר כַּפָּרָה אַטּוּ קוֹדֶם כַּפָּרָה. אִי מַכְשַׁרְתְּ חַטָּאת צִבּוּר לִיקְרַב עוֹלָה לְאַחַר שֶׁנִּתְכַּפְּרוּ צִבּוּר בְּאַחֵר, וְנִיתַּן זֶה לְקַיִץ הַמִּזְבֵּחַ — אָתֵי לְאַכְשׁוּרֵי נַמִּי לְעוֹלָה קוֹדֶם כַּפָּרָה, שֶׁסְּתָמוֹ לְשֵׁם חַטָּאת עוֹמֵד. אַף אֲנַן נַמִּי תָּנֵינָא. לְר"ש, דְּאֵין מְקַיְּלִים בְּגוּפֵי חַטָּאוֹת שֶׁנִּיתּוֹתְרוּ וְאַף שֶׁמְּקַיְּלִין בִּדְמֵיהֶן. וְהַשֵּׁנִי יִרְעֶה. בְּמַסֶּכֶת יוֹמָא (דף סב.) גַּבֵּי שְׁנֵי שְׂעִירֵי יוה"כ, שֶׁמֵּת הַמִּשְׁתַּלֵּחַ וְהוּצְרְכוּ לְהָבִיא שְׁנֵי שְׂעִירִים אֲחֵרִים וּלְהַגְרִיל עֲלֵיהֶם, וְיִשְׁתַּלַּח הָאֶחָד. וְנִמְצְאוּ שְׁנַיִם לַשֵּׁם, אֶחָד מִזּוּג רִאשׁוֹן וְאֶחָד מִזּוּג שֵׁנִי, אֶחָד יִקְרַב לַשָּׂעִיר הַנַּעֲשֶׂה בִּפְנִים, וְהַשֵּׁנִי יִרְעֶה וְיִפְּלוּ דָּמָיו לִנְדָבָה, שֶׁאֵין חַטַּאת צִבּוּר מֵתָה. וּמַאן שָׁמְעַתְּ לֵיהּ דְּאָמַר אֵין חַטַּאת צִבּוּר מֵתָה — ר"ש, וְקָאָמַר יִרְעֶה, וְלָא קָאָמַר יִקְרַב לִנְדָבָה. וְכָל "יִפְּלוּ לִנְדָבָה" דְּקָאָמַר ר"ש בְּכָל דּוּכְתָּא — לְקַיִץ הַמִּזְבֵּחַ הוּא. אָשָׁם שֶׁמֵּתוּ בְּעָלָיו אוֹ שֶׁנִּתְכַּפְּרוּ. בְּאַחֵר, דְּאִילּוּ בְּחַטָּאת כִּי הַאי גַּוְונָא מֵתָה — בְּאָשָׁם רוֹעֶה, דְּהָכִי גָּמְרִינַן בְּהִלְכְתָא: כָּל שֶׁבְּחַטָּאת מֵתָה בְּאָשָׁם רוֹעֶה. וְכָל הָרוֹעִין דְּמֵיהֶן נוֹפְלִים לִנְדָבָה, שֶׁכֵּן מִדְרָשׁוֹ שֶׁל יְהוֹיָדָע הַכֹּהֵן בְּמַסֶּ' תְּמוּרָה (דף כג:). ר"א אוֹמֵר יָמוּת. ר"א אִית לֵיהּ אָשָׁם כְּחַטָּאת לְכָל דָּבָר, אַף אָשָׁם שֶׁשְּׁחָטוֹ שֶׁלֹּא לִשְׁמוֹ פָּסוּל בְּפ"ק דִּזְבָחִים (דף ב.), וְכֵן לְעִנְיַן אָשָׁם שֶׁנִּכְנַס דָּמוֹ לַהֵיכָל פָּסוּל. רַבִּי יְהוֹשֻׁעַ אוֹמֵר יָבִיא בְּדָמָיו עוֹלָה. בַּעַל הָאָשָׁם יָבִיא בְּדָמָיו עוֹלָה. וְהָתָם מְפָרֵשׁ: וַהֲלֹא אַף נְדָבָה עוֹלָה הִיא, מַה בֵּין דִּבְרֵי רַבִּי יְהוֹשֻׁעַ לְדִבְרֵי חֲכָמִים? אֶלָּא בִּזְמַן שֶׁהִיא בָּאָה נִדְבַת יָחִיד — סוֹמֵךְ עָלֶיהָ וְשׁוֹחֲטָהּ וּנְסָכֶיהָ קְרֵבִין מִשֶּׁלּוֹ, וּבִזְמַן שֶׁהִיא בָּאָה נִדְבַת צִבּוּר — אֵינוֹ סוֹמֵךְ עָלֶיהָ, (א) וּנְסָכֶיהָ קְרֵבִין מִשֶּׁל צִבּוּר. תַּנְיָא נַמִּי הָכִי. כִּדְאָמַר לְעֵיל: מוֹתָרוֹת לְר"ש מְקַיְּלִין בָּהֶן אֶת הַמִּזְבֵּחַ. מַה הֵן מְבִיאִין מִן הַמּוֹתָרוֹת. שֶׁל צִבּוּר שֶׁנִּתּוֹתְרוּ מִשָּׁנָה לְשָׁנָה.

קַיִץ

תוספות

שאני קטורת דלית ליה תקנתא ברעיה. תימה: דה"ל למינקט תקנתא דתמידים, והל"ל דלית להו תקנתא בקיץ למזבח, שתקנה זו עושין בתמידין כדאמר בסמוך! וי"ל: דרבותא נקט, דאפי' תקנה מועטת כזו אין בקטורת. וא"ת: לעיל (דף י:) דפריך רבה לרב חסדא ממתני' דמותר הקטורת, אמאי לא משני הכי? ויש לומר: משום דרב חסדא אית ליה שאין לב בית דין מתנה בשום מקום להפקיע קדושת הגוף. **וממאי** דר' יהודה היא. תימה: כי אתיא נמי כר' יהודה, מצי למימר: שאני חטאת צבור דלית להו תקנתא ברעיה, דהא ר' יהודה אמר לעיל: כולם ימותו! ומיהו עדיפא מינה קאמר, דדלמא ר"מ היא, ואפי' בהנך חילוקים דשכיחי לית ליה לב ב"ד מתנה עליהן.

מקיצין בהן את המזבח. תימה: דבפרק "התודה" (מנחות עט: ושם) משמע דאזלי לרעיה. דאמר: ומי אית ליה לר"ש לב ב"ד מתנה עליהן? והא א"ר אידי בר אבין א"ר יוחנן: תמידין שלא הוצרכו לצבור, לדברי ר"ש אין נפדין תמימים! ומשני: שאני התם דאית להם תקנה ברעיה! וי"ל: דהתם משום חטאות משני הכי, דעיקר מילתא דר' יוחנן משום דדייק ממתני' דלית ליה לר"ש לב ב"ד מתנה. אע"ג דא"ר יוחנן גמרא גמיר לה — היינו דלרבנן נפדין תמימים, אבל לדברי ר"ש ממתני' דייק. וכן משמע מדנקט "לדר"ש" ולא קאמר "ר"ש אומר", ואגב דנקט לדברי ר"ש — נקט נמי לדברי חכמים. ואם תאמר: וממתני' היכי מצי דייק? דלמא הא דלא אהדר להו ר"ש לב ב"ד מתנה עליהן — משום דלא איצטריך! וי"ל: כיון דגמיר ר' יוחנן דלרבנן אית להו לב ב"ד, אי לאו דשמעי' לר"ש דלית ליה לא הוה להו לאקשויי לר"ש היאך הן קריבין.

אשם שמתו בעליו כו' אלא ש"מ גזירה לאחר כפרה אטו לפני כפרה. משמע דלאחר כפרה אפילו קודם ניתוק שרי מדאורייתא, מדלא קאמר: גזירה אחר ניתוק אטו קודם ניתוק — משמע דליכא איסור אלא קודם כפרה. והא דאמר בכל דוכתא* דהלכתא גמירי לה דכל שבחטאת מתה באשם רועה, אר"ת דרעיה דרבנן היא, והלכתא לא גמירי, אלא כל שבחטאת מתה באשם קרב עולה. והתלמוד דנקט רעיה — לפי שתקנו אותה חכמים והעמידוה בה, ואינה אלא מדרבנן כדמשמע הכא. והכי נמי מוכח בפסחים בסוף פרק "אלו דברים" (עג. ושם) דאמר רב הונא א"ר: אשם שניתק לרעיה ושחטו סתם — כשר לעולה, אלמא לא בעי עקירה. אי הכי כי לא ניתק נמי! פי': בשלמא אי בעי עקירה כו' מש"ה בעי ניתוק, דעבוד רבנן היכרא, דע"י כך יזכור לעוקרו. אבל כיון דלא בעי עקירה, לא ניתק נמי! ומשני: גזירה לאחר כפרה אטו לפני כפרה. ותימה: דבפ"ק דזבחים (דף ה: ושם) ובפ"ק דמנחות (דף ד. ושם) אמר רב הונא: אשם שניתק לרעיה כו', ניתק — אין, לא ניתק — לא, מאי טעמא? אמר קרא "הוא" בהוייתו יהא. ופירש בקונטרס: בהוייתו יהא — עד שניתק. וע"כ דרשה גמורה היא, דקאמר התם: אלא "הוא" למה לי. ואר"ת: דל"ג התם "ניתק אין לא ניתק לא". ובתמורה פרק "אלו קדשים" (דף יח. ושם) אינו בשום ספר*. ואפילו גרס ליה — לא קאי דרשה דקרא לפרש טעמא דלא ניתק לא, אלא אתא לפרש מאי טעמא כשר כששחטו סתם בלא עקירה — אמר קרא "הוא" בהוייתו יהא, כלומר באותה הוייתה שסופה להיות, דהיינו עולה, דהכי גמירי שקרב עולה — באותה הויה יהא מתחלה בלא עקירה. ואף על גב דקרא קאי אהלכתא, אשכחן כי האי גוונא בפ"ב דבכורות (דף טז. ושם) דמקיש דבר הבא ממעלה גרה, פי': תמורת פסולי המוקדשים, לדבר הבא ממפריסי הפרסה (ב) — ה' חטאות המתות, וגמר מהתם: מה התם במיתה, אף על גב דהתם הלכתא היא. **תניא** נמי הכי מה הן מביאין כו'. נראה דמייתי סייעתא דגזרינן אטו קודם כפרה, מדלא קתני "מה הן עושין מן המותרות", אלא "מה הן מביאין" — משמע מדמיהם אבל לא מגופן. ובמותר חטאת ואשם איירי ולא במותר עולה, דהתם מותר בזבחים ובתמורה בחטאת ואשם איירי.

מסורת הש"ס

בת יעב"ץ

לעיל יח. [וש"נ]

[יומא סב. תמורה כב. כג.]

תמורה כ: [פסחים עג.]

[בתמורה איתא ר' אלעזר]

הוא גופיה. יעב"ץ

[נזיר כה: תמורה יח.]

[אולם לפנינו איתא]

עין משפט נר מצוה

לט א מיי' פ"ד מהל' פסולי מוקדשין הלכה ב:

מ ב מיי' פ"ה מהל' עבודות יוה"כ הל' טו:

מא ג מיי' פ"ד מהל' פסולי מוקדשין הלכה יז:

מב ד מיי' שם הל' טו:

מג ה מיי' פ"ד מהל' שקלים הלכה יא:

רבינו חננאל

ור' יוחנן האי גמרא גמיר לה. ור' שמעון הני תמידין שלא הוצרכו לצבור מקיין בהו למזבח כלומר מקריבין אותן שלא לשום תמידין. אלא כמו מיני מגדים שאינן מעיקר הסעודה אלא לקינוח סעודה כך ענין קייץ המזבח. והני מילי תמידין דמעיקרא עולות נינהו. השתא נמי מקריבין אותן עולות לקייץ למזבח כמו דורון ולא כמו חובה (אלא) [אבל] כגון שעירי חטאת שנשתיירו וכיוצא בהן אין מקייצין בגופן לשום עולה. דחיישינן לאחר כפרה אע"ג דפקעה מהן קדושה לאחר כפרה אטו לפני כפרה אלא מקייצין בדמיהן: אמר רבא אף אנן נמי תנינא והשני ירעה עד שיסתאב וימכר. ואמאי נקרב הוא גופיה עולת נדבה. אלא לאו ש"מ גזרה לאחר כפרה אטו לפני כפרה. תניא נמי הכי מה מביאין מן המותרות.

הגהות הב"ח

(א) רש"י ד"ה רבי כו' עליה ושוחטה ונסכיה:
(ב) תום' ד"ה אשם וכו' הפרסה פי' ה' חטאות:

קיץ כבנות שוח למזבח. והכתיב: "כי כל שאור וכל דבש" וגו'! תני רב חנינא: כבנות שוח לאדם. דרש ר"נ בר רב חסדא: אין מקיצין בעולת העוף. אמר רבא: א) הא בורכא. א"ל ר"נ בר יצחק לרבא: מאי בורכתא? אנא אמריתה ניהליה, ומשמיה דרב שימי מנהרדעא אמריתה ניהליה. דאמר רב שימי מנהרדעא: מותרות לנדבת צבור אזלי, ב ואין עולת עוף בצבור. ואף שמואל סבר להא דר' יוחנן, *דאמר רב יהודה אמר שמואל: קרבנות צבור — סכין מושכתן למה שהן. תניא נמי הכי: ומודה ר"ש בשעיר — שאם לא קרב ברגל יקרב בר"ח, ואם לא קרב בר"ח יקרב ביוה"כ, ואם לא קרב ביוה"כ יקרב ברגל, ואם לא קרב ברגל זה יקרב ברגל אחר, שמתחלתו לא בא אלא לכפר על מזבח החיצון. (תנא: לא הוקדש אלא לכפר על מזבח החיצון). § "ועל זדון טומאת מקדש וקדשיו — שעיר הנעשה בפנים" כו'. § מנהני מילי? דת"ר: "וכפר על הקדש מטומאות בני ישראל" וגו', *פשעים — אלו המרדים, וכן הוא אומר: "מלך מואב פשע בי", ואומר: "אז תפשע לבנה בעת ההיא"; חטאות — אלו השגגות, וכן הוא אומר: "נפש כי תחטא בשגגה". § "על שאר עבירות שבתורה, הקלות והחמורות, הזדונות והשגגות" כו'. § היינו קלות היינו עשה ולא תעשה, חמורות היינו כריתות ומיתות ב"ד, הודע היינו מזיד, לא הודע היינו שוגג! אמר רב יהודה, ג ה"ק: על שאר עבירות שבתורה, בין קלות בין חמורות, בין שעשאן בשוגג בין שעשאן במזיד. אותן שעשאן בשוגג — בין נודע לו ספיקן בין לא נודע לו ספיקן. ד ואלו הן קלות — עשה ולא תעשה, ואלו הן חמורות — כריתות ומיתות ב"ד. האי עשה ה"ד? אי דלא עבד תשובה — "זבח רשעים תועבה", אי ה דעבד תשובה — כל יומא נמי; דתניא: *ו עבר על מצות עשה ועשה תשובה, לא זז משם עד שמוחלין לו! אמר רבי זירא: בעומד

א) [חולין פח: ע"ש בפי' רש"י כתובות סג: ע"ש ובפי' רש"י]

(מקורות בגליון: ויקרא ב; זבחים ו:; ק"ל מ"ז; שם טז; מ"ב ג; שם ח; ויקרא ד; משלי כא; בדמאי פ"א מ"א)

רש"י

קיץ כבנות שוח למזבח. כאדם שמביא בקינוח סעודה מיני מתיקה. והוא לשון קיץ, כדכתיב (שמואל ב טז): "הלחם והקיץ לאכול לנערים". וכל דבש. וכל מיני פירות האילן בכלל. אין מקיצין בעולת העוף. אין לוקחין בדמי הנדבה עולת העוף. הא בורכא. תורה אור דבר הבדוי מן הלב, דמנא לך הא. לנדבת צבור אזלא. כדרבנן דפליגי עליה דר"א. ואין עולת העוף בצבור. דתניא בת"כ: *"והקריב מן התורים" — היחיד מביא עוף ואין הצבור מביאין עוף. להא דר' יוחנן. דאמר לעיל: תמידין שלא הוצרכו, לר"ש דלית ליה לב ב"ד מתנה, מקיצין בהן את המזבח בגופן ואין צריכין רעיה. סכין מושכתן למה שהן. סכין השוחטן סתם מושכתן לקרבן שהופרש מתחלה לכך, ואפילו אין זה אותו קרבן עצמו, וכגון עולת תמיד עולה לקיץ אם אינו ראוי לתמיד. מודה ר"ש כו'. ומסקנא דטעמא — שמתחלתו לא בא אלא לכפר על מזבח החיצון. אלמא אהא הוא דקפידא, שיקרב על מזבח החיצון לכפר מקלת דבר שהוקדש לו חטאת, דטומאת מקדש תקרב לטומאת מקדש ואע"פ שאין כפרתן שוה. ה"נ לעולה שהוקדש לעולה יקרב. וכפר על הקדש. בשעיר הפנימי כתיב. היינו קלות היינו עשה ולא תעשה. כלומר, הי ניהו קלות — עשה ולא תעשה, אמאי תני להו תרתי? היינו דזדונות היינו הודע. קס"ד: הודע — שידע ועשה, דהיינו מזיד. דהא ליכא למימר: הודע — שנודעה לו שגגתו, כדפרשינן ליה בכל דוכתי, דא"כ הוה ליה חטאות ואשמות ודאין, ותנן במס' כריתות (דף כה.): חייבי חטאות ואשמות ודאין שעבר עליהן יוה"כ — חייבין להביא אחר יוה"כ. אמר רב יהודה כו'. סיפא דמתניתין מפרשא ליה לרישא, וכולהו פירוש דקלות וחמורות הוא. בין בשעשאן בשוגג. האי שוגג דהכא ליכא לפרושי אלא בדבר שאין שגגתו חטאת, אלא אשם תלוי, כגון אכל אחת משתי חתיכות אחת של חלב ואחת של שומן ואינו יודע איזה אכל. בין שנודע לו ספיקן. שנודע לו שבא לידי ספק חלב. בין שלא נודע לו. לפני יוה"כ שאכל ספק חלב — אין צריך להביא אחר יוה"כ אשם תלוי. והכי נמי תנן בכריתות (שם): חייבי אשמות תלויין שעבר עליהן יוה"כ פטורין, ויליף לה התם מקראי. האי עשה. דמכפר עליה יוה"כ. ה"ד אי דלא עשה תשובה. שאינו תוהא על חטאו. הא כתיב זבח רשעים תועבה? והיכי מכפר עליה קרבן יוה"כ? ואי דעבד תשובה. למה לי יוה"כ? כל יומא נמי תשובה מכפרא עליה, דתניא: לא זז משם עד שמוחלין לו! בעומד

תוספות

כבנות שוח לאדם. משמע שהן טובות. ובקרא נמי כתיב (בראשית ג): "כי טוב העץ למאכל", והיינו בנות שוח כדמשמע בבראשית רבה כי גרמו שוחה לאדם, א"נ בנות שבע שגרמו ז' ימי אבילות. וקשה לר"ת: דבפ"ק דע"ז (דף יד. ושם) משמע דלא חזו לאכילה כל כך, דקתני גבי שביעית: הוסיפו עליהן אלכסוסין ואילטרוגלין מוכסוסין ובנות שוח — אבל מעיקרא לא הוה בהו שביעית, משמע דגריעי! ותירץ ר"ת: דלאו משום דגריעי, אלא ששנינו במס' שביעית (פ"ה מ"א): בנות שוח שביעית שלהן שניה, שעושין לג' שנים, וכשהפרי נחנט בשביעית אינו נגמר עד שנה שניה של שמיט'. והשתא מעיקרא סבור דאזלינן בתר לקיטה ובסוף סבור דאזלינן בתר חנטה. ועוד תירץ ר"ת: דגרס בפ"ק דע"ז (שם) "מוכסוסין בנות שוח" בלא וי"ו, ופרי אחת הוא, והוא גרוע, ואינו אותו ששמו בנות שוח גרידא. וכן משמע בפ"ק דבכורות (דף ח. ושם) דשניס הס, דהא אמר: הזאב והארי לג' שנים וכנגדן בבנות שוח, נחש לז' שנים, ולאותו רשע לא מלינו שום חבר, וי"א: מוכסוסין בנות שוח. ומיהו בפרק "כילד מברכין" (ברכות דף מ:) משמע דבנות שוח הן גרועין, שלא נחשדו עליהן עמי הארץ, דחשיב להו גבי קלין שבדמאי. ושמא פרי הוא שגדל ביערים כמו עוזרדין דחשיב בהדייהו, ולפי שמצוי להן מן ההפקר לא נחשדו שלא לעשר הגדל בגנותיהן ובפרדסותיהן, ולא מפני שהוא גרוע. **הא** בורכא. תימה: היכי ס"ד דמקילין בעוף? האמר: *) זה מדרש דרש יהוידע הכהן שמותר חטאת ומותר אשם יהא לנדבת עולה, משום דכתיב (ויקרא ה): "לה' לכהן", איזהו דבר שהוא לה' ולכהן — הוי אומר זה עולה, שבשר עולה כולה לה' והגיזה והעור לכהן, ובעוף אין לכהן חלק בו! וי"ל: דהתם במותר מעות, כגון הפריש מעות לחטאת ואשם כדכתיב (מלכים ב יב): "כסף אשם כסף חטאת", והכא כשנותר גוף אשם.

ואין עוף בצבור. *משום דכתיב ביה "נפש", דמשמע ביחיד דוקא. וא"ת: והאמר בפ' "טרף בקלפי" (יומא דף מא: ושם): אי זבן פרידה אחת, אי עולה זבן — עולה אזלא לנדבה! וי"ל: דאין לקנות עוף במעות שנותרו, אך אם כבר בא עוף לפנינו מקילים בו, דמה יעשה ממנו. [וע"ע תוס' תמורה כג: ד"ה וששה].

ואף שמואל סבר לה. פי' בקונטרס: להא דאמר דלר"ש מקילין בהן המזבח. דאמר שמואל: סכין מושכתן, פי': סכין השוחטת סתם מושכתן לקרבן שהופרשו מתחלה לכך, כגון עולת תמיד לעולת קיץ, אע"פ שאין זה אותו קרבן עצמו, כיון דמעיקרא עולה והשתא עולה. וקשה: דבפ"ק דזבחים (דף ג. ושם) מוכח דמילתא דשמואל כרבנן דר"ש, דאית להו לב בית דין מתנה עליהן! ואמאי דגרס בסמוך "תניא נמי הכי" קשה, דמתני' ה"ל לאיתויי! ונראה כפירוש הערוך*, דפי' "סכין מושכתן למה שהם": אם תמידים אם מוספין — סכין מושכתן להיות כן. דטרם משכן לסכין אין לומר איזה תמיד איזה מוסף, אלא תלויין ועומדין בתנאי לב ב"ד. דאף ע"פ שאמרו שהן תמידים, אם ירצו להקריבן לשם זבח אחר — רשאין, לפי שבזמן שמשך זה סכין לשחיטת תמיד הרי הוא תמיד, ואם למוסף — מוסף. והוי סייעתא לר' יוחנן דאמר: תמידין שלא הוצרכו לצבור לדברי רבנן נפדין תמימים, שהרי עדיין לא משכן לסכין*. ול"ג "תניא נמי הכי", אלא "תניא". וי"מ: "תניא נמי הכי" אדרב שמואל בר רב יצחק, דאמר: מודה ר"ש בשעירי חטאת שאין מקילין בגופן. דקתני: אם לא קרב ברגל, כלומר בפסח, יקרב בר"ח כו', ואם לא קרב ביוה"כ יקרב ברגל, פירוש: בסוכות, ואם לא קרב ברגל זה של סוכות יקרב ברגל אחר, היינו שמיני עצרת שהוא רגל בפני עצמו. אבל טפי מרגל אחר, דהיינו בפסח הבא — לא מצי לאקרובי לגופיה, דה"ל תרומה ישנה. ולא להקיץ בגופו — לפי שמתחלתו לא הוקדש אלא לכפר על מזבח החיצון, כלומר לכפר בחטאת, וא"א לשותן בנדבה. אלמא אין מקילין בגופן אלא בדמיהן. אבל קשה: דאמאי נטר עד הכא? לעיל ה"ל לאיתויי. **שמתחלה** לא בא אלא לכפר על מזבח החיצון. אע"ג דבמתני' מפרש: משום דאין לכפר על טומאת מקדש וקדשיו — תרתי בעינן, מקדש וקדשיו ומזבח החיצון, לאפוקי שעיר הפנימי. ואע"ג דמשמע לעיל דאי לאו משום גזירה אטו לפני כפרה היו מקילין אפילו במותר חטאת הפנימית, היינו משום דהכי גמירי דמותר חטאת לצבור לעולה. **ועל** זדון טומאת מקדש וקדשיו. אין זה ב' כפרות אלא מה שקרבן אחר מכפר כדפ"ל, (א) א"נ, כפרה אחת לשוגג ואחת למזיד. **לא** זז משם עד שמוחלים לו. ואף על גב דתנן במתני' בפרק בתרא דיומא (דף פה: ושם): על עשה ועל לא תעשה תשובה מכפרת, ואמר נמי במס' חגיגה (דף ה.): כל העושה דבר ומתחרט מוחלין לו מיד, אפי' בשאר עבירות — אינה מחילה גמורה אלא שמקילין לו הדין, אבל במצות עשה מוחלין לגמרי.

עין משפט נר מצוה

מד א ב מיי' פ"ד מהל' שקלים הל' ט ופ"ז מהל' כלי המקדש הל' יג:
מה ג ד ה מיי' פ"א מהל' תשובה הלכה ב:
מו ו מיי' שם הל' ד:

רבינו חננאל

קייץ למזבח כבנות שבע שהן תאני חיוורתא לאדם שאוכלין אותן בקינוח סעודה: דרש רב נחמן ב"ר חסדא אין מקיצין בעולת העוף כדרב שימי דאמר מותרות לעולת נדבת צבור אזלי. ואין עוף בקרבנות צבור: ואף שמואל סבר להא דאמר ר' יוחנן דאמר רב יהודה אמר שמואל קרבנות צבור סכין מושכתן למה שהן. כלומר לב ב"ד מתנה עליהן ואין נקבעין בזבח ידוע אלא בשעת שחיטתן. שעד זמן השחיטה אע"פ שאמרו עליהן כי הם תמידין רשאין לשחטן לשום זבח אחר שכך מתנה עליהם לב ב"ד שאם ירצו להקריבם לשם זבח אחר רשאין. תניא נמי הכי כר' יוחנן דאמר תמידין שלא הוצרכו לצבור לדברי ר' שמעון אין נפדין תמימין. דתניא מודה [ר"ש] בשעיר שלא קרב בר"ח יקרב ברגל ושלא קרב ברגל זה יקרב ברגל אחר שתחלתו לא בא אלא לכפר על מזבח החיצון: תנא לא הוקדש אלא לכפר על מזבח החיצון: מתני' על שאר עבירות שבתורה כו'. תירצה רב יהודה למתני' הכי עבירות הקלות עשה ולא תעשה. והחמורות שהן כריתות ומיתות ב"ד בין שעשאן בשגגה בין שעשאן במזיד. ואותן שעשאן בשגגה. בין שנודע לו ספיקן בין לא נודע לו ספיקן שעיר

[תרי תמיהי הא דמנעו א"ע ממדרש חכמים להדיא בת"כ כמו שהביא רש"י הכא בד"ה ואין עולת ועוד דלא נמנא בשום קרא גבי עולת עוף נדבה תיבת נפש ולע"ג וע"ע מנחות קד: הכל באין בשותפות לא סילק הכתוב אלא מנחה דכתיב בה נפש ותוס' ד"ה מה וע"ע תוספות זבחים ה: ד"ה נפש וז"ל רש"י ויקרא ב' פסוק א' לא נאמר נפש בכל קרבנות נדבה אלא במנחה וכו' לכן נראה דכך ל"ל ואין עוף בצבור אבל בא בשותפות ולא ממעטי' שותפות רק במנחה משום דכתיב ביה נפש למשמע ביחיד דוקא וכו' וכוונת תוס' דלהכי נקיט ואין עוף בצבור דוקא בצבור הוא דלא אתי משום דמקרבנו ממעטינן המסתבר והיינו צבור וליכא מיעוטי למעט שותפות אבל גבי מנחה דכתיב תרי מיעוטי דהיינו קרבנו וגם כתיב ביה נפש ממעטינן נמי שותפות דלא מייתי מנחה אמנם בלתי הג"ה זו דברי תוספות הללו קשיים להולמן מחמת תרי תמיהות שזכרתי למעלה]

[נ"ל והקריב מן התורים את קרבנו היחיד וכו' ועי' רש"י מנחות ה. ד"ה מנחת העומר וכו' עופות אין באין בצבור בת"כ גבי נדבת העוף קרבנו והקריב היחיד מביא עוף ולא הצבור עכ"ל]

הגהות הב"ח

(א) תוס' ד"ה ועל כו' כדפ"ל. נ"ב בדף ז ע"ב בד"ה יש לו:

[יומא לו:]

*) [שקלים פ"ו מ"ו זבחים קג. ובתמורה כג: ע"ש]

גליון הש"ס

תוס' ד"ה ואין וכו' דמה יעשה ממנו. עיין נזיר דף כז ע"א תוס' ד"ה וכ"ת:

[יומא פו. זבחים ז:]

[ערך משך]

[עכ"ל]

בעומד

גמרא

תורה אור

בְּעוֹמֵד בְּמִרְדּוֹ, וְרַבִּי הִיא; *דְּתַנְיָא, רַבִּי אוֹמֵר: עַל כָּל עֲבֵירוֹת שֶׁבַּתּוֹרָה, בֵּין עָשָׂה תְּשׁוּבָה בֵּין לֹא עָשָׂה תְּשׁוּבָה — יוֹם הַכִּפּוּרִים מְכַפֵּר, חוּץ מִפּוֹרֵק עוֹל וּמְגַלֶּה פָּנִים בַּתּוֹרָה, וּמֵפֵר בְּרִית בַּבָּשָׂר, שֶׁאִם עָשָׂה תְּשׁוּבָה — יוֹם הַכִּפּוּרִים מְכַפֵּר, וְאִם לָאו — אֵין יוֹם הַכִּפּוּרִים מְכַפֵּר. מַאי טַעֲמָא דְּרַבִּי? *דְּתַנְיָא: °"כִּי דְבַר ה' בָּזָה" — זֶה הַפּוֹרֵק עוֹל וּמְגַלֶּה פָּנִים בַּתּוֹרָה, "וְאֶת מִצְוָתוֹ הֵפַר" — זֶה *הַמֵּפֵר בְּרִית בַּבָּשָׂר; °"הִכָּרֵת תִּכָּרֵת", "הִכָּרֵת" — לִפְנֵי יוה"כ, "תִּכָּרֵת" — לְאַחַר יוה"כ; *יָכוֹל אֲפִילּוּ עָשָׂה תְּשׁוּבָה? ת"ל: °"עֲוֹנָה בָהּ", לֹא אָמַרְתִּי אֶלָּא בִּזְמַן שֶׁעֲוֹנָה בָּהּ. וְרַבָּנַן? *[א]"הִכָּרֵת" — בָּעוֹלָם הַזֶּה, "תִּכָּרֵת" — לָעוֹלָם הַבָּא; "עֲוֹנָה בָהּ" — [ב]שֶׁאִם עָשָׂה תְּשׁוּבָה וּמֵת, מִיתָה מְמָרֶקֶת. וּמִי מָצֵית מוֹקְמַתְּ לַהּ כְּרַבִּי? וְהָא מִדְּסֵיפָא רַבִּי יְהוּדָה הִיא, רֵישָׁא נַמִי ר' יְהוּדָה הִיא! דְּקָתָנֵי סֵיפָא: אֶחָד יִשְׂרָאֵל וְאֶחָד כֹּהֲנִים וְאֶחָד כֹּהֵן מָשׁוּחַ; וּמַאן אִית לֵיהּ הַאי סְבָרָא? רַבִּי יְהוּדָה, מִכְּלָל דְּרֵישָׁא ר' יְהוּדָה! אָמַר רַב יוֹסֵף: רַבִּי הִיא, וְסָבַר לַהּ כְּר' יְהוּדָה. א"ל אַבַּיֵי: דַּוְקָא קָאָמַר מָר, רַבִּי סָבַר לַהּ כְּר' יְהוּדָה, אֲבָל רַבִּי יְהוּדָה לָא סָבַר לַהּ כְּרַבִּי. אוֹ דִּלְמָא: מִדְּרַבִּי סָבַר לַהּ כְּרַבִּי יְהוּדָה — אַף רַבִּי יְהוּדָה סָבַר לַהּ נַמִי כְּרַבִּי, מִיהוּ אוֹרְחָא דְּמִילְּתָא קָתָנֵי, לְמֵימַר דְּתַלְמִיד סָבַר לַהּ כְּרַבֵּיהּ? א"ל: אִין, דַּוְקָא קָאָמִינָא: רַבִּי סָבַר לַהּ כְּרַבִּי יְהוּדָה, אֲבָל ר' יְהוּדָה לָא סָבַר לַהּ כְּרַבִּי; דְּתַנְיָא: יָכוֹל יְהֵא יוה"כ מְכַפֵּר עַל שָׁבִים וְעַל שֶׁאֵינָן שָׁבִים? וְדִין הוּא: הוֹאִיל וְחַטָּאת וְאָשָׁם מְכַפְּרִין וְיוֹם הַכִּפּוּרִים מְכַפֵּר, מַה חַטָּאת וְאָשָׁם [ג]אֵין מְכַפְּרִין אֶלָּא עַל הַשָּׁבִים, [ד]אַף יוה"כ אֵין מְכַפֵּר אֶלָּא עַל הַשָּׁבִים! מַה לְּחַטָּאת וְאָשָׁם — שֶׁאֵין מְכַפְּרִין עַל הַמֵּזִיד כְּשׁוֹגֵג, תֹּאמַר לְיוה"כ שֶׁמְּכַפֵּר עַל הַמֵּזִיד כְּשׁוֹגֵג; הוֹאִיל וּמְכַפֵּר עַל הַמֵּזִיד כְּשׁוֹגֵג, יְכַפֵּר עַל שָׁבִים וְעַל שֶׁאֵינָן שָׁבִים? תַּלְמוּד לוֹמַר: °"אַךְ", חִלֵּק; סְתַם סִיפְרָא *מַנִּי? ר' יְהוּדָה, וְקָאָמַר: שָׁבִים — אִין, לֹא שָׁבִים — לָא. וְרָמֵי סְתַם סִיפְרָא אַסְּתַם סִיפְרָא, דְּתַנְיָא: *יָכוֹל לֹא יְהֵא יוה"כ מְכַפֵּר אא"כ הִתְעַנָּה בּוֹ *וּקְרָאוֹ מִקְרָא קֹדֶשׁ וְלֹא עָשָׂה בּוֹ מְלָאכָה; לֹא הִתְעַנָּה בּוֹ וְלֹא קְרָאוֹ מִקְרָא קֹדֶשׁ, וְעָשָׂה בּוֹ מְלָאכָה, מִנַּיִן? ת"ל: °"יוֹם כִּפּוּרִים הוּא", מ"מ! אָמַר אַבַּיֵי, לָא קַשְׁיָא: הָא רַבִּי, וְהָא רַבִּי יְהוּדָה. רָבָא אָמַר: הָא וְהָא רַבִּי, וּמוֹדֶה רַבִּי בְּכָרֵת דְּיוֹמָא, דְּאִי לָא תֵּימָא הָכִי, כָּרֵת דְּיוֹם הַכִּפּוּרִים לְרַבִּי לֵית לֵיהּ? אַלְמָה לָא? מַשְׁכַּחַתְּ לַהּ כְּגוֹן דַּעֲבַד בְּלֵילְיָא וּמִית, דְּלָא אֲתָא יְמָמָא לְכַפּוּרֵי לֵיהּ! אֶלָּא אֵימָא: כָּרֵת

(מראי מקומות בגליון: במדבר טו; שם; שם; ויקרא כג; [ד"ה יוה"כ]; כח)

רש"י

בְּעוֹמֵד בְּמִרְדּוֹ. דְּלָא עֲבַד תְּשׁוּבָה. וּדְקַשְׁיָא לָךְ: "זֶבַח רְשָׁעִים תּוֹעֵבָה"! מַתְנִי' רַבִּי הִיא, דְּאָמַר: יוה"כ מְכַפֵּר עַל שֶׁאֵינָן שָׁבִין, וְהַאי קְרָא מוֹקֵי לַהּ בִּשְׁאָר יוֹמֵי. פּוֹרֵק עוֹל. כּוֹפֵר בָּעִיקָּר. מְגַלֶּה פָּנִים בַּתּוֹרָה. בָּא עַל דִּבְרֵי תוֹרָה בְּחוּצְפָּא וּבְגִלּוּי עַזּוּת פָּנָיו, כְּגוֹן (סנהדרין דף צט:) מְנַשֶּׁה שֶׁהָיָה יוֹשֵׁב וְדוֹרֵשׁ בְּהַגָּדוֹת שֶׁל דּוֹפִי: לֹא הָיָה לְמֹשֶׁה לִכְתּוֹב אֶלָּא "וְתִמְנַע הָיְתָה פִילֶגֶשׁ", "וַיֵּלֶךְ רְאוּבֵן בִּימֵי קְצִיר חִטִּים" (בראשית ל)? בְּרִית. בְּשַׂר מִילָה. דְּבַר ה' בָּזָה זֶה הַפּוֹרֵק עוֹל. שֶׁבִּיזָּה דִּיבּוּר רִאשׁוֹן שֶׁנֶּאֱמַר בְּסִינַי "אָנֹכִי ה' אֱלֹהֶיךָ" (שמות כ) שֶׁלֹּא שָׁמְעוּ אוֹתוֹ אֶלָּא מִפִּי הַגְּבוּרָה. וּמְגַלֶּה פָּנִים. מִדְּאַפְּקֵיהּ קְרָא בִּלְשׁוֹן בִּזָּיוֹן, וְזֶה בּוֹזֶה דִּבְרֵי תוֹרָה הוּא. זֶה הַמֵּפֵר בְּרִית בַּבָּשָׂר. שֶׁהִיא מִצְוָה יְחִידִית. לֹא אָמַרְתִּי אֶלָּא בִּזְמַן שֶׁעֲוֹנָה בָּהּ. אַלְמָא בְּשֶׁאֵינוֹ שָׁב קָאֵי קְרָא. וּבְהָנָךְ תְּלָת הוּא דְּגַלֵּי לָן אַף לְאַחַר יוה"כ, הָא בִּשְׁאָר, אע"פ שֶׁאֵינוֹ שָׁב — יוֹם הַכִּפּוּרִים מְכַפֵּר. וְרַבָּנַן. דְּאִית לְהוּ נַמִי בִּשְׁאָר עֲבֵירוֹת דְּאֵין יוה"כ מְכַפֵּר עַל שֶׁאֵינָן שָׁבִין, אָמְרִי לָךְ: הָא דְּגַלֵּי לָן קְרָא בְּהָנָךְ תְּלָת — לָאו בְּיוה"כ אַיְירֵי. אֶלָּא "הִכָּרֵת תִּכָּרֵת" דְּקָאָמַר — תִּכָּרֵת לָעוֹלָם הַבָּא, שֶׁאַף מִיתָה אֵינָהּ מְמָרֶקֶת עַל שָׁלֹשׁ הַלָּלוּ בְּלֹא תְּשׁוּבָה. אֲבָל שְׁאָר עֲבֵירוֹת, בְּלֹא תְּשׁוּבָה נַמִי מִיתָה מְמָרֶקֶת אַחַר יוֹם הַכִּפּוּרִים, אֲבָל יוה"כ בְּלֹא מִיתָה — לֹא. שֶׁאִם עָשָׂה תְּשׁוּבָה. וְאֵין עֲוֹנָהּ בָּהּ — מִיתָה מְמָרֶקֶת אַף עַל שָׁלֹשׁ הַלָּלוּ, וְלֹא תִּכָּרֵת לָעוֹלָם הַבָּא. אֶחָד יִשְׂרָאֵל וכו'. מִתְכַּפְּרִים מִשְּׁאָר עֲבֵירוֹת בְּשָׂעִיר הַמִּשְׁתַּלֵּחַ. וּמַאן אִית לֵיהּ הַאי סְבָרָא. דְּכֹהֲנִים מִתְכַּפְּרִין בַּמִּשְׁתַּלֵּחַ. רַבִּי יְהוּדָה. לְקַמָּן בְּהַאי פִּירְקָא. אֲבָל ר' יְהוּדָה לָא סָבַר לַהּ כְּרַבִּי. שֶׁיְּהֵא יוה"כ מְכַפֵּר עַל שֶׁאֵינָן שָׁבִים, וְלָא אָתְיָא מַתְנִיתִין אַלִּיבֵּיהּ. אוֹ דִּלְמָא. רַבִּי יְהוּדָה נַמִי כְּרַבִּי סָבַר לַהּ, וּמַתְנִיתִין רַבִּי יְהוּדָה נַמִי. וְהַאי דְּלָא קָאָמַר: רַבִּי יְהוּדָה הִיא, וְסָבַר לַהּ כְּרַבִּי — אוֹרְחָא דְּמִילְּתָא שַׁיָּיךְ טְפֵי לְמֵימַר: רַבִּי הִיא וְסָבַר לַהּ כְּר' יְהוּדָה רַבֵּיהּ, וְלָא לְמֵימַר: רַבִּי יְהוּדָה הִיא וְסָבַר לֵיהּ כְּרַבִּי תַּלְמִידֵיהּ. דַּוְקָא קָאָמִינָא רַבִּי סָבַר לַהּ כְּרַבִּי יְהוּדָה. בְּשָׂעִיר הַמִּשְׁתַּלֵּחַ, דְּע"כ מַתְנִיתִין רַבִּי הִיא כִּדְאוֹקִימְנָא, מִדְּקָתָנֵי יוה"כ מְכַפֵּר עַל שֶׁאֵינָן שָׁבִין. אֲבָל ר' יְהוּדָה לָא סָבַר לֵיהּ כְּרַבִּי, דְּתַנְיָא: אֵין יוה"כ מְכַפֵּר עַל שֶׁאֵינָן שָׁבִין לְרַבִּי יְהוּדָה. חַטָּאוֹת וַאֲשָׁמוֹת אֵין מְכַפְּרִין אֶלָּא עַל הַשָּׁבִין. דִּכְתִיב (במדבר ה): "וְהִתְוַדּוּ אֶת חַטָּאתָם" וגו' (ויקרא ה), "וְהִתְוַדָּה אֲשֶׁר חָטָא עָלֶיהָ". שֶׁאֵין מְכַפְּרִין עַל הַמֵּזִיד כְּשׁוֹגֵג. רוֹב חַטָּאוֹת וַאֲשָׁמוֹת אֵין מְכַפְּרִין עַל הַמֵּזִיד כְּשׁוֹגֵג, אֶלָּא אֲשַׁם שִׁפְחָה חֲרוּפָה וַאֲשַׁם נָזִיר טָמֵא וַאֲשַׁם שְׁבוּעַת הַפִּקָּדוֹן וְחַטָּאת דִּשְׁבוּעַת הָעֵדוּת. אַךְ חִלֵּק. "אַךְ בֶּעָשׂוֹר לַחֹדֶשׁ הַשְּׁבִיעִי הַזֶּה יוֹם הַכִּפּוּרִים הוּא", וְכָל אַכִּין וְרַקִּין מִיעוּטִין, לְלַמֶּדְךָ שֶׁפְּעָמִים שֶׁאֵין יוה"כ מְכַפֵּר. סְתַם סִיפְרָא. תּוֹרַת כֹּהֲנִים — ר' יְהוּדָה הִיא, הָכִי אָמְרִינַן בְּסַנְהֶדְרִין בְּ"אֵלּוּ הֵן הַנֶּחֱנָקִין" (דף פו.). לֹא קְרָאוֹ מִקְרָא קוֹדֶשׁ. לֹא קִיבְּלוֹ בְּבִרְכוֹתָיו לוֹמַר "מְקַדֵּשׁ יִשְׂרָאֵל וְיוה"כ". וּמוֹדֶה רַבִּי בְּכָרֵת דְּיוֹמָא. הָא דְּתַנְיָא קַמַּיְיתָא דְּאֵינוֹ מְכַפֵּר עַל שֶׁאֵינָן שָׁבִין — בְּכָרֵת שֶׁל יוֹם הַכִּפּוּרִים קָאָמַר, שֶׁל עִינּוּי וְשֶׁל מְלָאכָה. אֲבָל עַל כָּל שְׁאָר עֲבֵירוֹת — מְכַפֵּר אַף עַל פִּי שֶׁעָשָׂה בּוֹ מְלָאכָה וְלֹא הִתְעַנָּה בּוֹ. דְּאִי לָא תֵּימָא הָכִי. דְּבְכָרֵת דְּיוֹמֵיהּ מוֹדֶה רַבִּי דְּלֹא מְכַפֵּר, וְתֵימָא דַּאֲפִילּוּ כָּרֵת דְּיוֹמֵיהּ [א] מְכַפֵּר. כָּרֵת דְּיוה"כ לֵית לֵיהּ לְרַבִּי. בִּתְמִיהָ, א"כ לָמָּה כָּתַב רַחֲמָנָא בְּיוֹם הַכִּפּוּרִים כָּרֵת? בִּשְׁלָמָא שְׁאָר כְּרֵיתוֹת דְּאִי מָיֵית קוֹדֶם יוה"כ לָא אִיכַּפַּר, אֲבָל הָנָךְ לָמָּה לִי? הָא כִּי עָבַר עֲלֵיהּ מְכַפֵּר עֲלֵיהּ הָא יוֹמָא! אַלְמָה לֹא. בִּתְמִיהָ. כְּלוֹמַר, אַמַּאי אִי אִית לֵיהּ לְרַבִּי דִּמְכַפֵּר עַל כָּרֵת דְּיוֹמֵיהּ בְּלֹא תְּשׁוּבָה — לָא אִיכָּא כָּרֵת בְּיוֹם הַכִּפּוּרִים? וְהָא מַשְׁכַּחַתְּ לַהּ כְּגוֹן דַּעֲבַד בְּלֵילְיָא וּמִית דְּלָא אָתֵי יְמָמָא לְכַפּוּרֵי לֵיהּ. שֶׁאֵין מְכַפֵּר אֶלָּא יוֹם, כִּדְכְתִיב (ויקרא טז): "כִּי בַיּוֹם הַזֶּה יְכַפֵּר עֲלֵיכֶם". וּמַקְשִׁינַן

תוספות

בעומד במרדו. הקשה הר"ר שלמה מדריו"ש: דבפרק בתרא דיומא (דף פה: ושם) אמרינן: מיתה ויום הכפורים מכפרים עם התשובה; עם התשובה — אין, בפני עצמו — לא, הא מני — דלא כרבי. והא לא אתיא אפילו כרבנן, דאית להו דמיתה בלא תשובה מכפרת בשאר עבירות דלאו הנך שלשה! ויש לומר: דהכא לא קאמרי רבנן דמיתה ממרקת אלא עם היסורין והדינין שדנין אותו לאחר מיתה, וע"י כך אינו נכרת לעולם הבא. אבל עם התשובה — מיתה ממרקת לגמרי, שאין נדון עוד ביסורין לאחר מיתה. אבל לרבי — מיתה ויוה"כ בלא תשובה ממרקת לגמרי בשאר עבירות. והשתא אתי שפיר כרבנן.

שאין מכפרין על המזיד. פירש בקונטרס: רוב חטאות ואשמות אין מכפרין על המזיד, אלא אשם שפחה חרופה ואשם נזיר טמא ואשם שבועת הפקדון וחטאת דשבועת העדות. וא"ת: ונגמר מהנהו שמכפר על הזדון כשוגג! וי"ל, דאיכא למיפרך: שכן אין מכפר על חייבי כריתות וחייבי מיתות ב"ד.

הואיל ומכפר על המזיד. וא"ת: נימא דיוה"כ לא יכפר על המזיד, מידי דהוה אחטאת ואשם! וי"ל: דקרא דיוה"כ הוא, איכא למ"ד דמשמע אפי' אינם שבים, וכ"ע מודו דמרבינן במזיד. ועוד, דאדרבה נילף משעיר הנעשה בפנים שמכפר על המזיד.

לא קראו מקרא קודש. פירש בקונטרס: שלא קיבלו עליו בברכותיו לומר "מקדש ישראל ויום הכפורים". ואין נראה, דלא אשכחן ברכות ביום הכפורים דליהוו דאורייתא. ונראה לר"ת: קראו מקרא קודש — שמודה שב"ד קדשוהו ושובת ממלאכה בשביל קדושת היום, ולא קראו מקרא קדש — שאינו שובת מחמת קדושת היום, אלא מחמת שמתעצל לעשות מלאכה. **תלמוד** לומר יום כפורים הוא מכל מקום. תימה: דלמא בעשה תשובה איירי, ולעולם סבר תנא דאינו מכפר אלא על השבין! **דאי** לא תימא הכי. ואם תאמר: למה לו "אך" חלק, למאי דס"ד השתא דידעינן מסברא דכרת דיום הכפורים לרבי לית ליה? וי"ל: דהמ"ל "ולטעמיך". או שמא איצטריך "אך" — אפי' חזר בו מעבירה אלא שמבעט בכפרה, שאינו רוצה שיום הכפורים יכפר.

***דעבד** סמוך לשקיעת החמה. אבל לאחר שילוח שעיר לא מצי לאוקומה, שהוא מכפר כל היום. ואף על גב דמשמע לעיל (דף ח:) שאין קרבנות מכפרין על עבירות של אח"כ אפילו בו ביום, דאמר: נפקא מינה לטומאה שאירעה בין זה לזה — שאני שעיר המשתלח דכתיב ביה: "כי ביום הזה יכפר עליכם לטהר אתכם מכל חטאתיכם" משמע דכל היום יכפר. אי נמי, היום עצמו בלא שעיר המשתלח מכפר קצת, ואין כאן כרת גמור. וכה"ג אשכחן בפרק קמא דזבחים (דף ו. ושם) דעולה מכפרת על היורש *מקופיא ולא מקיבעא, כלומר לגמרי. והשתא אתי

(בגליון: [ד"ה דעבד])

עין משפט נר מצוה

מז א מיי' פ"א מהל' תשובה הלכה א:

מח ב מיי' שם פ"א הלכה ד:

מט ג מיי' שם הל' א ופ"ג מהל' שגגות הלכה י:

נ ד מיי' פ"א מהל' תשובה הלכה ג ופ"ג מהל' שגגות שם:

רבינו חננאל

המשתלח מכפר. ואוקימנא למתני' בעבר על מצות עשה ולא עשה תשובה אלא עומד במרדו ורבי היא דתניא אע"פ שלא עשה תשובה יוה"כ מכפר עליו חוץ מפורק עול ומגלה פנים בתורה ומפר ברית בבשר שאין יוה"כ מכפר עליהן אלא אם יחזרו בתשובה כו'. דברי רבי ורבנן פשוטים הם. ואקשי' ומי מצית מוקמת לה למתני' כרבי והא מדקתני סיפא אחד ישראל ואחד כהנים ואחד כהן משוח ותירצה רב יהודה שחללו כולן מתכפרין בשעיר המשתלח בשאר עבירות ומתני' ר' יהודה היא מכלל דרישא נמי ר' יהודה היא. ופריק רב יוסף מתני' כולה רבי היא וסיפא סבר לה כר' יהודה. פי' ר' יהודה רביה. ורבי תלמיד הוא. ואמר ליה דוקא קא אמרת. א"ל רב יוסף דוקא קאמינא. דרבי סבר לה כר' יהודה רביה דשעיר המשתלח בשאר עבירות זולתי טומאת מקדש וקדשיו מכפר על הכל. ור' יהודה לא סבר לה כרבי דיוה"כ מכפר אפי' על שאינן שבין. דקתני סתמא בתורת כהנים דהוא סיפרא כי יוה"כ אינו מכפ' אלא על השבין שנאמר אך בעשור לחדש וגו' וקיימא לן אכין ורקין מיעוטין. ואינו מכפר על שאינן שבין. וסתם סיפרא ר' יהודה היא כדגרסינן באלו הן הנחנקין משמיה דר' יוחנן סתם סיפרא ר' יהודה: ורמינן סתם סיפרא אסתם סיפרא. ופריק אביי הא רבי [והא ר'] יהודה. רבא אמר הא והא רבי היא. והא דתניא אם לא שב אינו מתכפר לו בעבירה שעבר יום הכפורים דאי לא תימא הכי כרת דכתיבא ביום הכפורים לית ליה לרבי. ודחינן כרת (לר') דיוה"כ (חיבי) [חבי] משכחת לה. כגון דאכיל בליליא או עבד עבידתא ומית דלא סליק עמוד השחר לכפורי ליה.

פי' דבר שלף למעלה כלומר עולה מכפר על היורש דבר מועט.

מסורת הש"ס

יומא פה: פו. [כריתות ז.]

סנהדרין צט. ע"ש

[עי' תוס' יבמו' עב. ד"ה ומלבריהם]

[סנהדרין ל:]

[סנהדרין סד: ל:]

[פסחים ה. וש"נ]

*[עירובין צו: וש"נ]

[כריתות ז. כל הסוגיא ע"ש]

[ז"ל תוס' כריתות ז. ד"ה וקראו מקרא קדש פי' בכסות נקיה כדאמר במכילת' מקרא קדש כו' עכ"ל ועי' תוס' דהכא ד"ה לא קראו]

הגהות הב"ח

(א) רש"י ד"ה דאי כו' דיומיה נמי מכפר:

גליון הש"ס

גמ' זה הפורק עול. עיין יבמות דף ט ע"ב תוס' ד"ה מה:

כָּרֵת דִּימָמָא לְרַבִּי לֵית לֵיהּ? אַלְּמָה לָא? מַשְׁכַּחַתְּ לָהּ דַּאֲכַל אוּמְצָא וַחֲנָקֵיהּ וּמִית; אִי נַמִי, *דַּאֲכַל סָמוּךְ לִשְׁקִיעַת הַחַמָּה, דְּלָא הֲוָה שְׁהוּת לְכַפּוּרֵי לֵיהּ.§ "אֶחָד יִשְׂרָאֵל וְאֶחָד כֹּהֲנִים וְאֶחָד כֹּהֵן מָשׁוּחַ".§ הָא גּוּפָא קַשְׁיָא, קָתָנֵי: אֶחָד יִשְׂרָאֵל וְאֶחָד כֹּהֲנִים וְאֶחָד כֹּהֵן מָשׁוּחַ. וַהֲדַר תָּנֵי: מַה בֵּין יִשְׂרָאֵל לְכֹהֲנִים וּלְכֹהֵן מָשׁוּחַ! אָמַר רַב יְהוּדָה, [א]הָכִי קָאָמַר: אֶחָד יִשְׂרָאֵל וְאֶחָד כֹּהֲנִים וְאֶחָד כֹּהֵן מָשׁוּחַ מִתְכַּפְּרִין בְּשָׂעִיר הַמִּשְׁתַּלֵּחַ בִּשְׁאָר עֲבֵירוֹת, וְאֵין חִילּוּק בֵּינֵיהֶן. וּמַה בֵּין יִשְׂרָאֵל לְכֹהֲנִים וּלְכֹהֵן מָשׁוּחַ? אֶלָּא שֶׁהַפָּר מְכַפֵּר עַל הַכֹּהֲנִים עַל טוּמְאַת מִקְדָּשׁ וְקָדָשָׁיו וכו', וּמַנִּי? רַבִּי יְהוּדָה הִיא; *דְּתַנְיָא: °"וְכִפֶּר אֶת מִקְדַּשׁ הַקֹּדֶשׁ" (ויקרא טז) — זֶה לִפְנַי וְלִפְנִים, "אֶת אֹהֶל מוֹעֵד" — זֶה הֵיכָל, "מִזְבֵּחַ" — כְּמַשְׁמָעוֹ, "יְכַפֵּר" — אֵלּוּ עֲזָרוֹת, "כֹּהֲנִים" — כְּמַשְׁמָעוֹ, "עַם הַקָּהָל" — אֵלּוּ יִשְׂרָאֵל, "יְכַפֵּר" — אֵלּוּ הַלְוִיִּם; הוּשְׁווּ כּוּלָּן לְכַפָּרָה אַחַת, שֶׁמִּתְכַּפְּרִין בְּשָׂעִיר הַמִּשְׁתַּלֵּחַ בִּשְׁאָר עֲבֵירוֹת, דִּבְרֵי ר' יְהוּדָה. רַבִּי שִׁמְעוֹן אוֹמֵר: כְּשֵׁם שֶׁדַּם שָׂעִיר הַנַּעֲשָׂה בִּפְנִים מְכַפֵּר עַל יִשְׂרָאֵל עַל טוּמְאַת מִקְדָּשׁ וְקָדָשָׁיו — כָּךְ דַּם הַפָּר מְכַפֵּר עַל הַכֹּהֲנִים עַל טוּמְאַת מִקְדָּשׁ וְקָדָשָׁיו, וּכְשֵׁם שֶׁוִּידּוּיוֹ שֶׁל שָׂעִיר הַמִּשְׁתַּלֵּחַ מְכַפֵּר עַל יִשְׂרָאֵל בִּשְׁאָר עֲבֵירוֹת — כָּךְ וִידּוּיוֹ שֶׁל פָּר מְכַפֵּר עַל הַכֹּהֲנִים בִּשְׁאָר עֲבֵירוֹת. וּלְרַבִּי שִׁמְעוֹן, הָא וַדַּאי הוּשְׁווּ! מַאי הוּשְׁווּ? דִּבְנֵי כַפָּרָה נִינְהוּ, מִיהוּ כָּל חַד וְחַד מְכַפֵּר בִּדְנַפְשֵׁיהּ. מַאי טַעְמֵיהּ דְּרַבִּי שִׁמְעוֹן? דִּכְתִיב: °"וְלָקַח אֶת שְׁנֵי הַשְּׂעִירִים" (שם), אִיתְקַשׁ שָׂעִיר הַמִּשְׁתַּלֵּחַ לְשָׂעִיר הַנַּעֲשֶׂה בִּפְנִים, מַה שָּׂעִיר הַנַּעֲשֶׂה בִּפְנִים אֵינוֹ מְכַפֵּר עַל הַכֹּהֲנִים עַל טוּמְאַת מִקְדָּשׁ וְקָדָשָׁיו, דִּכְתִיב בֵּיהּ: "אֲשֶׁר לָעָם" — אַף שָׂעִיר הַמִּשְׁתַּלֵּחַ אֵינוֹ מְכַפֵּר עַל הַכֹּהֲנִים בִּשְׁאָר עֲבֵירוֹת. וְרַבִּי יְהוּדָה אָמַר לָךְ: לְהָכִי אִיתְקוּשׁ, *[ב]שֶׁיְּהוּ שָׁוִים בְּמַרְאֶה וּבְקוֹמָה וּבְדָמִים הוּא דַּאֲתָא. מַאן תְּנָא לְהָא דְּתָנוּ רַבָּנַן: "וְשָׁחַט אֶת שְׂעִיר הַחַטָּאת אֲשֶׁר לָעָם" — שֶׁאֵין הַכֹּהֲנִים מִתְכַּפְּרִין בּוֹ; וּבַמֶּה מִתְכַּפְּרִין? בְּפָרוֹ שֶׁל אַהֲרֹן. יָכוֹל לֹא יִתְכַּפְּרוּ בְּפָרוֹ שֶׁל אַהֲרֹן, שֶׁהֲרֵי כְּבָר נֶאֱמַר: "אֲשֶׁר לוֹ", מֵעַתָּה אֵין לָהֶן כַּפָּרָה? כְּשֶׁהוּא אוֹמֵר: "יְכַפֵּר עַל הַכֹּהֲנִים" — מָצִינוּ לָהֶן כַּפָּרָה; בְּמָה הֵן מִתְכַּפְּרִין? מוּטָב שֶׁיִּתְכַּפְּרוּ בְּפָרוֹ שֶׁל אַהֲרֹן, שֶׁהֲרֵי הוּתַּר מִכְּלָלוֹ אֵצֶל בֵּיתוֹ, וְאַל יִתְכַּפְּרוּ בְּשָׂעִיר הַנַּעֲשֶׂה בִּפְנִים שֶׁלֹּא הוּתַּר מִכְּלָלוֹ אֵצֶל בֵּיתוֹ. וְאִם נַפְשְׁךָ לוֹמַר — הֲרֵי הוּא אוֹמֵר: °"בֵּית אַהֲרֹן בָּרְכוּ אֶת ה', בֵּית הַלֵּוִי בָּרְכוּ אֶת ה', יִרְאֵי ה' בָּרְכוּ אֶת ה'" (תהלים קלה) מַאן תַּנָּא? אָמַר ר' יִרְמְיָה: דְּלָא כְּר' יְהוּדָה, *דְּאִי ר' יְהוּדָה — הָאָמַר: כֹּהֲנִים יֵשׁ לָהֶן כַּפָּרָה בְּשָׂעִיר הַמִּשְׁתַּלֵּחַ. וּמַנִּי? *רָבָא אָמַר: ר' שִׁמְעוֹן הִיא, דְּאָמַר: כֹּהֲנִים אֵין לָהֶם כַּפָּרָה בְּשָׂעִיר הַמִּשְׁתַּלֵּחַ. אַבַּיֵי אָמַר: אֲפִי' תֵּימָא ר' יְהוּדָה, הָכִי קָאָמַר: מֵעַתָּה אֵין לָהֶם כַּפָּרָה בְּטוּמְאַת מִקְדָּשׁ וְקָדָשָׁיו? כְּשֶׁהוּא אוֹמֵר: "יְכַפֵּר עַל הַכֹּהֲנִים" — מָצִינוּ שֶׁיֵּשׁ לָהֶן כַּפָּרָה בִּשְׁאָר עֲבֵירוֹת, וּכְמוֹ דְּמָצִינוּ שֶׁיֵּשׁ לָהֶן כַּפָּרָה בִּשְׁאָר עֲבֵירוֹת, כָּךְ יֵשׁ לָהֶן כַּפָּרָה בְּטוּמְאַת

ומַקְשִׁינַן: וְכָרֵת דִּימָמָא לְרַבִּי לֵית לֵיהּ. בִּתְמִיָּה, וְהָא בְּהֶדְיָא כְּתִיב כָּרֵת דִּימָמָא, דִּכְתִיב בֵּין בְּעִינּוּי בֵּין בִּמְלָאכָה "בְּעֶצֶם הַיּוֹם הַזֶּה" (ויקרא כג)! וַחֲנַקְתֵּיהּ. שֶׁלֹּא עָבַר עָלָיו רֶגַע מִן הַיּוֹם לְאַחַר עֲבֵירָתוֹ. סָמוּךְ לִשְׁקִיעַת הַחַמָּה. עִם צֵאת הַיּוֹם, שֶׁלֹּא עָבַר רֶגַע בַּיּוֹם אַחַר הָעֲבֵירָה. דְּתַנְיָא חוֹמֶר בְּשָׂעִיר כו' לָא גָּרְסִינַן לָהּ. וְכִפֶּר אֶת מִקְדַּשׁ הַקֹּדֶשׁ. בַּעֲבוֹדַת פַּר וְשָׂעִיר שֶׁל יוֹם הַכִּפּוּרִים כְּתִיב, הַמְכַפֶּרֶת עַל טוּמְאַת מִקְדָּשׁ וְקָדָשָׁיו. זֶה לִפְנַי וְלִפְנִים. עַל טוּמְאָה שֶׁאֵירְעָה לִפְנַי וְלִפְנִים, כְּגוֹן נִטְמָא לִפְנַי וְלִפְנִים וְשָׁהָה כְּדֵי הִשְׁתַּחֲוָאָה, דְּמִחַיַּיבְתְּ לֵיהּ עַל שְׁהִיָּיתוֹ כִּדְמְפָרֵשׁ בְּפֶ' שֵׁנִי (לקמן דף טז:). זֶה הֵיכָל. אִם נִטְמָא בַּהֵיכָל. (א) זֶה מִזְבֵּחַ. מִזְבַּח הַזָּהָב, אִם הִקְטִיר קְטוֹרֶת בְּטוּמְאָה, וּבִשְׁהִיָּיה. אֵלּוּ הָעֲזָרוֹת. נִכְנַס לָעֲזָרָה בְּטוּמְאָה. הוּשְׁווּ כּוּלָּן בְּכַפָּרָה אַחַת. בְּהָא "יְכַפֵּר" בַּתְרָא הַשְׁוָה כֹּהֲנִים לְוִיִּם וְיִשְׂרְאֵלִים, מְלַמֵּד שֶׁכּוּלָּן מִתְכַּפְּרִין בְּשָׂעִיר הַמִּשְׁתַּלֵּחַ בִּשְׁאָר עֲבֵירוֹת. דְּאִילּוּ בְּטוּמְאַת מִקְדָּשׁ וְקָדָשָׁיו לֵיכָּא לְמֵימַר דְּהוּשְׁווּ, שֶׁהֲרֵי הַפָּר מְכַפֵּר עַל הַכֹּהֲנִים וְשָׂעִיר הַפְּנִימִי עַל יִשְׂרָאֵל. ר' שִׁמְעוֹן אוֹמֵר כְּשֵׁם שֶׁדַּם הַשָּׂעִיר. לְבַדּוֹ מְכַפֵּר עַל יִשְׂרָאֵל בְּטוּמְאַת מִקְדָּשׁ בְּלֹא שׁוּם וִידּוּי, שֶׁהֲרֵי אֵין שׁוּם וִידּוּי בְּשָׂעִיר הַפְּנִימִי — כָּךְ דַּם הַפָּר לְבַדּוֹ בְּלֹא וִידּוּי מְכַפֵּר עַל הַכֹּהֲנִים בְּטוּמְאַת מִקְדָּשׁ. וְאִיַּיתַּר לֵיהּ וִידּוּי הַפָּר לִשְׁאָר עֲבֵירוֹת. הָא וַדַּאי הוּשְׁווּ. בְּכַפָּרָה אַחַת, וְאִי בִּשְׁאָר עֲבֵירוֹת לֹא הוּשְׁווּ בְּמַאי הוּשְׁווּ? וּמְשַׁנֵּי: הוּשְׁווּ דִּבְנֵי כַּפָּרָה נִינְהוּ. לְכָךְ הוּשְׁווּ — לְלַמֶּדְךָ שֶׁיֵּשׁ לְכוּלָּם כַּפָּרָה, בֵּין בְּטוּמְאַת מִקְדָּשׁ בֵּין בִּשְׁאָר עֲבֵירוֹת. מִיהוּ כָּל חַד בִּדְנַפְשֵׁיהּ. אֵלּוּ בַּפָּר וְאֵלּוּ בַּשָּׂעִיר. אֲשֶׁר לָעָם. וְלֹא לַכֹּהֲנִים. הוּתַּר מִכְּלָלוֹ. מִכְּלָל שֶׁאָמַר "אֲשֶׁר לוֹ", דְּמַשְׁמַע: לוֹ וְלֹא לַאֲחֵרִים הוּתְּרוּ. אֵצֶל בֵּיתוֹ. דִּכְתִיב (ויקרא טז): "וְכִפֶּר בַּעֲדוֹ וּבְעַד בֵּיתוֹ". וְאִם נַפְשְׁךָ לוֹמַר. לְהַקְשׁוֹת כְּלוּם עַל הַמִּדְרָשׁ הַזֶּה. וּלְקַמֵּיהּ מְפָרֵשׁ מַה יֵּשׁ לוֹ לְהַקְשׁוֹת. הֲרֵי הוּא אוֹמֵר כו'. ע"כ הַמִּקְרָא מְלַמֶּדְךָ שֶׁמִּתְכַּפְּרִים בְּפָרוֹ שֶׁל אַהֲרֹן, שֶׁנֶּאֱמַר: "בֵּית אַהֲרֹן בָּרְכוּ אֶת ה'", הֲרֵי כָּל הַכֹּהֲנִים קְרוּיִין בֵּיתוֹ, הֲרֵי הֵם בִּכְלַל "וּבְעַד בֵּיתוֹ". מַאן תַּנָּא. לְהָא מַתְנִיתָא דְּקָתָנֵי: מֵעַתָּה אֵין לָהֶן כַּפָּרָה, דְּמַשְׁמַע דְּאִם לֹא בַּפָּר יִתְכַּפְּרוּ אֵין לָהֶם כַּפָּרָה כְּלָל. דְּלָא כִּדְרַבִּי יְהוּדָה. אֶלָּא כְּר"ש, דְּאָמַר: כָּל כַּפָּרוֹתֵיהֶן בַּפָּר תְּלוּיוֹת. דְּאִי רַבִּי יְהוּדָה, א"נ לָא מְכַפְּרֵי בַּפָּר — אִית לְהוּ כַּפָּרָה מִיהַת בְּשָׂעִיר הַמִּשְׁתַּלֵּחַ בִּשְׁאָר עֲבֵירוֹת. אַבַּיֵי אָמַר כו'. וְהָכִי קָאָמַר מֵעַתָּה אֵין לָהֶם כַּפָּרָה בְּטוּמְאַת

אתי שפיר דלא קאמר: כגון שמת קודם שנשתלח השעיר או כגון דליכא שעיר המשתלח, כדאמר לעיל (דף ח:) ונפקא מינה היכא דלא עבד חילוף. וי"מ: דיום הכפורים בלא שעיר המשתלח מכפר לגמרי. ונפקא מינה, דשעיר מכפר מיד ויום הכפורים אינו מכפר עד שתחשך למוצאי יום הכפורים. כדתניא: חומר בשעיר מביום הכפורים שהשעיר מכפר מיד ויום הכפורים עד שתחשך, חומר ביוה"כ מבשעיר שיום הכפורים מכפר בלא קרבן מה שאין כן בשעיר. והא דנקט כגון דחנקתיה אומצא — לאו דוקא, אלא הוא הדין שמת בו ביום, ולרווחא דמילתא נקטה: *אי נמי אפילו לא מת בו ביום אלא אחר כמה ימים, וכגון דעבד סמוך לשקיעת החמה. **וכפר** את מקדש הקדש זה לפני ולפנים. פירש בקונטרס: דבטומאת לפני ולפנים ובטומאת היכל איירי. וקשה: דאמאי צריך קרא לכולהו? הא לקמן פ"ב (דף טז:) גבי כרת לא מצריכין אלא חד קרא לכולהו! ושמא כיון שהושוו לענין כפרה הושוו לכל דבר. ומיהו קשיא, שצריך לדחוק הקונט' לפרש מזבח כמשמעו — כגון שהקטיר עליו בטומאה, וא"כ היינו טמא ששימש, ולא מצינו שיכפר שעיר הפנימי על כהן ששימש בטומאה! ועוד, אי בטומאת מקדש וקדשיו איירי הכא לרבי יהודה, מאי קאמר לעיל (דף ח.) רבי שמעון: ממקומו הוא מוכרע? הא אפי' לרבי יהודה נמי ממקומו מוכרע! ועוד דבס"פ "הוציאו לו" (יומא דף סא.) מייתי לה אמתניתין ד"וכן בהיכל וכן במזבח הזהב" דמתני' לענין הזאה! ע"כ נראה דבהזאה איירי, ו"לפני ולפנים" היינו על בין הבדים, ו"ההיכל" היינו על הפרכת, ו"מזבח" היינו מזבח הזהב, ו"עזרות" היינו שירי הדם שהיה שופך על יסוד מערבי של מזבח החיצון שהיה בעזרה, כדתנן ב"איזהו מקומן" (זבחים מז.). ומיהו קשיא הא דנקט עזרות, דה"ל למימר "עזרה"! ועוד, דהזאות כולהו כתיבי בהדיא בפרשה. ולעיכובא לא איצטריך, דנפקא לן בפרק "איזהו מקומן" (שם דף נב:) ובפרק "הוציאו לו" (יומא דף ס:): "וכלה וכפר", אם כלה כיפר, ואם לא כלה לא כיפר! וי"ל: דאיצטריך האי קרא דכהן משוח ומרובה בגדים יכול לעשות כן, לפי שכל הפרשה כתיב בה אהרן. וכן תניא בת"כ: "וכפר הכהן אשר ימשח" מת"ל? לפי שכל הפרשה כולה אמור בה אהרן, לכן כתיב: "וכפר את מקדש הקדש" וגו' — שכל משוח ומרובה בגדים צריך לעשות כן.

הושוו כולן לכפרה אחת. אבל לשעיר הפנימי לא הושוו, דכתיב: "אשר לעם", ודרשינן בסמוך: ולא לכהנים. **ואיתקש** שעיר המשתלח לשעיר הנעשה בפנים. תימה: דבפ"ב דכריתות (דף כה:) גבי חטאים דומיא דפשעים, פריך: האי בשעיר הנעשה בפנים הוא דכתיב. והשתא לגמר מיניה שעיר המשתלח, דהא איתקש!

כולן

רבינו חננאל

וביממא נמי כגון דעבד סמוך לשקיעת החמה דלא הוה שהות ביום לכפורי ליה אי נמי דעד דהוה אכיל חנקתיה אומצא ומית: תנא (א) חומר בשעיר מיוה"כ. שהשעיר מכפר מיד ויוה"כ אינו מכפר עד שתחשך. חומר ביוה"כ שיוה"כ מכפר בלא קרבן. והוא דהוה שהות ביום לכפורי ליה מה שאין כן בשעיר: **מתני'** אחד ישראל ואחד כהנים ואחד כהן משוח כו'. ותירצה רב יהודה הכי אחד ישראל ואחד כהנים ואחד כהן משוח מתכפרין בשעיר המשתלח. ואין חלוקה בהן. מה בין ישראל לכהנים לכהן משוח אלא ב) שדם הפר מכפר על הכהנים בטומאת מקדש וקדשיו. ומני ר' יהודה היא. דתניא וכפר את מקדש הקדש זה לפני ולפנים כו' ר' שמעון אומר כשם שדם השעיר הנעשה בפנים כו'. מאי טעמא דר' שמעון דכתיב ולקח את שני השעירים וגו' אתקש שעיר הנעשה בפנים לשעיר המשתלח. מה שעיר הנעשה בפנים אינו מכפר על טומאת מקדש וקדשיו אלא על ישראל בלבד. שנאמר ושחט את שעיר החטאת אשר לעם. לעם ישראל ולא לכהנים. אף שעיר המשתלח אינו מכפר (אלא) על הכהנים בשאר עבירות. ור' יהודה אמר לך האי קרא דכתיב שני השעירים שיהו שוין במראה ובקומה ובדמים הוא דאתא. מאן תנא להא דתנו רבנן ושחט את שעיר החטאת אשר לעם. שאין הכהנים מתכפרין בו. ובמה מתכפרין בפרו של אהרן כו'. ואמר ר' ירמיה דלא כר' יהודה. דאי ר' יהודה האמר כהנים יש להם כפרה בשעיר המשתלח שהוא של עם. רבא אמר האי תנא ר' שמעון היא. אביי אמר אפילו תימא ר' יהודה היא והכי קאמר מעתה אין להם כפרה בטומאת מקדש וקדשיו וכו' ופשוטה היא. ואקשינן ולר' שמעון הא ודאי אשוינהו קרא לכהנים ללוים ולישראלים. שנאמר ועל הכהנים ועל כל עם הקהל יכפר. ופרקי' ודאי השוו דבני כפרה נינהו וכל חד וחד בדידיה קמיכפר. הני בפר והני בשעיר. בשלמא

נא א מיי' פ"א מהל' תשובה הלכה ב:
נב ב מיי' פ"ה מהל' עבודת יוה"כ הל' יז:

רש"ל וקאמר אפילו

תורה אור

ויקרא טז

שם

תהלים קלה

[גי' התוס' בע"א דעבד וכן בסוף דכריתות גירסתם דעבד]

יומא סא. חולין קלא: מנחות לב.

[יומא סב.]

[יומא סו.]
*[ניתכן להיות רבה]

הגהות הב"ח
(א) רש"י ד"ה זה היכל וכו' בהיכל הס"ד ואח"כ מ"ה מזבח זה מזבח הזהב כו"ל:

א) כ"ה גירסת רבינו כאן בגמ' דמביא הך ברייתא שבתוספתא וירושלמי סוף יומא והיא הגירסא שמחקה רש"י ועי' רשב"א. ב) עי' רש"י לעיל ב' ע"ב ד"ה אלא שהפר.

בְּטוּמְאַת מִקְדָּשׁ וְקָדָשָׁיו; בַּמֶּה הֵם מִתְכַּפְּרִין? מוּטָב שֶׁיִּתְכַּפְּרוּ בְּפָרוֹ שֶׁל אַהֲרֹן, שֶׁהֲרֵי הוּתַּר מִכְּלָלוֹ אֵצֶל בֵּיתוֹ, וְאַל יִתְכַּפְּרוּ בְּשָׂעִיר הַנַּעֲשֶׂה בִּפְנִים, שֶׁהֲרֵי לֹא הוּתַּר מִכְּלָלוֹ. וְאִם נַפְשְׁךָ לוֹמַר — הֲרֵי הוּא אוֹמֵר: תהלים קלה °"בֵּית אַהֲרֹן בָּרְכוּ אֶת ה'" וגו'. (א) וּמַאי "אִם נַפְשְׁךָ לוֹמַר"? וְכִי תֵּימָא: "בֵּיתוֹ" כְּתִיב — כּוּלָּן קְרוּיִין בֵּיתוֹ, שֶׁנֶּאֱ': "בֵּית אַהֲרֹן בָּרְכוּ אֶת ה' (ב) יִרְאֵי ה' בָּרְכוּ אֶת ה'". וְהַאי "אֲשֶׁר לָעָם" לְהָכִי הוּא דְּאָתָא? הַאי מִיבְּעֵי לֵיהּ דְּקָאָמַר רַחֲמָנָא מִדְּעַם לֶיהֱוֵי! ההוּא ויקרא טז °מִ"וּמֵאֵת עֲדַת בְּנֵי יִשְׂרָאֵל" נַפְקָא. וְהַאי "אֲשֶׁר לוֹ" לְהָכִי הוּא דְּאָתָא? הַאי מִיבְּעֵי לֵיהּ *לְכִדְתַנְיָא: *[א]מִשֶּׁלּוֹ הוּא מֵבִיא וְאֵינוֹ מֵבִיא מִשֶּׁל צִבּוּר; יָכוֹל לֹא יָבִיא מִשֶּׁל צִבּוּר, שֶׁאֵין הַצִּבּוּר מִתְכַּפְּרִין בּוֹ, אֲבָל יָבִיא מִשֶּׁל אֶחָיו הַכֹּהֲנִים, שֶׁאֶחָיו הַכֹּהֲנִים מִתְכַּפְּרִין בּוֹ? ת"ל: שם °"אֲשֶׁר לוֹ". יָכוֹל לֹא יָבִיא, וְאִם הֵבִיא כָּשֵׁר? ת"ל שׁוּב: "אֲשֶׁר לוֹ", הַכָּתוּב *שָׁנָה עָלָיו לְעַכֵּב! תַּנָּא הָכִי קָא קַשְׁיָא לֵיהּ: מַאי שְׁנָא בְּדְעַם דְּלָא מְכַפֵּר — דְּלָא קָא חַסְרִי בֵּיהּ מָמוֹנָא, דִּכְתִיב: "אֲשֶׁר לָעָם"; בְּדְאַהֲרֹן נַמִי לָא קָא חַסְרִי בֵּיהּ מָמוֹנָא! וְקָאָמַר: כּוּלָּן קְרוּיִין "בֵּיתוֹ". בִּשְׁלָמָא לְר"ש, הַיְינוּ דִּכְתִיב תְּרֵי וִידּוּיִן וְדַם הַפָּר, חַד כְּנֶגֶד שָׂעִיר הַנַּעֲשֶׂה בִּפְנִים, וְחַד כְּנֶגֶד שָׂעִיר הַנַּעֲשֶׂה בַּחוּץ, וְחַד כְּנֶגֶד שָׂעִיר הַמִּשְׁתַּלֵּחַ; אֶלָּא לְר' יְהוּדָה, תְּרֵי וִידּוּיִן וְדַם הַפָּר ל"ל? בְּחַד וִידּוּי וְדָמוֹ סַגְיָא! אֶחָד לוֹ וְאֶחָד לְבֵיתוֹ, כִּדְתָנָא דְּבֵי רַבִּי יִשְׁמָעֵאל: כָּךְ הִיא מִדַּת הַדִּין נוֹהֶגֶת, מוּטָב יָבוֹא זַכַּאי וִיכַפֵּר עַל הַחַיָּיב, וְאַל יָבוֹא חַיָּיב וִיכַפֵּר עַל הַחַיָּיב.§

הדרן עלך שבועות שתים

יְדִיעוֹת הַטּוּמְאָה — שְׁתַּיִם שֶׁהֵן אַרְבַּע: [ב]נִטְמָא וְיָדַע, וְנֶעֶלְמָה מִמֶּנּוּ הַטּוּמְאָה וְזָכוּר אֶת הַקֹּדֶשׁ; נֶעֱלַם מִמֶּנּוּ הַקֹּדֶשׁ וְזָכוּר אֶת הַטּוּמְאָה; נֶעֶלְמוּ מִמֶּנּוּ זֶה וָזֶה, וְאָכַל אֶת הַקֹּדֶשׁ וְלֹא יָדַע, וּמִשֶּׁאָכַל יָדַע — הֲרֵי זֶה בְּעוֹלֶה וְיוֹרֵד. נִטְמָא וְיָדַע, וְנֶעֶלְמָה מִמֶּנּוּ טוּמְאָה וְזָכוּר אֶת הַמִּקְדָּשׁ; נֶעֱלַם מִמֶּנּוּ מִקְדָּשׁ וְזָכוּר אֶת הַטּוּמְאָה; נֶעֱלַם מִמֶּנּוּ זֶה וָזֶה, וְנִכְנַס לַמִּקְדָּשׁ וְלֹא יָדַע, וּמִשֶּׁיָּצָא יָדַע — הֲרֵי זֶה בְּעוֹלֶה וְיוֹרֵד.§ [ג]אֶחָד הַנִּכְנָס לָעֲזָרָה וְאֶחָד הַנִּכְנָס לְתוֹסֶפֶת הָעֲזָרָה; *[ד]שֶׁאֵין מוֹסִיפִין *עַל הָעִיר וְעַל הָעֲזָרוֹת אֶלָּא בְּמֶלֶךְ וְנָבִיא, וְאוּרִים וְתוּמִּים, וְסַנְהֶדְרִין שֶׁל שִׁבְעִים וְאֶחָד, [ה]וּבִשְׁתֵּי תוֹדוֹת *וּבְשִׁיר; וּבֵית דִּין מְהַלְּכִין וּשְׁתֵּי תוֹדוֹת אַחֲרֵיהֶן, וְכָל יִשְׂרָאֵל אַחֲרֵיהֶם.§ הַפְּנִימִית

רש"י

בְּטוּמְאַת מִקְדָּשׁ וְקָדָשָׁיו — כְּשֶׁהוּא אוֹמֵר "עַל הַכֹּהֲנִים וְעַל כָּל עַם הַקָּהָל יְכַפֵּר" וְלִימֵּד שֶׁהוּשְׁווּ כּוּלָּם לְכַפָּרָה אַחַת בְּשָׂעִיר הַמִּשְׁתַּלֵּחַ, לְרַבִּי יְהוּדָה מָלֵינוּ שֶׁיֵּשׁ לָהֶם כַּפָּרָה בִּשְׁאָר עֲבֵירוֹת, כִּי הֵיכָא דְּחַס רַחֲמָנָא לְמִיכְתַּב עֲלַיְיהוּ כַּפָּרָה בִּשְׁאָר עֲבֵירוֹת אִית לָן לְמֵילַף מִינָּהּ דְּיָהֵיב לְהוּ נַמִי כַּפָּרָה בְּטוּמְאַת מִקְדָּשׁ, וּבַמֶּה הֵן מִתְכַּפְּרִים כו'. מַאי אִם נַפְשְׁךָ לוֹמַר. מֶה הָיָה לוֹ לְהַקְשׁוֹת שֶׁהוּזְקַק לְהָבִיא מִקְרָא זֶה. וְכִי תֵּימָא בֵּיתוֹ כְּתִיב. וְלֹא שְׁאָר כֹּהֲנִים. לְהָכִי הוּא דְּאָתָא. שֶׁלֹּא יִתְכַּפְּרוּ בּוֹ כֹּהֲנִים? מִדְּעַם לֶיהֱוֵי. מִשֶּׁל צִבּוּר וְלֹא מִשֶּׁל (ג) כֹּהֵן גָּדוֹל! לְפִי שֶׁהַפָּר בָּא מִשֶּׁלּוֹ הוּצְרַךְ לוֹמַר בְּשָׂעִיר מִשֶּׁל צִבּוּר. לְהָכִי הוּא דְּאָתָא. שֶׁלֹּא יִתְכַּפְּרוּ בּוֹ אֲחֵרִים, שֶׁהוּזְקַקְתָּ לְהָבִיא מִקְרָא שֶׁיִּתְכַּפְּרוּ בּוֹ כֹּהֲנִים? ת"ל אֲשֶׁר לוֹ. תְּלָתָא כְּתִיבִי בְּפָר. אֲשֶׁר לוֹ. תַּנְיָא. תַּלְמוּד לוֹמַר אֲשֶׁר לוֹ. הַשְּׁלִישִׁי לְעַכֵּב. הָכִי קַשְׁיָא לֵיהּ. דְּקָאָמַר: יָכוֹל לֹא יִתְכַּפְּרוּ בְּפָרוֹ שֶׁל אַהֲרֹן — שֶׁהֲרֵי כְּבָר נֶאֱמַר "אֲשֶׁר לוֹ" לוֹמַר שֶׁאֵינוֹ בָּא מִשֶּׁל כֹּהֲנִים, וְכֵיוָן שֶׁאֵינָן חֲסֵירִין בּוֹ מָמוֹן לֹא נִתְכַּפְּרוּ בּוֹ. דְּמַאי שְׁנָא בְּשָׂעִיר הַפְּנִימִי דְּלָא מִכַּפְּרוּ בֵּיהּ — כִּדְיָלְפִינַן מֵ"אֲשֶׁר לָעָם" יְתֵירָא, מִשּׁוּם דְּלָא חָסְרוּ בּוֹ מָמוֹנָא, שֶׁלֹּא נִקְנָה מִשֶּׁלָּהֶם. הַיְינוּ דְּאִיכָּא תְּרֵי וִידּוּיֵי. בְּפָר, וּמַתַּן דָּמוֹ. תְּרֵי וִידּוּיֵי — דִּכְתִיב תְּרֵי זִימְנֵי "וְכִפֶּר בַּעֲדוֹ וּבְעַד בֵּיתוֹ", וְאָמַר מָר (יומא דף לו:): בְּכַפָּרַת דְּבָרִים הַכָּתוּב מְדַבֵּר, שֶׁהֲרֵי עֲדַיִין לֹא נִשְׁחַט הַפָּר. וְאִיכָּא מַתַּן דָּמוֹ — הֲרֵי ג' כַּפָּרוֹת, לְכַפֵּר עַל ג' עֲבֵירוֹת, שֶׁהַכֹּהֲנִים מִתְכַּפְּרִין בַּפָּר כְּנֶגֶד שָׁלֹשׁ עֲבֵירוֹת שֶׁיִּשְׂרָאֵל מִתְכַּפְּרִין בַּשְּׂעִירִים. חַד כְּנֶגֶד שָׂעִיר הַנַּעֲשֶׂה בִּפְנִים. לִתְלוֹת עַל שֶׁיֵּשׁ בָּהּ יְדִיעָה בַּתְּחִלָּה וְאֵין בָּהּ יְדִיעָה בַּסּוֹף. וְחַד כְּנֶגֶד שָׂעִיר הַחִיצוֹן. לְכַפֵּר עַל שֶׁאֵין בָּהּ יְדִיעָה בַּתְּחִלָּה וְיֵשׁ בָּהּ יְדִיעָה בַּסּוֹף. וְחַד כְּנֶגֶד שָׂעִיר הַמִּשְׁתַּלֵּחַ. לְכַפֵּר עַל שְׁאָר עֲבֵירוֹת. בְּחַד וִידּוּי וְדָמוֹ סַגֵּי. חַד כְּנֶגֶד שָׂעִיר הַפְּנִימִי וְחַד כְּנֶגֶד שָׂעִיר הַחִיצוֹן. יָבוֹא זַכַּאי וִיכַפֵּר עַל הַחַיָּיב. לְפִיכָךְ מִתְוַדֶּה וִידּוּי רִאשׁוֹן עָלָיו וְעַל בֵּיתוֹ, וּלְאַחַר שֶׁנַּעֲשָׂה זַכַּאי בְּוִידּוּי מִתְוַדֶּה עָלָיו וְעַל אֶחָיו. וּלְעוֹלָם תַּרְוַיְיהוּ חֲדָא כַּפָּרָה נִינְהוּ.

הדרן עלך שבועות שתים

יְדִיעוֹת. שֶׁהֵן אַרְבַּע. כְּבָר פֵּירַשְׁתִּי' בְּפֶרֶק רִאשׁוֹן בַּמִּשְׁנָה (דף ב.). נִטְמָא וְיָדַע. שֶׁנִּטְמָא, אוֹ בִּשְׁעַת טוּמְאָה אוֹ אַחֲרֵי כֵן. אֶחָד הַנִּכְנָס לָעֲזָרָה רִאשׁוֹנָה וְאֶחָד הַנִּכְנָס לְתוֹסֶפֶת. שֶׁהוֹסִיפוּ עָלֶיהָ אַחַר כֵּן. שֶׁאֵין מוֹסִיפִין כו'. לְפִיכָךְ הִיא קְדוֹשָׁה כָּרִאשׁוֹנָה. אֶלָּא בְּמֶלֶךְ כו'. כּוּלְּהוּ יָלֵיף מִקְרָאֵי. וּבִשְׁתֵּי תוֹדוֹת. מְפָרֵשׁ בַּגְּמָרָא שְׁנֵי לַחְמֵי תוֹדָה, וְהָיוּ נוֹשְׂאִין אוֹתָהּ בְּהֶיקֵּף סָבִיב. וּבְשִׁיר. מְפָרֵשׁ בַּגְּמָרָא. פְּנִימִית

תוספות

כּוּלָּן קרויין ביתו. תימה: ולוים במה יתכפרו? אי בשל צבור — "אשר לעם" כתיב, ולוים לא מיקרו "עם" למ"ד, ופלוגתא היא בפרק "הזרוע" (חולין דף קלא:). ואי בשל אהרן — לא איקרו "ביתו"! וכ"ת: כיון דאשכחן שיש להן כפרה, דכתיב "וכפר" אית לן למימר דלא אתי "אשר לעם" אלא למעוטי כהנים, ויתכפרו בשל צבור — אם כן מצינו בשעיר של עם שהותר מכללו. **האי** מיבעי ליה לכדתניא כו'. ומדאיצטריך קרא לומר דלא מייתי משל כהנים, אלמא מתכפרין בו! ומשני: תנא הכי קא קשיא ליה כו', וקרא איצטריך שלא תאמר כיון שמצינו שיש להן כפרה יתכפר בשלו ויביא משלהן. אבל קצת תימה: דמאי פריך? נימא דהא דדרשינן דלא מייתי משל כהנים היינו לבתר דקים לן דכהנים מתכפרין בו! **שנה** עליהן הכתוב לעכב. ואם תאמר: ונוקי "אשר לו" תניינא לעכב משל צבור, ושלישי למצוה משלו ולא משל כהנים! וי"ל: דסברא הוא למידרש מעיקרא למצוה קודם דנדרוש לעכב. וכן מוכח בפ"ק דזבחים (דף ז:) ובכמה דוכתי.

דלא מחסרי ממונא דכתיב אשר לעם. אע"ג דהאי נפקא לן מ"ומאת עדת בני ישראל", מ"מ "אשר לעם" משמע משל עם, אלא מדאייתר מוקמינן ליה שאין הכהנים מתכפרים בו. ולא מיבעיא למ"ד במסכת שקלים (דף ב) ובמנחות (דף כא:) שאין הכהנים מצווין לשקול, דודאי לא אתי מדידהו. אלא אפילו למ"ד שמצווין לשקול והשעיר בא מתרומת הלשכה, מ"מ אם חסרו מעות הלשכה ובאו לגבות לצורך שעיר — אין גובין משלהן, או אם בא אחר וזיכה שעיר לצבור — כשר, אע"פ שלא זכו בו כהנים.

בדאהרן נמי לא מחסרי ממונא. תימה: מ"מ ע"כ כיון שמצינו שיש להן כפרה בכל מה שיש כפרה לאחרים, מדכתיב "יכפר" — לא מצינו לאוקומה אלא בשל אהרן, מאחר שנתמעטו משל צבור מדכתיב "אשר לעם", ולא גמרינן מיניה, דגלי קרא! וי"ל: ד"אשר לעם" משמע נתינת טעם — משום שהוא משל עם, ואם היו מתכפרים משל אהרן אע"ג דלא מחסרי ממונא — א"כ אין הטעם נכון.

וקאמר כולן קרויין ביתו. והשתא, על שאין בה ידיעה לא בתחלה ולא בסוף שמכפרים שעירי רגלים — מתכפרים נמי כהנים אע"ג דלא מחסרי ממונא, הואיל ומצינו בשל אהרן מתכפרין אע"ג דלא מחסרי ממונא. ועוד, דדוקא ביום הכפורים הוא דמצרכי' ריבוא, לפי שמצינו חילוק בכפרה בין ישראל לכהנים.

שני וידוין ודם הפר. משמע שמתכפרין הכהנים בב' וידוין. א"כ מתניתין דיומא דפרק "אמר להן הממונה" (דף לה:) דקתני בוידוי ראשון "אני וביתי" ותו לא, ובשני "אני וביתי ובני אהרן" — לא מתוקמא כרבי שמעון, דלדידיה בוידוי ראשון נמי הל"ל "ובני אהרן". ותימה: דהא רבא מוקי לה התם וידוי דשעיר המשתלח כר' שמעון, ומסתמא כל הנהו מתני' דוידוין אתו נמי כר' שמעון! וי"ל: דאפילו ר' שמעון מודה שאינו מזכיר בהדיא בני אהרן עד שירצה כזכאי.

הדרן עלך "שבועות שתים"

ידיעות הטומאה. מתוך פ"ה משמע שרוצה לפרש כולה מתניתין בידיעה גמורה, שפירש וידע שנטמא. ואע"ג דמוקמא מתניתין כרבי דאמר דידיעת בית רבו שמה ידיעה, מ"מ נקטה לה במתניתין סתם ידיעה אע"ג דלא צריך. והמדקדק יכול לפרש כולה מתניתין בידיעת בית רבו.

רבינו חננאל

בשלמא לר' שמעון היינו דבעינן שני וידוין ודם הפר. פי' ודם הפר מכפר על הכהנים על טומאת מקדש וקדשיו. כנגד דם השעיר הנעשה בפנים שמכפר על טומאת מקדש וקדשיו על ישראל. וידוי אחד מכפר על הכהנים כמו שמכפר שעיר הנעשה בחוץ על ישראל. וידוי שני מכפר בשאר עבירות על הכהנים כמו שמכפר שעיר המשתלח בשאר עבירות על ישראל. אלא לר' יהודה דאמר בשאר עבירות הכל מתכפרין בשעיר המשתלח. וידוי שני בפר כהן גדול למה בחד וידוי ודם הפר סגי ליה. ופריק לר' יהודה שני וידוין כנגד שעיר הנעשה בחוץ. וידוי הראשון לו לכהן גדול להתכפר בו. והשני להתכפר בו כהנים שנקראו ביתו שנאמר בית אהרן ברכו את ה' כדתנא דבי ר' ישמעאל יבא זכאי ויכפר על החייב ואל יבא חייב ויכפר על החייב שכך מדת הדין נוהגת:

פ"ב מתני' ידיעות הטומאה שתים שהן ארבע נטמא וידע ונעלמה ממנו הטומאה וזכור לקודש כו'.

עין משפט נר מצוה

נג א מיי' פ"ה מהל' עבודת יוה"כ הל' יג:

א ב מיי' פי"א מהל' שגגות הלכה א:

ב ג מיי' פ"ג מהלכות ביאת מקדש הלכה יב סמג לאוין ד:

ג ד מיי' פ"ו מהל' בית הבחירה הל' יא ופ"ה מהל' סנהדרין הלכה א סמג עשין קסג:

ד ה מיי' פ"ו מהל' בית הבחירה הלכה יב יג:

מסורת הש"ס

יומא נח:

[מנחות יט: וש"נ]

[נ"ל אשר לו משלו]

סנהדרין ב. [ודף יד: סוטה מה.]

[עי' תוס' פסחים סד. ד"ה קראו]

[עי' תוס' לקמן ריש דף טו. ד"ה שאין]

הגהות הב"ח

(א) גמ' וגו' מאי אם כצ"ל ואות ו' נמחק: (ב) שם בית אהרן ברכו את ה' בית הלוי ברכו את ה' יראי ה': (ג) רש"י ד"ה מדעם כו' משל יחיד כהן גדול:

גליון הש"ס

גמ' ת"ל אשר לו. עי' מגילה דף ט ע"ב תוס' ד"ה אין:

ארבעי

ה א מיי' פ"ג מהל' ביאת מקדש הל' כא כב כג ופי"א מהלכות שגגות הלכה ב ג:
ו ב מיי' פ"ד מהל' איסורי ביאה הלכה יא סמג לאוין קיא ועשין רמג טוש"ע י"ד סי' קפה סעיף ד:
ז ג מיי' פי"א מהל' שגגות הל' א והל' ב:
ח ד ה מיי' שם הל' ב:

תורה אור

הפנימית נאכלת והחיצונה נשרפת. וכל שלא נעשית בכל אלו, הנכנס לשם אין חייב עליה.§ *א נטמא בעזרה, ונעלמה ממנו טומאה וזכור את המקדש, נעלם הימנו מקדש וזכור הטומאה, נעלם ממנו זה וזה, והשתחוה או ששהה בכדי השתחואה, או בא לו בארוכה — חייב, בקצרה — פטור. זו היא מצות עשה שבמקדש שאין חייבין עליה. ואיזו היא מצות עשה שבנדה שחייבין עליה? *ב היה משמש עם הטהורה, ואמרה לו "נטמאתי", ופירש מיד — חייב, מפני שיציאתו הנאה לו כביאתו.§ *רבי אליעזר אומר: "השרץ ונעלם ממנו" — על העלם שרץ חייב, ואינו חייב על העלם מקדש. *רבי עקיבא אומר: "ונעלם ממנו והוא טמא" — על העלם טומאה חייב, ואינו חייב על העלם מקדש. *ר' ישמעאל אומר: "ונעלם" "ונעלם" שתי פעמים, ג לחייב על העלם טומאה ועל העלם מקדש.§ **גמ'** *אמר רב פפא לאביי: שתים שהן ארבע? שתים שהן שש הויין: ידיעות הטומאה תחלה וסוף, ידיעות הקודש תחלה וסוף, ידיעות מקדש תחלה וסוף! ולטעמיך, תמני הויין, דהא איכא טומאה דקודש וטומאה דמקדש תחלה וסוף! הא לא קשיא, שם טומאה אחת היא. מכל מקום שית הויין! אמר רב פפא: לעולם תמני הויין, ארבעי קמייתא דלא מייתן ליה לידי קרבן לא קא חשיב, ארבעה בתרייתא דמייתן ליה לידי קרבן קא חשיב. ואיכא דאמרי, אמר רב פפא: לעולם תמני הויין, וארבעי קמייתא דליתנהו בכל התורה כולה קא חשיב, ארבעי בתרייתא דאיתנהו בכל התורה כולה לא קא חשיב. בעי רב פפא: נעלמו ממנו הלכות טומאה, מהו? היכי דמי? אילימא דלא ידע אי שרץ טמא אי צפרדע טמא, זיל קרי בי רב הוא! לעולם דידע בטומאת שרץ, וכגון דנגע בכעדשה, ולא ידע כעדשה אי מטמא אי לא מטמא, מאי? כיון דידע דמטמא שרץ בעולם — ידיעה היא, או דלמא כיון דכעדשה לא ידע אי מטמא אי לא מטמא — העלמה היא? ד תיקו. בעי רבי ירמיה: בן בבל שעלה לארץ ישראל ונעלם ממנו מקום מקדש, מהו? אליבא דמאן? אי אליבא דרבי עקיבא דבעי ידיעה בתחלה — הא לא מחייב על העלם מקדש, אי אליבא דרבי ישמעאל דמחייב על העלם מקדש — הא לא בעי ידיעה בתחלה! לא צריכא, *אליבא דרבי דבעי ידיעה בתחלה, ומחייב על העלם מקדש, ואמר: *ידיעת בית רבו שמה ידיעה, מאי? כיון דידע דאיכא מקדש בעולם — ידיעה היא, או דלמא כיון דמקומו לא ידע ליה — העלמה היא? ה תיקו.§ "אחד הנכנס לעזרה" וכו'.§ מנא הני מילי? אמר רב שימי בר חייא, דאמר קרא: °"ככל אשר אני מראה אותך את תבנית המשכן ואת תבנית כל כליו (שמות כה)

וכן

ארבעי קמייתא דלא מייתי ליה לידי קרבן כו'. זאת הגירסא עיקר, וכן נראה לקונטרס. אע"פ שפ"ה בריש מסכת שבת (דף ג. ושם): הנהו דאתו לידי חיוב חטאת קחשיב, דהיינו העקירות — לא קשיא מידי, דהתם מיירי בזה עוקר וזה מניח, ובהנחה אין המניח יכול לבא לידי חיוב חטאת, אבל העוקר היה יכול לבא לידי חיוב חטאת אם היה גומר הוצאה. אבל הכא בידיעה ראשונה לא נתחייב ובידיעה האחרונה נתחייב.

זיל קרי בי רב הוא. והוי כמו שיש כאן ידיעה, שהיה לו לשאול כיון שדבר זה ידוע לתינוקות. אבל שרץ, דמטמא בכעדשה דבסמוך — אין ידוע אלא לתלמידים. וא"ת: תיפוק ליה דידע בבית רבו כשלמד דלב מטמא! וי"ל: בשלא למד, אלא ראה שהעולם נזהרים ולא ידע באיזה. א"נ, למד ולא הבין בין לב לצפרדע מעולם. ועוד יש לפרש: זיל קרי בי רב הוא — כלומר, הרי ע"כ למד בבית רבו שלב כתיב בפרשה. ובתינוק שנשבה ליכא לאוקומה, כיון שיודע דחד מינייהו מטמא.

ונעלם ממנו מקום מקדש מהו. לפי מה שפי' דחשיב ידיעה מה שהיה לו לשאול, צריך לפרש דבזמן הזה מיירי שאין מצוי לישאל היכן מקומו, ומ"מ נקט בן בבל לפי שבני א"י רגילין להכיר יותר. ויש תימה: אמאי לא חשיב בכך "ונעלם" מכלל דידע, כמו "ונעלמה מעיני כל חי" (איוב כח) דגבי תורה.

או דלמא כיון דמקומו לא ידע ליה העלמה היא. פי' בקונטרס דלא דמי לידיעת בית רבו, דהתם ידע ששרץ מטמא, וכשנגע (א) בשרץ לא נזכר לו שלמד שיהא טמא בנגיעה זו. משמע דלא הויא ידיעת בית רבו ידיעה אא"כ ידע בשעת נגיעה שנגע בשרץ. ולעיל בפ"ק (דף ה.) דפריך: ומי איכא דלית ליה ידיעת בית רבו? ומשני: משכחת לה בתינוק שנשבה בין הגוים, ה"מ לשנויי: כגון שלא ידע בשעת נגיעה שנגע בשרץ.

שאין

פנימית וחיצונה. מפרש בגמרא. ונאכלת ונשרפת. נמי מפרש בגמרא. נטמא בעזרה. וידע שנטמא. השתחוה. בהעלם זה. או ששהה כדי השתחואה. בגמרא מפרש שיעורא. או שבא לו בארוכה. שיצא לו דרך ארוכה, שיש קצרה הימנו לצאת. חייב. ואפי' לא שהה תחלה. ושיעורין הללו הלכה למשה מסיני הם במי שנטמא בתוך העזרה. בקצרה פטור. היכא דלא השתחוה ולא שהה. זו היא. טומאה שאירעה לו בתוך עזרה. זו היא מצות עשה שבמקדש. דיש כאן מצות עשה "וישלחו מן המחנה וגו' וכל טמא לנפש" (במדבר ה). שאין חייבין עליה. בית דין פר בהוראה, ולא כהן משיח, כדמפרש בגמרא. ואיזו היא מצות עשה שבנדה כו'. איידי דתנא בהוריות (דף ח:): אין חייבין על עשה שבמקדש אבל חייבין על עשה שבנדה — קתני הכא: איזו היא מצות עשה שבמקדש ואיזו היא שבנדה. היה משמש עם הטהורה. היינו דומיא דעשה שבמקדש, שאירעה לו הטומאה משבא בהיתר לידי כניסה. ואמרה לו נטמאתי. עכשיו, ופירש מיד בקושי האבר. חייב. אלא יעמוד בלא דישה עד שימות האבר ויפרוש בלא קושי, וזהו עשה. ובגמרא יליף לה. השרץ ונעלם. "או בנבלת שרץ טמא ונעלם ממנו" (ויקרא ה). ר' עקיבא אומר כו'. בגמרא מפרש מאי בינייהו. **גמ'** ה"ג: אמר רב פפא לעולם תמני הויין וארבעי בתרייתא דמייתן ליה לידי קרבן קחשיב כו' ידיעות אחרונות מודיעות אותו שחטא. ואית דגרסי: ארבעי קמייתא דמייתן ליה לידי קרבן קא חשיב. ואין נראה לי, דא"כ מאי "איכא דאמרי"? אם מפני שנוי הטעם — אין דרך התלמוד לומר כן ולא ישאל אחריו "מאי בינייהו". ארבעי בתרייתא. ידיעות שבסוף איתנהו בכל התורה, שאין אדם מביא חטאת אא"כ נודע לו שחטא. ארבעי קמייתא. ידיעות שבתחלה. ליתנהו בכל התורה. שהאוכל חלב בשוגג, אפילו לא נודע לו על חתיכה זו מעולם שהיא חלב ולאחר אכילה נודע לו — חייב. נעלמו ממנו הלכות טומאה. כשנגע בשרץ, וידע שנגע בשרץ אבל אינו יודע שהוא טמא. אי שרץ מטמא. כגון הצב והלטאה שדומין לצפרדע, וסבור שאינו מטמא. זיל קרי בי רב הוא. תינוקות של בית רבן קורין "החולד והעכבר והצב", הלכך אין זו העלמה ויש כאן ידיעה בתחלה, וכשאכל את הקדש נעלמה ממנו נגיעה ראשונה — יש כאן ידיעה בתחלה והעלם אחריה, ולכשיודע לו בסוף יהא חייב. ידיעה היא. ידיעה בתחלה יש כאן. העלמה היא. ואין כאן ידיעה בתחלה. בן בבל. שיודע שיש מקדש בירושלים אבל אין יודע מקומו, מהו? איכא ידיעה בתחלה, או דלמא הא דתנן: נעלם ממנו מקדש — במי שהכיר בו כבר קאמר. הא לא בעי ידיעה בתחלה. כדאמרינן בשילהי פירקין (דף יט:). אליבא דרבי. דאמר בשמעתא קמייתא בפרקין קמא (דף ז.) דבעי ידיעה בתחלה, ומחייב על העלם מקדש. ידיעה היא. למיהוי ידיעה בתחלה. או דלמא כיון דמקומו לא נודע לו. מעולם, אין כאן ידיעה בתחלה. ולא דמי לידיעת בית רבו דטומאה, דאילו התם למד שהשרץ מטמא, וכשנגע בו ידע שנגע בשרץ אבל לא נזכר לו להכיר שהוא טמא בנגיעה זו — התם קאמרינן: כיון שלמד שהנוגע בשרץ טמא, וזה ידע כשנגע — אין זה העלם. אבל זה לא ידע מקום מקדש מימיו — אין כאן ידיעת בית רבו. מה"מ. דבעינן כל הני לתוספת עזרה.

וכן

[עי' תוס' לקמן טז: ד"ה נטמא]
[לקמן יח.]
נדה כח:
לעיל ג.
[כריתות יט.]
[נ"ל אמר ליה רב פפא]
[לעיל ד.]
[לעיל ה.]

הגהות הב"ח

(א) תוס' ד"ה או וכו' וכשנגע ידע שנגע בשרץ ולא נזכר:

גליון הש"ס

גמ' שיציאתו הנאה לו כביאתו. עיין בחי' ספר כתובה לכתובות דף נא ע"ב ד"ה ופליגא דרבא:

רבינו חננאל

ומקשי רב פפא והא שש ידיעות הן. ידיעת מקדש ונעלם ממנו שהוא מקדש ובא בתוכו ואח"כ נודע לו הרי שתי ידיעות. וכן ידע שזה בשר קדש ונעלם ממנו שהוא קדש ואכלו ואח"כ נודע לו שהיה קדש הרי שתי ידיעות. ושתים בטומאה ידע שזה שרץ או מת או נבלה וכיוצא בהן ונגע בהן ונעלם ממנו הטמאה ונכנס למקדש או אכל בשר (שרץ) [קדש] ואחרי כן נודעה לו הטומאה הרי שש ידיעות. אמאי תני שתים שהן ארבע. ואמרי ליה ולטעמיך תמני הויין. שתים בטומאת קדש ושתים בטומאת מקדש. ופרקי' שם טומאה אחת היא. כלומר בין בקדש בין במקדש ידיעות שרץ ומת ונבילה וכיוצא בהן היא הטומאה הראשונה בזה ובזה אחת היא. לפיכך לא צריך. מכל מקום שית הויין אמאי תני ארבע. והדר ביה רב פפא ואמר לעולם תמני הויין וארבעי ידיעתא קמיית' דליתנהו בכל התורה קא חשיב. דלא אשכחן ידיעה דכתיבא בתורה אלא אחרי החטא כדכתיב ונודעה החטאת אשר חטא עליה וגו' וכתיב נמי או הודע אליו חטאתו אשר חטא. והני ידיעות דבתר החטא כיון דמפרשי באורייתא לא אצטריך למיתננהי. כי אצטריך להני קמייתא דלא כתיבי אי נמי ידיעתא בתרייתא דמייתן ליה לידי קרבן. כדכתיב ונודעה החטאת והקריבו הקהל פר בן בקר. או הודע אליו חטאתו והביא (א) את קרבנו שעירת עזים קא חשיב. אבל ידיעתא קמייתא דלא מייתן ליה לידי קרבן דהא לא ידע ליה דחטא אמאי מייתי הלכך לא חשיב להו: בעי רב פפא ידע דשרץ ודאי מטמא [ולא ידע] דבכעדשה מן השרץ מטמא אי לא. ונגע בו ונעלם ממנו אי מטמא בכעדשה אי לא. ונכנס למקדש או אכל קדש ואח"כ נודע לו דבכעדשה מטמא מאי. ונעלם קרינא ביה וחייב אי לא. ועלתה בתיקו: בעיא דר' ירמיה במי שנעלם ממנו המקדש אליבא דר' ישמעאל ור' עקיבא מפורשת חלוקתם בהעלם מקדש בסוף זה הפרק ואמר לא צריכא לרבי דבעי ידיעה בתחלה ומחייב על העלם מקדש כמו שפירשנו למעלה. ועלתה בתיקו. הא דר' ישמעאל ור' עקיבא ורבי מפורש בראש הפרק הראשון: **מתני'** אחד נכנס לעזרה ואחד נכנס לתוספת העזרה שאין מוסיפין על העיר ועל העזרות אלא במלך ובנביא ובאורים ותומים ובסנהדרין של שבעים ואחד ובשתי תודות ושיר וכו': מנהני מילי אמר רב שימי בר חייא דאמרו קרא ככל אשר אני מראה אותך וגו' וכן

(א) מלת את מיותרת ואולי חסר כאן וצ"ל גם המקרא דכתיב גבי נשיא.

עין משפט נר מצוה

ט א ב מיי' פ"א מהל' כלי המקדש הל' יב:
י ג ד מיי' פ"ו מהל' בית הבחירה הל' יב:
יא ה מיי' פ"ט מהל' מעשה קרבנות הל' יז:
יב ו מיי' שם הל' יח:
יג ז ח מיי' פ"ו מהל' בית הבחירה הל' יג:

וְכֵן תַּעֲשׂוּ" — לְדוֹרוֹת. מְתִיב רָבָא: *אכָּל הַכֵּלִים שֶׁעָשָׂה מֹשֶׁה — מְשִׁיחָתָן מְקַדַּשְׁתָּן, במִכָּאן וְאֵילָךְ — עֲבוֹדָתָן מְחַנַּכְתָּן; וְאַמַּאי? וְנֵימָא: "וְכֵן תַּעֲשׂוּ" לְדוֹרוֹת! שָׁאנֵי הָתָם, דְּאָמַר קְרָא: °"וַיִּמְשָׁחֵם וַיְקַדֵּשׁ אוֹתָם", •אוֹתָם בִּמְשִׁיחָה וְלֹא לְדוֹרוֹת בִּמְשִׁיחָה. אֵימָא: אוֹתָם — בִּמְשִׁיחָה, לְדוֹרוֹת — אוֹ בִּמְשִׁיחָה אוֹ בַּעֲבוֹדָה! אָמַר רַב פַּפָּא, אָמַר קְרָא: °"אֲשֶׁר יְשָׁרְתוּ בָם בַּקֹּדֶשׁ", תְּלָאָן הַכָּתוּב בְּשֵׁירוּת. הַשְׁתָּא דִּכְתַב רַחֲמָנָא "אֲשֶׁר יְשָׁרְתוּ", "אוֹתָם" לָמָּה לִי? אִי לָא כָּתַב רַחֲמָנָא "אוֹתָם", הֲוָה אָמֵינָא: הָנֵי הוּא דִּבְמְשִׁיחָה, לְדוֹרוֹת — בִּמְשִׁיחָה וּבַעֲבוֹדָה, דְּהָא כָּתַב "וְכֵן תַּעֲשׂוּ"; מִיעֵט רַחֲמָנָא "אוֹתָם", אוֹתָם בִּמְשִׁיחָה וְלֹא לְדוֹרוֹת בִּמְשִׁיחָה. § "וּבִשְׁתֵּי תוֹדוֹת". § תָּנָא: *גשְׁתֵּי תוֹדוֹת שֶׁאָמְרוּ — בְּלַחְמָן וְלֹא בִּבְשָׂרָן. מְנָהָנֵי מִילֵּי? אָמַר רַב חִסְדָּא, דְּאָמַר קְרָא: °"וָאַעֲמִידָה שְׁתֵּי תוֹדוֹת גְּדוֹלוֹת וְתַהֲלוּכוֹת לַיָּמִין מֵעַל לַחוֹמָה"; מַאי גְּדוֹלוֹת? אִילֵימָא מִמִּין גָּדוֹל מַמָּשׁ — נֵימָא: פָּרִים! אֶלָּא גְּדוֹלוֹת בְּמִינָן — מִי אִיכָּא חֲשִׁיבוּתָא קַמֵּי שְׁמַיָּא? *וְהָתַנְיָא: *נֶאֱמַר בְּעוֹלַת בְּהֵמָה °"אִשֵּׁה רֵיחַ נִיחֹחַ", בְּעוֹלַת הָעוֹף — °"אִשֵּׁה רֵיחַ נִיחֹחַ", בְּמִנְחָה — °"אִשֵּׁה רֵיחַ נִיחֹחַ"; מְלַמֵּד שֶׁאֶחָד הַמַּרְבֶּה וְאֶחָד הַמַּמְעִיט, וּבִלְבַד שֶׁיְּכַוֵּין אֶת לִבּוֹ לְאָבִיו שֶׁבַּשָּׁמַיִם! אֶלָּא גְּדוֹלָה שֶׁבְּתוֹדָה, וּמַאי נִיהוּ? דחָמֵץ; דִּתְנַן: *הַתּוֹדָה הָיְתָה בָּאָה מִן חָמֵשׁ סְאִין יְרוּשַׁלְמִיּוֹת, שֶׁהֵן שֵׁשׁ מִדְבָּרִיּוֹת, שֶׁהֵן שְׁתֵּי אֵיפוֹת, וְהָאֵיפָה שָׁלֹשׁ סְאִין. העֶשְׂרִים עִשָּׂרוֹן — עֲשָׂרָה לְחָמֵץ וַעֲשָׂרָה לְמַצָּה. ווּבְמַצָּה שְׁלֹשָׁה מִינִין: חַלּוֹת, רְקִיקִין, וּרְבוּכָה. אָמַר רָמִי בַּר חָמָא: זאֵין הָעֲזָרָה מִתְקַדֶּשֶׁת אֶלָּא בִּשְׁיָרֵי מִנְחָה; מַאי טַעְמָא? כִּירוּשָׁלַיִם, מַה יְּרוּשָׁלַיִם — דָּבָר הַנֶּאֱכָל בָּהּ מְקַדְּשָׁהּ, אַף עֲזָרָה — דָּבָר הַנֶּאֱכָל בָּהּ מְקַדְּשָׁהּ. אַטּוּ לַחְמֵי תוֹדָה בַּעֲזָרָה מִי לָא מִתְאַכְלִי? חאֶלָּא כִּירוּשָׁלַיִם, מַה יְּרוּשָׁלַיִם — דָּבָר הַנֶּאֱכָל בָּהּ וְיוֹצֵא מִמֶּנָּה נִפְסָל, אַף עֲזָרָה — דָּבָר הַנֶּאֱכָל בָּהּ וְהַיּוֹצֵא מִמֶּנָּה נִפְסָל. אִי מַה לְּהַלָּן חָמֵץ, אַף כָּאן חָמֵץ! וְתִסְבְּרָא? מִנְחַת חָמֵץ מִי אִיכָּא?

וְכִי

רש"י

וכן תעשו. קרא יתירא למידרש לדורות. ובימי משה דהוא מלך ונביא, ואחיו כהן גדול, ואורים ותומים ושבעים זקנים. *שתי תודות. מנחמיה בן חכליה גמרינן. משיחתן. בשמן המשחה, מקדשתן קדושת הגוף לכלי שרת, ולקדש את הנכנס לתוכו. מכאן ואילך. כלי הדורות לא נמשחו, אלא התחלת עבודתן מחנכתן לקדושה, וחינוך לשון התחלה. אימא אותם במשיחה. ולא בעבודה. לדורות – אי בעי במשיחה אי בעי בעבודה! תלאן בשירות. (א) מדכפל קרא בלשניה "כלי השרת אשר ישרתו", שנעשו כלי שרת ע"י שירות. ה"ג: אי לאו כתיב אותם הוה אמינא לדורות במשיחה ובעבודה דהא כתב וכן תעשו במשיחה וכתיב "ושרתו" לשירות, ולבעי תרתי – קמ"ל למעטינהו ממשיחה. דאי לאו להכי אתא למאי אתא? אי למימרא לדורות לא מיקדשי במשיחה לחודה – לישתוק קרא מיניה, ונפקא לן מ"אשר ישרתו". בלחמן ולא בבשרן. הלחם היו נושאין, שני לחמי תודה. מנא ה"מ. דבלחמן קאמר. ואעמידה שתי תודות. נחמיה קאמר בספר עזרא, כשנבנית חומת ירושלים ובא לקדש את העיר: "ואעמידה שתי תודות גדולות" אצל החומה מבחוץ, "ותהלוכות לימין מעל החומה" להקיף את העיר בתהלוכות, שהלכו דרך ימין, כשפניהם לחלל העיר הלכו תמיד לצד ימינם עד שהקיפו את כולה. ממין גדול. ובבשר קאמר קרא, וגדולות דקאמר – ממין גדול של בקר ולא של צאן. גדולות במינן. מאותו מין שהיו, שהביאו גדולות ולא קטנות. אלא גדולות שבתודה. ועל כרחך בלחם קאמר, ואשמעינן דשל חמץ היו, שהן גדולות שבלחמי תודה. דתנן. שחלות החמץ גדולות משל מצה. שהן שש מדבריות. שהוסיפו על המדות שתות מלבר, שהכניסו שש חלקים ראשוני' בחמש והוסיפו חלק ששי מבחוץ. שהן שתי איפות. שהאיפה שלש סאין. והם עשרים עשרונות, שהאיפה עשר עשרונות, כדכתיב (שמות טז): "והעומר עשירית האיפה" וגו'. עשרה לחמץ ועשרה למצה. יליף מקרא במסכת מנחות: "והקריב על זבח התודה חלות מצות בלולות בשמן" – הרי מין אחד, "ורקיקי מצות משוחים בשמן" – הרי שני מינין של מצה, "סלת מרבכת חלות בלולות בשמן" – הרי שלשה מינין של מצה, וכתיב בתריה "על חלות לחם חמץ יקריב" וגו' – כנגד מצה הבא חמץ, שיהא סלת במין החמץ כנגד שלשה מינין שבמצה. ובמצה שלשה מינין. כדפרישנא. וילפינן התם מקראי שיש בכל מין עשר חלות, אלמא חלות החמץ גדולות כשלש של מצה. בשירי מנחה. בחלות של שירי מנחה הנאכלת לכהנים. והאי קידוש דנחמיה ועזרא בקידוש העיר כתיב, אבל עזרה שהוסיפו עליה מקיפים אותה בשירי מנחה. אטו לחמי תודה בעזרה מי לא מתאכלי. אם רצו כהנים *לאכול בקדשים מי מעכב עליהם? במנחה כתיב (ויקרא ו) "בחצר אהל מועד יאכלוה" ואם יצאה לחוץ נפסלה, ותודה ולחמה נאכלין בכל העיר, ואם יצאו חוץ לחומה נפסלין. הלכך ירושלים נתקדשה בלחמי תודה שנאכלין בה, ואם יצאו ממנה נפסלין, ועזרה נתקדשה בשירי מנחה שנאכלין בה, ואם יצאו ממנה נפסלין. ה"ג: ותסברא מנחת חמץ מי איכא ולא גרסינן "וכי תימא ה"נ מנחת חמץ מי איכא", דהאי "ותסברא" שינויא הוא, למימר דעל כרחך במצה נתקדשה, דחמץ בשירי מנחה לא משכחת לה. מנחת חמץ מי איכא. הא כתיב (שם ב): "כל המנחה אשר תקריבו לה' לא *תאפה חמץ".

וכי

תוספות

שאין מוסיפין על העיר ועל העזרות. (לעיל יד.) ואם תאמר: דבפ"ק דסנהדרין (דף ב.) לא חשיב אלא ע"א! וי"ל: דהתם לא חשיב אלא מילי דסנהדרין. ותדע, דתנן נמי התם: אין מוציאין למלחמת הרשות אלא בב"ד של ע"א, ולא תני מלך ואורים ותומים אע"ג דבעינן להו, כדמסיק התם בגמרא (דף טז.) מקרא. ואם תאמר: הדתנן התם: אין דנין לא את השבט כו', ומוקי לה עולא בגמ' (שם) דבאין על עסקי נחלות כתחלתו, מה תחלתו בע"א כו'. אי מה תחלתו בקלפי ואורים ותומים וכל ישראל וכו'. ומאי קושיא? אה"נ, דניבעי אורים ותומים וכל ישראל, והא דלא חשיב להו התם במתני' (דף ב.) משום דלא איירי אלא במילי דסנהדרין! ויש לומר: מדכייל להו בהדי נביא השקר וכהן גדול משמע ליה דלא בעינן אלא ע"א דומיא דידהו. מאי אמרת, דשבק למיתני אורים ותומים משום דלא איירי אלא במילי דסנהדרין — אם כן ליתנינהו באפי נפשייהו, דלא אתו למיטעי לשוינהו כנביא השקר.

וכן תעשו לדורות. פירש בקונטרס: ובימי משה דהוא מלך ונביא ואחיו כהן גדול ואורים ותומים. ותימה: אם כן בפ"ק דסנהדרין (דף טז:) בהעמדת סנהדרין לשבטים, דילפינן ממשה דבמקום ע"א הוה קאי, ליבעי נמי מלך ונביא! ועוד, אע"ג דאהרן היה בבנין משכן, וכי נשאלו באורים ותומים לעשות משכן? הלא קודם שנתכהן אהרן על ידי המלואים נעשה המשכן! וקושיא ראשונה יש לתרץ, דהכא מרבינן טפי משום דכתיב "וכן תעשו" דמשמע דאתא לרבויי כל הנך. וא"ת: כלים נמי ניבעו ע"א! וכי תימא: הכתוב תלאן בשירות, דאין צריך אלא שירות — הא בסמוך משמע דאי לאו "אותם" הוה אמינא דבעי משיחה ועבודה, ואם כן השתא דכתב "אותם" למעוטי משיחה, ע"א מיהא לא ניבעו! וי"ל: דאתא "אותם" לגלויי ד"וכן תעשו" לא קאי אכלים, ולא בעינן בהן לדורות דומיא דמשה. **מתיב** רבא כל הכלים שעשה משה. תימה: ממשכן גופיה ה"ל למיפרך, שיהא צריך משיחה לדורות כמו שנמשח בימי משה, כדכתיב בקרא, *כדאמר לקמן (דף טז:) גבי משכן ומקדש. **לדורות** אי בעי במשיחה אי בעי בעבודה. הכא לא בעי למיפרך: לדורות במשיחה ובעבודה כדקאמר בסמוך, ד"אותם" משמע למעוטי משיחה לדורות. **ללמדך** שאחד המרבה כו'. אע"ג דאמר (יומא דף לט.) שאחד המיוחד שבעדרו, וגבי פרה אדומה נמי אמרינן (לעיל דף יא:) שאם מצא נאה הימנה מלוה לפדות, מ"מ לא היה לו להתפאר בכך כיון שמלוה בזה כמו בזה אם מתכוין לשם שמים. **אין** עזרה מתקדשת אלא בשירי מנחה. תימה: למאן דאמר בפ"ב [דזבחים] (דף קיג. ושם) דאין מנחה בבמה, היאך מתקדשת? בשלמא בימי עזרא איכא למימר דסבר כמ"ד קדושה ראשונה קידשה לשעתה וקידשה לעתיד לבא, ועזרא זכר בעלמא הוא דעבד. אבל בימי שלמה ויהושע קשיא. וכ"ת דקדשה במנחת העומר, והא בסוכות היה הקידוש בימי שלמה, כדאמר במועד קטן (דף ט.) וכדמוכחי קראי! ויש לומר: כיון שהכל בא בבת אחת, הקידוש ועשיית מנחה — לא חשבינן מנחה בבמה, ובקמילה ובהקטרה היתה מקומה מתקדש, וכל העבודה היתה מחנכתה, ומתקדש מקומה. א"נ, כיון דלא אפשר לא צריך. והא דקאמר הכא דאין מתקדשת *היינו היכא דאפשר, כגון שבאין להוסיף על העזרה. **ויוצא** ממנה נפסל. ואם תאמר: הר הבית היכי קדיש? שאין דבר נאכל בו שיוצא ממנו נפסל, ויש לו קדושה בפני עצמו שהוא מחנה לויה. וכן בתי ערי חומה דמוכח לקמן (דף טז.) שנתקדשו, והא אין דבר שנפסל ביוצא! ויש לומר: היכא דלא אפשר לא אפשר, כדמוכח בשמעתא. [שייך לע"ב] **בשחיטת** כבשים הוא דקדשי. ולמאן דאמר תנור מקדש נמי לא מצי אפי להו מאתמול, דלא ליפסלו בלינה. ופלוגתא היא בפרק "שתי הלחם" (מנחות דף צה:).

אין

מסורת הש"ס

[דיבור זה שייך לעיל במשנה יד.]
סנהדרין טז: יומא יב:
[תוספ' סנהד' פרק ג]
[נ"ל והתנן]
[מנחות קו.]
שם עו:
[לאכול בה קדשים כצ"ל והריטב"ץ הגיה לאכלן בקודשן]
[נ"ל תעשה]

תורה אור: במדבר ז; שם ז; נחמיה יב; ויקרא א; שם; ויקרא ב; [ע"ב ממנחות כו.]

הגהות הב"ח

(א) רש"י ד"ה תלאן בשירות מדכפל. נ"ב עי' בסנהדרין דף טז ע"ב:

גליון הש"ס

גמ' אותם במשיחה ולא לדורות. עיין מנחות דף נז ע"ב תוס' ד"ה ר' יהודה: תוס' ד"ה אין וכו' היינו היכא דאפשר. עיין טורי אבן ר"ה דף ז ע"ב ד"ה מידי דתליא במעשה.

רבינו חננאל

וכן תעשו לדורות. משה רבינו מלך ונביא. אהרן באורים ותומים. וע"א זקנים ובשתי תודות אלו המלואים א) וכתיב וכן תעשו. כל שלא נעשית בכל אלה. הנכנס לשם אין חייבין עליה. תנא שתי תודות שאמרו בלחמן ולא בבשרן: ואוקימנא בחמץ שבתודה שהוא מין גדול שבהן מד' מינין לחם בתודה הן חלות ורקיקין ורבוכה. וכנגדן חלות חמץ עשרה עשרונות. ואלו השלשה מינין חלות ורקיקין ורבוכה עשרה עשרונות נמצא החמץ כנגד ג' מינין הללו. והוא הגדול שבארבעתם. אבל חשיבותא בקרבנות קמי שמיא ליכא דתנן בסוף מנחות נאמר בעולת בהמה ריח ניחוח ובעולת העוף ריח ניחוח ללמדך שאחד המרבה ואחד הממעיט ובלבד שיכוין את לבו לשמים: **ירושלמי** רב אמר בתחלה ויעל דוד כדבר גד. דוד זה המלך. כדבר גד זה נביא. ויחל שלמה לבנות את בית ה' ב) מפני שהיתה תורפת ירושלים שם והיתה יכולה להכבש משם: אמר רמי בר חמא אין עזרה מתקדשת אלא בשירי מנחות כירושל' מה ירושלים דבר הנאכל בה כגון תודה ואם יוצא חוץ לירושלים נפסל כך העזרה מתקדשת בדבר הנאכל בו והוא שירי מנחות. ואם יוצאות חוץ לעזרה נפסלות. אי מה תודה בחמץ מתקדשת אף שירי מנחות בחמץ מתקדשות. וכי משכחת בשירי מנחות חמץ.

א) עי' רשב"א. ב) עי' ירושלמי כאן ובפ"א דסנהדרין.

עין משפט
נר מצוה

יד א מיי' פי"ב מהל' מעשה קרבנות הל' יד:
טו ב מיי' פ"א מהל' בית הבחירה הל' יב:
טז ג מיי' שם:
[וכ"כ רש"י ר"ה ל. ד"ה א"נ ובסוכה מא. ד"ה א"נ]
יז ד מיי' שם פ"ו הל' יב:
יח ה מיי' פי"א מהל' עכו"ם הלכה יב סמג עשין ד טוש"ע י"ד סי' קעט סעיף י:
יט ו מיי' שם וטוש"ע שם סעיף ח וסעי' יב:
כ ז מיי' שם טוש"ע שם סעיף י:
כא ח ט מיי' שם טוש"ע שם ס"ח [עי' בכ"מ]:
כב י כ מיי' פ"ו מהל' בית הבחירה הלכה יב סמג עשין קסג:

רבינו חננאל

והכתיב לא תאפה חמץ חלקם. ואמר ריש לקיש אפילו חלקם והן שירי מנחות לא תאפה חמץ. ואתינן למימר בשתי הלחם שבעצרת שהן חמץ בהם תתקדש העזרה. ודחינן דאין בנין בה"מ [דוחה יו"ט ואין בנין בה"מ] בלילה: ובשיר. ת"ר שיר של תודה בכנורות ובנבלים ובצלצל על כל פינה ופינה ועל כל אבן גדולה שבירושלים שנא' ארוממך ה' כי דליתני וגו'. שיר של פגעים בכנורות ובנבלים ובתופים. ואומר יושב בסתר עליון בצל שדי יתלונן עד כי אתה ה' מחסי ואומר מזמו' לדוד ה' מה רבו צרי עד לה' הישועה וזהו שיר של פגעים עוד מפורש בסוף עירובין בתלמוד ארץ ישראל. ר' יהושע בן לוי מסדר להני קראי וגאני והני מילי להגן בהן אבל יש לו מכה ומתכוין להתרפאות בהן בדברי תורה אסור. ואם לוחש על המכה ורוקק אין לו חלק לעוה"ב. וא"ר יוחנן עלה ברוקק שאין מזכירין שם שמים על הרקיקה: ב"ד מהלכין אחרי התודות. למאן דאמר זו אחר זו הראשונה מתקדשת לפיכך נשרפת אבל האחרונה הסמוכה לב"ד נאכלת דכבר קדשה ראשונה. אלא למאן דאמר התודות זו כנגד זו מהלכות תרויהו בהדי הדדי קא מקדשי. אמאי זו נאכלת וזו נשרפת. ולמאן דאמר זו אחר זו מי ניחא כל שלא נעשית בכל אלו תנן. כלומר אינה מתקדשת ירושלים ליכל בה קדשים קלים עד שיעשו בה כל הדברים. הנה עדיין לא נתקדשה למה נאכלת. ואפילו למאן דאמר באחת מכל אלו תרויהו חדא מצוה נינהו. ודחינן הא אמר ר' יוחנן זו שנאכלת

וכי תימא: דמחמיץ להו לשירים ומקדש בהו — והכתיב: °"לא תאפה חמץ חלקם", *ואמר ריש לקיש: אפילו חלקם לא תאפה חמץ. אלמה לא? אפשר דמקדש בשתי הלחם בעצרת! משום דלא אפשר. היכי ניעביד? נבנייה מאתמול וניקדשיה מאתמול — שתי הלחם בשחיטת כבשים הוא דקדשי! נבנייה מאתמול וניקדשיה האידנא — בעינן קידוש בשעת הבנין! נבנייה ביום טוב ונקדשיה ביום טוב — אין בנין מקדש דוחה יום טוב! נשבקה לבתר הכי ונבנייה וניקדשיה — איפסילא ליה בלינה! נבנייה ממעלי יומא ונשייר ביה פורתא, דעד דקדיש יומא לאלתר נגמריה וניקדשיה — אין בנין בית המקדש בלילה; דאמר אביי: מנין שאין בנין בית המקדש בלילה? שנאמר: °"וביום הקים את המשכן", ביום מקימו, בלילה אין מקימו. הלכך לא אפשר. § "ובשיר". § ת"ר: שיר של תודה, בכנורות ובנבלים ובצלצלים על כל פינה ופינה ועל כל אבן גדולה שבירושלים, ואומר: °"ארוממך ה' כי דליתני" וגו', ושיר של פגעים, ויש אומרין: שיר של נגעים. מאן דאמר דנגעים — דכתיב: °"ונגע לא יקרב באהלך", ומאן דאמר פגעים — דכתיב: °"יפול מצדך אלף". ואומר: °"יושב בסתר עליון בצל שדי יתלונן" עד °"כי אתה ה' מחסי [א] עליון שמת מעונך", וחוזר ואומר:[ב] °"מזמור לדוד בברחו מפני אבשלום בנו, ה' מה רבו צרי" עד "לה' הישועה [ג] על עמך ברכתך סלה". § רבי יהושע בן לוי אמר להו להני קראי וגאני. היכי עביד הכי? *והאמר ר' יהושע בן לוי: אסור להתרפאות בדברי תורה! להגן שאני. ואלא כי אמר אסור — דאיכא מכה; אי דאיכא מכה אסור ותו לא? והתנן:* הלוחש על המכה — אין לו חלק לעולם הבא! האיתמר עלה, א"ר יוחנן: *ברוקק שנו, לפי שאין מזכירין שם שמים על הרקיקה. § "ב"ד מהלכין ושתי תודות [ד] אחריהן" וכו'. § למימרא, דבית דין קמי תודה אזלי? והכתיב: °"וילך אחריהם הושעיה וחצי שרי יהודה"! הכי קאמר: בית דין מהלכין, ושתי תודות מהלכות [ה] ובית דין אחריהם. כיצד מהלכות? רבי חייא ורבי שמעון ברבי; חד אמר: זו כנגד זו, וחד אמר: זו אחר זו. מאן דאמר זו כנגד זו, הפנימית — הך דמקרבא לחומה; מאן דאמר זו אחר זו, הפנימית — הך דמקרבא לב"ד. תנן: הפנימית נאכלת והחיצונה נשרפת; בשלמא למאן דאמר זו אחר זו, אמטו להכי פנימית נאכלת — משום דאתיא חיצונה קמה וקדשה לה; אלא למאן דאמר זו כנגד זו, תרווייהו בהדי הדדי קא מיקדשי! וליטעמיך, למאן דאמר זו אחר זו, חדא מי מיקדשא? הא "כל שלא נעשית בכל אלו" תנן! ואפי' למ"ד *) באחת מכל אלו, הני תרווייהו חדא מצוה היא! אלא א"ר יוחנן:
על

*) [לקמן טז.]

תורה אור: ויקרא ו; במדבר ט; תהלים ל; שם צא; שם; שם; שם; שם ג; נחמיה יב

וכי תימא דמחמיץ לשירים. דלא קפיד קרא אלא אקודם קמיצה, שלא יקטיר קומץ מחמץ למזבח, כדכתיב סיפיה דקרא (א) "כל שאור וכל דבש לא תקטירו". **אלמה לא.** בתמיה, וכי לא אפשר לקדשה במנחת חמץ? הא אפשר דניקדשה בשתי הלחם הבאים בעצרת שהן חמץ, כדכתיב (ויקרא כג) "חמץ תאפינה"! **מאתמול.** מערב יו"ט. **ובשחיטת כבשים הוא דמיקדשי.** אף על פי שבאים מתרומת הלשכה — קדושת דמים היא זו, אבל קדושת הגוף לפסול ביוצא לא קדשי אלא בשחיטת שני כבשי עצרת שהלחם בא עמהם. דגמרינן מלחמי תודה ששחיטת הזבח מקדשתן, כדאמרינן במנחות (דף עח:): "קרבנו על זבח תודת שלמיו" מלמד שאין הלחם קדוש לקרותו קרבן אלא על ידי זביחת התודה. והכי נמי בזביחת כבשים קדשי, ואין הכבשים נשחטין אלא ביום טוב. **נבנייה ביום טוב.** יגמור את הבנין ביום טוב. **אין בנין בית המקדש דוחה את יום טוב.** כדאמרינן ביבמות בפרק קמא (דף ו.): יכול יהא בנין בית המקדש דוחה שבת? ת"ל: "את שבתותי תשמורו ומקדשי תיראו אני ה'", כולכם חייבין בכבודי. אף המקדש חייבין בכבודי, שהזהרתי על השבת, וימים טובים נמי שבתות איקרו. **נשבקיה.** ללחם עד למחר, ונבנייה למחר ונקדשיה למחר — איפסלו להו בלינה ונעשו נותר, שהרי מן הנאכלין ליום ולילה הם. **דעד דקדיש יומא.** למוצאי יום טוב משתחשך, מיד נגמריה להוא פורתא ונקדשיה. **בלילה.** קודם חצות, שעדיין זמן אכילתו, הלכך לא אפשר בחמץ אלא במצה. **תנו רבנן שיר של תודה.** היו אומרים שם בכנורות וכו', ומהו שיר של תודה — "מזמור לתודה" (תהלים ק). **ארוממך ה' וגו'.** הוא מזמור שיר חנוכת הבית, לכך אומר אותו. **ושיר של פגעים.** "יושב בסתר עליון". ולפי שאמרו משה בהקמת משכן, דכתיב (שמות לט): "ויברך אותם משה", ומה ברכן? יהי רצון שתשרה שכינה במעשה ידיכם, ויהי נועם ה' אלהינו עלינו. (ב) והכי איתא בתורת כהנים. והוא מאחד עשר מזמורים שאמר משה בספר תהלים, מ"תפלה למשה" עד סוף "מזמור לתודה". **פגעים.** מזיקין שפוגעין בבני אדם להזיק. **ואומר ה' מה רבו צרי.** לפי שנאמר בו "רבים אומרים לנפשי אין ישועתה לו באלהים סלה", שהיו מתלוצצים (ג) בשרי יהודה ובנימין כשהיו בני ישראל בני הגולה בונין את החומה, שנאמר (נחמיה ג): "מה היהודים האמללים עושים וגו' היחיו את האבנים מערמות העפר והמה שרופות", ואומר (שם) "גם [וגו'] אם יעלה שועל ופרץ חומת אבניהם". **להני קראי.** שיר של פגעים. **וגני.** כשהוא הולך לישן בלילה. **דאיכא מכה.** ולוחש עליה מקראות של תורה להתרפאות. ומקשינן: ואי איכא מכה אסור הוא דקאמר בה רבי יהושע בן לוי ותו לא? **אין לו חלק.** הלוחש על המכה, ואומר "כל המחלה אשר שמתי במצרים" וגו' (שמות טו). **ברוקק שנו.** ברוקק ואחר כך לוחש. **שאין מזכירין שם שמים כו'.** והכא קאמר "כי אני ה' רופאך". **זו כנגד זו.** שני כהנים נושאין אותן זה אצל זה. **הך דמקרבא לחומה.** שהיא פנימית, ממוצעת בין העם לחומה. **הך דמקרבא לבית דין.** ההולכת אחרונה. **וקדשה לה.** ראשונה קידשה את המקום וכשנכנסה אחרונה לשם לא נפסלה ביוצא שלא עברה במקום חול אלא במקום מקודש. **כי הדדי נינהו.** שתיהן מקדשות יחד, או שתיהן יאכלו או שתיהן ישרפו. **חדא מי מקדשא.** את המקום? הא אנן תנן: כל שלא נעשית בכל אלו הנכנס לשם אין חייבין עליה, אלמא כולהו בעינן! **אפילו למאן דאמר.** לקמן ד"כל אלו" דמתני' אחת מכולן קאמר, או מלך או כהן גדול או נביא או סנהדרין או שתי תודות, הני שתי תודות מיהא תרווייהו בעינן, דתרווייהו חדא מילתא היא!
על

אין בנין בית המקדש בלילה. וכן אינו דוחה יום טוב. ואם תאמר: בר"ה פרק "יום טוב" (דף ל.) גבי הדתנן יום הנף כולו אסור, קאמר התם דאיבני בלילה דאיבני בחמיסר! ויש לומר: דהיינו בית המקדש דלעתיד שהוא עשוי ומאליו בידי שמים, כדכתיב (שמות טו): "מקדש ה' כוננו ידיך". וכן מפרש במדרש תנחומא*. **עד כי אתה ה' מחסי.** דכתיב לעיל מיניה "ושלומת רשעים תראה" דמשתעי באויבים שהיו מצירין להם בשעת הבנין. אבל מהם ואילך לא משתעי בהכי. **אסור להתרפאות בדברי תורה.** והדאמר במסכת שבת (דף סז.): לאישתא (ד) בת יומא לימא הכי: "וירא מלאך ה' אליו" וגו' — סכנתא שאני. **אמטו להכי פנימית נאכלת.** לעיל פירש בקונטרס: "ואעמידה שתי תודות גדולות" אצל החומה מבחוץ. וקשיא: אם כן פנימית אמאי נאכלת? והא נפסלה ביוצא, דלא מצינו שיהא קדוש חוץ לחומה. ובפרק בתרא דמכות (דף יט:) נמי אמר במעשר שני טהור שפודין אותו בפסיעה אחת חוץ לחומה! ונראה דבפנים היו מהלכין. ואע"ג דקרי "פנימה" להך דלהדי חומה, ולפי זה היא יותר חיצונה שהיא כלפי חוץ לעיר, מכל מקום קרי לה "פנימה" לפי שיש דבר אחר. והדתנן בפ' "כיצד צולין" (פסחים פה: ושם): החלונות ועובי החומה כלפנים, אע"פ שהלכו מבפנים היה מתקדש כל מה שהיה צריך לקדש, דלא אפשר לילך בענין אחר. ועוד, דמסקינן התם: דוקא בשוה לקרקע, ולשם היה אפשר להלך. **דקדשה לה ראשונה.** ואם תאמר: אדרבה, ראשונה נמי תאכל, דכל זמן שלא קידשה העיר אף על פי שקדשה העזרה נאכלין קדשים בכל הרואה, כדתנן בפרק בתרא דזבחים (דף קיב:) בשילה ונוב וגבעון שנאכלין בכל הרואה לפי שאין חומת העיר קדושה! ויש לומר: דמכיון שהלכה התודה כל שהוא, הויא לה יוצא במקום שמהלכת.
תני

מסורת הש"ס

יבמות מ. סוטה טו. [מנחות נה.]
(סנהדרין לא)
שם ל.
שם קא.

הגהות הב"ח

(א) רש"י ד"ה וכי כו' דקרא כי כל: (ב) ד"ה ושיר של פגעים וכו' והכי איתא. נ"ב גליון ותימה לפ"ז לא היה לו לומר יושב בסתר אלא ויהי נועם: (ג) ד"ה ואומר כו' מתלוצצים (בשרי) תז"מ ונ"ב ס"א צרי: (ד) תוס' ד"ה אסור וכו' לאישתא למימרא לימא הכי:

הגהות הגר"א

[א] גמ' עליון שמת מעונך. נמחק [וכן ליתא בעי"י וברי"ף ורא"ש פ"א דברכות ועריטב"א]: [ב] שם מזמור לדוד בברחו מפני אבשלום בנו. נמחק: [ג] שם על עמך ברכתך סלה. נמחק: [ד] שם אחריהן. נמחק [נראה דגם במתני' ל"ג לה]: [ה] שם וב"ד נמחק ונ"ב ובכל ישראל:

על פי נביא. חגי זכריה ומלאכי היו שם, ועל פיהם ברוח הקודש עשו, ואין טעם בדבר. רב הונא אמר בכל אלו תנן קסבר כו'. כלומר, ואי משום קידוש עזרא דהואי בבית שני בלא מלך ובלא אורים ותומים, דאמרינן במסכת יומא (דף כא:): חמשה דברים חסר מקדש שני: אש ושכינה וארון ואורים ותומים ורוח הקודש – קסבר קדושה ראשונה דדוד ושלמה לא בטלה, ולא הוצרך עזרא לקדש, *כלומר שהוא לא הוסיף כלום באורך ורוחב. ומאי דקדיש כדכתיב (נחמיה יב) "ואעמידה שתי תודות" – לזכר בעלמא עבד. שני בצעים = *מריסק"א בלע"ז. בהר המשחה = הר הזיתים. תחתונה ועליונה. בשיפוע ההר היו, ואחת למעלה בגבהו ואחת בשיפולו. תחתונה נתקדשה בכל אלו. שמימי בית ראשון הכניסוה וחיברוה לעיר ע"י חומה אחרת. אלא בעולי גולה. שהוסיפו על העיר ובנו היקף חומה אחרת לחוץ. ה"ג לה בתוספתא דסנהדרין: תחתונה שהיתה קדושתה גמורה עמי הארץ נכנסים לשם ואוכלים שם קדשים קלים אבל לא מעשר שני, וחברים אוכלים שם מעשר שני וקדשים קלים. עליונה שלא היתה קדושתה גמורה עמי הארץ נכנסים שם ואוכלים שם קדשים קלים אבל לא מעשר שני, וחברים אין אוכלין שם לא קדשים קלים ולא מעשר שני. ויש לפרש דעמי הארץ המפרישין מעשרות היו זריזים לעשות בו מצוה מן המובחר, לפי שהיו שומעין דרשה *"עשר בשביל שתתעשר" והיו צריכים להתוודות "עשיתי ככל אשר צויתני" (דברים כו), והיו שומעים את המתרגמים "ואכלת לפני ה' אלהיך מעשר דגנך תירושך ויצהרך", לכך היו נכנסין עד תוך חומת ירושלים הפנימית לקיים "לפני ה' אלהיך". אבל בקדשים לא היו מטריחין עצמן, ואוכלים אותם לפנים מחומה חיצונה כשאין מוצאים אכסניא בפנים. וכשהיו אומרים להם: זו קדושה וזו אינה קדושה – לא היו שומעין לנו, לפי שאומרים: זו חומה וזו חומה מה לי תחתונה מה לי עליונה. שתורפה של ירושלים. גלויה וערותה, מקום שהיא נוחה ליכבש. תנאי היא. דפליגי בקדושה ראשונה לשעתה ולעתיד לבוא. למ"ד לא קידשה לעתיד לבוא – איצטריך עזרא לקדשה וקידשה בלא מלך ואורים ותומים, ואית ליה "אחת מכל אלו" תנן. ולמ"ד קידשה לעתיד לבוא – לא הוצרך עזרא לקדש כלום אלא לזכר בעלמא, ולא גמרינן מינה. שמעתי. מרבותי. כשהיו בונין ההיכל. בימי עזרא. עושים קלעים. במקום החומה, ובונים את כותלי החומה אצל הקלעים. וכן לעזרות. אלא שבהיכל. נתנו הקלעים לפנים ממקום החומה, ובונים את החומה מבחוץ, שלא יזונו עיניהם מן ההיכל. וקס"ד דהנך קלעים לרבי אליעזר כדי להכשיר העזרות להקריב קרבן, דאם אין בית אין קרבן, דקדושה ראשונה בטלה לה. ואע"פ שאין חומה. בירושלים קודם שנבנית החומה. ומאי דשמיע ליה כו'. ולא בא רבי יהושע לחלוק על רבי אליעזר, ולא שמעיה לרבי אליעזר דאמר לא קידשה. למה מנו כו'. עיירות מנו חכמים בפרק בתרא דערכין שהיו מוקפות חומה מימות יהושע בן נון לענין מכות בתי ערי חומה, והיה להם למנות עוד הרבה שלא מנאום. וקידשום. לא פירש לי במה מקודשים ערי ארץ ישראל. קסבר לא קידשה ורמינהי כו'. היינו תנאי. וכי אלו בלבד היו. מוקפות חומה מימות יהושע בן נון? ®מנאו אלו. דרך ביאתם. הא אמרינן לקמן. בסיומא דהך ברייתא מסיים ואזיל: לא אלו בלבד. כל המצות האלו. מכות בתי ערי חומה, ושילוח מצורעים, ושאין עושים מגרשיהן שדה. טומאה

תנאי היא; *דתניא, *א"ר אליעזר: שמעתי, כשהיו בונין בהיכל עשו קלעים להיכל וקלעים לעזרות, אלא [ה]שבהיכל בונין מבחוץ, ובעזרות בונין מבפנים. אמר רבי יהושע: שמעתי *[ו]שמקריבין אף על פי שאין בית, אוכלין קדשי קדשים אע"פ שאין קלעים, קדשים קלים ומעשר שני – אע"פ שאין חומה, מפני שקדושה ראשונה קידשה לשעתה וקידשה לעתיד לבא; לאו מכלל דר' אליעזר סבר: לא קידשה לעתיד לבא? א"ל רבינא לרב אשי: ממאי? דלמא דכולי עלמא – קדושה ראשונה קידשה לשעתה וקידשה לעתיד לבא, ומר מאי דשמיע ליה קאמר, ומר מאי דשמיע ליה קאמר! וכי תימא, קלעים לר' אליעזר למה לי? לצניעותא בעלמא! אלא הני תנאי; דתניא, *א"ר ישמעאל ברבי יוסי: למה מנו חכמים את אלו? שכשעלו בני הגולה מצאו אלו וקידשום, אבל ראשונות בטלו משבטלה הארץ; אלמא קסבר: קדושה ראשונה קידשה לשעתה [ז]ולא קידשה לעתיד לבא. ורמינהי, *אמר ר' ישמעאל בר' יוסי: וכי אלו בלבד היו? והלא כבר נאמר: °"ששים עיר כל חבל ארגוב ממלכת עוג בבשן. כל אלה ערים בצורות חומה גבוהה"! אלא למה מנו חכמים את אלו? שכשעלו בני הגולה, מצאו אלו וקידשום. קידשום השתא? הא אמרינן לקמן דלא צריכא לקדושי! אלא: מצאו אלו ומנאום. ולא אלו בלבד, אלא כל שתעלה בידך מסורת מאבותיך שמוקפת חומה מימות יהושע בן נון – כל מצות אלו נוהגות בה, מפני שקדושה ראשונה קידשה לשעתה וקידשה לעתיד לבא. קשיא דר' ישמעאל בר יוסי אדרבי ישמעאל בר יוסי! איבעית אימא: תרי תנאי אליבא דר' ישמעאל בר יוסי. איבעית אימא: חדא מינייהו ר' אלעזר בר יוסי אמרה; דתניא, *ר' אלעזר בר יוסי אומר: °"אשר לוא חומה" – [ח]אע"פ שאין לו עכשיו והיה לו קודם (א) לכן.§ נטמא

תני באחת מכל אלו. תימה: דמה דחקו להגיה? דכמה סתם משניות אשכחן דאית להו קדושה לעתיד לבא, בפ"ק דמגילה (דף י. ושם) ובפרק בתרא דזבחים (דף קיב: ושם) דקדושת ירושלים אין אחריה היתר. אלא בבני גולה. אע"פ שהיה הדבר בא לידי תקלה, הכניסוה, כדי שימסרו עצמם עליהם יותר כשיש בה שם קדושה. דכולי עלמא קידשה לעתיד לבא. וא"ת: דבפ"ק דחגיגה (דף ג: ושם) אית ליה לרבי אליעזר דלא קידשה לעתיד לבוא, גבי עמון ומואב מעשרין מעשר עני בשביעית. ובריש מסכת ביצה (דף ג:) נמי אית ליה לרבי אליעזר דעיגול בעיגולין עולה בברייתא דליטרא קציעות, ומאן דאית ליה הכי קסבר תרומה בזמן הזה דרבנן, כדמוכח בפרק "הערל" (יבמות דף פא.)! וי"ל: דקדושת הארץ לגבי תרומה ומעשרות בטלה, והכא איירי בקדושת מחיצה, דאפשר דלא בטלה משום דאיקרי "נחלה". וקדושת בתי ערי חומה דמייתי בסמוך נמי הויא קדושת מחיצה. ואף על גב דקדושת הארץ בטלה, מ"מ בפ"ק דביצה (דף ה: ושם) ביקש ר' אליעזר להפקיר כרם רבעי לעניים, דמדרבנן היה צריך להוליכו לירושלים. וא"ת: אי בקדושת מחיצה נמי לא קידשה לעתיד לבא לרבי אליעזר, מה ירויחו עניים כיון שלא יוכלו לאכלו בירושלים, ואם יפדו הפירות מה ירויחו? וי"ל: לפי שיכולין לפדותו בשוה פרוטה אע"פ ששוין הרבה. ואפי' לכתחלה שרי כשאין הפסד להקדש כשאין בית המקדש קיים, כדמוכח *בפרק בתרא דערכין (דף כט. ושם) גבי ההוא גברא דאחרימינהו לנכסי. א"נ, מודה רבי אליעזר דעזרא קידש לעתיד לבא קדושת *מחילה. נטמא

תורה אור
כדפי"י כלום
[וכוה ו"ז בל' אשכנז ותרגומה בלחו פרש"י מריסקא בלע"ז]
[תוספתא סנהדרין פ"ג]
[שבת קיט.]
[לעיל יד. וש"נ סנהדרין ב.]
מגילה י. זבחים קז: עדיות פ"ח מ"ו
שם [זבחים סב:]
[מגילה י. ערכין לב:]
[שם תוספ' ערכין פ"ה]
דברים ג
ויקרא כה
מגילה ג: י: ערכין לב.
נ"ל כפ"ח
[וע"ע תוס' ביצה ה: ד"ה וכקש ר"א וכו']

עין משפט נר מצוה
כג א מיי' פ"ו מהל' בית הבחירה הלכה יב סמג עשין קסג:
כד ב ג ד מיי' שם הל' יד ובכיות התקתק דוקא ועיין בהלכה טו:
כה ה מיי' שם פ"ו הל' כג ולהלן תמיהת הכ"מ ע"ש:
כו ו מיי' שם פ"ו הל' טו:
[וחגיגה ג: מגילה י. מכות יט. זבחים ס: קז: חולין ז. תמורה כא. ערכין לב:]
כז ז מיי' פ"א מהל' תרומות הל' ה ופ"ו מהל' בית הבחירה הלכה טז ווה לענין שאר א"י ועיין בכ"מ בפ"ב מהל' שמיטין הלכה טו:
כח ח מיי' פ"ו מהל' מגילה הל' ז ופי"ב מהל' שמיטין הלכה טז וע"ש בהשגות ובכ"מ:

הגהות הב"ח
(א) גמ' קודם לכן נ"ב וכבר שלטנין חומה כך ה"א לענין קדושה ג"כ אע"פ שלא קידשה עכשיו לעולם קידשה גם לעתיד לבוא:

גליון הש"ס
רש"י ד"ה מנאו אלו עיין מה שתמהתי בזה בעורי אבן מגילה דף י ע"ב ד"ה כל המנות:

רבינו חננאל
על פי נביא נאכלת. כלומר נביא מתירה וכן זו נשרפת על פי נביא: אתמר רב הונא אמר בכל אלו תנן קסבר קדושה ראשונה קדשה לשעתה וקדשה לעתיד והא דקדיש עזרא בלא מלך ובלא אורים ותומים. ואמרינן עזרא זכר קידוש בעלמא עבד דלא הוה צריך ליה. רב נחמן אמר אפילו באחת מכל אלו תנן דקדושה ראשונה אינה קדושה לעתיד לבא. ועזרא דקדיש אע"ג דלא הוו אורים ותומים שפיר עבד דבאחת מכל אלו תנן. ומותבינן עליה דרב נחמן מהא אבא שאול אומר שני בצעין היו בהר המשחה. תחתונה נתקדשה בכל אלו עליונה קדשוה בני גולה שלא במלך ושלא באורים ותומים. תחתונה שהיתה קדושה גמורה חברים א) ועמי הארץ נכנסים שם כו' עליונה שלא היתה קדושתה גמורה חברין אין נכנסין לשם כו' ופריק תנאי היא. דתנן א"ר אליעזר כשהיו בונין בהיכל היו עושין קלעים בהיכל וקלעים לעזרות כו'. א"ר יהושע [שמעתי] שמקריבין אע"פ שאין (ב"ד) [בית] כו'. מאי לאו בהא קמפלגי דר' אליעזר סבר קדושה ראשונה אינה לעתיד לבא. ור' יהושע סבר קדשה לשעתה ולעתיד לבא. ודחינן ודלמא תרוייהו קדשה לעתיד לבא סבירא להו וכל חד וחד מאי דשמיע ליה קאמר. אלא מהא דתניא א"ר ישמעאל ב"ר יוסי למה מנו חכמים את אלו שכשעלו בני הגולה מצאו אלו וקדשום כו' ופשוטה היא. ופרשנוה עוד במס' מגילה: נטמא

א) נראה גירסת רבינו כמ"ש בחי' ר"ן מגיע ע"ש.

"נִטְמָא בַּעֲזָרָה וְנֶעֶלְמָה מִמֶּנּוּ טוּמְאָה" וכו'.§ טוּמְאָה בַּעֲזָרָה מְנָלַן? א"ר אֶלְעָזָר: כָּתוּב אֶחָד אוֹמֵר: °"אֶת מִשְׁכַּן ה' טִמֵּא", וְכָתוּב אֶחָד אוֹמֵר: °"כִּי אֶת מִקְדַּשׁ ה' טִמֵּא"; (אִם אֵינוֹ עִנְיָן לְטוּמְאָה שֶׁבַּחוּץ, תְּנֵהוּ עִנְיָן לְטוּמְאָה שֶׁבִּפְנִים). וּקְרָאֵי מִיַּתְּרִי? הָא מִיצְרַךְ צְרִיכִי! דְּתַנְיָא, ר' אֶלְעָזָר אוֹמֵר: אִם נֶאֱמַר "מִשְׁכָּן" לָמָּה נֶאֱמַר "מִקְדָּשׁ", וְאִם נֶאֱמַר "מִקְדָּשׁ" לָמָּה נֶאֱמַר "מִשְׁכָּן"? אִילּוּ נֶאֱמַר "מִשְׁכָּן" וְלֹא נֶאֱמַר "מִקְדָּשׁ", הָיִיתִי אוֹמֵר: עַל מִשְׁכָּן יְהֵא חַיָּיב, שֶׁהֲרֵי מָשׁוּחַ בְּשֶׁמֶן הַמִּשְׁחָה, וְעַל מִקְדָּשׁ לֹא יְהֵא חַיָּיב; וְאִם נֶאֱמַר "מִקְדָּשׁ" וְלֹא נֶאֱמַר "מִשְׁכָּן", הָיִיתִי אוֹמֵר: עַל מִקְדָּשׁ יְהֵא חַיָּיב, שֶׁהֲרֵי קְדוּשָּׁתוֹ קְדוּשַּׁת עוֹלָם, וְעַל מִשְׁכָּן לֹא יְהֵא חַיָּיב; לְכָךְ נֶאֱמַר "מִשְׁכָּן", לְכָךְ נֶאֱמַר "מִקְדָּשׁ"! רַבִּי אֶלְעָזָר הָכִי קָא קַשְׁיָא לֵיהּ: (א) מִכְּדֵי *מִשְׁכָּן אִיקְּרֵי "מִקְדָּשׁ" וּמִקְדָּשׁ אִיקְּרֵי "מִשְׁכָּן", נִכְתּוֹב אוֹ אִידִי וְאִידִי מִקְדָּשׁ אוֹ אִידִי וְאִידִי מִשְׁכָּן, "מִשְׁכָּן" וּ"מִקְדָּשׁ" לָמָּה לִי? שְׁמַע מִינַּהּ תַּרְתֵּי. בִּשְׁלָמָא מִקְדָּשׁ אִיקְּרֵי "מִשְׁכָּן", דִּכְתִיב: °"וְנָתַתִּי מִשְׁכָּנִי בְּתוֹכְכֶם". אֶלָּא מִשְׁכָּן דְּאִיקְּרֵי "מִקְדָּשׁ" מְנָלַן? אִילֵימָא מִדִּכְתִיב: °"וְנָסְעוּ הַקְּהָתִים נוֹשְׂאֵי הַמִּקְדָּשׁ" — הַהוּא בָּאָרוֹן כְּתִיב! אֶלָּא מֵהָכָא: °"וְעָשׂוּ לִי מִקְדָּשׁ וְשָׁכַנְתִּי בְּתוֹכָם", וּכְתִיב: °"כְּכֹל אֲשֶׁר אֲנִי מַרְאֶה אוֹתְךָ אֶת תַּבְנִית הַמִּשְׁכָּן".§ "וְהִשְׁתַּחֲוָה אוֹ שֶׁשָּׁהָה כְּדֵי הִשְׁתַּחֲוָאָה".§ אָמַר רָבָא: לֹא שָׁנוּ אֶלָּא שֶׁהִשְׁתַּחֲוָה כְּלַפֵּי פְּנִים; אֲבָל הִשְׁתַּחֲוָה כְּלַפֵּי חוּץ, שָׁהָה — אִין, לֹא שָׁהָה — לָא. אִיכָּא דְּמַתְנֵי לָהּ אַסֵּיפָא: אוֹ שֶׁשָּׁהָה כִּכְדֵי הִשְׁתַּחֲוָאָה — מִכְּלָל דְּהִשְׁתַּחֲוָאָה גּוּפָהּ בָּעֲיָא שְׁהִיָּיה. אָמַר רָבָא: [א]לֹא שָׁנוּ אֶלָּא שֶׁהִשְׁתַּחֲוָה כְּלַפֵּי חוּץ, אֲבָל כְּלַפֵּי פְּנִים — אע"ג דְּלֹא שָׁהָה; וְהָכִי קָאָמַר: הִשְׁתַּחֲוָה כְּלַפֵּי פְּנִים, אוֹ שֶׁשָּׁהָה כְּדֵי הִשְׁתַּחֲוָאָה בְּהָךְ הִשְׁתַּחֲוָאָה דִּכְלַפֵּי חוּץ — חַיָּיב. הֵיכִי דָּמֵי הִשְׁתַּחֲוָאָה דְּאִית בַּהּ שְׁהִיָּיה, וְהֵיכִי דָּמֵי הִשְׁתַּחֲוָאָה דְּלֵית בַּהּ שְׁהִיָּיה? דְּלֵית בַּהּ שְׁהִיָּיה — זוֹ כְּרִיעָה בְּעָלְמָא הִיא, דְּאִית בַּהּ שְׁהִיָּיה — פִּישׁוּט יָדַיִם וְרַגְלַיִם. וְכַמָּה שִׁיעוּר שְׁהִיָּיה? פְּלִיגִי בַּהּ ר' יִצְחָק בַּר נַחְמָנִי וְחַד דְּעִימֵּיהּ, וּמַנּוּ? רַבִּי שִׁמְעוֹן בֶּן פָּזִי; וְאָמְרִי לַהּ ר"ש בֶּן פָּזִי וְחַד דְּעִימֵּיהּ, וּמַנּוּ? ר' יִצְחָק בַּר נַחְמָנִי, וְאָמְרִי לַהּ ר"ש בַּר נַחְמָנִי; חַד אָמַר: כְּמִימְרֵיהּ דְּהַאי פְּסוּקָא, (ב) וְחַד אָמַר: [ב]כְּמִ"וַּיִּכְרְעוּ" לְסֵיפָא, °"וְכֹל בְּנֵי יִשְׂרָאֵל רוֹאִים בְּרֶדֶת הָאֵשׁ וּכְבוֹד ה' עַל הַבָּיִת וַיִּכְרְעוּ אַפַּיִם אַרְצָה עַל הָרִצְפָּה וַיִּשְׁתַּחֲווּ וְהוֹדוֹת לַה' כִּי טוֹב כִּי לְעוֹלָם חַסְדּוֹ". *ת"ר: [ג]קִידָּה — עַל אַפַּיִם, וְכֵן הוּא אוֹמֵר: °"וַתִּקֹּד בַּת שֶׁבַע אַפַּיִם אֶרֶץ"; כְּרִיעָה — עַל בִּרְכַּיִם, וְכֵן הוּא אוֹמֵר: °"מִכְּרוֹעַ עַל בִּרְכָּיו"; [ד]הִשְׁתַּחֲוָאָה — זוֹ פִּישׁוּט יָדַיִם וְרַגְלַיִם, וְכֵן (ג) אוֹמֵר: °"הֲבוֹא נָבוֹא אֲנִי וְאִמְּךָ וְאַחֶיךָ לְהִשְׁתַּחֲוֹת לְךָ אָרְצָה".§ בָּעֵי רָבָא: [ה]צָרִיךְ שְׁהִיָּיה לְמַלְקוֹת, אוֹ אֵין צָרִיךְ שְׁהִיָּיה לְמַלְקוֹת? לְקָרְבָּן גְּמִירִי שְׁהִיָּיה, לְמַלְקוֹת לָא גְּמִירִי שְׁהִיָּיה; אוֹ

רש"י

טוּמְאָה בַּעֲזָרָה מְנָלַן. מִי שֶׁנִּטְמָא בָּעֲזָרָה מְנָלַן דְּמִיחַיֵּיב? הָא לָא קְרֵינָא "וְלֹא יְטַמְּאוּ אֶת מַחֲנֵיהֶם" (במדבר ה), שֶׁכְּבָר טִימֵּא. שֶׁבַּחוּץ כו'. שֶׁנִּטְמָא מִבַּחוּץ. קְדוּשַּׁת עוֹלָם. שֶׁאֵין אַחֲרֶיהָ הֶיתֵּר בָּמוֹת. אַשְׁכַּחַן מִקְדָּשׁ דְּאִיקְּרֵי מִשְׁכָּן כו'. כִּדְמְפָרֵשׁ לְקַמָּן. וְנָתַתִּי מִשְׁכָּנִי בְּתוֹכְכֶם. *כָּל הַנִּיתָּן בְּתוֹכְכֶם קָרֵי מִשְׁכָּן. הַהוּא בָּאָרוֹן כְּתִיב. שֶׁהָיוּ הַקְּהָתִים נוֹשְׂאִין אֶת הָאָרוֹן וְהַשֻּׁלְחָן וְהַמְּנוֹרָה וְהַמִּזְבְּחוֹת, שֶׁהֵם דְּבָרִים הַמְקוּדָּשִׁים. לֹא שָׁנוּ. דִּבְהִשְׁתַּחֲוָיָה כָּל דְּהוּ, אֲפִי' לֹא שָׁהָה בָּהּ כְּדֵי הִשְׁתַּחֲוָיָה חַיָּיב. אֶלָּא שֶׁהִשְׁתַּחֲוָה כְּלַפֵּי פְּנִים. לְצַד מַעֲרָב. אֲבָל הִשְׁתַּחֲוָיָה כְּלַפֵּי חוּץ. לַמִּזְרָח, אֵין זוֹ הִשְׁתַּחֲוָיָה, וְאִי שָׁהָה כְּדֵי הִשְׁתַּחֲוָאָה מִיחַיֵּיב מִשּׁוּם שְׁהִיָּיה, וְאִי לָא — לָא. וְהָכִי קָאָמַר הִשְׁתַּחֲוָיָה כְּלַפֵּי פְּנִים. כָּל דְּהוּ. אוֹ שֶׁלֹּא הִשְׁתַּחֲוָה, וְשָׁהָה כְּדֵי שִׁיעוּר חִיּוּב הִשְׁתַּחֲוָאָה דְּהָנָךְ כְּלַפֵּי חוּץ, דְּבָעֵי שִׁיעוּר חִיּוּב. אַרְצָה. מַשְׁמַע לְשׁוֹן שִׁיטּוּחַ. לְמַלְקוֹת. אִם הִתְרוּ בּוֹ שֶׁלֹּא לַעֲמוֹד, וְעָמַד פָּחוֹת מִכְּדֵי שְׁהִיָּיה.

תוספות

*נטמא בעזרה. תימה: אמאי לא קתני שתים שהן שש? דהא מצרכינן קרא בגמרא לטומאה שבפנים! ויש לומר: דמתני' לא איירי אלא בטומאה שבחוץ. מה"מ. מהא דגמירי לקמן שיעור שהייה לא שמעינן לא מלקות ולא כרת, דה"א איסורא בעלמא הוא דאיכא. תנהו ענין לטומאה שבפנים. וא"ת: עונש שמעינן, אזהרה מנין? ויש לומר: מ"ולא יטמאו את מחניהם" (במדבר ה) דמשמע אפי' נטמא בפנים. ולא כמו שפירש בקונטרס ד"ולא יטמאו" משמע שנטמא בחוץ ולא נטמא בעזרה, דאותו כבר טימא. ומיהו, מעיקרא דבעי מנהני מילי, משום דכיון דאכתי לא מייתר האי קרא — לית לן לאוקומה "לא יטמאו" אלא בנטמא מבחוץ, דאשכחן דהזהיר בו הכתוב במקום אחר, דכתיב (ויקרא יב): "ואל המקדש לא תבא". ועוד נראה, דמעיקרא לא בעי כלל אלא לענין כרת, אבל אזהרה פשיטא ליה דאיכא, ד"לא יטמאו" משמע דנטמא בפנים, דהא כתיב (במדבר ה): "וישלחו מן המחנה". אבל קרא דכרת משמע דאיירי באותו שראוי להתחטא קודם שיטמא משכן. קדושתו קדושת עולם. פירש בקונטרס: שאין אחריה היתר במות. וקשה: דא"כ תפשוט מהכא דסבר רבי אליעזר דקידשה לעתיד לבא. ולספרים דגרסי נמי "רבי אלעזר" תקשה, דבפרק קמא דחולין (דף ז.) אמר: אישתמיטתיה דאמר ר' שמעון בן אליקים משום רבי אלעזר בן שמוע: קדושה ראשונה וכו' ולא קידשה לעתיד לבא! ויש לפרש: קדושת עולם — שהאריכו בקדושה יותר. א"נ, לפי שאין ראוי לחזור ולקדש אלא באותו מקום, קרי ליה קדושת עולם. או אידי ואידי מקדש או אידי ואידי משכן. משמע הכא דאף על גב דמקדש איקרי "משכן" — לא גמרי מהדדי אי לאו דכתיבי קראי יתירי. וכן בסוטה בפרק "היה מביא" (דף טז. ושם) דמצריך התם קרא לרבות שילה ובית עולמים. וכן בפרק "שני שעירים" (יומא סז:) "מדבר" "המדברה" לרבות נוב וגבעון ושילה ובית עולמים. ובפרק "טרף בקלפי" (שם דף מד. ושם) גבי "וכל אדם לא יהיה באהל מועד", ובפרק "הוציאו לו" (שם דף נג.) גבי מעלה עשן. ותימה: דבפרק קמא דחולין (דף כד. ושם) גבי לוים בשנים, דרשינן: יכול אף שילה ובית עולמים כך? תלמוד לומר: "לעבוד עבודת עבודה" וגו', לא אמרינן אלא בזמן שהעבודה בכתף — אלמא אי לאו קרא הוה גמרינן מהדדי. ובריש עירובין (דף ב. ושם) גבי שלמים ששחטן קודם פתיחת דלתות ההיכל פסולין, שנאמר: "ושחטו פתח אהל מועד", נפקא לן היכל מדאיקרי משכן מקדש ומקדש משכן! ושמא קים ליה להתלמוד בעירובין ובחולין שיש אהל מועד מיותר, ובחולין כי ממעט שילה ובית עולמים מוקמינן ליה לדרשה אחרינא. ומיהו קשה, כיון דמקדש איקרי משכן ומשכן איקרי מקדש, אמאי לא ידעינן שפיר בכל דוכתא תרוייהו מחד קרא, כמו חיה ובהמה שזו בכלל זו? ורבינו חיים כהן היה מחלק, לדבר שאינו תלוי בקדושת מקום, כההיא דעירובין ובחולין — התם סגי בחד קרא לשניהם. אבל בשמעתין, דתלוי בקדושת מקום — לא גמרי מהדדי מטעמא דמפרש ר' אלעזר. וכן בהנהו דיומא דנעשים בפנים הוי בקדושת מקום, ושילוח שעיר המדבר בא מכלל חבירו שנעשה בפנים. וכן ההיא דסוטה דצריך קרקע המשכן. ואית דל"ג הכא "ליכתב או אידי ואידי מקדש" וכו', אלא גרסי: מכדי מקדש איקרי משכן ומשכן איקרי מקדש, מקדש ומשכן למה לי? וקשה: דא"כ ר' אלעזר אמורא חולק על רבי אלעזר תנא, דרבי אלעזר קאמר בהדיא דלא גמרינן מהדדי! ואמר הר"ר שלמה מדרוי"ש: דלר' אלעזר נמי אית ליה דגמירי מהדדי, משום דמשכן איקרי מקדש ומקדש איקרי משכן. וה"פ דמילתא: אם נאמר מקדש למה נאמר משכן. כלומר, כיון דאיצטריך למיכתב תרוייהו משום טומאה שבפנים כדקאמר ר' אלעזר, אמאי שני קרא בדיבורא? ליכתיב או תרוייהו משכן או תרוייהו מקדש! ומשני: אילו נאמר מקדש בתרוייהו הייתי אומר דלהכי איכתיב קרא תניינא — למעוטי משכן, דלא נימא משכן איקרי מקדש וחייב, ולא לטומאה שבפנים. וכן אי הוה כתיב משכן בתרוייהו, ה"א דאתא למעוטי מקדש, להכי כתוב משכן ומקדש. והשתא בחד קרא סגי, והוה ידעינן תרוייהו מדמקדש איקרי משכן, אלא ע"כ אתא חד קרא לטומאה שבפנים. וקשה מכל הנהו שהבאתי שמצריך תרי קראי! ובההיא דסוטה ל"ג בקונטרס נוב וגבעון, לפי שלא היו סוטות שותות שם, כדמוכח בפרק בתרא דזבחים (דף קיב.). וא"ת: מ"ש דגבי "המדבר" "המדברה" מצריך לרבות נוב וגבעון טפי מבהנך? *וי"ל: משום דבההוא ענינא כתיב כפורת "והזה אל הכפרת" דמשתעי בארון, ובנוב ובגבעון לא היה ארון. אבל קשיא לריב"א: הא גבי מעלה עשן נמי כתיב כפרת! ונראה לו דגבי שילוח שעיר המדבר כתיב שילוח מחנה, ולכך איצטריך ריבוי, דאפשר דאין קדושת מחנות בנוב וגבעון כיון שהותרו הבמות. קידה על אפים. תימה: השתחואה נמי אשכחן על אפים, דכתיב: (בראשית מח) "וישתחו לאפיו ארצה", (ישעיה מט) "אפים ארץ ישתחוו לך", (במדבר כב) "ויקוד וישתחו לאפיו"! וי"ל: דמגמרא אית לן קידה על אפים, ומייתי דאשכחן נמי בקרא הכי.

תלה

עין משפט נר מצוה

[שייך לעיל במשנה יד:]

כט א מיי' פ"ג מהל' ביאת מקדש הל' כב:

ל ב מיי' שם הל' כג:

לא ג מיי' פ"ה מהל' תפלה הלכה יג:

לב ד מיי' שם הל' יג ופ"ו מהל' עכו"ם הלכה ו:

לג ה מיי' פ"ג מהל' ביאת מקדש הל' כב:

רבינו חננאל

מתני' נטמא בעזרה ונעלמה ממנו הטומאה כו'. מנה"מ כי המיטמא בעזרה ושהה שם חייב מדכתיב את מקדש ה' טמא וכתיב נמי את משכן ה' טמא. אם אינו ענין האי קרא דכתיב את (משכן) [מקדש] ה' טמא כשנטמא בחוץ דהא כתיב את משכן ה' טמא. תנהו ענין לטומאה שבפנים. דהא תרויהו משכן ומקדש אקרו. משכן שנאמר ונתתי משכני בתוככם. ותרויהו אקרו מקדש שנאמר ועשו לי מקדש וכתיב ככל אשר אני מראה אותך את תבנית המשכן שמעת מינה תרתי. ש"מ דאע"ג דמשכן נמשח ומקדש לא נמשח. ומקדש קדושתו קדושת עולם ומשכן לאו קדושתו קדושת עולם לענין טומאה שניהן שוין. וש"מ כשם שחייבין בטומאה בחוץ. כך חייבין בטומאה שבפנים. וארון נמי אקרי מקדש שנאמר ונסעו הקהתים נושאי המקדש: פיסקא השתחוה או שהה כדי השתחויה. אמר רבא לא שנו אלא בהשתחויה כלפי חוץ אבל בהשתחויה כלפי פנים אע"ג דלא שהה חייב. השתחויה שאין בה שהייה זו היא כריעה בלבד. אבל פישוט ידים ורגלים זו היא השתחויה שיש בה שהייה. וכמה שיעור זו השהייה חד אמר כשיעור קריאת זה הפסוק כולו וכל בני ישראל רואין ברדת האש וכבוד ה' על הבית ויכרעו אפים ארצה על הרצפה וישתחו להודות לה' כי טוב כי לעולם חסדו. וחד אמר כשיעור קריאתו מן ויכרעו אפים ארצה עד סוף הפסוק. ת"ר קידה על אפים. כריעה על ברכים. והשתחויה זו פישוט ידים ורגלים א) כו' פישוטי מקראי:

א) אולי צ"ל כולהו איפשיטו מקראי

מסורת הש"ס

[בעירובין פרק י' בתוספות אחר היותר מבואר]

רש"ל מ"ז

עירובין ב.

ויקרא כו

במדבר י

שמות כה

שם

דה"ב ז

ברכות לד: מגילה כב:

מלכים א א

בראשית לז

כמו אלא י"ל רש"ל

הגהות הב"ח

(א) גמ' מכדי משכן. נ"ב ס"א מכדי משכן איקרי מקדש ומקדש איקרי משכן תרי קראי למה לי אם אינו ענין לטומאה שבחוץ תנהו ענין לטומאה שבפנים בשלמא כו': (ב) שם פסוקא וכל בני ישראל וכו' לעולם חסדו וחד אמר כמו מויכרעו עד לסיפא: (ג) שם וכן הוא אומר:

אוֹ דִלְמָא בִּפְנִים גְּמִירִי שְׁהִיָּה, לָא שְׁנָא לְקָרְבָּן וְלָא שְׁנָא לְמַלְקוֹת? תֵּיקוּ. בָּעֵי רָבָא: תָּלָה עַצְמוֹ בַּאֲוִיר עֲזָרָה, מַהוּ? כִּי גְּמִירִי שְׁהִיָּה — שְׁהִיָּה דְּבַת הִשְׁתַּחֲוָאָה, דְּלָאו בַּת הִשְׁתַּחֲוָאָה לָא גְּמִירִי. אוֹ דִלְמָא בִּפְנִים שְׁהִיָּה גְּמִירִי, ל"ש דְּבַת הִשְׁתַּחֲוָאָה וְל"ש דְּלָאו בַּת הִשְׁתַּחֲוָאָה? [א]תֵּיקוּ. בָּעֵי רַב אַשִׁי: טִימֵּא עַצְמוֹ בְּמֵזִיד, מַהוּ? בְּאוֹנֶס גְּמִירִי שְׁהִיָּה, בְּמֵזִיד לָא גְּמִירִי שְׁהִיָּה. אוֹ דִלְמָא בִּפְנִים גְּמִירִי שְׁהִיָּה, ל"ש בְּאוֹנֶס וְל"ש בְּמֵזִיד? [ב]תֵּיקוּ. *בָּעֵי רַב אַשִׁי: נָזִיר בְּקֶבֶר, בָּעֵי שְׁהִיָּה לְמַלְקוֹת אוֹ אֵינוֹ צָרִיךְ? בִּפְנִים גְּמִירִי שְׁהִיָּה, בַּחוּץ לָא גְּמִירִי שְׁהִיָּה. אוֹ דִלְמָא בְּאוֹנֶס גְּמִירִי שְׁהִיָּה, לָא שְׁנָא בִּפְנִים וְל"ש בַּחוּץ? [ג]תֵּיקוּ. § "בָּא לוֹ בַּאֲרוּכָּה — חַיָּיב, בִּקְצָרָה — פָּטוּר" וכו'. § אָמַר רָבָא: קְצָרָה שֶׁאָמְרוּ — [ד]אֲפִי' עָקֵב בְּצַד גּוּדָל, וַאֲפִי' כָּל הַיּוֹם כּוּלּוֹ. [ה]בָּעֵי רָבָא: שְׁהִיּוֹת מַהוּ שֶׁיִּצְטָרְפוּ? וְתִיפְשׁוֹט לֵיהּ מִדִּידֵיהּ! הָתָם בִּדְלָא שָׁהָה. בְּעָא מִינֵּיהּ אַבַּיֵי מֵרַבָּה: בָּא לוֹ בַּאֲרוּכָּה שִׁיעוּר קְצָרָה, מַהוּ? שִׁיעוּר גְּמִירִי, וְכִי בָּא לוֹ בַּאֲרוּכָּה שִׁיעוּר קְצָרָה — פָּטוּר. אוֹ דִלְמָא דַּוְקָא גְּמִירִי: בַּאֲרוּכָּה — חַיָּיב, בִּקְצָרָה — פָּטוּר? א"ל: [ו]לֹא נִתְּנָה אֲרוּכָּה לְהִדָּחוֹת אֶצְלוֹ. מַתְקִיף לָהּ ר' זֵירָא: אֶלָּא דְּקַיְימָא לָן *[ז]טָמֵא שֶׁשִּׁימֵּשׁ בְּמִיתָה, [ח]הֵיכִי מַשְׁכַּחַתְּ לָהּ? אִי דְּלָא שָׁהָה — הֵיכִי עָבֵיד עֲבוֹדָה? אִי דְּשָׁהָה — בַּר כָּרֵת הוּא! אִי אָמְרַתְּ בִּשְׁלָמָא שִׁיעוּרָא גְּמִירִי, מַשְׁכַּחַתְּ לָהּ דְּאָנֵים נַפְשֵׁיהּ בִּקְצָרָה וְעָבַד עֲבוֹדָה. אֶלָּא

רש"י

או דלמא בפנים גמירי שהייה. בטומאה שאירעה לו בתוך העזרה. **תלה עצמו באויר.** כדי שהייה. **טימא עצמו במזיד.** ואם תמצי לומר צריך שהייה למלקות בטומאת אונס ושהיית מזיד, טומאת מזיד מי בעיא שהייה או לא? **נזיר בקבר.** נזיר שנטמא באונס בתוך בית הקברות, דומיא דנטמא בעזרה שלא נתחייב (בפנים) בכניסתו. כגון שנכנס לבית הקברות בשידה תיבה ומגדל, ובא חבירו ופרע עליו את מעזיבת גג האהל, ונטמא באויר בית הקברות, והתרו בו "צא" ולא יצא, ומיהו לא שהה כדי השתחואה. **צריך שהייה למלקות או לא.** קרבן לא שייך הכא כלל, שאין כרת בנזיר שנטמא. וקרבן נזיר טמא לאו אעון טומאה אתי, אלא למיחל עליה נזירות טהרה כשאר מחוסרי כפרה. ובענין זה מפורש שהייה זו במס' נזיר. **בפנים גמירי שהייה.** בטומאת עזרה, דשייכא בה השתחוייה. **אפי' כל היום כולו.** שהה בהליכתו, שהיה הולך ויוצא בנחת — פטור. **מהו שיצטרפו.** היה יוצא בקצרה ושהה מעט, וחזר והלך דרך יציאתו ושהה מעט, מהו שיצטרפו לכשיעור? **תפשוט ליה מדידיה.** דלא מצטרפי, דהא איהו הוא דאמר: אפי' כל היום כולו. **התם בדלא שהה.** בלא הילוך כלל. **בעא מיניה אביי מרבה.** בר נחמני, שהיה רבו. וכל היכא דאיכא "בעא מיניה" רבה הוא ולא רבא. **בא לו בארוכה כשיעור קצרה.** שיצא בדרך הארוכה, אבל רץ במרוצה עד שלא שהה ביציאתו אלא כשיעור דרך קצרה בהילוך בינוני, מהו? **שיעור.** ארוכה גמירי לחיוב, וליכא. **או דלמא דוקא** גמירי בארוכה חייב. לא שנא רץ לא שנא לא רץ. **לא ניתנה ארוכה לידחות אצלו.** להתיר אפילו במרוצה. **דקיימא לן.** בסנהדרין ב"אלו הן הנשרפין" (דף פג.): כהן טמא ששימש בעזרה במיתה בידי שמים. **היכי משכחת לה.** דאין בה כרת? על כרחך בנטמא בעזרה הוא דמשכחת לה, דאי בנטמא בחוץ ונכנס — איחייב ליה כרת בכניסתו. **אי לא שהה.** בעבודתו כדי השתחוייה. **היכי עביד עבודה.** איזו עבודה קטנה תיעשה בפחות מכדי שהיית השתחואה. **אי אמרת בשלמא.** בכל שיעורי דמתני', בין בשהייה בין ביציאת ארוכה, שיעורא גמירי לחיוב, כגון שיעור שהייה ביציאת קצרה או שיעור יציאת ארוכה בלא שהייה. **משכחת לה.** שהייה בלא חיוב כרת. **כגון דאנים נפשיה בקצרה.** לאחר ששימש ושהה בשימושו כדי שהייה, יצא לו בקצרה, ואנס עצמו במרוצה עד שלא שהה שיעור עכבתו, *ומשנטמא שיעור שהייה ויציאת קצרה בהילוך בינוני.

תוספות

תלה עצמו באויר עזרה מהו. אית ספרים דגרסי: אויר עזרה כעזרה דמי או לא. וקשה: דבפרק ["כל הפסולין"] (זבחים דף לב.) אמר: טמא שהכניס ידו לפנים חייב, דביאה במקצת שמה ביאה. ובפרק "כל הפסולין" (שם דף לב:) נמי אמר: ואי אמרת ביאה במקצת שמה ביאה היכי מעייל ידיה בבהונות? משמע דאויר נמי נתקדש. ועוד, אי לאו כעזרה דמי, א"כ כשמוליך דם ואיברים למזבח — יפסל ביוצא*! ונראה כגירסת הספרים דגרסי "כי גמירי שהייה היכא דבר השתחואה הוא".

***צריך** שהייה למלקות. בטימא עצמו בשוגג איירי. אבל אם היה שרץ במקדש והתרו בו שלא יטמא עצמו — בלא שהייה נמי מילקא לקי, כדמוכח בפרק "מי שאמר הריני נזיר" (נזיר יז. ושם). דקאמר התם, בעי רבא: נזיר והוא בבית הקברות מי בעי שהייה או לא? וקאמר: ה"ד? אילימא (א) דקאמר "לא תנזור" — מי בעי שהייה כו'. ואין לתמוה דהתם בעי רבא אי גמירי שהייה אברא, אבל בפנים למלקות פשיטא ליה דגמירי שהייה. דהתם בעי: את"ל דבפנים גמירי שהייה למלקות, בחוץ מהו? ור"ת גרס התם "רב אשי", דרב אשי בעי לה (ב) הכא בסמוך. ***או** אין צריך. שהייה למלקות. הכא משמע דלקי אשהייה, דלא קמיבעיא ליה אלא אי צריך שהייה כשיעור השתחואה או לא. וקשה: בפרק בתרא דמכות (דף כא. ושם) תנן גבי היה לובש כלאים ואמרו לו "אל תלבש" "אל תלבש" והוא פושט ולובש — חייב על כל אחת ואחת. ואמר רבי ביבי בגמרא: לא פושט ולובש ממש אלא מכניס ומוציא ידו בבית אונקלי שלו. רב אשי אמר: אפי' לא שהה אלא כדי לפשוט וללבוש. מכלל דרב ביבי לא מחייב בשהייה! וי"ל: דרב ביבי לא פליג אדרב אשי, אלא דלא נחת לאשמועינן חידוש של שהייה, אלא לאשמועינן דבהכנסת בית אונקלי חייב אף על פי שאינו לובש כל המלבוש. א"נ, לרב ביבי לא לקי אשהייה משום דהוי לאו שאין בו מעשה, והכא איירי למ"ד לאו שאין בו מעשה לוקין עליו. א"נ, איירי לענין איסור מלקות ולא לענין חיוב. ורב אשי דפליג עליה התם וחשב שהייה כמעשה, כיון דתחילת הלבישה ע"י מעשה. והכא אפי' אי לא בעינן שהייה כדי השתחואה, מ"מ בעינן כדי יציאה וכניסה, אבל בפחות מיכן לא, כי היכי דבעינן גבי כלאים כדי פשיטה ולבישה. ונראה דאפי' את"ל דגמירי שהייה כדי השתחואה למלקות במקדש ובנזיר — היינו משום דדמו לשהייה דקרבן דגבי מקדש, אבל לגבי כלאים פשיטא דלא גמירי, דלא שייך התם השתחואה כלל. **טימא** עצמו במזיד מאי. צריך לומר דבשעה שטימא עצמו לא ידע שהיה במקדש, דאי ידע וטימא עצמו במזיד — אפי' שכח אח"כ לא מיחייב קרבן, דהא לא שב מידיעתו הוה. ואי למלקות בעי, צריך לומר דלא התרו בו אלא לאחר שטימא עצמו, דאם התרו בו קודם לא בעי שהייה כדפי' לעיל. **נזיר** בקבר צריך שהייה למלקות או לא. וא"ת: והאמר בפ' "ג' מינין" (נזיר דף מב. ושם) גבי נזיר שהיה מת מונח על כתיפו והושיטו לו מת אחר ונגע בו, יכול יהא חייב? ת"ל: "ולא יחלל" — במי שאינו מחולל, יצא זה שמחולל ועומד. ופריך מדתנן: היה מטמא ואמרו לו "אל תטמא" "אל תטמא" חייב על כל אחת ואחת. ומשני: כאן בחיבורין כאן שלא בחיבורין. משמע: כל זמן שלא פירש מן המת אינו חייב במה שהושיטו לו מת אחר, משום דאין מוסיף טומאה על טומאה, (ג) וכל זמן שמונח טומאה על כתיפו, מי שנוגע בו טמא טומאת ז'. ולא מיחייב אלא שלא בחיבורין, שכבר פירש מן הראשון, דמי שהיה אז נוגע בו לא היה טמא אלא טומאת ערב — לכך כשחוזר ונוגע בו חייב שהוסיף טומאה בנגיעה זו, דמי שהיה נוגע בו בשעת נגיעה זו יהיה טמא טומאת ז'. וא"כ, הכא אמאי ילקה על השהייה כל זמן שלא פירש? וי"ל: דהא דפטר ליה כשהושיטו לו מת אחר, היינו בשלא הספיק להשליך מת הראשון מעליו, לפיכך אינו מוסיף טומאה. אבל הכא הוא מוסיף טומאה, שבכל שעה הוא מוזהר לפרוש מן הקבר. ור"ת מפרש: דהכא איירי בשנטמא סמוך לחשיכה, דבלא פירש נמי מוסיף לו יום אחד ע"י שהייה. ונראה דההיא דנזיר דמפליג בין בחיבורין בין שלא בחיבורין אתי כמ"ד במסכת שמחות *(פ"ד) דאפי' באותו יום שנטמא אינו יכול לחזור ולטמא, לפי שמוסיף טומאה בחיבורין כדפרי'. אבל למאן דשרי התם ליטמא באותו יום עצמו, דלא חשיב ליה תוספת טומאה כיון שאינו מוסיף ימים, לא אתיא. **אי** דשהה בר כרת הוא. הק' ר"ת: מה בכך אם הוא בר כרת? מ"מ איכא נפקותא טובא, דהא קיימא לן (מכות דף כג.): חייבי כריתות שלקו נפטרו מידי כריתתן, ואם בטל כרת נשאר עליו מיתה! ועוד נפקא מינה למיתה, כגון שהזיד בשימוש טומאה ושגג בטומאת מקדש.

אפי'

א) גירסת רבינו בעיא דתלה קודם בעיא לריך שהייה למלקות וכ"ה בכמה ראשונים וכ"נ מהתוס'.

מסורת הש"ס

ליתא בדפו"י

נזיר יז. ע"ש

סנהדרין פג.

[נ"ל משנטמא וכ"ה בדפו"י]

[ע"ש הלכה טז פליגי ר"ט ור' עקיבא ר"ט מחייב ור"ע פוטר אבל דברי לכתחלה ליכא למ"ד ובהדיא קתני התם ברישא היה עומד וקובר וכו' פירש הרי זה לא יטמא ולא קפליג ר"ע ועי' בהרא"ש בה"ק הלכות טומאה סי']

עין משפט נר מצוה

לד א מיי' פי"א מהל' שגגות הלכה ז:

לה ב מיי' פ"ג מהל' ביאת מקדש הל' כא ופי"א מהל' שגגות שם:

לו ג מיי' פ"ו מהל' נזירות הלכה ח ט סמג לאוין רכ וע"ש:

[ועי' משנה למלך ול"מ]

[שייך לעיל טז:]

לז ד ה ו מיי' פ"ג מהל' ביאת מקדש הלכה כ סמג לאוין רס:

לח ז מיי' שם פ"ד הל' א סמג לאוין שה:

רבינו חננאל

אדם טמא שתלה עצמו באויר עזרה אם חייב משום מטמא מקדש או דלמא כיון דלא נגע לאו. ועלתה בתיקו: א) וכן בעיא דרבא דבעא להתחייב קרבן ודאי גמירי לה דצריך שהייה אבל מזיר למלקות צריך שהייה או לא: וכן בעיות דרב אשי טימא עצמו במזיד ונעלמה ממנו עכשיו צריך שהייה או לא: וכן נזיר בקבר צריך שהייה למלקות או לא. אלו הבעיות כולן עלו בתיקו. וקיימא לן כל תיקו דאיסורא לחומרא. וכיוצא בנזיר כהן בזמן הזה הנכנס לבית הקברות: **ירושלמי** עד כמה היא השתחויה משום ר' יהושע בן לוי אמרו כדי שאילת שלום בין אדם לחבירו. משום ר' יוחנן אמרו כדי שאילת שלום תלמיד לרב שלום עליך רבי ומורי. נטמא בעזרה וצריך לצאת ויש שם שני דרכים אחת ארוכה כ' אמה ואחת קצרה עשר אמות. יצא בארוכה חייב שהיה לו לצאת בקצרה. אבל אם יצא בקצרה פטור. אמר רבא ואפי' עקב בצד גודל פטור. והוא דלא שהה כלום אלא מהלך עד שיצא לחוץ: בעא מיניה אביי מרב' בא בארוכה דרך קצרה מהו. כגון שרץ בארוכה ויצא כשיעור יציאתו בקצרה מהו. א"ל חייב לא נתנה ארוכה לדחות אצלו. כלומר כולי עלמא חייב בה וזה פטור. ואתקיף לה ר' זירא אי הכי דלא צריכי שיעור אלא לעולם בארוכה חייב בקצרה פטור. הא דתניא טמא ששימש במיתה היכי משכחת לה. אי שהה ושימש בר כרת הוא אי לא שהה היכי שימש.

הגהות הב"ח

(א) תוס' ד"ה צריך וכו' אילימא דקאמרי ליה לא: (ב) בא"ד לה הכי בסמוך: (ג) ד"ה נזיר וכו' טומאה לכל זמן:

גליון הש"ס

גמ' היכי משכחת לה. עיין סנהדרין דף פג ע"א תוס' ד"ה ולא:

אֶלָּא אִי אָמְרַתְּ דַּוְקָא גְּמִירִי, הֵיכִי מַשְׁכַּחַתְּ לַהּ? אָמַר אַבַּיֵי: מַאי קוּשְׁיָא? [א]מַשְׁכַּחַתְּ לַהּ — כְּגוֹן שֶׁבָּא בַּקְּצָרָה וְהָפַךְ בְּצִינּוֹרָא, וְכִדְרַב הוּנָא; *דְּאָמַר רַב הוּנָא: [ב]זָר שֶׁהָפַךְ בְּצִינּוֹרָא — חַיָּיב מִיתָה. גּוּפָא, אָמַר רַב הוּנָא: זָר שֶׁהָפַךְ בְּצִינּוֹרָא — חַיָּיב מִיתָה. *ה"ד? אִי דְּלָא הָפַךְ *לַהּ לָא מִיעַכְּלִי — פְּשִׁיטָא! וְאִי דְּלָא הָפַךְ בְּהוּ נַמִי מִיעַכְּלִי — מַאי קָא עָבֵיד? [ג]לָא צְרִיכָא, דְּאִי לָא הָפַךְ בְּהוּ מִיעַכְּלִי בְּתַרְתֵּי שָׁעֵי, וְהַשְׁתָּא מִיעַכְּלִי בְּחַד שַׁעְתָּא. [ד]וְהָא קמ"ל, דְּכָל קָרוֹבֵי עֲבוֹדָה — עֲבוֹדָה הִיא. א"ר אוֹשַׁעְיָא, בָּעֵינָא דְּאֵימָא מִילְּתָא וּמִסְתְּפֵינָא מֵחַבְרַיָּא: [ה]הַנִּכְנָס לְבֵית הַמְנוּגָּע דֶּרֶךְ אֲחוֹרָיו, וַאֲפִילּוּ כּוּלּוֹ חוּץ מֵחוֹטְמוֹ — טָהוֹר, דִּכְתִיב: "וְהַבָּא אֶל הַבַּיִת", ◉דֶּרֶךְ בִּיאָה אָסְרָה תוֹרָה. וּמִסְתְּפֵינָא מֵחַבְרַיָּא, אִי הָכִי כּוּלּוֹ נַמִי! אָמַר רָבָא: כּוּלּוֹ — לָא גָּרַע מִכֵּלִים שֶׁבַּבַּיִת, דִּכְתִיב: "וְלֹא יִטְמָא כָּל אֲשֶׁר בַּבָּיִת". תַּנְיָא נַמִי הָכִי: [ו]גַּגִּין הַלָּלוּ — אֵין אוֹכְלִין שָׁם קָדְשֵׁי קֳדָשִׁים, וְאֵין שׁוֹחֲטִין שָׁם קָדָשִׁים קַלִּים, [ז]וְטָמֵא שֶׁנִּכְנָס דֶּרֶךְ גַּגִּין לַהֵיכָל — פָּטוּר, שֶׁנֶּאֱמַר: "וְאֶל הַמִּקְדָּשׁ לֹא תָבֹא", דֶּרֶךְ בִּיאָה אָסְרָה תוֹרָה. § "זוֹ הִיא מִצְוַת עֲשֵׂה שֶׁבַּמִּקְדָּשׁ שֶׁאֵין חַיָּיבִין עָלֶיהָ" וכו'. § הֵיכָא קָאֵי, דְּקָאָמַר "זוֹ הִיא"? הָתָם קָאֵי: *[ח]אֵין חַיָּיבִין עַל עֲשֵׂה וְעַל לֹא תַעֲשֶׂה שֶׁבַּמִּקְדָּשׁ, [ט]וְאֵין מְבִיאִין אָשָׁם תָּלוּי עַל עֲשֵׂה וְעַל לֹא תַעֲשֶׂה שֶׁבַּמִּקְדָּשׁ, אֲבָל חַיָּיבִין עַל עֲשֵׂה וְעַל לֹא תַעֲשֶׂה שֶׁבְּנִדָּה, וּמְבִיאִין אָשָׁם תָּלוּי עַל עֲשֵׂה וְעַל לֹא תַעֲשֶׂה שֶׁבְּנִדָּה. וְקָאָמַר: זוֹ הִיא מִצְוַת עֲשֵׂה שֶׁבַּמִּקְדָּשׁ שֶׁאֵין חַיָּיבִין עָלֶיהָ. וְאֵיזוֹ הִיא מִצְוַת עֲשֵׂה שֶׁבְּנִדָּה שֶׁחַיָּיבִין עָלֶיהָ? הָיָה מְשַׁמֵּשׁ עִם הַטְּהוֹרָה, וְאָמְרָה לוֹ "נִטְמֵאתִי" וּפֵירַשׁ מִיָּד — חַיָּיב, מִפְּנֵי שֶׁיְּצִיאָתוֹ הֲנָאָה לוֹ כְּבִיאָתוֹ. אִיתְּמַר, אַבַּיֵי אָמַר מִשְּׁמֵיהּ דְּר' חִיָּיא בַּר רַב: [י]חַיָּיב שְׁתַּיִם; וְכֵן אָמַר רָבָא אָמַר רַב שְׁמוּאֵל בַּר שַׁבָּא אָמַר רַב הוּנָא: חַיָּיב שְׁתַּיִם, חֲדָא אַכְּנִיסָה וַחֲדָא אַפְּרִישָׁה. הָוֵי בָּהּ *רַבָּה: בְּמַאי? אִילֵימָא סָמוּךְ לְוִסְתָּהּ, וּבְמַאן? אִילֵימָא בְּתַלְמִיד חָכָם, בִּשְׁלָמָא אַכְּנִיסָה לִיחַיַּיב — קָסָבַר: יְכוֹלְנִי לִבְעוֹל, אֶלָּא אַפְּרִישָׁה אַמַּאי לִיחַיַּיב? מֵזִיד הוּא!

וְאִי

תורה אור: ויקרא יד; שם; שם יב

אֶלָּא אִי אָמְרַתְּ דַּוְקָא גְּמִירִי. שֶׁהָא כְּדֵי הִשְׁתַּחֲוָיָה חַיָּיב, וַאֲפִי' יָצָא לוֹ בַּקְּצָרָה בִּמְרוּבָּה נִתְחַיֵּיב בִּשְׁהִיָּיתוֹ. **הֵיכִי מַשְׁכַּחַתְּ לַהּ.** בְּלֹא כָּרֵת? **מַשְׁכַּחַתְּ לַהּ.** בַּעֲבוֹדָה בְּלֹא שְׁהִיָּיה. שֶׁנִּטְמָא וְיָצָא מִיָּד בַּקְּצָרָה, וְדֶרֶךְ יְצִיאָתוֹ הָיָה אוֹחֵז מַזְלֵג בְּיָדוֹ, וְהִכָּה בּוֹ בְּאֶחָד מִן הָאֵבָרִים שֶׁעַל הַמַּעֲרָכָה וְהָפַךְ מַה שֶּׁלְּמַעְלָה לְמַטָּה. **כִּדְרַב הוּנָא דְּאָמַר. זָר שֶׁהָפַךְ בְּצִינּוֹרָא** – עֲבוֹדָה הִיא, שֶׁמְּקָרֵב עִיכּוּלוֹ, וְיֵשׁ כָּאן עֲבוֹדָה בְּלֹא שְׁהִיָּיה. **חַיָּיב מִיתָה.** מִשּׁוּם "וְהַזָּר הַקָּרֵב יוּמָת" (במדבר יח). **חוּץ מֵחוֹטְמוֹ.** שֶׁהוּא בּוֹלֵט לְהַלָּן מִשְּׁאָר הַגּוּף. **מִכֵּלִים שֶׁבַּבַּיִת.** שֶׁהָיוּ בּוֹ מִתְּחִלָּתוֹ, וְלָא קָרֵינָא בְּהוּ "וְהַבָּא אֶל הַבַּיִת", וַאֲפ"ה טְמֵאִים כִּדְכְתִיב (ויקרא יד): "וּפִנּוּ אֶת הַבַּיִת", כְּדֵי שֶׁלֹּא יִטְמָא כָּל אֲשֶׁר בַּבַּיִת. **גַּגִּין הַלָּלוּ.** שֶׁבָּעֲזָרָה. **אֵין אוֹכְלִין שָׁם קָדְשֵׁי קָדָשִׁים.** הַנֶּאֱכָלִים לִפְנִים מִן הַקְּלָעִים. דְּקָסָבַר גַּגִּין וַעֲלִיּוֹת לֹא נִתְקַדְּשׁוּ, אֶלָּא הָרִצְפָּה וְהָאֲוִיר עַד הַגַּג. **וְטָמֵא שֶׁנִּכְנַס כו'.** אַלְמָא כָּל הֵיכָא דִּכְתַב בִּיאָה, דֶּרֶךְ בִּיאָה בָּעֵינַן. **הֵיכָא קָאֵי דְּקָאָמַר זוֹ הִיא.** הֵיכָא שָׁנָה: אֵין חַיָּיבִין עַל עֲשֵׂה שֶׁבַּמִּקְדָּשׁ, דְּקָאָמַר הָכָא: זוֹ הִיא מִצְוַת עֲשֵׂה שֶׁבַּמִּקְדָּשׁ כו'? **הָתָם קָאֵי.** בְּמַסֶּכֶת הוֹרָיוֹת. **אֵין חַיָּיבִין.** בֵּ"ד בְּהוֹרָאָתָם, עַל עֲשֵׂה וְעַל לֹא תַעֲשֶׂה שֶׁבַּמִּקְדָּשׁ. כְּלוֹמַר עַל הוֹרָאַת טוּמְאַת מִקְדָּשׁ וְקָדָשָׁיו, בֵּין שֶׁהוּא שֶׁל עֲשֵׂה, כְּגוֹן שֶׁנִּטְמָא בָּעֲזָרָה דְּהַיְינוּ עֲשֵׂה דְּ"וִישַׁלְּחוּ", בֵּין שֶׁהוּא שֶׁל לֹא תַעֲשֶׂה, כְּגוֹן נִטְמָא בַּחוּץ דְּאִיכָּא אַזְהָרַת "אֶל הַמִּקְדָּשׁ לֹא תָבֹא" (שם יב). וְהָתָם מְפָרֵשׁ טַעֲמָא דְּאֵין חַיָּיבִין, מִשּׁוּם דְּאֵין מְבִיאִין פַּר בְּהוֹרָאָה אֶלָּא עַל הֶעְלֵם דָּבָר שֶׁשִּׁגְגָתוֹ חַטָּאת קְבוּעָה לְיָחִיד, אֲבָל טוּמְאַת מִקְדָּשׁ – קָרְבַּן עוֹלֶה וְיוֹרֵד הוּא. **וְאֵין מְבִיאִין אָשָׁם תָּלוּי.** הַיְחִידִים שֶׁבָּא לְיָדָם סְפֵק כָּרֵת וְהִצְרִיכָן הַכָּתוּב אָשָׁם תָּלוּי – אֵין מְבִיאִין אוֹתוֹ עַל סְפֵק טוּמְאַת מִקְדָּשׁ, לְפִי שֶׁאֵינוֹ בָּא אֶלָּא עַל סְפֵק דָּבָר *שֶׁשָּׁגַג וַדַּאי חַטָּאת קְבוּעָה. וְהָתָם יָלֵיף לַהּ מִקְּרָאֵי. **שֶׁבְּנִדָּה.** לְהָכִי נָקַט נִדָּה, מִשּׁוּם דְּמַשְׁכַּחַתְּ לַהּ עֲשֵׂה דּוּמְיָא דְּנִטְמָא בָּעֲזָרָה בְּאוֹנֶס שֶׁהוּא מוּזְהָר לָצֵאת, כְּגוֹן שֶׁהָיָה מְשַׁמֵּשׁ עִם הַטְּהוֹרָה וְאָמְרָה לוֹ נִטְמֵאתִי. **מְבִיאִין אָשָׁם תָּלוּי.** הַיְחִידִים. דְּאֵין אָשָׁם בְּצִבּוּר, דְּ"נֶפֶשׁ" כְּתִיב בֵּיהּ. **וְקָאָמַר.** הָכָא בְּמַתְנִיתִין. **זֶהוּ מִצְוַת עֲשֵׂה.** שֶׁשְּׁנוּיָה הָתָם. **וְחַיָּיב שְׁתַּיִם.** הַפּוֹרֵשׁ מִן הַנִּדָּה בְּקִישּׁוּי. **אִילֵימָא סָמוּךְ לְוִסְתָּהּ.** שֶׁאֵינוֹ אָנוּס עַל כְּנִיסָתוֹ, דַּהֲוָה לֵיהּ לְאַסּוּקֵי אַדַּעְתֵּיהּ שֶׁמָּא תִּרְאֶה בִּשְׁעַת תַּשְׁמִישׁ. וּמִיהוּ מֵזִיד לָא הָוֵי. **כִּסְבוּר יְכוֹלְנִי לִבְעוֹל.** לִפְרוֹשׁ קוֹדֶם שֶׁתִּרְאֶה. **אִי בְּתַלְמִיד חָכָם.** שֶׁיּוֹדֵעַ שֶׁהַמְשַׁמֵּשׁ עִם הַטְּהוֹרָה וְאָמְרָה לוֹ "נִטְמֵאתִי" צָרִיךְ לְהַמְתִּין עַד שֶׁיָּמוּת [הָאֵבֶר].

וְאִי

אפילו נכנס כולו חוץ מחוטמו טהור. ואם נכנס דרך פניו, משנכנס רובו — טמא, אבל במיעוט — לא, דר' אושעיא דהכא אית ליה אפי' גבי טמא שנכנס למקדש ביאה במקצת לא שמה ביאה, דבפ' "כל הפסולין" (זבחים דף לב: ושם) ◉פריך לעולא דאמר ביאה במקצת שמה ביאה. ועוד, דאפי' עולא דאמר שמה ביאה — דוקא גבי מקדש, כדמפרש התם, משום דכתיב: "בכל קדש לא תגע ואל המקדש לא תבא" מה נגיעה במקצת שמה נגיעה אף ביאה במקצת שמה ביאה, אבל גבי בית המנוגע מודה דלא שמה ביאה, דלא מצינו שהקיש הכתוב. דאי לא תימא הכי, תקשה לעולא ממתניתין דמס' ידים (פ"ג מ"א) ומייתי לה בפ"ב דחולין (דף לג:): המכניס ידיו לבית המנוגע, ידיו תחלות דברי ר' עקיבא, וחכ"א ידיו שניות. ומפרש במסכת חולין דכ"ע ביאה במקצת לא שמה ביאה, ובגזירה ידיו אטו גופו קמיפלגי. ומיהו, כשנכנס רובו הוי טמא, דרובו ככולו. ותימה: דדרך אחוריו נמי, כשנכנס רובו יהא טמא מטעם דרובו ככולו, ומשנכנס כולו הוי טמא, מידי דהוה אכלים שבבית! וי"ל: דאם כן לא היה חילוק בין דרך ביאה לדרך אחוריו, ואמאי כתיב: "והבא אל הבית", דמשמע דרך ביאה? וליכא למימר דאיצטריך לומר דהכא טעון כיבוס בגדים כששהה בכדי אכילת פרס. דסברא הוא דאפי' נכנס דרך אחוריו כולו, אם שהה כשיעור שהייה דטעון כיבוס בגדים, דבכל ענין כתיב (והבא אל הבית): "והאוכל בבית יכבס בגדיו". **דרך** ביאה אסרה תורה. אע"ג דאמר בפ"ק דחולין (דף י: ושם) דיציאה דרך אחוריו שמה יציאה, דקאמר: כ"ג ביוה"כ יוכיח דכתיב ביה יציאה, ותנן: יצא ובא לו דרך כניסתו — היינו משום דדרך לצאת כן, כתלמיד הנפטר מרבו, כדמפרש בפ' "הוציאו לו" (יומא נג.). **ואין** אוכלין שם קדשי קדשים. אפילו יש נקב לראות (א) שם דרך פתח עזרה, דבעינן שיראה פתח עזרה בשעת אכילה, כדאמר בפ' "איזהו מקומן" (זבחים ד' נו.)*. **ואין** שוחטים שם קדשים קלים. ◉וה"ה דאין אוכלין, דגגים ועליות לא נתקדשו, כדאמר בפרק "כיצד צולין" (פסחים דף פה: ושם) אלא נקט שחיטה משום דאכילה בעזרה לא שייכא בקדשים קלים. **וטמא** שנכנס דרך גגין להיכל פטור. תימה: אמאי פטור? תיפוק ליה דחייב משום גג דהיכל גופיה, שהרי נתקדש, כדמשמע בסוף פרק "כיצד צולין" (שם) גבי הא דאמר רב: גגין ועליות לא נתקדשו, ופריך (שם פו.) מהא דתניא: עליית בית קדשי קדשי' חמורה מקדשי הקדשים, ומשני רב יוסף: שאני היכל כו' — משמע שנתקדשו עליות, ומסתבר דגגין ועליות דין אחד להם! וי"ל דאע"פ שנתקדשו עליות — גג לא נתקדש, דעלייה גופה לא ידעינן אלא מקרא דדוד, והתם לא כתיב אלא עליות. וכן מוכח התם בהדיא, דקאמר: ת"ש וגגו קודש, ולא משני: מהיכל מותיב אינים, כדפירש שם בקונטרס: משום דבקרא לא כתיב גגין. **אבל** חייבין על עשה ועל לא תעשה שבנדה. ואע"ג דאמר בפרק בתרא דמכות (דף יג:) דבעינן דומיא דע"ז, דאמר רחמנא לא תעביד ואי עביד מיחייב, יצא פסח ומילה — עשה דנדה לא תעביד הוא, דלא תפרוש בהנאה מרובה. **אי** בת"ח. הלא הוא דמיחייב. אע"פ שהוא מזיד על הפרישה, מכל מקום על הכניסה חשבינן ליה שב (ג) מידיעה, דאימא יצר אלבשיה, כדאשכחן בכתובות בפרק "נערה" (דף נא:).

אי

רבינו חננאל

ופריק אביי כגון שבא בקצרה שהוא פטור מכרת ובהליכתו הפך בצינורא. וכדרב הונא דאמר זר שהפך בצינורא חייב מיתה אלמא עבודה היא. פי' צינורא עצי נורא. כגון שהפך בעצי המערכה שהחלבים נתונים בהם וגרם להם להתעכל מהרה. ואשמעינן רב הונא דכל קרובי עבודה גמורה היא וחייבין עליה: **ירושלמי** שיעור שהייה עשר אמות היך עבידא דיה בארוכה עשרין ובקצרה עשר הילך חמש אין ואין יזיל בדא חמש ואין יזיל בדא ט"ו. א"ר יוסי לעולם אינו חייב עד שתהא ארוכה מרובה על קצרה עשר כו': א"ר הושעיא טהור שנכנס לבית המנוגע דרך אחוריו אפילו נכנס כולו חוץ מחוטמו טהור. שנאמר והבא אל הבית דרך ביאה אסרה תורה. אבל אם נכנס כולו אפילו דרך אחוריו נטמא דלא גרע מכלים דכתיב ולא יטמא כל אשר בבית. תניא נמי הכי בתוספתא תחלת סדר טהרות גגין הללו [אין] אוכלין שם קדשי קדשים. ואין שוחטין שם קדשים קלים. וטמא שנכנס דרך גגין להיכל פטור שנאמר ואל המקדש לא תבא. דרך ביאה אסרה תורה: זו היא מצות עשה שבנדה. ואקשינן תנא היכא קאי דקתני זו היא. ופשטינן התם קאי בהוריות פ"ב דקתני אין חייבין על עשה ועל לא תעשה שבמקדש וכו'. אבל חייבין על עשה ועל לא תעשה שבנדה. וזו היא מצות עשה שבנדה שחייבין עליה. היה משמש עם טהורה ואמרה לו נטמאתי ופירש מיד חייב. שיציאתו הנייה לו כביאתו. אתמר אביי אמר משמיה דחייא בר רב חייב שתים אחת על הכניסה ואחת על הפרישה. וכן אמר רבא כו'. ואקשינן במאי אי בסמוך לוסתה ובת"ח חדא הוא דמיחייב דהוה ליה למפרש עונה סמוך לוסתה כדאמור רבנן ולא (שימש) [שמע] מאי סבר יכול אני לבעול ובשגגה באת לידו. אבל אפרישה לא מיחייב דהא תלמיד הוא וידע וכיון דידע דכל דפריש מיד חייב מזיד הוא ולאו בר קרבן

ואי

עין משפט נר מצוה

לט א מיי' פ"ד מהל' ביאת מקדש הל' ג:

מ ב מיי' שם פ"ט הל' ד סמג לאוין פט:

מא ג ד מיי' שם ופ"ד שם הל' ג סמג שם:

מב ה מיי' פט"ז מהל' טומאת צרעת הלכה ה סמג עשין רלט:

מג ו מיי' פ"ו מהל' בית הבחירה הלכה ז סמג עשין קסג:

מד ז מיי' פ"ג מהל' ביאת מקדש הל' יט:

מה ח מיי' פ"י מהל' שגגות הלכה ז ופי"ב שם הלכה ח:

מו ט מיי' פי"א שם הלכה ה:

מז י מיי' פ"ה מהל' שגגות הלכה ז:

מסורת הש"ס

יומא יב.

להו לא מיעבלי. יעב"ץ

הוריות ח:

ששגגת ודאי. יעב"ץ

רש"א מ"ז

[וע"ע תוס' יומא נב: ד"ה יצא]

ס"א רבא וכן הגיה הריעב"ץ

הגהות הב"ח

(א) תוס' ד"ה ואין וכו' לראות דרך שם פתח כצ"ל: (ב) ד"ה אי וכו' שב מידיעתו. נ"ב ע"ל בדף כו ע"ב:

גליון הש"ס

גמ' דרך ביאה אסרה תורה. עיין זבחים דף פב ע"ב תוס' ד"ה לא: תוס' ד"ה אפי' וכו' פריך לעולא. שם איתא רב הושעיא ועיין עירובין דף סח ע"א תוס' ד"ה אמר: ד"ה ואין שוחטין וכו' וה"ה דאין אוכלין. עיין תשו' הרשב"א סי' לז:

וְאִי בְּעַם הָאָרֶץ, אאִידִי וְאִידִי אָכַל שְׁנֵי זֵיתֵי חֵלֶב בְּהֶעְלֵם אֶחָד הוּא! וְאֶלָּא בְּשֶׁאֵין סָמוּךְ לְוִסְתָּהּ, וּבְמַאן? אִילֵימָא בְּתַלְמִיד חָכָם – וְלָא חֲדָא לָא מִיחַיַּיב, באַכְּנִיסָה אָנוּס, *אַפְּרִישָׁה מֵזִיד! אִי בְּעַם הָאָרֶץ – חֲדָא הוּא דְּמִיחַיַּיב, אַפְּרִישָׁה! הֲדַר אֲמַר רָבָא: לְעוֹלָם בְּסָמוּךְ לְוִסְתָּהּ, וּבְתַלְמִיד חָכָם, גוְתַלְמִיד חָכָם לְזוֹ וְאֵין תַּלְמִיד חָכָם לְזוֹ. אָמַר רָבָא: וְתַרְוַיְיהוּ תְּנֵינְהוּ, כְּנִיסָה תְּנֵינָא, פְּרִישָׁה תְּנֵינָא; פְּרִישָׁה תְּנֵינָא, *דְּקָתָנֵי: הָיָה מְשַׁמֵּשׁ עִם הַטְּהוֹרָה, וְאָמְרָה לוֹ "נִטְמֵאתִי", וּפֵירֵשׁ מִיָּד – חַיָּיב; כְּנִיסָה תְּנֵינָא: *דנִמְצָא עַל שֶׁלּוֹ – טְמֵאִין וְחַיָּיבִין בְּקָרְבָּן; מַאי לָאו הבְּסָמוּךְ לְוִסְתָּהּ, וְאַכְּנִיסָה? א"ל רַב אַדָּא בַּר מַתְנָא לְרָבָא: לְעוֹלָם אֵימָא לָךְ בְּשֶׁלֹּא סָמוּךְ לְוֶוסְתָּהּ, וְאַפְּרִישָׁה. וְכִי תֵּימָא: פְּרִישָׁה לָמָּה לִי? הָא תְּנָא לֵיהּ! הָא אִיצְטְרִיךְ לְאַשְׁמוּעִינַן: ונִמְצָא עַל שֶׁלָּהּ – טְמֵאִים בְּסָפֵק וּפְטוּרִין מִן הַקָּרְבָּן, וְאַיְּידֵי דְּבָעֵי מִיתְנָא נִמְצָא עַל שֶׁלָּהּ, תְּנָא נַמִי נִמְצָא עַל שֶׁלּוֹ. אֲמַר לֵיהּ רָבִינָא לְרַב אַדָּא: מִי מָצֵית לְאוֹקְמָהּ לְהַהִיא בְּשֶׁלֹּא סָמוּךְ לְוִסְתָּהּ, וְאַפְּרִישָׁה? וְהָא "נִמְצָא" קָתָנֵי, וְ"נִמְצָא" לְבָתַר הָכִי מַשְׁמַע, וְאִי אַפְּרִישָׁה – מֵעִיקָּרָא כִּי פָּרֵישׁ לֵיהּ, מֵעִיקָּרָא הָוְיָא לֵיהּ יְדִיעָה! א"ל רָבָא: צָיֵית מַאי דְּקָאָמַר רַבָּךְ. הֵיכִי *מָצֵית? דְּתַנְיָא עֲלַהּ: זוֹ הִיא מִצְוַת עֲשֵׂה שֶׁבְּנִדָּה שֶׁחַיָּיבִין עָלֶיהָ; וְאִם אִיתָא, מִצְוַת לֹא תַעֲשֶׂה הִיא! אֲמַר לֵיהּ: אִי תַּנְיָא – חָסֵר, וּתְנֵי הָכִי: זוֹ הִיא מִצְוַת לֹא תַעֲשֶׂה שֶׁבְּנִדָּה שֶׁחַיָּיבִין עָלֶיהָ. הָיָה מְשַׁמֵּשׁ עִם הַטְּהוֹרָה וְאָמְרָה לוֹ "נִטְמֵאתִי" וּפֵירֵשׁ מִיָּד – חַיָּיב, זוֹ הִיא מִצְוַת עֲשֵׂה שֶׁבְּנִדָּה כו'. אָמַר מָר: פֵּירֵשׁ מִיָּד – חַיָּיב. הֵיכִי עָבֵיד? אָמַר רַב הוּנָא מִשְּׁמֵיהּ *דְּרָבָא: ינוֹעֵץ עֶשֶׂר צִפָּרְנָיו בַּקַּרְקַע עַד שֶׁיָּמוּת, *וְטוּבֵיהּ. אָמַר רָבָא, זֹאת אוֹמֶרֶת: *חהַמְשַׁמֵּשׁ מֵת בַּעֲרָיוֹת – פָּטוּר; דְּאִי סָלְקָא דַּעְתָּךְ חַיָּיב, הָכָא מַאי טַעְמָא פָּטוּר – מִשּׁוּם דְּאָנוּס הוּא; אִי אָנוּס הוּא, כִּי פֵּירֵשׁ מִיָּד נַמִי נִיפְּטַר, אָנוּס הוּא! אָמַר לֵיהּ אַבַּיֵי, לְעוֹלָם אֵימָא לָךְ: הַמְשַׁמֵּשׁ מֵת בַּעֲרָיוֹת – חַיָּיב, וְהָכָא מַאי טַעְמָא פָּטוּר? מִשּׁוּם דְּאָנוּס הוּא. וְהָא דְּאָמַרְתְּ: כִּי פָּרֵישׁ מִיָּד אַמַּאי חַיָּיב? שֶׁהָיָה לוֹ לִפְרוֹשׁ בַּהֲנָאָה מוּעֶטֶת וּפֵירֵשׁ בַּהֲנָאָה מְרוּבָּה. אֲמַר לֵיהּ רַבָּה בַּר חָנָן לְאַבַּיֵי: אִם כֵּן, מָצִינוּ אֲרוּכָּה וּקְצָרָה בְּנִדָּה, וַאֲנַן

ואי בעם הארץ. שהוא שוגג על שתיהן. אבל שני זיתי חלב בהעלם אחד הוא. שלא נודע לו בין זה לזה, ואינו חייב אלא אחת. אף זה, לא נודע לו בין כניסה לפרישה שחטא, שכשאמרה לו "נטמאתי" אינו יודע שנתחייב על הכניסה, כסבור: אנוס אני עליה, שהרי לא למד שמוזהרין ישראל לפרוש מן נשותיהן סמוך לוסתן, (א) ואין זה אונס אלא שוגג. וכיון דלא למד – נמצא שלא ידע בין כניסה לפרישה שחטא, והוה ליה בא על נדה שתי בעילות בהעלם אחד. אלא בשלא סמוך לווסתה. זה אנוס על הכניסה הוא, שלא היה לו לעלות בדעתו. ואי בתלמיד חכם ולא חדא לא מיחייב. דאכניסה אנוס ואפרישה מזיד. ואי בעם הארץ חדא הוא דמיחייב אפרישה. דאומר מותר, אבל אכניסה אנוס. ובתלמיד חכם לזו. כלומר, יודע שישראל מוזהרין לפרוש מנשותיהן סמוך לווסתן, כדאמר לקמן מ"והזרתם את בני ישראל מטומאתם", ואין יודע שהמשמש עם הטהורה ואמרה "נטמאתי" צריך לפרוש באבר מת. דהוה ליה שוגג על שתיהן, אכניסה – דסבור יכולני לבעול, ואפרישה – אומר מותר. ושני זיתי חלב בהעלם אחד לא הויא, שהרי תלמיד חכם הוא לזו, שלא היה לו לבעול סמוך לווסתה, ואין זה אונס אלא שוגג, כסבור יכולני לבעול קודם, וכי אמרה לו "נטמאתי" ידע שחטא אכניסה, והויא ליה ידיעה בין כניסה לפרישה. וא"ת: מזיד הוא בבעילת סמוך לוסתה! אין זו קושיא, שאין כרת וחיוב חטאת על סמוך לוסתה עד שתטמא, ובבעילת הטמאה שוגג הוא, כסבור יכולני לבעול. נמצא על שלו. דם על המפה שקינח בה אחר תשמיש. טמאים. שניהם טומאת שבעה, היא משום נדה, והוא משום בועל נדה. דודאי ראתה דם קודם בעילה או בשעת בעילת תשמיש. וחייבין. שניהם בקרבן. שלא בסמוך לוסתה. דאכניסה אנוס, ואפרישה הוא דמיחייב ליה, כגון שאמרה לו "נטמאתי" ופירש בקושי. לקמן פריך: הא "נמצא" קתני. פרישה למה לי. לרבי שסידר את המשנה לאשמועינן. הא תנא ליה. הך מתני' דשבועות. איידי דבעי למיתני נמצא על שלה. שמחלק שם בין קינחה מיד לקינחה לאחר שעה, שבקינחה מיד קתני: טמאים וחייבים בקרבן, ובלאחר זמן דאיכא למימר לאחר תשמיש ראתה, קתני: פטורין מן הקרבן. בתר הכי. בקינוח שאחר תשמיש קאמר. א"ל רבא. לרב אדא. צייית מאי דקאמר לך. רבינא רבך, דלא בפרישה מצית לאוקמה. אמר ליה היכי מצית. לאוקומה בכניסה? דתני עלה דההיא נמצא על שלו: וזו היא מצות עשה שבנדה. ואם איתא. דבכניסה איירי, מצות לא תעשה היא ואין כאן עשה! א"ל אי תנית חסר ותני הכי. (ב) אם אתה שונה הברייתא, תקן אותה בלשון "חסורי מחסרא", ותני הכי: וזו היא מצות לא תעשה שבנדה. היה משמש עם הטהורה ואמרה לו "נטמאתי" ופירש מיד – זו מצות עשה שבנדה. כל זה צריך להוסיף על משנתך. נועץ צפרניו. כלומר, יעמיד עצמו בלא דישה עד שימות האבר. וטוביה = ואשריו. כלומר, זו היא הטובה לו. זאת אומרת. מתני' דקתני: פירש מיד, דמשמע: הא פירש באבר מת פטור – שמעינן מינה שהמשמש בעריות באבר מת פטור. דאי סלקא דעתך. בעלמא חייב, הכא מאי טעמא פטור? משום דאנוס הוא. דאין לו עוד מה לעשות. כי פירש מיד נמי ליפטר. הואיל (ג) ואין חלוק פטור לאבר מת *ומשמש בקושי. מצינו ארוכה וקצרה. חילוק בין קצרה וארוכה, שאם האריך ושהה – פטור, ואם פירש בקצרה, כלומר מיד – להוי חייב.

אי בעם הארץ אידי ואידי אכל שתי זיתי חלב בהעלם אחד הוא. משמע הכא דאע"פ שנודע לו בינתים שבא על הנדה, כיון שלא נודע לו שנתחייב חטאת, שסבור להיות אנוס – חשבינן ליה בהעלם אחד. וכן פירש בקונטרס. וא"ת: דאמר בפ' "כלל גדול" (שבת דף עא. ושם) בעי מיניה ר' ירמיה מר' זירא: קצר וטחן כחצי גרוגרת בשגגת שבת וזדון מלאכה, וחזר וקצר כחצי גרוגרת בזדון שבת ושגגת מלאכה, מהו שיצטרפו? א"ל חלוקים הן לחטאות ולא מיצטרפי, פירוש: שאם היה בכל פעם כגרוגרת היה חייב שתי חטאות, אע"פ שלא היתה ידיעת איסור בינתיים! וי"ל: דרבא לטעמיה, דסבירא ליה התם* דאינו חייב אלא אחת. אי נמי, התם חשיב ליה ידיעה כיון שנודע לו כל מה שהיה ספק באותה שעה.

לעולם אימא לך שלא בסמוך לוסתה ואפרישה. והוא הדין דה"מ למימר: בסמוך לוסתה ואפרישה.

והא נמצא קתני. תימה: דעדיפא מיניה הוה מצי למיפרך מהא דקתני סיפא: נמצא על שלה טמאים מספק ופטורין מן הקרבן. ואמאי פטור כיון דאמרה "נטמאתי"?

המשמש מת בעריות פטור. והא דתנן בפרק ב' דנדה (דף יד.): נמצא על שלה כשיעור וסתה חייבין בקרבן, ומפרש בגמרא: משל לשמש ועד, זה נכנס וזה יוצא. וצריך לאוקומה דפירש בקישוי, דאי בפירש מת – אין זה שיעור וסתה.

דאי ס"ד חייב כו'. כל מה שמדקדק רבא מן המשנה יכול לדקדק מן הפסוק, דנפקא לן בשמעת' אזהרה למשמש עם הטהורה ואמרה לו "נטמאתי" מדכתיב: "ואל אשה בנדת טומאתה לא תקרב", דלא תפרוש משמע, אלמא משמש מת פטור, דכיון שהוזהר שלא לפרוש יש לו להמתין עד שימות האבר. ותימה: דבפרק "הבא על יבמתו" (יבמות נה: ושם) נפקא ליה לרבא מ"שכבת זרע" דכתיב באשת איש, למשמש מת פטור.

אם כן מצינו ארוכה וקצרה בנדה. י"מ: אם כן, כדרב הונא דאמר נועץ צפרניו. וקשה: דתקשי ליה מתני', דמשמע שיש תקנה בשלא פירש מיד! אלא יש לפרש דאדאביי פריך: דבשלמא אי משמש מת פטור – אין שייך כאן ארוכה וקצרה, כיון שאין איסור בעילת נדה בשתיהן, כמו גבי מקדש שיש בשתיהם טומאת מקדש. ולהכי לא תנא ארוכה וקצרה בנדה, שהפטור אינו על ידי שהיא בעילה קצרה, אלא ע"י שאין כאן בעילה כלל. אלא לאביי דאמר חייב, ובעילה היא כשפירש באבר מת, ה"ל למתני: פירש בארוכה, דהיינו הנאה מרובה – חייב, ובקצרה, שמקצר הנאת תשמיש דהיינו הנאה מועטת – פטור. דלא נטעי למימר משמש מת בעריות פטור, מדשבקינן להאי לישנא דתנן גבי מקדש! ומשני: דלהכי שבקינן, משום דלא מיתני שפיר, כיון דארוכה דהתם קצרה דהכא. וכי תימא דליתני איפכא: בקצרה חייב בארוכה פטור – כיון דלא מצי למיתני כי התם שבקינן להוא לישנא לגמרי. ועוד, שאם כן לא היה שונה טעם הפטור והחיוב, דאדרבה, ארוכה משמע טפי חיוב וקצרה פטור.

אלמא

מח א מיי' פ"ה מהל' שגגות הלכה ז:
מט ב מיי' שם הל' ו:
נ ג מיי' שם הל' ז:
נא ד ה ו מיי' שם הל' ו:
נב ז מיי' פ"ד מהל' איסורי ביאה הלכה יא סמג לאוין קיא ועשין רמג טוש"ע י"ד סי' קפה סעיף ד:
נג ח מיי' שם פ"א הל' יא סמג לאוין כ טור אה"ע סי' כ:

ואפרישה מזיד ואי כל"ל רש"ל
[לעיל יד:]
נדה יד. [כריתות יז:]
בדפו"י הגי' אצית
[נ"ל דרבא]
גירסת הערוך וטוב ופי' שם האבר כן
*יבמות נה. [סנהדרין נה.]
בדפו"י הגירס' ממשמש

הגהות הב"ח
(א) [illegible] (ב) [illegible] (ג) [illegible]

רבינו חננאל
ואי עם הארץ הכנסה ופרישה בהעלם אחד ולאוכל שני זיתי חלב בהעלם אחד דמי. וקיימא לן דאינו חייב אלא אחת. ואמרינן אף בשלא סמוך לווסתה. ובמאן אמרו הני דחייב שתים אי ת"ח אפילו אחת אינו חייב. מאי טעמא אכניסה אנוס הוא וקיימא לן דכל אנוס פטור הוא דאמי הוה ליה למיעבד וכו' לא ישמש מטתו לעולם הלכך פטור הוא. אפרישה מזיד הוא. ומזיד לאו בר קרבן הוא ואי עם הארץ אפרישה מחייב אכניסה פטור דאנוס הוא. והדר רבא ופריק בסמוך לווסתה ובת"ח דידע דצריך למיפרש מאשתו סמוך לווסתה. ואינו ת"ח דידע כי הפורש חייב שיציאתו הנייה לו כביאתו. אכניסה מיחייב דהוה ליה למיפרש עונה סמוך לווסתה כו' בדאמרן. אפרישה נמי מיחייב דהא לא ידע שהפרישה מיד אסורה ובשתיהן שוגג הוא לפיכך חייב שתים: אמר רבא ששתיהן שנינו חובן במשנתנו. פרישה דתנן ופירש מיד חייב כו'. כניסה דתנן במסכת נדה פ"ב נמצא על שלו טמאין וחייבין בקרבן. פי' איש ששימש עם אשתו ונתקנה הוא בסמרטוט והיא נתקנחה בסמרטוט אחר והן נקראים עדים ואם נמצא דם על העד שלו ודאי עם נדה שימש. והן טמאין וחייבין קרבן כי בשגגה באת לידו. ואמרינן מאי לאו בסמוך לווסתה ואכניסה דאי לא בסמוך לוסתה אמאי חייב אנוס הוא אלא לאו בסמוך לווסתה ואכניסה. ואתי למידחי האי דקדוק דרבא ולאוקמא אפרישה ושלא בשעת ווסתה. ולא מתוקמא אפרישה מדקתני נמצא ונמצא השתא משמע. ואי אפרישה הוא הויא להו ידיעה מקמי הכי בעידנא דתשמיש. (ודחי') אי הכי עשה ולא תעשה הוא. והאי דקתני זו היא מצות עשה שבנדה שחייבין עליה זו היא מצות עשה ולא תעשה הוה ליה למיתנא (א) פי' עשה בדרך דאמר ותהי נדתה עליו. מיכן אזהרה למשמש עם הטהורה ואמרה לו נטמאתי שלא יפרוש. לא תעשה שנאמר ואל אשה בנדת טומאתה לא תקרב לא תקרב לא תפרש נמי הוא כדכתיב האומרים קרב אליך אל תגש בי כי קדשתיך פי' הרגישה שנטמאת והודיעה אותך לא תקרב עצמך אליך מיד ותגלה ערותה אלא נועץ צפרניך בקרקע עד שימות האבר ויסור קשיו ואח"כ תפרוש. ואמר ליה תני במתניתין זו היא מצות לא תעשה ועשה שבנדה שחייבים עליה. היה משמש עם הטהורה ואמרה לו נטמאתי כו'. אמר רבא זאת אומרת המשמש מת בעריות פטור. פי' אם ישמש אדם באבר מת כלומר בלא קישוי בעריות פטור דאין מפרש' בשהוא אבר מת מן הנדה. אביי אמר לעולם משמש מת בעריות חייב. והכא היינו טעמא דפטור משום דאנוס הוא. ואמאי אמרו כי פריש מיד חייב דהוה ליה למפרש בהנאה מועטת ופירש בהנאה מרובה. אמר ליה רבה בר חנן אי הכי מצאנו ארוכה וקצרה בנדה ואנן
(א) פי' רשב"א.

ואנן במקדש תנן! אלא משום דלא דמי, ארוכה דהכא קצרה דהתם, וארוכה דהתם קצרה דהכא. מתקיף לה רב הונא בריה דרב נתן: ומי אמר אביי אנוס הוא? אלמא בשלא סמוך לוסתה קאמרינן; והא אביי דאמר חייב שתים, אלמא בסמוך לוסתה עסקינן! כי איתמר דאביי – בעלמא איתמר. בעא מיניה רבי יונתן בן יוסי בן לקוניא מרבי שמעון בן יוסי בן לקוניא: אזהרה לבועל נדה מנין מן התורה? *שקל קלא פתק ביה: אזהרה לבועל נדה? "ואל אשה בנדת טומאתה לא תקרב"! (ויקרא יח) אלא, אזהרה למשמש עם הטהורה ואמרה לו "נטמאתי" דלא ניפריש מיד, מנלן? אמר חזקיה, אמר קרא: "ותהי נדתה עליו", (שם טו) אפי' בשעת נדתה תהא עליו. אשכחן עשה, לא תעשה מנלן? אמר רב פפא, אמר קרא: "לא תקרב"; "לא תקרב" נמי לא תפרוש הוא, דכתיב: "האומרים (ישעיהו סה) קרב אליך אל תגש בי כי קדשתיך". *ת"ר: "והזרתם את בני ישראל מטומאתם", (ויקרא טו) אמר רבי יאשיה: מיכן אזהרה לבני ישראל *[א]שיפרשו מנשותיהן סמוך לוסתן. וכמה? אמר *רבה: *[ב]עונה. א"ר יוחנן משום רבי שמעון בן יוחאי: כל שאינו פורש מאשתו סמוך לוסתה, אפילו הויין לו בנים כבני אהרן – מתים, דכתיב: "והזרתם את בני ישראל מטומאתם והדוה בנדתה", וסמיך ליה: "אחרי מות". אמר ר' חייא בר אבא אמר רבי יוחנן: כל הפורש מאשתו סמוך לוסתה – הויין לו בנים זכרים, דכתיב: "להבדיל בין הטמא ובין הטהור", (שם יא) וסמיך ליה: "אשה כי תזריע וילדה זכר". רבי יהושע בן לוי אמר: הויין לו בנים ראויין להוראה, דכתיב: "להבדיל ולהורות". (שם י) אמר רבי חייא בר אבא אמר רבי יוחנן: כל המבדיל על היין במוצאי שבתות – הויין לו בנים זכרים, דכתיב: "להבדיל בין הקדש ובין החול", וכתיב התם: "להבדיל בין הטמא ובין הטהור", וסמיך ליה: "אשה כי תזריע". רבי יהושע בן לוי אמר: בנים ראוין להוראה, דכתיב: "להבדיל ולהורות". אמר רבי בנימין בר יפת אמר רבי אלעזר: כל המקדש את עצמו בשעת תשמיש – הויין לו בנים זכרים, שנאמר: "והתקדשתם והייתם קדושים", (שם יא) וסמיך ליה: "אשה כי תזריע". § "רבי אליעזר אומר: השרץ ונעלם ממנו" כו'. § *מאי בינייהו? אמר חזקיה: שרץ ונבלה איכא בינייהו, ר' אליעזר סבר: בעינן עד דידע אי בשרץ איטמי אי בנבלה איטמי; ורבי עקיבא סבר: [ג]לא בעינן עד דידע, דכיון דידע דאיטמא בעולם, לא צריך אי בשרץ איטמי אי בנבלה איטמי. וכן אמר עולא: שרץ ונבלה איכא בינייהו. דעולא רמי דרבי אליעזר אדרבי אליעזר ומשני; מי א"ר אליעזר: בעינן עד דידע אי בשרץ איטמי אי בנבלה איטמי? ורמינהו, *אמר רבי אליעזר: מה נפשך? חלב אכל – חייב, נותר אכל – חייב! שבת חילל – חייב, יום הכפורים חילל – חייב! אשתו נדה בעל – חייב, אחותו בעל – חייב! אמר לו רבי יהושע, הרי הוא אומר: "או הודע אליו חטאתו אשר חטא בה", (שם ד) [ד]עד שיודע לך במה חטא! ומשני: התם "אשר חטא והביא" אמר רחמנא – חטא כל שהוא. הכא, מכדי כתיב: "בכל דבר טמא", (שם ה) "או בנבלת שרץ טמא" למה לי? שמע מינה: בעינן עד דידע אי בשרץ איטמי אי בנבלה איטמי. ורבי עקיבא? *איידי דבעי

תורה אור

רש"י

ואנן במקדש תנן. והוה ליה למיתני נמי בנדה כהדה. ומשני: משום דלא דמו. דהא ארוכה דהכא פטור כקצרה דהתם, וקצרה דהכא חייב כארוכה דהתם. אלמא בשלא סמוך לוסתה. קאי מתני'. דאי בסמוך לוסתה ושגג ביכולני לבעול – הוה ליה שוגג בין הכניסה בין הפרישה, דהוה ליה לאסוקי אדעתיה שמא תאמר נטמאתי. ואי משמש באבר מת בעריות חייב – כי פריש באבר מת נמי ניחייב, שאין כאן אונס. והאמר אביי. לעיל אמתני': חייב שתים, ולא מצינן לאוקמיה אלא בסמוך לוסתה ובתלמיד חכם לזו ואין תלמיד חכם לזו, כדאוקימנא לעיל! כי איתמר דאביי. דחייב שתים – בעלמא איתמר ולאו אמתני'. דאילו מתני', דכיון דמפליג בין פירש באבר מת לפירש בקושי – בשלא סמוך לוסתה עסקינן, והלכך פירש באבר מת פטור דאנוס הוא, פירש בקושי חייב שהיה לו לפרוש בהנאה מועטת. ודאמר אביי לעיל חייב שתים – בעלמא איתמר מילתא באפי נפשה, והכי איתמר: המשמש עם הטהורה בסמוך לוסתה ושגג ביכולני לבעול, ואמרה לו נטמאתי – חייב שתים. ואין חילוק בין פירש בקושי לפירש מת, דמשמש מת בעריות נמי חייב. וזה בתחלתו נמי שוגג בשתיהן, ובתלמיד חכם לזו ולא לזו כדאוקימנא, דלא הוו שני זיתי חלב בהעלם אחד. שקל קלא = פיסת רגבים. פתק ביה = זרק בו. קרב אליך = עמוד בעצמך. ליצני הדור היו אומרים לנביא: עמוד בעצמך, אל תגע בי שלא אטמאך, שאתה קדוש ואני טמא. קדשתיך = טמאתיך, כמו (חגי ב): "הן ישא איש בשר קדש", וכמו (דברים כב): "פן תקדש". והזרתם = והפרשתם, כמו "וינזרו". אזהרה לישראל וכו'. דסמיך ליה "והדוה בנדתה" בההוא עניינא. עונה. במסכת נדה מפורש: או יום או לילה, אם וסתה ביום יפרוש כל היום, ואם וסתה בלילה יפרוש כל הלילה. והכי מפרש לה במסכת נדה בפרק "האשה" (דף סג:). ולהבדיל כו'. המבדיל בין טומאה לטהרה תלד אשתו זכר. להבדיל ולהורות. בעניינא דשתויי יין כתיב: "ולהבדיל בין הקדש ובין החול בין הטמא וגו' ולהורות את בני ישראל". המקדש עצמו בתשמיש. דרך צניעות. שרץ ונבלה. טמא שרץ וטמא נבלה. בידיעה שבתחלה ידע שנגע בשרץ או בנבלה, אבל לא ידע באיזה מהן שגג, ואותה טומאה נעלמה כשאכל קדש. מה נפשך. משנה היא בכריתות: חלב ונותר לפניו אכל אחד מהן בשוגג ואינו יודע איזה מהן, ושבת ויוה"כ עשה מלאכה באחד מהן ואינו יודע באיזה מהן, אשתו נדה ואחותו עמו בבית שגג באחת מהן ואינו יודע באיזו מהן, ר"א מחייב חטאת רבי יהושע פוטר. אמר רבי אליעזר מה נפשך כו'. אשר חטא והביא אמר רחמנא. "או הודע אליו חטאתו אשר חטא בה והביא". והאי "בה" דקדריש רבי יהושע מפיק ליה ר"א לקמן בשמעתין לדרשא אחרינא. לכדרבי

תוספות

אלמא שלא בסמוך לוסתה עסקינן. פירש בקונטרס: דאי בסמוך לוסתה, כיון דמשמש מת חייב – כי פירש באבר מת נמי חייב. משמע מתוך פירושו דחייב שתים אפי' כי פירש באבר מת, ולהכי אע"ג דחייב אכניסה מיחייב נמי אפרישה. וכן פירש בסמוך גבי "כי איתמר דאביי בעלמא איתמר", דפירש: מילתא באפי נפשה היא, והכי איתמר: המשמש עם הטהורה בסמוך לוסתה ושגג ביכולני לבעול, ואמרה לו נטמאתי – חייב ב', ואין חילוק בין פירש בקושי לפירש מת. ונראה שכן דעתו, דכיון דבא עליה סמוך לוסתה – מתחלה שגג בשתיהן אכניסה ואפרישה, וכשאמרה לו נטמאתי הוי ידיעה בין שגגת כניסה לשגגת פרישה. ששעת פרישה חשיבה שגגה, אע"פ שיודע בשעת פרישה שהוא עכשיו בועל נדה, כיון שע"י כניסה באה לו. וקשיא: דהא משמע לעיל דלא משכחת חייב ב' אלא בתלמיד חכם לזו ולא לזו, ולהאי פירוש משכחת לה בתלמיד חכם לשניהן, וכגון שפירש מת! וי"ל: דהא דאוקים בתלמיד חכם לזו ולא לזו – משום דסבר משמש מת פטור, ולא מיחייב שתים אלא בפירש מיד. ומה שהזכיר כאן בקונטרס ובתלמיד חכם לזו ולא לזו כדאוקימנא – משום פירש בקושי פירש כן. אבל קשיא: דבמסכת שבת שילהי פרק "הזורק" (דף קב.) גבי ההיא דתנן: זה הכלל כל חייבי חטאות אינן חייבין עד שתהא תחלתן וסופן שגגה, מוכח דאם זרק אבן ונזכר לאחר שיצאה מידו – פטור, ואף על גב שמתחלה יצאה מידו בשוגג ולא היה יכול להחזירה עוד! ונראה לפרש: דדייק מדקרי ליה אביי אנוס – מכלל דבשלא סמוך לוסתה עסקינן, דאי בסמוך לוסתה לא שייך למיקרייה אנוס כיון שפשע בשעת כניסה, ולא מיפטר אלא משום דהויא חדא שגגה שהכל בא על ידי שגגה ראשונה. ואם תאמר: מי דחקו לאביי לאוקומה מתני' שלא בשעת וסתה, ולפטור לגמרי היכא דפירש מת? לוקמה בסמוך לוסתה, ולוקי פטור דמתני' אפרישה! ויש לומר: דלישנא דמתניתין משמע ליה דפטור לגמרי בשלא פירש מיד. אמר קרא ותהי נדתה עליו. מ"עליו" דריש. אבל מ"ותהי" לא דריש, דהא איצטריך לכדדרים ב"הסולך" (יבמות דף מט:) דאפי' בשעת נדתה קדושין תופסין בה. לא תעשה מנ"ל. *דלא מיחייב חטאת אא"כ יש בה לאו, מידי דהוה אפסח ומילה.

מדבעי

עין משפט נר מצוה

נד א ב מיי' פ"ד מהל' איסורי ביאה הלכה יב סמג לאוין קיא טוש"ע י"ד סי' קפד סעיף ב:

נה ג מיי' פי"א מהל' שגגות הלכה ב:

נו ד מיי' שם פ"ב הלכה ג ופ"ח הל' ה:

[יבמות סב: וכנדה סג: איתא רבא ובשאלתות איתא ר' אבא]

מסורת הש"ס

[פסחים סב: ר"ה כה.]

נדה סג: ע"ש (יבמות סב)

[יבמות סב: ע"ש]

*[ענין עונה ע"ז עה.]

נדה כח.

הוריות ה. כריתות יט.

[פסחים סז: יבמות נד: וש"נ]

גליון הש"ס

תוס' ד"ה לא וכו' דלא מיחייב חטאת. עי' ב"ק דף קה ע"ב תוס' ד"ה מאי וזבחים דף קה ע"א תוס' ד"ה לחזרה:

רבינו חננאל

ואנן במקדש תנן. א"ל לא דמו להדדי ארוכה דמקדש חייב דשהי. וארוכה דנדה פטור דבעי למשהי עד שימות האבר. קצרה דמקדש פטור דלא שהה. קצרה דנדה חייב דלא שהה ויצא בהנאה מרובה. ואקשינן וכי אביי בלא סמוך לוסתה מוקים לה למתני' דקתני הכא אנוס הוא. והא הוא דאמר חייב שתים ומשום דהוא סמוך לוסתה. ופרקינן כי אתמר דאביי בעלמא אתמר כגון דסבר שהיא אשתו ובא עליה ונמצאת אחותו. על זה אמר אביי אע"ג דכי אנוס הוא אין לפרוש מיד בהנאה מרובה אלא עד שימות אברו כדי שתהיה הנאתו מעוטה: ת"ר והזרתם את בני ישראל מיכן אמרו אזהרה לבני ישראל שיפרשו מנשותיהן סמוך לווסתן. וכמה אמר רבה עונה. ופירש משמיה דר' יוחנן בסוף מסכת דע"ז בענין כדרך שאמרו בטהרות כך אמרו ביין נסך. וכמה או יום או לילה. ואסיקנא לעולם י"ב שעה וזה השמועה בנדה פרק תינוקת שלא הגיע זמנה לראות וניסת. וכן שאינו פורש מאשתו עונה סמוך לווסתה אפילו הויין לו בנים כבני אהרן מתים. וכל הפורש מאשתו כמו שאמרנו הויין לו בנים זכרים כו'. ר' יהושע בן לוי אומר הויין לו בנים הראוין להוראה כו'. משמיה דר' יוחנן אמרו כל המבדיל על היין במוצאי שבת הויין לו בנים זכרים כו'. ר' יהושע אומר בנים הראויין להוראה. שנאמר להבדיל ולהורות: א"ר אלעזר כל המקדש עצמו בשעת תשמיש הויין לו בנים זכרים. שנאמר והתקדשתם והייתם קדושים וכתיב בתריה אשה כי תזריע וילדה זכר: **מתני'** ר' אליעזר אומר השרץ ונעלם ממנו כו'. מאי בינייהו אמר חזקיה שרץ ונבלה איכא בינייהו. פי' ר' אליעזר דייק מדכתיב או בנבלת שרץ טמא ונעלם ממנו בעינן עד דידע במה נטמא או בשרץ או בנבלה ואח"כ נעלם ממנו ובכך יתחייב. ור' עקיבא דייק מדכתיב לכל טומאתו אשר יטמא בה ונעלם ממנו. כיון דידע דאיטמי בטומאה בעולם חייב. ורמינן עלה איני והתני ר' אליעזר מה נפשך אשתו נדה בעל חייב אחותו בעל חייב חלב אכל חייב נותר אכל חייב כו' כדתנינן בכריתות פ"ד. הנה לר' אליעזר לא בעי לידע במה חטא. ופרקי' שאני התם דכתיב או הודע אליו חטאתו אשר חטא בה כל דהו אבל הכא מכדי כתיב או נפש אשר תגע בכל דבר טמא וגו'. או בנבלת שרץ ונעלם למה לי אלא ש"מ עד דידע אי בשרץ נגע אי בנבלה נגע. ור' עקיבא אמר לך מדאצטריך למכתב

דְּבָעֵי לְמִיכְתַּב בְּהֵמָה וְחַיָּה *לְכִדְרַבִּי, כְּתִיב נַמִּי שֶׁרֶץ. כִּדְתָנָא *דְּבֵי רַבִּי יִשְׁמָעֵאל: כָּל פָּרָשָׁה שֶׁנֶּאֶמְרָה וְנִשְׁנֵית, לֹא נִשְׁנֵית אֶלָּא בִּשְׁבִיל דָּבָר שֶׁנִּתְחַדֵּשׁ בָּהּ. *וְרַבִּי אֱלִיעֶזֶר, הַאי "בָּהּ" מַאי עָבֵיד לֵיהּ? פְּרָט (א) לְמִתְעַסֵּק. וְרַבִּי יוֹחָנָן אָמַר: מַשְׁמָעוּת דּוֹרְשִׁין אִיכָּא בֵּינַיְיהוּ. וְכֵן אָמַר רַב שֵׁשֶׁת: מַשְׁמָעוּת דּוֹרְשִׁין אִיכָּא בֵּינַיְיהוּ, דְּרַב שֵׁשֶׁת מַחֲלִיף דְּרַבִּי אֱלִיעֶזֶר לְרַבִּי עֲקִיבָא וּדְרַבִּי עֲקִיבָא לְרַבִּי אֱלִיעֶזֶר. *בָּעָא מִינֵּיהּ רָבָא מֵרַב נַחְמָן: הֶעְלֵם זֶה וְזֶה בְּיָדוֹ, מַהוּ? אֲמַר לֵיהּ: הֲרֵי הֶעְלֵם טוּמְאָה בְּיָדוֹ [א]וְחַיָּיב. אַדְּרַבָּה, הֲרֵי הֶעְלֵם מִקְדָּשׁ בְּיָדוֹ וּפָטוּר! אָמַר רַב אַשִׁי: חָזֵינַן, אִי מִטּוּמְאָה קָא פָּרֵישׁ — הֲרֵי הֶעְלֵם טוּמְאָה בְּיָדוֹ וְחַיָּיב, אִי מִמִּקְדָּשׁ קָא פָּרֵישׁ — הֲרֵי הֶעְלֵם מִקְדָּשׁ בְּיָדוֹ וּפָטוּר. אֲמַר לֵיהּ רָבִינָא לְרַב אַשִׁי: כְּלוּם פָּרֵישׁ מִמִּקְדָּשׁ אֶלָּא מִשּׁוּם טוּמְאָה, כְּלוּם פָּרֵישׁ מִטּוּמְאָה אֶלָּא מִשּׁוּם מִקְדָּשׁ! אֶלָּא לָא שְׁנָא. *תָּנוּ רַבָּנַן: [ב]שְׁנֵי שְׁבִילִין אֶחָד טָמֵא וְאֶחָד טָהוֹר, וְהָלַךְ בָּרִאשׁוֹן וְלֹא נִכְנַס, בַּשֵּׁנִי וְנִכְנַס — חַיָּיב; הָלַךְ בָּרִאשׁוֹן וְנִכְנַס, הִזָּה וְשָׁנָה וְטָבַל וְאח"כ הָלַךְ בַּשֵּׁנִי וְנִכְנַס — [ג]חַיָּיב, ר"ש פּוֹטֵר; וְרַבִּי שִׁמְעוֹן בֶּן יְהוּדָה פּוֹטֵר בְּכוּלָּן מִשּׁוּם ר' שִׁמְעוֹן. בְּכוּלָּן, וַאֲפִילּוּ

רש"י

לכדרבי. בפ' קמא (לעיל דף ז.): אקרא אני חיה, בהמה למה נאמרה כו'. פרט למתעסק. בדבר היתר, ובא לידו איסור ולא נתכוין לגופא של זו, כגון נתכוין לחתוך את התלוש וחתך את המחובר, נתכוין לאשתו והרי אחותו עמה במטה, ונשמטה אשתו ובאה אחותו תחתיה. ואיזהו חייב – נתכוין לחתוך כסבור תלוש ונמצא מחובר, או כסבור היום חול, או כסבור מלאכה זו מותרת, ומ"מ לזו נתכוין. וכן בא על אחותו ונתכוין לגוף זה, כסבור היא אשתו. דרב ששת מחליף כו'. כשהיה שונה משנתנו פעמים מחליף דברי זה לדברי זה ולא היה מקפיד, לפי שאין ביניהם חיוב ופטור. העלם זה וזה. טומאה ומקדש, מהו לרבי אליעזר ור"ע דפטרי על העלם מקדש. אי מטומאה פריש. אי מחמת טומאה שהודע לו פירש מן העבירה (ומביא קרבן) שאמרו לו: טמא אתה. הרי העלם טומאה בידו. איגלאי מילתא שביאתו למקדש בשביל העלם טומאה היה. ואי ממקדש קפריש. שאמרו לו: מקדש הוא זה, ומחמת כן תוהא על ביאתו, ולא הזכירו לו טומאה – איגלאי מילתא דמשום העלם מקדש נכנס לו. כלום פריש ממקדש כו'. כשהודיעוהו אחד מהם שם אל לבו לומר מה בכך, ומתוך כך נזכר על השני. ומ"מ העלם שניהם היה בידו. אלא לא שנא. ופטור. אחד טמא. מת קבור בו, וא"א להלך שלא יאהיל. והלך בראשון. ואינו יודע אם בטמא אם בטהור, ולא נכנס למקדש. בשני ונכנס. וחזר והלך בשני, וידע שהלך בשניהם, והרי הוא טמא ודאי, ונכנס למקדש בהעלם טומאה שנתעלם ממנו טומאה. חייב. קרבן עולה ויורד, שיש כאן בתחלה ידיעה ודאית. הלך בראשון. וידע שהוא ספק טמא. ונכנס. למקדש בהעלם טומאה, ששכח הילוכו בשביל זו. והזה ושנה. הזה בשלישי ושנה בשביעי וטבל. וחזר והלך בשני. וידע שהוא ספק טמא. ונכנס. למקדש בהעלם טומאה. חייב. או מחמת ביאה ראשונה או מחמת ביאה שניה. דממה נפשך, או ביאה ראשונה או ביאה שניה בטומאה היתה. ור"ש פוטר. דאין כאן בחטאת מכוון ידיעה ודאית בתחלה. שאף ידיעה תחלה של שביל שני ספיקא היא, שהרי טהר לו מטומאה ראשונה אם הראשון הוא הטמא. פוטר בכולן. אף בראשונה. ולקמן מפרש לה.

ואפילו

תוספות

מדבעי למיכתב בהמה וחיה לכדרבי. בלא חיה נמי מצי למדרש הכי: אקרא אני "בכל דבר טמא". אלא לאו דוקא נקט חיה, וחיה נמי לא נכתבה אלא בשביל דבר שנתחדש בה, כדתנא דבי רבי ישמעאל, ומשום דרבי נקט חיה במילתיה — נקט נמי הכא בהמה וחיה כדרבי. ותימה: דבפרק "בהמה המקשה" (חולין דף עא.) משמע דאי לאו קרא דבהמה טמאה בכלל חיה טמאה — לא הוה דריש רבי ג"ש, משום דאיצטריך בהמה טמאה לגופה. והשתא בלא חיה נמי הוה דרשי' ג"ש דבהמה, ד"מכל דבר טמא" נפקא! ויש לומר: דאי לאו בהמה בכלל חיה לא הוה דרשי' ג"ש דבהמה טמאה אע"ג דכתיב "בכל דבר טמא", אלא ה"א דאתו פרטי לאשמועינן דבעינן דידע אי בשרץ איטמא אי בנבילה איטמא, אפילו לרבי עקיבא. אבל השתא דבהמה בכלל חיה, הוי כאילו כתב בהמה ב' פעמים — ש"מ לכדרבי הוא דאתא. ולר' אליעזר אתא נמי לאשמועינן דבעינן דידע אי בשרץ אי בנבילה איטמא משרץ ונבילה. ולר"ע, כיון דע"כ משום דבהמה בכלל חיה כדפרישית, מהשתא ש"מ בכולהו לא נכתב אלא בשביל דבר שנתחדש בה, ולא בעינן דידע במאי איטמא. **פרט** למתעסק. בפרק "ספק אכל" (כריתות דף יט:) מסיק: מתעסק דמאי? אי דחלבים ועריות — חייב שכן נהנה! אלא מתעסק דשבת, כדשמואל. ובקונטרס לא דק, דהזכיר נמי מתעסק דעריות. ומיהו תימה: דאמאי איצטריך "בה" פרט למתעסק דשבת? תיפוק ליה מטעמא דשמואל, דאמר התם דפטור מטעם דבעינן מלאכת מחשבת! ואמילתא דשמואל גופיה קשה: דאי טעמא דנהנה עיקר לחייב בחלבים ועריות — למה לי למיפטריה בשבת משום מלאכת מחשבת, ואי טעמא דמלאכת מחשבת עיקר — למה לי למחייביה בחלבים ועריות משום דנהנה? ונראה, דאיכא תרי גווני מתעסק: כגון נתכוין לחתוך מחובר זה וחתך מחובר אחר, דמיפטר מטעם שלא נעשית מחשבתו, ולא שייך למיפטריה משום מתעסק. ועוד מתעסק אחר, כגון נתכוין לחתוך את התלוש ולהגביה את התלוש, למר כדאית ליה ולמר כדאית ליה, ונמצא מחובר, דנעשית מחשבתו ומיפטר משום "בה" פרט למתעסק. ובתרוייהו איירי שמואל. ומשום הכי קאמר בכריתות: אלא מתעסק דשבת כדשמואל, דאיירי נמי שמואל במתעסק דמיפטר משום "בה" לר' אליעזר, אלא שלא חשש לפרש אלא טעם דמלאכת מחשבת דלא איירי בה רבי אליעזר. ובחלב נמי איכא תרי גווני מתעסק, כגון נתכוין לאכול חלב זה ואכל חלב אחר, דחייב בלא טעמא דנהנה, דלא שייך למיפטריה מטעם מלאכת מחשבת. ועוד מתעסק אחר, כגון סבור שהוא שומן או רוק ובלעו, דכיוצא בו מיפטר לענין שבת מדכתיב "בה", והכא לית לן למעוטי, משום דנהנה. וטעמא דנהנה ומשום מלאכת מחשבת לא קאי אכולהו. ומה שפירש הקונטרס כאן: מתעסק היינו נתכוין לחתוך את התלוש וחתך את המחובר. ואיזהו חייב? נתכוין לחתוך את זה וחתך זה וכסבור שהוא תלוש ונמצא מחובר — אין נראה לפרש, אלא נראה כדפרישית. **הרי** העלם טומאה בידו וחייב. תימה: דהכא, ולקמן בפרק שלישי (דף כו.) גבי העלם שבועה והעלם חפץ, פשיט רב נחמן לחיובא. ובפרק "כלל גדול" (שבת דף ע: ושם) גבי העלם שבת *והעלם מלאכה פשיט לפטור! וי"ל: דלא דמי, דהכא סברא הוא דליחייב כיון דאיכא נמי העלם טומאה. אבל התם אין סברא לחייבו על כל אחת ואחת, דכיון דבשגגת שבת וזדון מלאכות לא מיחייב אלא חדא, השתא נמי דשגג במלאכה הרי יש כאן נמי שגגת שבת. **הרי** העלם מקדש בידו ופטור. אומר רבינו תם: דלא מיפטר אלא מקרבן עולה ויורד, אבל חטאת קבועה חייב, דהא גמרינן מע"ז דכל שחייבים על זדונו כרת חייבים על שגגתו חטאת. והא דאמר בפ"ק (לעיל דף ג.) דעל שאין בה ידיעה בתחלה ששעיר החיצון מכפר, אלמא לא מוקמינן ליה בחטאת קבועה, דאי הוה ביה חטאת קבועה לא הוה חיצון מכפר אמידי דבר קרבן הוא — התם ודאי מיפטר לגמרי, שלא יהא חמור אין בה ויש בה מיש בה ויש בה. ומיהו קשיא, דלישנא דקאמר הכא דפטור משמע דפטור לגמרי. ועוד, דלקמן פרק שלישי (דף כד:) גבי "יש אוכל אכילה אחת" דחיק לאשכוחי חטאת קבועה בטמא שאכל את הקדש, ומוקי לה בנשיא וכר' אלעזר. ולוקמה בהעלם קדש! על כן נראה דפטור לגמרי, משום דהוי דבר שהיה בכלל ויצא לידון בדבר החדש, כדאמרינן לקמן בפרק שלישי (דף כה:) גבי שבועת העדות. **אמר** רב אשי חזינן אי מטומאה קפריש כו'. תימה: מנא ידעינן? אי משום דא"ל "טמא אתה" ופירש — דלמא אי הוו א"ל נמי "מקדש הוא" היה פירש, ואי דא"ל מעיקרא מקדש הוא ולא פירש — דלמא אי הוו א"ל נמי "טמא אתה" לא הוה פריש, אלא השתא דא"ל תרוייהו פריש! ונראה, דרב אשי לא בא לפשוט הבעיא, אלא בא לפרש שפעמים יש לברר איזה שכוח ממנו יותר, כגון דנישייליה אי מחמת טומאה הוה מידכר אמקדש ומחמת מקדש לא הוה מידכר אטומאה — א"כ הוי העלם טומאה בידו, ואם להפך — הוי [העלם] מקדש בידו, ואם שניהם שכוחין בשוה — בהא ודאי מבעיא לן. ולגבי שבת בפרק "כלל גדול" (דף ע:) י"ס שכתוב בהן במילתיה דרב אשי: אי משבת קפריש — העלם שבת בידו, ואי כי מודעי ליה אשבת אכתי צריך לאודועיה אמלאכות — העלם מלאכה בידו. ואין גיר' זו נכונה, דאכתי צריך לפרש: וכי מודעי ליה אמלאכה — לא צריך לאודועיה אשבת, לפי מה שפירשנו. אלא גר': אי *משבת קפריש אי משום מלאכה קפריש. ועוד נראה לפרש בענין אחר: אי משום טומאה קפריש — אפי' אם הודיעוהו טומאה באחרונה, דאע"ג דאילו הודיעוהו בתחלה לא הוה פריש — חשיב פריש מחמת טומאה, כיון דקרבן ע"י בתרייתא קאתי. ואי א"ל: מקדש הוא, ופריש — ידיעה בתרייתא דמקדש הוא ופטור. וכענין זה יש לפרש ההיא דלקמן (דף כו.) גבי העלם שבועה והעלם חפץ, וההיא דשבת. **הלך** בראשון ונכנס כו'. אי ברה"י איירי, בחד נמי חייב, דספק טומאה ברה"י ספיקו טמא. אבל הכא איירי ברה"ר, דמוקמינא ליה בחזקת טהרה.

עשו

עין משפט נר מצוה

נז א מיי' פי"א מהל' שגגות הלכה א:
נח ב מיי' שם הל' ו:
נט ג מיי' שם הל' ז:

רבינו חננאל

למכתב בהמה וחיה לכדרבי. דתני רבי אומר אקרא אני חיה. בהמה למה נאמרה כו'. כדכתיב לעילא. איידי דכתיב בהמה וחיה כתב נמי שרץ טמא ונעלם. וכדתנא דבי ר' ישמעאל כל פרשה שנאמרה ונשנית לא נשנית אלא בשביל דבר שנתחדש בה. ור' אליעזר כיון דלא צריך לידע באיזה חטא הוא שחטא. בה מאי דריש ביה. ואמרינן פרט למתעסק בחטא שאינו חייב מאי טעמא דבעינן בה כוון לכך יתחייב אבל דלא קא מיכוון למעשה כלל פטור. בין לר' אליעזר בין לר' עקיבא על העלם טומאה חייב על העלם מקדש אינו חייב: בעא מיניה רבא מרב נחמן העלם טומאה והעלם מקדש מהו. כגון שנעלם ממנו שנטמא. וגם נעלם ממנו שזה הבית בית המקדש הוא. א"ל הרי העלם טומאה בידו וחייב. וא"ל רבא אדרבה הרי העלם מקדש בידו ופטור. ובא רב אשי ואמר חזינן אי מטומאה פריש כו'. ודחה רבינא דברי רב אשי וא"ל לא שנא: ת"ר שני שבילים אחד טמא ואחד טהור הלך בראשון ולא נכנס במקדש בשני ונכנס חייב כו' עד ור' שמעון בן יהודה פוטר בכולם משום ר' שמעון. ואקשינן פוטר בכולם

מסורת הש"ס

לעיל ז. [חולין עא.]
כריתות יט.
ב"ק סז: סוטה ג. [מנחות י. בכורות מג.]
שבת ע: לקמן כו. [סנהדרין סב.]
כריתות יח: יט. [כל הסוגיא עד סופו]
וגי' מהרש"א משום שבת
והעלם מלאכות כצ"ל רש"ל
רש"ל מ"ז

הגהות הב"ח

(א) גמ' פרט למתעסק. נ"ב עיין בסנהדרין דף סב ע"ב ובכריתות דף ה ע"א:

ס א ב ג מיי' פי"א מהל' שגגות הלכה ו:
סא ד מיי' שם פ"א הלכה ז:

עשו ספק ידיעה כידיעה. לא דמי לנגע בכעדשה דריש פירקא (דף יד:) ולא ידע אי כזית מטמא אי בכעדשה מטמא. דהתם הוא מסופק אי שייכא כלל טומאה במה שנגע, אבל הכא פשיטא ליה דאיכא טומאה, הלכך הוי ליה ידיעה טפי. **כאן** שנה רבי ידיעות ספק מחלקות לחטאות. תימה: לר"ל תיקשה דר"ש בן יהודה אדרבי שמעון בן יהודה, דהכא לא פליג ארבי אלא לענין אשם תלוי, אבל בהא דמחלקות לחטאות מודה. ולעיל פטר גבי מקדש, דלא חשיב ליה ידיעה! ואם יש לחלק ולומר דגבי מקדש בעינן ידיעה מעלייתא טפי, משום דבעינן ידיעה בתחלה ודאית דומיא דידיעה בתרייתא — א"כ היכי פריך מר"ל אר"ל? ובדוחק י"ל דהכי פריך: אמאי מוקי לה כרבי ישמעאל? לוקמה כרבי, ולימא דסבירא ליה דאין חילוק בין ידיעה המחלקת לחטאת ובין ידיעה דמקדש, ופליג אדרבי שמעון בן יהודה. **נוקמה** כרבי. תימה: דבלא ההיא דידיעת ספק מחלקת תקשה ליה: נוקמה כרבי דאמר* ידיעת בית רבו שמה ידיעה! [לעיל ה.] ועוד, דמטעם ספק ידיעה לא מצי לאוקמה כרבי, דהא איהו לא בעי ידיעה כלל! וי"ל: שזה לא היה חידוש אי הוה מוקי לה כרבי דלא בעי אלא ידיעת בית רבו. אלא הכי פריך: דאפילו כמאן דבעי ידיעה גמורה מצי לאוקומה, וכרבי דאמר ידיעות ספק מחלקות.

הדרן עלך ידיעות הטומאה

תורה אור

וַאֲפִילּוּ בְּקַמַּיְיתָא? מִמַּה נַפְשָׁךְ טָמֵא הוּא! אָמַר רָבָא: [א]הָכָא בְּמַאי עָסְקִינַן — כְּגוֹן שֶׁהָלַךְ בָּרִאשׁוֹן, וּבְשָׁעָה שֶׁהָלַךְ בַּשֵּׁנִי שָׁכַח שֶׁהָלַךְ בָּרִאשׁוֹן, דַּהֲוַיא לֵיהּ מִקְצָת יְדִיעָה. וּבְהָא קָא מִיפַּלְגִי, תַּנָּא קַמָּא סָבַר: [ב]אָמְרִינַן מִקְצָת יְדִיעָה כְּכָל יְדִיעָה, וְרַבִּי שִׁמְעוֹן סָבַר: לָא אָמְרִינַן מִקְצָת יְדִיעָה כְּכָל יְדִיעָה. "הָלַךְ בָּרִאשׁוֹן וְנִכְנַס, הִזָּה וְשָׁנָה וְטָבַל, חָזַר וְהָלַךְ בַּשֵּׁנִי וְנִכְנַס — חַיָּיב, וְרַבִּי שִׁמְעוֹן פּוֹטֵר". וְאַמַּאי חַיָּיב? סְפֵק יְדִיעָה הוּא! אָמַר רַבִּי יוֹחָנָן: [ג]כָּאן עָשׂוּ סְפֵק יְדִיעָה כִּידִיעָה; וְרֵישׁ לָקִישׁ אָמַר: הָא מַנִּי? רַבִּי יִשְׁמָעֵאל הִיא, דְּאָמַר: לָא בָּעֵינַן יְדִיעָה בַּתְּחִלָּה.§ וְרָמֵי דְּרַבִּי יוֹחָנָן אַדְּרַבִּי יוֹחָנָן, וְרָמֵי דְּרֵישׁ לָקִישׁ אַדְּרֵישׁ לָקִישׁ; דְּתַנְיָא: *אָכַל סְפֵק חֵלֶב וְנוֹדַע, סְפֵק חֵלֶב וְנוֹדַע — רַבִּי אוֹמֵר: כְּשֵׁם שֶׁמֵּבִיא חַטָּאת עַל כָּל אֶחָד וְאֶחָד, כָּךְ [ד]מֵבִיא אָשָׁם תָּלוּי עַל כָּל אֶחָד וְאֶחָד. ר"ש בֶּן יְהוּדָה וְרַבִּי אֶלְעָזָר בְּרַבִּי שִׁמְעוֹן אָמְרוּ מִשּׁוּם רַבִּי שִׁמְעוֹן: אֵינוֹ מֵבִיא אֶלָּא אָשָׁם תָּלוּי אֶחָד, שֶׁנֶּאֱמַר: °"עַל שִׁגְגָתוֹ אֲשֶׁר שָׁגָג" (ויקרא ה), הַתּוֹרָה רִיבְּתָה שְׁגָגוֹת הַרְבֵּה וְאָשָׁם תָּלוּי אֶחָד; וְאָמַר רֵישׁ לָקִישׁ, כָּאן שָׁנָה רַבִּי: יְדִיעוֹת סְפֵיקוֹת מִתְחַלְּקוֹת לְחַטָּאוֹת. וְרַבִּי יוֹחָנָן אָמַר: כְּשֵׁם שֶׁיְּדִיעוֹת וַדַּאי בְּעָלְמָא מִתְחַלְּקוֹת לְחַטָּאוֹת, כָּךְ יְדִיעוֹת סָפֵק מִתְחַלְּקוֹת לַאֲשָׁמוֹת; בִּשְׁלָמָא דְּרַבִּי יוֹחָנָן אַדְּרַבִּי יוֹחָנָן לָא קַשְׁיָא: כָּאן עָשׂוּ, וְלֹא בְּכָל הַתּוֹרָה כּוּלָּהּ עָשׂוּ; הָכָא הוּא דְּלָא כְּתִיבָא יְדִיעָה בְּהֶדְיָא — מִ"וְנֶעְלַם" הוּא דְּקָא אָתֵי, וְלֹא בְּכָל הַתּוֹרָה כּוּלָּהּ עָשׂוּ — דִּכְתִיב °"אוֹ הוֹדַע אֵלָיו" (שם ד), יְדִיעָה מְעַלְּיָיתָא בָּעֵינַן; אֶלָּא לְרֵישׁ לָקִישׁ, אַדְּמוֹקִים לֵיהּ כְּר' יִשְׁמָעֵאל, נוֹקְמַהּ כְּרַבִּי! הָא קָא מַשְׁמַע לָן, דְּרַבִּי יִשְׁמָעֵאל לָא בָּעֵי יְדִיעָה בַּתְּחִלָּה. פְּשִׁיטָא דְּלָא בָּעֵי, מִדְּלָא מִיַּיתְּרִי לֵיהּ קְרָאֵי °"וְנֶעְלַם" (שם ה), דְּמִיחַיֵּיב עַל הֶעְלֵם מִקְדָּשׁ! מַהוּ דְּתֵימָא: כִּי לֵית לֵיהּ — מִקְּרָאֵי, אֲבָל מִגְּמָרָא אִית לֵיהּ, קמ"ל.§

הדרן עלך ידיעות הטומאה

שְׁבוּעוֹת שְׁתַּיִם שֶׁהֵן אַרְבַּע: "שְׁבוּעָה שֶׁאוֹכַל" וְ"שֶׁלֹּא אוֹכַל", "שֶׁאָכַלְתִּי" וְ"שֶׁלֹּא אָכַלְתִּי". "שְׁבוּעָה שֶׁלֹּא אוֹכַל", וְאָכַל כָּל שֶׁהוּא — חַיָּיב, דִּבְרֵי רַבִּי עֲקִיבָא. אָמְרוּ לוֹ לר"ע: *הֵיכָן מָצִינוּ בָּאוֹכֵל כָּל שֶׁהוּא שֶׁהוּא חַיָּיב...

וַאֲפִילּוּ בְּקַמַּיְיתָא. בִּתְמִיָּה, מִמַּה נַפְשָׁךְ טָמֵא הוּא, קוֹדֶם שֶׁנִּכְנַס הָיָה טָמֵא וַדַּאי, וִידִיעַת וַדַּאי הֲוָה לֵיהּ בַּתְּחִלָּה! שָׁכַח שֶׁהָלַךְ בָּרִאשׁוֹן. וְאֵין כָּאן אֶלָּא מִקְצַת יְדִיעָה. **תַּנָּא קַמָּא סָבַר כו'.** תַּנָּא קַמָּא אַלִּיבָּא דְּרַבִּי שִׁמְעוֹן, שֶׁפּוֹטֵר בְּהִזָּה וְשָׁנָה וְאֵינוֹ פּוֹטֵר בָּרִאשׁוֹנָה, סָבַר: כֵּיוָן דְּטוּמְאַת וַדַּאי הוּא, אַף עַל גַּב דְּאִיהוּ לָא יָדַע לָהּ לְכוּלְּהוּ דְּתֶיהֱוֵי לֵיהּ יְדִיעַת וַדַּאי, אֶלָּא יְדִיעַת סָפֵק — עֲדִיפָא הִיא מֵהָנָךְ יְדִיעוֹת סָפֵק דְּהִזָּה וְשָׁנָה, דְּהָתָם יָדַע לֵיהּ לְכוּלָּהּ מִילְּתָא וַאֲפִי' הָכִי סָפֵק הוּא, אֲבָל הָכָא אִי הֲוָה יָדַע לָהּ לְכוּלָּהּ מִילְּתָא הֲוָה לֵיהּ יְדִיעָה וַדָּאִית, הִילְכָּךְ לָאו יְדִיעַת סָפֵק הִיא אֶלָּא מִקְצַת יְדִיעָה וַדָּאִית, וּמִקְצַת יְדִיעָה כְּכָל יְדִיעָה. וְרַבִּי שִׁמְעוֹן בֶּן יְהוּדָה אַלִּיבָּא דְּר"ש סָבַר: לָא אָמְרִינַן מִקְצַת יְדִיעָה וַדָּאִית כְּכָל יְדִיעָה. **וְאַמַּאי סְפֵק יְדִיעָה הִיא.** לְתַנָּא קַמָּא פָּרֵיךְ. **אָכַל סְפֵק חֵלֶב.** חֲתִיכָה סְפֵק חֵלֶב וּסְפֵק שׁוּמָּן. **וְנוֹדַע.** לוֹ לְאַחַר זְמַן שֶׁהוּא סְפֵק חֵלֶב, וַהֲרֵי הוּא בְּאָשָׁם תָּלוּי. וְחָזַר וְאָכַל סְפֵק חֵלֶב, וְנוֹדַע לוֹ שֶׁסְּפֵק חֵלֶב אָכַל. **כְּשֵׁם שֶׁמֵּבִיא חַטָּאת כו'.** לְקַמֵּיהּ פְּלִיגִי ר' יוֹחָנָן ור"ש בֶּן לָקִישׁ בְּפֵירוּשָׁא דְּהָא מִילְּתָא דְּרַבִּי. **עַל שִׁגְגָתוֹ אֲשֶׁר שָׁגָג.** בְּפָרָשַׁת אָשָׁם תָּלוּי כְּתִיב. **כָּאן שָׁנָה רַבִּי יְדִיעוֹת סָפֵק מְחַלְּקוֹת לְחַטָּאוֹת.** וְהָכִי קָאָמַר רַבִּי: כְּשֶׁיִּוָּדַע לוֹ לְאַחַר זְמַן שֶׁחֵלֶב הָיָה — יָבִיא חַטָּאת עַל כָּל אֶחָד וְאֶחָד, שֶׁיְּדִיעַת סָפֵק שֶׁהָיְתָה לוֹ בֵּינְתַיִם מְחַלַּקְתָּם דְּלָא נֶיהֱווּ שְׁנֵי זֵיתֵי חֵלֶב בְּהֶעְלֵם אֶחָד. כָּךְ כָּל זְמַן שֶׁלֹּא נוֹדַע לוֹ שֶׁהֵן וַדַּאי חֵלֶב אֶלָּא סְפֵק חֵלֶב — מֵבִיא אָשָׁם תָּלוּי עַל כָּל אַחַת וְאַחַת. אַלְמָא מִדְּקָתָנֵי: שֶׁמֵּבִיא חַטָּאת עַל כָּל אַחַת, סְבִירָא לֵיהּ יְדִיעוֹת סָפֵק מְחַלְּקוֹת לְחַטָּאוֹת. **וְר' יוֹחָנָן אָמַר.** לֹא אָמַר רַבִּי כָּךְ, אֶלָּא כָּךְ פֵּירְשָׁהּ: כְּשֵׁם שֶׁלְּעִנְיַן חַטָּאוֹת שֶׁבָּאִין עַל יְדִיעַת וַדַּאי — יְדִיעַת וַדַּאי שֶׁבֵּינְתַיִם מְחַלְּקוֹת לְחַטָּאוֹת, כָּךְ לְעִנְיַן אָשָׁם תָּלוּי הַבָּא עַל יְדִיעַת סָפֵק — סְפֵק יְדִיעוֹת שֶׁבֵּינְתַיִם מְחַלְּקוֹת לַאֲשָׁמוֹת. **אַדְּמוֹקִים לָהּ כְּרַבִּי יִשְׁמָעֵאל כו'.** מַאי דּוּחְקֵיהּ לְמֵימַר דְּלָא בָּעֵי הַאי תַּנָּא יְדִיעָה בַּתְּחִלָּה? דִּלְמָא לְעוֹלָם בָּעֵי, וּסְבִירָא לֵיהּ כְּרַבִּי דְּאָמַר סְפֵק יְדִיעָה כִּידִיעָה! **הָא קָא מַשְׁמַע לָן.** רֵישׁ לָקִישׁ. **מִדְּלָא מִיַּיתַּר לֵיהּ קְרָא.** דְּדָרֵישׁ בְּמַתְנִיתִין "וְנֶעְלַם" לְהֶעְלֵם טוּמְאָה וְהֶעְלֵם מִקְדָּשׁ. **מִגְּמָרָא.** הֲלָכָה לְמֹשֶׁה מִסִּינַי.

הדרן עלך ידיעות הטומאה

כריתות יח: ע"ש

רבינו חננאל

ואפילו בקמייתא דתני הלך בראשון ולא נכנס למקדש הלך בשני ונכנס. אפילו בהא פטר ר' שמעון. מכל מקום כיון שהלך בשניהן ואח"כ נכנס למקדש נמצא כי ודאי הוא טמא ונכנס למקדש. ופריק רבא כגון שהלך בראשון. ובשעת הילוכו בשני שכח שהלך בראשון. ובמקצת ידיעה פליגי. רבנן סברי מקצת ידיעה ככל ידיעה היא. ואע"ג דבשעה שהלך בשני לא ידע דהלך בראשון ידיעה היא. ור' שמעון ידיעה כי האי גוונא לא הויא ידיעה: אמר מר הלך בראשון ונכנס והזה ושנה וטבל וחזר והלך בשני ונכנס חייב. ומתמהינן אמאי חייב והא ספק ידיעה היא. אי בראשונה היה טמא אי בשניה ואין שם ידיעה ודאית בטומאה ידועה. א"ר יוחנן כאן בידיעת הטומאה עשו ספק ידיעה כידיעה דלא כתיבא בה ידיעה בהדיא. אלא דייקינן מדכתיב ונעלם ממנו והוא טמא. כל ידיעה דאית בה חייב. ולא עשו בכל התורה כולה ספק ידיעה כידיעה. דהא בהדיא כתיב או הודע אליו עד דמתיידע ליה ודאי. והיינו דאמר ר' יוחנן בהא דת"ר אכל ספק חלב ונודע לו. ספק חלב ונודע לו. כשם שמביא חטאת בכל אחד ואחד כך מביא אשם תלוי על כל אחת ואחת כו'. כאן שנה רבי כשם שידיעה ודאי מחלקת לחטאות. וחייב על כל ידיעה חטאת. כך ידיעה בספקות מחלקת לאשמות: וריש לקיש אמר מתני' דשני שבילין ר' ישמעאל היא דלא בעי ידיעה בתחלה: ואקשינן אדמוקים לה כר' ישמעאל נוקמה כרבי דהא הוא דאמר כאן שנה רבי ידיעות ספיקות מחלקות לחטאות. ודחי' ריש לקיש אתא לאשמעינן דר' ישמעאל לא בעי ידיעה בתחלה. ואמרינן הא פשיטא היא דהא מפיק להו תרי קראי ונעלם ונעלם לחייב על העלם הטומאה ועל העלם מקדש ולא מייתר ליה קרא לרבויי ידיעה בתחלה כי היכי דמרבי ליה ר' עקיבא כדגרסי' ברישא דהא מסכתא. ודחי מהו דתימא מקראי לית ליה מגמרא אית ליה קמ"ל דלית ליה. וזו השמועה כולה בכריתות בפרק ספק אכל חלב: **הדרן עלך ידיעות הטומאה**

Koren Talmud Bavli

THE NOÉ EDITION

SHEVUOT

Steinsaltz Center

KOREN

תלמוד בבלי

KOREN TALMUD BAVLI

THE NOÉ EDITION

שבועות

SHEVUOT

Daf 2a through Daf 19b

COMMENTARY BY

Rabbi Adin Even-Israel Steinsaltz

EDITOR-IN-CHIEF

Rabbi Dr Tzvi Hersh Weinreb

SENIOR CONTENT EDITOR

Rabbi Dr Shalom Z Berger

EXECUTIVE EDITOR

Rabbi Joshua Schreier

STEINSALTZ CENTER

KOREN PUBLISHERS JERUSALEM

Supported by the Matanel Foundation

Koren Talmud Bavli, The Noe Edition
Vol. 26a: Tractate Shevuot, Daf 2a through Daf 19b
Paperback, ISBN, 978-965-7767-09-2

First Hebrew/English paperback edition, 2022

Koren Publishers Jerusalem Ltd.
PO Box 4044, Jerusalem 91040, ISRAEL
PO Box 8531, New Milford, CT 06776, USA
www.korenpub.com

Steinsaltz Center

Steinsaltz Center is the parent organization of institutions established by Rabbi Adin Even-Israel Steinsaltz

PO Box 45187, Jerusalem 91450 ISRAEL
Telephone: +972 2 646 0900, Fax +972 2 624 9454
www.steinsaltz-center.org

Printed in Turkey

הִנֵּה יָמִים בָּאִים, נְאֻם אֲדֹנָי יֱהֹוִה, וְהִשְׁלַחְתִּי רָעָב בָּאָרֶץ,
לֹא־רָעָב לַלֶּחֶם וְלֹא־צָמָא לַמַּיִם, כִּי אִם־לִשְׁמֹעַ אֵת דִּבְרֵי יהוה.

Behold, days are coming – says the Lord God – I will send a hunger to the land, not a hunger for bread nor a thirst for water, but to hear the words of the Lord. (AMOS 8:11)

The Noé edition of the Koren Talmud Bavli
with the commentary of Rabbi Adin Even-Israel Steinsaltz
is dedicated to all those who open its covers
to quench their thirst for Jewish Knowledge,
in our generation of Torah renaissance.

This beautiful edition is for the young, the aged,
the novice and the savant alike,
as it unites the depth of Torah knowledge
with the best of academic scholarship.

Within its exquisite and vibrant pages,
words become worlds.

It will claim its place in the library of classics,
in the bookcases of the Beit Midrash,
the classrooms of our schools,
and in the offices of professionals and business people
who carve out precious time to grapple with its timeless wisdom.

For the Student and the Scholar

DEDICATED BY LEO AND SUE NOÉ

Steinsaltz Center

Executive Director, Steinsaltz Center

Rabbi Meni Even-Israel

Managing Editor

Rabbi Jason Rappoport

Senior Content Editor

Rabbi Dr. Shalom Z. Berger

Editors

Rabbi Dr. Joshua Amaru, *Coordinating Editor*
Rabbi Yehoshua Duker, *Senior Editor*
Rabbi Avishai Magence, *Content Curator*
Yedidya Naveh, *Content Curator*
Rabbi Yehonatan Eliav, *Hebrew Edition*
Tal Avrahami
Menucha Chwat
Betzalel Philip Edwards
Rabbi Dov Foxbrunner
Rabbi Yonatan Shai Freedman
Raphael Friedman
Rabbi Ayal Geffon
Nechama Greenberg
Elisha Loewenstern
Rabbi Jonathan Mishkin
Avi Steinhart
Rabbi Yitzchak Twersky

Copy Editors

Aliza Israel, *Coordinator*
Ita Olesker
Debbie Ismailoff
Ilana Sobel
Deena Nataf
Eliana Kurlantzick Yorav
Erica Hirsch Edvi
Sara Henna Dahan
Oritt Sinclair
Nava Wieder

Language Consultants

Dr. Stéphanie E. Binder, *Greek & Latin*
Rabbi Yaakov Hoffman, *Arabic*
Dr. Shai Secunda, *Persian*
Shira Shmidman, *Aramaic*

KOREN

Design & Typesetting

Dena Landowne Bailey, *Typesetting*
Tani Bayer, *Jacket Design*
Raphaël Freeman, *Design & Typography*

Images

Eliahu Misgav, *Illustration & Image Acquisition*
Daniel Gdalevich, *Illustration & Image Acquisition*

Introduction by the Publisher

The Talmud has sustained and inspired Jews for thousands of years. Throughout Jewish history, an elite cadre of scholars has absorbed its learning and passed it on to succeeding generations. The Talmud has been the fundamental text of our people.

Beginning in the 1960s, Rabbi Adin Even-Israel Steinsaltz שליט״א created a revolution in the history of Talmud study. His translation of the Talmud, first into modern Hebrew and then into other languages, as well the practical learning aids he added to the text, have enabled millions of people around the world to access and master the complexity and context of the world of Talmud.

It is thus a privilege to present the *Koren Talmud Bavli*, an English translation of the talmudic text with the brilliant elucidation of Rabbi Steinsaltz. The depth and breadth of his knowledge are unique in our time. His rootedness in the tradition and his reach into the world beyond it are inspirational.

Working with Rabbi Steinsaltz on this remarkable project has been not only an honor, but a great pleasure. Never shy to express an opinion, with wisdom and humor, Rabbi Steinsaltz sparkles in conversation, demonstrating his knowledge (both sacred and worldly), sharing his wide-ranging interests, and, above all, radiating his passion. I am grateful for the unique opportunity to work closely with him, and I wish him many more years of writing and teaching.

Our intentions in publishing this new edition of the Talmud are threefold. First, we seek to fully clarify the talmudic page to the reader – textually, intellectually, and graphically. Second, we seek to utilize today's most sophisticated technologies, both in print and electronic formats, to provide the reader with a comprehensive set of study tools. And third, we seek to help readers advance in their process of Talmud study.

To achieve these goals, the *Koren Talmud Bavli* is unique in a number of ways:

- The classic *tzurat hadaf* of Vilna, used by scholars since the 1800s, has been reset for great clarity, and opens from the Hebrew "front" of the book. Full *nikkud* has been added to both the talmudic text and Rashi's commentary, allowing for a more fluent reading with the correct pronunciation; the commentaries of *Tosafot* have been punctuated. Upon the advice of many English-speaking teachers of Talmud, we have separated these core pages from the translation, thereby enabling the advanced student to approach the text without the distraction of the translation. This also reduces the number of volumes in the set. At the bottom of each *daf*, there is a reference to the corresponding English pages. In addition, the Vilna edition was read against other manuscripts and older print editions, so that texts which had been removed by non-Jewish censors have been restored to their rightful place.
- The English translation, which starts on the English "front" of the book, reproduces the *menukad* Talmud text alongside the English translation (in bold) and commentary and explanation (in a lighter font). The Hebrew and Aramaic text is presented in logical paragraphs. This allows for a fluent reading of the text for the non-Hebrew or non-Aramaic reader. It also allows for the Hebrew reader to refer easily to the text alongside. Where the original text features dialogue or poetry, the English text is laid out in a manner appropriate to the genre. Each page refers to the relevant *daf*.

- Critical contextual tools surround the text and translation: personality notes, providing short biographies of the Sages; language notes, explaining foreign terms borrowed from Greek, Latin, Persian, or Arabic; and background notes, giving information essential to the understanding of the text, including history, geography, botany, archaeology, zoology, astronomy, and aspects of daily life in the talmudic era.
- Halakhic summaries provide references to the authoritative legal decisions made over the centuries by the rabbis. They explain the reasons behind each halakhic decision as well as the ruling's close connection to the Talmud and its various interpreters.
- Photographs, drawings, and other illustrations have been added throughout the text – in full color in the Standard and Electronic editions, and in black and white in the Daf Yomi edition – to visually elucidate the text.

This is not an exhaustive list of features of this edition, it merely presents an overview for the English-speaking reader who may not be familiar with the "total approach" to Talmud pioneered by Rabbi Steinsaltz.

Several professionals have helped bring this vast collaborative project to fruition. My many colleagues are noted on the Acknowledgments page, and the leadership of this project has been exceptional.

RABBI MENACHEM EVEN-ISRAEL, DIRECTOR OF THE STEINSALTZ CENTER, was the driving force behind this enterprise. With enthusiasm and energy, he formed the happy alliance with Koren and established close relationships among all involved in the work.

RABBI DR. TZVI HERSH WEINREB שליט״א, EDITOR-IN-CHIEF, brought to this project his profound knowledge of Torah, intellectual literacy of Talmud, and erudition of Western literature. It is to him that the text owes its very high standard, both in form and content, and the logical manner in which the beauty of the Talmud is presented.

RABBI JOSHUA SCHREIER, EXECUTIVE EDITOR, assembled an outstanding group of scholars, translators, editors, and proofreaders, whose standards and discipline enabled this project to proceed in a timely and highly professional manner.

RABBI MEIR HANEGBI, EDITOR OF THE HEBREW EDITION OF THE STEINSALTZ TALMUD, lent his invaluable assistance throughout the work process, supervising the reproduction of the Vilna pages.

RAPHAËL FREEMAN, EXECUTIVE EDITOR OF KOREN, created this Talmud's unique typographic design which, true to the Koren approach, is both elegant and user friendly.

It has been an enriching experience for all of us at Koren Publishers Jerusalem to work with the Steinsaltz Center to develop and produce the *Koren Talmud Bavli*. We pray that this publication will be a source of great learning and, ultimately, greater *avodat Hashem* for all Jews.

Matthew Miller, Publisher
Koren Publishers Jerusalem
Jerusalem 5772

Contents

For the vocalized Vilna Shas layout, please open as a Hebrew book.

Introduction to **Shevuot**

Tractate *Shevuot* deals primarily with the *halakhot* of the various categories of oaths. The tractate is included in *Seder Nezikin*, the Order of Damages, because many of the categories of oaths, including oaths of testimony and oaths of judges, are used within a court setting as part of the judicial proceedings in order to establish a person's liability or lack thereof. As such, it is a logical continuation of tractate *Sanhedrin*. Indeed, in the mishnaic order it appears immediately after tractate *Makkot*, which is considered a direct continuation of tractate *Sanhedrin*. Nevertheless, tractate *Shevuot* also covers other categories of oaths, such as oaths on an utterance, which are not in any way connected to the judicial process. Also included in the tractate are various *halakhot* of offerings, which are more directly associated with tractate *Zevaḥim* but are included here in a tangential way.

The underlying concept of an oath is that a person can be relied upon to tell the truth when he takes an oath that a statement he says is true, specifically when he attests to his claim by taking the oath in God's name.

The violation of an oath is considered a particularly severe matter. Already in the Ten Commandments it is stated: "The Lord will not absolve one who raises His name in vain" (Exodus 20:7; Deuteronomy 5:11), which refers to one who takes an oath about an issue, the truth of which is patently obvious. The Sages (see Jerusalem Talmud, *Nedarim* 3:2) understand that this refers even to one who takes an oath truthfully about an obvious fact. If so, all the more so does one who takes a false oath commit a grave sin. Indeed, a large section of the tractate deals with the process of atonement for one who takes a false oath. The consequences for taking a false oath include both liability to bring an offering in the case of an unwitting violation, and, in certain instances, corporal punishment for an intentional transgression.

Many of the various categories of oaths are defined by the Torah, although there are additional categories that were devised by the Sages. A number of significant distinctions exist between oaths by Torah law and oaths by rabbinic law.

One category of oaths involves those that affect only the person taking the oath and do not relate to the property or actions of other people. This includes oaths on an utterance and oaths taken in vain.

An oath on an utterance is one in which a person takes an oath about an event, stating either that it took place or that it will take place. The oath can refer either to an action that one will perform or to one refraining from performing an action.

If one takes a false oath about an event that has already happened, or about a reality that currently exists, then one immediately incurs liability. If one transgresses intentionally, and there are witnesses who had forewarned him, one is liable to

receive lashes. If the violation was unwitting, then one is liable to bring a sliding-scale offering, either a sheep, bird, or meal-offering, depending on one's financial ability.

Oaths taken in vain are oaths from which nothing is to be gained because they relate to truths that are patently obvious. These include oaths that one takes in which one commits to perform an action that is impossible for him to perform, either because it is physically inconceivable or because doing so would be in violation of a prohibition; false oaths that a person takes in which one claims that a certain fact is true when it is obviously false; and oaths where a person attests to an obvious truth, e.g., where one takes an oath that the sun is the sun. One who intentionally takes an oath in vain is liable to receive lashes, but one who does so unwittingly is not liable at all.

A second class of oaths relate to financial matters that affect other people. These include an oath of testimony, an oath of a deposit, an oath of the judges, and an oath of the bailees.

An oath of testimony is taken in a case where a litigant claims that witnesses have information supporting his case and he requests that they testify on his behalf, and they deny that they have such information. If in such a case the witnesses take a false oath to that effect, and in actual fact they could have testified, thereby causing the litigant a loss, they are obligated to bring a sliding-scale offering to achieve atonement.

An oath of a deposit is relevant in a case where one owes another money or property and denies his liability, and takes an oath to that effect. This applies to any case in which the claimant had a financial right to the money, whether it is due to a loan, a deposit, or claims for damage, but it does not include a debt that is the result of a financial penalty placed upon the defendant. If after taking a false oath the defendant admits that he lied, he must repay his debt and add to it a surcharge of one-fifth of the principal's value. In addition, he must bring a ram as a guilt-offering to atone for his transgression.

An oath of the judges is similar to an oath of a deposit, in that one denies a debt that he owes someone and takes an oath to that effect. The difference is that this oath is administered by the court's judges and not by the claimant. This occurs when the claimant states that another owes him money but he has only one witness to support his claim, or when the defendant admits to part of the claim. In these cases the court judges will demand that the defendant take an oath to support his claim. This oath is taken while holding onto a scroll of the Torah or onto phylacteries. Once he takes the oath he is then exempt from having to pay. If he later admits that he took a false oath, he is liable to bring a guilt-offering.

An oath of a bailee is another oath taken in a case where one denies a financial obligation and takes an oath to that effect. It is taken when a bailee takes charge of an item but when the time comes to return it, he claims that some mishap occurred to the item for which he is exempt from any liability. In such a case the owner of the item can demand that the bailee take an oath affirming his claim. The main discussion of this oath is held in tractate *Bava Metzia*, but many of its *halakhot* are also discussed here.

In addition to the above-mentioned classes of oaths, which are explicitly mentioned in the Torah, the Sages instituted the taking of oaths in various other circumstances. A number of such oaths are already mentioned in the Mishna. The Mishna explains that in these specific cases, it is the claimant who is required to take an oath and then he is deemed credible to extract money from the defendant. This is in contrast to oaths by Torah law, in which it is always the defendant who takes an oath and is

thereby exempted from liability. The reason for this distinction is that in the cases in which the Sages instituted the taking of oaths, there are strong grounds to believe the claimant. Nevertheless, the Sages insisted that before his claim is accepted, he must first reinforce his claim by taking an oath that it is true. Similarly, there are cases where even though the claimant does not state a definite claim, nevertheless, since there is basis to suspect that the defendant is liable, the Sages instituted that the defendant must pay unless he takes an oath that he is exempt.

During the period of the Gemara, the Sages instituted another type of oath, called an oath of inducement. This type of oath is required whenever one entirely denies a monetary claim presented against him. Since it was instituted later, there are various leniencies with regard to it.

An analysis of the various details concerning the different types of oaths, including their precise definitions, the circumstances in which they are taken, and the liability for their violation is the main focus of this tractate. In the course of these discussions the Gemara also raises other related subjects, including: The possibility to extend oaths and require one taking the oath to take an oath about additional matters; the ability to transfer an oath that one party was required to take onto the other party; and the fact that, in certain circumstances, the Sabbatical Year can cancel an obligation to take an oath.

The tractate opens with two chapters entirely unrelated to the *halakhot* of oaths. This is because the opening mishna formulates the various types of an oath on an utterance as: Two that are four, i.e., there are two types of oaths that can be further subdivided, for a total of four types. The mishna then goes on to list other sets of *halakhot* that can be formulated in this way and then proceeds, in the first two chapters of the tractate, to examine them. Though thematically, *Seder Teharot* or *Seder Kodashim* might have been a more appropriate place to discuss these sets of *halakhot*, apparently no fitting place was found there, so the discussion is recorded here.

The main focus of these examinations is the liability for defiling the Temple by entering it while one is ritually impure, and defiling its sacrificial foods by partaking of them while one is ritually impure. The liability for certain cases of these violations is mentioned in the Torah in the same passage that delineates one's liability for violating an oath of an utterance, and in both cases one is liable to bring a sliding-scale offering. These chapters detail all the situations in which violations can occur and how atonement is achieved for each of them, and then the discussion is expanded to include how atonement is achieved for all other transgressions.

Tractate *Shevuot* contains eight chapters, the majority of which primarily focus on and thoroughly examine a single topic, that of oaths.

Chapter One recounts which offerings atone for the various cases of the defiling of the Temple or its sacrificial foods. The different cases are defined by when and if the transgressor was aware of the components of the violation.

Chapter Two delineates the precise definition of awareness with regard to one's liability for the defiling of the Temple or its sacrificial foods, addresses which areas of the Temple are included, and sets out the *halakhot* of one who becomes ritually impure while inside the Temple.

Chapter Three discusses the *halakhot* of oaths on an utterance and oaths taken in vain.

Chapter Four addresses oaths of testimony, specifically, how they are administered and how one achieves atonement for having taken a false oath.

Chapter Five focuses on the oath of a deposit.

Chapter Six discusses oaths of the judges and deals primarily with an oath of one who admits to part of a claim.

Chapter Seven introduces the oaths that were instituted by the Sages, where it is the claimant who takes an oath reinforcing the truth of his claim and who may then take the defendant's money. The chapter also considers the possibility of transferring an oath from one party to another and extending oaths to force the one taking it to also take an oath about additional matters.

Chapter Eight delineates the various cases in which bailees must take oaths in which they state that they are exempt from liability.

The tractate includes very little aggadic material, and the little that it does contain focuses mainly on highlighting the gravity of taking false oaths.

Introduction to **Perek I**

You shall warn the children of Israel about their impurity; and they shall not die in their impurity, when they defile My Tabernacle that is in the midst of them.

(Leviticus 15:31)

And he shall effect atonement upon the Sanctuary from the impurities of the children of Israel and from their acts of rebellion, for all their sins; and so shall he do for the Tent of Meeting that dwells with them in the midst of their impurity.

(Leviticus 16:16)

And it shall be on Aaron's forehead, and Aaron will bear the sin of the sacred offerings which the children of Israel shall sanctify, for all their sacred gifts; and it shall be always upon his forehead, that they may be accepted before the Lord.

(Exodus 28:38)

Or if a person touches any impure thing, whether it is the carcass of a non-kosher undomesticated animal, or the carcass of a non-kosher domesticated animal, or the carcass of an unclean creeping animal, and it is hidden from him, so that he is impure, and guilty; or if he touch the impurity of man, whatever impurity it is with which a man shall become impure, and it is hidden from him; and he come to know of it, and be guilty.

(Leviticus 5:2–3)

In keeping with the main topic of the tractate, i.e., oaths, the opening mishna begins by detailing four types of oaths on an utterance. It then proceeds by citing a list of other sets of *halakhot*, which, while they have nothing to do with the *halakhot* of oaths, can also be formulated in a structure similar to that of oaths on an utterance, i.e., in the form: There are two types that are four. The tractate then diverts its attention to these sets of *halakhot*, and discusses them throughout its first two chapters, returning to the subject of oaths only in Chapter Three. The first chapter focuses primarily on the various cases of defiling the Temple, which can occur when one enters it while one is ritually impure, or defiling its sacrificial foods, which can occur when one partakes of them while one is ritually impure. In the Torah, great emphasis is placed on maintaining the sanctity of the Temple, and many mitzvot and prohibitions relate to preventing a violation of its sanctity through the introduction of ritual impurity. Indeed, the main significance of the *halakhot* of ritual purity and impurity is in relation to the Temple, and due to this, since the time the Temple was destroyed, many of the *halakhot* of purity and impurity are no longer practiced.

As explained in this chapter, many different offerings are brought in order to atone for the defiling of the Temple or its sacrificial foods, with different offerings serving to atone for different cases. The various cases are defined based on the awareness the perpetrator had of his sin. One case is where a transgression is committed, either intentionally or unwittingly, by an individual who is fully aware of all the facts involved. The main set of cases involves those in which a person is unaware of the facts of the case during his violation, i.e., either he was unaware of the fact that he was ritually impure or he was ignorant of the identity of the Temple or the sanctity of the sacrificial foods involved. In such cases, the means by which one achieves atonement is dependent on whether before the transgression he was aware of the facts of the case and then forgot them, and whether after the violation he gained awareness of what he had done.

The Torah specifies that one is liable to bring a sliding-scale offering for having defiled the Temple or its sacrificial foods. The Sages derived that this applies only in a case where one was both initially aware of all the facts involved, and then, during a lapse of awareness of one of those facts, he transgressed, and then afterward he regained his initial awareness. For other cases in which one did not have initial awareness of the facts or never ultimately gained awareness, other means of atonement are required, as the mishna explains.

While the chapter focuses mainly on the various offerings that atone for different cases of defiling the Temple, it also considers which offerings will atone for other transgressions, in particular, the power of the atonement of Yom Kippur and the offerings sacrificed on that day.

מתני׳ שְׁבוּעוֹת שְׁתַּיִם שֶׁהֵן אַרְבַּע.

MISHNA With regard to **oaths** on an utterance of the lips, there are **two** types **that are** actually **four** types. The Torah specifies only two types of oaths whose violation renders one liable to bring a sliding-scale offering to atone for his transgression (see Leviticus 5:4): Where a person takes an oath to perform some action, and where he takes an oath to refrain from performing some action. With regard to both types, the Torah explicitly mentions liability only for an oath pertaining to one's future behavior. Nevertheless, the Sages derive that one is also liable for a violation of both types of oaths when they pertain to one's past behavior. Accordingly, although only two types are explicitly mentioned in the Torah, the Sages derive that there are actually four types.

יְדִיעוֹת הַטּוּמְאָה – שְׁתַּיִם שֶׁהֵן אַרְבַּע.

The mishna lists similar groups of *halakhot*. With regard to cases of **awareness of the defiling** of the Temple by entering it while one is ritually impure, or defiling its sacrificial foods by partaking of them while one is ritually impure, there are **two** types **that are** actually **four.** It is prohibited for an impure person to enter the Temple (see Numbers 19:20) or to partake of its sacrificial foods (see Leviticus 7:19–20). If one transgressed either prohibition during a lapse of awareness, then upon becoming aware of his transgression, he is liable to bring a sliding-scale offering (see Leviticus 5:2). The Torah specifies that one is liable to bring the offering only in the case in which he had a lapse of awareness of the fact that he was impure. The Sages derive that one is liable not only in these two cases, but also where he was aware of his personal status but had a lapse of awareness concerning the identity of the place he was entering or the status of the foods he ate.

יְצִיאוֹת הַשַּׁבָּת – שְׁתַּיִם שֶׁהֵן אַרְבַּע.

With regard to acts of **carrying out** that are prohibited **on Shabbat,**[B] there are **two** types **that are** actually **four.** On Shabbat, it is prohibited to transfer an item from domain to domain. The Torah explicitly refers to only two cases, both of which involve an item being transferred from a private domain to a public domain: Where the transfer is made by a person who remains in the public domain, and where the transfer is made by a person who remains in the private domain. The Sages derive that liability is incurred in these cases also if the item is transferred from the public domain to the private domain. Although only two types are mentioned by the Torah, the Sages derive that there are actually four types.

מַרְאוֹת נְגָעִים – שְׁנַיִם שֶׁהֵן אַרְבָּעָה.

With regard to **shades of** leprous **marks**[B] on a person's skin, there are **two** types **that are** actually **four.** The Torah specifies that if a leprous mark appears on a person's skin, the afflicted person must undergo a process of purification and then bring various offerings. Part of the classification of these types of leprosy is based on their shade of white. Two types of marks are explicitly mentioned in the Torah, and the Sages derive that each of these two types has a secondary mark.

BACKGROUND

Acts of carrying out on Shabbat – יְצִיאוֹת הַשַּׁבָּת: One of the Torah's thirty-nine categories of labor prohibited on Shabbat is the labor of transferring items, which is treated in detail in a significant portion of tractate *Shabbat*. The labor of transferring includes two different situations. The first is the transfer of an item from the private to the public domain or vice versa, unrelated to the distance the item was moved; and the second, carrying an item four cubits in the public domain. Despite the differences between these scenarios, they share several common elements. In both cases, the item in question is lifted from a significant surface with a minimum requisite measure, and then placed on another similar surface. If only one of the stages, either lifting or placing, was performed by an individual, or if each was performed by a different person, it does not constitute labor prohibited on Shabbat by Torah law.

BACKGROUND

Leprosy – צָרַעַת: Leprosy is one of the primary sources of ritual impurity and is particularly severe in that it imparts impurity to objects found in the same enclosure with it, like the impurity caused by corpses. This malady is commonly referred to in the Torah as *tzara'at*, which is traditionally rendered as leprosy. But it is not necessarily the medical equivalent of that disease. The *halakhot* governing these symptoms are articulated at length in Leviticus, chapters 13–15, and in tractate *Nega'im*.

There are many types of leprosy, such as that of the skin, the hair, articles of clothing, and houses. When a symptom appears, it is examined by a priest, and only a priest is authorized to determine whether to quarantine the affected person for a certain period in cases of uncertainty, or to declare immediately that the symptom is or is not leprosy. While the Jewish people were in the wilderness, a person afflicted with leprosy was sent out of the camp until the affliction was cured. In Eretz Yisrael, lepers were sent out of walled cities.

A cured leper undergoes specific rites outside the city, as well as a special purification ceremony in the Temple itself, which includes bringing several offerings. The main sign of human leprosy is a mark that appears on a person's skin, but the Torah distinguishes between a snow-white mark and a wool-white mark. Because the priest must determine the nature of the marks he is examining, sufficient lighting is required.

Temple chamber where lepers would immerse

NOTES

Sliding-scale offering – עוֹלֶה וְיוֹרֵד: The sliding-scale offering is a form of sin-offering where the financial situation of the sinner is taken into account in determining the nature of the sin-offering that he must bring. If the sinner is wealthy, he must bring a sin-offering of a female lamb or goat. If he cannot afford a lamb or goat, he brings a pair of doves instead, one as a burnt-offering and the other as a sin-offering. If he cannot afford even birds, he brings a meal-offering instead. The Torah allows one to atone with a sliding-scale offering for only three transgressions: Violating an oath on an utterance, taking a false oath to avoid giving testimony, and entering the Temple or partaking of sacrifices while ritually impure.

אֶת שֶׁיֵּשׁ בָּהּ יְדִיעָה בַּתְּחִלָּה וִידִיעָה בַּסּוֹף וְהֶעְלֵם בֵּינְתַיִם – הֲרֵי זֶה בְּעוֹלֶה וְיוֹרֵד.

The mishna returns to the subject of defiling the Temple or its sacrificial foods. It elaborates on which offerings atone for different cases of defiling the Temple or its sacrificial foods: In cases **in which** one **had awareness,** i.e., he knew he was ritually impure and was aware of the sanctity of the Temple or foods involved **at the beginning,** i.e., before he transgressed, **and** had **awareness at the end,**[H] i.e., after the transgression, **but** had **a lapse of awareness** of one of those two components **in between,** while he actually transgressed, **this** person is liable **to** bring **a sliding-scale** offering.[N]

יֵשׁ בָּהּ יְדִיעָה בַּתְּחִלָּה וְאֵין בָּהּ יְדִיעָה בַּסּוֹף – שָׂעִיר הַנַּעֲשֶׂה בִּפְנִים וְיוֹם הַכִּפּוּרִים תּוֹלֶה, עַד שֶׁיִּוָּדַע לוֹ וְיָבִיא בְּעוֹלֶה וְיוֹרֵד.

For cases **in which** one **had awareness at the beginning,** transgressed during a lapse of awareness, **and** still **had no awareness at the end,**[H] the **goat whose** blood presentation is **performed inside** the Sanctuary on Yom Kippur, **and Yom Kippur** itself, **suspend** any punishment that he deserves **until he becomes aware** of his transgression; **and** then to achieve atonement **he brings a sliding-scale** offering.

אֵין בָּהּ יְדִיעָה בַּתְּחִלָּה אֲבָל יֵשׁ בָּהּ יְדִיעָה בַּסּוֹף – שָׂעִיר הַנַּעֲשֶׂה בַּחוּץ וְיוֹם הַכִּפּוּרִים מְכַפֵּר, שֶׁנֶּאֱמַר: ״מִלְּבַד חַטַּאת הַכִּפֻּרִים״, עַל מַה שֶּׁזֶּה מְכַפֵּר זֶה מְכַפֵּר, מַה הַפְּנִימִי אֵין מְכַפֵּר אֶלָּא עַל דָּבָר שֶׁיֵּשׁ בָּהּ יְדִיעָה, אַף הַחִיצוֹן אֵין מְכַפֵּר אֶלָּא עַל דָּבָר שֶׁיֵּשׁ בָּהּ יְדִיעָה.

For cases in which one **did not have awareness at the beginning but had awareness at the end,**[H] the **goat whose** blood presentation is **performed outside** the Sanctuary, i.e., the goat of the additional offerings of Yom Kippur, **and Yom Kippur** itself, **atone, as it is stated** with regard to the offerings brought on Yom Kippur: "One goat for a sin-offering **aside from the sin-offering of the atonements**" (Numbers 29:11). The verse juxtaposes the internal and external goats together to teach that **for that which this** one **atones, that** one **atones. Just as the internal** goat, i.e., the one whose blood presentation is performed inside the Sanctuary, **atones only for a case in which there was awareness** of the components of the transgression at some point, i.e., at the beginning, **so too, the external** goat, i.e., the goat of the additional offerings of Yom Kippur, **atones only for a case in which there was awareness** at some point, i.e., at the end.

וְעַל שֶׁאֵין בָּהּ יְדִיעָה לֹא בַּתְּחִלָּה וְלֹא בַּסּוֹף – שְׂעִירֵי הָרְגָלִים וּשְׂעִירֵי רָאשֵׁי חֳדָשִׁים מְכַפְּרִין, דִּבְרֵי רַבִּי יְהוּדָה. רַבִּי שִׁמְעוֹן אוֹמֵר: שְׂעִירֵי הָרְגָלִים מְכַפְּרִין, אֲבָל לֹא שְׂעִירֵי רָאשֵׁי חֳדָשִׁים. וְעַל מָה שְׂעִירֵי רָאשֵׁי חֳדָשִׁים מְכַפְּרִין?

And for cases in **which** one **did not have awareness, neither at the beginning nor at the end,**[H] the **goats** brought as sin-offerings for the additional offerings **of the Festivals and the goats** brought as sin-offerings for the additional offerings **of the New Moons atone.** This is **the statement of Rabbi Yehuda. Rabbi Shimon says:** The **goats of the Festivals atone** for cases in which one never had awareness of the transgression, **but the goats of** the **New Moons do not. But** if so, **for what do** the **goats of** the **New Moons atone?**

HALAKHA

One had awareness at the beginning and…at the end – יֵשׁ בָּהּ יְדִיעָה בַּתְּחִלָּה וּבַסּוֹף: One is liable to bring a sliding-scale offering for the defiling of the Temple or its sacrificial foods only when both before and after the transgression he was aware of his personal state of impurity and of the sanctity of the Temple or sacrificial foods involved, and the transgression itself was done during a lapse of awareness of one of those components (Rambam *Sefer Korbanot, Hilkhot Shegagot* 11:1).

One had awareness at the beginning but not at the end – יֵשׁ בָּהּ יְדִיעָה בַּתְּחִלָּה וְאֵין בָּהּ בַּסּוֹף: For the defiling of the Temple or its sacrificial foods in which one had awareness of one of the components of the transgression before the transgression, then transgressed during a lapse of awareness, and did not regain awareness at the end, the goat whose blood presentation is performed inside the Sanctuary on Yom Kippur, and Yom Kippur itself, suspend any punishment that he deserves until he becomes aware of his transgression, at which point he is liable to bring a sliding-scale offering (Rambam *Sefer Korbanot, Hilkhot Shegagot* 11:9).

One did not have awareness at the beginning but did at the end – אֵין בָּהּ יְדִיעָה בַּתְּחִלָּה אֲבָל יֵשׁ בָּהּ...בַּסּוֹף: For the defiling of the Temple or its sacrificial foods where one was unaware until after the transgression of both the fact that he was ritually impure and of the sanctity of the Temple or of the sacrificial foods involved, when one then gained awareness, the goat whose blood presentation is performed outside the Sanctuary and Yom Kippur itself atone (Rambam *Sefer Korbanot, Hilkhot Shegagot* 11:9).

One did not have awareness, neither at the beginning nor at the end – אֵין בָּהּ יְדִיעָה לֹא בַּתְּחִלָּה וְלֹא בַּסּוֹף: For the defiling of the Temple or its sacrificial foods with regard to which one never had awareness, either of the fact that he was ritually impure or of the sanctity of the Temple or of the sacrificial foods involved, and even after the transgression he did not become aware, the goats of the Festivals and the goats of the New Moons atone. This is in accordance with the opinion of Rabbi Yehuda, as the *halakha* follows his opinion in his disputes with Rabbi Shimon (Rambam *Sefer Korbanot, Hilkhot Shegagot* 11:9).

עַל הַטָּהוֹר שֶׁאָכַל אֶת הַטָּמֵא.

They atone **for a ritually pure** person **who** unwittingly **partook of ritually impure** sacrificial food.

רַבִּי מֵאִיר אוֹמֵר: כׇּל הַשְּׂעִירִין כַּפָּרָתָן שָׁוָה – עַל טוּמְאַת מִקְדָּשׁ וְקׇדָשָׁיו.

Rabbi Meir says: With regard to **all the goats** offered as additional offerings, those of the New Moons, Festivals, and Yom Kippur, **their atonement,** i.e., the atonement that they effect, **is the same;** they all atone **for** the **defiling of** the **Temple** by entering it while impure, **or** for the defiling of **its sacrificial** foods by partaking of them while impure.

הָיָה רַבִּי שִׁמְעוֹן אוֹמֵר: שְׂעִירֵי רָאשֵׁי חֳדָשִׁים מְכַפְּרִים עַל הַטָּהוֹר שֶׁאָכַל אֶת הַטָּמֵא, וְשֶׁל רְגָלִים מְכַפְּרִין עַל שֶׁאֵין בָּהּ יְדִיעָה לֹא בַּתְּחִלָּה וְלֹא בַּסּוֹף, וְשֶׁל יוֹם הַכִּפּוּרִים מְכַפֵּר עַל שֶׁאֵין בָּהּ יְדִיעָה בַּתְּחִלָּה אֲבָל יֵשׁ בָּהּ יְדִיעָה בַּסּוֹף.

Rabbi Shimon would say, delineating his opinion as the mishna expresses it above: The **goats of the New Moons**[B] **atone for a ritually pure** person **who** unwittingly **partook of ritually impure** sacrificial food. **And** with regard to the defiling of the Temple or its sacrificial foods, the goats **of the Festivals atone for** cases **in** which one **did not have awareness, neither at the beginning nor at the end, and** the goats of the additional offerings **of Yom Kippur**[B] **atone for** cases **in which** one **did not have awareness at the beginning but did have awareness at the end.**

אָמְרוּ לוֹ: מַהוּ שֶׁיִּקְרְבוּ זֶה בָּזֶה? אָמַר לָהֶן: יִקְרְבוּ. אָמְרוּ לוֹ: הוֹאִיל וְאֵין כַּפָּרָתָן שָׁוָה, הֵיאַךְ קְרֵבִין זֶה בָּזֶה? אָמַר לָהֶם: כּוּלָּן בָּאִין לְכַפֵּר עַל טוּמְאַת מִקְדָּשׁ וְקׇדָשָׁיו.

The Rabbis **said to him: What is** the *halakha* with regard to **whether** goats consecrated for different days **may be sacrificed, this** one **in** place of **that** one? For example, if a goat was initially consecrated to be sacrificed as part of the Yom Kippur additional offerings, may it be sacrificed as part of the Festival additional offerings instead? Rabbi Shimon **said to them: They may be sacrificed. They said to him: Since,** according to you, **their atonement is not the same, how could they** possibly **be sacrificed, this** one **in** place of **that** one? Rabbi Shimon **said to them:** They can be interchanged, since ultimately **all of them come to atone for** the **defiling of** the **Temple or its sacrificial** foods.

רַבִּי שִׁמְעוֹן בֶּן יְהוּדָה אוֹמֵר מִשְּׁמוֹ: שְׂעִירֵי רָאשֵׁי חֳדָשִׁים מְכַפְּרִין עַל הַטָּהוֹר שֶׁאָכַל אֶת הַטָּמֵא; מוֹסִיף עֲלֵיהֶן שֶׁל רְגָלִים – שֶׁמְּכַפְּרִין עַל טָהוֹר שֶׁאָכַל אֶת הַטָּמֵא, וְעַל שֶׁאֵין בָּהּ יְדִיעָה לֹא בַּתְּחִלָּה וְלֹא בַּסּוֹף;

Rabbi Shimon ben Yehuda[N] **says in the name of** Rabbi Shimon a tradition of his opinion that differs from the way the mishna expresses it above: The **goats of the New Moons atone for a ritually pure** person **who** unwittingly **partook of ritually impure** sacrificial food. The goats **of the Festivals exceed them, as they atone** both **for a pure** person **who partook of impure** sacrificial food **and** also **for** cases of defiling the Temple or its sacrificial foods **in which** one **did not have awareness, neither at the beginning nor at the end.**

מוֹסִיף עֲלֵיהֶן שֶׁל יוֹם הַכִּפּוּרִים – שֶׁהֵן מְכַפְּרִין עַל הַטָּהוֹר שֶׁאָכַל אֶת הַטָּמֵא, וְעַל שֶׁאֵין בָּהּ יְדִיעָה לֹא בַּתְּחִלָּה וְלֹא בַּסּוֹף, וְעַל שֶׁאֵין בָּהּ יְדִיעָה בַּתְּחִלָּה אֲבָל יֵשׁ בָּהּ יְדִיעָה בַּסּוֹף.

The goats **of Yom Kippur** further **exceed them, as they atone** both **for a ritually pure** person **who partook of ritually impure** sacrificial food **and** for cases of defiling the Temple or its sacrificial foods **in which** one **did not have awareness, neither at the beginning nor at the end; and** they also atone **for** cases **in which** one **did not have awareness at the beginning but did have awareness at the end.**

אָמְרוּ לוֹ: מַהוּ שֶׁיִּקְרְבוּ זֶה בָּזֶה? אָמַר לָהֶם: הֵן. אָמְרוּ לוֹ: אִם כֵּן, יִהְיוּ שֶׁל יוֹם הַכִּפּוּרִים קְרֵבִין בְּרָאשֵׁי חֳדָשִׁים, אֲבָל הֵיאַךְ שֶׁל רָאשֵׁי חֳדָשִׁים קְרֵבִין בְּיוֹם הַכִּפּוּרִים לְכַפֵּר כַּפָּרָה שֶׁאֵינָהּ שֶׁלָּהּ? אָמַר לָהֶם: כּוּלָּן בָּאִין לְכַפֵּר עַל טוּמְאַת מִקְדָּשׁ וְקׇדָשָׁיו.

The Rabbis **said to him: What is** the *halakha* with regard to **whether** goats consecrated for different days **may be sacrificed, this** one **in** place of **that** one? Rabbi Shimon **said to them: Yes,** they can be interchanged. **They said to him: If** what you say is **so,** granted that the goats **of Yom Kippur may be sacrificed on** the **New Moons,** but **how could** the goats **of the New Moons be sacrificed on Yom Kippur** when they will need **to effect atonement** for **that which they were not** consecrated for? Rabbi Shimon **said to them:** They can all be interchanged, since ultimately **all of them come to atone for** the **defiling of** the **Temple or its sacrificial** foods, even if each one atones for a different case.

וְעַל זְדוֹן טוּמְאַת מִקְדָּשׁ וְקׇדָשָׁיו – שָׂעִיר הַנַּעֲשֶׂה בִּפְנִים וְיוֹם הַכִּפּוּרִים מְכַפְּרִין.

§ **And for** the **intentional defiling of** the **Temple**[H] **or its sacrificial** foods, both the **goat whose** blood presentation is **performed inside** the Sanctuary on Yom Kippur, **and Yom Kippur** itself, **atone.**

BACKGROUND

Goats of the New Moons – שְׂעִירֵי רָאשֵׁי חֳדָשִׁים: The Torah (Numbers 28:15) requires a goat to be sacrificed as a communal sin-offering on each New Moon. Its sacrifice follows the same procedure as that used for sin-offerings of a private individual, and it atones for certain transgressions involving ritual impurity in the Temple service.

Goats of Yom Kippur – שְׂעִירֵי יוֹם הַכִּפּוּרִים: The Torah requires that on Yom Kippur lots be drawn for two goats, one to be sacrificed as a sin-offering in the Temple, and one to be used as the scapegoat sent to Azazel (see Leviticus, chapter 16).

The goat sacrificed as a sin-offering is slaughtered in the northern section of the Temple courtyard. Afterward, the High Priest takes its blood into the Holy of Holies and sprinkles it between the staves of the Ark. Upon leaving the Holy of Holies, he sprinkles its blood on the curtain separating the Holy of Holies from the Sanctuary. Next, he mixes the goat's blood with that of the bull sacrificed previously and sprinkles that mixture on the golden altar. All these acts are necessary for the sacrifice to be valid. The remaining blood is poured at the western base of the altar. The flesh and the hide of this goat are burned in a special place outside Jerusalem.

Lottery of the two goats in the Temple on Yom Kippur

NOTES

Rabbi Shimon ben Yehuda, etc. – רַבִּי שִׁמְעוֹן בֶּן יְהוּדָה וכו׳: The difference between the two versions of Rabbi Shimon's opinion is as follows: According to the first version cited, Rabbi Shimon holds that each of the goats, i.e., of the New Moons, Festivals, and Yom Kippur, atones for a unique case, with none of them atoning for that which another one atones for. According to Rabbi Shimon ben Yehuda, Rabbi Shimon holds that there is some overlap between the atonement of the different goats. Listed in the order of: Goats of the Festivals, of the New Moons, and of Yom Kippur, each additional type of goat offering atones for an additional case, and it also atones for all of the cases relevant to the goats that appear earlier in the list.

HALAKHA

Intentional defiling of the Temple, etc. – זְדוֹן טוּמְאַת מִקְדָּשׁ וכו׳: In the case of intentional defiling of the Temple or its sacrificial foods, if the perpetrator is a priest, then the bull of the High Priest that he offers on Yom Kippur atones, and if he is a Israelite or Levite, then the goat whose blood is sprinkled inside the Sanctuary and Yom Kippur itself atone (Rambam *Sefer Korbanot*, *Hilkhot Shegagot* 11:9).

עַל שְׁאָר עֲבֵירוֹת שֶׁבַּתּוֹרָה, הַקַּלּוֹת וְהַחֲמוּרוֹת, הַזְּדוֹנוֹת וְהַשְּׁגָגוֹת, הוֹדַע וְלֹא הוֹדַע, עֲשֵׂה וְלֹא תַעֲשֶׂה, כְּרֵיתוֹת וּמִיתוֹת בֵּית דִּין – שָׂעִיר הַמִּשְׁתַּלֵּחַ מְכַפֵּר.

The mishna delineates how atonement is effected for other transgressions: **For all other transgressions that are stated in the Torah,**[H] whether they are **the minor** ones **or the major** ones, whether they were **intentional or unwitting,** whether **one became aware** of them before Yom Kippur **or did not become aware**[N] of them until after Yom Kippur, whether they involve **a positive mitzva or a prohibition,** whether the transgressors are subject to **excision from the World-to-Come** [*karet*] **or** to one of the **court**-imposed **death penalties,** the **scapegoat**[B] sent to Azazel on Yom Kippur **atones.**

אֶחָד יִשְׂרְאֵלִים וְאֶחָד כֹּהֲנִים וְאֶחָד כֹּהֵן מָשׁוּחַ. מַה בֵּין יִשְׂרְאֵלִים לְכֹהֲנִים וּלְכֹהֵן מָשׁוּחַ? אֶלָּא שֶׁהַפָּר מְכַפֵּר עַל הַכֹּהֲנִים עַל טוּמְאַת מִקְדָּשׁ וְקָדָשָׁיו.

Israelites and priests and the **anointed priest,** i.e., the High Priest, achieve atonement from the scapegoat equally. **What** is the difference **between Israelites, priests, and** the **anointed priest?** The difference is **only that the priests achieve atonement for** their **defiling of** the **Temple or its sacrificial** foods through **the bull** that the High Priest offers on Yom Kippur, whereas the Israelites achieve atonement for defiling caused by them through the goats that are sacrificed on Yom Kippur.

רַבִּי שִׁמְעוֹן אוֹמֵר: כְּשֵׁם שֶׁדַּם הַשָּׂעִיר הַנַּעֲשֶׂה בִּפְנִים מְכַפֵּר עַל יִשְׂרָאֵל, כָּךְ דַּם הַפָּר מְכַפֵּר עַל הַכֹּהֲנִים; כְּשֵׁם שֶׁוִּידּוּיוֹ שֶׁל שָׂעִיר הַמִּשְׁתַּלֵּחַ מְכַפֵּר עַל יִשְׂרָאֵל, כָּךְ וִידּוּיוֹ שֶׁל פָּר מְכַפֵּר עַל הַכֹּהֲנִים.

Rabbi Shimon says: With regard to the defiling of the Temple or its sacrificial foods, **just as** the **blood of the goat, whose** blood presentation is **performed inside** the Sanctuary, **atones for Israelites, so** too, the **blood of the bull** of the High Priest, whose blood presentation is also performed inside the Sanctuary, **atones for the priests.** And for all other transgressions, **just as** the **confession** made **over the scapegoat atones for Israelites, so** too, the **confession** made **over** the **bull atones for the priests.**

גמ׳ מִכְּדֵי תַּנָּא מִמַּכּוֹת סָלֵיק, מַאי שְׁנָא דִּתְנֵי שְׁבוּעוֹת? מִשּׁוּם דִּתְנֵי: חַיָּיב עַל הָרֹאשׁ שְׁתַּיִם – אַחַת מִיכָּן וְאַחַת מִיכָּן,

GEMARA The Gemara inquires: **Now, the *tanna* is leaving** tractate ***Makkot,*** the tractate that precedes tractate *Shevuot* in the mishnaic order. **What is distinctive** about tractate *Shevuot* **that he teaches** tractate ***Shevuot*** after tractate *Makkot*? The Gemara answers: It is **due to** the fact **that he teaches** in a mishna at the end of tractate *Makkot* (20a): **For** rounding the edges of his **head** one is **liable**[B] to receive **two** sets of lashes:[H] **One from here,** the hair adjacent to one ear, **and one from there,** the hair adjacent to the other ear.

HALAKHA

For all other transgressions that are in the Torah – עַל שְׁאָר עֲבֵירוֹת שֶׁבַּתּוֹרָה: For all other transgressions in the Torah, whether light or severe, whether intentional or unwitting, whether one became aware of them or did not become aware of them, if one repents then the scapegoat atones (Rambam *Sefer HaMadda, Hilkhot Teshuva* 1:2).

For rounding the edges of his head one is liable to receive two sets of lashes – חַיָּיב עַל הָרֹאשׁ שְׁתַּיִם: One who rounds the edges of his head transgresses a Torah prohibition and is liable to receive lashes. He is independently liable for each side of the head. Even if he rounds both edges at the same time, following a single forewarning, he is still liable to receive two sets of lashes (Rambam *Sefer HaMadda, Hilkhot Avoda Zara* 12:1; *Shulḥan Arukh, Yoreh De'a* 181:1).

NOTES

Whether one became aware or did not become aware – הוֹדַע וְלֹא הוֹדַע: As is apparent from the Gemara later (12b), the reference here is not to a case where an individual unwittingly transgressed a definite prohibition and later did or did not become aware of it. For such a violation, once he does become aware of his transgression he is liable to bring a sin-offering, and Yom Kippur will not absolve him of that obligation. Rather, here it is referring to a situation where the very details of the case were uncertain, such that for an unwitting violation one would be liable only for a provisional guilt-offering. For example, it was uncertain whether certain fat that he ate was forbidden or permitted fat. For such a case, Yom Kippur will atone and absolve the individual of the need to bring a provisional guilt-offering (see *Karetot* 25a).

BACKGROUND

Scapegoat – שָׂעִיר הַמִּשְׁתַּלֵּחַ: The scapegoat sent to Azazel on Yom Kippur was ultimately thrown from a high desert cliff some 12 to 15 km from Jerusalem. Before sending the goat to its death, the High Priest would symbolically or metaphysically transfer to it all the iniquity of the Jewish people, for both intentional and unintentional sins, so that the goat's demise would erase the nation's guilt. He would accomplish this by placing his hands on the animal's head and confessing the Jewish people's sins. During the confession the High Priest pronounced the name of God three times, and all present would bow to the ground in reverence. Afterward, he sent the goat to the desert with a person specifically designated for this task. A red thread, which had earlier been tied to the goat's horns, was removed before the goat was pushed off the cliff. It was hoped that this thread would miraculously turn white, indicating that God had forgiven the nation's sins.

The service associated with this goat, an essential part of the Yom Kippur ritual, atoned for sins not atoned for by any other offering. The Sages were concerned lest people mock the efficacy of the scapegoat to atone for the nation's sins, and warn against doubting God's commandment by asserting that this is the divine will (*Yoma* 67b).

The scapegoat on its journey into the wilderness

For rounding the edges of his head one is liable – חַיָּיב עַל הָרֹאשׁ: The Torah (Leviticus 19:27) prohibits shaving certain areas of the head, with the words "You shall not round the edge of your head." Most commentaries explain that the edges of the head refers to the places where the cheekbones connect to the skull, approximately at the line between the eyes and the upper part of the ears. When the hair on the edge of the head is cut above that line, the result is hair in a straight line from the forehead to the nape, as depicted in the image. Such a haircut is prohibited by Torah law.

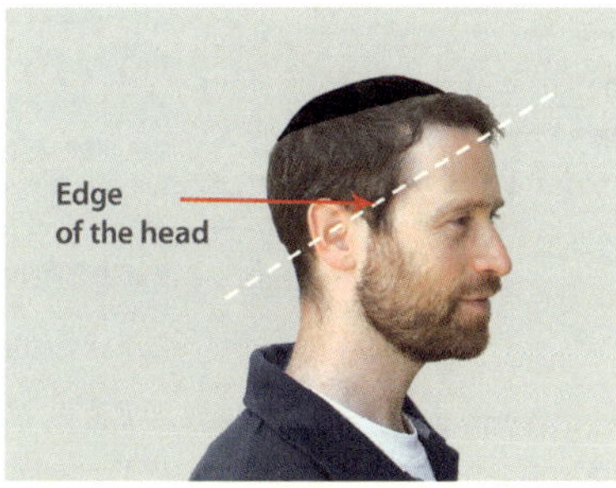

Edge of the head

וְעַל הַזָּקָן – שְׁתַּיִם מִיכָּן וּשְׁתַּיִם מִיכָּן וְאַחַת מִלְּמַטָּה.

And for marring **the** edges of his **beard** there are **two** edges **from here,**[NH] on one side of his face, **and two from there,** on the other side, **and one from below.**

חֲדָא דְּמִיחַיַּיב עֲלַהּ תַּרְתֵּי – תְּנָא: שְׁבוּעוֹת שְׁתַּיִם שֶׁהֵן אַרְבַּע.

The Gemara explains: As apparent from the mishna in *Makkot*, this is a case where there is **one** prohibition **for which one is liable** to receive **two** punishments.[N] Continuing on this theme, the *tanna* **taught** in the beginning of tractate *Shevuot* examples of other sets of *halakhot* that can be formulated similarly, beginning with: With regard to **oaths** on an utterance, there are **two** types **that are** actually **four** types.

מַאי שְׁנָא הָכָא דְּתָנֵי לְהוּ לְכוּלְּהוּ, וּמַאי שְׁנָא גַּבֵּי יְצִיאוֹת שַׁבָּת וּמַרְאוֹת נְגָעִים דְּלָא קָתָנֵי לְהוּ לְכוּלְּהוּ?

The Gemara inquires: **What is different here,** in tractate *Shevuot*, **that** the mishna **teaches all** the sets of *halakhot* that can be formulated as: Two that are four, **and what is different with regard to** the chapter beginning: The acts of **carrying out** that are prohibited **on Shabbat,** i.e., the first chapter of tractate *Shabbat*, **and** the chapter beginning: **And** the **shades of** leprous **marks,** i.e., the first chapter of tractate *Nega'im*, **where** the mishna **does not teach all of them,** rather only the specific set of *halakhot* relevant to that tractate?

אָמְרִי: שְׁבוּעוֹת וִידִיעוֹת הַטּוּמְאָה דִּגְבֵי הֲדָדֵי כְּתִיבִין, וְדָמְיָין אַהֲדָדֵי בְּקָרְבַּן עוֹלֶה וְיוֹרֵד – תָּנֵי לְהוּ גַּבֵּי הֲדָדֵי, וְאַיְּידֵי דִּתְנָא תַּרְתֵּי תְּנָא כּוּלְּהוּ.

The Sages say in explanation: Since the passages of **oaths and** of liability based on one's **awareness of the defiling** of the Temple or its sacrificial foods **are written together** in the Torah (see Leviticus 5:2–4), **and they** are also **similar to each other** in that they can both incur liability **to** bring **a sliding-scale offering,** the mishna therefore **taught** both of **them together** here. **And once it** already **taught two** sets, it continued and **taught all of them.**

פָּתַח בִּשְׁבוּעוֹת וּמְפָרֵשׁ יְדִיעוֹת הַטּוּמְאָה! אַיְּידֵי דְּזוּטְרִין מִילַּיְיהוּ פְּסֵיק שָׁרֵי לְהוּ, וַהֲדַר תָּנֵי שְׁבוּעוֹת דִּנְפִישָׁן מִילַּיְיהוּ.

The Gemara inquires further: Tractate *Shevuot* **opens with** a reference to **oaths, but** then proceeds to **explain** the cases of one's **awareness of the defiling** of the Temple or its sacrificial foods, returning to discuss oaths only in the third chapter. Why? The Gemara explains: **Since the cases** of one's awareness of the defiling of the Temple or its sacrificial foods **are** relatively **few,** the *tanna* **addressed** them **directly** and **dispensed with them, and then** afterward returned to **teach** the *halakhot* of **oaths, which have numerous details.**

שְׁבוּעוֹת שְׁתַּיִם שֶׁהֵן אַרְבַּע: שְׁתַּיִם – ״שֶׁאוֹכַל״ וְ״שֶׁלֹּא אוֹכַל״, שֶׁהֵן אַרְבַּע – ״אָכַלְתִּי״ וְ״שֶׁלֹּא אָכַלְתִּי״.

§ The mishna teaches: With regard to **oaths** on an utterance, there are **two** types **that are** actually **four** types.[H] The Gemara explains: The **two** types are where one states: On my oath **I will eat, and** where he states: On my oath **I will not eat.** If he violates either oath he is liable to bring a sliding-scale offering. These two types **are** actually **four** types because they also include the cases where a person falsely states: On my oath **I ate, and** where he falsely states: On my oath **I did not eat.**

NOTES

Two edges from here, etc. – שְׁתַּיִם מִיכָּן וכו׳: The early commentaries disagree with regard to the identity of these five edges of the beard. Virtually all of them agree that one edge is the chin, although there is an opinion that locates it on the throat (see Rosh). They disagree with regard to the location of the two edges on each side. Rashi explains that there are two edges on each side at the upper part of the beard adjacent to the ear, while Rabbeinu Ḥananel claims that there is only one edge in that area and the other two are located at the corners of the moustache or the lip. The Rivan contends that two are situated at the joint of the lower jawbone, beneath the ear, while the other two are at the sides of the chin (see Rambam; Meiri; *Makkot* 21a).

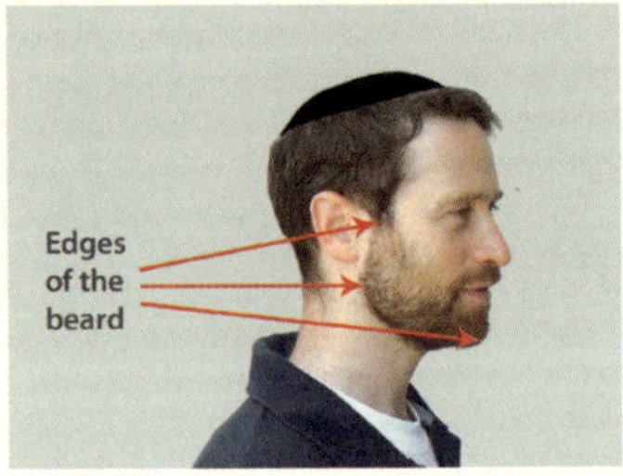

Edges of the beard

One prohibition for which one is liable to receive two punishments – חֲדָא דְּמִיחַיַּיב עֲלַהּ תַּרְתֵּי: The intention is that although the Torah mentions only one general prohibition, one is punished separately for a violation of each detail of that prohibition (Rashi). Alternatively, the intention is that even if a person received only one general forewarning, if he then violated multiple details of the prohibition he is liable for each violation (*Tosafot*).

HALAKHA

And for the beard there are two edges from here, etc. – וְעַל הַזָּקָן שְׁתַּיִם מִיכָּן וכו׳: A beard has five edges, two on each cheek and one on the chin. One who shaves them all simultaneously is flogged with five sets of lashes, in accordance with the unattributed mishna. As there are numerous opinions with regard to the precise location of these five edges, one who fears God will be certain not to shave any part of his beard with a razor, including the moustache, as Rabbeinu Ḥananel maintains that edges of the moustache are two of the edges of the beard. The Rema adds that this includes the area under the throat. It is permitted to use scissors that are similar to a razor in that area. The Baḥ rules stringently in that regard as well (Rambam *Sefer HaMadda, Hilkhot Avoda Zara* 12:7, and see 12:8; *Shulḥan Arukh, Yoreh De'a* 181:11, and see *Taz* and *Shakh* there).

Oaths, two that are four – שְׁבוּעוֹת שְׁתַּיִם שֶׁהֵן אַרְבַּע: There are four types of oaths on an utterance, two that pertain to the past and two that pertain to the future. How so? With regard to oaths pertaining to the past, one is liable for taking a false oath either that a certain event did happen, e.g., I ate, or that a certain event did not happen, e.g., I did not eat. With regard to oaths pertaining to the future, one is liable whether one takes an oath that he will do a certain action, e.g., I will eat, or whether one takes an oath that he will refrain from a certain action, e.g., I will not eat, and then violates his oath (Rambam *Sefer Hafla'a, Hilkhot Shevuot* 1:1; *Shulḥan Arukh, Yoreh De'a* 236:1).

HALAKHA

Cases of one's awareness of the defiling of the Temple or its sacrificial foods, two that are four – **יְדִיעוֹת הַטּוּמְאָה שְׁתַּיִם שֶׁהֵן אַרְבַּע**: With regard to the defiling of the Temple or its sacrificial foods, one is liable to bring a sliding-scale offering if the violation was done during a lapse of awareness. There are four different cases: Where one defiled the Temple, he is liable whether the lapse of awareness was of the fact that he was ritually impure or whether the lapse of awareness was of the identity of the Temple. Similarly, where one defiled sacrificial foods, he is liable whether the lapse of awareness was of the fact that he was ritually impure or whether it was of the sanctity of the foods involved (Rambam *Sefer Korbanot*, *Hilkhot Shegagot* 11:1).

Acts of carrying out on Shabbat, two that are four – **יְצִיאוֹת שַׁבָּת שְׁתַּיִם שֶׁהֵן אַרְבַּע**: On Shabbat, one who transfers an item from a private domain to a public domain or vice versa transgresses a Torah prohibition, and if he was forewarned, he is liable to receive a court-imposed capital punishment (Rambam *Sefer Zemanim*, *Hilkhot Shabbat* 12:8, 13:2; *Shulḥan Arukh*, *Oraḥ Ḥayyim* 347:1).

Shades of leprous marks, two that are four – **מַרְאוֹת נְגָעִים שְׁנַיִם שֶׁהֵן אַרְבָּעָה**: There are four different shades of leprous marks: The two primary marks are a *baheret*, which is snow white, and a *se'et*, which is wool white. Each of these has a secondary shade, which is a duller white. One is lime white and the other is the color of an egg membrane (Rambam *Sefer Tahara*, *Hilkhot Tumat Tzara'at* 1:2).

יְדִיעוֹת הַטּוּמְאָה שְׁתַּיִם שֶׁהֵן אַרְבַּע: שְׁתַּיִם – יְדִיעַת טוּמְאַת קֹדֶשׁ וִידִיעַת טוּמְאַת מִקְדָּשׁ, שֶׁהֵן אַרְבַּע – קֹדֶשׁ וּמִקְדָּשׁ.

The mishna continues: With regard to cases of one's **awareness of the defiling** of the Temple or its sacrificial foods, for which one is liable to bring a sliding-scale offering, there are **two** cases **that are** actually **four.**[H] The Gemara explains: The **two** cases are where one's lack of **awareness of** the fact that he was **ritually impure** led him to eat **sacrificial** food, **and** where one's lack of **awareness** of the fact that he was **ritually impure** led him to enter the **Temple.** These two types **are** actually **four** types, because one is also liable where he was aware that he was impure, but had a lapse of awareness about the status of the **sacrificial** food **or** the identity of the **Temple.**

יְצִיאוֹת שַׁבָּת שְׁתַּיִם שֶׁהֵן אַרְבַּע: שְׁתַּיִם – הוֹצָאָה דְּעָנִי וְהוֹצָאָה דְּבַעַל הַבַּיִת, שֶׁהֵן אַרְבַּע – הַכְנָסָה דְּעָנִי וְהַכְנָסָה דְּבַעַל הַבַּיִת.

The mishna continues: With regard to acts of **carrying out** that are prohibited **on Shabbat,** there are **two** types **that are four.**[H] The Gemara explains the cases by using the analogy of a poor person who remains in the public domain and a homeowner who remains in the private domain and one passes an item to the other: The **two** types are the **carrying out by a poor person** of an item from the private domain to the public domain **and** the **carrying out by a homeowner** of an item from the private domain to the public domain. These two types **are** actually **four** types because they also include the **bringing in by a poor person** of an item from the public domain to the private domain **and** the **bringing in by a homeowner** of an item from the public domain to the private domain.

מַרְאוֹת נְגָעִים שְׁנַיִם שֶׁהֵן אַרְבָּעָה: שְׁנַיִם – שְׂאֵת וּבַהֶרֶת, שֶׁהֵן אַרְבָּעָה – שְׂאֵת וְתוֹלַדְתָּהּ, בַּהֶרֶת וְתוֹלַדְתָּהּ.

The mishna's final example: With regard to **shades of** leprous **marks,** there are **two** shades **that are** actually **four.**[H] The Gemara explains: The **two** shades are of **a wool-white** leprous **mark** [*se'et*] **and** of **a snow-white** leprous **mark** [***baheret***]. These two **are** actually **four** because they also include **a *se'et* and its secondary** mark, i.e., one similar to it, **and a *baheret* and its secondary** mark, i.e., one similar to it.

מַנִּי מַתְנִיתִין? לֹא רַבִּי יִשְׁמָעֵאל וְלֹא רַבִּי עֲקִיבָא; אִי רַבִּי יִשְׁמָעֵאל – הָאָמַר: אֵינוֹ חַיָּיב אֶלָּא עַל הֶעָתִיד לָבוֹא, אִי רַבִּי עֲקִיבָא – הָאָמַר: עַל הֶעְלֵם טוּמְאָה הוּא חַיָּיב, וְאֵינוֹ חַיָּיב עַל הֶעְלֵם מִקְדָּשׁ!

§ The Gemara asks: **Whose** opinion is expressed in **the mishna?** It is **neither** the opinion of **Rabbi Yishmael nor** the opinion of **Rabbi Akiva.** The Gemara elaborates: **If** one suggests that it is the opinion of **Rabbi Yishmael,** that suggestion can be refuted, as **doesn't he say** with regard to oaths: **One is liable only for** oaths pertaining to **the future,** but not for those pertaining to the past? The mishna states that one is liable also for oaths pertaining to the past. And **if** one suggests it is the opinion of **Rabbi Akiva,** that suggestion can be refuted, as **doesn't he say: For** having defiled the Temple or its sacrificial foods during **a lapse of awareness of** the fact that one is **ritually impure** one **is liable** to bring a sliding-scale offering, **but** one **is not liable for** having done so during **a lapse of awareness of** the fact that the place he entered was actually the **Temple?** The mishna states that one is liable also in such a case.

אִיבָּעֵית אֵימָא: רַבִּי יִשְׁמָעֵאל, אִיבָּעֵית אֵימָא: רַבִּי עֲקִיבָא; אִיבָּעֵית אֵימָא: רַבִּי יִשְׁמָעֵאל, מֵהֶן לְחִיּוּב וּמֵהֶן לִפְטוֹר; וְאִיבָּעֵית אֵימָא: רַבִּי עֲקִיבָא, מֵהֶן לְחִיּוּב וּמֵהֶן לִפְטוֹר.

The Gemara answers: **If you wish, say** that the mishna expresses the opinion of **Rabbi Yishmael,** and **if you wish, say** that the mishna expresses the opinion of **Rabbi Akiva.** The Gemara elaborates: **If you wish, say** that the mishna expresses the opinion of **Rabbi Yishmael,** and the intent of the mishna is that while there are four types of oaths, **among them** are types **for** which there is **liability** to bring an offering for one who violates them **and among them** are types **for** which there is **exemption**[N] from liability for one who violates them. **And if you wish, say** that the mishna expresses the opinion of **Rabbi Akiva,** and the intent of the mishna is that while there are four cases defined by one's awareness of the defiling of the Temple or its sacrificial foods, **among them** are cases **for** which there is **liability** to bring an offering **and among them** are cases **for** which there is **exemption** from liability.

לִפְטוֹר?

The Gemara asks: How can one say that the mishna teaches types **for** which there is **exemption** from liability?

NOTES

Among them are types for which there is exemption, etc. – **מֵהֶן לִפְטוֹר וכו׳**: The intention is only that one would not be liable to bring an offering, but Rabbi Yishmael certainly agrees that one violates a prohibition for taking a false oath about the past. Therefore, it is appropriate for the mishna to refer to oaths that pertain to the past. Similarly, Rabbi Akiva certainly agrees that even if one's defiling of the Temple was due to his lack of awareness of the Temple's sanctity, a transgression has been committed, though he holds that one is not liable to bring an offering in such a case.

הָא דּוּמְיָא דְּמַרְאוֹת נְגָעִים קָתָנֵי, מָה הָתָם כּוּלְּהוּ לְחִיּוּבָא, אַף הָכָא נָמֵי כּוּלְּהוּ לְחִיּוּבָא!

But the mishna **teaches** these cases **similar to** the different **shades** of leprous **marks**, which indicates that **just as there, all** four **of them** are shades **for** which there is **liability** to bring an offering, **so too here,** with regard to oaths and the cases of one's awareness of the defiling of the Temple or its sacrificial foods, **all** four **of them** are cases **for** which there is **liability** to bring an offering.

לְעוֹלָם רַבִּי יִשְׁמָעֵאל, וְכִי לָא מְחַיֵּיב רַבִּי יִשְׁמָעֵאל לְשֶׁעָבַר – קׇרְבָּן, אֲבָל מַלְקוֹת חַיּוּבֵי מְחַיֵּיב;

The Gemara suggests a different resolution: **Actually,** the mishna expresses the opinion of **Rabbi Yishmael. And while Rabbi Yishmael does not deem one liable for** oaths **pertaining to the past,** that is only with regard to liability to bring **an offering; but he does deem one liable** to be administered **lashes.**

וְכִדְרָבָא, דְּאָמַר רָבָא: בְּפֵירוּשׁ רִיבְּתָה תּוֹרָה שְׁבוּעַת שֶׁקֶר דּוּמְיָא דִּשְׁבוּעַת שָׁוְא, מָה שָׁוְא לְשֶׁעָבַר, אַף שֶׁקֶר נָמֵי לְשֶׁעָבַר.

And this is **in accordance with** the statement **of Rava,**[N] **as Rava says: The Torah explicitly amplifies**[N] the prohibition of taking **a false oath** to be **similar to** the prohibition of **an oath taken in vain,**[N] to teach that one is flogged for its violation. It follows that **just as** an oath taken in **vain pertains to the past** and renders one liable to receive lashes, **so too,** taking **a false** oath that **pertains to the past** renders one liable to receive lashes.

בִּשְׁלָמָא ״אָכַלְתִּי״ וְ״לֹא אָכַלְתִּי״ – כִּדְרָבָא, ״שֶׁלֹּא אוֹכַל״ וְאָכַל נָמֵי – לָאו שֶׁיֵּשׁ בּוֹ מַעֲשֶׂה הוּא. אֶלָּא ״אוֹכַל״ וְלֹא אָכַל – אַמַּאי? לָאו שֶׁאֵין בּוֹ מַעֲשֶׂה הוּא!

The Gemara asks: **Granted** that one who stated: On my oath **I ate,** but in fact he did not eat, **or** one who stated: On my oath **I did not eat,** but in fact he ate, is liable to receive lashes, as this is **in accordance with** the statement **of Rava.** And **also** if one stated: On my oath **I will not eat, and he ate** in violation of his oath, he is liable to receive lashes, as it **is a prohibition that involves an action,** and, in general, such prohibitions are punishable by flogging. **But** if one stated: On my oath **I will eat, and** in violation of his oath **he did not eat, why** should he be liable to receive lashes? It **is a prohibition that does not involve an action.**[BN] The generally accepted principle is that one is not liable to receive lashes for violating a prohibition without performing an action.

קָסָבַר רַבִּי יִשְׁמָעֵאל: לָאו שֶׁאֵין בּוֹ מַעֲשֶׂה לוֹקִין עָלָיו.

The Gemara answers: **Rabbi Yishmael** disagrees with the generally accepted principle and **holds** that **one is flogged for** the violation of **a prohibition that does not involve an action.**

אִי הָכִי, קַשְׁיָא דְּרַבִּי יוֹחָנָן אַדְּרַבִּי יוֹחָנָן;

The Gemara challenges: **If so,** then **a difficultly** arises between one statement **of Rabbi Yoḥanan and** another statement **of Rabbi Yoḥanan.**

דְּאָמַר רַבִּי יוֹחָנָן: הֲלָכָה כִּסְתַם מִשְׁנָה,

As Rabbi Yoḥanan says: The *halakha* is always **in accordance with** the ruling of **an unattributed mishna.** Since the mishna here is unattributed and assumes that one is flogged for taking a false oath, Rabbi Yoḥanan should rule that this is the *halakha.*

BACKGROUND

A prohibition that does not involve an action – לָאו שֶׁאֵין בּוֹ מַעֲשֶׂה: This term refers to a Torah prohibition that is transgressed by thought or speech and does not involve a physical act, e.g., the prohibition against hating one's fellow man or bearing a grudge against him (see Leviticus 19:17–18). Generally, punishment is not administered for violating a prohibition of this kind. Exceptions are made in the following instances: One who curses another or himself using the name of God, one who attempts to substitute a non-sacred animal for a sacrificial animal, and cases of false conspiring witnesses. The Sages also discuss whether false testimony is subject to lashes or not.

NOTES

And in accordance with the statement of Rava – וְכִדְרָבָא: Were it not for Rava's statement, one would have considered a false oath to be a prohibition that does not involve an action and therefore concluded that he would not be flogged for it (Rashi).

The Torah explicitly amplifies – בְּפֵירוּשׁ רִיבְּתָה תּוֹרָה: Rashi explains that this is derived from the verse: "You shall not take the name of the Lord, your God, in vain, for the Lord will not absolve anyone who takes His name in vain" (Deuteronomy 5:11). The repetition of the term "in vain" teaches that the prohibition applies to a false oath. Rabbeinu Ḥananel offers a different suggestion. In the Ten Commandments, as recorded in Exodus, it states: "You shall not bear false witness against another" (Exodus 20:13), whereas the record in Deuteronomy states: "You shall not bear vain witness against another" (Deuteronomy 5:17). The fact that the terms vain and false are interchanged demonstrates that with regard to oaths, the same *halakhot* apply to both. The Ri Migash refutes this explanation and interprets the Gemara as does Rashi (and see *Tosafot*).

An oath taken in vain – שְׁבוּעַת שָׁוְא: An oath taken in vain is one in which no gain is to be made by taking the oath since the facts of the matter are already clear. For example, one takes an oath claiming that something is true when it is patently untrue. It is likewise prohibited to take an oath in vain even if it is true, for example taking an oath affirming a known object is precisely what everyone knows it to be, such as: The sun is the sun.

It is a prohibition that does not involve an action – לָאו שֶׁאֵין בּוֹ מַעֲשֶׂה הוּא: Rashi explains that even though the Gemara states that one is flogged for taking a false oath just as he is for taking a vain oath, this is limited to a false oath that pertains to the past. This is because the violation is performed, just as with an oath taken in vain, by the very utterance of the oath, at the moment of speaking. By contrast, an oath that pertains to the future is violated only at the time of the person's action or lack of action that will occur at some point after the utterance of the oath. As it is dissimilar to an oath taken in vain, it is not compared to it with regard to whether or not one should be flogged for its violation.

וְאִתְּמַר: "שְׁבוּעָה שֶׁאוֹכַל כִּכָּר זוֹ הַיּוֹם", וְעָבַר הַיּוֹם וְלֹא אֲכָלָהּ – רַבִּי יוֹחָנָן וְרֵישׁ לָקִישׁ דְּאָמְרִי תַּרְוַיְיהוּ: אֵינוֹ לוֹקֶה; רַבִּי יוֹחָנָן אָמַר: אֵינוֹ לוֹקֶה, מִשּׁוּם דַּהֲוָה לָאו שֶׁאֵין בּוֹ מַעֲשֶׂה, וְכָל לָאו שֶׁאֵין בּוֹ מַעֲשֶׂה אֵין לוֹקִין עָלָיו; וְרֵישׁ לָקִישׁ אָמַר: אֵינוֹ לוֹקֶה, הַתְרָאַת סָפֵק הִיא, וְהַתְרָאַת סָפֵק לֹא שְׁמָהּ הַתְרָאָה!

And an amoraic dispute **was stated** with regard to one who said: On my **oath I will eat this loaf today,**[H] **and the day passed and he did not eat it. Rabbi Yoḥanan and Reish Lakish both say: He is not flogged** for taking a false oath. They disagree with regard to the reason that he is not flogged. **Rabbi Yoḥanan says: He is not flogged due to** the fact **that it is a prohibition that does not involve an action,** as he violates the oath by failing to perform an action rather than by performing an action, **and** the principle is: With regard to **any prohibition that does not involve an action, one is not flogged for its** violation. **And Reish Lakish says: He is not flogged** because **it is an uncertain forewarning,**[N] as one cannot forewarn him before he fails to fulfill the oath because as long as time remains in the day he can still later eat the loaf and fulfill the oath; **and an uncertain forewarning is not characterized as forewarning.**[B] Evidently, Rabbi Yoḥanan does not rule in accordance with the mishna here.

רַבִּי יוֹחָנָן סְתָמָא אַחֲרִינָא אַשְׁכַּח.

The Gemara resolves the difficulty: **Rabbi Yoḥanan found another unattributed** mishna which holds that one is not flogged for a prohibition that does not involve an action, and he rules in accordance with that mishna.

הֵי סְתָמָא? אִילֵימָא הַאי סְתָמָא, דִּתְנַן: אֲבָל הַמּוֹתִיר בְּטָהוֹר וְהַשּׁוֹבֵר בְּטָמֵא אֵינוֹ לוֹקֶה אֶת הָאַרְבָּעִים;

The Gemara asks: **Which** other **unattributed** mishna did he find? **If we say** he found **this unattributed** mishna, **as we learned** (*Pesaḥim* 84a): **But one who leaves over** some of the meat **of a ritually pure** Paschal offering[H] until the morning of the fifteenth of Nisan **and one who breaks** a bone **of a ritually impure** Paschal offering[H] **are not flogged** with **the forty** lashes, that is difficult.

בִּשְׁלָמָא שׁוֹבֵר בְּטָמֵא – דִּכְתִיב: "וְעֶצֶם לֹא תִשְׁבְּרוּ בוֹ", בְּכָשֵׁר וְלֹא בְּפָסוּל. אֲבָל הַמּוֹתִיר בְּטָהוֹר, מַאי טַעֲמָא? לָאו מִשּׁוּם דְּהָוֵי לָאו שֶׁאֵין בּוֹ מַעֲשֶׂה, וְכָל לָאו שֶׁאֵין בּוֹ מַעֲשֶׂה אֵין לוֹקִים עָלָיו?

First, the Gemara explains how this mishna demonstrates Rabbi Yoḥanan's opinion: **Granted** that **breaking** a bone **of a impure** Paschal offering does not incur lashes, **as it is written: "Nor shall you break a bone in it"** (Exodus 12:46). The term "in it" indicates that the verse refers only **to a valid** Paschal offering, **but not to a disqualified** one, such as one that is impure. **But** in the case of **one who leaves over** some of the meat **of a pure** Paschal offering,[H] **what is the reason** he is not flogged? **Is it not because it is a** violation of **a prohibition that does not involve an action, and** for a violation of **any prohibition that does not involve an action one is not flogged?**

HALAKHA

On my oath I will eat this loaf today, etc. – שְׁבוּעָה שֶׁאוֹכַל כִּכָּר זוֹ הַיּוֹם וכו׳: If one states: On my oath I will eat this loaf today, and the day passed and he did not eat it, he has violated his oath. If the violation was unwitting, he must bring a sliding-scale offering. If the violation was intentional, he is not flogged because the violation did not involve any positive action. This is in accordance with the opinion of Rabbi Yoḥanan and not that of Reish Lakish (Rambam *Sefer Hafla'a, Hilkhot Shevuot* 4:20).

One who leaves over some of the meat of a ritually pure Paschal offering – הַמּוֹתִיר בְּטָהוֹר: One may not leave over until morning any meat of a Paschal offering. If he does so he has transgressed a Torah prohibition, but he is not liable to receive lashes because violating this prohibition renders him obligated to fulfill the positive mitzva of burning the leftovers. As such, it is a prohibition that entails the fulfillment a positive mitzva, and one does not receive lashes for violating such a prohibition. This is in accordance with the opinion of Rabbi Yehuda (Rambam *Sefer Avoda, Hilkhot Korban Pesaḥ* 10:11).

One who breaks a bone of a ritually impure Paschal offering – הַשּׁוֹבֵר בְּטָמֵא: It is prohibited by Torah law to break a bone of a ritually pure Paschal offering. One who does so is liable to receive lashes. No liability is incurred for breaking a bone of an impure Paschal offering (Rambam *Sefer Avoda, Hilkhot Korban Pesaḥ* 10:1).

One who leaves over sacrificial food – הַמּוֹתִיר מִן הַקֳּדָשִׁים: It is prohibited to leave over sacrificial meat after the allotted time for eating it. One who does so is not liable to receive lashes because violating the prohibition obligates him in the positive mitzva of burning the leftovers. This is in accordance with the opinion of Rabbi Yehuda (Rambam *Sefer Avoda, Hilkhot Pesulei HaMukdashin* 18:9).

NOTES

It is an uncertain forewarning – הַתְרָאַת סָפֵק הִיא: One can be punished for a transgression only if immediately prior to the act he was forewarned not to transgress. The forewarning must include the fact that the act is forbidden, must describe the punishment, and must be acknowledged by the transgressor. Rabbi Yoḥanan and Reish Lakish disagree about whether an additional requirement is necessary, that the forewarning must include the statement that the act, if performed, would definitely result in the transgressor's liability. Reish Lakish holds that whenever it is not possible to ascertain definitively that the act following the forewarning will result in liability, the forewarning is invalid and the transgressor cannot be punished.

In the current case, too, where an individual takes an oath that he will eat a loaf, Reish Lakish holds that it is not possible to issue a valid forewarning. Even if he refrains from eating the loaf in the moments following the forewarning, it is possible for him to eat the loaf later in the day and consequently the oath will not be violated. If the forewarning is issued very close to the end of the day, then it is also invalid because by that point it is no longer practically possible for the individual to eat the loaf and therefore he has already effectively transgressed his oath. Theoretically it would be possible to issue the forewarning when there is just enough time for the would-be transgressor to eat the loaf before the end of the day, but it is impossible in practice to ascertain that precise moment (*Tosefot HaRosh*).

BACKGROUND

Forewarning – הַתְרָאָה: This legal concept refers to a formal warning given to a person who is about to perform a transgression. The warning must both state that the act is forbidden and describe the punishment that a transgressor would incur. Capital and corporal punishment cannot be administered unless such a warning was given beforehand and acknowledged by the transgressor. In only a few instances, such as one who incites to idol worship and conspiring witnesses, punishment can be administered even though no prior warning was issued.

Forewarnings serve several purposes. Their primary goal is to inform and educate a perpetrator that he is about to violate a Torah prohibition, with the hope of staying his hand from sinning. The second function of the forewarning is to establish the sinner's frame of mind. If witnesses later testify that they or somebody else warned the accused to desist, the defendant will be unable to claim that he acted inadvertently or out of ignorance, and he will be prosecuted and punished as one who has acted intentionally.

וּמִמַּאי דְּרַבִּי יַעֲקֹב הִיא, דְּאָמַר: לָאו שֶׁאֵין בּוֹ מַעֲשֶׂה אֵין לוֹקִין עָלָיו? דִּלְמָא רַבִּי יְהוּדָה הִיא, וּמִשּׁוּם דְּבָא הַכָּתוּב לִיתֵּן עֲשֵׂה אַחַר לֹא תַעֲשֶׂה, הָא לָאו הָכִי לָקֵי.

The Gemara now questions this explanation of the mishna: **But from where** is it apparent that this mishna **is** in accordance with the opinion **of Rabbi Ya'akov, who says** that for a violation of **a prohibition that does not involve an action, one is not flogged? Perhaps** the mishna **is** in accordance with the opinion of **Rabbi Yehuda, and** he holds that the reason the mishna rules that one is not flogged is **due to** the fact **that the verse comes to position** the **positive mitzva** of burning the leftover meat **after** the **prohibition** of leaving over the meat, and one is not flogged for a prohibition whose violation obligates one in a positive mitzva. **But were it not for this, one would be flogged,** despite the fact it is a prohibition that does not involve an action. Since the unattributed mishna is not necessarily in accordance with Rabbi Yaakov's opinion, it cannot be the basis of Rabbi Yoḥanan's ruling.

דְּתַנְיָא: "לֹא תוֹתִירוּ מִמֶּנּוּ עַד בֹּקֶר וְהַנֹּתָר מִמֶּנּוּ עַד בֹּקֶר בָּאֵשׁ תִּשְׂרֹפוּ" – בָּא הַכָּתוּב לִיתֵּן עֲשֵׂה אַחַר לֹא תַעֲשֶׂה, לוֹמַר שֶׁאֵין לוֹקִין עָלָיו, דִּבְרֵי רַבִּי יְהוּדָה; רַבִּי יַעֲקֹב אוֹמֵר: לֹא מִן הַשֵּׁם הוּא זֶה, אֶלָּא מִשּׁוּם דַּהֲוָה לָאו שֶׁאֵין בּוֹ מַעֲשֶׂה, וְלָאו שֶׁאֵין בּוֹ מַעֲשֶׂה אֵין לוֹקִים עָלָיו!

The Gemara cites the source of Rabbi Yaakov's and Rabbi Yehuda's opinions: **As it is taught** in a *baraita*: "And **you shall let nothing of it remain until the morning, and that which remains of it until the morning you shall burn in fire**" (Exodus 12:10). **The verse comes to position** the **positive mitzva** of burning the leftover meat **after** the **prohibition** against leaving over the meat, **to say that one is not flogged for its** violation; this is **the statement of Rabbi Yehuda. Rabbi Ya'akov says: This is not for** that **reason; rather,** it is **due to** the fact **that it is a prohibition that does not involve an action, and for** a violation of **a prohibition that does not involve an action one is not flogged.**

אֶלָּא הַאי סְתָמָא אַשְׁכַּח: "שְׁבוּעָה שֶׁלֹּא אוֹכַל כִּכָּר זוֹ", "שְׁבוּעָה שֶׁלֹּא אוֹכְלֶנָּה", וַאֲכָלָהּ

Rather, Rabbi Yoḥanan **found this unattributed** mishna, which teaches (27b): If one states: On my **oath I will not eat this loaf,** and immediately states: On my **oath I will not eat it, and** then **he ate it,**

Perek **I**
Daf **4** Amud **a**

אֵינוֹ חַיָּיב אֶלָּא אַחַת, זוֹ הִיא שְׁבוּעַת בִּיטּוּי שֶׁחַיָּיבִין עַל זְדוֹנָהּ מַכּוֹת וְעַל שִׁגְגָתָהּ קׇרְבַּן עוֹלֶה וְיוֹרֵד.

he is liable for **only one** violation. Since the second oath did not prohibit any act in addition to the first oath, he is not liable for violating it. The mishna concludes: **This is an oath on an utterance** for **which one is liable** to receive **lashes for its intentional** violation, **and** to bring **a sliding-scale offering for its unwitting** violation.

זוֹ הִיא דְּחַיָּיבִין עַל זְדוֹנָהּ מַכּוֹת, אֲבָל "אוֹכַל" וְלֹא אָכַל – לָא לָקֵי.

The Gemara infers from the formulation of the mishna: It **is** specifically **this** case of an oath on an utterance for **which one is liable** to receive **lashes for its intentional** violation. **But** if a person stated: On my oath **I will eat, and** then **he did not eat, he is not flogged.** Presumably this is because the violation does not involve any action. This mishna, then, can provide a basis for Rabbi Yoḥanan's ruling.

מִכְּדֵי הַאי סְתָמָא וְהַאי סְתָמָא, מַאי חָזֵי דְּעָבֵיד כִּי הַאי סְתָמָא? לַעֲבֵיד כִּי הַאי סְתָמָא!

The Gemara asks: **Now, this** mishna (27b) **is unattributed and that** mishna (2a) **is unattributed. What did** Rabbi Yoḥanan **see that he practiced in accordance with this unattributed** mishna? **Let him** instead **practice in accordance with that unattributed** mishna.

וּלְטַעְמֵיךְ, רַבִּי גּוּפֵיהּ הֵיכִי סָתַם לַן הָכָא הָכִי וְהָכָא הָכִי?

The Gemara adds another question: **And according to your reasoning** that both *mishnayot* carry equal weight, then with regard to **Rabbi** Yehuda HaNasi **himself,** when he redacted the Mishna, **how could he teach us as unattributed** both **this** opinion in the mishna **here and that** opinion in the mishna **there?** This would result in a contradiction.

HALAKHA

Where one cuts off his *baheret* – בְּקוֹצֵץ בַּהַרְתּוֹ: It is prohibited by Torah law to cut off a leprous mark from one's body, clothes, or house, as it states: "Observe the leprous mark" (Deuteronomy 24:8). One is flogged only if he removes enough of the mark such that it is no longer of a size to be regarded as ritually impure (Rambam *Sefer Tahara, Hilkhot Tumat Tzara'at* 10:1 and *Sefer Shofetim, Hilkhot Sanhedrin* 19:4).

A prohibition that potentially serves as a mandate for court-imposed capital punishment – לָאו שֶׁנִּיתַּן לְאַזְהָרַת מִיתַת בֵּית דִּין: One is not flogged for transgressing any prohibition in the Torah that potentially serves as a mandate for court-imposed capital punishment, even when it is not possible to administer the capital punishment (Rambam *Sefer Kedusha, Hilkhot Issurei Bia* 1:6 and *Sefer Shofetim, Hilkhot Sanhedrin* 18:2).

NOTES

That serves as a mandate for court-imposed capital punishment – שֶׁנִּיתַּן לְאַזְהָרַת מִיתַת בֵּית דִּין: There is a principle that one administers punishment only if the Torah stated a prohibition with regard to that action. According to the opinion of Rabbi Akiva, in cases where the punishment stated in the Torah is a court-imposed death penalty, the prohibition relates specifically to that punishment, not the punishment of lashes. Therefore, even if the witnesses forewarn the transgressor that he will be flogged, and do not forewarn him of the possibility that he will receive a court-imposed death penalty, the transgressor is not flogged.

אֶלָּא, מֵעִיקָּרָא סָבַר: לָאו שֶׁאֵין בּוֹ מַעֲשֶׂה לוֹקִין עָלָיו, וּסְתָמָהּ, וַהֲדַר סָבַר: אֵין לוֹקִין עָלָיו וּסְתָמָהּ, וּמִשְׁנָה לֹא זָזָה מִמְּקוֹמָהּ.

Rather, it is apparent that **initially** Rabbi Yehuda HaNasi **held** that **for** a violation of **a prohibition that does not involve an action one is flogged, and** so **he taught it** as **an unattributed** mishna, **and** later **he retracted** his opinion and **held** that **one is not flogged for** a violation of such a prohibition, **and** so **he taught** that opinion as **an unattributed** mishna. **And** he left the first mishna (2a) as it was because **a mishna does not move from its place,** i.e., since the students had already learned that mishna it was deemed inappropriate to remove it. Based on this logic, Rabbi Yoḥanan ruled in accordance with the later mishna (27b).

בְּמַאי אוֹקֵימְתָּא? כְּרַבִּי יִשְׁמָעֵאל וּלְמַלְקוֹת, מַרְאוֹת נְגָעִים מַאי מַלְקוֹת אִיכָּא? בְּקוֹצֵץ בַּהַרְתּוֹ; וּכְרַבִּי אָבִין אָמַר רַבִּי אִילְעָא, דְּאָמַר רַבִּי אָבִין אָמַר רַבִּי אִילְעָא: כׇּל מָקוֹם שֶׁנֶּאֱמַר "הִשָּׁמֶר" "פֶּן" וְ"אַל" – אֵינוֹ אֶלָּא לֹא תַעֲשֶׂה.

The Gemara clarifies: **In accordance with which** opinion **did you interpret** the mishna? **In accordance with** the opinion of **Rabbi Yishmael, and** it is referring to liability **to** receive **lashes.** The Gemara questions this: But in the parallel case of **shades of** leprous **marks, what** punishment of **lashes is there?** The Gemara answers: There is a punishment of lashes in a case **where one cuts off his** snow-white leprous **mark** [*baheret*],[H] **and in accordance with** the principle that **Rabbi Avin says** that **Rabbi Ile'a** says, **as Rabbi Avin says** that **Rabbi Ile'a says: Wherever it is stated: Observe,** or: **Lest,** or: **Do not, it is nothing other than a prohibition.** So too, with regard to leprosy, the verse states: "Observe the leprous mark" (Deuteronomy 24:8), which according to Rabbi Ile'a's principle teaches a prohibition, namely that it is prohibited to remove the mark. Accordingly, one who violates this prohibition is liable to receive lashes.

יְצִיאוֹת שַׁבָּת מַאי מַלְקוֹת אִיכָּא? לָאו שֶׁנִּיתַּן לְאַזְהָרַת מִיתַת בֵּית דִּין הוּא, וְכׇל לָאו שֶׁנִּיתַּן לְאַזְהָרַת מִיתַת בֵּית דִּין – אֵין לוֹקִין עָלָיו! מִשּׁוּם הָכִי קָא מוֹקְמִינָא כְּרַבִּי יִשְׁמָעֵאל, דְּאָמַר: לָאו שֶׁנִּיתַּן לְאַזְהָרַת מִיתַת בֵּית דִּין – לוֹקִין עָלָיו.

The Gemara asks further: But in the parallel clause of acts of **carrying out** that are prohibited **on Shabbat, what** punishment of **lashes is there?** The prohibition against doing so **is a prohibition** in the Torah **that** potentially **serves as a mandate** for court-imposed **capital punishment,**[N] **and** the generally accepted principle is that with regard to a violation of **any prohibition** in the Torah **that** potentially **serves as a mandate** for court-imposed **capital punishment,**[H] **one is not flogged for its** violation even if no death penalty is imposed, as that prohibition is punishable only by death. The Gemara answers: **It is due to that** reason that **we interpreted** the mishna to be **in accordance with** the opinion of **Rabbi Yishmael, as he says** that with regard to **a prohibition** in the Torah **that** potentially **serves as a mandate** for court-imposed **capital punishment, one is flogged for its** violation in a case where there is no actual death penalty.

הָא לָאו הָכִי קַיְימָא כְּרַבִּי עֲקִיבָא? קַשְׁיָא יְדִיעוֹת! לָאו אָמְרַתְּ: רַבִּי יִשְׁמָעֵאל הִיא וּלְמַלְקוֹת? רַבִּי עֲקִיבָא נַמִי וּלְמַלְקוֹת.

The Gemara asks: Is that to say that **were it not for this** reason, the mishna could be **interpreted in accordance with** the opinion of **Rabbi Akiva,** who holds that one is not flogged for violating such prohibitions? But then the question raised above with regard to the mishna's detailing of the cases of one's **awareness** of the defiling of the Temple or its sacrificial foods poses **a difficulty,** as Rabbi Akiva holds that one is not liable if he entered the Temple during a lapse of awareness of the fact that the place he entered was actually the Temple, whereas the mishna indicates one is liable in such a case. The Gemara answers: **Didn't you say** above that it is possible to conclude that the mishna **is** in accordance with the opinion of **Rabbi Yishmael and** the liability referred to in the mishna is for liability **to** receive **lashes?** Similarly, it is **also** possible to say that the mishna is in accordance with the opinion of **Rabbi Akiva and** the liability referred to in the mishna is for liability **to** receive **lashes.**

אִי הָכִי, יְדִיעוֹת – הַתְרָאוֹת מִיבְּעֵי לֵיהּ! הָא לָא קַשְׁיָא, תְּנִי: יְדִיעוֹת דְּהַתְרָאוֹת.

The Gemara asks: **If so,** why did the *tanna* use the term: Cases of **awareness,** which is generally used for cases in which the transgression was performed during a lack of awareness and then subsequent awareness is necessary in order for the person to be liable to bring an offering? The *tanna* **should have** instead said: **Forewarnings,** as the forewarning is a necessary condition to be able to give lashes for an intentional transgression. The Gemara answers: **This is not difficult;** emend and **teach** the mishna as saying: Cases of **awareness of forewarnings.**

אִי הָכִי, שְׁתַּיִם שֶׁהֵן אַרְבַּע – תַּרְתֵּי הוּא דְּהָוְיָין! וְתוּ, אֶת שֶׁיֵּשׁ בָּהּ יְדִיעָה בַּתְּחִלָּה וִידִיעָה בַּסּוֹף וְהֶעְלֵם בֵּינְתַיִם – הַעֲלָמָה לְמַלְקוֹת מַאי עֲבִידְתֵּיהּ? וְתוּ, הֲרֵי זֶה בְּעוֹלֶה וְיוֹרֵד!

The Gemara rejects the suggestion that the mishna is referring to liability to receive lashes: **If so,** if the mishna is referring to liability to receive lashes, why does it state that there are **two** types **that are four? There are** only **two** types. Since the person was forewarned he is certainly fully aware of all aspects of his transgression. Accordingly, there are only two cases of liability: For a ritually impure person who enters the Temple and for a ritually impure person who partakes of sacrificial foods. **And furthermore,** the continuation of the mishna states the case: **In which** one **had awareness at the beginning and awareness at the end, but** had **a lapse of awareness in between,** when he actually transgressed. The Gemara asks: **What is the relevance of lapses of awareness to** one's liability to receive **lashes? And furthermore,** that clause explicitly concludes: **This** person is liable **to** bring **a sliding-scale** offering. Clearly then, the mishna is not referring to liability to receive lashes.

אֶלָּא אָמַר רַב יוֹסֵף: רַבִּי הִיא, וְנָסֵיב לַהּ אַלִּיבָּא דְּתַנָּאֵי, בִּידִיעוֹת – נָסֵיב לַהּ כְּרַבִּי יִשְׁמָעֵאל, בִּשְׁבוּעוֹת – נָסֵיב לַהּ כְּרַבִּי עֲקִיבָא.

Having rejected the suggestion that the mishna is referring to liability to be punished with lashes, it addresses the difficulty raised above that the mishna's ruling with regard to oaths does not accord with Rabbi Yishmael's opinion and its ruling with regard to cases of one's awareness of the defiling of the Temple or its sacrificial foods does not accord with Rabbi Akiva's opinion. If so, whose opinion is expressed in the mishna? **Rather, Rav Yosef said:** The mishna **is** in accordance with the opinion of **Rabbi** Yehuda HaNasi, **and he formulates** the mishna **according to** different *tanna'im*, as follows: **With regard to** cases of one's **awareness** of the defiling of the Temple or its sacrificial foods, **he formulates it in accordance with** the opinion of **Rabbi Yishmael,** and **with regard to oaths, he formulates it in accordance with** the opinion of **Rabbi Akiva.**

אָמַר רַב אָשֵׁי: אֲמַרִיתָא לִשְׁמַעְתָּא קַמֵּיהּ דְּרַב כָּהֲנָא, וַאֲמַר לִי: לָא תֵּימָא, רַבִּי נָסֵיב לַהּ אַלִּיבָּא דְּתַנָּאֵי וְלֵיהּ לָא סְבִירָא לֵיהּ.

Rav Ashi said: I said this statement of Rav Yosef **before Rav Kahana, and he said to me: Do not say** that **Rabbi** Yehuda HaNasi **formulates** the mishna **according to** different *tanna'im* **but he himself does not hold accordingly.**

אֶלָּא רַבִּי טַעְמֵיהּ דְּנַפְשֵׁיהּ מְפָרֵשׁ; דְּתַנְיָא: מִנַּיִן שֶׁאֵינוֹ חַיָּיב אֶלָּא עַל שֶׁיֵּשׁ בָּהּ יְדִיעָה בַּתְּחִלָּה וִידִיעָה בַּסּוֹף וְהֶעְלֵם בֵּינְתַיִם? תַּלְמוּד לוֹמַר: "וְנֶעְלַם" "וְנֶעְלַם" שְׁנֵי פְעָמִים, דִּבְרֵי רַבִּי עֲקִיבָא;

Rav Kahana continued: **Rather, Rabbi** Yehuda HaNasi **is explicating his own reasoning, as it is taught** in a *baraita*: **From where** is it derived **that one is liable** to bring a sliding-scale offering **only for** cases **in which** one **had awareness at the beginning and awareness at the end and** had a **lapse of awareness** only **in between,** when he actually transgressed? **The verses state** with regard to a person's awareness of the fact that he was impure: **"And it was concealed," "and it was concealed"** (Leviticus 5:2–3),[N] mentioning concealment **twice.** The first mention is necessary to teach that one is liable to bring an offering only where he was unaware of his status at the time of the transgression. The second mention is superfluous and serves to teach an additional condition for liability, that one must have had awareness of his status before the transgression. This is **the statement of Rabbi Akiva.**

רַבִּי אוֹמֵר: אֵינוֹ צָרִיךְ, הֲרֵי הוּא אוֹמֵר:

The *baraita* continues: **Rabbi** Yehuda HaNasi **says:** This proof **is not necessary,** as **it says** in the verse:

NOTES

And it was concealed, and it was concealed – וְנֶעְלַם וְנֶעְלַם: It would appear that Rashi had a different version of the Gemara, which read: It was concealed, and he was aware, and it was concealed. This version was also possessed by many other of the early commentaries (see Ramban; *Tosafot*). According to this version, the term: "And he was aware," which is written in the verse after the second mention of: "It was concealed," should be expounded as though it were written between the two mentions. The reason to do this is that it is self-evident that the person ultimately became aware of his transgression, because if he did not there would be no way to render him liable to bring an offering. Accordingly, the mention of his ultimate awareness is superfluous, and it should be expounded as if it were written before the mention of his lack of awareness. Therefore, it is expounded to teach the necessity of having originally been aware of one's state of impurity before the lapse of awareness that led to the transgression.

Other early commentaries (see Rabbeinu Tam in *Sefer HaYashar*) disagree with Rashi's explanation. They argue that it is necessary to write that the person ultimately became aware of his transgression. Furthermore, they note that in the versions of the Gemara and halakhic midrash at their disposal, the text appears as it does in the standard version of the Gemara: "And it was concealed," "and it was concealed," twice, without the term: "And he was aware," inserted in the middle.

These commentaries explain that had the Torah stated: "And it was concealed," only once, one could have interpreted it to mean that the matter had always been concealed from him, i.e., he had never been aware of the fact that he was impure. By repeating the term, the Torah indicates that initially the person was aware, but afterward he had a lapse of awareness.

The Ri Migash and *Tosefot HaRosh* follow the version of the text held by Rashi, but explain it differently (see *Tosafot* on 4b). The second mention of: "And it was concealed," is expounded based on the principle that if a matter is stated in one context but cannot be applied there, then it should be applied to a different context. Since it is superfluous to mention that the matter was concealed after having already stated that fact, it should be expounded to teach that the person became aware of his transgression. Apparently, this too is superfluous, since the Torah has already stated that the person became aware of his transgression. To resolve this difficulty, the Torah's other mention of the person's lack of awareness should be placed between these two mentions of his awareness. According to this rearrangement, it is explicit that one is liable only when he had awareness, then a lapse in awareness, and then regained his awareness.

NOTES

He…expounds using the method of amplifications and restrictions, etc. – דָּרֵישׁ רִיבּוּיֵי וּמִיעוּטֵי וכו׳: These two hermeneutical methods are used in instances where the Torah describes the category of cases to which a *halakha* applies using both a broad term and by providing specific cases.

In the method of amplifications and restrictions, each term is not taken as a clarification of the previous phrase but serves merely to further expand or limit the extent of the category. Therefore, if there is an amplification followed by a restriction, the former serves to expand the category and then the latter to limit it to items which are similar to the cases mentioned. If the Torah then provides another amplification, this will then serve to again expand the category to include all possible cases. In such a case, the restriction's significance is severely limited and it serves only to exclude a case which is fundamentally different from the specific cases mentioned.

In the method of generalizations and details, each term is considered a clarification of the previous one. A broad term is taken as a general description of what is included in a certain category and then the specific cases that follow are taken as a clarification of the generalization. Accordingly, they serve to limit the category to the details mentioned. If the verse mentions another generalization, that is considered to be a further clarification that the details mentioned are just examples of a principle, so it teaches that anything that is similar to the details mentioned is also included in the category.

HALAKHA

One can redeem a firstborn son with any item, etc. – בַּכֹּל פּוֹדִין בְּכוֹר אָדָם וכו׳: A woman's firstborn son can be redeemed with any item worth five shekels that is movable and has intrinsic monetary value. Therefore, one cannot use land, as it is not movable, and one cannot use a promissory note, as it does not have intrinsic monetary value. If one tries to redeem using these items the redemption is invalid. This is in accordance with the opinion of the Rabbis (Rambam *Sefer Zera'im, Hilkhot Bikkurim* 11:6; *Shulḥan Arukh Yoreh De'a* 305:3).

BACKGROUND

Redemption of the firstborn son – פִּדְיוֹן הַבֵּן: The mitzva to redeem a firstborn son is mentioned in several places in the Torah (Exodus 13:2; Numbers 3:11–13, 3:44–51). Following the plague of the firstborn, the Torah proclaimed that a woman's firstborn son is deemed consecrated to God. The boy's father must therefore redeem him from a priest for a fixed sum of five shekels. One whose father is a Levite or a priest, or one whose mother is the daughter of a Levite or a priest, is not subject to this mitzva. Only children born by natural birth must be redeemed; those born by Cesarean section are excluded.

״וְנֶעְלַם״ – מִכְּלָל דְּיָדַע, ״וְהוּא יָדַע״ – הֲרֵי כָּאן שְׁתֵּי יְדִיעוֹת, אִם כֵּן מַה תַּלְמוּד לוֹמַר ״וְנֶעְלַם״ ״וְנֶעְלַם״? לְחַיֵּיב עַל הֶעְלֵם טוּמְאָה וְעַל הֶעְלֵם מִקְדָּשׁ.

"And it was concealed," which indicates, by inference, that initially he had been aware, and nevertheless the verse continues to state: "And he was aware" (Leviticus 5:3). It emerges that the verse refers here to two different periods of awareness, one before the transgression and one afterward. But if so, why must the verses state: "And it was concealed," "and it was concealed," mentioning it twice? It is in order to render one liable both for a violation due to a lapse of awareness of the fact he was ritually impure and for a violation due to a lapse of awareness of the fact that the place he entered was actually the Temple. From this *baraita* it is apparent that Rabbi Yehuda HaNasi agrees with Rabbi Yishmael's opinion concerning which types of lapses of awareness render one liable to bring a sliding-scale offering.

אַשְׁכְּחַן בִּידִיעוֹת דְּאִית לֵיהּ טַעְמֵיהּ דְּנַפְשֵׁיהּ, שְׁבוּעוֹת דְּלֵית לֵיהּ טַעְמֵיהּ דְּנַפְשֵׁיהּ מְנָלַן? סְבָרָא הוּא.

The Gemara asks: We have found with regard to cases of one's awareness of the defiling of the Temple or its sacrificial foods that Rabbi Yehuda HaNasi has explained his own reasoning and it accords with the opinion of Rabbi Yishmael. With regard to oaths, where he has not explained his own reasoning, from where do we derive that he holds in accordance with the opinion of Rabbi Akiva? The Gemara answers: It is based on logical reasoning.

(לִישָּׁנָא אַחֲרִינָא: אַשְׁכְּחַן בִּידִיעוֹת דְּסָבַר לַהּ כְּרַבִּי יִשְׁמָעֵאל, בִּשְׁבוּעוֹת דְּסָבַר לַהּ כְּרַבִּי עֲקִיבָא מְנָלַן? סְבָרָא הוּא.)

The Gemara presents another formulation of the preceding comment: The Gemara asks: We have found an explicit statement of Rabbi Yehuda HaNasi with regard to cases of one's awareness of the defiling of the Temple or its sacrificial foods indicating that he holds in accordance with the opinion of Rabbi Yishmael. With regard to oaths, from where do we derive that he holds in accordance with the opinion of Rabbi Akiva? The Gemara answers: It is based on logical reasoning.

רַבִּי עֲקִיבָא מַאי טַעֲמָא קָא מְחַיֵּיב לְשֶׁעָבַר? דְּדָרֵישׁ רִיבּוּיֵי וּמִיעוּטֵי, רַבִּי נַמִי דָּרֵישׁ רִיבּוּיֵי וּמִיעוּטֵי;

The Gemara explains the logical reasoning: What is the reason that Rabbi Akiva deems one liable for oaths pertaining to the past? The reason is that he expounds verses using the method of amplifications and restrictions (see 26a). Rabbi Yehuda HaNasi also expounds verses using the method of amplifications and restrictions,[N] and consequently he arrives at the same opinion as Rabbi Akiva.

דְּתַנְיָא, רַבִּי אוֹמֵר: בַּכֹּל פּוֹדִין בְּכוֹר אָדָם חוּץ מִן הַשְּׁטָרוֹת, וְרַבָּנַן אָמְרִי: בַּכֹּל פּוֹדִין בְּכוֹר אָדָם חוּץ מֵעֲבָדִים וּשְׁטָרוֹת וְקַרְקָעוֹת.

The Gemara demonstrates its point: As it is taught in a *baraita*: Rabbi Yehuda HaNasi says that one can redeem a woman's firstborn son with any item[H] worth five shekels, except for promissory notes. And the Rabbis say that one can redeem a woman's firstborn son with any item worth five shekels, except for Canaanite slaves, promissory notes, and land.

מַאי טַעְמָא דְּרַבִּי? דָּרֵישׁ רִיבּוּיֵי וּמִיעוּטֵי: ״וּפְדוּיָו מִבֶּן חֹדֶשׁ״ – רִיבָּה, ״בְּעֶרְכְּךָ כֶּסֶף חֲמֵשֶׁת שְׁקָלִים״ – מִיעֵט, ״תִּפְדֶּה״ – חָזַר וְרִיבָּה,

The Gemara explains: What is the reasoning of Rabbi Yehuda HaNasi? He expounds verses using the method of amplifications and restrictions. Accordingly, he expounds the verse: "And its redemption from one month shall you redeem, according to the valuation of five silver shekels by the sacred shekel" (Numbers 18:16), as follows: Concerning the phrase: "And its redemption from one month," since it does not specify that only certain items can be used for the redemption, the verse amplified the category of items that can be used to redeem the firstborn, intimating that many different items can be used. Then, with the phrase: "According to the valuation of five silver shekels," the verse restricted the category to items that are similar to silver shekels. Then, with the term: "Shall you redeem," the verse again amplified the category.[B]

רִיבָּה וּמִיעֵט וְרִיבָּה – רִיבָּה הַכֹּל, מַאי רִיבָּה? כָּל מִילֵּי, וּמַאי מִיעֵט? מִיעֵט שְׁטָרוֹת.

According to the hermeneutical principle that when a verse amplified and then restricted and then amplified, it amplified the relevant category to include everything except for the specific matter excluded in the restriction. The Gemara elaborates: What is included by the fact it amplified? Almost everything. And what is excluded by the fact it restricted? It restricted only promissory notes, which are the most fundamentally dissimilar to silver shekels.

וְרַבָּנַן דָּרְשִׁי כְּלָלֵי וּפְרָטֵי: ״וּפְדוּיָו מִבֶּן חֹדֶשׁ״ – כְּלָל, ״בְּעֶרְכְּךָ כֶּסֶף חֲמֵשֶׁת שְׁקָלִים״ – פְּרָט, ״תִּפְדֶּה״ – חָזַר וְכָלַל,

The Gemara explains the reasoning of the Rabbis: **And the Rabbis expound** verses through the method of **generalizations and details.** Accordingly, they expound the verse as follows: The phrase: **"And its redemption from one month,"** is **a generalization** which suggests that many different items can be used to redeem the firstborn. Then, the phrase: **"According to the valuation of five silver shekels,"** is **a detail,** which suggests that only items that are similar to silver shekels can be used. Then, with the term: **"Shall you redeem,"** the verse **again makes a generalization.**

כְּלָל וּפְרָט וּכְלָל – אִי אַתָּה דָּן אֶלָּא כְּעֵין הַפְּרָט: מָה הַפְּרָט מְפוֹרָשׁ דָּבָר הַמִּטַּלְטֵל וְגוּפוֹ מָמוֹן – אַף כָּל דָּבָר הַמִּטַּלְטֵל וְגוּפוֹ מָמוֹן; יָצְאוּ קַרְקָעוֹת שֶׁאֵינָן מִטַּלְטְלִין, יָצְאוּ עֲבָדִים שֶׁהוּקְּשׁוּ לְקַרְקָעוֹת, יָצְאוּ שְׁטָרוֹת, אַף עַל פִּי שֶׁמִּטַּלְטְלִין – אֵין גּוּפָן מָמוֹן.

Based on this exegetical method, whenever a verse has **a generalization and** then **a detail and** then **a generalization,** the principle is that **you may deduce** that the verse is referring **only** to items **similar to the detail;** in this case, **just as the detail,** i.e., silver shekels, **is explicitly something that is movable and has intrinsic monetary** value, **so too, anything that is movable and has intrinsic monetary** value can be used. This **excludes land, which is not movable property;** it **excludes** Canaanite **slaves, who are** halakhically **compared to land;** and it **excludes** promissory **notes,** because **even though they are movable property, they do not have intrinsic monetary** value.

אֲמַר לֵיהּ רָבִינָא לְאַמֵּימָר: רַבִּי דָּרֵישׁ רִיבּוּיֵי וּמִיעוּטֵי? וְהָא רַבִּי כְּלָלֵי וּפְרָטֵי דָּרֵישׁ!

Ravina said to Ameimar: Does **Rabbi** Yehuda HaNasi really **expound** verses through the method of **amplifications and restrictions? But doesn't Rabbi** Yehuda HaNasi **expound** verses through the method of **generalizations and details?**

דְּתַנְיָא: ״מַרְצֵעַ״, אֵין לִי אֶלָּא מַרְצֵעַ, מִנַּיִן לְרַבּוֹת הַסּוֹל וְהַסִּירָה, הַמַּחַט וְהַמַּקְדֵּחַ וְהַמַּכְתֵּב? תַּלְמוּד לוֹמַר: ״וְלָקַחְתָּ״, כָּל דָּבָר שֶׁנִּלְקַח בַּיָּד, דִּבְרֵי רַבִּי יוֹסֵי בְּרַבִּי יְהוּדָה. רַבִּי אוֹמֵר: ״מַרְצֵעַ״ – מַה מַּרְצֵעַ מְיוּחָד שֶׁל מַתֶּכֶת – אַף כָּל שֶׁל מַתֶּכֶת;

This is **as it is taught** in a *baraita*: The Torah provides the process by which a Hebrew slave who has already completed his six years of servitude may continue on as a slave of his master: "And you shall take the **awl** and put it through his ear and in the door" (Deuteronomy 15:17). From this verse, **I have** derived **only** that **an awl** can be used; **from where** do I know **to include the thorn of a palm** [*hasol*],[L] **and a thorn,**[B] **a needle, and a gimlet, and a stylus** for writing on wax, as valid tools for piercing his ear? **The verse states: "And you shall take,"** which indicates that **anything that can be taken by hand** is a valid tool. This is **the statement of Rabbi Yosei, son of Rabbi Yehuda. Rabbi** Yehuda HaNasi **says:** Not all these items can be used. Rather, since the verse specifies an **"awl,"** only items similar to an awl can be used; **just as an awl is distinct**[H] in that it is fashioned **of metal, so too, anything** fashioned **of metal** can be used.

וְאָמְרִינַן: בְּמַאי קָא מִיפַּלְגִי? רַבִּי דָּרֵישׁ כְּלָלֵי וּפְרָטֵי, וְרַבִּי יוֹסֵי בְּרַבִּי יְהוּדָה דָּרֵישׁ

And we say with regard to this dispute: **About what do they disagree? Rabbi** Yehuda HaNasi **expounds** verses using the method of **generalizations and details, and Rabbi Yosei, son of Rabbi Yehuda, expounds** verses

LANGUAGE

Thorn of a palm [*sol*] – **סוֹל:** A similar term is mentioned in the Bible (Ezekiel 28:24). It refers to a thorn that grows on the leaves of the palm tree.

Thorn on a palm frond

BACKGROUND

Thorn – **סִירָה:** The *sira*, thorn, that is mentioned in the Bible is identified today with the thorny burnet, *Sarcopoterium spinosum*, of the rose family, Rosaceae. A small bush 30–60 cm high, it is tangled and thorny. It is commonly found in the hilly areas north of Beersheba, covering large areas on the peripheries of groves and places where thickets are found. The plant has thorny leaves with distinctive bracts surrounding small reddish flowers.

Thorny burnet

HALAKHA

Just as an awl is distinct, etc. – **מַה מַּרְצֵעַ מְיוּחָד וכו׳:** In order for a Hebrew slave to remain a slave to his master after having completed his six years of servitude he must have his ear pierced. The procedure is done on the upper portion of his right ear using a metal tool. This is in accordance with the opinion of Rabbi Yehuda HaNasi (Rambam *Sefer Kinyan*, *Hilkhot Avadim* 3:9).

רִיבּוּיֵי וּמִיעוּטֵי!

using the method of **amplifications and restrictions.**

אִין, בְּעָלְמָא כְּלָלֵי וּפְרָטֵי דָּרֵישׁ, וְהָכָא הַיְינוּ טַעְמָא – כְּדְתָנָא דְּבֵי רַבִּי יִשְׁמָעֵאל.

Ameimar answers: **Yes, generally** Rabbi Yehuda HaNasi **expounds** verses using the method of **generalizations and details, but here,** with regard to the redemption of the firstborn, **this is the reason** that he expounds the verses using the method of amplifications and restrictions: He holds **in accordance with that which the school of Rabbi Yishmael taught.**

NOTES

But he himself does not hold accordingly – וְלֵיהּ לָא סְבִירָא לֵיהּ: Even though Rabbi Yehuda HaNasi himself did not hold in accordance with this opinion, the majority of the Sages did. Therefore, he taught an unattributed mishna in accordance with their opinion, thereby indicating that the *halakha* is in accordance with that opinion (Ritva). Alternatively, Rabbi Yehuda HaNasi taught the mishna in accordance with their opinion so that it could fit the formulation of the other *halakhot* in the mishna: There are two that are four (*Tosafot*; Rosh).

דְּתָנָא דְּבֵי רַבִּי יִשְׁמָעֵאל: ״בַּמָּיִם״ ״בַּמַּיִם״ שְׁנֵי פְּעָמִים, אֵין זֶה כְּלָל וּפְרָט אֶלָּא רִיבָּה וּמִיעֵט.

As the school of Rabbi Yishmael taught: When defining which fish it is permitted to eat, the verse states: "This you may eat, from whatever is in the water, anything that has fins and scales in the water, in the seas and in the streams" (Leviticus 11:9). The verse first states the general term: **"In the water," "in the water,"** mentioning it **twice,** and only afterward mentions the details, i.e., "in the seas and in the streams." When the general and detailed phrases are ordered in this way, they **are not** expounded as **a generalization and a detail,** but **rather** as **an amplification and a restriction.** Similarly, although Rabbi Yehuda HaNasi generally expounds verses using the method of generalizations and details, with regard to the redemption of the firstborn, since the verse mentions the two general terms first and mentions the specific detail only afterward, he expounds it using the method of amplifications and restrictions.

וְרַבָּנַן? אָמַר רָבִינָא, כִּדְאָמְרִי בְּמַעַרְבָא: כָּל מָקוֹם שֶׁאַתָּה מוֹצֵא שְׁתֵּי כְלָלוֹת הַסְּמוּכוֹת זֶה לָזֶה, הַטֵּל פְּרָט בֵּינֵיהֶן וְדוּנֵם בִּכְלָל וּפְרָט.

The Gemara asks: **And the Rabbis,** why do they expound the verse about the redemption of a firstborn as a generalization and a detail? **Ravina said: Like they say in the West,** Eretz Yisrael: **Wherever you find two generalizations juxtaposed to each other,** followed by a specific detail, **place** the **detail between** the two generalizations **and** thereby **expound them as a generalization and a detail** followed by another generalization.

הַשְׁתָּא דְּאָמְרַתְּ: רַבִּי כְּלָלֵי וּפְרָטֵי דָּרֵישׁ, בְּעַל כּוֹרְחֵיךְ קַשְׁיָא שְׁבוּעוֹת! אֶלָּא בִּשְׁבוּעוֹת נָסֵיב אַלִּיבָּא דְּרַבִּי עֲקִיבָא, וְלֵיהּ לָא סְבִירָא לֵיהּ.

The Gemara concludes the question it asked earlier: **Now that you said** that **Rabbi** Yehuda HaNasi **expounds** verses using the method of **generalizations and details, perforce** the mishna's ruling in the case of **oaths** is **difficult,** as it is derived by expounding the verse as an amplification and a restriction, and Rabbi Yehuda HaNasi does not generally expound verses in that manner. This contradicts Rav Kahana's explanation that the mishna expresses Rabbi Yehuda HaNasi's own opinion. **Rather,** one must say that **with regard to oaths,** Rabbi Yehuda HaNasi **formulated** the mishna **in accordance with** the opinion **of Rabbi Akiva, but he himself does not hold accordingly.**[N]

גּוּפָא: מִנַּיִן שֶׁאֵינוֹ חַיָּיב אֶלָּא עַל שֶׁיֵּשׁ בָּהּ יְדִיעָה בַּתְּחִלָּה וִידִיעָה בַּסּוֹף וְהֶעְלֵם בֵּינְתַיִם? תַּלְמוּד לוֹמַר ״וְנֶעְלַם״ ״וְנֶעְלַם״ שְׁנֵי פְּעָמִים, דִּבְרֵי רַבִּי עֲקִיבָא.

§ Above (4a), the Gemara cited a *baraita*. Now the Gemara analyzes **the** matter **itself.** The *baraita* states: **From where** is it derived **that one is liable** to bring a sliding-scale offering **only for** cases **in which** he **had awareness at the beginning and awareness at the end, but** had **a lapse of awareness in between,** when he actually transgressed? **The verse states** with regard to a person's awareness of the fact that he was impure: **"And it was concealed," "and it was concealed,"** mentioning it **twice** (Leviticus 5:2–3). The first mention teaches that one is liable only if during the transgression he was unaware of his status, and the second mention teaches that one is liable only if he had awareness of his status before the transgression. This is **the statement of Rabbi Akiva.**

רַבִּי אוֹמֵר: אֵינוֹ צָרִיךְ, הֲרֵי הוּא אוֹמֵר ״וְנֶעְלַם״ – מִכְּלָל שֶׁיָּדַע, ״וְהוּא יָדַע״ – הֲרֵי כָּאן שְׁתֵּי יְדִיעוֹת; אִם כֵּן, מַה תַּלְמוּד לוֹמַר ״וְנֶעְלַם״? לְחַיֵּיב עַל הֶעְלֵם טוּמְאָה וְעַל הֶעְלֵם מִקְדָּשׁ.

The *baraita* continues: **Rabbi** Yehuda HaNasi **says:** This proof **is not necessary,** as **it states** in the same verse: **"And it was concealed,"** which indicates, **by inference, that** initially **he had been aware;** and nevertheless the verse continues to state: **"And he was aware."** It emerges, then, that the verse refers **here** to **two** different periods of **awareness,** one before the transgression and one afterward. But **if so, why** must **the verse state: "And it was concealed,"** a second time? It is in order **to render one liable** both **for** a violation due to **a lapse of awareness of** the fact that he was **ritually impure and for** a violation due to **a lapse of awareness of** the fact that the place he entered was actually the **Temple.**

אָמַר מָר: ״וְנֶעְלַם״ – מִכְּלָל שֶׁיָּדַע. מַאי מַשְׁמַע? אָמַר רָבָא: מִדְּלָא כְּתִיב ״וְהִיא עֲלוּמָה מִמֶּנּוּ״.

The Master said in that *baraita*: The verse states: **"And it was concealed,"** which indicates, **by inference, that** initially **he had been aware.** The Gemara asks: **From where** is this **inferred? Rava said: From** the fact **that it is not written: And it is concealed from him,** which would have been the appropriate formulation had he never been aware of the matter at all. Accordingly, the phrase "and it was concealed" is to be understood as referring to a case in which he had been initially aware.

אֲמַר לֵיהּ אַבַּיֵי: אֶלָּא מֵעַתָּה, גַּבֵּי סוֹטָה דִּכְתִיב: ״וְנֶעְלַם מֵעֵינֵי אִישָׁהּ״ – מִכְּלָל דַּהֲוֵי יָדַע מֵעִיקָּרָא; אִי הֲוָה יָדַע מִי בָּדְקוּ לָהּ מַיָּא?

Abaye said to him: If that is so, then you should also make a similar inference **with regard to a suspected adulteress** [*sota*],[B] **as it is written** that she is liable to undergo the ordeal of drinking the bitter waters when "a man lay with her carnally, **and it was concealed from the eyes of her husband**" (Numbers 5:13). This would indicate, **by inference, that initially he had been aware** of the fact that his wife committed adultery. Abaye explains the difficulty: **If he** was actually **aware** that his wife had committed adultery, **would the** bitter **waters** have the power to **examine her?**

וְהָא תַּנְיָא: ״וְנִקָּה הָאִישׁ מֵעָוֹן וְהָאִשָּׁה הַהִוא תִּשָּׂא אֶת עֲוֹנָהּ״, בִּזְמַן שֶׁהָאִישׁ מְנוּקֶּה מֵעָוֹן – הַמַּיִם בּוֹדְקִין אֶת אִשְׁתּוֹ, אֵין הָאִישׁ מְנוּקֶּה מֵעָוֹן – אֵין הַמַּיִם בּוֹדְקִין אֶת אִשְׁתּוֹ!

But isn't it taught in a *baraita*: The verse states with regard to a case in which she is found guilty: **"And the husband will be free of sin and the wife shall bear her sin"** (Numbers 5:31). This verse teaches that only **when the husband is free of sin,**[H] **the water examines his wife,** but **if the husband is not free of sin, the water does not examine his wife.** If the husband had been aware that his wife had committed adultery, then she is forbidden to him and he is required to divorce her. The fact he did not divorce her is considered a sin; consequently, the waters cannot examine his wife.

וְתוּ, גַּבֵּי תּוֹרָה, דִּכְתִיב: ״וְנֶעֶלְמָה מֵעֵינֵי כָל חָי וּמֵעוֹף הַשָּׁמַיִם נִסְתָּרָה״, מִכְּלָל דְּאִיכָּא דַּהֲוָה יָדַע בֵּיהּ? וְהָכְתִיב: ״לֹא יָדַע אֱנוֹשׁ עֶרְכָּהּ״!

Abaye presents another difficulty to Rava: **And furthermore,** according to your understanding, you should also make a similar inference **with regard to Torah, as it is written: "And it was concealed from the eyes of all living creatures, and from those that soar in the heavens it was hidden"** (Job 28:21), which would indicate, **by inference, that** initially **there was** someone **who was aware of** the Torah. **But isn't it written: "No man knew its value,** and it is not known in the land of the living" (Job 28:13)?

אֶלָּא אֲמַר אַבַּיֵי, קָסָבַר רַבִּי: יְדִיעַת בֵּית רַבּוֹ שְׁמָהּ יְדִיעָה.

Rather, Abaye said: The formulation of the verse does not indicate that he actually realized he was impure; it indicates only that he was initially aware of the fact that he had come into contact with a source of impurity, but he failed to reach the obvious conclusion that he was thereby rendered impure. And **Rabbi** Yehuda HaNasi **holds** that the elementary **knowledge** of the *halakhot* of ritual impurity that a person gained in his childhood **from his school**[N] **is** sufficient, in light of his awareness of the fact he came into contact with a source of impurity, to be **considered awareness** of the fact that he was impure, and thereby render him liable to bring a sliding-scale offering.

אֲמַר לֵיהּ רַב פַּפָּא לְאַבַּיֵי, אֶלָּא דְּקָתָנֵי: אֵין בָּהּ יְדִיעָה בַּתְּחִלָּה וְיֵשׁ בָּהּ יְדִיעָה בַּסּוֹף, מִי אִיכָּא דְּלֵית לֵיהּ יְדִיעַת בֵּית רַבּוֹ? אֲמַר לֵיהּ: אִין, מַשְׁכַּחַתְּ לָהּ בְּתִינוֹק שֶׁנִּשְׁבָּה לְבֵין הַגּוֹיִם.

Rav Pappa said to Abaye: But how can you explain the *halakha* **that is taught** in the mishna: For cases in which **he did not have awareness at the beginning but had awareness at the end?** According to your explanation, **is there** anyone **who does not have** the elementary **knowledge** of the *halakhot* of ritual impurity that he gained **from his school?** Abaye **said to him: Yes, you find it in the case of a child who was taken captive among gentiles,** who never received even the most elementary level of knowledge.

NOTES

Knowledge from his school, etc. – יְדִיעַת בֵּית רַבּוֹ וכו׳: Rashi explains that the case is one where a person knew that he touched the carcass of a creeping animal that imparts impurity, and he knew that it is prohibited to enter the Temple while impure. Nevertheless, he would fail to reach the obvious conclusion that since he touched the carcass, he was thereby rendered ritually impure. Rabbeinu Ḥananel suggests that the case is one where a person knew that he touched a carcass but was unaware that it was of the type that imparts impurity. Rabbeinu Tam explains that the case is one where a person realized that he was impure but did not know of the prohibition against entering the Temple while in such a state. According to this explanation, the fact the Gemara attributes such knowledge to one's education is precisely because these *halakhot* are not explicitly stated in the Torah and therefore must be learned orally in one's school (Ritva).

The early commentaries question why the Gemara needs to resort to the case of a child who was taken captive among gentiles when it is searching for a case where there was no awareness at the beginning. It would seem that a far more simple case would be where the person was entirely unaware of the fact that he had ever touched the carcass (Ramban, and see Ritva for a possible resolution).

BACKGROUND

Sota – סוֹטָה: The Torah describes the procedure governing a wife who secludes herself with a man of whom her husband had previously become suspicious, and concerning whom her husband had warned her in the presence of witnesses not to be alone with him (see Numbers 5:11–31). Once she disobeyed this warning and is observed alone with that man, she and her husband can no longer live together as man and wife until she has undergone an ordeal to determine whether or not she committed adultery.

The woman is taken to the Temple in Jerusalem and forced by the priests to stand in a public place while holding the special meal-offering she is required to bring. There, she is again questioned about her behavior. If she continues to protest her fidelity and takes an oath to that effect, a scroll is brought upon which is written the curses of the *sota* in the Torah. If she still does not admit that she has committed adultery, the scroll is submerged in a clay vessel filled with water taken from the Temple basin and some earth from the Temple floor, and the scroll's writing is dissolved in the water. The woman is then forced to drink that water. If the husband's allegation is true, in the words of the Torah: "Her belly shall swell and her thigh shall fall away" (Numbers 5:27), until ultimately the wife dies from the water's curse. If she is innocent, the water will bring her the blessing of children, and she is permitted to resume normal marital relations with her husband.

Sota ritual in the Temple

HALAKHA

When the husband is free of sin, etc. – בִּזְמַן שֶׁהָאִישׁ מְנוּקֶּה מֵעָוֹן וכו׳: The bitter waters do not have the power to examine a suspected adulteress unless her husband has never engaged in forbidden sexual intercourse after reaching majority. This applies even if that act of intercourse was forbidden only by rabbinic law (Rambam *Sefer Nashim*, *Hilkhot Sota* 2:8 and Ra'avad there).

״יְצִיאוֹת שַׁבָּת – שְׁתַּיִם שֶׁהֵן אַרְבַּע״. תְּנַן הָתָם: יְצִיאוֹת שַׁבָּת – שְׁתַּיִם שֶׁהֵן אַרְבַּע בִּפְנִים, וּשְׁתַּיִם שֶׁהֵן אַרְבַּע בַּחוּץ. מַאי שְׁנָא הָכָא דִּתְנָא ״שְׁתַּיִם שֶׁהֵן אַרְבַּע״, וְתוּ לָא, וּמַאי שְׁנָא הָתָם דְּתָנֵי: שְׁתַּיִם שֶׁהֵן אַרְבַּע בִּפְנִים, וּשְׁתַּיִם שֶׁהֵן אַרְבַּע בַּחוּץ?

§ The mishna states (2a): With regard to acts of **carrying out** that are prohibited **on Shabbat,** there are **two** types **that are four. We learned** in a mishna **there** (*Shabbat* 2a): With regard to acts of **carrying out** that are prohibited **on Shabbat,** there are primarily **two** basic actions **that are four** cases with regard to transferring an item **inside,** to a private domain; **and two** basic actions **that are four** cases with regard to transferring an item **outside,** to a public domain.[N] The Gemara asks: **What is different here that** the mishna **teaches:** There are **two** types **that are four, and nothing more; and what is different there,** in tractate *Shabbat,* **that** the mishna **teaches:** There are **two** actions **that are four** cases with regard to transferring an item **inside,** to a private domain, **and two** actions **that are four** cases with regard to transferring an item **outside,** to a public domain?

הָתָם דְּעִיקַּר שַׁבָּת הוּא – תָּנֵי אָבוֹת וְתוֹלָדוֹת, הָכָא דְּלָאו עִיקַּר שַׁבָּת הוּא – אָבוֹת תָּנֵי וְתוֹלָדוֹת לָא תָּנֵי.

The Gemara answers: **There,** in tractate *Shabbat,* **which is** where **the main** discussion of the *halakhot* **of Shabbat** is found, the mishna **teaches** both the **primary categories and** the **subcategories** of labor prohibited on Shabbat. But **here,** in tractate *Shevuot,* **which** does **not** contain **the main** discussion of the *halakhot* **of Shabbat,** the mishna **teaches the primary categories** of labor prohibited on Shabbat **but does not teach the subcategories** of labor.

אָבוֹת מַאי נִינְהוּ? יְצִיאוֹת, יְצִיאוֹת תַּרְתֵּי הָוְיָין!

The Gemara asks: **What are the primary categories** of transferring an item on Shabbat? They are acts of **carrying out**[N] from the private domain to the public domain. The Gemara objects: But the acts of **carrying out are** only **two** in number, i.e., where the carrying out is done by someone standing in the private domain and when it is done by someone in the public domain. Why then does the mishna state that there are four cases?

וְכִי תֵּימָא, מֵהֶן לְחִיּוּב וּמֵהֶן לִפְטוּר, וְהָא דּוּמְיָא דְּמַרְאוֹת נְגָעִים קָתָנֵי, מָה הָתָם כּוּלְּהוּ לְחִיּוּבָא, אַף הָכָא כּוּלְּהוּ לְחִיּוּבָא!

And if you would say that the mishna enumerates four types of carrying out, **among them** those **for** which there is **liability and among them** those **for** which there is **exemption,** that is not feasible, as **doesn't** the mishna **teach** this case as **similar to** the different **shades of** leprous **marks?** This would indicate that **just as there, all** four **of them** are types **for** which there is **liability, so too here,** with regard to carrying out on Shabbat, **all** four **of them** are types **for** which there is **liability.**

אֶלָּא אָמַר רַב פַּפָּא: הָתָם דְּעִיקַּר שַׁבָּת – תָּנֵי חִיּוּבֵי וּפְטוּרֵי, הָכָא – חִיּוּבֵי תָּנֵי וּפְטוּרֵי לָא תָּנֵי.

Rather, Rav Pappa said that the difference between the manner in which the *halakha* is cited in tractates *Shevuot* and *Shabbat* must be understood as follows: **There,** in tractate *Shabbat,* **which** contains **the main** discussion of the *halakhot* **of Shabbat,** the mishna **teaches** both cases of **liability and** cases of **exemption.** But **here,** in tractate *Shevuot,* which does not contain the main discussion of the *halakhot* of Shabbat, the mishna **teaches** only cases of **liability but does not teach** cases of **exemption.**

חִיּוּבֵי מַאי נִינְהוּ? יְצִיאוֹת, יְצִיאוֹת תַּרְתֵּי הוּא דְּהָוְיָין! שְׁתַּיִם דְּהוֹצָאָה וּשְׁתַּיִם דְּהַכְנָסָה.

The Gemara asks: **What are** the cases of **liability?** They are acts of **carrying out** from the private domain to the public domain. The Gemara objects: But the acts of **carrying out are** only **two** in number. Why then does the mishna state that there are four cases? The Gemara explains: There are **two** cases **of carrying out** an item from a private domain to a public domain **and two** more cases **of bringing in** an item from a public domain to a private domain.

וְהָא יְצִיאוֹת קָתָנֵי! אָמַר רַב אַשִׁי: תַּנָּא, הַכְנָסָה נַמִי הוֹצָאָה קָרֵי לַהּ. מִמַּאי?

The Gemara objects: **But** the mishna **teaches:** Acts of **carrying out.** It does not appear to mention acts of bringing in at all. **Rav Ashi said: The** ***tanna*** **also refers to** an act of **bringing in** an item **as** an act of **carrying out** an item. The Gemara asks: **From where** do we know this?

NOTES

Inside…outside – **בִּפְנִים...בַּחוּץ**: Rashi explains here that inside refers to carrying an item out to a private domain and outside refers to carrying an item out to the public domain. *Tosafot* note that in tractate *Shabbat,* Rashi explains that inside refers to a person standing in a private domain and the mishna means that from the perspective of a person situated in the private domain there are four different cases; and similarly another four from the perspective of a person situated in the public domain. *Tosafot* provide another interpretation according to which the terms inside and outside refer to one's liability to bring an offering. Inside refers to the courtyard of the Temple, and means cases for which one is liable to bring an offering inside the Temple. When the mishna says outside, the intention is that one may remain outside, as he is exempt from bringing an offering.

What are the primary categories? Acts of carrying out – **אָבוֹת מַאי נִינְהוּ יְצִיאוֹת**: The prohibition against transferring an item from one domain to another is never explicitly mentioned in the Torah. Nevertheless, there are various allusions to it, for example the verse: "No man shall leave his place on Shabbat" (Exodus 29:29), as the Gemara in tractate *Shabbat* explains. The prohibition against transferring an item from a private domain to a public domain is explicitly stated in the books of Jeremiah and Nehemiah; bringing in an item from a public domain to a private domain is not mentioned at all and is therefore regarded as a subcategory.

דִּתְנַן: הַמּוֹצִיא מֵרְשׁוּת לִרְשׁוּת – חַיָּיב; מִי לָא עָסְקִינַן דְּקָא מְעַיֵּיל עַיּוֹלֵי, וְקָא קָרֵי לֵיהּ הוֹצָאָה.

It is as we learned in a mishna (*Shabbat* 73a): **One who carries out** an item **from** one **domain to** another **domain**[H] **is liable.** The Gemara claims: **Are we not** also **dealing** with a case **where he is bringing** it **in** from a public domain to a private domain, **and** nevertheless the mishna **refers to it as carrying out?**

וְדִלְמָא קָא מַפֵּיק מֵרְשׁוּת הַיָּחִיד לִרְשׁוּת הָרַבִּים! אִם כֵּן, נִיתְנֵי: הַמּוֹצִיא מֵרְשׁוּת הַיָּחִיד לִרְשׁוּת הָרַבִּים, מַאי "מֵרְשׁוּת לִרְשׁוּת"? דַּאֲפִילּוּ מֵרְשׁוּת הָרַבִּים לִרְשׁוּת הַיָּחִיד,

The Gemara questions this assertion: **But perhaps** the mishna is dealing with a case of **carrying out** an item **from a private domain to a public domain.** The Gemara defends its claim: **If so, let it** instead **teach: One who carries out** an item **from a private domain to a public domain** is liable. **What** is the reason it used the more generalized formulation: **From** one **domain to** another **domain?** To teach **that** one is liable **even** if one transfers an item **from a public domain to a private domain.**

וְקָא קָרֵי לַהּ הוֹצָאָה. וְטַעְמָא מַאי? תָּנָא, כָּל עֲקִירַת חֵפֶץ מִמְּקוֹמוֹ הוֹצָאָה קָרֵי לַהּ.

The Gemara explains further: Even though the mishna addresses carrying an item in from a public domain to a private domain, **it refers to it as carrying out.** The Gemara explains: **What is the reason** for this? **The *tanna* refers to any** act that involves **removal of an item from its place as carrying out.** Accordingly, the term can appropriately be used even when an item is brought in to a private domain from a public domain.

אָמַר רָבִינָא: מַתְנִיתִין נַמִי דַּיְקָא, דְּקָתָנֵי: יְצִיאוֹת שַׁבָּת שְׁתַּיִם שֶׁהֵן אַרְבַּע בִּפְנִים וּשְׁתַּיִם שֶׁהֵן אַרְבַּע בַּחוּץ, וְקָא מְפָרֵשׁ הַכְנָסָה, שְׁמַע מִינַּהּ.

Ravina said: The language of **the mishna** in tractate *Shabbat* **is also precise** in indicating this, **as it teaches:** With regard to acts of **carrying out** [*yetziyyot*] that are prohibited **on Shabbat,** there are primarily **two** basic actions **that are four** cases from the perspective of a person **inside** a private domain, **and two** basic actions **that are four** cases from the perspective of a person **outside,** in a public domain. **And** then, immediately, in the continuation of that mishna, **it explicates** the cases of **bringing in** an item. **Conclude from it** that the term: Carrying out, is also used to refer to bringing in an item.

רָבָא אָמַר: רְשׁוּיוֹת קָתָנֵי, רְשׁוּיוֹת שַׁבָּת שְׁתַּיִם.

Rava said: One cannot make any inference from the language of the mishna, as it is not referring to acts of carrying out. Rather, **it teaches domains.**[N] In other words, it means: With regard to the **domains of Shabbat** there are **two** types, the existence of which leads to four types of prohibited transfers, two with regard to carrying out and two with regard to bringing in.

"מַרְאוֹת נְגָעִים – שְׁנַיִם שֶׁהֵן אַרְבָּעָה". תְּנַן הָתָם, מַרְאוֹת נְגָעִים שְׁנַיִם שֶׁהֵן אַרְבָּעָה: בַּהֶרֶת – עַזָּה כַּשֶּׁלֶג, שְׁנִיָּה לָהּ – כְּסִיד הַהֵיכָל;

§ The mishna teaches: With regard to different **shades of** leprous **marks,** there are **two** types **that are** actually **four. We learned** in a mishna **there** (*Nega'im* 1:1): With regard to different **shades of** leprous **marks,** there are **two** types **that are** actually **four:** The ***baheret,*** mentioned in the Torah (see Leviticus 13:2), is considered a primary mark; it is **an intense** white, **like snow.**[H] **Secondary to it,** i.e., a sub-category of it, is a mark that is white **like** the **lime** plaster **of the Sanctuary** walls.

HALAKHA

One who carries out from one domain to another domain – הַמּוֹצִיא מֵרְשׁוּת לִרְשׁוּת: The transfer of an item from one domain to another is one of the thirty-nine primary categories of labor. One who does so intentionally is liable to be executed by stoning. If there were no witnesses to his act or if he was not forewarned, such that he cannot be punished by the court, he is still liable to be punished with *karet*. One who performs this action unwittingly is liable to bring a sin-offering (Rambam *Sefer Zemanim*, *Hilkhot Shabbat* 7:1).

***Baheret* is an intense white like snow – בַּהֶרֶת עַזָּה כַּשֶּׁלֶג:** There are four different shades of leprous marks: A mark that is an intense white like snow is called a *baheret*. A mark that is darker by one degree of brightness, which is similar to the wool of a newly born lamb, is called a *se'et*. The next darker shade is the secondary mark of *baheret*, and the shade darker than that is the secondary mark of *se'et*. The Ra'avad claims that the ruling of the Rambam is in accordance with the opinion of Rabbi Akiva, because the Ra'avad assumes that according to the Rabbis a wool-white mark and a lime-colored mark have the same degree of brightness but differ in their hue, with a lime-colored mark having a similar hue to a snow-white mark and being only a darker shade (Rambam *Sefer Tahara*, *Hilkhot Tumat Tzara'at* 1:2).

NOTES

It teaches domains – רְשׁוּיוֹת קָתָנֵי: The early commentaries explain that Rava is not suggesting an emendation of the text of the mishna; rather, he is explaining that the word *yetziyyot* in the mishna itself is referring to domains. This is based on the use of the word in Numbers 34:5, which states: "And its outskirts [*totzotav*] shall be toward the sea." Onkelos translates the word *totzotav* as referring to a domain (Riva, cited in *Tosafot* on *Shabbat* 2b).

Rashi explains that the mishna in tractate *Shabbat* should also be interpreted in this way, and it means: There are two types of domains with regard to Shabbat, i.e., a public and a private domain, the existence of which leads to four different cases of bringing in and four of carrying out. For some of these there is liability and for some not. Other commentaries question this interpretation, both because the formulation of the mishna in *Shabbat* does not fit well according to it (see *Tosafot*) and because this way of reading: There are two that are four, differs significantly from the way it is used in the mishna in tractate *Shevuot*, where it always means there are two cases which actually comprise four (Ramban on *Shabbat* 2b). Accordingly, *Tosafot* offer that the mishna should be understood as saying: With regard to domains on Shabbat, there are two cases in which one is liable, which actually comprise four different cases.

שְׂאֵת – כְּצֶמֶר לָבָן, שְׁנִיָּה לָהּ – כִּקְרוּם בֵּיצָה.

That mishna continues: The *se'et* mentioned in the Torah is considered a primary mark; it is **like white wool. Secondary to it** is a mark that is white **like the membrane of an egg.** The ordering of different shades is relevant in determining which shades can be combined together. In order for a leprous mark to be halakhically significant, it must at least be the size of a split Cilician bean [*geris*]. If a mark is that size, but it is composed of different shades of white, none of which is alone the size of a *geris*, then if the different shades are compatible they can combine together and will thereby render the person ritually impure.

אָמַר רַבִּי חֲנִינָא: מַאן תְּנָא מַרְאוֹת נְגָעִים? דְּלָא כְּרַבִּי עֲקִיבָא, דְּאִי רַבִּי עֲקִיבָא, כֵּיוָן דְּאָמַר: זוֹ לְמַעְלָה מִזּוֹ וְזוֹ לְמַעְלָה מִזּוֹ, אִם כֵּן טִיהַרְתָּ סִיד הֵיכָל מִלְּצָרֵף;

Rabbi Ḥanina said: Who is the *tanna* who **taught** this mishna, which delineates the different **shades of leprous marks**[N] into two groups? It is **not in accordance with** the opinion of **Rabbi Akiva. As if** it were in accordance with the opinion of **Rabbi Akiva** one would be presented with a difficulty: **Since** with regard to which shades can combine together, Rabbi Akiva **says:** The different shades should be ordered **this** one **above this** one, **and that** one **above that** one, i.e., according to their degrees of brightness, from the most bright to the darkest shade, as follows: Snow white, i.e., *baheret*; wool white, i.e., *se'et*; lime; and egg membrane; and only two adjacent shades can combine together. But **if so, you have rendered pure** a mark that is white like the **lime** plaster **of the Sanctuary** walls and is smaller than a *geris*, as **it cannot be combined** with any other shade of white.

בַּהֲדֵי מַאן לִיצָרְפֵיהּ? לִיצָרְפֵיהּ בַּהֲדֵי בַּהֶרֶת – אִיכָּא שְׂאֵת דַּעֲדִיפָא מִינֵּיהּ, לִיצָרְפֵיהּ בַּהֲדֵי שְׂאֵת – לָאו תּוֹלָדָה דִּידֵיהּ הוּא.

The Gemara explains: **With which** other shade **could we combine** the lime-colored mark? We cannot say: **Let us combine it together with** a snow-white ***baheret***, which is the primary mark relative to a lime-colored mark, as **there is** a wool-white ***se'et*****, which is a more** bright white **than** a lime-colored mark but less bright than snow white. Since *baheret* is not adjacent to lime it cannot combine with it. We cannot say: **Let us combine it together with a** ***se'et*****,** as a lime-colored mark **is not its secondary** mark and a primary mark can combine only with its secondary mark. This is difficult because the mishna's categorization of a lime-colored mark as a secondary mark indicates that it can be combined with another shade of white. Perforce, the mishna is not in accordance with the opinion of Rabbi Akiva.

אִי הָכִי, קְרוּם בֵּיצָה נַמִי בַּהֲדֵי מַאן לִיצָרְפֵיהּ? לִיצָרְפֵיהּ בַּהֲדֵי שְׂאֵת – אִיכָּא סִיד דַּעֲדִיף מִינֵּיהּ, לִיצָרְפֵיהּ בַּהֲדֵי סִיד – לָאו בַּר מִינֵיהּ הוּא!

The Gemara asks: **If that is so,** that Rabbi Akiva holds that only adjacent shades of white can combine together, why didn't Rabbi Ḥanina **also** bring proof from a mark that is white like the **membrane of an egg,** as **with which** other shade **could we combine it?** We cannot say: **Let us combine it together with** a wool-white ***se'et*****,** which is the primary mark relative to an egg membrane–colored mark, as **there is a lime**-colored mark, **which is a more** bright white **than** an egg membrane–colored mark but less bright than wool white. Since *se'et* is not adjacent to egg membrane it cannot combine with it. We cannot say: **Let us combine it together with a lime-colored mark,** as it **is not its type,** i.e., they are not of the same category, and so they cannot combine.

NOTES

Who taught shades of leprous marks, etc. – מַאן תְּנָא מַרְאוֹת נְגָעִים וכו׳: Rashi explains that according to all opinions, when the four different shades are listed based on their increasing degrees of brightness, the resultant list is: Snow white, wool white, lime, egg membrane. Rabbi Akiva holds that the marks should be listed in this way and that based on this list, marks of any two shades that are adjacent to each other combine together. If the resultant mark is then at least the size of a *geris*, it is regarded as ritually impure.

The Rabbis disagree and hold that the four marks should not be listed based on their degree of brightness. Rather, they should be divided into two groups, each one containing a mark that is regarded as primary and one considered secondary. They then hold that only marks within the same category can combine together. Accordingly, the mishna, whose formulation suggests that there are two categories of marks each comprising two marks, appears to represent the opinion of the Rabbis and not that of Rabbi Akiva.

Ramban disagrees with Rashi's understanding. He explains that the Rabbis make a distinction between two different factors: The hue of the white, and its brightness. They hold that there are two hues of white that qualify as leprous marks, a white similar to snow and a white similar to wool. The brighter shade of each of these hues is regarded as a primary mark, and the darker shade of each hue is the secondary mark. According to this, there is no distinction in the brightness of the two secondary marks, only in their hue.

Rabbi Akiva disagrees with the Rabbis. He holds that all four marks are of the same hue and differ only in their brightness. Accordingly, he is of the opinion that it is not possible to consider a lime-colored mark as a secondary mark of a *baheret* because of the wool-white mark, which is brighter than the former and darker than the latter. Accordingly, it is clear that the mishna, which assumes that a lime-colored mark can combine with a *baheret*, is not in accordance with the opinion of Rabbi Akiva.

The Rashba and the Baal HaMaor present an entirely different explanation. They assert that the point of disagreement between the Rabbis and Rabbi Akiva is with regard to whether there is any distinction in brightness between a primary mark and its secondary mark. The Rabbis hold that both have an identical hue and brightness but have different textures, which one can sense by touching them. For example, a *se'et* feels like wool and its secondary mark feels like the lime plaster of the Temple. This also appears to be the opinion of the Ra'avad.

הַאי מַאי? בִּשְׁלָמָא בְּלָא סִיד הֵיכָל – קְרוּם בֵּיצָה לָא קַשְׁיָא, דְּאַף עַל גַּב דִּקְרוּם בֵּיצָה מִתַּתַּאי דִּשְׂאֵת, רַחֲמָנָא אָמַר: ״וְלַשְׂאֵת וְלַסַּפַּחַת״, סַפַּחַת טְפֵילָה לַשְׂאֵת, אַף עַל גַּב דְּמִנַּחְתָּא מִינֵּיהּ טוּבָא. אֶלָּא סִיד הֵיכָל קַשְׁיָא! אֶלָּא מְחַוַּורְתָּא, מַתְנִיתִין דְּלָא כְּרַבִּי עֲקִיבָא.

The Gemara answers: **What is this** comparison? **Granted,** it would all be well **were it not for** the difficulty with regard to a mark the color of the **lime** plaster **of the Sanctuary** walls, as the difficulty raised with regard to **an egg membrane**–colored mark is **not difficult. As even though** the shade of **an egg membrane** is two stages **below** that **of a** ***se'et*****, the Merciful One states: "And for a** ***se'et*** **and for a** ***sappaḥat***" (Leviticus 14:56), which indicates that a ***sappaḥat*** **is secondary to a** ***se'et*** and can combine with it **even though** a *sappaḥat* **is** of a **much lower** degree of brightness **than it.** Rabbi Akiva holds that both of the additional shades not explicitly mentioned in the Torah are derived from the word: *Sappaḥat,* and so both of them can combine with a *se'et.* **But** the difficulty raised with regard to a mark the color of the **lime** plaster **of the Sanctuary** walls is indeed **difficult. Rather, it is clear** that **the mishna is not in accordance with** the opinion of **Rabbi Akiva.**

וְהֵיכָא שָׁמְעִינַן לְרַבִּי עֲקִיבָא זוֹ לְמַעְלָה מִזּוֹ?

§ The Gemara elaborates on Rabbi Akiva's opinion: **And where have we learned** that **according to Rabbi Akiva** the different shades should be ordered **this** one **above that** one, i.e., according to their degrees of brightness, and only two adjacent shades can combine together?

אִילֵימָא מֵהָא דְּתַנְיָא: אָמַר רַבִּי יוֹסֵי, שָׁאַל יְהוֹשֻׁעַ בְּנוֹ שֶׁל רַבִּי עֲקִיבָא מֵרַבִּי עֲקִיבָא: מִפְּנֵי מָה אָמְרוּ מַרְאוֹת נְגָעִים שְׁנַיִם שֶׁהֵן אַרְבָּעָה? אָמַר לוֹ: וְאִם לָאו, מַה יֹּאמְרוּ? יֹאמְרוּ: מִקְּרוּם בֵּיצָה וּלְמַעְלָה טָמֵא!

If we say we learned it **from that which is taught** in the following *baraita*, it is difficult. The *baraita* teaches: **Rabbi Yosei said** that **Yehoshua, son of Rabbi Akiva,**[P] **asked of Rabbi Akiva: For what** reason **did** the Sages **say** that the different **shades of** leprous **marks are two** types **that are four,** and proceed to specify their names? Rabbi Akiva **said to him: But if not** that, **what** else **could they say?** Rabbi Yehoshua answered him: **Let them say** that any mark of a degree of brightness **from** that of **an egg membrane and above is ritually impure.**

אָמַר לוֹ: לוֹמַר שֶׁמִּצְטָרְפִים זֶה עִם זֶה. אָמַר לוֹ, וְיֹאמְרוּ: מִקְּרוּם בֵּיצָה וּלְמַעְלָה טָמֵא, וּמִצְטָרְפִין זֶה עִם זֶה! אָמַר לוֹ, לוֹמַר לְךָ: כׇּל כֹּהֵן שֶׁאֵינוֹ בָּקִי בָּהֶן וּבִשְׁמוֹתֵיהֶן – אֵינוֹ רוֹאֶה אֶת הַנְּגָעִים;

Rabbi Akiva **said to him:** They specified the four different shades in order **to say that they combine with each other**[H] in that order, i.e., each one with its adjacent shade. Rabbi Yehoshua **said to him:** If so, **let them** simply **say:** Any mark of a degree of brightness **from** that of an **egg membrane and above is ritually impure, and they combine with each other.** Rabbi Akiva **said to him:** They specified their names in order **to tell you: Any priest who is not an expert**[N] in distinguishing between **them** and in identifying **their names is not** authorized to **inspect the** leprous **marks** and make a decision regarding them.

וְאִילּוּ מִסִּיד הֵיכָל וּלְמַעְלָה לָא קָאָמַר;

The Gemara explains the difficulty: Rabbi Yehoshua suggested that according to Rabbi Akiva's opinion it should be sufficient to say that any mark of a degree of brightness from that of an egg membrane and upward is impure, **but he did not say** that it would also be necessary to add: And any mark of a degree of brightness **from** that of the **lime** plaster **of the Sanctuary** walls **and above** is impure. If Rabbi Akiva agrees to the categorization of the mishna, then it would be necessary to state separately each category of marks, in a dual formulation, in order to indicate that only shades that are categorized together can combine.

מִדְּלָא אֲמַר לֵיהּ, שְׁמַע מִינָּהּ דִּשְׁמִיעַ לֵיהּ לְרַבִּי עֲקִיבָא דְּאָמַר: כּוּלְּהוּ לְבַהֲדֵי שְׂאֵת מִצְטָרְפִין.

The Gemara suggests: **Conclude from** the fact **that he did not say** this **to** Rabbi Akiva **that** Rabbi Yehoshua **heard of Rabbi Akiva that he says: All** the different shades **combine with a** ***se'et*****.** Accordingly, both a snow-white *baheret* and a lime-colored mark will each combine with a *se'et,* as they are adjacent to it when listed in order of their degrees of brightness. An egg membrane–colored mark will also combine with a *se'et,* as it is derived from the word: *Sappaḥat,* and the Torah indicates that a *sappaḥat* is secondary to a *se'et.*

PERSONALITIES

Yehoshua son of Rabbi Akiva – יְהוֹשֻׁעַ בְּנוֹ שֶׁל רַבִּי עֲקִיבָא: Rashi writes that the reference here is to the Sage referred to elsewhere as Rabbi Yehoshua ben Korḥa. The term Korḥa, then, is not a name; it was an appellation for Rabbi Akiva due to the fact that he was bald, as *korḥa* means bald.

Tosafot in several places reject this theory. First, they claim that it is not correct to identify Rabbi Akiva's son with Rabbi Yehoshua ben Korḥa, because it would appear from the people with whom Rabbi Yehoshua ben Korḥa engaged in discussions that he lived in a different generation than that of Rabbi Akiva's son. Furthermore, *Tosafot* note that it would be unseemly to refer to Rabbi Akiva by the fact that he was bald. They suggest that the reason Yehoshua, son of Rabbi Akiva, is not mentioned elsewhere is because he died young, a theory supported by the fact that the Gemara elsewhere states that several of Rabbi Akiva's sons died during his lifetime.

HALAKHA

They combine with each other – מִצְטָרְפִים זֶה עִם זֶה: All the shades of leprous marks combine with each other, both when this results in a stringency and when this results in a leniency. It can result in a stringency in a case in which there is a mark that is greater than the size of a *geris* but consists of various different shades, each of which is smaller than a *geris*. In such a case, the shades combine together to render the mark impure. It can result in a leniency with regard to the *halakha* that if a white mark covers a person's entire body he is regarded as pure. In such a case, even if the mark is composed of varying shades of white, they combine together to render him pure.

If the shades always combine together, why was it necessary for the Sages to list the various shades of leprous marks and categorize them as two groups that comprise four different shades? It was because in order to determine whether a mark is impure the priest must be expert in recognizing and identifying the different shades and their names. If he is unable to do so, he may not rule about leprous marks. This is in accordance with the opinion of Rabbi Akiva (Rambam *Sefer Tahara, Hilkhot Tumat Tzara'at* 1:3, and see Ra'avad and *Kesef Mishne* there).

NOTES

Any priest who is not an expert – כׇּל כֹּהֵן שֶׁאֵינוֹ בָּקִי: A leprous mark is regarded as impure only once it has been declared impure by a priest. As the Gemara notes elsewhere, if the priest who identifies the mark is not knowledgeable about the differences between the various marks, then an Israelite scholar who understands the differences may identify whether the mark is leprous or not and then instruct the priest to declare it pure or impure. In light of that *halakha*, the Gemara here should be understood as referring to a case where the priest himself is identifying the nature of the mark, and therefore he must be an expert himself. The Ramban notes that in some manuscripts of the Gemara, and also in the Jerusalem Talmud, the word priest is not mentioned. Accordingly, the requirement refers to whichever person is identifying the mark, whether he is a priest or an Israelite scholar.

וְדִלְמָא שְׂאֵת וְתוֹלַדְתָּהּ, בַּהֶרֶת וְתוֹלַדְתָּהּ!

The Gemara rejects this proof: **But perhaps** Rabbi Akiva does hold that the only combinations possible are ***a se'et* and its secondary** mark, i.e., an egg membrane–colored mark; and **a *baheret* and its secondary** mark, i.e., a lime-colored mark. And perhaps Rabbi Yehoshua in fact proposed that the Sages should use a dual formulation, but the *baraita* cites only the first half of his suggestion.

אֶלָּא מִדְּרַבִּי חֲנִינָא, דְּאָמַר רַבִּי חֲנִינָא: מָשָׁל דְּרַבִּי עֲקִיבָא לְמָה הַדָּבָר דּוֹמֶה? לְאַרְבָּעָה כּוֹסוֹת שֶׁל חָלָב, אֶחָד נָפְלוּ לְתוֹכוֹ שְׁתֵּי טִיפִּין שֶׁל דָּם, וְאֶחָד נָפְלוּ לְתוֹכוֹ אַרְבַּע טִיפִּין שֶׁל דָּם, וְאֶחָד נָפְלוּ לְתוֹכוֹ שְׁמוֹנֶה, וְאֶחָד נָפְלוּ לְתוֹכוֹ שְׁתֵּים עֶשְׂרֵה טִיפִּין, וְאָמְרִי לָהּ: שֵׁשׁ עֶשְׂרֵה טִיפִּין, שֶׁכּוּלָּן מַרְאוֹת לוֹבֶן הֵן, אֶלָּא שֶׁזֶּה לְמַעְלָה מִזֶּה וְזֶה לְמַעְלָה מִזֶּה;

Rather, Rabbi Akiva's opinion can be inferred **from that** which **Rabbi Ḥanina** says, **as Rabbi Ḥanina says:** The following is **an analogy** to illustrate the opinion **of Rabbi Akiva: To what is this matter comparable?** It is comparable **to four cups of milk,**[H] and **two drops of blood fell into one** of them, **and four drops of blood fell into** another **one** of them, **and eight** drops of blood **fell into** another **one, and twelve drops** of blood **fell into** the last **one. And some say** that **sixteen drops** fell into the last cup. This is a suitable analogy, **as** the milk in **all of** the cups still **has** a similar **shade of white, but** the cups can be ordered according to their degrees of brightness, **as this** one is **above this** one, **and that** one is **above that** one. Rabbi Ḥanina's analogy would appear to portray Rabbi Akiva's opinion in the same way it was cited earlier.

אֵימוּר דְּשָׁמְעַתְּ לֵיהּ לְרַבִּי עֲקִיבָא – בְּפָתוּךְ, בְּחָלוּק מִי שָׁמְעַתְּ לֵיהּ?

The Gemara rejects this. The Torah states that a "reddish-white affliction" (Leviticus 13:42), not just a flawless white one, renders a person ritually impure. Therefore, the Gemara suggests: **Say that you heard Rabbi Akiva** express this opinion **with regard to** combining different shades of a mark that is **mixed** [***befatukh***][LN] with red, which is the case most similar to the analogy offered by Rabbi Ḥanina, but **with regard to** different shades of **flawless** white, **have you heard** Rabbi Akiva express this opinion?

וְכִי תֵּימָא: כִּי הֵיכִי דְּשָׁמְעַתְּ לֵיהּ בְּפָתוּךְ הָכִי שָׁמְעַתְּ לֵיהּ בְּחָלוּק, וּבְפָתוּךְ גּוּפֵיהּ מִי שָׁמְעַתְּ לֵיהּ? וְהָתַנְיָא, רַבִּי עֲקִיבָא אוֹמֵר: אֲדַמְדָּם שֶׁבָּזֶה וְשֶׁבָּזֶה כְּיַיִן הַמָּזוּג בְּמַיִם, אֶלָּא שֶׁל בַּהֶרֶת עַזָּה כְּשֶׁלֶג, וְשֶׁל סִיד דֵּיהָה הֵימֶנָּה;

And if you would say that **just as you heard** Rabbi Akiva express this opinion **with regard to** a mark that is **mixed** with red, **so too,** by logical extension, **you have** effectively **heard** Rabbi Akiva express this opinion **with regard to** different shades of **flawless** white, as what possible reason is there to differentiate between them, this is difficult. **And** this suggestion is problematic, as **in the case of a mixed** reddish-white mark **itself, did you** ever **hear him** express this opinion? **But isn't it taught** otherwise in a mishna (*Nega'im* 1:2): With regard to the various shades of white that are mixed with red, **Rabbi Akiva says** the **reddish** variation **of this** one, i.e., of a *baheret*, **and of that** one, i.e., of a lime-colored mark, **are like wine diluted in water,**[N] **except** for the following distinction: That the reddish variation **of a *baheret* is** still an **intense** white, **like snow,** albeit with a somewhat pinkish hue, **but** the reddish variation **of lime is darker than it.**

HALAKHA

Comparable to four cups of milk, etc. – **לְאַרְבָּעָה כּוֹסוֹת שֶׁל חָלָב וכו׳**: How do the reddish varieties of the four shades of leprous marks appear? The reddish variety of a *baheret* is like a cup of milk mixed with sixteen drops of blood. The reddish variety of a *se'et* is like a cup of milk mixed with eight drops of blood. The reddish variety of a lime-colored mark is like a cup of milk mixed with four drops of blood, and that of an egg membrane–colored mark is like a cup of milk mixed with two drops of blood. The Ra'avad disagrees and holds the opposite opinion: The reddish variety of a *baheret* is actually the whitest of the marks and it looks like a cup of milk with just two drops of blood mixed in, and so on (Rambam *Sefer Tahara, Hilkhot Tumat Tzara'at* 1:4).

LANGUAGE

Mixed [*patukh*] – **פָּתוּךְ**: The root *peh, tav, khaf* means to mix. With regard to leprous marks it refers to white mixed with red. It would appear that the root is borrowed from Aramaic, where it is used extensively, especially in the Aramaic translations of the Bible. Its original source remains unclear.

NOTES

Mixed – **פָּתוּךְ**: The Rambam explains in his Commentary to tractate *Nega'im* that all four reddish versions of the leprous marks have the same intensity of red, but to achieve that, more red must be added to the brighter shades and less to the darker shades. The Ra'avad assumes that the intensity changed between the four shades commensurate to the brightness of that shade.

Like wine diluted with water – **כְּיַיִן הַמָּזוּג בְּמַיִם**: Rabbi Ḥanina cited Rabbi Akiva as being of the opinion that the reddish versions of the marks look like wine mixed with milk. In the Gemara here, Rabbi Akiva is cited as saying that the color is similar to wine diluted in water. Rashi explains that according to Rabbi Ḥanina, the marks have a strong, evenly distributed reddish hue, whereas according to Rabbi Akiva himself, the redness is not evenly spread but rather appears with intensity at various points, with clear water surrounding it (see Ramban; Maharsha).

Other early commentaries explain the issue differently. They assert that even when wine is diluted in water its redness spreads evenly, but the red color is far less intense than when it is mixed with milk. This opinion should be understood in relation to the opinion of Rabbi Yishmael that appears at the beginning of the mishna cited from tractate *Nega'im*. Rabbi Yishmael says there: The reddish version of a snow-white mark is like wine diluted in water and the reddish version of a lime-colored mark is like blood mixed into milk. Ramban explains that Rabbi Akiva disagrees with Rabbi Yishmael and holds that just as there is no distinction in hue between the various shades of leprous marks, in accordance with the Ramban's understanding of Rabbi Akiva's opinion, so too there is no distinction between their reddish varieties. By contrast, the Ra'avad explains that Rabbi Yishmael holds that the white part of the marks in the reddish variety is unaffected, but there are streaks of red throughout them. Rabbi Akiva disagrees with this and holds that the two colors merge to form a single, smooth, reddish hue.

וְאִם אִיתָא, שֶׁל צֶמֶר דֵּיהָה הֵימֶנָּה מִיבָּעֵי לֵיהּ!

And if it is so that Rabbi Akiva lists the different shades in decreasing order of their degree of brightness, then after mentioning the reddish variation of *baheret* **he should have** next **said:** The reddish variation **of a wool**-white mark **is darker than it,** not that the reddish variation of lime is darker than it.

אָמְרִי: אִין הָכִי נַמִּי; וְהָתַנְיָא, רַבִּי נָתָן אוֹמֵר: לֹא שֶׁאָמַר רַבִּי עֲקִיבָא שֶׁל סִיד דֵּיהָה הֵימֶנָּה, אֶלָּא: שֶׁל צֶמֶר דֵּיהָה הֵימֶנָּה.

They said in response to this: **Yes, it is indeed so** that Rabbi Akiva continues by referring to the reddish variations of a wool-white mark, **and it is taught** likewise in a *baraita* that **Rabbi Natan says,** referring to that mishna: It is **not** correct **that Rabbi Akiva said:** The reddish variation **of lime is darker than it; rather,** he said that the reddish variation **of a wool-white mark is darker than it.**

וּמְנָלַן דְּבַהֶרֶת עַזָּה הִיא? אֲמַר אַבַּיֵי, אָמַר קְרָא: "אִם בַּהֶרֶת לְבָנָה הִיא", הִיא לְבָנָה וְאֵין אַחֶרֶת לְבָנָה.

§ The Gemara considers the source from which the different shades of marks are derived: **And from where do we** derive **that** *baheret* **is an intense** white color? **Abaye said: The verse states:** "And **if it is a white** ***baheret***" (Leviticus 13:4), which indicates that **it** alone is a bright **white and there is no other** as **white** as it.

תָּנוּ רַבָּנַן: בַּהֶרֶת – עֲמוּקָּה, וְכֵן הוּא אוֹמֵר: "וּמַרְאֶהָ עָמֹק מִן הָעוֹר", כְּמַרְאֵה חַמָּה הָעֲמוּקָּה מִן הַצֵּל. "שְׂאֵת" – אֵין שְׂאֵת אֶלָּא גָּבוֹהַּ, וְכֵן הוּא אוֹמֵר: "עַל כָּל הֶהָרִים הָרָמִים וְעַל כָּל הַגְּבָעוֹת הַנִּשָּׂאוֹת". "סַפַּחַת" – אֵין סַפַּחַת אֶלָּא טְפֵילָה, וְכֵן הוּא אוֹמֵר: "וְאָמַר סְפָחֵנִי נָא".

The Sages taught in a *baraita*: The bright shade of **a** ***baheret*** makes it appear **deeper**[H] than the surrounding skin, **and so** the verse **states: "And its appearance is deeper than the skin"** (Leviticus 13:25). This is **like the appearance of** an area illuminated by the **sun,**[N] **which** appears **deeper than** the area in **the shade.** The darker shade of **a** ***se'et*** makes it appear as though it is raised above the surrounding skin; this is indicated by the fact that the word *se'et* means **nothing other than raised, and so** the verse **states: "Upon all the high mountains and upon all the raised up [*hanissaot*] hills"** (Isaiah 2:14). The words *hanissaot* and *se'et* share the same Hebrew root and both refer to something raised up. In the verse: "For a *se'et* and for a *sappaḥat*" (Leviticus 14:56), the word ***sappaḥat*** means **nothing other than secondary, and so** the verse **states: "And he will say: Append me [*sefaḥeni*] please** to one of the priestly classes to eat a piece of bread" (I Samuel 2:36). This teaches that there is a leprous mark that is secondary and appended to a *se'et*. This is a mark that is the color of an egg membrane.

אַשְׁכְּחַן טְפֵילָה לִשְׂאֵת, טְפֵילָה לְבַהֶרֶת מְנָלַן? אֲמַר רַבִּי זֵירָא: נֶאֶמְרָה "לְבָנָה" בִּשְׂאֵת וְנֶאֶמְרָה "לְבָנָה" בְּבַהֶרֶת, מָה "לְבָנָה" הָאֲמוּרָה בִּשְׂאֵת יֵשׁ לָהּ טְפֵילָה, אַף "לְבָנָה" הָאֲמוּרָה בְּבַהֶרֶת יֵשׁ לָהּ טְפֵילָה.

We found a source for a mark that is **secondary to a** ***se'et*****; from where do we** derive that there is also a mark that is **secondary to a** ***baheret*****? Rabbi Zeira said: "White"** (Leviticus 13:10) **is stated with regard to a** ***se'et*** **and "white"** (Leviticus 13:4) **is stated with regard to a** ***baheret***. This teaches that **just as** the shade of **white stated with regard to a** ***se'et*** **has a secondary** mark, i.e., the mark that is the color of an egg membrane, **so too,** the shade of **white stated with regard to a** ***baheret*** **has a secondary** mark, i.e., the lime-colored mark.

בְּמַתְנִיתָא תָּנָא: הִטִּיל הַכָּתוּב לְסַפַּחַת בֵּין שְׂאֵת לְבַהֶרֶת, לוֹמַר לָךְ: כְּשֵׁם שֶׁטְּפֵילָה לִשְׂאֵת, כָּךְ טְפֵילָה לְבַהֶרֶת.

A different source for this **was taught in a** ***baraita*****: The verse** (see Leviticus 13:2) **placed** the word ***sappaḥat*** **between** ***se'et*** **and** ***baheret*****, to say to you: Just as** there is a shade that is **secondary to a** ***se'et*****, so too,** there is a shade that is **secondary to a** ***baheret***.

"שְׂאֵת כְּצֶמֶר לָבָן". מַאי "צֶמֶר לָבָן"? אָמַר רַב בֵּיבָי אָמַר רַב אַסִי: צֶמֶר נָקִי בֶּן יוֹמוֹ שֶׁמְּכַבְּנִין בּוֹ לְמֵילָת.

The mishna in *Nega'im* cited above states: **A** ***se'et*** is **like white wool.** The Gemara asks: **What** is meant by **white wool? Rav Beivai says that Rav Asi says:** It is the color of **clean wool** from a lamb **that is wrapped up [*mekhabnin*]**[L] in a cover when it is **one day old** in order to protect it from being sullied, so that the wool will be suitable **for** producing **a fine wool** garment.

LANGUAGE

Wrapped up [*mekhabnin*] – מְכַבְּנִין: Some hold that *kaban* means to wrap, to tie around, and is used here to describe how the lamb would be wrapped up to prevent its wool from becoming soiled and thereby preserve its pure bright white color.

HALAKHA

A *baheret* is deeper – בַּהֶרֶת עֲמוּקָּה: A mark is regarded as ritually impure only if it appears to be deeper than the surrounding skin, even though it is not actually recessed into the skin. The Ra'avad notes that a *se'et* appears to be raised above the surrounding skin (Rambam *Sefer Tahara*, *Hilkhot Tumat Tzara'at* 1:6, and see *Kesef Mishne* there).

NOTES

Like the appearance of an area illuminated by the sun, etc. – כְּמַרְאֵה חַמָּה וכו׳: A precise reading of the verse describing a *baheret* reveals that it is not actually recessed into the skin, but it appears as though it is. The Gemara explains that this phenomenon is achieved whenever something is brighter than its surroundings, and therefore it follows that a *baheret* is a bright shade of white. Based on the same logic, it is apparent that a *se'et* is a darker shade and therefore appears as though it protrudes above the skin. It should be noted that the Ramban, in his commentary on the Torah (Leviticus 13:3), claims that in general, something that is brighter than its surroundings does not appear to be recessed. This phenomenon occurs only when it is significantly brighter, as in the case of the intensely white *baheret*.

The foregoing, which assumes that all types of leprous marks are flush with the skin, is based on the opinion of the Rambam. The Ra'avad holds, based on his interpretation of the Gemara here, that a *se'et* protrudes above the skin.

אָמַר רַבִּי חֲנִינָא: מָשָׁל דְּרַבָּנַן לְמָה הַדָּבָר דּוֹמֶה? לִתְרֵי מַלְכֵי וְלִתְרֵי אִיפַּרְכֵי, מַלְכּוֹ שֶׁל זֶה לְמַעְלָה מִמַּלְכּוֹ שֶׁל זֶה, וְאִיפַּרְכוֹ שֶׁל זֶה לְמַעְלָה מֵאִיפַּרְכוֹ שֶׁל זֶה.

§ In continuation of his statement cited above **Rabbi Ḥanina says:** The following is **an analogy** to illustrate the opinion **of the Rabbis,**[N] i.e., the opinion expressed in the mishna in *Nega'im* (1:1) that both a *baheret* and a *se'et* have marks that are secondary to them. **To what is this matter comparable? To two kings and to two governors** [*iparkhei*][L] where, with regard to their supremacy, **the king of this** governor **is above the king of that** governor, **and the governor of this** king **is above the governor of that** king. The two kings are analogous to a *baheret* and a *se'et* and their two governors are, respectively, a lime-colored mark and an egg membrane–colored mark. Accordingly, the order of supremacy is: *Baheret*, *se'et*, lime-colored mark, egg membrane–colored mark.

הַאי זֶה לְמַעְלָה מִזֶּה וְזֶה לְמַעְלָה מִזֶּה הוּא!

The Gemara questions whether this is a suitable analogy for the opinion of the Rabbis: But **this** analogy suggests that the shades are ordered, **this** one **above this** one **and that** one **above that** one, i.e., according to their degrees of brightness. That is Rabbi Akiva's opinion, not the opinion of the Rabbis.

אֶלָּא, מַלְכּוֹ שֶׁל זֶה לְמַעְלָה מֵאִיפַּרְכֵיהּ דְּנַפְשֵׁיהּ, וּמַלְכּוֹ שֶׁל זֶה לְמַעְלָה מֵאִיפַּרְכֵיהּ דְּנַפְשֵׁיהּ.

Rather, a suitable analogy is where **the king of this** governor **is above his own governor, and the king of that** governor **is above his own governor.** So too, each secondary mark is subordinate only to its primary mark.

רַב אַדָּא בַּר אַבָּא אָמַר: כְּגוֹן מַלְכָּא וְאַלְקַפְטָא, רוֹפִילָא וְרֵישׁ גָּלוּתָא. הַאי זֶה לְמַעְלָה מִזֶּה הוּא! אֶלָּא, כְּגוֹן מַלְכָּא וְרוֹפִילָא, וְאַלְקַפְטָא וְרֵישׁ גָּלוּתָא.

The Gemara presents a different analogy. **Rav Adda bar Abba said: For example: A king, and a chief officer** [*alkafta*],[LB] **the vizier** [*rofila*],[L] **and the Exilarch;** each person in the list is more powerful than the subsequent one. The Gemara asks: But **this** analogy suggests that the shades are ordered, **this** one **above that** one, which is Rabbi Akiva's opinion. **Rather,** a suitable analogy is, **for example: A king and the vizier; and a chief officer and the Exilarch.** This list splits the four into two groups, each group containing one person who is subordinate to the other.

רָבָא אָמַר: כְּגוֹן שָׁבוֹר מַלְכָּא וְקֵיסָר.

The Gemara presents a different analogy. **Rava said:** The previous suggestion is not precise because all these positions, apart from the king, are subordinate to the king. A more precise analogy would be, **for example: King Shapur,** the king of Persia, with his subordinate; **and** the Roman **emperor** with his subordinate.

אֲמַר לֵיהּ רַב פַּפָּא לְרָבָא: הֵי מִינַּיְיהוּ עֲדִיף? אֲמַר לֵיהּ: בְּחוּרְשָׁא קָא אָכֵיל לֵיהּ! פּוֹק חֲזֵי טִיבְעָא דְּמַאן סָגֵי בְּעָלְמָא, דִּכְתִיב: ״וְתֵאכֻל כָּל אַרְעָא וּתְדוּשִׁנַּהּ וְתַדְּקִנַּהּ״, אָמַר רַבִּי יוֹחָנָן: זוֹ רוֹמִי חַיֶּיבֶת, שֶׁטִּיבְעָהּ יָצָא בְּכָל הָעוֹלָם כּוּלּוֹ.

Rav Pappa said to Rava: Which of them is greater, King Shapur or the Roman emperor? Rava **said to him: Does he eat in the forest,** i.e., do you live disconnected and unaware of events in the world at large? **Go out** and **see whose coin circulates**[B] **throughout the world,** which is an indicator of a government's influence, **as it is written** with regard to the fourth empire described in Daniel's dream of the future powers of the world: **"It shall devour the whole earth and tread upon it and break it into pieces"** (Daniel 7:23), and **Rabbi Yoḥanan says: This is the guilty** empire of **Rome whose coin circulates throughout the entire world.**

רָבִינָא אָמַר: כְּגוֹן גְּלִימָא דַּעֲמַר וְשַׁחֲקֵיהּ, סְדִינָא דְּכִיתָּנָא וְשַׁחֲקֵיהּ.

The Gemara presents a different analogy. **Ravina said: For example,** a new white **woolen garment and a frayed** one; a new **linen sheet and a frayed one.**[N]

NOTES

An analogy of the Rabbis – מָשָׁל דְּרַבָּנַן: The Rabbis hold that despite the fact that a lime-colored mark is a secondary mark of a *baheret*, being darker than it, it is in fact also darker than a *se'et*. The various analogies that the Gemara presents attempt to emphasize this point. The Baal HaMaor and the Rashba, who hold that a *se'et* and a lime-colored mark are of equal brightness, have a version of the Gemara's text that states: And the king of this one is like the governor (see *Milḥamot HaShem*).

A woolen garment…a new linen sheet and a frayed one – גְּלִימָא דַּעֲמַר...סְדִינָא דְּכִיתָּנָא וְשַׁחֲקֵיהּ: *Tosafot* note that elsewhere Rashi states that a worn garment is actually brighter than a new one. Therefore, they explain that the garments are not listed here in terms of their brightness but in terms of their importance. According to the opinion of the Ramban, who holds that the difference between the marks lies not only in their brightness but also in their hue, there is no need to make such a claim. Even if a worn garment is brighter than a new one, it certainly has a less intensely white hue.

LANGUAGE

Governors [*iparkhai*] – אִיפַּרְכֵי: From the Greek ἔπαρχος, *eparkhos*, which means commander of the army or governor of a state.

Chief officer [*alkafta*] – אַלְקַפְטָא: Derived from a pre-Sasanian Iranian word used for a high-ranking government official or inspector. Possibly it comes by way of the Greek, as it is similar to the Greek ἀργαπέτης, *agarpetēs*, which means commander of a fort.

Vizier [*rofila*] – רוֹפִילָא: Some suggest that this is derived from the Latin rufulus, a tribune of the soldiers elected by the army. However, this is inappropriate in the context, and therefore others contend that the text should read *rotila*, from the Latin rutulus, which refers to a king's viceroy.

BACKGROUND

A king and a chief officer, etc. – מַלְכָּא וְאַלְקַפְטָא וכו׳: The precise ranking of the various officials mentioned here is not known from early sources. Nevertheless, it would appear from this Gemara that the chief officer was directly subordinate to the king and was responsible for various governmental matters. The vizier had a higher ranking that the chief officer, although the latter was not subordinate to him but to the king alone. The Exilarch, an official position in the Persian Empire, was apparently subordinate to the viceroy and not directly to the king. Accordingly, in terms of their ranking they should be listed as: King, vizier, chief officer, Exilarch. Rav Adda bar Abba arranges them in two pairings to emphasize that the chief officer was subordinate to the king and not to the vizier, and as such provides an appropriate analogy for the relationships between the different shades of leprous marks.

Whose coin circulates – טִיבְעָא דְּמַאן סָגֵי: A comparison between the circulation of the coins of different empires can reveal their relative influence. Rav Pappa noted that throughout the world, Roman currency was more accepted commercially than currency of the Persian Empire, thereby indicating that the Roman Empire itself was more prominent.

In the period during which Rav Pappa and Rava lived, the Roman Empire was still a world power that stretched over large parts of Europe, Asia Minor, Eretz Yisrael, and North Africa. The Persian Empire succeeded in staving off Rome's attempts to conquer it, and even won several battles, but it remained a medium-sized empire compared to Rome.

״אֶת שֶׁיֵּשׁ בָּהּ יְדִיעָה בַּתְּחִלָּה״ וכו׳. תָּנוּ רַבָּנַן: מִנַּיִן שֶׁאֵין הַכָּתוּב מְדַבֵּר אֶלָּא בְּטוּמְאַת מִקְדָּשׁ וְקָדָשָׁיו?

§ The mishna (2a) states: In cases of defiling the Temple or its sacrificial foods **in which** one **had awareness at the beginning** and awareness at the end, but had a lapse of awareness in between while he actually transgressed, this person is liable to bring a sliding-scale offering. **The Sages taught** in a *baraita*: **From where** is it derived **that the verse**[N] that describes the liability for a sliding-scale offering (see Leviticus 5:2–4) **speaks of nothing other than** the **defiling of** the **Temple or its sacrificial** foods? While the verse mentions that a violation was committed due to a lapse of awareness of one's state of impurity, it does not mention which transgression was violated.

וְדִין הוּא: הוֹאִיל וְהִזְהִיר וְעָנַשׁ עַל הַטּוּמְאָה וְחִיֵּיב קָרְבָּן עַל הַטּוּמְאָה, מָה כְּשֶׁהִזְהִיר וְעָנַשׁ עַל הַטּוּמְאָה – לֹא הִזְהִיר וְעָנַשׁ אֶלָּא עַל טוּמְאַת מִקְדָּשׁ וְקָדָשָׁיו, אַף כְּשֶׁחִיֵּיב קָרְבָּן עַל הַטּוּמְאָה – לֹא חִיֵּיב אֶלָּא עַל טוּמְאַת מִקְדָּשׁ וְקָדָשָׁיו.

The Gemara explains: **And it is a logical inference: Since** the Torah has explicitly **prohibited and** also **prescribed punishment for the** intentional **defiling** of something sacred **and has rendered one liable** to bring **an offering for the** unwitting **defiling** of something sacred, it follows that **just as when it prohibited** and also **prescribed punishment for the defiling** of something sacred **it prohibited and** also **prescribed punishment only for the** intentional **defiling of** the **Temple or its sacrificial** foods; **so too, when it rendered one liable** to bring **an offering for the defiling**[H] of something sacred **it rendered one liable** to do so **only for the** unwitting **defiling of** the **Temple or its sacrificial** foods.

וְאֵימָא: תְּרוּמָה, שֶׁהִזְהִיר וְעָנַשׁ! לָא אַשְׁכְּחַן עָוֹן מִיתָה דְּחַיָּיב עֲלֵיהּ קָרְבָּן.

The Gemara asks: **But say** instead that the obligation to bring a sliding-scale offering is referring to a ritually impure person who partook of **the sacred portion of produce grown in Eretz Yisrael that is designated to be given to a priest [*teruma*], as** the Torah also **has** explicitly **prohibited and prescribed punishment** for this. One who partakes of *teruma* while ritually impure is liable to receive death at the hand of Heaven (see Leviticus 22:9). The Gemara answers: It cannot be referring to *teruma*, because **we do not find a sin** whose punishment for an intentional violation is **death,** with regard to **which** one **is liable** to bring **an offering** for its unwitting violation. Sin-offerings, of which the sliding-scale offering is one type, are brought only for transgressions whose intentional violation is punishable by *karet*.

אֵימָא: הָנֵי מִילֵּי קָרְבָּן קָבוּעַ, אֲבָל

The Gemara asks: But **say** that **this statement** applies only to **a fixed** sin-**offering, but**

Perek **I**
Daf **7** Amud **a**

עוֹלֶה וְיוֹרֵד נֵיתֵי, מִידֵּי דַּהֲוָה אַשְׁמִיעַת קוֹל וְאַבִּיטּוּי שְׂפָתַיִם!

one can bring a sliding-scale offering for the unwitting violation of a transgression whose intentional violation is not punishable by *karet*; **just as is** the case of a violation **for "hearing the voice"** (Leviticus 5:1),[B] which is where a litigant asks a witness to testify about an event and he takes a false oath that he did not witness the event, **and for** taking a false oath with the **"utterance of lips"** (Leviticus 5:4). In both of these cases, an intentional violation is not punishable by *karet*, and nevertheless one is liable to bring a sliding-scale offering for an unwitting violation.

NOTES

From where is it derived that the verse, etc. – **מִנַּיִן שֶׁאֵין הַכָּתוּב וכו׳**: This question is not an attempt to find the biblical source, as it is clear which verses are referring to the obligation to bring a sliding-scale offering. The question is how it is known that the verses should be interpreted to point specifically to the defiling of the Temple or its sacrificial foods. The verses state only that the person had become impure, but do not describe what he did after becoming impure.

In general it is clear that there is no prohibition per se for a non-priest to become impure, but there are various actions that are prohibited for a non-priest to do while he is in a state of impurity. Since the verses refer to the person being guilty, it is clear that they are discussing a case where he violated a prohibition, and the Gemara seeks to determine which prohibition is discussed.

HALAKHA

So too when it rendered one liable to bring an offering for the defiling, etc. – **אַף כְּשֶׁחִיֵּיב קָרְבָּן עַל הַטּוּמְאָה וכו׳**: The Torah does not explicitly state that one who defiles the Temple or its sacrificial foods is liable to bring a sliding-scale offering. The Sages learned this *halakha* as a tradition (Rambam *Sefer Korbanot*, *Hilkhot Shegagot* 10:5).

BACKGROUND

For hearing the voice – **אַשְׁמִיעַת קוֹל**: If an individual is approached by a litigant who asks him to testify in a court on his behalf, the witness must participate in the court proceedings. In the event that he denies having knowledge of the matter and takes a false oath to that effect, he will, upon subsequent confession of his lie, be required to bring a sliding-scale offering (Leviticus 5:1). It is irrelevant whether the false oath was taken intentionally or not.

BACKGROUND

Teruma – תְּרוּמָה: Whenever the term *teruma* appears without qualification, it refers to *teruma gedola*, the first portion of one's produce that is set aside to be given to a priest. The Torah commands that "the first fruit of your oil, your wine, and your grain" be given to the priest (Numbers 18:12). The Sages extended the scope of this mitzva to include all produce. This mitzva applies only to produce of Eretz Yisrael.

The Torah does not specify the amount of *teruma* that must be set aside; one may theoretically fulfill his obligation even by separating a single kernel of grain from an entire crop. The Sages established a measure: One-fortieth for a generous gift, one-fiftieth for an average gift, and one-sixtieth for a miserly gift. One may not set aside the other tithes until he has set aside *teruma*.

Teruma is endowed with sanctity and may be eaten only by a priest and his household while they are in a state of ritual purity (Leviticus 22:9–15). To emphasize that state of purity, the Sages obligated the priests to wash their hands before partaking of *teruma*. This is the source for the practice of washing one's hands prior to eating bread. A ritually impure priest or a non-priest who eats *teruma* is subject to the penalty of death at the hand of Heaven.

If *teruma* contracts impurity, it may no longer be eaten and must be burnt. Nevertheless, it remains the property of the priest and he may benefit from its destruction. Nowadays, *teruma* is not given to the priests because they have no definite proof of their priestly lineage. Nevertheless, the obligation to separate *teruma* still remains, although only a small portion of the produce is separated.

Karet – כָּרֵת: *Karet* is a divine punishment for serious transgressions. The precise definition of the term is a matter of dispute among the commentaries, with opinions including premature or sudden death, barrenness and the death of the sinner's children, and excision of the soul from the World-to-Come. Tractate *Karetot* mentions thirty-six transgressions punishable by *karet*, all of which are violations of prohibitions, with two exceptions: Neglecting to sacrifice the Paschal offering and failure to undergo circumcision.

Karet applies only to a person who intentionally commits a transgression. In certain instances, if the transgression was committed in the presence of witnesses, the transgressor is subject to execution by an earthly court or to the penalty of lashes. Anyone who inadvertently transgresses one of the prohibitions punishable by *karet* must bring a sin-offering as atonement.

NOTES

Until he brings a fixed sin-offering – עַד דְּמַיְיתֵי קָרְבָּן קָבוּעַ: This would have ramifications for a poor person. When he is liable to bring a sliding-scale offering he brings a bird offering, but for a fixed sin-offering one must bring a sheep.

אָמַר קְרָא: ״בָּהּ״, בָּהּ – לְמַעוּטֵי תְּרוּמָה.

The Gemara answers: It cannot be referring to one who partakes of *teruma* while ritually impure, as **the verse** concerning a sliding-scale offering **states:** "Or if he will touch impurity of a man in any manner of his impurity **through which** he can become impure" (Leviticus 5:3). The verse states **"through which" to exclude** an impure person who partakes of ***teruma***[B] from liability to bring a sliding-scale offering.

אֵימָא: ״בָּהּ״ – לְמַעוּטֵי מִקְדָּשׁ, דְּלָא סַגִּי לֵיהּ בְּקָרְבָּן עוֹלֶה וְיוֹרֵד עַד דְּמַיְיתֵי קָרְבָּן קָבוּעַ!

The Gemara asks: But **say** the verse states **"through which" to exclude** one who defiles the **Temple,** and teaches **that** due to the severity of that transgression it is **not sufficient for him** to achieve atonement **with a sliding-scale offering;** rather, he will not achieve atonement **until he brings a fixed** sin-**offering.**[N] Accordingly, no proof can be drawn from here.

קָרֵי רָבָא עֲלֵיהּ דְּרַבִּי: דּוֹלֶה מַיִם מִבּוֹרוֹת עֲמוּקִים;

Rava read the following verse **about Rabbi** Yehuda HaNasi: **"One who draws water from deep wells"** (see Proverbs 20:5); this verse describes Rabbi Yehuda HaNasi, because by delving deeply into the Bible he found a source that a sliding-scale offering atones for the unwitting defiling of sacrificial foods by partaking of them while ritually impure.

דְּתַנְיָא, רַבִּי אוֹמֵר: אֶקְרָא אֲנִי חַיָּה, בְּהֵמָה לָמָּה נֶאֶמְרָה? נֶאֱמַר כָּאן ״בְּהֵמָה טְמֵאָה״ וְנֶאֱמַר לְהַלָּן ״בְּהֵמָה טְמֵאָה״, מָה לְהַלָּן טוּמְאַת קוֹדֶשׁ, אַף כָּאן טוּמְאַת קוֹדֶשׁ.

This is **as it is taught** in a *baraita* concerning the verse: "Or if a person will have touched any impure object, whether the carcass of an impure animal [*ḥayya*] or the carcass of an impure domesticated animal [*behema*]" (Leviticus 5:2). **Rabbi** Yehuda HaNasi **says:** Since a domesticated animal is also referred to a *ḥayya*, it would be sufficient if **I would read** only the verse's clause about **a *ḥayya*. Why** then is an explicit clause about **a *behema* stated?** It is in order to derive a verbal analogy. It is **stated** in the verse **here: "An impure domesticated animal," and it is stated** in the verse **below** with regard to one who intentionally defiles an offering by partaking of it while he is impure: **"An impure domesticated animal"** (Leviticus 7:21). **Just as below** the reference is to the **defiling of sacrificial** foods, **so too here,** the reference is to the **defiling of sacrificial** foods.

אַשְׁכְּחַן טוּמְאַת קוֹדֶשׁ, טוּמְאַת מִקְדָּשׁ מְנָלַן? אָמַר קְרָא: ״בְּכׇל קֹדֶשׁ לֹא תִגָּע וְאֶל הַמִּקְדָּשׁ לֹא תָבֹא״, אִיתְקַשׁ מִקְדָּשׁ לְקוֹדֶשׁ.

The Gemara continues: **We found** a source for the *halakha* that the sliding-scale offering atones for the **defiling of sacrificial** foods; **from where do we** derive that it also atones for the **defiling of** the **Temple** by entering it while ritually impure? **The verse states** with regard to a woman after childbirth, who is impure due to having given birth: **"She may not touch any sacred item and she may not enter the Temple"** (Leviticus 12:4). The verse **juxtaposes the Temple to sacred** items to teach that the *halakhot* that apply to one apply to the other. Accordingly, the sliding-scale offering atones for both.

אִי הָכִי, תְּרוּמָה נַמִי, דְּאָמַר מָר: ״בְּכׇל קֹדֶשׁ לֹא תִגָּע״ – לְרַבּוֹת אֶת הַתְּרוּמָה!

The Gemara asks: **If so,** that the liability to bring a sliding-scale offering is derived from this verse, then one should **also** be liable to bring the offering if he partakes of ***teruma*** while impure, **as the Master said** that the general term "sacred item," in the verse: **"She may not touch any sacred item," serves to include *teruma*** in the prohibition. Accordingly, it should also be included in the obligation to bring a sliding-scale offering.

הָא מִיעֵט רַחֲמָנָא ״בָּהּ״. אֵימָא: ״בָּהּ״ – לְמַעוּטֵי מִקְדָּשׁ! מִסְתַּבְּרָא, מִקְדָּשׁ לָא מְמַעֲטִינַן, שֶׁכֵּן בְּכָרֵת כְּמוֹתָהּ.

The Gemara explains: **The Merciful One excludes** something with the term **"through which"** (Leviticus 5:3). Should **we say** that the term **"through which"** serves **to exclude** the defiling of the **Temple?** No, it **is reasonable** that **we should not exclude** the defiling of the **Temple, as** its intentional violation is punishable **by *karet*,**[B] **just like** one who defiles sacrificial foods by partaking of them while he is impure. Rather, the term must serve to exclude one who partakes of *teruma* while impure.

אַדְּרַבָּה, תְּרוּמָה לָא מְמַעֲטִינַן, שֶׁכֵּן אֲכִילָה כְּמוֹתָהּ!

The Gemara offers a counterargument: **On the contrary, we should not exclude** one who partakes of ***teruma*** while impure, **as** it is a violation done through **eating, similar to** one who eats sacrificial food while impure. Therefore, there is still no proof that one is liable to bring a sliding-scale offering for defiling the Temple.

אֶלָּא אָמַר רָבָא: שָׁלֹשׁ כָּרֵיתוֹת בִּשְׁלָמִים לָמָּה? אַחַת לִכְלָל, וְאַחַת לִפְרָט, וְאַחַת לְטוּמְאָה הַכְּתוּבָה בַּתּוֹרָה סְתָם וְאֵינִי יוֹדֵעַ מַה הִיא.

Rather, Rava said it can be derived from the following: **Why** does the Torah mention **three** times the punishment of ***karet* with regard to** one who partakes of **peace-offerings** while he is impure? The three times are Leviticus 22:3, 7:20, and 7:21. **One** time is **to** apply the punishment to the **general** case[N] of a ritually impure person who partakes of any type of offering, **and one** time is **to** apply it to the **specific** instance of a peace-offering, **and one** time is **to** apply it to another case of **defiling** something sacred **that is written in the Torah without specifying** what it is referring to, **and I do not know** from that passage **what** that case **is.**

הֱוֵי אוֹמֵר: טוּמְאַת קוֹדֶשׁ; וְאִם אֵינוֹ עִנְיָן לְטוּמְאַת קוֹדֶשׁ, דְּנָפְקָא לֵיהּ מִדְּרַבִּי, תְּנֵהוּ עִנְיָן לְטוּמְאַת מִקְדָּשׁ.

Rava continues: The only passage that describes the defiling of something sacred without specifying the situation is the passage in the Torah that discusses a sliding-scale offering brought for the defiling of sacrificial foods. Therefore, **you must say** that the third mention of *karet* is referring to the **defiling of sacrificial** foods. **But if it is not** needed to teach the **matter of defiling sacrificial** foods, **as that has been derived through** the verbal analogy **of Rabbi** Yehuda HaNasi, **apply it** to the **matter of defiling** the **Temple.** Accordingly, one who intentionally defiles the Temple by entering it while impure is liable to receive *karet*, and it is reasonable that he should be liable to bring a sliding-scale offering for doing so unwittingly.

וְהַאי מִיבָּעֵי לֵיהּ לְכִדְרַבִּי אַבָּהוּ, דְּאָמַר רַבִּי אַבָּהוּ: שָׁלֹשׁ כָּרֵיתוֹת בִּשְׁלָמִים לָמָּה? אַחַת לִכְלָל, וְאַחַת לִפְרָט, וְאַחַת לִדְבָרִים שֶׁאֵינָן נֶאֱכָלִין.

The Gemara asks: **But that** third mention **is necessary** in order **to** expound it **in accordance with** the statement **of Rabbi Abbahu, as Rabbi Abbahu says: Why** does the Torah mention **three** times the punishment of ***karet* with regard to** one who partakes of **peace-offerings** while he is ritually impure? **One** time is **to** apply the punishment to the **general** case of an impure person who partakes of any type of offering, **and one** time is **to** apply it to the **specific** instance of a peace-offering, **and one** time is **to** apply it to an impure person who eats **items that are not** generally **eaten,** such as frankincense.

וּלְרַבִּי שִׁמְעוֹן דְּאָמַר: דְּבָרִים שֶׁאֵינָן נֶאֱכָלִין אֵין חַיָּיבִין עֲלֵיהֶן כָּרֵת מִשּׁוּם טוּמְאָה – לְאִיתוּיֵי חַטָּאת הַפְּנִימִית; דִּסְלְקָא דַּעְתָּךְ אָמִינָא, הוֹאִיל וְאָמַר רַבִּי שִׁמְעוֹן: כָּל שֶׁאֵינוֹ קָרֵב עַל מִזְבֵּחַ הַחִיצוֹן כִּשְׁלָמִים אֵין חַיָּיבִין עָלָיו מִשּׁוּם פִּיגּוּל, מִשּׁוּם טוּמְאָה נַמִי לָא, קָא מַשְׁמַע לָן דְּמִיחַיֵּיב!

The Gemara adds: **And according to Rabbi Shimon, who says** that for **items that are not** generally **eaten**[H] **one is not liable** to be punished with ***karet*** for partaking of **them** while he is **ritually impure,** the third mention is necessary in order **to include** the case of an impure person who eats **an internal sin-offering,**[N] **as it could enter your mind to say** that **since Rabbi Shimon says: For any** type of offering **that is not sacrificed on** and its blood applied to **the external altar in the manner** that **peace-offerings** are, **one cannot be liable** to be punished with *karet* **for** eating it if it is ***piggul*,**[B] i.e., for eating such an offering if it was sacrificed with the intent to consume it after its appointed time. One might have thought that similarly, for such an offering, **one is also not** liable to be punished with *karet* **for** intentionally partaking of **it** while **ritually impure;** the third mention **teaches us that one is** indeed **liable.** Therefore, there is still no proof that one is liable to bring a sliding-scale offering for unwittingly entering the Temple while impure.

NOTES

One time is to apply the punishment to the general case, etc. – **אַחַת לִכְלָל וכו׳**: Even though the Gemara states that the first mention is for a general case and the second is for a specific case, Rashi observes that the mentions cannot be expounded using the method of generalizations and details. This is because the mentions of *karet* are far removed from one another; they are written in different passages. In light of this, Rashi explains that the derivation is based on a different one of the hermeneutical principles: A matter that was included in a generalization, but emerged to teach a new *halakha*, emerged to teach that *halakha* not just about itself but to teach that it is true for the entire generalization. See Meiri, who elaborates on this, and the Ri Migash, who bases this explanation on the way the exposition is presented in *Torat Kohanim*. See also *Tosafot*, who raise various difficulties with Rashi's explanation.

An internal sin-offering – **חַטָּאת הַפְּנִימִית**: This refers to a sin-offering that is not offered on the external altar, nor is its blood presented there. Rather, its blood is presented in the Sanctuary, and then its flesh, instead of being offered on the altar, is entirely burnt outside the Temple. One example of this is the Yom Kippur goat brought to atone for the people. This offering is therefore significantly different from a peace-offering, whose blood is sprinkled on the external altar and afterward some of its flesh is offered on the altar with the rest being consumed by people. According to Rabbi Shimon, since there is such a significant difference between the two offerings, one cannot apply *halakhot* that are stated with regard to a peace-offering to an internal sin-offering.

HALAKHA

Items that are not eaten, etc. – **דְּבָרִים שֶׁאֵינָן נֶאֱכָלִין וכו׳**: A ritually impure person who intentionally touches a sanctified item is liable to receive *karet*. The Rambam rules, in accordance with the opinion of Rabbi Shimon, that this applies only to items that are eaten, but not to items such as frankincense, which are not generally eaten. The Ra'avad disagrees, and holds in accordance with the Rabbis that one is liable to be punished with *karet* in all cases. The Rambam's ruling is based on the Gemara in tractate *Zevaḥim*, which states that the Rabbis accept Rabbi Shimon's opinion in matters of impurity of the body (Rambam *Sefer Avoda*, *Hilkhot Pesulei HaMukdashin* 18:24).

BACKGROUND

Piggul – **פִּיגּוּל**: *Piggul* is a disqualifying intention in the sacrifice of an offering, whether an animal, a bird, or a meal-offering. If, while engaged in sacrificing an offering, a priest expresses the intention of doing one or more of the following after the appropriate time: Sprinkling the blood of the sacrifice, burning its fats on the altar, or eating it, that intention disqualifies the offering and renders it disqualified by improper intention.

An offering that has assumed the status of *piggul* may not be sacrificed, and the person bringing it does not fulfill his obligation. Anyone willfully eating from that offering is liable to receive *karet*. The Sages also decreed that an offering in that state imparts ritual impurity. It is the intention of the priest offering the sacrifice, and not that of the person bringing it, that determines whether or not it is disqualified by improper intention.

PERSONALITIES

The Sages of Neharde'a – נְהַרְדְּעֵי: In tractate *Sanhedrin* (17b) this anonymous term of attribution is identified as Rav Ḥama, and assumedly that is the Gemara's intention here as well. Rav Ḥama was a fourth-generation *amora* in Babylonia, although it seems he must have lived a long life, as the Gemara records his discussions with Sages of previous generations. Since he was the head of the yeshiva in Neharde'a for over twenty years, some of his *halakhot* are cited as the opinion of the Sages of Neharde'a, without further identification.

אֶלָּא אָמְרִי נְהַרְדְּעֵי מִשְּׁמֵיהּ דְּרָבָא: שָׁלֹשׁ טוּמְאוֹת בִּשְׁלָמִים לָמָּה? אַחַת לִכְלָל, וְאַחַת לִפְרָט, וְאַחַת לְטוּמְאָה הַכְּתוּבָה בַּתּוֹרָה סְתָם וְאֵינִי יוֹדֵעַ מָה הִיא,

Rather, the Sages **of Neharde'a**[P] **said in the name of Rava** that it can be derived from the following: **Why** does the Torah mention **three** times the **ritually impure** status **with regard to** one who partakes of **peace-offerings** while he is impure? That is, each of the three times that the Torah mentions the punishment of *karet*, it also mentions the fact that the person was impure at the time. **One** time is **for** the **general** case of a impure person who partakes of any type of offering, **and one** time is **for** the **specific** instance of one who partakes of a peace-offering, **and one** time is **to** apply it to another case of **defiling** something sacred **that is written in the Torah without specifying** what it is referring to, **and I do not know** from that passage **what** the case **is.**

הֱוֵי אוֹמֵר: טוּמְאַת קוֹדֶשׁ; וְאִם אֵינוֹ עִנְיָן לְטוּמְאַת קוֹדֶשׁ, דְּנָפְקָא לֵיהּ מִדְּרַבִּי, תְּנֵהוּ עִנְיָן לְטוּמְאַת מִקְדָּשׁ.

Now, the only passage that describes the defiling of something sacred without specifying the situation is the passage in the Torah that discusses a sliding-scale offering that is brought for the defiling of sacrificial foods. Therefore, **you must say** that the third mention of *karet* is referring to the **defiling of sacrificial** foods. **But if it is not** needed to teach the **matter of defiling sacrificial** foods, **as that has been derived through** the verbal analogy **of Rabbi** Yehuda HaNasi, **apply it** to the **matter of defiling** the **Temple.**

וְהַאי נַמִי מִיבְּעֵי לֵיהּ, אַיְּידֵי דְּבָעֵי לְמִכְתַּב כָּרֵת לְכִדְרַבִּי אַבָּהוּ, כְּתַב נַמִי טְמְאוֹת, דְּלָא סַגִּי לַהּ בְּלָאו הָכִי!

The Gemara asks: **But that** third mention **is also necessary,** because **since it is necessary** for the Torah **to write** the ***karet*** punishment three times in order **to** expound it **in accordance with** the statement **of Rabbi Abbahu, it also** has to **write** that the person was **ritually impure, as it is not sufficient** to mention the punishment **without** mentioning for what the punishment is given. Accordingly, there is still no proof that one is liable to bring a sliding-scale offering for unwittingly defiling the Temple.

אֶלָּא אָמַר רָבָא: אָתְיָא "טוּמְאָתוֹ" "טוּמְאָתוֹ", כְּתִיב הָכָא: "לְכֹל טוּמְאָתוֹ",

Rather, Rava said: It is derived from a verbal analogy between the terms **"his impurity"** and **"his impurity,"** as follows: **It is written here,** with regard to a sliding-scale offering: "Or if he will touch impurity of a man **in any manner of his impurity** through which he can become impure" (Leviticus 5:3),

Perek **I**
Daf **7** Amud **b**

וּכְתִיב הָתָם: "טָמֵא יִהְיֶה עוֹד טֻמְאָתוֹ בוֹ", מָה לְהַלָּן טוּמְאַת מִקְדָּשׁ, אַף כָּאן טוּמְאַת מִקְדָּשׁ.

and it is written there with regard to the red heifer: "Whoever touches the corpse of a man who died and is not sprinkled, he will have contaminated the Tabernacle of God… **he will be impure, his impurity is still upon him"** (Numbers 19:13). This verbal analogy teaches that **just as there** the verse is referring to the **defiling of** the **Temple, so too here,** the sliding-scale offering is brought to atone for the **defiling of** the **Temple.**

וְאֶלָּא, "בָּהּ" לָמָּה לִי?

The Gemara asks: **But** if so, **why do I** need the term **"through which"** (Leviticus 5:3)? The Gemara earlier derived from this term that one who is impure and unwittingly eats *teruma* is not liable to bring a sliding-scale offering. The Gemara has now derived that the sliding-scale offering atones specifically for the unwitting defiling of the Temple. If so, it is obvious that one is not liable for unwittingly eating *teruma*, and the phrase is superfluous.

לְרַבּוֹת נִבְלַת עוֹף טָהוֹר.

The Gemara answers: The term "through which" serves **to include** one who was rendered impure by eating the unslaughtered **carcass of a kosher bird.** Unlike other impure items, which render impure any person who touches them, the carcass of a kosher bird renders a person impure only if he eats it. Therefore, one might have thought he would not be liable for entering the Temple if he was rendered impure by having eating the carcass of a kosher bird. The extra term is therefore necessary to teach that one is liable.

הָא אָמְרַתְּ: "בָּהּ" מִיעוּטָא הוּא! מִשּׁוּם דְּמִיעוּטָא הוּא אִיַּיתַּר; כְּתִיב: "אוֹ כִּי יִגַּע" – דְּבַר נְגִיעָה אִין, דְּלָאו בַּר נְגִיעָה לָא, וּכְתִיב "בָּהּ" – מִיעוּטָא, הָוֵה מִיעוּט אַחַר מִיעוּט, וְאֵין מִיעוּט אַחַר מִיעוּט אֶלָּא לְרַבּוֹת.

The Gemara challenges: But **didn't you say** above that the term **"through which" is a restriction?** How can you now use it to include additional cases? The Gemara explains: It is precisely **because it is a restriction** that **it includes** additional cases. As **it is written** at the beginning of that verse: **"Or if he will touch** an impurity of a man" (Leviticus 5:3), which indicates that one who is impure with a form of impurity **that can** impart impurity through **touching, yes,** he is liable for defiling the Temple by entering it in his impure state. But if one is impure with a form of impurity **that cannot** impart impurity through **touching,** then one would **not** be liable. Therefore, the verse opens with a restriction, and when the verse continues, **and it is written "through which,"** which is also **a restriction,** this **constitutes a restriction after a restriction, and a restriction after a restriction** serves **only to amplify**[B] the *halakha*, applying it to additional cases.

"יֵשׁ בָּהּ יְדִיעָה בַּתְּחִלָּה וְאֵין בָּהּ יְדִיעָה בַּסּוֹף – שָׂעִיר הַנַּעֲשֶׂה בִּפְנִים" וכו׳. תָּנוּ רַבָּנַן: "וְכִפֶּר עַל הַקֹּדֶשׁ מִטֻּמְאֹת בְּנֵי יִשְׂרָאֵל" וגו׳,

§ The mishna continues: For cases **in which** one **had awareness at the beginning,** but then transgressed during a lapse of awareness **and** still **had no awareness at the end,** the **goat whose** blood presentation is **performed inside** the Sanctuary on Yom Kippur, and Yom Kippur itself, suspend any punishment that he deserves until he becomes aware of his transgression, at which point he must bring a sliding-scale offering. **The Sages taught** in a *baraita*: The verse states with regard to the internal goat offering: **"And he shall effect atonement upon the Sanctuary from the impurities of the children of Israel** and from their acts of rebellion, for all their sins" (Leviticus 16:16).

יֵשׁ לִי בְּעִנְיָן זֶה לְהָבִיא שָׁלֹשׁ טוּמְאוֹת: טוּמְאַת עֲבוֹדָה זָרָה, וְטוּמְאַת גִּילּוּי עֲרָיוֹת, וְטוּמְאַת שְׁפִיכוּת דָּמִים;

With regard to this matter, i.e., the atonement effected by the sacrifice of the goat, **I can** state that this verse serves **to amplify** the atonement by teaching that the goat offering atones for the following **three** sins, which the Torah is referring to as **impurities: The impurity of** the sin of **idol worship, and the impurity of** engaging in **forbidden sexual relations, and the impurity of** perpetrating **bloodshed.**

בַּעֲבוֹדָה זָרָה הוּא אוֹמֵר: "לְמַעַן טַמֵּא אֶת מִקְדָּשִׁי", בְּגִילּוּי עֲרָיוֹת הוּא אוֹמֵר: "וּשְׁמַרְתֶּם אֶת מִשְׁמַרְתִּי לְבִלְתִּי עֲשׂוֹת מֵחֻקּוֹת הַתּוֹעֵבֹת וגו׳ וְלֹא תִטַּמְּאוּ בָּהֶם", בִּשְׁפִיכוּת דָּמִים הוּא אוֹמֵר: "וְלֹא תְטַמֵּא אֶת הָאָרֶץ", יָכוֹל עַל שָׁלֹשׁ טוּמְאוֹת הַלָּלוּ יְהֵא שָׂעִיר מְכַפֵּר? תַּלְמוּד לוֹמַר: "מִטֻּמְאֹת בְּנֵי יִשְׂרָאֵל", וְלֹא כָּל טוּמְאוֹת,

The *baraita* demonstrates that each of these sins is referred to as impurity: **With regard to idol worship** the verse **states:** "For he had given his offspring to Molekh **in order to render impure My Sanctuary**" (Leviticus 20:3). **With regard to forbidden sexual relations** the verse **states: "You shall safeguard My charge not to do any of the abominable traditions** that were done before you **and not to render yourself impure through them**" (Leviticus 18:30). **With regard to bloodshed** the verse **states:** "The land will not atone for the blood that was spilled on it except through the blood of the one who spilled it; **you shall not render the land impure**" (Numbers 35:34). One **might** have thought that **the goat** offering **would atone for these three** types of **impurities.** To counter this, **the verse states: "From the impurities of the children of Israel"** (Leviticus 16:16). The restrictive term "from" indicates that it atones for some impurities **but not** for **all impurities.**

BACKGROUND

A restriction after a restriction serves only to amplify – אֵין מִיעוּט אַחַר מִיעוּט אֶלָּא לְרַבּוֹת: This hermeneutic principle is unrelated to the phenomenon that occurs in many languages where a double negative indicates a positive. In fact, the principle does not relate specifically to negative terms such as: But, or: Only; it relates to restrictive phrases that limit the scope of the *halakha*. The principle follows this logic: If the Torah states a *halakha* and then writes a single restrictive expression that concerns that *halakha*, it is assumed that the expression was written to limit the scope of the *halakha*. Once there are two restrictive expressions, it is apparent that they are not written to limit the scope, as one such expression would suffice for this. Rather, the fact that there are two such expressions indicates that they are just examples of the *halakha* and consequently should not be understood as serving to limit the scope of the *halakha*. There is no reason not to apply the *halakha* to additional cases that would have otherwise been excluded had the restrictive expressions been understood as limiting the scope of the *halakha*.

Based on this understanding, the principle applies only when the two restrictive expressions do not themselves teach two distinct matters. In a case where two restrictive expressions teach two separate matters, both expressions would be necessary, and the logic of the principle would fall away (*Yad Malakhi*).

NOTES

Where he transgressed unwittingly but he had not become aware of his transgression – בְּשׁוֹגֵג וְלָא אִתְיְידַע לֵיהּ: In such a case, the internal goat offering, whose blood is presented inside the Sanctuary, will be effective to protect him from punishment until he becomes aware of his transgression.

מָה מָצִינוּ שֶׁחִלֵּק הַכָּתוּב מִכְּלַל כׇּל טוּמְאוֹת – הֱוֵי אוֹמֵר: טוּמְאַת מִקְדָּשׁ וְקָדָשָׁיו, אַף כָּאן – בְּטוּמְאַת מִקְדָּשׁ וְקָדָשָׁיו, דִּבְרֵי רַבִּי יְהוּדָה.

The *baraita* derives the type of impurity for which the goat offering does atone: **What do we find** is the impurity **that the verse differentiates from all** other **impurities? You must say** that the verse is referring to the **defiling of** the **Temple or its sacrificial** foods. It is specifically for this transgression that the Torah provides one with the means of achieving atonement, i.e., by bringing a sliding-scale offering. **So too here,** since the verse limits the atonement of the goat offering to transgressions involving impurity, it is logical that it can also atone only **for the defiling of** the **Temple or its sacrificial** foods. This is **the statement of Rabbi Yehuda.**

רַבִּי שִׁמְעוֹן אוֹמֵר: מִמְּקוֹמוֹ הוּא מוּכְרָע, הֲרֵי הוּא אוֹמֵר: ״וְכִפֶּר עַל הַקֹּדֶשׁ מִטֻּמְאֹת״ – מִטּוּמְאוֹת שֶׁל קוֹדֶשׁ.

Rabbi Shimon says: It is not necessary to derive which transgressions the goat offering atones for by comparing the verse written concerning it to a different verse. Rather, **from its own place,** i.e., from the verse about the atonement effected by the goat itself, **it** can be **determined, as it states: "And he shall effect atonement upon the Sanctuary** [*hakodesh*] **from the impurities** of the children of Israel," which should be interpreted as saying that it atones **for** the **defiling of** anything **sacred** [*kodesh*], i.e., the Temple or its sacrificial foods.

יָכוֹל עַל כׇּל טוּמְאָה שֶׁבַּקּוֹדֶשׁ יְהֵא שָׂעִיר זֶה מְכַפֵּר? תַּלְמוּד לוֹמַר: ״וּמִפִּשְׁעֵיהֶם לְכׇל חַטֹּאתָם״, חֲטָאִים דּוּמְיָא דִּפְשָׁעִים, מָה פְּשָׁעִים שֶׁאֵינָם בְּנֵי קׇרְבָּן, אַף חֲטָאִים שֶׁאֵינָם בְּנֵי קׇרְבָּן.

The *baraita* continues: One **might** have thought that **this goat** offering **would atone for all** cases of the **defiling of** the **Temple,** even where there was awareness at the beginning and at the end. To counter this, **the verse states: "And from their acts of rebellion, for all their sins"** (Leviticus 16:16), which indicates that the goat offering atones only for **sins** that are **similar to acts of rebellion. Just as** it atones for **acts of rebellion that are not subject to** atonement through **an offering,** as sin-offerings brought by an individual are brought only for unwitting sins, **so too,** it atones only for **sins that are not subject to** atonement through **an offering.** As long as one does not become aware of his sin, it cannot be atoned for through the sliding-scale offering. Accordingly, the goat will atone for it.

וּמִנַּיִן לְיֵשׁ בָּהּ יְדִיעָה בַּתְּחִלָּה וְאֵין בָּהּ יְדִיעָה בַּסּוֹף שֶׁשָּׂעִיר זֶה תּוֹלֶה? תַּלְמוּד לוֹמַר: ״לְכׇל חַטֹּאתָם״, חַיָּיבֵי חַטָּאוֹת בְּמַשְׁמָע.

The *baraita* continues. **And from where** is it derived **for** a case **in which** one **had awareness at the beginning but did not have awareness at the end, that this goat suspends** the punishment that he deserved until he becomes aware of his transgression? **The verse states "for all their sins,"** from which **it is indicated** that the goat offering atones only for **those who are** potentially **liable to** bring **a sin-offering,** i.e., the sliding-scale offering, should they become aware of their sin.

אָמַר מָר, יֵשׁ לִי בְּעִנְיָן זֶה לְהָבִיא שָׁלֹשׁ טוּמְאוֹת: טוּמְאַת עֲבוֹדָה זָרָה, וְטוּמְאַת גִּילּוּי עֲרָיוֹת, וְטוּמְאַת שְׁפִיכוּת דָּמִים.

The Gemara clarifies some of the details of the *baraita*. **The Master said: With regard to this matter, I can** state that this verse serves **to amplify** the atonement by teaching that the goat offering atones for the following **three** sins, which the Torah is referring to as **impurities: The impurity of** the sin of **idol worship, and the impurity of** engaging in **forbidden sexual relations, and the impurity of** perpetrating **bloodshed.**

הַאי עֲבוֹדָה זָרָה הֵיכִי דָּמֵי? אִי בְּמֵזִיד – בַּר קְטָלָא הוּא, אִי בְּשׁוֹגֵג – בַּר קׇרְבָּן הוּא!

The Gemara asks: Concerning **this** sin of **idol worship,** for which one might have thought the goat would atone, **what are the circumstances? If** you say the reference is to a case where he transgressed **intentionally,** then one can counter that **he is subject to the death** penalty and no offering will atone for his sin. And **if** you say the reference is to a case where he transgressed **unwittingly,** then one can counter that **he is liable to** bring his own sin-**offering** for his transgression, and the goat will not atone for him.

בְּמֵזִיד וְלֹא אַתְרוּ בֵּיהּ, בְּשׁוֹגֵג וְלָא אִתְיְידַע לֵיהּ.

The Gemara answers: The goat offering atones in a case where he transgressed **intentionally but** witnesses **did not forewarn him** about his transgression, and therefore he is not liable to receive the death penalty. It also atones in a case where he transgressed **unwittingly, but** by the time Yom Kippur arrived **he had** still **not become aware** of his transgression[N] and therefore he was not liable to bring an offering.

גִּילּוּי עֲרָיוֹת נַמִּי, הֵיכִי דָּמֵי? אִי בְּמֵזִיד – בַּר קְטָלָא הוּא, אִי בְּשׁוֹגֵג – בַּר קָרְבָּן הוּא!

The Gemara asks further: With regard to **forbidden sexual relations,** for which one might have thought the goat offering would atone **as well, what are the circumstances? If** you say the reference is to a case where he transgressed **intentionally,** then one can counter that **he is subject to the death** penalty and so no offering will atone for his sin. And **if** you say the reference is to a case where he transgressed **unwittingly,** then one can counter that **he is liable to** bring his own **sin-offering** for his transgression, and so the goat will not atone for him.

בְּמֵזִיד וְלָא אַתְרוּ בֵּיהּ, בְּשׁוֹגֵג וְלָא אִתְיְדַע לֵיהּ.

The Gemara answers: The goat offering atones in a case where he transgressed **intentionally but** witnesses **did not forewarn him** about his transgression, so he is not liable to receive the death penalty. It also atones in a case where he transgressed **unwittingly, but** by the time Yom Kippur arrived **he had** still **not become aware of** his transgression, so he was not liable to bring an offering.

שְׁפִיכוּת דָּמִים נַמִּי, הֵיכִי דָּמֵי? בְּמֵזִיד – בַּר קְטָלָא הוּא, אִי בְּשׁוֹגֵג – בַּר גָּלוּת הוּא!

The Gemara asks further: Concerning the **bloodshed** for which one might have thought that the goat would atone **as well, what are the circumstances? If** you say the reference is to a case where he transgressed **intentionally,** then one can counter that **he is subject to the death** penalty, so no offering will atone for his sin. And **if** you say the reference is to a case where he transgressed **unwittingly,** then one can counter that **he is subject to** go into **exile,** so the goat offering will not atone for him.

בְּמֵזִיד וְלָא אַתְרוּ בֵּיהּ, בְּשׁוֹגֵג וְלָא אִתְיְדַע לֵיהּ. אִי נַמִּי, בְּהָנָךְ דְּלָאו בְּנֵי גָלוּת נִינְהוּ.

The Gemara answers: The goat offering atones in a case where he transgressed **intentionally but** witnesses **did not forewarn him** about his transgression, and so he is not liable to receive the death penalty. It also atones in a case where he transgressed **unwittingly, but** by the time Yom Kippur arrived **he had** still **not become aware of** his transgression, so he was not liable to bring an offering. **Alternatively,** it is referring **to those** cases for **which** the perpetrator **is not subject to exile,**[B] e.g., where the death was caused in a way that was almost unavoidable, or where it was very close to being considered intentional.

אָמַר מָר: יָכוֹל עַל שָׁלֹשׁ טוּמְאוֹת הַלָּלוּ יְהֵא שָׂעִיר מְכַפֵּר? תַּלְמוּד לוֹמַר: ״מִטֻּמְאוֹת״, וְלֹא כׇּל טוּמְאוֹת, מַה מָּצִינוּ שֶׁחִלֵּק הַכָּתוּב מִכְּלָל כׇּל הַטּוּמְאוֹת – בְּטוּמְאַת מִקְדָּשׁ וְקָדָשָׁיו, אַף כָּאן – בְּטוּמְאַת מִקְדָּשׁ וְקָדָשָׁיו, דִּבְרֵי רַבִּי יְהוּדָה.

§ The Gemara continues to analyze the next part of the *baraita*: **The Master said:** One **might** have thought that **the goat** offering **would atone for these three** types of **impurities.** To counter this, **the verse states: "From the impurities** of the children of Israel" (Leviticus 16:16). The restrictive term "from" indicates that it atones for some impurities **but not** for **all impurities. What do we find** is the impurity **that the verse differentiates from all** other **impurities?** We find it **with regard to** the **defiling of** the **Temple or its sacrificial** foods. It is specifically for this transgression that the Torah provides one with the means of achieving atonement, i.e., by bringing a sliding-scale offering. **So too here,** since the verse limits the atonement of the goat offering to transgressions involving impurity, it is logical that it can also atone only **for** the **defiling of** the **Temple or its sacrificial** foods. This is **the statement of Rabbi Yehuda.**

מַאי חִלֵּק – דְּמַיְיתֵי בְּעוֹלֶה וְיוֹרֵד? אֵימָא: עֲבוֹדָה זָרָה, וּמַאי חִלֵּק

The Gemara asks: In **what** way does the Torah **differentiate** the impurity of this transgression from other types of transgressions? It is differentiated in **that one brings a sliding-scale** offering to atone for it. But if that is a sufficient distinction, then **say** instead that the goat offering atones for **idol worship, and** in **what** way does the Torah **differentiate** it from other types of transgressions?

(סִימַן: עֲבוֹדָה זָרָה יוֹלֶדֶת מְצוֹרָע נָזִיר וכו׳.)

Before answering, the Gemara interjects with **a mnemonic** that summarizes which cases it will suggest the goat offering should atone for: **Idol worship, a woman after childbirth, a leper, a nazirite, etc.**

דְּמַיְיתֵי שְׂעִירָה וְלֹא כִּשְׂבָּה!

The Gemara returns to answer its question: It is differentiated in **that he brings a she-goat** as a sin-offering **and not an ewe,**[B] which is the animal brought as a sin-offering for other transgressions.

BACKGROUND

Exile – גָּלוּת: Exile is the punishment that the Torah prescribes for an individual who unintentionally but negligently kills another person (see Numbers, chapter 35). The killer was exiled to a city of refuge and had to remain there until the death of the High Priest. If the killer left the city of refuge, the blood redeemer of his victim was permitted to kill him.

A she-goat and not a ewe – שְׂעִירָה וְלֹא כִּשְׂבָּה: The type of animal sacrificed as a sin-offering for an unintentional sin is almost never affected by the financial status of the sinner, and this offering is therefore known as a fixed sin-offering. In almost all cases, inadvertent commission of a sin that if done intentionally would warrant *karet* requires the bringing of a ewe or a goat; the sinner can choose which animal he prefers to offer. The inadvertent worship of idolatry is an exceptional case in the category of the fixed sin-offering. If an individual accidentally worships another god, his sacrifice must be a goat, with no option for bringing a ewe. The sinner confesses his behavior by pressing his hands on the animal's head before it is slaughtered.

אֲמַר רַב כָּהֲנָא: אֲנַן חֵילֵּק לְהָקֵל קָאָמְרִינַן, וְהַאי חֵילֵּק לְהַחְמִיר הוּא.

Rav Kahana said: We said that the goat offering should atone for a transgression that the Torah **differentiates** in order **to be lenient** relative to other transgressions, **but this** case of idol worship **is** one that the Torah **differentiates** in order **to be stringent**[N] relative to other transgressions. Accordingly, the verse cannot be referring to idol worship.

אֵימָא: יוֹלֶדֶת, דְּחִילֵּק, דְּמַיְיתָא עוֹלֶה וְיוֹרֵד! אֲמַר רַב הוֹשַׁעְיָא: ״לְכָל חַטֹּאתָם״, וְלֹא לְכָל טוּמְאוֹתָם.

The Gemara asks: Why not **say** instead that the goat offering atones for **a woman after childbirth,**[B] **as** the Torah **differentiates** her from other people who must bring a sin-offering following a period of impurity in **that she brings a sliding-scale** offering, whereas others bring a fixed sin-offering? **Rav Hoshaya said:** The verse states: **"For all their sins"** (Leviticus 16:16), **and not: For all their impurities.** Accordingly, since the offering brought by a woman after childbirth is not to atone for a sin, but due to the fact that she went through a period of ritual impurity, the goat offering will not atone for her.

וּלְרַבִּי שִׁמְעוֹן בֶּן יוֹחַאי דְּאָמַר: יוֹלֶדֶת נַמִי חוֹטֵאת הִיא, מַאי אִיכָּא לְמֵימַר? רַבִּי שִׁמְעוֹן לְטַעְמֵיהּ, דְּאָמַר: מִמְּקוֹמוֹ הוּא מוּכְרָע.

The Gemara asks: **But** if so, **according to Rabbi Shimon ben Yoḥai, who says: A woman after childbirth** brings an offering because **she is also a sinner, what is there to say?** Under the intense pain of childbirth a woman is apt to take an oath not to engage in intercourse in order to avoid becoming pregnant again. This is regarded as a sin because she will certainly violate that oath. The Gemara answers: **Rabbi Shimon** conforms **to his** line of **reasoning, as he said** in the *baraita*: **From its own place,** i.e., from the verse about the atonement of the goat offering itself, **it** can be **determined** what the goat offering atones for.

אֵימָא: מְצוֹרָע! אֲמַר רַב הוֹשַׁעְיָא: ״לְכָל חַטֹּאתָם״, וְלֹא לְכָל טוּמְאוֹתָם.

The Gemara asks: Why not **say** that the goat offering atones for **a leper,**[B] as the Torah differentiates him from other people who must bring a fixed offering following a period of impurity in that he brings a sliding-scale offering? **Rav Hoshaya said:** The verse states: **"For all their sins" and not: For all their impurities.** Accordingly, since the offering brought by a leper is not to atone for a sin, the goat offering will not atone for him.

וּלְרַבִּי שְׁמוּאֵל בַּר נַחְמָנִי דְּאָמַר: עַל שִׁבְעָה דְּבָרִים נְגָעִים בָּאִין, מַאי אִיכָּא לְמֵימַר? הָתָם נִגְעֵיהּ דְּאִיכַּפַּר לֵיהּ, וְקָרְבָּן לְאִישְׁתַּרוּיֵי בַּקָּהָל.

The Gemara asks: **But** if so, **according to Rabbi Shmuel bar Naḥmani, who says:** Leprous **marks come** upon a person **for seven matters,**[N] i.e., seven different sins, **what is there to say?** The Gemara answers: **There,** it is **his** leprous **mark that atones for** his sin, **and the offering** is brought in order **to permit him to** reenter **the congregation,** after having been ostracized while he was a leper.

וְאֵימָא: נָזִיר טָמֵא, דְּחִילֵּק, דְּמַיְיתֵי תּוֹרִים וּבְנֵי יוֹנָה! אֲמַר רַב הוֹשַׁעְיָא: ״לְכָל חַטֹּאתָם״, וְלֹא לְכָל טוּמְאוֹתָם.

The Gemara asks: **But** why not **say** that the goat offering atones for **a nazirite**[B] who became **ritually impure, as** the Torah **differentiates** him from other people who must bring an offering following a period of impurity in **that he brings doves or young pigeons? Rav Hoshaya said:** The verse states: **"For all their sins" and not: For all their impurities.** Accordingly, since the offering brought by a nazirite is not to atone for a sin, the goat offering will not atone for him.

NOTES

Differentiates to be stringent – חִילֵּק לְהַחְמִיר: Whereas for other transgressions one can choose to bring either a lamb or a goat, for an unwitting act of idol worship, one may bring only a goat.

For seven matters – עַל שִׁבְעָה דְּבָרִים: The Gemara in *Arakhin* (16a) lists the seven sins for which one is punished with leprous marks: Slander, murder, taking an oath in vain, sexual immorality, arrogance, stinginess, and robbery. The Gemara derives this list from biblical allusions.

BACKGROUND

Woman after childbirth – יוֹלֶדֶת: The Torah describes various *halakhot* that apply to a woman after childbirth. She is considered ritually impure for seven days if she gave birth to a boy, and for fourteen days if she gave birth to a girl. Later, after immersion in a ritual bath, she is regarded as ritually pure for the next thirty-three or sixty-six days, respectively, even if she experiences uterine bleeding. Nevertheless, during this period of forty days for a boy, or eighty days for a girl, it is prohibited for her to enter the Temple or partake of the flesh of offerings.

After the fortieth or eightieth day, she must bring a purification offering. This offering consists of a male lamb younger than one year old, which is brought as a burnt-offering, and a pigeon or dove, which is brought as a sin-offering. If she cannot afford the cost of a lamb for the burnt-offering she can bring two doves or two young pigeons, one as a burnt-offering and the other as a sin-offering. She may then enter the Temple and partake of sacrificial foods (see Leviticus 12:1–8).

Women presenting purification offerings in the Temple

BACKGROUND

Leper – מְצוֹרָע: This is an individual afflicted with leprosy, who is thereby rendered ritually impure. He is then sent out of the camp of Israel until cured of the condition. Once cured, the individual undergoes a special ceremony involving two birds, and then waits seven days for purification. On the eighth day, he brings a female lamb as a sin-offering, a male lamb as a burnt-offering, and a second male lamb as a guilt-offering. He also brings a meal offering. The blood of the guilt-offering is involved in the purification ritual.

A poor person may bring two doves or two pigeons instead of the two male sheep: One serves as the sin-offering and the other as the burnt-offering.

Nazirite – נָזִיר: A nazirite is an individual who took a nazirite's vows as detailed in the Torah (see Numbers 6:1–21). A nazirite must refrain from eating or drinking any product of the grapevine. He must avoid becoming impure by contact with corpses and must refrain from cutting his hair. A nazirite who violates any of these prohibitions is liable to receive lashes.

The minimum term of naziriteship is thirty days; there is no maximum term. One who does not specify how long he wishes to be a nazirite is a nazirite for thirty days.

If a nazirite becomes impure by contact with a corpse, whether intentionally or unwittingly, he must first purify himself and then bring two pigeons to the Temple, one serving as a sin-offering and the other as a burnt-offering. He also brings a lamb as a guilt-offering. After this, the individual must start his term of naziriteship over again.

When a nazirite completes the period of his vow, he must bring two lambs, a female one as a sin-offering and a male one as a burnt-offering, as well as a ram for a peace-offering. He shaves his hair, and then burns it beneath the pot in which the ram offered as a peace-offering is cooked. After these offerings have been sacrificed, his period of naziriteship ends.

Nazirite's shaving ceremony in the Temple

וּלְרַבִּי אֶלְעָזָר הַקַּפָּר דְּאָמַר: נָזִיר נַמִּי חוֹטֵא הוּא, מַאי אִיכָּא לְמֵימַר? סָבַר לַהּ כְּרַבִּי שִׁמְעוֹן, דְּאָמַר: מִמְּקוֹמוֹ הוּא מוּכְרָע.

The Gemara asks: **But** if so, **according to Rabbi Elazar HaKappar, who says: A nazirite is also a sinner** because he unnecessarily abstained from wine, **what is there to say?** The Gemara answers: **He holds in accordance with** the opinion of **Rabbi Shimon, who says** in the *baraita*: **From its own place**, i.e., from the verse about the atonement of the goat itself, **it** can be **determined** what the goat offering atones for.

אָמַר מָר, רַבִּי שִׁמְעוֹן אוֹמֵר: מִמְּקוֹמוֹ הוּא מוּכְרָע, הֲרֵי הוּא אוֹמֵר: ״וְכִפֶּר עַל הַקֹּדֶשׁ מִטֻּמְאֹת״ – מִטּוּמְאָתוֹ שֶׁל קוֹדֶשׁ כו׳. שַׁפִּיר קָאָמַר רַבִּי שִׁמְעוֹן! וְרַבִּי יְהוּדָה אָמַר לָךְ: הַהוּא מִיבָּעֵי לֵיהּ, כִּי הֵיכִי דְּעָבֵיד לִפְנַי וְלִפְנִים הָכִי נַעֲבֵיד בַּהֵיכָל.

§ The Gemara continues to clarify the next part of the *baraita*: **The Master said: Rabbi Shimon says:** It is not necessary to derive which transgressions the goat offering atones for by comparing the verse written concerning it to a different verse. Rather, **from its own place,** i.e., from the verse about the atonement effected by the goat itself, **it** can be **determined, as it states: "And he shall effect atonement upon the Sanctuary [*hakodesh*] from the impurities** of the children of Israel," which should be interpreted as saying that it atones **for** the **defiling of** anything **sacred [*kodesh*]**, i.e., the Temple or its sacrificial foods. The Gemara explains Rabbi Yehuda's opinion, asking: **Rabbi Shimon is saying well;** why does Rabbi Yehuda disagree? The Gemara answers: **Rabbi Yehuda** could have **said to you: That** verse **is necessary** to teach that **in the same** manner **that he performs**[N] the blood presentation **in the innermost sanctum,** i.e., in the Holy of Holies, **that is how he shall** later **perform** them **in the Sanctuary.**

וְרַבִּי שִׁמְעוֹן? הַהוּא מִ״וְכֵן יַעֲשֶׂה״ נָפְקָא. וְרַבִּי יְהוּדָה? אִי מֵהַהִיא, הֲוָה אָמִינָא: נֵיתֵי פַּר וְשָׂעִיר אַחֲרִינֵי וְנַעֲבֵיד, קָא מַשְׁמַע לָן. וְרַבִּי שִׁמְעוֹן? ״וְכֵן יַעֲשֶׂה לְאֹהֶל מוֹעֵד״ – מִינֵּיהּ מַשְׁמַע.

The Gemara asks: **And** how does **Rabbi Shimon** derive that *halakha*? **That** *halakha* **is derived from** the continuation of the verse: **"And so shall he do** to the Tent of Meeting," i.e., the Sanctuary. The Gemara asks: **And** what does **Rabbi Yehuda** derive from that part of the verse? The Gemara explains: He holds that **if** this *halakha* would be derived only **from that** part of the verse, **I would say** that **he should bring another bull and goat,** slaughter them, **and perform** the blood presentations in the Sanctuary with their blood. Therefore, the first part of verse: "And he shall effect atonement upon the Sanctuary," **teaches us** that all the presentations are made with blood from the same bull and goat. The Gemara asks: **And** why does **Rabbi Shimon** not need the first part of the verse to derive this? The Gemara explains that the verse: **"And so shall he do to the Tent of Meeting,"** itself **indicates** that the blood used in the Tent of Meeting, i.e., in the Sanctuary, is **from** the same bull and goat.

אָמַר מָר: יָכוֹל עַל כָּל טוּמְאוֹת שֶׁבַּקּוֹדֶשׁ יְהֵא שָׂעִיר זֶה מְכַפֵּר? תַּלְמוּד לוֹמַר: ״מִפִּשְׁעֵיהֶם לְכָל חַטֹּאתָם״ וגו׳. מַאי נִיהוּ? יֵשׁ בָּהּ יְדִיעָה בַּתְּחִלָּה וְיֵשׁ בָּהּ יְדִיעָה בַּסּוֹף, הַאי בַּר קָרְבָּן הוּא!

§ The Gemara cites the next part of the *baraita*: **The Master said:** One **might** have thought that **this goat** offering **would atone for all** cases of the **defiling of** the **Temple,** even where there was awareness at the beginning and at the end. To counter this, **the verse states: "And from their acts of rebellion, for all their sins"** (Leviticus 16:16), which indicates that the goat offering atones only for transgressions with regard to which the perpetrator is not subject to bring an offering brought by an individual to atone for himself. The Gemara asks: **What is** the case for which the goat offering does not atone? Where one **had awareness at the beginning and had awareness at the end.** The Gemara objects: But the person in **that** case **is subject to** atonement through **an offering.** If so, even without this verse it would be obvious that the goat offering would not atone for him and absolve him from his obligation to bring an offering.

לָא צְרִיכָא, דְּאִתְיְדַע לֵיהּ סָמוּךְ לִשְׁקִיעַת הַחַמָּה; סָלְקָא דַּעְתָּךְ אָמִינָא אַדְּמַיְיתֵי

The Gemara explains: **No,** the verse is **necessary** to teach that the goat does not atone for him in a case in **which he became aware** of his transgression **close to sunset** before the onset of Yom Kippur and was unable to bring his offering before Yom Kippur. In such a case it might **enter your mind to say** that **until he brings** his sliding-scale offering the day after Yom Kippur,

NOTES

In the same manner that he performs – כִּי הֵיכִי דְּעָבֵיד: From the Gemara it emerges that the dispute between Rabbi Shimon and Rabbi Yehuda concerns the interpretation of the verse: "And he shall effect atonement upon the Sanctuary." Rabbi Shimon interprets the words "and he shall effect atonement" literally, as referring to God's forgiveness for one's sin, and "upon the Sanctuary" as referring to sins related to the Temple, both that of entering while one is impure and of partaking of its sanctified foods while impure. Rabbi Yehuda interprets "And he shall effect atonement upon the Sanctuary" as referring to the act that achieves atonement, i.e., the sprinkling of blood, and "upon the Sanctuary" as referring to the literal location of those presentations.

נִיתְלֵי לֵיהּ, קָא מַשְׁמַע לָן.

the goat **would suspend** any punishment that he deserved. Therefore, the verse **teaches us** that since the transgression is of a type that is subject to an offering brought by an individual, the goat does not effect any atonement for it.

אָמַר מָר: מִנַּיִן שֶׁיֵּשׁ בָּהּ יְדִיעָה בַּתְּחִלָּה וְאֵין בָּהּ יְדִיעָה בַּסּוֹף, שֶׁשָּׂעִיר זֶה תּוֹלֶה? מִנַּיִן?! מַאי קָא קַשְׁיָא לֵיהּ?

§ The Gemara cites the next part of the *baraita*: **The Master said: From where** is it derived that if a person **had awareness at the beginning but did not have awareness at the end, that this goat suspends** the punishment that he deserved until he becomes aware of his transgression? The Gemara challenges: Why does the *baraita* ask: **From where** is it derived? **What is** it that the *baraita* finds **difficult** about this that it searches for a proof for it?

הָכִי קָא קַשְׁיָא לֵיהּ: הַשְׁתָּא דְּאָמְרַתְּ חֲטָאִים דּוּמְיָא דִּפְשָׁעִים, מַה פְּשָׁעִים דְּלָאו בְּנֵי קׇרְבָּן – אַף חֲטָאִים נַמִי דְּלָאו בְּנֵי קׇרְבָּן; אֵימָא: מַה פְּשָׁעִים דְּלָאו בְּנֵי קׇרְבָּן לְעוֹלָם – אַף חֲטָאִים דְּלָאו בְּנֵי קׇרְבָּן לְעוֹלָם, וּמַאי נִינְהוּ? אֵין בָּהּ יְדִיעָה בַּתְּחִלָּה וְיֵשׁ בָּהּ יְדִיעָה בַּסּוֹף; אֲבָל יֵשׁ בָּהּ יְדִיעָה בַּתְּחִלָּה וְאֵין בָּהּ יְדִיעָה בַּסּוֹף, כֵּיוָן דְּכִי מִתְיְדַע לֵיהּ בַּר קׇרְבָּן הוּא – אֵימָא לָא לִיתְלֵי!

The Gemara explains: **This is what** the *baraita* finds **difficult: Now that you have said** that the goat atones only for **sins** that are **similar to acts of rebellion,** such that **just as** it atones for **acts of rebellion that are not subject to** atonement through **an offering, so too,** it atones only for **sins that are not subject to** atonement through **an offering,** why not compare them in a more restrictive manner and **say: Just as** it atones only for **acts of rebellion that are never subject to** atonement through **an offering, so too,** it atones, or suspends punishment, only for **sins that are never** and will never be **subject to** atonement through **an offering? And what** types of transgressions **are they?** They are in cases where one **did not have awareness at the beginning but did have awareness at the end. But where he had awareness at the beginning but did not have awareness at the end, since when he becomes aware, he** is **subject to an offering,** one could **say** that the goat **will not** even **suspend** his punishment.

וְכִי תֵּימָא: אֵין בָּהּ יְדִיעָה בַּתְּחִלָּה וְיֵשׁ בָּהּ יְדִיעָה בַּסּוֹף – שָׂעִיר הַנַּעֲשֶׂה בַּחוּץ וְיוֹם הַכִּפּוּרִים מְכַפֵּר,

And if you would say that the comparison should not be understood in this way, because for one who **did not have awareness at the beginning but did have awareness at the end,** the **goat whose** blood presentation is **performed outside** the Sanctuary **and Yom Kippur** itself **atone,** that is difficult. If atonement is achieved through them, it is unnecessary for the verse to teach that atonement is not effected by the internal goat. Perforce, the comparison must be understood as the *baraita* presents it. What then is the difficulty of the *baraita*?

סָלְקָא דַּעְתָּךְ אָמִינָא נֵיפוֹךְ מֵיפַךְ! אָמַר קְרָא: ״לְכׇל חַטֹּאתָם״, מִכְּלָל דִּבְנֵי חַטָּאוֹת נִינְהוּ.

The Gemara explains: It could **enter your mind to say that we should reverse** our conclusions about which offering atones for which type of transgression. In other words, one could say that the internal goat atones for the sin of one who did not have awareness at the beginning and the external goat atones for the sin of one who did have awareness at the beginning. If so, the comparison could be fully extended, as the Gemara suggested, and accordingly one could have thought that the internal goat would not atone for one who had awareness at the beginning. To counter this, **the verse states: "For all their sins,"** which indicates **by inference** that the internal goat atones only for **those who are** potentially **liable to** bring **a sin-offering,** i.e., the sliding-scale offering, should they become aware of their sin.

וְנִתְכַּפֵּר כַּפָּרָה גְּמוּרָה! אִי כְּתִיב ״מֵחַטֹּאתָם״ – כִּדְקָא אָמְרַתְּ, הַשְׁתָּא דִּכְתִיב ״לְכׇל חַטֹּאתָם״ – לְהָנָךְ דְּאָתוּ לִכְלַל חַטָּאת.

The Gemara challenges: **But let** one who is still not aware of his transgression **achieve complete atonement,** so that even should he later become aware of his transgression, he will not have to bring an offering. Why does the *baraita* say that the goat only suspends the punishment? The Gemara answers: **If it were written: From their sins,** it would be interpreted **as you say,** but **now that it is written: "For all their sins,"** this indicates that it is referring **to those** sins **whose** commission will potentially cause the transgressor to **become subject to** an obligation to bring **a sin-offering.**

וְכִי מֵאַחַר שֶׁאֵינוֹ מְכַפֵּר, לָמָּה תּוֹלֶה? אָמַר רַבִּי זֵירָא: לוֹמַר, שֶׁאִם מֵת – מֵת בְּלֹא עָוֹן. אֲמַר לֵיהּ רָבָא: אִם מֵת – מִיתָה מְמָרֶקֶת! אֶלָּא אָמַר רָבָא: לְהָגֵן עָלָיו מִן הַיִּסּוּרִין.

The Gemara asks: **But once** it has been determined **that** the goat **does not effect** complete **atonement, to what** end **does it suspend** punishment? **Rabbi Zeira said:** The *baraita* means **to say that if he dies** before he brings his offering, **he dies without** liability for **sin. Rava said to him: If he dies,** he does not need the offering to atone for him, since **death** itself **cleanses him** of all his sins. **Rather, Rava said** there is a different explanation: The *baraita* means to say that the goat serves **to protect him from** being punished with **suffering** before he has brought his offering.

"אֵין בָּהּ יְדִיעָה בַּתְּחִלָּה וְיֵשׁ בָּהּ יְדִיעָה בַּסּוֹף – שָׂעִיר הַנַּעֲשֶׂה בַּחוּץ וְיוֹם הַכִּפּוּרִים מְכַפֵּר" כו׳.

§ The mishna teaches: For cases in which one **did not have awareness at the beginning but had awareness at the end,** the **goat whose** blood presentation is **performed outside** the Sanctuary, i.e., the goat of the additional offerings of Yom Kippur, **and Yom Kippur** itself, **atone.** This is derived from the fact that the Torah juxtaposes the internal and external goats to teach that both atone only for cases in which one had awareness of his transgression at some point, although each offering atones in a different case.

מִכְּדִי אִיתְקוּשֵׁי אִיתְקוּשׁ לַהֲדָדֵי, וְנִכַפֵּר פְּנִימִי אַדִּידֵיהּ וְאַדְּחִיצוֹן, וְנַפְקָא מִינָּהּ – לְהֵיכָא דְּלָא עֲבַד חִיצוֹן! אָמַר קְרָא: "אַחַת", כַּפָּרָה אַחַת מְכַפֵּר, וְאֵינוֹ מְכַפֵּר שְׁתֵּי כַפָּרוֹת.

The Gemara comments: **Now,** the verse **juxtaposes** the two goats **with each other** to teach that they effect atonement for similar cases. **But then let the internal** goat **atone** both **for itself,** i.e., for the cases that it normally atones for, **and for that which** the **external** goat normally atones for, **and** the practical **difference** will be in a case **where,** for some reason, the service of the **external** goat **was not performed.**[N] The Gemara explains: **The verse states:** "Aaron shall bring atonement upon its corners **once** a year; with the blood of the sin-offering of atonement once in the year shall he make atonement for it throughout your generations" (Exodus 30:10). The emphasis of the repeated term "once" teaches that the goat **effects one atonement** for only one case **but cannot effect two atonements** for two different cases.

וְנִכַפֵּר חִיצוֹן אַדִּידֵיהּ וְאַמַּאי דְּעָבֵיד פְּנִימִי, נַפְקָא מִינָּהּ – לְטוּמְאָה דְּאֵירְעָה בֵּין זֶה לָזֶה! אָמַר קְרָא: "אַחַת בַּשָּׁנָה", כַּפָּרָה זוֹ לֹא תְּהֵא

The Gemara challenges: **But** then **let** the **external** goat **atone** both **for itself,** i.e., for the cases that it normally atones for, **and for that which** the **internal** goat normally **does** atone for, and the practical **difference** will be in a case **of** the **defiling** of the Temple or sacrificial foods **that occurred**[N] **between** the offering of **this** goat **and that** goat. If it occurs after the internal goat's blood presentation, then the external goat will effect atonement for it. The Gemara explains: **The verse states:** "Aaron shall bring atonement upon its corners **once a year**" (Exodus 30:10). The emphasis on the term "once a year" teaches that **this atonement,** for the specific case that it atones for, **should be**

Perek **I**
Daf **9** Amud **a**

אֶלָּא אַחַת בַּשָּׁנָה.

only once a year.

וּלְרַבִּי יִשְׁמָעֵאל דְּאָמַר: אֵין בָּהּ יְדִיעָה בַּתְּחִלָּה וְיֵשׁ בָּהּ יְדִיעָה בַּסּוֹף בַּר קׇרְבָּן הוּא, שָׂעִיר הַנַּעֲשֶׂה בַּחוּץ אַמַּאי מְכַפֵּר? עַל שֶׁאֵין בָּהּ יְדִיעָה לֹא בַּתְּחִלָּה וְלֹא בַּסּוֹף.

According to the mishna, the internal goat atones for a case in which there was no awareness at the beginning but there was awareness at the end. The Gemara asks: **And according to Rabbi Yishmael, who says:** For a case **in which** one **did not have awareness at the beginning but did have awareness at the end,** that person **is liable** to bring **an offering, for what does** the **goat whose** blood presentation is **performed outside** the Sanctuary **atone?** The Gemara answers: It atones **for** a case **in which** one **did not have awareness,** neither **in the beginning, nor in the end.**

הַאי שְׂעִירֵי הָרְגָלִים וּשְׂעִירֵי רָאשֵׁי חֳדָשִׁים מְכַפְּרִין! סָבַר לַהּ כְּרַבִּי מֵאִיר, דְּאָמַר: כׇּל הַשְּׂעִירִים כַּפָּרָתָן שָׁוָה עַל טוּמְאַת מִקְדָּשׁ וְקׇדָשָׁיו.

The Gemara challenges this answer: But for **that** case, **the goats of the Festivals and the goats of** the **New Moons atone.** The Gemara explains: **He holds in accordance with** the opinion of **Rabbi Meir, who says:** The **atonement effected by all the goats** offered as part the additional offerings, i.e., those of the New Moons, the Festivals, and Yom Kippur, **is the same:** They all atone **for** various cases of the **defiling of the Temple or its sacrificial** foods.

NOTES

Where the service of the external goat was not performed – דְּלָא עֲבַד חִיצוֹן: This could occur if there was not a sufficient supply of goats (Rashi), or if the day's service had been unduly drawn out and there was not enough time to complete the service of the goat (Ramban, citing Rashi; see Rashba). Some of the early commentaries (see Ramban) record a different variation of the text: And the practical difference will be during the period in between. In other words, in the time between the two offerings, he will be protected from punishment. The fact that the internal goat can achieve this is understood based on the fact that its purpose is to atone for sins for which there was not yet awareness at the end (see Ritva, Ran, and *Tosafot*).

A case of defiling that occurred, etc. – לְטוּמְאָה דְּאֵירְעָה וכו׳: The Gemara here does not suggest that a practical difference would be where the service of the internal goat was not performed, because if there were only one goat, then since the internal goat has greater sanctity than the external goat, the one goat would be consecrated as the internal goat.

NOTES

Atonement for the fact that I diminished, etc. – כַּפָּרָה עַל שֶׁמִּיעַטְתִּי וכו׳: The Gemara in tractate *Ḥullin* (60b) elaborates with an allegory: When God first created the sun and the moon, they were of equal size. The moon complained that it is improper for two kings to rule together, and therefore one of them should be diminished. God responded that if so, the moon's size should be diminished. The moon responded that it is unfair that it should suffer on account of having offered a justified argument. God placated the moon in various ways, such as having the stars accompany it, but the moon was not mollified until God said that the goat should be an atonement for Him.

The commentaries note the inherent difficulty in the idea that God should require atonement for His actions. Different explanations have been offered, many based on a kabbalistic understanding of God's interaction with the world. The Rif, based on the assumption that one cannot talk of God's requiring atonement, insists that the goat provides atonement only for the Jewish people, as Rabbi Yehuda explains in the name of Shmuel in the Gemara. The intention of this Gemara, then, is only to explain why God decreed that the offering should be brought specifically at the New Moon. This was not in order to atone for God's act of diminishing of the moon, but to placate the moon for having its size reduced. The Ritva cites a verse supporting the opinion that the word atonement can be used in this sense: When Jacob sent gifts ahead of his meeting with Esau he stated their purpose, literally: "I will provide an atonement for his face" (Genesis 32:21), which clearly means: I will placate him. Accordingly, the phrase: This goat shall be an atonement for the fact that I diminished the size of the moon, should be understood as meaning that when the Jewish people bring an atonement for themselves, they will thereby also placate the moon on behalf of God (see *Tosafot*).

Early commentaries also note that one can learn from this Gemara that it is proper for a master who insults his servant to mollify him, and that this applies even where it was the servant who transgressed and was justifiably punished (*Kuntres HaRe'ayot*, citing *Or Zarua*).

As those goats are more frequent – שֶׁכֵּן תָּדִיר: The Gemara in tractate *Zevaḥim* (91a) derives a principle that a mitzva that is performed more frequently takes precedence over a mitzva that is performed less frequently. Apparently, the fact that it is performed with greater frequency demonstrates that it is of greater value. Accordingly, the Gemara here states that one cannot necessarily derive that a *halakha* stated about something more frequent applies to something less frequent.

אֶלָּא לְמַאי הִלְכְתָא אִיתְקַשׁ חִיצוֹן לִפְנִימִי? מַה פְּנִימִי אֵינוֹ מְכַפֵּר בִּשְׁאָר עֲבֵירוֹת, אַף חִיצוֹן אֵינוֹ מְכַפֵּר בִּשְׁאָר עֲבֵירוֹת.

The Gemara asks: **But** if Rabbi Yishmael holds that the internal goat atones for a situation in which there was no awareness at all, **with regard to what *halakha*** does the Torah **juxtapose** the **internal** goat **with** the **external** goat? The Gemara explains: The juxtaposition teaches that **just as** the **internal** goat **does not atone for other transgressions, so too,** the **external** goat **does not atone for other transgressions.** Rather, they both atone only for the defiling of the Temple or its sacrificial foods.

״עַל שֶׁאֵין בָּהּ יְדִיעָה בַּתְּחִלָּה וְלֹא בַּסּוֹף – שְׂעִירֵי רְגָלִים וּשְׂעִירֵי רָאשֵׁי חֳדָשִׁים מְכַפְּרִין, דִּבְרֵי רַבִּי יְהוּדָה״.

§ The mishna teaches: **For** the defiling of the Temple or its sacrificial foods **in which** one **did not have awareness,** neither **at the beginning nor at the end, the goats** brought as sin-offerings as part of the additional offerings **of the Festivals and the goats** brought as sin-offerings as part of the additional offerings **of** the **New Moons atone.** This is **the statement of Rabbi Yehuda.**

אָמַר רַב יְהוּדָה אָמַר שְׁמוּאֵל: מַאי טַעֲמָא דְּרַבִּי יְהוּדָה? אָמַר קְרָא: ״וּשְׂעִיר עִזִּים אֶחָד לְחַטָּאת לַה׳״, חֵטְא שֶׁאֵין מַכִּיר בּוֹ אֶלָּא ה׳ – יְהֵא שָׂעִיר זֶה מְכַפֵּר.

The Gemara elaborates: **Rav Yehuda says** that **Shmuel says: What is the reasoning of Rabbi Yehuda? The verse states** with regard to additional offerings of the New Moons: **"And one goat for a sin-offering to the Lord"** (Numbers 28:15). The final phrase, which literally means: A sin to the Lord, alludes to the fact that **this goat atones** for **a sin of which only the Lord is aware,** i.e., where there was no awareness either at the beginning or at the end.

וְהַאי מִיבָּעֵי לֵיהּ לְכִדְרֵישׁ לָקִישׁ, דְּאָמַר רֵישׁ לָקִישׁ: מַה נִּשְׁתַּנָּה שָׂעִיר שֶׁל רֹאשׁ חֹדֶשׁ שֶׁנֶּאֱמַר בּוֹ ״לַה׳״? אָמַר הַקָּדוֹשׁ בָּרוּךְ הוּא: שָׂעִיר זֶה יְהֵא כַּפָּרָה עַל שֶׁמִּיעַטְתִּי אֶת הַיָּרֵחַ!

The Gemara objects: **But this** phrase **is necessary** in order **to** expound it **in accordance with** the statement **of Reish Lakish, as Reish Lakish says: What is different** about the **goat** brought as a sin-offering **of the New Moon that** it **is stated with regard to it: "To the Lord,"** a term not written with regard to other sin-offerings? **The Holy One, Blessed be He, says,** as it were: **This goat shall be an atonement for** the fact **that I diminished**[N] the size of **the moon.**

אִם כֵּן, לֵימָא קְרָא: ״עַל ה׳״, מַאי ״לַה׳״? לְכִדְאֲמַרַן.

The Gemara resolves the problem: **If so,** i.e., if the phrase was needed only for that statement, **let the verse state** only: A sin-offering **for the Lord.** For **what** reason does it state: **"To the Lord"**? In order **to** expound it **in accordance with that which we have said,** that it atones only for a sin that the Lord alone is aware of.

וְאֵימָא: כּוּלֵּיהּ לְהָכִי הוּא דַּאֲתָא! אִם כֵּן, נֵימָא קְרָא: ״חַטָּאת ה׳״, מַאי ״לַה׳״? שְׁמַעַתְּ מִינָּהּ תַּרְתֵּי.

The Gemara asks: **But** why not **say** that the **whole of** the phrase **comes** exclusively **to** teach **this** *halakha*, and not to expound it in accordance with Reish Lakish's statement at all? The Gemara answers: **If so, let the verse state: A sin-offering of the Lord.** For **what** reason does it state: **"To the Lord"? You** can **conclude two** conclusions **from it.**

וּנְכַפֵּר נַמִי אֲפִילּוּ בִּשְׁאָר עֲבֵירוֹת! תָּנָא דְּבֵי רַבִּי יִשְׁמָעֵאל: הוֹאִיל וְזֶה בָּא בִּזְמַן קָבוּעַ וְזֶה בָּא בִּזְמַן קָבוּעַ, מַה זֶּה אֵינוֹ מְכַפֵּר אֶלָּא עַל טוּמְאַת מִקְדָּשׁ וְקָדָשָׁיו, אַף זֶה אֵינוֹ מְכַפֵּר אֶלָּא עַל טוּמְאַת מִקְדָּשׁ וְקָדָשָׁיו.

The Gemara asks: **But let** the goat **atone even for other transgressions** that a person never became aware of. Why does Rabbi Yehuda limit the scope of its atonement? The Sages **of the school of Rabbi Yishmael taught: Since this** goat of the New Moon **is brought at a fixed time, and that** goat of Yom Kippur **is brought at a fixed time,** they must atone for similar transgressions. **Just as that** goat of Yom Kippur **atones only for the defiling of the Temple or its sacrificial** foods, **so too, this** goat of the New Moon **atones only for** the **defiling of** the **Temple or its sacrificial** foods.

אַשְׁכְּחַן שְׂעִירֵי רָאשֵׁי חֳדָשִׁים, שְׂעִירֵי הָרְגָלִים מְנָלַן? וְכִי תֵּימָא: הָא נַמִי כִּדְתָנָא דְּבֵי רַבִּי יִשְׁמָעֵאל – אִיכָּא לְמִיפְרַךְ: אִי מִדְּרֹאשׁ חֹדֶשׁ, שֶׁכֵּן תָּדִיר! אִי מִדְּיוֹם הַכִּפּוּרִים, שֶׁכֵּן מְרוּבָּה כַּפָּרָתוֹ! וְכִי תֵּימָא,

The Gemara says: **We found** a source teaching that the **goats of** the **New Moons** atone for the defiling of the Temple or its sacrificial foods. **From where do we** derive that the **goats of the Festivals** also atone for such cases? **And if you would say** that **this** can **also** be derived **in accordance with that** which the Sages **of the school of Rabbi Yishmael taught,** that suggestion **can be refuted** as follows: **If** you try to derive it **through** a comparison to the goats **of the New Moon,** the comparison is flawed, **as** those goats are more **frequent**[N] than those of the Festivals. And **if** you try to derive it **through** a comparison to the goat **of Yom Kippur,** that comparison is also flawed, **as** that goat **has** a more **extensive atonement,** since it atones for all sins. **And if you would say:**

הָא גָּמְרִינַן רֹאשׁ חֹדֶשׁ מִיּוֹם הַכִּפּוּרִים וְלָא פָּרְכִינַן – הָתָם כַּפָּרָה מִיכְתַּב כְּתִיבָא, גַּלּוֹיֵי מִילְּתָא בְּעָלְמָא הוּא, אֲבָל הָכָא אִיכָּא לְמֵימַר כּוּלָּהּ מִילְּתָא לָא גָּמְרִינַן!

Don't we derive the atonement of the goat of the **New Moon through** a comparison to the goat **of Yom Kippur and we did not refute it** by saying that the atonement of the goat of Yom Kippur is more extensive, that is not relevant: **There,** with regard to the goat of the New Moon, the basic fact that it provides **atonement is written** in the verse, as Rav Yehuda explains above, and the comparison to the goat of Yom Kippur is **merely revealing a matter,** i.e., it teaches in what way its atonement is limited. **But here,** with regard to the goats of the Festivals, the verse does not mention any details about atonement, so **it is** valid **to say** that **we do not derive the entire matter** from the comparison to the goat of Yom Kippur, as it provides a more extensive atonement.

אֶלָּא כִּדְאָמַר רַבִּי חָמָא בְּרַבִּי חֲנִינָא: "שְׂעִיר" "וּשְׂעִיר", הָכָא נַמִּי "שְׂעִיר" "וּשְׂעִיר", וְאִיתְקִישׁ שְׂעִירֵי רְגָלִים לִשְׂעִירֵי רָאשֵׁי חֳדָשִׁים, מַה שְּׂעִירֵי רָאשֵׁי חֳדָשִׁים אֵינָן מְכַפְּרִין אֶלָּא עַל שֶׁאֵין בָּהּ יְדִיעָה לֹא בַּתְּחִלָּה וְלֹא בַּסּוֹף, אַף שְׂעִירֵי הָרְגָלִים אֵינָן מְכַפְּרִין אֶלָּא עַל שֶׁאֵין בָּהּ יְדִיעָה לֹא בַּתְּחִלָּה וְלֹא בַּסּוֹף.

Rather, the atonement of the goats of the Festivals is derived just **as Rabbi Ḥama, son of Rabbi Ḥanina, says** in explanation of the opinion of Rabbi Meir (10a): The matter is derived from the fact that with regard to the goat of the Festivals (see Numbers, chapters 28–29) the verses that mention the goat could have simply stated: **A** goat, but instead state: **"And a goat." Here too,** the fact that the verse could have simply stated: **A goat,** but instead states: **"And a goat,"** indicates that the **goats of** the **Festivals are juxtaposed with** the **goat of the New Moon,** which are mentioned at the beginning of that passage, and teaches that they all effect a similar atonement. **Just as** the **goats of** the **New Moon atone only for** cases **in which** one **did not have awareness, neither at the beginning nor at the end, so too,** the **goats of the Festivals atone only for** cases **in which** one **did not have awareness, neither at the beginning nor at the end.**

אִיבַּעְיָא לְהוּ: כִּי אָמַר רַבִּי יְהוּדָה עַל שֶׁאֵין בָּהּ יְדִיעָה לֹא בַּתְּחִלָּה וְלֹא בַּסּוֹף – הָנֵי מִילֵּי בְּחֵטְא שֶׁאֵין סוֹפוֹ לִיוָּדַע, אֲבָל חֵטְא שֶׁסּוֹפוֹ לִיוָּדַע – כְּמִי שֶׁיֵּשׁ יְדִיעָה בַּסּוֹף דָּמֵי, וְשָׂעִיר הַנַּעֲשֶׂה בַּחוּץ וְיוֹם הַכִּפּוּרִים מְכַפֵּר. אוֹ דִלְמָא, אֲפִילּוּ חֵטְא שֶׁסּוֹפוֹ לִיוָּדַע – הַשְׁתָּא מִיהָא "חֵטְא שֶׁאֵין מַכִּיר בּוֹ אֶלָּא ה'" קָרֵינָא בֵּיהּ?

A dilemma was raised before the Sages: **When Rabbi Yehuda says** that the goats of the New Moons and the Festivals atone **for** cases **in which** one **did not have awareness, neither at the beginning nor at the end,** does **that statement** apply only **to a sin that will never eventually become known,** e.g., where no one was present when the person became ritually impure, **but** with regard to **a sin that will eventually become known,**[N] it is considered to be **like** a case of **one who has awareness** of his sin **at the end, and** therefore only the **goat** whose blood presentation is **performed outside** the Sanctuary **and Yom Kippur** itself **atone** for it? **Or perhaps, even** with regard to **a sin that will eventually become known,** right **now, at least,** before it becomes known, **I can call it a sin of which only God is aware,** and therefore the goats of the New Moons and the Festivals atone for it.

תָּא שְׁמַע, דְּתַנְיָא: עַל שֶׁאֵין בָּהּ יְדִיעָה לֹא בַּתְּחִלָּה וְלֹא בַּסּוֹף וְחֵטְא שֶׁסּוֹפוֹ לִיוָּדַע – שְׂעִירֵי הָרְגָלִים וּשְׂעִירֵי רָאשֵׁי חֳדָשִׁים מְכַפְּרִים, דִּבְרֵי רַבִּי יְהוּדָה.

The Gemara concludes: **Come and hear** a resolution of this dilemma, **as it is taught** in a *baraita*: **For** a case **in which** one **did not have awareness, neither at the beginning nor at the end, and** it is **a sin that will eventually become known,** the **goats of the Festivals and** the **goats of** the **New Moons atone.** This is **the statement of Rabbi Yehuda.**

"רַבִּי שִׁמְעוֹן אוֹמֵר: שְׂעִירֵי הָרְגָלִים מְכַפְּרִין, אֲבָל לֹא שְׂעִירֵי רָאשֵׁי חֳדָשִׁים" וכו'.

§ The mishna teaches: **Rabbi Shimon says:** The **goats of the Festivals atone** for a case in which one never had awareness of his transgression, **but** the **goats of** the **New Moons** do **not.** Rather, the latter atone for a ritually pure person who unwittingly partook of ritually impure sacrificial food.

NOTES

That will eventually become known – שֶׁסּוֹפוֹ לִיוָּדַע: An example of this is where others witnessed his entry into the Temple while he was ritually impure and they inform him of his transgression later (Rashi). The Ri Migash adds another example, where one entered the Temple after walking on a particular road and later it became known that there was a source of impurity located on that road that rendered him impure.

אָמַר רַבִּי אֶלְעָזָר אָמַר רַבִּי אוֹשַׁעְיָא: מַאי טַעְמֵיהּ דְּרַבִּי שִׁמְעוֹן? אָמַר קְרָא: ״וְאֹתָהּ נָתַן לָכֶם לָשֵׂאת אֶת עֲוֹן הָעֵדָה״, וְהַאי קְרָא בְּשָׂעִיר דְּרֹאשׁ חֹדֶשׁ כְּתִיב; וְיָלֵיף ״עָוֹן״ ״עָוֹן״ מִצִּיץ, נֶאֱמַר כָּאן ״עָוֹן״ וְנֶאֱמַר לְהַלָּן ״עָוֹן״, מָה לְהַלָּן טוּמְאַת בָּשָׂר, אַף כָּאן טוּמְאַת בָּשָׂר.

The Gemara elaborates: **Rabbi Elazar says** that **Rabbi Oshaya says: What is the reasoning of Rabbi Shimon? The verse states: "And He gave it to you to bear the sin of the congregation"** (Leviticus 10:17), **and this verse is written with regard to** the **goat of** the **New Moon.**[N] **And** its capacity to atone **is derived from the frontplate**[B] through a verbal analogy between the words **"sin"** in this verse, and the word **"sin"** stated with regard to the frontplate. The verse there states: "And it shall be on Aaron's forehead and Aaron will bear the sin of the sacred offerings" (Exodus 28:38). The verbal analogy teaches as follows: **It is stated here,** with regard to the goat of the New Moon: **"Sin," and it is stated there,** with regard to the frontplate: **"Sin." Just as there,** in the verse in Exodus, the atonement is for a sin involving the **ritual impurity of** sacrificial **meat,**[N] i.e., where such meat is placed on the altar, **so too here,** in the verse in Leviticus, the atonement is for a sin involving the **ritual impurity of** sacrificial **meat,** i.e., where a ritually pure person partakes of it.

אִי מָה לְהַלָּן עוֹלִין, אַף כָּאן עוֹלִין! ״עֲוֹן הָעֵדָה״ כְּתִיב.

The Gemara asks: **If** the two cases are to be compared, then one could take the comparison further: **Just as there,** in the verse in Exodus, the atonement is only for meat that **ascends**[N] upon the altar, **so too here,** in the verse in Leviticus, the atonement is only for meat that **ascends** upon the altar. The Gemara rejects this suggestion: It **is written** with regard to the goat of the New Moon: "To bear **the sin of the congregation."** This indicates that it atones for the personal sin of partaking of sacrificial meat that was to be consumed by an individual, which became ritually impure.

מִכְּדִי מִיגְמַר גָּמְרִי מֵהֲדָדֵי, נְכַפֵּר דְּרֹאשׁ חֹדֶשׁ אַדִּידֵיהּ וְאַדְּצִיץ; נָפְקָא מִינָּהּ לְהֵיכָא דְּנִשְׁבַּר הַצִּיץ! אָמַר קְרָא: ״עָוֹן״, עָוֹן אֶחָד הוּא נוֹשֵׂא, וְאֵין נוֹשֵׂא שְׁנֵי עֲוֹנוֹת.

The Gemara suggests: **Now,** the atonement of the goats of the New Moon and that of the frontplate **are derived from one another**[N] by a verbal analogy. If so, **let** the goat **of the New Moon atone for itself,** i.e., for the cases that it normally atones for, **and for that which the frontplate** normally atones for, and the practical **difference** will be in a case **where the frontplate was broken.** The Gemara answers: **The verse states** with regard to the goat of the New Moon: "To bear **the sin** of the congregation," which indicates that **it bears,** i.e., atones for, only **one sin, but** it **does not bear two sins.**

וּנְכַפֵּר צִיץ אַדִּידֵיהּ וְאַדְּרֹאשׁ חֹדֶשׁ: נָפְקָא מִינָּהּ לְטוּמְאָה דְּאִירְעָה בֵּין זֶה לָזֶה! אָמַר קְרָא: ״אוֹתָהּ״, אוֹתָהּ נוֹשֵׂא עָוֹן, וְאֵין אַחֶרֶת נוֹשֵׂא עָוֹן.

The Gemara suggests: **But let** the **frontplate atone for itself,** i.e., for those cases that it normally atones for, **and for** that which the goats **of the New Moon** normally atone for, and the practical **difference** will be in a case of the **defiling** of the Temple or its sacrificial foods **that occurred between** the goat offering of **this** New Moon **and that** New Moon which follows. The Gemara answers: **The verse states** with regard to the goat of the New Moon: "And He gave **it** to you to bear the sin of the congregation," which indicates that **it bears,** i.e., atones for, that **sin, but another does not bear** that **sin.**

BACKGROUND

Frontplate – **צִיץ**: The frontplate of the High Priest was a plate of gold on which the words "Holy to the Lord" (Exodus 28:36) were engraved and which was tied to the forehead of the High Priest, adjacent to where his hairline began. It was one of the eight priestly vestments that made up the raiment of the High Priest and one of the four vestments that are called the golden vestments. The High Priest would wear all eight vestments year round, except during part of the Yom Kippur service, when he would wear only the four white vestments that all priests wore. The Torah states that by wearing the frontplate on his forehead "Aaron shall bear the iniquity committed in the holy items that the children of Israel shall sanctify" (Exodus 28:38). The Sages say that the frontplate does not atone for all sins committed with the offerings in the Temple service; indeed, with regard to some offerings, the Torah states explicitly that those offerings are not accepted. Rather, they explain that this verse applies to specific cases of ritual impurity.

Modern replica of the frontplate

NOTES

And this verse is written with regard to the goat of the New Moon – **וְהַאי קְרָא בְּשָׂעִיר דְּרֹאשׁ חֹדֶשׁ**: This verse concerns the eighth day of the inauguration of the Tabernacle, which, according to tradition, occurred on the New Moon of Nisan. There were three goats on that occasion that were brought as sin-offerings: The inauguration sin-offering; the sin-offering of Nahshon, the head of the tribe of Judah; and the sin-offering for the New Moon. The verse cited by the Gemara is referring to the goat sin-offering for the New Moon, which was entirely consumed upon the altar.

Ritual impurity of sacrificial meat – **טוּמְאַת בָּשָׂר**: The atonement affords the acceptance of the meat of offerings that, despite being ritually impure, were unwittingly placed upon the altar. The verbal analogy teaches that there is another case involving ritually impure meat for which one receives atonement.

If, just as there, atonement is for meat that ascends – **אִי מָה לְהַלָּן עוֹלִין**: According to Rashi, the Gemara suggests that the frontplate might afford acceptance only for offerings that ascend upon the altar but it does not afford atonement for one who partakes of ritually impure sacrificial meat that was never designated to ascend upon the altar. *Tosafot* offer a different explanation of the Gemara: The analogy teaches that the goat of the New Moon should atone for a similar case of a priest who sacrificed an offering in a state of impurity, but not for one who partook of ritually impure sacrificial meat. According to this explanation, the Gemara's answer: It is written: The sin of the congregation, teaches that the sin referred to lies only with people in the congregation but not with the offering itself.

They are derived from one another – **מִיגְמַר גָּמְרִי מֵהֲדָדֵי**: When two matters are associated through a verbal analogy, it is assumed that the *halakhot* of each matter should apply to the other.

רַב אַשִׁי אָמַר: כְּתִיב הָכָא "עֲוֹן הָעֵדָה" – עֵדָה וְלֹא קֳדָשִׁים, וְהָתָם כְּתִיב "עֲוֹן הַקֳּדָשִׁים", קֳדָשִׁים וְלֹא עֵדָה.

Rav Ashi states another proof for the opinion that each atones in a different case: **It is stated here** with regard to the goat of the New Moon: **"The sin of the congregation,"** which indicates that it atones for the sin of the **congregation, but not** for **the** sin involving **sacred offerings.**[N] **And there,** with regard to the frontplate, **it is written: "The sin of the sacred offerings,"** which indicates that it atones for the sin involving **sacred offerings, but not** for the sin of the **congregation.**

אַשְׁכְּחַן שְׂעִירֵי רָאשֵׁי חֳדָשִׁים דִּמְכַפְּרִי עַל טָהוֹר שֶׁאָכַל אֶת הַטָּמֵא, שְׂעִירֵי רְגָלִים דִּמְכַפְּרִי עַל שֶׁאֵין בָּהּ יְדִיעָה לֹא בַּתְּחִלָּה וְלֹא בַּסּוֹף מְנָלַן?

The Gemara says: **We found** a source for Rabbi Shimon's opinion about the **goats of** the **New Moons, that they atone for a ritually pure** person **who partook of ritually impure** sacrificial food. **From where do we** derive his opinion about the **goats of** the **Festivals, that they atone for** cases of the defiling of the Temple or its sacrificial foods **in which** one **did not have awareness, neither at the beginning nor at the end?**

כִּדְאָמַר רַבִּי חָמָא בְּרַבִּי חֲנִינָא: "שְׂעִיר" "וּשְׂעִיר", הָכָא נַמִי "שְׂעִיר" "וּשְׂעִיר",

The Gemara answers: It is derived just **as Rabbi Ḥama, son of Rabbi Ḥanina, says,** in explanation of the opinion of Rabbi Meir (10a): The fact that with regard to the goat of the Festivals the verses that mention the goats could have simply stated: **A goat,** but instead state: **"And a goat,"** teaches that the goats of the Festivals effect an atonement similar to that of the goat of the New Moon that is mentioned at the beginning of that passage. **Here too,** the fact that the verse could have simply stated: **A goat,** but instead states: **"And a goat,"** teaches that the goats of the Festivals effect an atonement similar to that of the goat of the New Moon, which is mentioned at the beginning of that passage.

NOTES

The congregation but not the sacred offerings – **עֵדָה וְלֹא קֳדָשִׁים:** Rav Ashi derives the use of the definite article in "the congregation" and "the sacred offerings" to teach that the respective passages refer only to specific people in the congregation and to a sin involving specific sacred offerings.

Perek **I**
Daf **10** Amud **a**

וְאִיתְקוּשׁ שְׂעִירֵי הָרְגָלִים לִשְׂעִירֵי רָאשֵׁי חֳדָשִׁים, מַה שָּׂעִיר דְּרֹאשׁ חוֹדֶשׁ בְּמִילְּתָא דְּקוֹדֶשׁ מְכַפֵּר, אַף שְׂעִירֵי רְגָלִים בְּמִילְּתָא דְּקוֹדֶשׁ מְכַפְּרִי.

And through this additional "and," the **goats of the Festivals are juxtaposed with** the **goats of** the **New Moons,** indicating that **just as** the **goats of** the **New Moons atone for a case involving sacrificial** food, i.e., where a ritually pure person partook of ritually impure sacrificial food, **so too,** the **goats of the Festivals atone for** a similar **case involving sacrificial** food,[N] i.e., where a ritually impure person partook of ritually pure sacrificial food.

וְכִי תֵּימָא: נִיכַפְּרוּ אַדְּרֹאשׁ חֹדֶשׁ – הָא אָמְרִינַן: "אוֹתָהּ" – אוֹתָהּ נוֹשֵׂא עָוֹן, וְאֵין אַחֵר נוֹשֵׂא עָוֹן.

And if you would say: Let the goats of the Festivals **atone for** that which the goats **of** the **New Moon** are sacrificed, that is not possible. **Didn't we say** above that the verse states with regard to the goat of the New Moon: "And He gave **it** to you to bear the sin of the congregation," which indicates that **it bears,** i.e., atones for, that **sin but another does not bear** that **sin?**

וְכִי תֵּימָא: נִיכַפְּרוּ אַדְּיוֹם הַכִּפּוּרִים – הָא אָמְרִינַן: "אַחַת בַּשָּׁנָה" – כַּפָּרָה זוֹ לֹא תְּהֵא אֶלָּא אַחַת בַּשָּׁנָה;

And if you would say: Let the goats of the Festivals **atone for** that which the goat **of Yom Kippur** is brought,[N] that is not possible. **Didn't we say** above that the verse states with regard to the goat of Yom Kippur: "Aaron shall bring atonement upon its corners **once a year**" (Exodus 30:10)? The emphasis on "once a year" teaches that **this atonement** for this case **should be only once a year.**

אַמַּאי מְכַפְּרִי?

The Gemara explains: It must be that the goats of the Festivals atone for cases of defiling of the Temple or its sacrificial foods in which one did not have awareness, neither at the beginning nor at the end, because if not, **for what** other matter involving sacrificial foods **could they atone?**

NOTES

For a case involving sacrificial food – **בְּמִילְּתָא דְּקוֹדֶשׁ:** The early commentaries note that the Gemara derives only the case of a ritually impure person who defiles sacrificial food by partaking of it. The source for the case of a ritually impure person who defiles the Temple by entering it remains unclear. *Tosefot HaRosh* suggests that since in all other cases, i.e., where there is awareness at the beginning but not at the end, or at the end but not at the beginning, the same means of atonement is used for both the defiling of the Temple and the defiling of its sacrificial foods, it is logical that also in this case, i.e., where there is no awareness either at the beginning or the end, the same means of atonement will apply to both. The Ritva suggests that the Gemara might be relying here on that which it derived in 7b from the verse: "She may not touch any sacred item and she may not enter the Temple" (Leviticus 12:4), i.e., that the Temple is juxtaposed with sacrificial food such that the *halakhot* that apply to one also apply to the other. Alternatively, liability for defiling the Temple is based on the verbal analogy that the Gemara drew (7a) between the passage of the sliding-scale offering and the red heifer.

Let them atone for that which the goat of Yom Kippur is brought – **נִיכַפְּרוּ אַדְּיוֹם הַכִּפּוּרִים:** The Gemara suggests that the goats of the Festivals should atone for that which the external goat of Yom Kippur atones, i.e., for the defiling of the Temple in which one has no awareness at the beginning but does have awareness at the end (Rashi).

אִי עַל שֶׁיֵּשׁ בָּהּ יְדִיעָה בַּתְּחִלָּה וְיֵשׁ בָּהּ יְדִיעָה בַּסּוֹף – הַאי בַּר קׇרְבָּן הוּא! אִי עַל שֶׁיֵּשׁ בָּהּ יְדִיעָה בַּתְּחִלָּה וְאֵין בָּהּ יְדִיעָה בַּסּוֹף – הַאי שָׂעִיר הַנַּעֲשֶׂה בִּפְנִים וְיוֹם הַכִּפּוּרִים תּוֹלֶה! אִי עַל שֶׁאֵין בָּהּ יְדִיעָה בַּתְּחִלָּה אֲבָל יֵשׁ בָּהּ יְדִיעָה בַּסּוֹף – הַאי שָׂעִיר הַנַּעֲשֶׂה בַּחוּץ וְיוֹם הַכִּפּוּרִים מְכַפֵּר!

If you say they atone **for** cases **in which** one **had awareness at the beginning and had awareness at the end,** then one can counter **that he is liable to** bring **an offering** to atone for his transgression, and therefore the goats of the Festivals will not atone for him. **If** you say they atone **for** cases **in which** one **had awareness at the beginning but did not have awareness at the end,** then one can counter **that** the **goat whose** blood presentation is **performed inside** the Sanctuary **and Yom Kippur** itself **suspend** any punishment that he deserves until he becomes aware of his transgression. **If** you say they atone **for** cases **in which** one **did not have awareness at the beginning but did have awareness at the end,** then one can counter **that** the **goat whose** blood presentation is **performed outside** the Sanctuary **atones.**

עַל כׇּרְחָךְ אֵינוֹ מְכַפֵּר אֶלָּא עַל שֶׁאֵין בָּהּ יְדִיעָה לֹא בַּתְּחִלָּה וְלֹא בַּסּוֹף.

Perforce, they **atone only for** cases in **which** one **did not have awareness, neither at the beginning nor at the end.**

״רַבִּי מֵאִיר אוֹמֵר: כׇּל הַשְּׂעִירִים כַּפָּרָתָן שָׁוָה״ כו׳.

§ The mishna teaches that **Rabbi Meir says:** The **atonement** effected by **all the goats** offered as part of the additional offerings, i.e., those of the New Moons, Festivals, and Yom Kippur, **is the same.** They all atone for various cases of the defiling of the Temple or its sacrificial foods.

אֲמַר רַבִּי חָמָא בַּר רַבִּי חֲנִינָא: מַאי טַעְמָא דְּרַבִּי מֵאִיר? אָמַר קְרָא: ״שְׂעִיר״ ״וּשְׂעִיר״, הוּקְשׁוּ כׇּל הַשְּׂעִירִים זֶה לָזֶה, וי״ו מוֹסִיף עַל עִנְיָן רִאשׁוֹן.

Rabbi Ḥama bar Rabbi Ḥanina said: What is the reasoning of Rabbi Meir? With regard to the goat of the Festivals (Numbers, chapters 28–29) **the verse** could have simply **stated: A goat,** but instead it states: **"And a goat,"** which teaches that **all the goats are juxtaposed, this** one **with that** one, as the use of the term **"and"** teaches that the second matter **adds to the first matter,** and that all the goats effect a similar atonement as the first one listed, that of the New Moon.

קָסָלְקָא דַּעְתָּךְ כׇּל חַד וְחַד מֵחַבְרֵיהּ גָּמַר; וְהָאָמַר רַבִּי יוֹחָנָן: כׇּל הַתּוֹרָה כּוּלָּהּ לְמֵידִין לָמֵד מִלָּמֵד, חוּץ מִקׇּדָשִׁים שֶׁאֵין לְמֵידִין לָמֵד מִלָּמֵד!

The Gemara questions this interpretation: Initially **it enters your mind** to explain that the atonement effected by **each and every one** of the goats of the Festivals is **derived from** the atonement effected by the goat **adjacent to it,** i.e., the one mentioned in the passage immediately preceding it: The atonement effected by the Passover goat from the atonement effected by the goat of the New Moon and the atonement effected by the *Shavuot* goat from the atonement effected by the Passover goat and so forth. **But** this is difficult, as **doesn't Rabbi Yoḥanan say:** With regard to **the entire Torah,** one **derives** a *halakha* **derived** via a juxtaposition **from** a *halakha* **derived** via a juxtaposition, **except for** *halakhot* concerning **consecrated** matters, **where** one **does not derive** a *halakha* **derived** via a juxtaposition **from** a *halakha* **derived**[N] via a juxtaposition?

הָא לָא קַשְׁיָא, כּוּלְּהוּ מִקַּמָּא גָּמְרִי.

The Gemara answers: **This** is **not difficult,** because actually the atonement effected by **all of** the goats **is derived** directly **from** the atonement effected by **the first** goat, i.e., the goat of the New Moon.

תֵּינַח כׇּל דִּכְתַב בֵּיהּ ״וּשְׂעִיר״, עֲצֶרֶת וְיוֹם הַכִּפּוּרִים דְּלָא כְּתַב בֵּיהּ ״וּשְׂעִיר״, מְנָלַן?

The Gemara asks: Rabbi Ḥama bar Rabbi Ḥanina's explanation **works out well** for **all** the goats **with regard to which it is written: "And a goat,"** but **from where do we** derive what the goats of ***Shavuot* and Yom Kippur** atone for, **as with regard to them it is not written: And a goat,** but simply: "A goat"?

אֶלָּא אָמַר רַבִּי יוֹנָה, אָמַר קְרָא: ״אֵלֶּה תַּעֲשׂוּ לַה׳ בְּמוֹעֲדֵיכֶם״, הוּקְשׁוּ כׇּל הַמּוֹעֲדִים כּוּלָּן זֶה לָזֶה. וְהָא רֹאשׁ חֹדֶשׁ לָאו מוֹעֵד הוּא!

Rather, Rabbi Yona says: The verse states at the end of the passage detailing the goats of the Festivals: **"These shall you offer to the Lord on your Festivals"** (Numbers 29:39); with this verse **all** the goats of **the Festivals are juxtaposed, this** one **with that** one, which indicates that they all atone for the same sins. The Gemara challenges: **But** the **New Moon is not** regarded as **a Festival.**

NOTES

Where one does not derive a *halakha* derived via a juxtaposition from a *halakha* derived – שֶׁאֵין לְמֵידִין לָמֵד מִלָּמֵד: Rashi states that this is the case only with regard to a *halakha* that was derived via a juxtaposition. The Gemara in the fifth chapter of tractate *Zevaḥim* has an extensive discussion about when and whether this is the case for *halakhot* of consecrated matters derived via other hermeneutical principles.

אִיבְּרָא, רֹאשׁ חֹדֶשׁ נַמִּי אִיקְּרֵי מוֹעֵד, כִּדְאָמַר אַבַּיֵי. דְּאָמַר אַבַּיֵי: תַּמּוּז דְּהַהִיא שַׁתָּא מַלּוֹיֵי מַלְּיוּהוּ, דִּכְתִיב ״קָרָא עָלַי מוֹעֵד לִשְׁבֹּר בַּחוּרָי״.

The Gemara refutes this: In **truth,** the **New Moon is also called a Festival, in accordance with what Abaye says** with regard to a different issue, **as Abaye says:** With regard to the month of **Tammuz** in **that year** during which the Jewish people sinned by accepting the slanderous report of the spies about Eretz Yisrael, the court **made it a full** month of thirty days, **as it is written: "He proclaimed a festival to crush my young men"** (Lamentations 1:15). Abaye understands the verse to mean that by extending the month of Tammuz by an extra day, by proclaiming that the thirtieth day should be celebrated as a New Moon in addition to the first day of the following month, it emerged that the acceptance of the spies' report occurred on the ninth of Av, and not the eighth, thereby defining the ninth of Av as an ominous day for the Jewish people. From Abaye's explanation it is apparent that the New Moon is also called a Festival.

אָמַר רַבִּי יוֹחָנָן: וּמוֹדֶה רַבִּי מֵאִיר בְּשָׂעִיר הַנַּעֲשֶׂה בִּפְנִים – שֶׁהוּא אֵינוֹ מְכַפֵּר כַּפָּרָתָן, וְהֵן אֵינָן מְכַפְּרִין כַּפָּרָתוֹ;

The Gemara continues to analyze Rabbi Meir's opinion: **Rabbi Yoḥanan says: And** even though he holds that all the goats offered as part of the additional offerings effect atonement for the same sin, **Rabbi Meir concedes with regard to** the **goat whose** blood presentation is **performed inside** the Sanctuary on Yom Kippur **that it does not atone their atonement,** i.e., does not atone for the sins that they atone for, **and they do not atone its atonement.**

הוּא אֵינוֹ מְכַפֵּר כַּפָּרָתָן – כַּפָּרָה אַחַת מְכַפֵּר וְאֵינוֹ מְכַפֵּר שְׁתֵּי כַפָּרוֹת; הֵן אֵינָן מְכַפְּרִין כַּפָּרָתוֹ – אָמַר קְרָא: ״אַחַת בַּשָּׁנָה״, כַּפָּרָה זוֹ לֹא תְּהֵא אֶלָּא אַחַת בַּשָּׁנָה.

He elaborates: **It does not atone their atonement,** because, as the Gemara derived from the verse: "Aaron shall bring atonement upon its corners once a year" (Exodus 30:10), the internal goat **effects one atonement** for only one case **but cannot effect two atonements** for two different cases. And **they do not atone its atonement,** because, as the Gemara explained, **the verse states:** "Aaron shall bring atonement upon its corners **once a year."** The emphasis on the phrase "once a year" teaches that **this atonement** for the specific case that it atones for **should be only once a year.**

תַּנְיָא נַמִּי הָכִי: עַל שֶׁאֵין בָּהּ יְדִיעָה לֹא בַּתְּחִלָּה וְלֹא בַּסּוֹף, וְעַל שֶׁאֵין בָּהּ יְדִיעָה בַּתְּחִלָּה אֲבָל יֵשׁ בָּהּ יְדִיעָה בַּסּוֹף, וְעַל טָהוֹר שֶׁאָכַל אֶת הַטָּמֵא – שְׂעִירֵי הָרְגָלִים וּשְׂעִירֵי רָאשֵׁי חֳדָשִׁים וְשָׂעִיר הַנַּעֲשֶׂה בַּחוּץ מְכַפְּרִין, דִּבְרֵי רַבִּי מֵאִיר;

The Gemara adds: **This** qualification of Rabbi Meir's opinion **is also** indicated by that which is **taught** in a *baraita*: **For** cases of the defiling of the Temple **in which** one **did not have awareness, neither at the beginning nor at the end, and for** cases **in which** one **did not have awareness at the beginning but did have awareness at the end, and for a ritually pure person who partook of ritually impure** sacrificial food, the **goats of the Festivals** and the **goats of** the **New Moons and the goat whose** blood presentation is **performed outside** the Sanctuary **atone.** This is **the statement of Rabbi Meir.**

וְאִילּוּ שָׂעִיר הַנַּעֲשֶׂה בִּפְנִים שַׁיְּירָהּ, וְכַפָּרָתָן נַמִּי שַׁיְּירָהּ.

The Gemara notes: **But** in delineating which offerings atone, Rabbi Meir **omitted** the **goat whose** blood presentation is **performed inside** the Sanctuary, **and** furthermore, when delineating **their atonement,** i.e., what cases they atone for, **he also omitted it,** i.e., he did not mention the cases that the internal goat atones for, which are the cases in which one had awareness at the beginning but did not have awareness at the end. Evidently, the atonement of the internal goat is substantively different from the atonement of the other goats.

הָיָה רַבִּי שִׁמְעוֹן אוֹמֵר: שְׂעִירֵי רָאשֵׁי חֳדָשִׁים מְכַפְּרִין עַל טָהוֹר שֶׁאָכַל אֶת הַטָּמֵא כו׳.

§ The mishna teaches: **Rabbi Shimon would say:** The **goats of** the **New Moons atone for a ritually pure** person **who** unwittingly **partook of ritually impure** sacrificial food. And for defiling the Temple or its sacrificial foods, the goats of the Festivals atone for cases in which one did not have awareness, neither at the beginning nor at the end, and the goats of the additional offerings of Yom Kippur atone for cases in which one did not have awareness at the beginning but did have awareness at the end.

בִּשְׁלָמָא דְּרָאשֵׁי חֳדָשִׁים לָא מְכַפְּרִי אַדִּרְגָלִים, דְּאָמַר קְרָא: ״עֲוֹן״, עָוֹן אֶחָד הוּא נוֹשֵׂא וְאֵינוֹ נוֹשֵׂא שְׁנֵי עֲוֹנוֹת. אֶלָּא דִּרְגָלִים נִיכַפְּרוּ אַדְּרָאשֵׁי חֳדָשִׁים! אָמַר קְרָא: ״אוֹתָהּ״, אוֹתָהּ נוֹשֵׂא עָוֹן וְאֵין אַחֵר נוֹשֵׂא עָוֹן.

The Gemara challenges: **Granted,** the goats **of the New Moons do not atone for** that which the goats **of Festivals** atone, **as the verse states** with regard to the goat of the New Moon: "And he gave it to you to bear the **sin** of the congregation" (Leviticus 10:17), which indicates that **it bears,** i.e., atones for, **one sin but does not bear two sins. But** nevertheless, **let** the goats **of the Festivals atone for** that which the goats **of New Moons atone.** The Gemara responds: **The verse states:** "He gave **it** to you." The emphasis on "it" teaches that **it bears** this **sin, but no other** offering **bears** this **sin.**

בִּשְׁלָמָא דִּרְגָלִים לָא מְכַפְּרִין אַדְּיוֹם הַכִּפּוּרִים, דְּאָמַר קְרָא: ״אַחַת בַּשָּׁנָה״, כַּפָּרָה זוֹ לֹא תְּהֵא אֶלָּא אַחַת בַּשָּׁנָה. אֶלָּא דְּיוֹם הַכִּפּוּרִים נִיכַפְּרוּ אַדִּרְגָלִים! אָמַר קְרָא: ״אַחַת״, כַּפָּרָה אַחַת מְכַפֵּר וְאֵינוֹ מְכַפֵּר שְׁתֵּי כַפָּרוֹת.

The Gemara challenges: **Granted,** the goats **of** the **Festivals do not atone for** that which the goats **of Yom Kippur** atone, **as the verse states** with regard to the goat of Yom Kippur: "Aaron shall bring atonement upon its corners **once a year**" (Exodus 30:10). The emphasis on the phrase "once a year" teaches that **this atonement,** i.e., the specific case it atones for, **should be only once a year. But** nevertheless, **let** the goats **of Yom Kippur atone for** that which the goats **of** the **Festivals** atone. The Gemara responds: **The verse states: "Once** a year," which indicates that it **effects one atonement** for only one case **but cannot effect two atonements** for two different cases.

וְהָא כִּי כְּתִיב ״אַחַת״, בְּשָׂעִיר הַנַּעֲשֶׂה בִּפְנִים הוּא דִּכְתִיב! אָמַר קְרָא: ״מִלְּבַד

The Gemara challenges the use of these derivations: **But when it states "once"** in this verse, **it is with regard to** the **goat whose** blood presentation is **performed inside** the Sanctuary **that it is written,** so the derivations from it should have no bearing on the discussion concerning the external goat. The Gemara answers: **The verse states:** "One goat for a sin-offering **aside from**

Perek **I**
Daf **10** Amud **b**

NOTES

Rabbi Shimon does not learn anything from the word it – אוֹתָהּ לָא מַשְׁמַע לֵיהּ: He does not derive anything from the word "it" because he holds that the use of the word is a standard element of the style in which verses are written (Ritva).

חַטַּאת הַכִּפּוּרִים״, וְאִיתְּקוּשׁ חִיצוֹן לִפְנִימִי.

the sin-offering of the atonements" (Numbers 29:11). "One goat for a sin-offering" is referring to the external goat, and "the sin-offering of the atonements" is referring to the internal goat. With this verse, the **external** goat **is juxtaposed with** the **internal** goat, and therefore the limitations imposed on the atonement of the internal goat are also to be applied to the external goat.

״רַבִּי שִׁמְעוֹן בֶּן יְהוּדָה אוֹמֵר מִשְּׁמוֹ״ כו׳.

§ The mishna teaches: **Rabbi Shimon ben Yehuda says in the name of** Rabbi Shimon a version of his opinion that differs from that of the mishna above: The goats of the New Moons atone for a ritually pure person who unwittingly partook of ritually impure sacrificial food. The goats of the Festivals exceed them, as they atone both for a ritually pure person who partook of ritually impure sacrificial food and also atone for cases of defiling the Temple or its sacrificial foods where one did not have awareness, neither at the beginning nor at the end. The goats of Yom Kippur further exceed them, as they atone both for a ritually pure person who partook of ritually impure sacrificial food and for cases of defiling the Temple or its sacrificial foods in which one did not have awareness, neither at the beginning nor at the end; and they also atone for cases in which one did not have awareness at the beginning but did have awareness at the end.

מַאי שְׁנָא דְּרָאשֵׁי חֳדָשִׁים דְּלָא מְכַפְּרִי אַדִּרְגָלִים – דְּאָמַר קְרָא: ״עֲוֹן״, עָוֹן אֶחָד הוּא נוֹשֵׂא וְאֵינוֹ נוֹשֵׂא שְׁנֵי עֲוֹנוֹת; דִּרְגָלִים נַמִי לָא נִיכַפְּרוּ אַדְּרָאשֵׁי חֳדָשִׁים, דְּאָמַר קְרָא: ״אוֹתָהּ״, אוֹתָהּ הוּא נוֹשֵׂא עָוֹן וְאֵין אַחֵר נוֹשֵׂא עָוֹן! ״אוֹתָהּ״ לָא מַשְׁמַע לֵיהּ.

The Gemara asks: **What is different** about the goats **of the New Moons that they do not atone for that which** the goats **of** the **Festivals** atone? The Gemara answers: **As the verse states** with regard to any one of the goats of the New Moons: "And He gave it to you to bear **the sin** of the congregation" (Leviticus 10:17), which teaches that **it bears,** i.e., atones for, **one sin but does not bear two sins.** The Gemara asks: If so, the goats **of the Festivals should also not atone for that which** the goats **of the New Moons** atone, **as** that same **verse states:** "And He gave **it** to you," which indicates that **it bears,** i.e., atones for, that **sin, but nothing** else **bears** that **sin.** Why then does Rabbi Shimon ben Yehuda cite Rabbi Shimon as holding that the goats of the Festivals do atone for that which the goats of the New Moons atone? The Gemara answers: Rabbi Shimon **does not learn** anything from the word **"it."**[N] Accordingly, he holds that any one of the goats of the Festivals can atone for two different sins.

מאי שנא דרגלים דלא מכפרי אדיום הכפורים – דאמר קרא: "אחת בשנה", כפרה זו לא תהא אלא אחת בשנה; אי הכי, דיום הכפורים נמי לא ניכפרו אדרגלים, "אחת" כתיב, כפרה אחת מכפר ואינו מכפר שתי כפרות! "אחת" לא משמע ליה.

The Gemara asks further: **What is different** about the goats **of the Festivals that they do not atone for that which** the goats **of Yom Kippur** atone? **As the verse states** with regard to the goat of Yom Kippur: **"Once a year"** (Exodus 30:10), which teaches that **this atonement** for the specific case that it atones for **should be only once a year,** and therefore no other offering can atone for it. The Gemara challenges: **If so,** the goats **of Yom Kippur should also not atone for that which** the goats **of the Festivals** atone, as it **is written: "Once** a year," which teaches that the goats **effect one atonement** for only one case **but cannot effect two atonements** for two cases. Why then does Rabbi Shimon ben Yehuda cite Rabbi Shimon as holding that the goats of Yom Kippur atone for everything that the goats of the Festivals atone for? The Gemara answers: Rabbi Shimon **does not learn** anything from the word **"once."** Accordingly, he holds that the goats of Yom Kippur can atone for three different cases.

אמאי? דכי כתיב "אחת" – בשעיר הנעשה בפנים כתיב; אי הכי, דרגלים נמי נכפרו אדיום הכפורים, דכי כתיב "אחת" – בשעיר הנעשה בפנים כתיב!

The Gemara asks: **Why** doesn't he expound the word "once"? He does not expound it **because when** the word **"once" is written, it is written with regard to** the **goat whose** blood presentation is **performed inside** the Sanctuary, and so the *halakha* derived from that verse has no bearing on the capacity of the goat whose blood presentation is performed outside the Sanctuary to atone. The Gemara asks: **If so,** the goats **of the Festivals also should atone for that which** the goats **of Yom Kippur** atone, **as when** the phrase **"once** a year" **is written, it is written with regard to** the **goat whose** blood presentation is **performed inside** the Sanctuary, so the *halakha* derived from that verse has no bearing on whether another offering can atone for that which the external goat atones.

לעולם "אחת" משמע ליה, ושאני הכא, דאמר קרא: "וכפר אהרן על קרנתיו אחת בשנה", קרנותיו דמזבח הפנימי הוא דכפרה אחת מכפר ואינו מכפר שתי כפרות, הא דחיצון – אפילו שתי כפרות.

The Gemara answers: **Actually, he does learn** a *halakha* from the word **"once,"**[N] and he holds that it also teaches about the capacity of the external goat to atone, as the Gemara explained above. **But it is different here,** with regard to the derivation that the goat cannot effect two atonements, **as the verse states: "And Aaron shall bring atonement upon its corners once a year"** (Exodus 30:10). The emphasis on "upon its corners" teaches that it is only with regard to the internal goat, whose blood presentation is performed upon the **corners of the internal altar, that it effects one atonement** for only one case **but cannot effect two atonements** for two different cases, **but** the external goat, whose blood presentation is performed upon the corners **of the external** altar, can effect **even two** different **atonements.**

אמר עולא אמר רבי יוחנן: תמידין שלא הוצרכו לצבור – נפדין תמימים.

§ Animals purchased with funds collected for public offerings may be sacrificed only during the fiscal year in which those funds were given. For this purpose, the fiscal year begins on the first of Nisan. Generally, once an animal has been consecrated as an offering, then even if for some reason it may no longer be sacrificed, it still cannot be redeemed unless it develops a blemish. Rabbi Yoḥanan teaches an exception to this *halakha*: **Ulla says**[N] that **Rabbi Yoḥanan says:** Lambs consecrated for the **daily offerings that were not needed by the public**[H] during the fiscal year in which they were purchased **are redeemed,** even if they are **unblemished,** and they may then be used for non-sacred purposes.

NOTES

Actually he does learn from the word once, etc. – לעולם אחת משמע ליה וכו׳: According to this explanation, the assumption that the internal and external goats are juxtaposed is retained. Therefore, the derivation that the atonement provided by the internal goat occurs only once a year applies equally to the atonement of the external goat, and so it is clear that the Festival goats do not atone for that which the external Yom Kippur goat atones. By contrast, the first part of the verse: "And Aaron shall bring atonement upon its corners once a year," does not refer directly to the internal goat. Rather, it refers to the golden altar, located inside the Sanctuary. Therefore, there is no reason to apply the limitation mentioned in that part of the verse to the external goat (Rashi). Alternatively, even if one assumes that the first part of the verse also refers to the internal goat, the limitation derived from that part of the verse will not be applied to the external goat because the verse itself restricts the limitation to the internal goat by stating "its corners," which is relevant only to the internal goat.

Ulla says, etc. – אמר עולא וכו׳: Although the main subject of the following discussion is not directly relevant to the mishna, it is cited because the Gemara on 11b deduces a proof about this matter from the mishna on 2a (Rashi).

HALAKHA

Daily offerings that were not needed by the public – תמידין שלא הוצרכו לצבור: Public offerings may be brought only if they are purchased with funds collected for the fiscal year in which they are brought, which begins each year on the first day of Nisan. Accordingly, if after the first day of Nisan there are still lambs that were designated for the daily offering but had been purchased with funds from the previous year's collection, they must be redeemed with non-sacred funds in order to remove their sanctity. This may be done even if they are unblemished. The money from the redemption is then used to purchase offerings to be brought when the altar would otherwise be idle. It is possible to redeem these animals, even when they are still unblemished, because the court tacitly stipulates when designating them that they are to be sanctified only if they are eventually used. Accordingly, if they are not used, it is found that they were never sanctified. This is in accordance with the opinion of Rabbi Yoḥanan and the explanation of Rabba (Rambam *Sefer Zemanim*, *Hilkhot Shekalim* 4:11).

PERSONALITIES

Rabbi Yoḥanan your teacher – רַבִּי יוֹחָנָן רַבָּךְ: The Talmud relates that Rabba's brother ascended to Eretz Yisrael. From there he sent a message to his brother that he too should join him in Eretz Yisrael, because he could then learn from the great Rabbi Yoḥanan, who was teaching Torah there. Although the Talmud does not state explicitly whether Rabba made the journey, from several sources it would appear that he did. Since Rabba died young, it would seem that he could not have spent a long time there. Nevertheless, in several places he cites *halakhot* in the name of Rabbi Yoḥanan, and in the Gemara here, Rav Ḥisda refers to Rabbi Yoḥanan as Rabba's teacher.

יָתֵיב רַבָּה וְקָאָמַר לָהּ לְהָא שְׁמַעְתָּא. אֲמַר לֵיהּ רַב חִסְדָּא: מַאן צָיֵית לָךְ וּלְרַבִּי יוֹחָנָן רַבָּךְ! וְכִי קְדוּשָּׁה שֶׁבָּהֶן לְהֵיכָן הָלְכָה?

Rabba was sitting and reciting this *halakha*. Rav Ḥisda said to him: Who will listen to you and Rabbi Yoḥanan, your teacher,[P] with regard to this *halakha*? Rav Ḥisda clarified: **But the sanctity that was** inherent **in them, to where has it gone?** Since these animals were consecrated as offerings, they should have been endowed with inherent sanctity. Only sanctity that inheres in an item's value, i.e., an item consecrated to the Temple treasury, can be desacralized through redemption, but an item with inherent sanctity can never be desacralized.

אֲמַר לֵיהּ: אַתְּ לָא תִּסְבְּרָא דְּלָא אָמְרִינַן קְדוּשָּׁה שֶׁבָּהֶן לְהֵיכָן הָלְכָה? וְהָתְנַן: מוֹתַר הַקְּטוֹרֶת מֶה הָיוּ עוֹשִׂין בָּהּ? מַפְרִישִׁין מִמֶּנָּה שְׂכַר הָאוּמָּנִין, וּמְחַלְּלִין אוֹתָהּ עַל מְעוֹת הָאוּמָּנִין, וְנוֹתְנִין אוֹתָהּ לָאוּמָּנִין בִּשְׂכָרָן, וְחוֹזְרִין וְלוֹקְחִין אוֹתָהּ מִתְּרוּמָה חֲדָשָׁה;

Rabba **said to him: Don't you** also **hold**[N] **that we do not say** that the question: The **sanctity that was** inherent **in them, to where has it gone,** poses a difficulty? **But didn't we learn** in a mishna (*Shekalim* 4:5): In any fiscal year, one may use only incense that was purchased with funds collected for that year. Accordingly, the mishna asks: With regard to **the surplus incense** that remained unused at the end of the fiscal year, **what would** the Temple treasurers **do with it** in order to render it usable for the following year? They would **separate from** the Temple treasury the **wages for the artisans**[N] who worked for the Temple, and those funds would thereby be desacralized. **And** then **they would desacralize** the surplus incense by transferring its sanctity **to** that **money** that had been set aside **for the artisans.** Then, **they would give** the now-desacralized incense **to the artisans as their wages,**[N] **and** finally, **they would repurchase it** with funds **from the new collection** carried out for the coming year.

וְאַמַּאי? נֵימָא: קְדוּשָּׁה שֶׁבָּהֶן לְהֵיכָן הָלְכָה!

Rabba explains the proof from the mishna: One could ask: **But why** should the method described work? **Let us say:** The **sanctity that was** inherent **in** the incense, **to where has it gone?** It cannot be removed by redeeming it. Perforce, even you must concede that this question does not pose a difficulty.

אֲמַר לֵיהּ: קְטוֹרֶת קָאָמְרַתְּ? שָׁאנֵי קְטוֹרֶת,

Rav Ḥisda **said to him: Did you say** that there is a proof from the *halakhot* of **incense?** One cannot compare incense to animals consecrated for the daily offerings, since **incense is different,**

NOTES

Don't you hold – אַתְּ לָא תִּסְבְּרָא: Rabba proceeds to demonstrate that the question does not pose a difficulty. According to Rabba this is because there is a difference between personal offerings, which cannot be redeemed while they remain unblemished, and public offerings which, by virtue of a rabbinical enactment, may be redeemed (Rashi; see Ritva).

They would separate from the Temple treasury the wages for the artisans, etc. – מַפְרִישִׁין מִמֶּנָּה שְׂכַר הָאוּמָּנִין וכו׳: The commentaries offer various interpretations of the method actually employed. According to Rashi, money was taken from the donations that had been given to the Temple treasury. Through the funds being used to pay the artisans, they thereby became desacralized and could then be used to redeem the sanctity from the incense itself. The Ritva, citing the Jerusalem Talmud in tractate *Shekalim*, challenges the possibility that donations given to the Temple treasury could be used for this purpose. Such funds have inherent sanctity and consequently cannot be used to redeem something else that has sanctity. Therefore, he claims that non-sacred funds were initially used to pay the artisans. Both Rashi and the Ritva agree that once the artisans had been paid, the incense was exchanged for their wages, thereby transferring the sanctity from the incense to those funds. The artisans were then in possession of the desacralized incense, which the Temple treasury would purchase with funds collected for the coming year.

In a totally different interpretation, the Ri Migash explains that a quantity of the incense worth slightly more than the wages due to the artisans was designated for the artisans' wages. The artisans would then give a small amount of money, equivalent to the value of the extra quantity of incense, to the Temple treasury, and all the sanctity of the incense would then be transferred to that money. This is effective because one of the *halakhot* of redeeming sanctity is that sanctity that inheres in an item of a great value can be transferred even to a single coin of minimal value. The incense, now fully desacralized and in the possession of the artisans, could then be repurchased by the Temple with funds collected for the coming year.

To the artisans as their wages – לָאוּמָּנִין בִּשְׂכָרָן: Most commentaries, e.g., Rabbeinu Ḥananel, explain that the mishna is referring to any of the Temple's workers to whom the Temple owed money for their services. Rashi explains that the artisans referred to here are specifically the ones who worked on preparing the incense. Apparently he holds that paying them in this manner was considered more discreet.

דִּקְדוּשַּׁת דָּמִים הוּא.

as it has only **sanctity** that inheres in its **value.**[N] By contrast, animal offerings have inherent sanctity, which cannot be removed.

אֶלָּא מֵעַתָּה, לֹא תִּפָּסֵל בִּטְבוּל יוֹם; אַלְמָה תַּנְיָא: נְתָנָהּ בְּמַכְתֶּשֶׁת – נִפְסֶלֶת בִּטְבוּל יוֹם!

Rabba challenges Rav Ḥisda's claim about incense: **If that is so, it should not become disqualified through** contact with **one** who was ritually impure **who immersed that day** but is still not regarded as fully pure until nightfall, as only items with inherent sanctity are disqualified in such a way. **Why,** then, **is it taught** in a *baraita* with regard to the incense: Once the priest has **placed it in a mortar** to grind it, it **can be disqualified through** contact with **one who immersed that day?**

וְכִי תֵּימָא, כָּל קְדוּשַּׁת דָּמִים מִיפַּסְלִי בִּטְבוּל יוֹם, וְהָתְנַן: הַמְּנָחוֹת מוֹעֲלִין בָּהֶן מִשֶּׁהוּקְדְּשׁוּ. קָדְשׁוּ בִּכְלִי – הוּכְשְׁרוּ לִיפָּסֵל בִּטְבוּל יוֹם וּבִמְחוּסַּר כִּפּוּרִים וּבְלִינָה;

Rabba deflects a possible challenge: **And if you would say** to defend your opinion that **all** items that have **sanctity** that inheres in their **value are** also **disqualified through** contact with **one who immersed that day,** that is not so. He explains: **But didn't we learn** in a mishna (*Me'ila* 9a): With regard to the ingredients of **the meal-offerings,**[H] one is liable for **misusing them**[NB] **from when they are consecrated** with sanctity that inheres in their value by the owner verbally dedicating them to the Temple? Once they are further **consecrated** with inherent sanctity by being placed **in** a service **vessel, they become fit to be disqualified** both **through** contact with **one who immersed that day,**[N] **and through** contact with **one who has not yet** brought **an atonement** offering[B] to complete the purification process, **and through being left overnight.**

קָדְשׁוּ בִּכְלִי – אִין, לֹא קָדְשׁוּ בִּכְלִי – לָא!

Rabba explains the proof: From this mishna it is apparent that if the ingredients of the meal-offerings **were consecrated** with inherent sanctity by being placed **in** a service **vessel,** then, **yes,** they can been disqualified through contact with one who immersed that day, but if **they were not consecrated** by being placed **in** a service **vessel,** then they will **not** be disqualified through contact with one who immersed that day, as they have only sanctity that inheres in their value.

NOTES

As it has only sanctity in its value – **דִּקְדוּשַּׁת דָּמִים הוּא**: Items with sanctity can be divided into two general categories: Those whose sanctity is inherent in the item itself and those whose sanctity inheres in the item's value. In general, items that will actually be used in the Temple service, such as offerings and service vessels, are endowed with inherent sanctity. Items that are dedicated to the Temple treasury merely for it to use for whatever purpose is necessary, including selling them for their value, are endowed only with sanctity that inheres in their value.

Once the incense has actually been placed in the spoons in which it will be burnt, it certainly attains inherent sanctity. Until then, it is considered just one of the many materials that are dedicated to the Temple, and therefore its sanctity inheres only in its value. As such, it is still possible to redeem it.

Liable for misusing them – **מוֹעֲלִין בָּהֶן**: The prohibition against and liability for misuse of consecrated property applies both to items with inherent sanctity and to those whose sanctity inheres only in their value. This is because when an item has sanctity, it may not be used for any objective that diverts it from its intended purpose.

They become fit to be disqualified through contact with one who immersed that day – **הוּכְשְׁרוּ לִיפָּסֵל בִּטְבוּל יוֹם**: One who was ritually impure and immersed that day thereby lessens the degree of his impurity. A residual degree of impurity remains until nightfall. During the intervening period, his lessened degree of impurity means that he can no longer render non-sacred items ritually impure, but will still render sacred items ritually impure if he comes into contact with them. This applies only to items that have inherent sanctity, such as *teruma* or sacrificial items. The *baraita* describes this as disqualifying them because the contact renders them impure to the extent that they can no longer be used for their ritual purpose, but the item itself is not rendered ritually impure to the extent that it can render something else ritually impure.

HALAKHA

The meal-offerings, etc. – **הַמְּנָחוֹת וכו׳**: One is liable for misuse of consecrated property for deriving benefit from the ingredients of the meal-offerings from when they are first consecrated, even before they have been placed in a service vessel. Once they are further consecrated by being placed in a service vessel, they are fit to be disqualified through contact with one who immersed that day or with one who has not yet brought an atonement offering to complete the purification process, or by being left overnight (Rambam *Sefer Avoda, Hilkhot Me'ila* 2:7 and *Hilkhot Beit HaBeḥira* 3:18, and *Sefer Tahara, Hilkhot She'ar Avot HaTumot* 11:13; see *Hilkhot She'ar Avot HaTumot* 10:3–4).

BACKGROUND

Misuse of consecrated property – **מְעִילָה**: The *halakhot* of misuse of consecrated property are stated in the Torah (see Leviticus 5:14–16) and discussed in great detail in tractate *Me'ila*. The basic principle is that anyone who derives benefit from consecrated property unwittingly, i.e., without the knowledge that it was consecrated property, is liable to bring an atonement offering and to pay the Temple the value of the item from which he derived benefit. In addition, he must pay an extra one-fifth of the value of the item as a fine. In certain cases, after one uses such an item it loses its consecrated status, which is transferred to the money that he pays to the Temple. Since the Torah does not explicitly discuss what one who derives benefit from consecrated items intentionally must do, such a person cannot atone for deriving benefit by sacrificing an offering or by paying the additional one-fifth of the value as a fine.

One who has not yet brought an atonement offering – **מְחוּסַּר כִּפּוּרִים**: This category includes a man who experiences a gonorrhea-like discharge [*zav*], a leper, and a woman after childbirth. There are five possible sets of offerings that one who lacks atonement must bring: The purification process of a *zav* includes bringing a pair of turtledoves or pigeons, one as a sin-offering and one as a burnt-offering. A wealthy leper brings lambs as a sin-offering, a burnt-offering, and a guilt-offering. A poor leper brings a pair of turtledoves or pigeons, one as a sin-offering and one as a burnt-offering, and a lamb as a guilt-offering. A wealthy woman after childbirth brings a bird as a sin-offering and a lamb as a burnt-offering, whereas a poor woman brings a pair of turtledoves or pigeons, one as a sin-offering and one as a burnt-offering.

אֶלָּא מַאי, קְדוּשַּׁת הַגּוּף הִיא? אֶלָּא מֵעַתָּה תִּיפָּסֵל בְּלִינָה; אַלְּמָה תְּנַן: הַקּוֹמֶץ, וְהַלְּבוֹנָה, וְהַקְּטוֹרֶת, וּמִנְחַת כֹּהֲנִים, וּמִנְחַת כֹּהֵן מָשׁוּחַ, וּמִנְחַת נְסָכִים – מוֹעֲלִים בָּהֶן מִשֶּׁהוּקְדְּשׁוּ, קָדְשׁוּ בִּכְלִי – הוּכְשְׁרוּ לִיפָּסֵל בִּטְבוּל יוֹם וּבִמְחוּסַּר כִּפּוּרִים וּבְלִינָה;

Rav Ḥisda responds: **Rather, what** do you say? Do you say that the surplus incense, which was only placed in a mortar but never in a service vessel, has **inherent sanctity?** But **if that is so, it should be disqualified by being left overnight. Why,** then, **did we learn** in a mishna (*Me'ila* 10a): With regard to **the handful**[B] of the meal-offering that the priest takes to burn on the altar, **the frankincense,**[NH] **the incense, the meal-offering of priests,**[B] **the meal-offering of the anointed priest,**[B] i.e., High Priest, **and the meal-offering of libations,**[B] one is liable for **misusing them from when they are consecrated** by verbally dedicating them for their purposes. Once they are further **consecrated** with inherent sanctity by being placed **in** a service **vessel, they become fit to be disqualified** both **through** contact with **one who immersed that day, and through** contact with **one who has not yet** brought **an atonement** offering to complete the purification process, **and through being left overnight.**

קָדְשׁוּ בִּכְלִי – אִין, לֹא קָדְשׁוּ בִּכְלִי – לָא!

Rav Ḥisda explains the proof: From this mishna it is apparent that if these items **were consecrated** with inherent sanctity by being placed **in** a service **vessel,** then **yes,** they can been disqualified by being left overnight, but if **they were not consecrated** by being placed **in** a service **vessel,** then they will **not** be disqualified by being left overnight, as they have only sanctity that inheres in their value. Apparently, even after the incense has been placed in the mortar, it still does not have inherent sanctity.

אֲמַר לֵיהּ: לִינָה קָאָמְרַתְּ? שָׁאנֵי קְטוֹרֶת, הוֹאִיל וְצוּרָתָהּ בְּכׇל הַשָּׁנָה כּוּלָּהּ.

Rabba **said to him: Did you say** that you can provide a proof from the disqualification that occurs as a result of an item's being **left overnight?** One cannot do so, as **incense is different,** because even though it has inherent sanctity, it is not disqualified by being left overnight, **since its form** remains unchanged **throughout the entire year,**[N] and the disqualification brought about by being left overnight applies only to a substance that spoils over time.

NOTES

The handful, the frankincense, etc. – הַקּוֹמֶץ וְהַלְּבוֹנָה וכו׳: All these items are offered up in their entirety upon the altar. With regard to the frankincense, Rashi explains that the reference is to the frankincense that is placed upon an individual meal-offering and is burned together with the handful of the meal-offering. The Ri Migash explains that it refers to the frankincense that is placed upon the shewbread when they are arranged on Shabbat and that is then burned on the following Shabbat.

Its form remains unchanged throughout the entire year – וְצוּרָתָהּ בְּכׇל הַשָּׁנָה כּוּלָּהּ: Rashi assumes that the disqualification that occurs as a result of an item's being left overnight is a function of the fact that as it ages its quality declines, making it less fit to be offered on the altar. Therefore, he explains that since the incense does not spoil over time, it is not subject at all to the disqualification that occurs as a result of an item's being left overnight. Other commentaries explain that this is a unique *halakha* pertaining to the incense. The entire quantity of incense that would be needed for the coming year was prepared at the beginning of the year. Accordingly, it is unfeasible that this disqualification would apply to it. According to this explanation, the Gemara should be interpreted as saying: Its form, i.e., the method of preparing it, was to prepare it for the entire year (Rabbeinu Ḥananel; *Tosafot*).

According to all opinions, the incense is endowed with inherent sanctity from the moment it is placed in the mortar. Ostensibly, the reason for this is that the mortar is a sacred service vessel that has the ability to sanctify items placed inside it. *Tosafot* hold that the mortar is not a service vessel. They therefore explain that the inherent sanctity of the incense derives not from its being placed in a service vessel, but from the original verbal consecration of the ingredients. That consecration takes effect only once the ingredients are actually placed in the mortar. This is somewhat similar to the consecration of an animal for an offering. Although the animal is endowed with a certain degree of sanctity even while it is still alive, it cannot be fully regarded as a sanctified offering until it is actually slaughtered.

HALAKHA

The handful, the frankincense, etc. – הַקּוֹמֶץ וְהַלְּבוֹנָה וכו׳: One is liable for misuse of consecrated property for deriving benefit from the following items from when they are first consecrated, even before they are placed in a service vessel: The handful, frankincense, the meal-offering of priests, the meal-offering of the High Priest, and the meal-offering of libations. Once these items are further consecrated with inherent sanctity by being placed in a service vessel, they become fit to be disqualified through contact with one who immersed that day or with one who has not yet brought an atonement offering to complete the purification process, or by being left overnight (Rambam *Sefer Avoda*, *Hilkhot Me'ila* 2:3 and *Hilkhot Beit HaBeḥira* 3:18, and *Sefer Tahara*, *Hilkhot She'ar Avot HaTumot* 11:13).

BACKGROUND

The handful – הַקּוֹמֶץ: For most meal-offerings, a priest must take a handful from it and burn it on the altar; see, e.g., Leviticus 2:2. This rite, which parallels the slaughtering of an animal offering, can be performed only by a priest. According to many commentaries, the priest would scoop out the flour with the three middle fingers of his right hand, using his thumb and little finger to remove any excess flour. He would then consecrate the flour by placing it in a sacred service vessel. Since the priest was required to scoop out an exact handful of flour, no more and no less, the scooping of the handful was considered one of the more difficult rites to perform in the Temple.

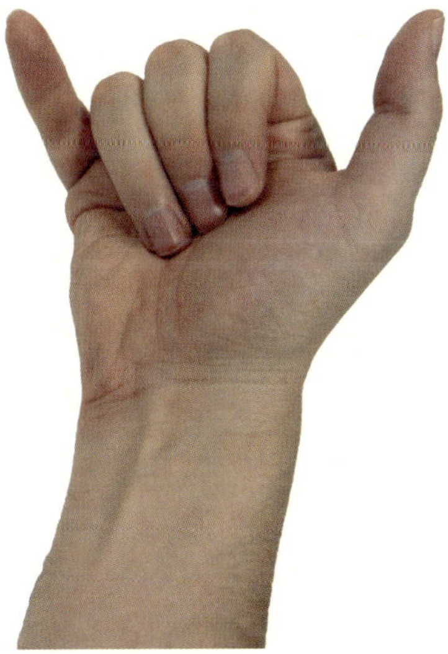

Hand positioned to take the handful

Meal-offering of priests – מִנְחַת כֹּהֲנִים: This refers to any meal-offering brought by a priest, whether voluntarily or obligatorily. The same *halakhot* that apply to other meal-offerings apply to meal-offerings of priests, with one exception: A priest's meal-offering is not eaten; rather, the entire offering is burned on the altar (see Leviticus 6:16).

Meal-offering of the anointed priest – מִנְחַת כֹּהֵן מָשׁוּחַ: This meal-offering was brought daily by the High Priest, and its ingredients were purchased with his own money. Twelve loaves were prepared by being fried in a shallow pan. The dough, which was made of one-tenth of an ephah of flour, oil, and frankincense, was also baked. Ultimately, all the cakes were burned on the altar: Half of the meal-offering was burned in the morning in conjunction with the daily offering of the morning, and the other half was burned in the evening with the day's second daily offering. There is a dispute as to whether the twelve loaves were broken into halves so that twelve parts were offered each time, or whether they were offered whole, six at a time. None of the meal-offering was eaten by the priests.

Meal-offering of libations – מִנְחַת נְסָכִים: Meal-offerings were brought together with all animal burnt-offerings and all peace-offerings, both personal and communal. These meal-offerings were accompanied by libations of wine. Oil was added to the meal-offering accompanying libations, although frankincense was not. No handful of flour was removed from this meal-offering, nor was it waved or brought near to the altar, as were other types of meal-offerings. The entire meal-offering was burned on the altar, and none of it was eaten by the priests.

The quantities of flour in the meal-offering brought with libations are fixed by the Torah: Three-tenths of an ephah for a bull, two-tenths for a ram, and one-tenth for a lamb. One-tenth of an ephah is approximately 3 ℓ. The animal offerings accompanied by a meal-offering brought with libations are not rendered unfit if the meal-offering was not offered; likewise, while the meal-offering brought with libations is supposed to be brought together with the animal offering, it remains fit even if it was offered later.

מִכׇּל מָקוֹם קַשְׁיָא: וְכִי קְדוּשָּׁה שֶׁבָּהֶן לְהֵיכָן הָלְכָה? אָמַר רַבָּה: לֵב בֵּית דִּין מַתְנֶה עֲלֵיהֶן, אִם הוּצְרְכוּ – הוּצְרְכוּ, וְאִם לָאו – יְהִיוּ לְדָמֵיהֶן.

The Gemara notes: **In any case,** Rav Ḥisda's initial question is still **difficult: But the sanctity that was** inherent **in them, to where has it gone? Rabba said:** With regard to the consecration of items for public offerings such as the daily offerings and incense, the **court tacitly stipulates concerning them** as follows: **If they are** ultimately **required** to be used as offerings that year, then **they are required** for that, and they should be consecrated as offerings. **But if** they are **not** required that year, then **they are** only to be consecrated **for their value,** i.e., for them to be sold and then for their proceeds to be used toward the purchase of offerings.

אָמַר לֵיהּ אַבָּיֵי, וְהָא מָר הוּא דְּאָמַר: הִקְדִּישׁ זָכָר לְדָמָיו – קָדוֹשׁ קְדוּשַּׁת הַגּוּף! לָא קַשְׁיָא: הָא דְּאָמַר לִדְמֵי עוֹלָה, הָא דְּאָמַר לִדְמֵי נְסָכִים.

Abaye said to Rabba: **But wasn't it** you, **Master, who said:** If one **consecrated a male** ram **for its value,**[H] since that ram is itself fit to be brought as an offering, it is automatically **consecrated** with **inherent sanctity?** Accordingly, to what avail is the court's stipulation? Since the items are fit to be used as offerings, they will automatically become consecrated with inherent sanctity, even if they are consecrated only for their value. Rabba answers: This is **not difficult. This** case, where the ram is automatically consecrated with inherent sanctity, is referring to a situation **where** the donor **says** that it should be consecrated **for the value of a burnt-offering,** for which the ram is itself suitable, whereas **that** case, of the court's stipulation, is analogous to a situation **where he says** that a ram should be consecrated **for the value of libations,** for which the ram itself is not suitable and therefore is not automatically consecrated with inherent sanctity.

אֵיתִיבֵיהּ אַבָּיֵי: פַּר וְשָׂעִיר שֶׁל יוֹם הַכִּפּוּרִים שֶׁאָבְדוּ וְהִפְרִישׁ אֲחֵרִים תַּחְתֵּיהֶם,

Abaye raised an objection to Rabba's suggestion from that which is taught in a *baraita*: With regard to the **bull**[B] **and the goat of Yom Kippur that were lost, and one separated** and sacrificed **others in their stead,**

HALAKHA

If one consecrated a male ram for its value – **הִקְדִּישׁ זָכָר לְדָמָיו**: If an unblemished animal is consecrated for its monetary value, it is automatically consecrated with the inherent sanctity of an offering (Rambam *Sefer Hafla'a, Hilkhot Arakhin VaḤaramim* 5:14).

BACKGROUND

Yom Kippur bull – **פַּר שֶׁל יוֹם הַכִּפּוּרִים**: On Yom Kippur the High Priest sacrificed a bull as a sin-offering for himself, his family, and all the members of the priesthood (see Leviticus 16:3, 6). In general, the bull's slaughter, the burning of its flesh, and the sprinkling of its blood resembled the rites involved with the other bull offerings that were burned. The blood of this bull was also sprinkled between the staves of the Ark in the Holy of Holies. The blood of the bull was first sprinkled separately and was afterward mixed with the blood of the goat that was offered as a sin-offering for the entire people, and then the mixture was sprinkled on the golden incense altar.

High priest confessing over the bull on Yom Kippur

Perek **I**
Daf **11** Amud **b**

וְכֵן שְׂעִירֵי עֲבוֹדָה זָרָה שֶׁאָבְדוּ וְהִפְרִישׁ אֲחֵרִים תַּחְתֵּיהֶן – כּוּלָּן יָמוּתוּ, דִּבְרֵי רַבִּי יְהוּדָה. רַבִּי אֶלְעָזָר וְרַבִּי שִׁמְעוֹן אוֹמְרִים: יִרְעוּ עַד שֶׁיִּסְתָּאֲבוּ, וְיִמָּכְרוּ וְיִפְּלוּ דְּמֵיהֶן לִנְדָבָה, שֶׁאֵין חַטָּאת צִבּוּר מֵתָה;

and likewise, goats that were designated to atone for an act of unwitting public **idol worship that were lost, and one separated** and sacrificed **others in their stead,** in such cases, **all of** the lost animals, should they subsequently be found, **shall be left to die.** This is in accordance with the *halakha* that a sin-offering whose owner has already achieved atonement is left to die. This is **the statement of Rabbi Yehuda. Rabbi Elazar and Rabbi Shimon say: They should graze until they become unfit** by developing a blemish, **and** then **they are sold and their proceeds are allocated for** communal **gift** offerings.[H] They are not left to die, **because** the *halakha* is that **a communal sin-offering is not left to die.**

וְאַמַּאי? לֵימָא: לֵב בֵּית דִּין מַתְנֶה עֲלֵיהֶן!

Abaye explains his challenge: **But why** should it even be necessary to wait until the offerings develop a blemish? **Let us say** here also that the **court tacitly stipulates concerning them,** so that if it ultimately emerges that they were not needed, then they should have only sanctity that inheres in their value, and therefore it should be possible to redeem them even if they do not develop a blemish.

אֲבוּדִין קָאָמְרַתְּ? שָׁאנֵי אֲבוּדִין, דְּלָא שְׁכִיחִי.

Rabba deflects the challenge: Did **you say** that there is a proof from the case of **lost** animals? Cases of **lost** animals **are different, because they are not common.**[N] Therefore, the court does not stipulate concerning such an eventuality.

HALAKHA

All of them…are sold and their proceeds are allocated for gift offerings – **כּוּלָּן...יִמָּכְרוּ וְיִפְּלוּ דְּמֵיהֶן לִנְדָבָה**: If the bull or goat of Yom Kippur or a goat separated to atone for unwitting public idol worship is lost and another separated and sacrificed in its stead, then should the original subsequently be found, it should be left to graze until it becomes unfit by developing a blemish, and then it is sold and the proceeds are allocated for communal gift offerings. This is in accordance with the majority opinion of Rabbi Elazar and Rabbi Shimon (Rambam *Sefer Avoda, Hilkhot Pesulei HaMukdashin* 4:2 and *Hilkhot Avodat Yom HaKippurim* 5:16).

NOTES

Because they are not common – **דְּלָא שְׁכִיחִי**: Since it is such an uncommon eventuality, the court does not consider it, and consequently does not make stipulations for it (Rashi; Ri Migash). Alternatively, even if they consider the possibility, they think it unnecessary to make stipulations about events that are unlikely to occur (see Rabbeinu Ḥananel).

הָרֵי פָּרָה דְּלָא שְׁכִיחָא, וְתַנְיָא: פָּרָה נִפְדֵּית עַל כׇּל פְּסוּל שֶׁבָּהּ, מֵתָה – תִּפָּדֶה, נִשְׁחֲטָה – תִּפָּדֶה, מָצָא אַחֶרֶת נָאָה הֵימֶנָּה – תִּפָּדֶה. שְׁחָטָהּ עַל גַּבֵּי מַעֲרַכְתָּהּ – אֵין לָהּ פְּדִיָּיה עוֹלָמִית! שָׁאנֵי פָּרָה, דְּקׇדְשֵׁי בֶּדֶק הַבַּיִת הִיא.

Abaye persists: But consider the case of a red **heifer,**[B] **which is not common, and yet it is taught** in a *baraita*: A red **heifer may be redeemed**[H] **for any disqualification** that occurs **to it. If it died, it shall be redeemed;** if **it was slaughtered** in an improper place, **it shall be redeemed;**[H] if **another was found** that is **choicer**[H] **than it, it shall be redeemed.** But once the priest **has slaughtered it** properly **on its arrangement** of wood on the Mount of Olives, **it can no longer be redeemed.** Presumably, the reason it may be redeemed if a choicer one is found is that the court tacitly stipulates that in such a case it should be consecrated with sanctity that inheres in its value. It is apparent that even in uncommon cases, the court makes such stipulations. Rabba rejects the proof: The red **heifer is different, as** in all cases **it** has only the **sanctity of** items consecrated for **Temple maintenance,**[HN] which inheres only in the item's value, and so it can always be redeemed, even if still unblemished.

HALAKHA

A red heifer may be redeemed, etc. – פָּרָה נִפְדֵּית וכו׳: A red heifer is redeemed if it develops a blemish or other disqualification. If it dies then it is redeemed for the value of its hide, but its meat may not be fed to dogs. This is in accordance with the *baraita* and the statement of Rabbi Mesharshiyya (Rambam *Sefer Tahara, Hilkhot Para Aduma* 1:8).

If it was slaughtered it shall be redeemed – נִשְׁחֲטָה תִּפָּדֶה: A red heifer is redeemed if it was slaughtered for a non-sacred purpose. Once it has been properly slaughtered on the arrangement of wood on the Mount of Olives, it can no longer be redeemed (Rambam *Sefer Tahara, Hilkhot Para Aduma* 1:9).

If another was found that is choicer, etc. – מָצָא אַחֶרֶת נָאָה וכו׳: If after a red heifer was purchased another one was found that is even choicer than it, the first is redeemed even if it is unblemished (Rambam *Sefer Tahara, Hilkhot Para Aduma* 1:10).

The red heifer is different as it has the sanctity of items consecrated for Temple maintenance – שָׁאנֵי פָּרָה דְּקׇדְשֵׁי בֶּדֶק הַבַּיִת הִיא: The red heifer has the sanctity of items consecrated for Temple maintenance. Despite this, any blemish that would disqualify an animal offering will also disqualify a red heifer. Furthermore, the liability for the misuse of consecrated property applies to a red heifer from the moment it is consecrated until it is burned and turns into ash. This is because even though the red heifer has the sanctity of items consecrated for Temple maintenance, the Torah refers to it as a sin-offering (Rambam *Sefer Avoda, Hilkhot Me'ila* 2:5 and *Kesef Mishne* there, and *Sefer Tahara, Hilkhot Para Aduma* 1:7).

BACKGROUND

Red heifer – פָּרָה: In order to eliminate the ritual impurity imparted by a human corpse, purification is achieved by sprinkling water that was mixed with the ashes of a red heifer (see Numbers, chapter 19). All of the heifer's hair must be red. Even two black hairs will disqualify it. Similarly, it may not have any blemishes, nor may it have been used for any labor.

The red heifer was slaughtered on the Mount of Olives outside Jerusalem, and its blood was sprinkled seven times in the direction of the Temple. Its body was then burned on a special pyre, to which cedarwood, hyssop, and crimson wool were added (see Numbers 19:6). The ashes from this pyre were then gathered and mixed in a vessel with water drawn from a spring. Three hyssop branches were dipped in the water, which was then sprinkled on the impure person. A single drop from the mixture sufficed to transform the individual from impure to pure. It was not significant where the water landed on the body.

It is possible that the color red mentioned in the Torah referring to the heifer is in fact a shade of brown, since there are no known species that are red in the sense that is usually meant today. A slightly different example of this can be found in the name of the land of Edom, which literally means red, in modern-day Jordan. Its mountains are a unique shade of brown and red, yet they are not red in the sense that is nowadays intended. In light of this conclusion, researchers have suggested that certain individuals of the modern cattle breed Red Angus satisfy the Torah's criteria for a red heifer.

Red Angus

Pyre for burning the red heifer

Edifice carved in a red cliff face in Petra, Jordan

NOTES

The heifer…as it has the sanctity of items consecrated for Temple maintenance – פָּרָה דְּקׇדְשֵׁי בֶּדֶק הַבַּיִת: The nature of the sanctity of a red heifer is the subject of a dispute recorded in the Gemara in a number of places. The Gemara's conclusion appears to be that it has the sanctity only of items consecrated for Temple maintenance, which inheres only in the item's value. The reason for this is that the heifer cannot truly be regarded as an offering. The entire service is performed outside the Temple, on the Mount of Olives, and even its blood is sprinkled there, albeit in the direction of the Temple. As such, it is more closely identified with processes involving purification such as those done for a leper; in fact, it is purchased with funds set aside for Temple maintenance and not from funds used to purchase offerings.

אִי הָכִי, מֵתָה אוֹ נִשְׁחֲטָה תִּפָּדֶה? הָא בָּעֵינַן הַעֲמָדָה וְהַעֲרָכָה! הָא מַנִּי? רַבִּי שִׁמְעוֹן הִיא, דְּאָמַר: קָדְשֵׁי מִזְבֵּחַ הָיוּ בִּכְלַל הַעֲמָדָה וְהַעֲרָכָה, קָדְשֵׁי בֶּדֶק הַבַּיִת לֹא הָיוּ בִּכְלַל הַעֲמָדָה וְהַעֲרָכָה.

Abaye asks: **If so, if it died or was slaughtered,** how can it be **redeemed?** In order for an item to be redeemed, **don't we require** that it first undergo the process of **standing and valuation?**[H] The animal must be stood before a priest who then evaluates how much it should be redeemed for (see Leviticus 27:11–12), and a dead animal cannot stand. Rabba answers: In accordance with **whose** opinion **is this? It** is in accordance with the opinion of **Rabbi Shimon, who says:** Items **consecrated to** be offered on the **altar were included in** the requirement of **standing and appraising,** but items with the **sanctity of** items consecrated for **Temple maintenance,** such as the red heifer, **were not included in** the requirement of **standing and appraising.**

אִי רַבִּי שִׁמְעוֹן, אֵימָא סֵיפָא: שְׁחָטָהּ עַל גַּבֵּי מַעֲרַכְתָּהּ, אֵין לָהּ פִּדְיָיה עוֹלָמִית.

Abaye asks: **If,** as you claim, the *baraita* is in accordance with the opinion of **Rabbi Shimon,** then **say** and try to justify **the latter clause,** which states: Once the priest **has slaughtered it** properly **on its arrangement** of wood on the Mount of Olives, **it can no longer be redeemed.**

וְהָתַנְיָא, רַבִּי שִׁמְעוֹן אוֹמֵר: פָּרָה מְטַמְּאָה טוּמְאַת אוֹכָלִין הוֹאִיל וְהָיְתָה לָהּ שְׁעַת הַכּוֹשֶׁר; וְאָמַר רֵישׁ לָקִישׁ, אוֹמֵר הָיָה רַבִּי שִׁמְעוֹן: פָּרָה נִפְדֵּית עַל גַּב מַעֲרַכְתָּהּ!

And this statement is not consistent with Rabbi Shimon's opinion, as **isn't it taught** in a *baraita*: **Rabbi Shimon says** that the meat of a red **heifer** that was slaughtered properly is **susceptible to becoming ritually impure** with **the ritual impurity of food,**[HN] even though it is prohibited to partake of it in its current state, **since it had a time when it was fit** to be eaten. **And** in explanation of when it was fit to be eaten, **Reish Lakish says: Rabbi Shimon would say** that a red **heifer may be redeemed** even while it is **upon its arrangement** of wood. It is considered fit to be eaten due to the potential to redeem it, which would allow one to then partake of it. It is apparent from Reish Lakish's comment that the latter clause, and by logical extension, the rest of the *baraita*, is not in accordance with Rabbi Shimon's opinion.

אֶלָּא שָׁאנֵי פָּרָה, הוֹאִיל וְדָמֶיהָ יְקָרִין.

Rabba concedes therefore that the red heifer can be redeemed due to the fact that the court makes a stipulation with regard to it, but, nevertheless, he defends his opinion that they do not normally make a stipulation for uncommon cases: **Rather,** the case of a red **heifer is different,**[N] **since it is of great monetary value.**[B] Therefore, to avoid a great loss, the court makes a stipulation despite its being an uncommon case.

אָמַר מָר: מֵתָה – תִּפָּדֶה. וְכִי פּוֹדִין אֶת הַקֳּדָשִׁים לְהַאֲכִילָן לִכְלָבִים? אָמַר רַב מְשַׁרְשְׁיָא: מִשּׁוּם עוֹרָהּ. וְקַיְימִי בֵּית דִּין וּמַתְנוּ אַדַּעְתָּא דְעוֹרָהּ? אָמַר רַב כָּהֲנָא, אָמְרִי אֱינָשֵׁי: מִגַּמְלָא אוּנָּהּ.

The Gemara interjects with a question concerning the *baraita*: **The Master said** in the *baraita*: If a red heifer **died, it shall be redeemed.** The Gemara asks: **But may one redeem consecrated** items **in order to feed** the meat from **them to dogs?** Certainly one may not. Nevertheless, the meat of a red heifer that died without being slaughtered is not suitable for any other purpose. **Rav Mesharshiyya said:** It is redeemed **for the sake of its hide.** The Gemara asks: **But does the court stand and stipulate with** its **mind on the hide** of the heifer, which is presumably of little value? **Rav Kahana said:** As **people say** in a popular adage: **From a camel,** even just **its ear.** Since a camel is so valuable, even the flesh of its ear is valuable and should be saved if possible. Similarly, the hide of a red heifer will also be valuable.

אֵיתִיבֵיהּ, אָמְרוּ לוֹ לְרַבִּי שִׁמְעוֹן: מַהוּ שֶׁיִּקְרְבוּ זֶה בָּזֶה? אָמַר לְהוּ: יִקְרְבוּ, אָמְרוּ לוֹ: הוֹאִיל וְאֵין כַּפָּרָתָן שָׁוָה, הֵיאַךְ הֵן קְרֵיבִין? אָמַר לָהֶן: כּוּלָּן בָּאִין לְכַפֵּר עַל טוּמְאַת מִקְדָּשׁ וְקָדָשָׁיו;

§ Abaye **raised an objection to** Rabba's claim that the court tacitly stipulates concerning items consecrated for public offerings from the mishna (2b): The Rabbis **said to Rabbi Shimon: What is** the *halakha* with regard to **whether** goats consecrated for different days **may be sacrificed, this** one **in** place of **that** one? For example, if a goat was initially consecrated to be sacrificed as part of the Yom Kippur additional offerings, may it be sacrificed instead as part of the Festival additional offerings? Rabbi Shimon **said to them:** Such a goat **may be sacrificed. They said to** Rabbi Shimon: **Since,** according to you, **their atonement is not the same, how could they** possibly **be sacrificed?** Rabbi Shimon **said to them:** They can be interchanged, since ultimately **all of them come to atone for** the **defiling of** the **Temple or its sacrificial** foods.

HALAKHA

Standing and valuation – הַעֲמָדָה וְהַעֲרָכָה: With regard to any live animal that is consecrated, irrespective of whether it is a kosher or non-kosher species and irrespective of whether it was consecrated for Temple maintenance or separated for use as an offering, if it develops a blemish then it must first undergo the process of being stood up before and evaluated by a priest before it can be redeemed, as it states: "And he shall stand the animal before the priest" (Leviticus 27:11). Therefore, if the animal dies before this is performed, it can no longer be redeemed, and it must be buried. If an animal that was already dead, whether it was slaughtered or died naturally, was consecrated for Temple maintenance, then it may be redeemed even without this process (Rambam *Sefer Hafla'a, Hilkhot Arakhin VaḤaramim* 5:12).

The meat of a red heifer is susceptible to becoming ritually impure with the ritual impurity of food, etc. – פָּרָה מְטַמְּאָה טוּמְאַת אוֹכָלִין וכו׳: Although it is prohibited to benefit from the meat of a red heifer, its meat can nevertheless become ritually impure with the ritual impurity of food. This is in accordance with the opinion of Rabbi Shimon (Rambam *Sefer Tahara, Hilkhot Tumat Okhalin* 1:25 and *Hilkhot Para Aduma* 15:7 and *Kesef Mishne* there).

NOTES

Is susceptible to becoming ritually impure with the ritual impurity of food – מְטַמְּאָה טוּמְאַת אוֹכָלִין: In general, Rabbi Shimon holds that if it is prohibited to eat an item then it is not regarded as food and so is not susceptible to the ritual impurity of food. An important exception to this *halakha* is where previously it was permitted to eat an edible item, as is the case with a red heifer.

Rather, the heifer is different – אֶלָּא שָׁאנֵי פָּרָה: According to this answer, the Gemara retracts its claim that the red heifer does not have inherent sanctity; rather, the Gemara claims that it does, and the reason it may be redeemed is that, given the potential financial loss, the court tacitly stipulates concerning it (Ri Migash).

BACKGROUND

Since it is of great monetary value – הוֹאִיל וְדָמֶיהָ יְקָרִין: The red heifer used to purify must be entirely red. It must be unblemished and have never borne a burden. A heifer of this kind is extremely rare. When it was required at a time of necessity, there was no limit to the price the Sages were willing to pay to acquire it. As a gentile who was in possession of one such heifer said to the Sages who came to purchase it from him: I know that if I ask the highest price in the world for it, you will give that price to me, and indeed they offered the immense price of 600,000 gold dinars (see tractate *Kiddushin* 31a).

וְאַמַּאי? לֵימָא: לֵב בֵּית דִּין מַתְנֶה עֲלֵיהֶן! רַבִּי שִׁמְעוֹן קָאָמְרַתְּ? רַבִּי שִׁמְעוֹן לֵית לֵיהּ לֵב בֵּית דִּין מַתְנֶה עֲלֵיהֶן; דְּאָמַר רַב אִידִי בַּר אָבִין אָמַר רַב עַמְרָם אָמַר רַבִּי יוֹחָנָן: תְּמִידִין שֶׁלֹּא הוּצְרְכוּ לַצִּבּוּר, לְדִבְרֵי רַבִּי שִׁמְעוֹן – אֵין נִפְדִּין תְּמִימִים, לְדִבְרֵי חֲכָמִים – נִפְדִּין תְּמִימִים.

Abaye explains the objection brought from the mishna: **But** according to Rabba, **why** did Rabbi Shimon give the reason he gave? **Let** Rabbi Shimon **say** instead that the **court tacitly stipulates concerning them** that they should be consecrated for the day on which they are ultimately brought. Rabba answers: Did **you say** a proof from a statement of **Rabbi Shimon? Rabbi Shimon does not** accept the principle that the **court tacitly stipulates concerning them, as** is apparent from that which **Rav Idi bar Avin says** that **Rav Amram says** that **Rabbi Yoḥanan says:** Concerning lambs consecrated for the **daily offerings that were not needed by the public, according to the statement of Rabbi Shimon they are not redeemed** if they are **unblemished; according to the statement of the Rabbis they are redeemed,** even if they are **unblemished.**

וְרַבָּנַן דִּפְלִיגִי עֲלֵיהּ דְּרַבִּי שִׁמְעוֹן מַאן נִינְהוּ? אִי נֵימָא רַבָּנַן דִּקְטוֹרֶת

The Gemara asks: **And the Rabbis who disagree with Rabbi Shimon** and hold that the court does make such stipulations, **who are they?** Where is their opinion recorded? **If we say** that they are **the Sages** who ruled, in the mishna cited above (*Shekalim* 4:5), **with regard to** surplus **incense** that it may be redeemed,

Perek **I**
Daf **12** Amud **a**

NOTES

The opinion of the Sages introduced with the phrase: They said to him – רַבָּנַן דְּאָמְרוּ לוֹ: The mishna records a dispute as to whether the additional offerings of the New Moons, Festivals, and Yom Kippur each atone for different cases of sin. Rabbi Meir states that they all atone for the same cases. Rabbi Shimon and Rabbi Yehuda hold that they do not. Nevertheless, Rabbi Shimon states that the various offerings could be interchanged, e.g., a goat that was initially consecrated for Yom Kippur could also be sacrificed on a Festival. The Rabbis challenge Rabbi Shimon's opinion: If the offerings each atone for different cases of sin, how can they be interchanged? The phrasing of the mishna indicates that the Rabbis themselves hold that the offerings can be interchanged, but they challenge whether Rabbi Shimon himself can hold such an opinion. The Gemara here initially assumes that the Rabbis hold in accordance with Rabbi Yehuda, who also holds that each of the offerings atones for different cases of sin, but they hold that the court tacitly stipulates concerning them that their consecration should be contingent upon their eventual usage. Therefore, if an animal was initially consecrated for the New Moon and was not used, then it can be used on a Festival, as that possibility was included in the initial stipulation. It emerges then that the Rabbis hold that the court does make such stipulations, and Rabbi Shimon holds that they do not.

שָׁאנֵי קְטוֹרֶת, דְּלָא בַּר רְעִיָּה הִיא!

no proof can be drawn from there, as **incense is different, as it is not** an entity **that can** be left to **graze.** The option that exists for animals to leave them to graze until they develop a blemish and then redeem them obviously cannot apply to incense. Therefore, it is reasonable that with regard to incense, since there is no other way to rectify it, all will concede that the court makes a stipulation.

אֶלָּא רַבָּנַן דְּפָרָה – דִּלְמָא שָׁאנֵי פָּרָה, דְּדָמֶיהָ יְקָרִין!

Rather, say it is the opinion of **the Sages** who ruled, in the *baraita* cited above, **with regard to** the red **heifer** that it may be redeemed if a choicer one is found. The Gemara rejects this claim: **Perhaps** the case of a red **heifer is different, since it is of great monetary value.** To avoid a considerable loss, the court makes a stipulation despite it being an uncommon case.

וְאֶלָּא רַבָּנַן דְּאָמְרוּ לוֹ.

Rather, say it is the opinion of **the Sages** that is introduced **with** the phrase: **They said to him,**[N] in the mishna on 2b.

מִמַּאי דְּרַבִּי יְהוּדָה הִיא, וְהָכִי קָאָמַר לֵיהּ: בִּשְׁלָמָא לְדִידִי דְּאָמֵינָא לֵב בֵּית דִּין מַתְנֶה עֲלֵיהֶן – אַמְּטוּ לְהָכִי יִקְרְבוּ, אֶלָּא לְדִידָךְ דְּאָמְרַתְּ לָא, אַמַּאי יִקְרְבוּ?

The Gemara asks: **From where** do you know **that** the *tanna* referred to as the Rabbis **is Rabbi Yehuda and** that **this** is what he **is saying to** Rabbi Shimon: **Granted, according to my** opinion, **that I say** that **the court tacitly stipulates concerning** offerings that their consecration is contingent upon their eventual use, **it is due to this** reason that **they can be sacrificed** on an occasion different from the one they were initially intended for, **but according to your** opinion, **that you say** that the court does **not** make such stipulations, **why can they be sacrificed** on an occasion different from the one they were initially intended for?

וְדִלְמָא רַבִּי מֵאִיר הִיא, וְהָכִי קָאָמַר לֵיהּ: בִּשְׁלָמָא לְדִידִי דְּאָמֵינָא כׇּל הַשְּׂעִירִים כַּפָּרָתָן שָׁוָה – מִשּׁוּם הָכִי יִקְרְבוּ, אֶלָּא לְדִידָךְ אַמַּאי יִקְרְבוּ!

But perhaps the *tanna* referred to as the Rabbis **is Rabbi Meir, and this** is what he **is saying to** Rabbi Shimon: **Granted, according to my** opinion, **that I say** that the **atonement** effected by **the goats** of the additional offerings of **all** three occasions, i.e., those of the New Moons, Festivals, and Yom Kippur, **is the same, it is due to this** reason that **they can be sacrificed** on an occasion different from the one they were initially intended for. **But according to your** opinion, that they effect atonement for different cases of sin, **why can they be sacrificed** on an occasion different from the one they were initially intended for? Since it cannot be demonstrated that the Rabbis' opinion is based on the assumption that the court makes stipulations with regard to communal offerings, no proof can be drawn from the mishna.

אֶלָּא, רַבִּי יוֹחָנָן גְּמָרָא גָּמֵיר לַהּ: לְדִבְרֵי רַבִּי שִׁמְעוֹן – אֵין נִפְדִּין, לְדִבְרֵי חֲכָמִים – נִפְדִּין.

Rather, the opinion of the Rabbis cited by Rabbi Yoḥanan is not necessarily recorded elsewhere, but **Rabbi Yoḥanan learned it through a tradition** that lambs consecrated for the daily offerings that were not needed by the public, **according to the statement of Rabbi Shimon, cannot be redeemed** if they are unblemished, while **according to the statement of the Rabbis, they may be redeemed,** even if they are unblemished.

וּלְרַבִּי שִׁמְעוֹן דְּלֵית לֵיהּ לֵב בֵּית דִּין מַתְנֶה עֲלֵיהֶן, מַאי עָבְדִין לְהוּ? אָמַר רַבִּי יִצְחָק אָמַר רַבִּי יוֹחָנָן: מְקַיְּצִין בָּהֶן אֶת הַמִּזְבֵּחַ.

The Gemara asks: **And according to** the opinion of **Rabbi Shimon, who does not** hold that **the court tacitly stipulates concerning** those lambs that were consecrated for the daily offerings that remain unused at the end of the fiscal year, **what is done with them? Rabbi Yitzḥak says** that **Rabbi Yoḥanan says: One supplements** the offerings brought on **the altar with them.**[N] Whenever there were no obligatory offerings to be brought upon the altar, supplementary offerings would be offered upon it in order that it should not remain idle.

אָמַר רַבִּי שְׁמוּאֵל בַּר רַב יִצְחָק: וּמוֹדֶה רַבִּי שִׁמְעוֹן בִּשְׂעִירֵי חַטָּאת – שֶׁאֵין מְקַיְּצִין בְּגוּפָן אֶלָּא בִּדְמֵיהֶן;

Rabbi Shmuel bar Rav Yitzḥak says: And Rabbi Shimon concedes with regard to goats of communal **sin-offerings** that were lost and for which replacements were offered in their stead, **that** even should they later be found, **one does not supplement**[N] the offerings of the altar **with** those animals **themselves. Rather,** supplementary offerings are purchased **with their value,** i.e., the sin-offerings should be left to graze until they develop a blemish, at which point they can be sold and the proceeds used to purchase supplementary offerings.

הָכָא הוּא דְּמֵעִיקָּרָא עוֹלָה וְהָשְׁתָּא עוֹלָה, אֲבָל הָתָם דְּמֵעִיקָּרָא חַטָּאת וְהָשְׁתָּא עוֹלָה – גְּזֵירָה לְאַחַר כַּפָּרָה אַטּוּ לִפְנֵי כַּפָּרָה.

By Torah law, both communal burnt-offerings and sin-offerings that may no longer be offered for their intended purposes may be offered as supplementary burnt-offerings. Nevertheless, Rabbi Shimon draws a distinction between the two cases: **Here, where from the outset** the animal was intended to be used as **a burnt-offering,** i.e., for the daily-offering, **and now** the intention is to use it as **a burnt-offering,** i.e., for the supplementary offerings, the animal itself may be used. **But there, where from the outset** the animal was intended to be used as **a sin-offering, and now** the intention is to use it as **a burnt-offering,** there is a rabbinic **decree** rendering prohibited the use of the animal itself even **after** its **atonement**[H] has already been effected by a replacement sin-offering, **due to** the concern that people will confuse it with a sin-offering **before** its **atonement** has been effected by a replacement sin-offering. Such a sin-offering may be brought only for its originally intended purpose.

אָמַר אַבָּיֵי, אַף אֲנַן נַמִּי תָּנֵינָא: פַּר וְשָׂעִיר שֶׁל יוֹם הַכִּפּוּרִים שֶׁאָבְדוּ וְהִפְרִישׁ אֲחֵרִים תַּחְתֵּיהֶם, וְכֵן שְׂעִירֵי עֲבוֹדָה זָרָה שֶׁאָבְדוּ וְהִפְרִישׁ אֲחֵרִים תַּחְתֵּיהֶן – כּוּלָּן יָמוּתוּ, דִּבְרֵי רַבִּי יְהוּדָה. רַבִּי אֶלְעָזָר וְרַבִּי שִׁמְעוֹן אוֹמְרִים: יִרְעוּ עַד שֶׁיִּסְתָּאֲבוּ, וְיִמָּכְרוּ וְיִפְּלוּ דְּמֵיהֶן לִנְדָבָה, שֶׁאֵין חַטַּאת צִבּוּר מֵתָה;

Abaye said: We learn this in a *baraita* **as well:** With regard to the **bull and** the **goat of Yom Kippur that were lost, and one separated** and sacrificed **others in their stead, and likewise, goats** that were designated to atone for an act of unwitting public **idol worship that were lost, and one separated** and sacrificed **others in their stead,** in such cases, **all of** the original animals, if they are subsequently found, **should be left to die.** This is in accordance with the *halakha* that a sin-offering whose owner has already achieved atonement is left to die. This is **the statement of Rabbi Yehuda. Rabbi Elazar and Rabbi Shimon say: They should graze until they become unfit, and** then **they are sold and their proceeds are allocated for** communal **gift** offerings. They do not need to be left to die **because** the *halakha* is that **a communal sin-offering is not left to die.**

וְאַמַּאי? נִקְרְבוּ אִינְהוּ גּוּפַיְיהוּ עוֹלָה! אֶלָּא לָאו שְׁמַע מִינַּהּ: גְּזֵירָה לְאַחַר כַּפָּרָה אַטּוּ לִפְנֵי כַּפָּרָה.

Abaye explains how this *baraita* supports Rav Shmuel bar Yitzḥak's claim: **But why** do Rabbi Elazar and Rabbi Shimon say that the animal should be left to develop a blemish? **Let these** animals **themselves be sacrificed** as a supplementary **burnt-offering. Rather,** must one **not conclude from** the fact they did not offer this suggestion that there is a rabbinic **decree** rendering prohibited the use of the animal itself, even **after** its **atonement** has already been effected, **due to** the concern that people will confuse it with a sin-offering **before** its **atonement** has been effected?

NOTES

One supplements the altar with them – מְקַיְּצִין בָּהֶן אֶת הַמִּזְבֵּחַ: As the Gemara will explain (see 12b), whenever there are no offerings being brought on the altar, voluntary public burnt-offerings are brought in order to ensure that the altar should not stand idle, which would exhibit a lack of respect for the Temple service.

With regard to goats of sin-offerings…one does not supplement – בִּשְׂעִירֵי חַטָּאת...אֵין מְקַיְּצִין: Rashi explains that this refers to goats designated for communal sin-offerings that were lost and consequently were not sacrificed at their designated time. They were found only during the following fiscal year, i.e., after the beginning of Nisan. Since they were purchased with funds from the collection for the previous year, they can no longer be used.

The Ri Migash explains the reference is to a case where the goats were found during the same year, yet while they were lost, substitute goats were offered in their stead, thereby rendering the original goats unnecessary. According to him, Rabbi Shimon's statement in the mishna, that if Festival goats were not offered at their designated time they may be offered on the New Moon, refers only to a case where substitutes had not been offered in their stead. The Gemara here is referring to a case where substitutes had been offered and therefore the original goats were no longer fit to be offered.

HALAKHA

Decree after atonement, etc. – גְּזֵירָה לְאַחַר כַּפָּרָה: If the bull or goat of Yom Kippur, or a goat brought for an act of unwitting public idol worship, was lost and a substitute was offered in its stead, then if the original goat is subsequently found, it should be left to graze until it develops a blemish. Then it is sold and the proceeds from its sale are allocated for communal gift offerings. The original offerings are not left to die because the *halakha* is that a communal sin-offering is not left to die. It is also prohibited by rabbinic decree to sacrifice these offering themselves due to a concern that people will confuse them with offerings whose atonement has still not yet been achieved (Rambam *Sefer Avoda*, *Hilkhot Pesulei HaMukdashin* 4:2).

אֲמַר רָבָא, אַף אֲנַן נַמִּי תָּנֵינָא: וְהַשֵּׁנִי יִרְעֶה עַד שֶׁיִּסְתָּאֵב, וְיִמָּכֵר וְיִפְּלוּ דָּמָיו לִנְדָבָה;

Rava said: We learn this *halakha* in a mishna (*Yoma* 62a) **as well:** If after the lottery for the two Yom Kippur goats one of them dies, another pair is brought and a second lottery is performed. One becomes the counterpart of the remaining goat from the first pair, **and the second,** now-superfluous goat **is left to graze until it becomes unfit;**[H] **and then it is sold and the proceeds are allocated for** communal **gift** offerings.

וְאַמַּאי? יִקְרַב אִיהוּ גּוּפֵיהּ עוֹלָה! אֶלָּא לָאו שְׁמַע מִינָּהּ: גְּזֵרָה אַחַר כַּפָּרָה אַטּוּ לִפְנֵי כַּפָּרָה.

Rava explains how this mishna supports Rav Shmuel bar Yitzḥak's claim: **But why** should the superfluous goat be left to develop a blemish? **Let** the animal **itself be sacrificed** as a supplementary **burnt-offering. Rather,** must one **not conclude from** the fact that the mishna does not offer this suggestion that there is a rabbinic **decree** rendering prohibited the use of the animal itself even **after** its **atonement** has already been effected, **due to** the concern that people will confuse it with a sin-offering **before** its **atonement** has been effected?

אֲמַר רָבִינָא, אַף אֲנַן נַמִּי תָּנֵינָא: אָשָׁם שֶׁמֵּתוּ בְּעָלָיו אוֹ שֶׁנִּתְכַּפְּרוּ בְּעָלָיו – יִרְעֶה עַד שֶׁיִּסְתָּאֵב, וְיִמָּכֵר וְיִפְּלוּ דָּמָיו לִנְדָבָה. רַבִּי אֱלִיעֶזֶר אוֹמֵר: יָמוּת. רַבִּי יְהוֹשֻׁעַ אוֹמֵר: יָבִיא בְּדָמָיו עוֹלָה;

Ravina said: We learn this *halakha* in a mishna (*Temura* 20b) **as well: A guilt-offering**[B] **whose owner died,**[NH] **or** that was lost and before it was subsequently found **its owner achieved atonement** through a replacement guilt-offering, **should graze until it becomes unfit, and** then **it is sold and the proceeds are allocated for** communal **gift** offerings. **Rabbi Eliezer says: It should be left to die.**[N] **Rabbi Yehoshua says:** The owner of the guilt-offering **should bring a burnt-offering with the proceeds of** its sale.[N]

וְלִיקְרַב הָא גּוּפָא עוֹלָה! אֶלָּא לָאו גְּזֵירָה לְאַחַר כַּפָּרָה אַטּוּ לִפְנֵי כַּפָּרָה, שְׁמַע מִינָּהּ.

Ravina explains how this mishna supports Rav Shmuel bar Yitzḥak's claim: **But** why should it be left to develop a blemish? **Let this** animal **itself be sacrificed** as a supplementary **burnt-offering. Rather,** must one **not** conclude from the fact that the mishna does not offer this suggestion that there is a rabbinic **decree** rendering prohibited the use of the animal itself, even **after** its **atonement** has already been effected, **due to** the concern that people will confuse it with a sin-offering **before** its **atonement** has been effected? The Gemara affirms: **Conclude from it** that there is such a rabbinic decree.

תַּנְיָא נַמִּי הָכִי: מָה הֵן מְבִיאִין מִן הַמּוֹתָרוֹת?

Rabbi Yoḥanan explained that Rabbi Shimon holds that lambs that were consecrated for the daily offerings that remain unused at the end of the fiscal year are offered as supplementary offerings. The Gemara notes: **This is also taught** in a *baraita*:[N] **What** type of offerings **would they bring from the surplus** lambs that were consecrated for the daily offerings?

NOTES

A guilt-offering whose owner died, etc. – אָשָׁם שֶׁמֵּתוּ בְּעָלָיו וכו׳: Both early and later commentaries discuss at length the question of what should be done with a guilt-offering that can no longer be sacrificed to atone for its owner but itself remains unblemished and fit to be sacrificed. From the continuation of the Gemara here it would appear that, by Torah law, it could be sacrificed as though it were a burnt-offering. The Sages decreed that instead it should be left to graze, eventually sold, and the proceeds used to purchase communal gift offerings. From other sources it would appear that this requirement to leave it to graze is required by Torah law. Some suggest that different stages of the discussion in the Gemara are based upon a difference of opinion concerning this matter (see *Tosafot*, citing Rabbeinu Tam, and Ramban).

Rabbi Eliezer says it should be left to die – רַבִּי אֱלִיעֶזֶר אוֹמֵר יָמוּת: Rashi suggests that with this ruling Rabbi Eliezer conforms to his standard line of reasoning. In general, Rabbi Eliezer rules that the stringencies that apply to a sin-offering also apply to a guilt-offering. For example, with regard to most offerings, if they are slaughtered without the appropriate intention, they remain fit to have their sacrificial rite completed. One exception to this *halakha* is a sin-offering, which is disqualified by being slaughtered with inappropriate intention. Rabbi Eliezer rules that this is also the *halakha* with regard to a guilt-offering. Similarly, Rabbi Eliezer rules that if the blood of a guilt offering is brought inside the Sanctuary it is disqualified, just as is the case with the *halakha* of a sin-offering. Accordingly, Rabbi Eliezer rules that the *halakha* that a sin-offering whose owner has already achieved atonement should be left to die should also be applied to a guilt-offering.

He should bring a burnt-offering with the proceeds of its sale – יָבִיא בְּדָמָיו עוֹלָה: The first *tanna* rules that the proceeds should be used to purchase communal gift offerings. Communal gift offerings are always brought as burnt-offerings. It would appear then that the opinion of the first *tanna* and the opinion of Rabbi Yehoshua are the same. In truth, there is a sharp distinction between them. Rabbi Yehoshua rules that the proceeds should be used to purchase a personal burnt-offering to be sacrificed for the owner himself, not a communal offering, as the first *tanna* holds. There are essential differences between a communal and personal burnt-offering, as the continuation of the mishna cited from tractate *Temura* delineates. For example, a communal burnt-offering does not require the placing of hands upon it before it is sacrificed, whereas a personal burnt-offering does. There is a further distinction that relates to the libations that accompany its sacrifice.

This is also taught in a *baraita* – תַּנְיָא נַמִּי הָכִי: Rashi explains that this *baraita* is referring to surplus offerings that were not brought during the year in which they were purchased. Therefore, it supports the statement of Rabbi Yoḥanan that Rabbi Shimon holds that such animals are sacrificed as supplementary offerings.

Tosafot disagree, and explain that the *baraita* provides support for the claim the Gemara has just made, that communal sin-offerings and guilt-offerings may not be offered once their atonement has already been effected by substitutes that were offered in their stead. The reason to understand the *baraita* like this is that it does not state: What is done with the surplus offerings, which would indicate that the offerings themselves are used. Rather, it states: What would they bring from the surplus offerings, which indicates that the offerings themselves are sold after having developed a blemish, and then the proceeds from their sale are used to purchase supplementary offerings. Furthermore, the generic use of the term surplus offerings in tractates *Zevaḥim* and *Temura* usually refers specifically to a sin-offering or guilt-offering.

A third opinion claims that the *baraita* is referring to surplus libations and similar items that are also brought as supplementary offerings.

HALAKHA

And the second goat is left to graze until it becomes unfit – וְהַשֵּׁנִי יִרְעֶה עַד שֶׁיִּסְתָּאֵב: If, after the lottery for the two Yom Kippur goats, one of them dies, another pair is brought and a second lottery is conducted over them, and the High Priest makes a stipulation: If the one to be sacrificed to God died, that goat upon which the lot for God was just drawn shall stand in its stead; and if the one to be sent to Azazel died, that goat upon which the lot for Azazel was just drawn shall stand in its stead. Then the superfluous goat from the second lottery is left to graze until it becomes unfit, and then it is sold and the proceeds from its sale are allocated for communal gift offerings. It is not left to die, because the *halakha* is that a communal sin-offering is not left to die (Rambam *Sefer Avoda, Hilkhot Avodat Yom HaKippurim* 5:15).

A guilt-offering whose owner died, etc. – אָשָׁם שֶׁמֵּתוּ בְּעָלָיו וכו׳: A guilt-offering brought for a definite violation of certain transgressions whose owner died or that was lost and its owner achieved atonement through a replacement guilt-offering should graze until it becomes unfit, and then it is sold and the proceeds are allocated for communal gift offerings. This is in accordance with the opinion of the first *tanna*. As with every guilt-offering that is left to graze, if it was itself offered as a burnt-offering, it is valid after the fact. Why then is it not offered *ab initio*? It is a rabbinical decree out of concern that people might confuse it for a guilt-offering whose atonement has not yet been achieved (Rambam *Sefer Avoda, Hilkhot Pesulei HaMukdashin* 4:14–15).

BACKGROUND

Guilt-offering – אָשָׁם: A guilt-offering is one of the offerings of the most sacred order and may be eaten only by priests on the day it is offered and the following night. The procedure for sacrificing the guilt-offering is basically the same as that of the sin-offering, besides the sprinkling of the blood, which is slightly different. Like the sin-offering, the guilt-offering is a propitiatory offering, brought to achieve atonement for human failing.

There are six occasions when an individual is required to bring a guilt-offering. In five of those cases, one is aware that he has committed a sin or owes an offering. These sacrifices are called definite guilt-offerings, because the bearer of the offering is certain he must atone for his behavior or undergo purification. This individual brings a ram as a guilt-offering. One who is recovering from leprosy brings a guilt-offering as part of his purification process rather than as a result of sin. The sixth case of bringing a guilt-offering is associated with a sin-offering and occurs where one is uncertain whether or not his behavior constituted a sin. For example, if he consumed one of two pieces of fat, one permitted and one forbidden, but he is uncertain as to the identity of the one he ate, he is required to bring a provisional guilt-offering, which atones for him until it can be clarified whether or not he actually sinned.

קֵיץ כִּבְנוֹת שׁוּחַ לַמִּזְבֵּחַ. וְהָכְתִיב: "כִּי כָל שְׂאֹר וְכָל דְּבַשׁ" וגו'! תָּנֵי רַב חֲנִינָא: כִּבְנוֹת שׁוּחַ לְאָדָם.

They would bring from them **dessert, like white figs, for the altar.** The Gemara asks: Are white figs ever offered on the altar? **But isn't it written: "For any leavening or fruit honey** you shall not cause to go up in smoke as a fire-offering to the Lord" (Leviticus 2:11)? The term "fruit honey" includes all tree fruits. The Gemara answers: **Rav Ḥanina teaches:** The supplementary offerings are to the altar **like white figs for a person.**[H]

דָּרַשׁ רַב נַחְמָן בַּר רַב חִסְדָּא: אֵין מְקַיְּיצִין בְּעוֹלַת הָעוֹף. אֲמַר רָבָא: הָא בּוּרְכָא. אֲמַר לֵיהּ רַב נַחְמָן בַּר יִצְחָק לְרָבָא: מַאי בּוּרְכְתָא? אֲנָא אֲמַרִיתָהּ נִיהֲלֵיהּ, וּמִשְּׁמֵיהּ דְּרַב שִׁימִי מִנְּהַרְדְּעָא אֲמַרִיתָהּ נִיהֲלֵיהּ. דְּאָמַר רַב שִׁימִי מִנְּהַרְדְּעָא: מוֹתָרוֹת לִנְדְבַת צִבּוּר אָזְלִי, וְאֵין עוֹלַת עוֹף בְּצִבּוּר.

The Gemara discusses what may be used for the supplementary offerings: **Rav Naḥman bar Rav Ḥisda taught: One does not supplement** the offerings of the altar **with a bird burnt-offering.**[H] **Rava said: This ruling is an absurdity** [*burkha*].[L] **Rav Naḥman bar Yitzḥak said to Rava: What is the absurdity?** The ruling has a basis. **I said** this ruling **to** Rav Naḥman, **and said it to him in the name of Rav Shimi of Neharde'a, as Rav Shimi of Neharde'a says: The surplus** lambs that were consecrated for the daily offerings **are allocated for communal gift** offerings,[N] **and there is not a bird burnt-offering** that is offered **by the community.**[N]

וְאַף שְׁמוּאֵל סָבַר לְהָא דְּרַבִּי יוֹחָנָן, דְּאָמַר רַב יְהוּדָה אָמַר שְׁמוּאֵל: קָרְבְּנוֹת צִבּוּר – סַכִּין מוֹשַׁכְתָּן לְמָה שֶׁהֵן.

The Gemara notes: **And also Shmuel holds in accordance with this** statement **of Rabbi Yoḥanan,**[N] who taught that Rabbi Shimon holds that lambs consecrated for the daily offering that were not used are brought as supplementary offerings, even though they were not originally consecrated for that purpose, **as Rav Yehuda says** that **Shmuel says:** With regard to **communal offerings,** their consecration serves only to define which general category of offering they are included in, e.g., whether they are a sin-offering or burnt-offering, but it is the purpose for which they are ultimately slaughtered with **a knife** that **defines**[N] **what their** precise nature **is.**

תַּנְיָא נָמֵי הָכִי: וּמוֹדֶה רַבִּי שִׁמְעוֹן בְּשָׂעִיר – שֶׁאִם לֹא קָרַב בָּרֶגֶל יִקְרַב בְּרֹאשׁ חֹדֶשׁ, וְאִם לֹא קָרַב בְּרֹאשׁ חֹדֶשׁ יִקְרַב בְּיוֹם הַכִּפּוּרִים, וְאִם לֹא קָרַב בְּיוֹם הַכִּפּוּרִים יִקְרַב בָּרֶגֶל, וְאִם לֹא קָרַב בָּרֶגֶל זֶה יִקְרַב בְּרֶגֶל אַחֵר, שֶׁמִּתְּחִלָּתוֹ לֹא בָּא אֶלָּא לְכַפֵּר עַל מִזְבֵּחַ הַחִיצוֹן.

The Gemara notes: **This is also taught** in a *baraita* with regard to sin-offerings: **And Rabbi Shimon concedes with regard to a goat** consecrated to be used as part of the additional offerings on the pilgrimage Festivals **that if it was not sacrificed on a pilgrimage Festival it can be sacrificed on a New Moon, and if was not sacrificed on a New Moon it can be sacrificed on Yom Kippur, and if it was not sacrificed on Yom Kippur it can be sacrificed on a pilgrimage Festival, and if was not sacrificed on this pilgrimage Festival, it can be sacrificed on another pilgrimage Festival.** This is **because from the outset,** by virtue of its consecration, **it came only to atone** by having its blood presented **upon the external altar,**[N] but its precise nature is defined only by the purpose for which it is ultimately slaughtered.

תָּנָא: לֹא הוּקְדַּשׁ אֶלָּא לְכַפֵּר עַל מִזְבֵּחַ הַחִיצוֹן.

Another *baraita* teaches the same ruling: **It is taught:** The sin-offering **was consecrated only to atone** by having its blood presented **upon the external altar.**

HALAKHA

Supplementary offerings of the altar – קֵיץ הַמִּזְבֵּחַ: Funds from the yearly collection for the offerings and for the libations that remain unused at the end of the year are used to purchase male animals that are sacrificed as burnt-offerings whenever there are no other offerings being brought on the altar. It is permitted to use these funds for this purpose because the court tacitly stipulates with regard to those funds that if they remain unused at the end of the year they should be spent in this way (Rambam *Sefer Zemanim*, *Hilkhot Shekalim* 4:9; see *Sefer Avoda*, *Hilkhot Kelei HaMikdash* 7:13).

One does not supplement with a bird burnt-offering – אֵין מְקַיְּיצִין בְּעוֹלַת הָעוֹף: The supplementary offerings are brought only from land animals but not from birds, because birds may not be used as communal offerings (Rambam *Sefer Zemanim*, *Hilkhot Shekalim* 4:9; see *Sefer Avoda*, *Hilkhot Kelei HaMikdash* 7:13).

LANGUAGE

Absurdity [*burkha*] – בּוּרְכָא: The *Arukh* explains that the word derives from the word *bur*, meaning ignoramus. It is used in the sense of something foolish or not real.

NOTES

The surplus are allocated for communal gift offerings – לִנְדְבַת צִבּוּר אָזְלִי: In the mishna in tractate *Temura* 20b, cited on 12a, the *tanna'im* disagree with regard to an unneeded guilt-offering whether the offerings purchased with the proceeds of its sale should be used to purchase a communal burnt-offering or to purchase a personal burnt-offering for the owner to bring. Rav Shimi here assumes the *halakha* is in accordance with the former opinion (Rashi).

There is not a bird burnt-offering offered by the community – אֵין עוֹלַת עוֹף בְּצִבּוּר: The fact that there are no obligatory communal bird offerings is a clearly accepted principle. Rashi here cites *Torat Kohanim*, where it is derived that birds are not to be used even for communal gift offerings.

Shmuel holds in accordance with this statement of Rabbi Yoḥanan – סָבַר לְהָא דְּרַבִּי יוֹחָנָן: The commentaries disagree concerning which statement of Rabbi Yoḥanan the Gemara is referring to. Rashi explains that it refers to his statement that Rabbi Shimon holds that lambs that were consecrated for the daily offering but were not used are brought as supplementary offerings. Other commentaries (Rabbeinu Ḥananel; *Tosafot*) explain that it refers to Rabbi Yoḥanan's statement that according to the Sages the court tacitly stipulates concerning such lambs that they can be redeemed even if they are unblemished. These two understanding also lead to two different interpretations of the ensuing Gemara.

NOTES

A knife defines, etc. – סַכִּין מוֹשַׁכְתָּן וכו': Rashi explains this in line with his understanding that the statement of Rabbi Yoḥanan referred to here is the one about using lambs remaining at the end of the year for supplementary offerings. Accordingly, the meaning is that when an animal is initially consecrated, it is consecrated with only a general designation of the type of offering it will be, with its precise purpose fully defined only at the moment of slaughter. The Gemara then says that this is also the explanation of the opinion of Rabbi Shimon in the mishna, that the goats initially consecrated with the intention that they should be used on the Festivals can also be brought on the New Moon because their precise nature is fully defined only at the time of slaughter.

Most commentaries do not accept this understanding of the phrase: A knife defines. They explain that with the initial consecration the offering is designated for a specific purpose. Nevertheless, the act of slaughtering the offering enables it to be used for the purpose for which it is ultimately designated, even though that may be different from the purpose for which it was initially consecrated. This is possible due to the fact that the court tacitly stipulates concerning communal offerings that their consecration should be based on the purpose they are ultimately used for. This explanation is consistent with the understanding that the statement of Rabbi Yoḥanan that the Gemara refers to concerns whether it is permitted to redeem unused lambs even though they are still unblemished, which is also based on the principle that the court tacitly stipulates concerning them (Rav Hai Gaon; Rabbeinu Ḥananel; *Arukh*; *Tosafot*).

A difficulty arises with this explanation, as according to it, the Gemara is specifically in accordance with the opinion of the Rabbis who disagree with Rabbi Shimon. How then can the Gemara proceed to draw support from a *baraita* that records Rabbi Shimon's opinion when Rabbi Shimon holds that the court does not make such stipulations? Various answers to this question are offered. Some suggest that the *baraita* is brought as a support not for Rav Yehuda's statement in the name of Shmuel, but rather for Rabbi Yoḥanan's statement (Rabbeinu Hananel). Others cite a different text of the Gemara that states: It is taught, instead of: That is also taught (see *Tosafot* and Ritva).

To atone upon the external altar – לְכַפֵּר עַל מִזְבֵּחַ הַחִיצוֹן: In other words, the fact that all these offerings have a similar form of atonement is sufficient to allow one to be brought in place of the other. In the mishna, Rabbi Shimon appears to present a different explanation why one can be brought in place of the other, as he states: Their atonement is all for the same transgression of defiling the Temple or its sacrificial foods. *Tosafot* explain that both reasons are necessary and that they complement each other. Because both reasons are necessary, although the goat of Yom Kippur also atones for the defiling of the Temple or its sacrificial foods, since it does not effect atonement by having its blood presented on the external altar, it cannot be interchanged with the other goats, whose rites are performed on the external altar.

"וְעַל זְדוֹן טוּמְאַת מִקְדָּשׁ וְקָדָשָׁיו – שָׂעִיר הַנַּעֲשֶׂה בִּפְנִים" כו׳. מְנָהָנֵי מִילֵּי?

§ The mishna teaches: **And for** cases in which the **defiling of** the **Temple or its sacrificial** foods was carried out **intentionally,** the **goat whose** blood presentation is **performed inside** the Sanctuary on Yom Kippur, and Yom Kippur itself, atone. The Gemara asks: **From where are these matters** derived?

דְּתָנוּ רַבָּנַן: "וְכִפֶּר עַל הַקֹּדֶשׁ מִטֻּמְאֹת בְּנֵי יִשְׂרָאֵל" וגו׳, פְּשָׁעִים – אֵלּוּ הַמְּרָדִים, וְכֵן הוּא אוֹמֵר: "מֶלֶךְ מוֹאָב פָּשַׁע בִּי", וְאוֹמֵר: "אָז תִּפְשַׁע לִבְנָה בָּעֵת הַהִיא"; חַטָּאוֹת – אֵלּוּ הַשְּׁגָגוֹת, וְכֵן הוּא אוֹמֵר: "נֶפֶשׁ כִּי תֶחֱטָא בִשְׁגָגָה".

The Gemara answers: They are derived from a verse, **as the Sages taught** in a *baraita*: The verse states with regard to the High Priest sacrificing the internal goat of Yom Kippur: **"And he shall effect atonement upon the Sanctuary from the impurities of the children of Israel** and from their acts of rebellion, for all their sins" (Leviticus 16:16). The verse is referring to two categories of sin. The first category is **acts of rebellion** [*pesha'im*]; **these are the rebellious sins, and so** the verse **states** that King Jehoram of Israel said to King Jehoshaphat of Judah: **"The king of Moab rebelled** [*pasha*] **against me"** (II Kings 3:7). **And** the verse **states** with regard to a rebellion against Judah: **"Then Libnah rebelled** [*tifsha*] **at that time"** (II Kings 8:22). The second category is **sins** [*hataot*]; **these are unwitting sins, and so** the verse **states: "If an individual person shall transgress** [*teheta*] **unwittingly"** (Leviticus 4:2).

"עַל שְׁאָר עֲבֵירוֹת שֶׁבַּתּוֹרָה, הַקַּלּוֹת וְהַחֲמוּרוֹת, הַזְּדוֹנוֹת וְהַשְּׁגָגוֹת" כו׳.

§ The mishna teaches: **For all other transgressions that are** stated **in the Torah,** whether they are **the minor** ones **or the major** ones, whether they were **intentional or unwitting,** whether one became aware of them before Yom Kippur or did not become aware of them until after Yom Kippur, whether they involve a positive mitzva or a prohibition, whether the transgressors are subject to excision from the World-to-Come [*karet*], or to one of the court-imposed death penalties, the scapegoat sent to Azazel on Yom Kippur atones.

הַיְינוּ קַלּוֹת הַיְינוּ עֲשֵׂה וְלֹא תַעֲשֶׂה, חֲמוּרוֹת הַיְינוּ כָּרֵיתוֹת וּמִיתוֹת בֵּית דִּין, הוֹדַע הַיְינוּ מֵזִיד, לֹא הוֹדַע הַיְינוּ שׁוֹגֵג!

The Gemara notes that the mishna appears repetitious: **Minor** ones **are the same as** a standard **positive mitzva and prohibition, major** ones **are the same as** transgressions that are subject to ***karet*** **and** to **court**-imposed **death** penalties, transgressions that **one became aware of are the same as intentional** transgressions, and transgressions that **one did not become aware** of **are the same as unwitting** transgressions.

אֲמַר רַב יְהוּדָה, הָכִי קָאָמַר: עַל שְׁאָר עֲבֵירוֹת שֶׁבַּתּוֹרָה, בֵּין קַלּוֹת בֵּין חֲמוּרוֹת, בֵּין שֶׁעֲשָׂאָן בְּשׁוֹגֵג בֵּין שֶׁעֲשָׂאָן בְּמֵזִיד. אוֹתָן שֶׁעֲשָׂאָן בְּשׁוֹגֵג – בֵּין נוֹדַע לוֹ סְפֵיקָן בֵּין לֹא נוֹדַע לוֹ סְפֵיקָן. וְאֵלּוּ הֵן קַלּוֹת – עֲשֵׂה וְלֹא תַעֲשֶׂה, וְאֵלּוּ הֵן חֲמוּרוֹת – כָּרֵיתוֹת וּמִיתוֹת בֵּית דִּין.

Rav Yehuda said that **this** is what the mishna **is saying:**[N] **For** all **other transgressions that are** stated **in the Torah, whether** they are the **minor** ones **or** the **major** ones, **whether they were performed unwittingly**[N] or **whether they were performed intentionally,** they each have their own *halakhot*. For **those that were performed unwittingly,** in cases where there was an uncertainty whether the act was forbidden at all, atonement is effected **whether** the **uncertainty with regard to** the transgressions **became known to him** before Yom Kippur or **whether** the **uncertainty with regard to them did not become known to him** until after Yom Kippur. **And these are** the **minor** ones the mishna is referring to: A standard **positive mitzva and a prohibition. And these are** the **major** ones it is referring to: Transgressions that are subject to ***karet*** **and** to **court-imposed death penalties.**

הַאי עֲשֵׂה הֵיכִי דָּמֵי? אִי דְּלָא עֲבַד תְּשׁוּבָה – "זֶבַח רְשָׁעִים תּוֹעֵבָה", אִי דַּעֲבַד תְּשׁוּבָה – כָּל יוֹמָא נַמִי; דְּתַנְיָא: עָבַר עַל מִצְוַת עֲשֵׂה וְעָשָׂה תְּשׁוּבָה, לֹא זָז מִשָּׁם עַד שֶׁמּוֹחֲלִין לוֹ!

The Gemara asks: **What are the circumstances** of **this positive mitzva** in the mishna? **If** it is a case **where he did not repent,** the offering cannot atone for him, as the verse states: **"The sacrifice of the wicked is an abomination"** (Proverbs 21:27). **If he did repent,** then why is the mishna referring to Yom Kippur? He will achieve atonement on **any** other **day as well, as it is taught** in a *baraita*: If **one transgressed a positive mitzva and repented,**[H] **he does not move from there until he is forgiven.**

אֲמַר רַבִּי זֵירָא:

Rabbi Zeira said:

NOTES

Rav Yehuda said this is what the mishna is saying – אָמַר רַב יְהוּדָה הָכִי קָאָמַר: Rav Yehuda understands that the mishna is not just a list of various cases, but rather it is structured as an initial general statement and then proceeds to detail the specifics. This is also how it is explained in the Jerusalem Talmud.

Whether they were performed unwittingly – בֵּין שֶׁעֲשָׂאָן בְּשׁוֹגֵג: The conclusion of both the Gemara here and the Jerusalem Talmud is that the mishna is not actually referring to transgressions that were performed unwittingly. Such transgressions are atoned for only by bringing an offering, and therefore it is incorrect to say that the scapegoat effects atonement for them. Rather, it refers to cases where there was uncertainty concerning the identity of a certain item, which led to uncertainty whether a specific act was forbidden and the person unwittingly performed that act. In such a case, one is liable to bring a provisional guilt-offering. If Yom Kippur occurs before he does so, one achieves atonement through the scapegoat, and therefore after Yom Kippur one is exempt from bringing a provisional guilt-offering.

HALAKHA

If one transgressed a positive mitzva and repented – עָבַר עַל מִצְוַת עֲשֵׂה וְעָשָׂה תְּשׁוּבָה: If one transgressed a positive mitzva for which one is not liable to be punished with *karet* and repented, he does not move from there until he is forgiven (Rambam *Sefer HaMadda*, *Hilkhot Teshuva* 1:4).

בְּעוֹמֵד בְּמִרְדּוֹ, וְרַבִּי הִיא; דְּתַנְיָא, רַבִּי אוֹמֵר: עַל כָּל עֲבֵירוֹת שֶׁבַּתּוֹרָה, בֵּין עָשָׂה תְּשׁוּבָה בֵּין לֹא עָשָׂה תְּשׁוּבָה – יוֹם הַכִּפּוּרִים מְכַפֵּר, חוּץ מִפּוֹרֵק עוֹל וּמְגַלֶּה פָּנִים בַּתּוֹרָה, וּמֵיפֵר בְּרִית בַּבָּשָׂר, שֶׁאִם עָשָׂה תְּשׁוּבָה – יוֹם הַכִּפּוּרִים מְכַפֵּר, וְאִם לָאו – אֵין יוֹם הַכִּפּוּרִים מְכַפֵּר.

The mishna is referring to a case **where** the person did not repent and **persists in his rebellion,**[N] **and it is** in accordance with the opinion of **Rabbi** Yehuda HaNasi, that even for such a case Yom Kippur and the scapegoat will atone. **As it is taught** in a *baraita*: **Rabbi** Yehuda HaNasi **says: For all transgressions that are** stated **in the Torah, whether one repented, or whether one did not repent, Yom Kippur atones,**[N] **except for one who divests** himself of the **yoke** of Heaven, by denying God's existence, **and one who reveals facets of the Torah**[N] that differ from its true meaning, **and one who nullifies** the **covenant of** circumcision of **the flesh.**[N] **For** these, **if one repented, Yom Kippur atones, and if not, Yom Kippur does not atone.**

מַאי טַעְמָא דְּרַבִּי? דְּתַנְיָא: ״כִּי דְבַר ה׳ בָּזָה״ – זֶה הַפּוֹרֵק עוֹל וּמְגַלֶּה פָּנִים בַּתּוֹרָה, ״וְאֶת מִצְוָתוֹ הֵפַר״ – זֶה הַמֵּיפֵר בְּרִית בַּבָּשָׂר; ״הִכָּרֵת תִּכָּרֵת״, ״הִכָּרֵת״ – לִפְנֵי יוֹם הַכִּפּוּרִים, ״תִּכָּרֵת״ – לְאַחַר יוֹם הַכִּפּוּרִים;

The Gemara asks: **What is the reasoning of Rabbi** Yehuda HaNasi? It is **as it is taught** in a *baraita* in interpretation of the verse: "For he scorned the word of the Lord and nullified His commandment; that person will be cut off [*hikkaret tikkaret*], his sin is upon him" (Numbers 15:31): **"For he scorned the word of the Lord"; this is** referring to **one who divests** himself **of** the **yoke** of Heaven **and one who reveals facets of the Torah** that differ from its true meaning. **"And nullified His commandment"; this is** referring to **one who nullified the covenant of** circumcision of **the flesh.** The use of the double verb form ***hikkaret tikkaret*** teaches that **he will be cut off,** i.e., he is liable to receive *karet*, **before Yom Kippur, and he will** still **be cut off after Yom Kippur,** as Yom Kippur does not atone for him.

יָכוֹל אֲפִילּוּ עָשָׂה תְּשׁוּבָה? תַּלְמוּד לוֹמַר ״עֲוֹנָהּ בָהּ״, לֹא אָמַרְתִּי אֶלָּא בִּזְמַן שֶׁעֲוֹנָהּ בָּהּ.

One **might** have thought that this applies **even if he repented.** To counter this, **the verse states: "His sin is upon him,"** by which God indicates: **I said** that Yom Kippur does not atone for these sins **only when his sin is** still **upon him,** as he did not repent. It is apparent from this *baraita* that it is only for the three sins mentioned that Yom Kippur does not atone without repentance, but Yom Kippur atones for other sins even if one did not repent.

וְרַבָּנַן? ״הִכָּרֵת״ – בָּעוֹלָם הַזֶּה, ״תִּכָּרֵת״ – לָעוֹלָם הַבָּא; ״עֲוֹנָהּ בָהּ״ – שֶׁאִם עָשָׂה תְּשׁוּבָה וּמֵת, מִיתָה מְמָרֶקֶת.

And with regard to **the Rabbis** who disagree with Rabbi Yehuda HaNasi, how do they interpret the verse? If someone commits one of the three sins mentioned, then **he is cut off** [*hikkaret*] from life **in this world,**[H] and **he will be cut off** [*tikkaret*] **in the World-to-Come.** The phrase **"His sin is upon him"** teaches **that if he repented and died,** his **death cleanses**[N] him of his sin.

וּמִי מָצֵית מוֹקְמַתְּ לַהּ כְּרַבִּי? וְהָא מִדְּסֵיפָא רַבִּי יְהוּדָה הִיא, רֵישָׁא נַמִי רַבִּי יְהוּדָה הִיא! דְּקָתָנֵי סֵיפָא: אֶחָד יִשְׂרָאֵל וְאֶחָד כֹּהֲנִים וְאֶחָד כֹּהֵן מָשׁוּחַ; וּמַאן אִית לֵיהּ הַאי סְבָרָא? רַבִּי יְהוּדָה, מִכְּלָל דְּרֵישָׁא רַבִּי יְהוּדָה!

The Gemara asks: **And can you interpret** the mishna to be **in accordance with** the opinion of **Rabbi** Yehuda HaNasi? **But from the fact that the latter clause is** in accordance with the opinion of **Rabbi Yehuda,**[P] by inference, **the first clause is also** in accordance with the opinion of **Rabbi Yehuda,** but not of Rabbi Yehuda HaNasi, **as the latter clause** of the mishna **teaches: Israelites and priests and the anointed priest,** i.e., the High Priest, all equally achieve atonement from the scapegoat. **And who accepts this reasoning? Rabbi Yehuda,** as the Gemara will demonstrate. **By inference, the first clause** is also in accordance with the opinion of **Rabbi Yehuda,**[N] not of Rabbi Yehuda HaNasi.

PERSONALITIES

Rabbi Yehuda – **רַבִּי יְהוּדָה**: When the Mishna refers to Rabbi Yehuda without a patronymic, it means Rabbi Yehuda, son of Rabbi Ilai, one of the greatest of the fourth-generation *tanna'im*. Rabbi Yehuda was one of the last five disciples of Rabbi Akiva, while his father, Rabbi Ilai, was a student of Rabbi Eliezer. Rabbi Yehuda learned Rabbi Eliezer's wisdom from his father. In his youth he studied with Rabbi Tarfon, in whose name he cites *halakhot*. He also cites the other Sages of Yavne: Rabbi Yehoshua, Rabban Gamliel, Rabbi Elazar ben Azarya, Rabbi Yishmael, and Rabbi Yosei HaGelili. Nevertheless, Rabbi Yehuda's foremost teacher was Rabbi Akiva, and it was in accordance with his opinion that he laid the foundations for the halakhic exegesis of Leviticus known as the *Sifra*, or *Torat Kohanim*. Rabbi Yehuda was ordained by Rabbi Yehuda, son of Bava, and is frequently quoted in aggadic statements alongside Rabbi Neḥemya. When there are differences of opinion between Rabbi Yehuda and Rabbi Meir, or between Rabbi Yehuda and Rabbi Shimon, the *halakha* is in accordance with the opinion of Rabbi Yehuda. His disciples included Rabbi Elazar, son of Rabbi Shimon; Rabbi Yishmael, son of Rabbi Yosei; and Rabbi Yehuda HaNasi. His son, Rabbi Yosei, was also a renowned Sage.

NOTES

Where he persists in his rebellion – **בְּעוֹמֵד בְּמִרְדּוֹ**: In other words, he did not repent at all. Rabbi Yehuda HaNasi holds that the problem raised by the verse "The sacrifice of the wicked is an abomination" does not apply to the atonement effected by the scapegoat (Rashi).

For all transgressions that are in the Torah, whether one repented or whether one did not repent Yom Kippur atones – **עַל כָּל עֲבֵירוֹת שֶׁבַּתּוֹרָה בֵּין עָשָׂה תְּשׁוּבָה בֵּין לֹא עָשָׂה תְּשׁוּבָה יוֹם הַכִּפּוּרִים מְכַפֵּר**: The mishna claims that atonement is achieved through the scapegoat, whereas Rabbi Yehuda HaNasi states in the *baraita* that it is achieved through the day of Yom Kippur itself. The Gemara does not distinguish between them. The Ritva derives from this that both factors are necessary and therefore Rabbi Yehuda HaNasi's opinion that Yom Kippur atones even for one who did not repent applied only when the Temple stood and the rite of the scapegoat was still practiced. Nowadays, he would concede that atonement must be achieved through other means, as is detailed at the end of tractate *Yoma* (86a) in the *baraita* of Rabbi Yishmael cited there (see *Tosafot*).

One who reveals facets of the Torah – **מְגַלֶּה פָּנִים בַּתּוֹרָה**: The phrase literally means: One who reveals faces in the Torah. The Ri Migash explains that revealing faces means offering interpretations. Accordingly, the phrase refers to one who offers false, heretical interpretations of the Torah.

Rashi interprets revealing faces as meaning being brazen-faced. Normally, when a person is shy or embarrassed by his actions he will cover his face. Revealing one's face therefore indicates the opposite. Accordingly, he explains that it refers to one who speaks insolently about the Torah and disparages that which is written in it.

Covenant of the flesh – **בְּרִית בַּבָּשָׂר**: This refers either to one who refuses to circumcise himself or his son, or to one who was already circumcised but attempts to reverse it by drawing out the surrounding skin to form a new, false foreskin.

Rashi explains that this is derived from the phrase "and nullified His commandment" mentioned subsequently in the Gemara, because the term "His commandment" is suggestive of a mitzva that is associated with a specific individual. The Ritva expands on this idea and explains that circumcision is uniquely identified as our forefather Abraham's mitzva. The Ritva himself offers a different explanation of the Gemara. He claims that the derivation is based on the fact that the term "nullified" is also written explicitly in connection with circumcision: "He has nullified My covenant" (Genesis 17:14).

Death cleanses – **מִיתָה מְמָרֶקֶת**: The Rabbis reject Rabbi Yehuda HaNasi's opinion and hold that with regard to Yom Kippur there is no distinction between the three transgressions alluded to in the verse and all other transgressions; in all cases Yom Kippur atones only if one repents. Nevertheless, they also agree that the continuation of the verse teaches some distinction between these three transgressions and all others. According to them, whereas for other transgressions death atones even if one did not repent, for these three transgressions, repentance is always a precondition to atonement (see Maharsha's explanation of Rashi).

By inference the first clause is also Rabbi Yehuda – **מִכְּלָל דְּרֵישָׁא רַבִּי יְהוּדָה**: If the first and latter clauses express different opinions, the mishna should have made this clear by beginning the latter clause by stating: Rabbi Yehuda says.

HALAKHA

He is cut off in this world – **הִכָּרֵת בָּעוֹלָם הַזֶּה**: If one is liable to be punished with *karet*, his soul is cut off from the World-to-Come. Through tradition it is derived that he will be cut off from this world and cut off from the World-to-Come (Rambam *Sefer HaMadda*, *Hilkhot Teshuva* 1:1–3).

אֲמַר רַב יוֹסֵף: רַבִּי הִיא, וְסָבַר לָהּ כְּרַבִּי יְהוּדָה.

Rav Yosef said: It is possible that the entire mishna **is** in accordance with the opinion of **Rabbi** Yehuda HaNasi, **and** the latter clause does not pose a difficulty, because with regard to whether priests achieve atonement through the scapegoat, **he holds in accordance with** the opinion of **Rabbi Yehuda.**

אֲמַר לֵיהּ אַבַּיֵי: דַּוְקָא קָאָמַר מָר, רַבִּי סָבַר לָהּ כְּרַבִּי יְהוּדָה, אֲבָל רַבִּי יְהוּדָה לָא סָבַר לָהּ כְּרַבִּי. אוֹ דִּלְמָא: מִדְּרַבִּי סָבַר לָהּ כְּרַבִּי יְהוּדָה – אַף רַבִּי יְהוּדָה סָבַר לָהּ נַמִי כְּרַבִּי, מִיהוּ אוֹרְחָא דְּמִילְּתָא קָתָנֵי, לְמֵימַר דְּתַלְמִיד סָבַר לָהּ כְּרַבֵּיהּ?

Abaye said to him: Does **the Master** mean **specifically** what **he is saying,** i.e., that **Rabbi** Yehuda HaNasi **holds in accordance with** the opinion of **Rabbi Yehuda** with regard to whether the scapegoat atones for both Israelites and priest, **but Rabbi Yehuda does not hold in accordance with** the opinion of **Rabbi** Yehuda HaNasi with regard to atonement for one who did not repent? **Or perhaps from** the fact **that Rabbi** Yehuda HaNasi **holds in accordance with** the opinion of **Rabbi Yehuda,** it follows that **Rabbi Yehuda also holds in accordance with** the opinion of **Rabbi** Yehuda HaNasi, **but** the reason that Rav Yosef did not make this clear is that **he teaches the matter in the manner in which it** typically occurs, which is **to say that a disciple,** in this case, Rabbi Yehuda HaNasi, **holds in accordance with** the opinion of **his teacher,** i.e., Rabbi Yehuda.

אֲמַר לֵיהּ: אִין, דַּוְקָא קָאָמִינָא: רַבִּי סָבַר לָהּ כְּרַבִּי יְהוּדָה, אֲבָל רַבִּי יְהוּדָה לָא סָבַר לָהּ כְּרַבִּי;

Rav Yosef **said to him: Yes,** I mean **specifically** what **I was saying: Rabbi** Yehuda HaNasi **holds in accordance with** the opinion of **Rabbi Yehuda, but Rabbi Yehuda does not hold in accordance with** the opinion of **Rabbi** Yehuda HaNasi.

דְּתַנְיָא: יָכוֹל יְהֵא יוֹם הַכִּפּוּרִים מְכַפֵּר עַל שָׁבִים וְעַל שֶׁאֵינָן שָׁבִים? וְדִין הוּא: הוֹאִיל וְחַטָּאת וְאָשָׁם מְכַפְּרִין וְיוֹם הַכִּפּוּרִים מְכַפֵּר, מָה חַטָּאת וְאָשָׁם אֵין מְכַפְּרִין אֶלָּא עַל הַשָּׁבִים, אַף יוֹם הַכִּפּוּרִים אֵין מְכַפֵּר אֶלָּא עַל הַשָּׁבִים! מַה לְּחַטָּאת וְאָשָׁם – שֶׁאֵין מְכַפְּרִין עַל הַמֵּזִיד כְּשׁוֹגֵג, תֹּאמַר לְיוֹם הַכִּפּוּרִים שֶׁמְּכַפֵּר עַל הַמֵּזִיד כְּשׁוֹגֵג;

As it is taught in a *baraita* recorded in the *Sifra*: One **might** have thought that **Yom Kippur would atone for those who repent and for those who do not repent, and** this assertion **is** supported by the following **logical inference:** Although it would appear that **since a sin-offering and a guilt-offering atone and Yom Kippur atones,** it should follow that **just as a sin-offering and a guilt-offering atone only for those who repent, so too, Yom Kippur**[H] **atones only for those who repent,** this comparison is flawed. One can claim: **What** is notable **about a sin-offering and a guilt-offering?** They are notable in **that they do not atone for intentional** sins **like** they do for **unwitting** sins. **Can you say** the same **about Yom Kippur, which does atone for intentional** sins **as** it does for **unwitting** sins?

הוֹאִיל וּמְכַפֵּר עַל הַמֵּזִיד כְּשׁוֹגֵג, יְכַפֵּר עַל שָׁבִים וְעַל שֶׁאֵינָן שָׁבִים? תַּלְמוּד לוֹמַר: "אַךְ", חִילֵּק;

The *baraita* continues: **Since** it is the case that the atonement of Yom Kippur is more far-reaching in that **it atones for intentional** sins **as** it does for **unwitting** sins, it follows that **it should atone** both **for those who repent and for those who do not repent.** To counter this, **the verse states: "Yet** on the tenth day of this seventh month it is Yom Kippur" (Leviticus 23:27). The word "yet" serves to **divide** and limit the atonement of Yom Kippur in that it atones only for those who repent.

סְתַם סִיפְרָא מַנִּי? רַבִּי יְהוּדָה, וְקָאָמַר: שָׁבִים – אִין, לֹא שָׁבִים – לָא.

Rav Yosef attributes the *baraita* to Rabbi Yehuda: **Whose** opinion is expressed by the **unattributed** *baraitot* in the *Sifra*?[B] **Rabbi Yehuda. And he says:** For **those who repent, yes,** Yom Kippur atones, but for **those who do not repent,** Yom Kippur does **not** atone.

וְרָמֵי סְתַם סִיפְרָא אַסְּתַם סִיפְרָא, דְּתַנְיָא: יָכוֹל לֹא יְהֵא יוֹם הַכִּפּוּרִים מְכַפֵּר אֶלָּא אִם כֵּן הִתְעַנָּה בּוֹ וּקְרָאוֹ מִקְרָא קֹדֶשׁ וְלֹא עָשָׂה בּוֹ מְלָאכָה; לֹא הִתְעַנָּה בּוֹ וְלֹא קְרָאוֹ מִקְרָא קֹדֶשׁ, וְעָשָׂה בּוֹ מְלָאכָה, מִנַּיִן? תַּלְמוּד לוֹמַר "יוֹם כִּפֻּרִים הוּא", מִכָּל מָקוֹם!

The Gemara asks: **But raise a contradiction,** setting one **unattributed** *baraita* in the *Sifra*, i.e., the one just cited, **against** another **unattributed** *baraita* in the *Sifra*, **as** in another *baraita* there **it is taught:** One **might** have thought that **Yom Kippur would atone only if one fasted on it and declared it a holy convocation and did not perform labor on it. From where** is it derived that even if **one did not fast on it and did not declare it a holy convocation**[N] **and performed labor on it,** that it still atones? **The verse states:** "Yet on the tenth day of this seventh month **it is Yom Kippur**" (Leviticus 23:27). The additional emphasis on "it is" serves to teach that the day atones **in any case.** This *baraita* contradicts the one cited above that states clearly that Yom Kippur atones only for those who repent.

HALAKHA

Just as a sin-offering and a guilt-offering atone only for those who repent so too Yom Kippur – מָה חַטָּאת וְאָשָׁם אֵין מְכַפְּרִין אֶלָּא עַל הַשָּׁבִים אַף יוֹם הַכִּפּוּרִים: Yom Kippur, sin-offerings, and guilt-offerings atone only for those who believe in their ability to atone and who repent for their transgressions. One who scorns them will not achieve atonement through them. Accordingly, if one brought a sin- or guilt-offering in accordance with all the *halakhot* that pertain to them but did not believe that he would achieve atonement through them, then, when he later repents and accepts that atonement is achieved through them, he must bring another offering. Similarly, although Yom Kippur can atone for one who is liable to bring a provisional guilt-offering, if one did not believe in the atonement of the day, then after Yom Kippur he is still required to bring that provisional guilt-offering (Rambam *Sefer Korbanot*, *Hilkhot Shegagot* 3:10).

BACKGROUND

Sifra – **סִפְרָא:** The *Sifra* is a halakhic midrash on the book of Leviticus. Also called *Torat Kohanim*, it is a running tannaitic interpretation whose authorship, or more specifically, whose editorship, is uncertain. It has traditionally been ascribed to Rav; consequently, the third name for the book is the *Sifra* of the school of Rav. Rav also taught this halakhic midrash extensively, and its study became standard among the Sages to the extent that it is the most quoted work of halakhic midrash in the Talmud. The material in the *Sifra* seems to reflect the opinions of the school of Rabbi Yishmael. Anonymous opinions appearing in this work are attributed to Rabbi Yehuda bar Ilai.

NOTES

Did not declare it a holy convocation – לֹא קְרָאוֹ מִקְרָא קֹדֶשׁ: Rashi interprets this narrowly as a reference to one who did not mention in his Festival prayers that the day is a holy convocation. *Tosafot* question this, stating that since the formulation of the prayers is rabbinic in origin, the Torah could not be referring to it. Therefore they prefer Rabbeinu Ḥananel's explanation that the reference is to a person who does not reverently express the sanctity of the day with his actions, even if he does not technically violate the day's sanctity by performing prohibited labor.

אֲמַר אַבַּיֵי, לָא קַשְׁיָא: הָא רַבִּי, וְהָא רַבִּי יְהוּדָה.

Abaye said: This is **not difficult: This** second *baraita* is in accordance with the opinion of **Rabbi** Yehuda HaNasi,[N] **and that** first *baraita* is in accordance with the opinion of **Rabbi Yehuda.**

רָבָא אֲמַר: הָא וְהָא רַבִּי, וּמוֹדֶה רַבִּי בְּכָרֵת דְּיוֹמָא, דְּאִי לָא תֵּימָא הָכִי, כָּרֵת דְּיוֹם הַכִּפּוּרִים לְרַבִּי לֵית לֵיהּ?

Rava said: Both **this** *baraita* **and that** *baraita* are in accordance with the opinion of **Rabbi** Yehuda HaNasi, who holds that Yom Kippur atones for those who do not repent, **but** even **Rabbi** Yehuda HaNasi **concedes** that **with regard to** avoiding the punishment of ***karet*** incurred **for** violating **the day** of Yom Kippur, Yom Kippur atones and one is not liable to be punished with *karet* only if one repented for the sin of violating the day of Yom Kippur. Perforce he must concede this point, **as if you do not say so,** then **according to Rabbi** Yehuda HaNasi, **there would be no** instance in which one would be liable to be punished with ***karet*** **for** violating **Yom Kippur.**

אַלְמָה לָא? מַשְׁכַּחַתְּ לָהּ כְּגוֹן דַּעֲבַד בְּלֵילְיָא וּמִית, דְּלָא אֲתָא יְמָמָא לְכַפּוֹרֵי לֵיהּ!

The Gemara questions this proof: **Why not? You** could **find it** in a case **where he performed** labor **on the night** of Yom Kippur **and died** that night, **as** in such a case, **the daytime** of Yom Kippur, which is the part of Yom Kippur that effects atonement, **never came to atone for him.**

אֶלָּא אֵימָא:

Rather, say that Rava's proof is as follows:

NOTES

This is in accordance with Rabbi Yehuda HaNasi – הָא רַבִּי: Even though unattributed *baraitot* in the *Sifra* are generally assumed to express the opinion of Rabbi Yehuda, there are exceptions. This is similar to the fact that although an unattributed mishna is generally assumed to express Rabbi Meir's opinion, the Gemara will often demonstrate that a particular unattributed mishna conforms to the opinion of another *tanna* (Ritva).

Perek **I**
Daf **13** Amud **b**

כָּרֵת דִּימָמָא לְרַבִּי לֵית לֵיהּ?

It must be that Rabbi Yehuda HaNasi concedes that Yom Kippur does not atone for one who violates the day itself and does not repent, as if you do not say so, **according to Rabbi** Yehuda HaNasi, **there would be no** instance in which a person would be liable to receive ***karet*** **for** violating Yom Kippur in **the daytime.**[N]

אַלְמָה לָא? מַשְׁכַּחַתְּ לָהּ דַּאֲכַל אוּמְצָא וְחַנְקֵיהּ וּמִית; אִי נַמִי, דַּאֲכַל סָמוּךְ לִשְׁקִיעַת הַחַמָּה, דְּלָא הֲוָה שְׁהוּת לְכַפּוֹרֵי לֵיהּ.

The Gemara questions this proof: **Why not? You** could **find it** in a case **where he ate a piece of meat, and** while he was eating **it choked him and he died,**[N] or in a case **where he ate immediately before sunset**[N] at the end of the day. Even if one holds that Yom Kippur does atone for violations of the day itself, in these cases it could not, **as there was no time** after the violation for the day **to atone for him,** in the first case because he was already dead, and in the second case because it was no longer Yom Kippur.

NOTES

***Karet* for the daytime – כָּרֵת דִּימָמָא:** Rashi explains that the fact that there is an independent *karet* punishment for violation of Yom Kippur in the daytime is indicated by the verse: "For any soul who will not be afflicted on this very day will be cut off from its people" (Leviticus 23:29).

Where he ate a piece of meat and it choked him and he died – דַּאֲכַל אוּמְצָא וְחַנְקֵיהּ וּמִית: Rashi explains that since he died while violating the day, there was no opportunity for him to achieve atonement. The Ri Migash rejects this explanation. He says that since the atonement of the day occurs only at the end of the day, anytime one violates the day and does not repent before the end of the day, he is liable to be punished with *karet*. Accordingly, he states that the Gemara does not mean that he actually died while eating; rather, it means simply that he died during the day of Yom Kippur without having first repented for his transgression.

In truth, what the Ri Migash takes for granted is actually the subject of an amoraic dispute in the Jerusalem Talmud: Does Yom Kippur provide its atonement only at its conclusion, or does each and every moment of the day itself provide atonement? The practical difference is relevant in a case where one dies on Yom Kippur itself. Apparently, Rashi holds in accordance with the opinion that atonement is achieved from each and every moment of the day, and therefore does not offer an explanation similar to that of the Ri Migash.

Even so, a difficulty still arises with Rashi's explanation. At this stage in its proof, the Gemara considers the possibility that Rabbi Yehuda HaNasi holds that Yom Kippur provides atonement for one who violates it even if he does not repent. Accordingly, even if one died while eating, the day should still atone for whatever part of the transgression he had committed up to that point. What then is the Gemara's challenge from the case of one who chokes while eating? One resolution of this difficulty is to assume that even if Rabbi Yehuda HaNasi holds that Yom Kippur provides atonement for its violation, it will do so only after the commission of the transgression has been completed. Accordingly, if the person completed his act of eating he would achieve atonement, but because he died while eating, he never had the opportunity to achieve it (Ritva).

Immediately before sunset – סָמוּךְ לִשְׁקִיעַת הַחַמָּה: Since he ate so close to the end of the day, there was no time remaining for atonement. *Tosafot* and others note that normally the scapegoat would have been sent away a long time before sunset. Nevertheless, the Gemara assumes that one can achieve atonement even for sins that are committed after it was sent away. *Tosafot* claim that this is part of the uniqueness of the atonement achieved through the scapegoat. Others claim that this proves that Yom Kippur itself provides atonement even without the assistance of the scapegoat.

HALAKHA

Israelites and priests – אֶחָד יִשְׂרָאֵל וְאֶחָד כֹּהֲנִים: The scapegoat atones for the sins of all Jews. Therefore, the priest confesses upon it the sins of the entire people (Rambam *Sefer HaMadda*, *Hilkhot Teshuva* 1:2).

That the bull atones for the priests – שֶׁהַפָּר מְכַפֵּר עַל הַכֹּהֲנִים: The bull of the High Priest on Yom Kippur atones for the intentional defiling of the Temple or its sacrificial foods by priests. The *Kesef Mishne* notes that the internal goat atones for unwitting violations perpetrated by priests (Rambam *Sefer Korbanot*, *Hilkhot Shegagot* 11:9).

״אֶחָד יִשְׂרָאֵל וְאֶחָד כֹּהֲנִים וְאֶחָד כֹּהֵן מָשׁוּחַ״.

§ The mishna (2b) states: **Israelites and priests**[H] **and the anointed priest,** i.e., the High Priest, equally achieve atonement. What is the difference between Israelites, priests, and the anointed priest? The difference is only that the priests achieve atonement for their defiling of the Temple or its sacrificial foods through the bull that the High Priest offers on Yom Kippur, whereas the Israelites achieve atonement for their transgressions through the goats that are sacrificed on Yom Kippur.

הָא גּוּפָא קַשְׁיָא, קָתָנֵי: אֶחָד יִשְׂרָאֵל וְאֶחָד כֹּהֲנִים וְאֶחָד כֹּהֵן מָשׁוּחַ. וַהֲדַר תָּנֵי: מַה בֵּין יִשְׂרָאֵל לְכֹהֲנִים וּלְכֹהֵן מָשׁוּחַ! אֲמַר רַב יְהוּדָה, הָכִי קָאָמַר: אֶחָד יִשְׂרָאֵל וְאֶחָד כֹּהֲנִים וְאֶחָד כֹּהֵן מָשׁוּחַ מִתְכַּפְּרִין בְּשָׂעִיר הַמִּשְׁתַּלֵּחַ בִּשְׁאָר עֲבֵירוֹת, וְאֵין חִילּוּק בֵּינֵיהֶן. וּמַה בֵּין יִשְׂרָאֵל לְכֹהֲנִים וּלְכֹהֵן מָשׁוּחַ? אֶלָּא שֶׁהַפָּר מְכַפֵּר עַל הַכֹּהֲנִים עַל טוּמְאַת מִקְדָּשׁ וְקָדָשָׁיו וכו׳.

The Gemara asks: **This** mishna **itself** is **difficult,** as **it teaches: Both Israelites and priests and** the **anointed priest** equally achieve atonement. **But then it teaches: What is** the difference **between Israelites, priests, and** the **anointed priest? Rav Yehuda said** that **this** is what the mishna **is saying: Both Israelites and priests and** the **anointed priest** equally **achieve atonement through the scapegoat for transgressions other** than the defiling of the Temple or its sacrificial foods, **and** in this regard **there is no distinction between them. But what is** the difference **between Israelites, priests, and** the **anointed priest?** The difference is **only that the bull** of the High Priest that he offers on Yom Kippur **atones for the priests**[H] **for** their **defiling of** the **Temple or its sacrificial** foods, whereas the Israelites achieve atonement for their transgressions through the goats that are sacrificed on Yom Kippur.

וּמַנִּי? רַבִּי יְהוּדָה הִיא; דְּתַנְיָא: ״וְכִפֶּר אֶת מִקְדַּשׁ הַקֹּדֶשׁ״ – זֶה לִפְנַי וְלִפְנִים, ״אֶת אֹהֶל מוֹעֵד״ – זֶה הֵיכָל, ״מִזְבֵּחַ״ – כְּמַשְׁמָעוֹ, ״יְכַפֵּר״ – אֵלּוּ עֲזָרוֹת, ״כֹּהֲנִים״ – כְּמַשְׁמָעוֹ, ״עַם הַקָּהָל״ – אֵלּוּ יִשְׂרָאֵל, ״יְכַפֵּר״ – אֵלּוּ הַלְוִיִּם;

And whose opinion is expressed by the mishna? It **is Rabbi Yehuda, as it is taught** in a *baraita* in exposition of the verse: "He shall bring atonement upon the sanctum of the sacred, and he shall effect atonement upon the Tent of Meeting and the altar, and upon the priests and upon all the people of the congregation shall he bring atonement" (Leviticus 16:33): **"He shall bring atonement upon the sanctum of the sacred"; this** is referring to **the innermost sanctum,**[N] i.e., the Holy of Holies. **"Upon the Tent of Meeting"; this** is referring to the **Sanctuary.** "And the **altar**"; this is understood **in accordance with its plain meaning. "He shall effect atonement"; this** is referring to the Temple **courtyards.** "And upon the **priests**"; this is understood **in accordance with its plain meaning.** "And upon **all the people"; these are the Israelites. "Shall he bring atonement"; this** is referring to **the Levites.**

הוּשְׁווּ כּוּלָּן לְכַפָּרָה אַחַת, שֶׁמִּתְכַּפְּרִין בְּשָׂעִיר הַמִּשְׁתַּלֵּחַ בִּשְׁאָר עֲבֵירוֹת, דִּבְרֵי רַבִּי יְהוּדָה.

All of them are equated with regard to the fact that they are all atoned for through **one atonement,** i.e., **that they are atoned for by the scapegoat for** all **transgressions other** than the defiling of the Temple or its sacrificial foods. This is **the statement of Rabbi Yehuda.**

רַבִּי שִׁמְעוֹן אוֹמֵר: כְּשֵׁם שֶׁדַּם שָׂעִיר הַנַּעֲשֶׂה בִּפְנִים מְכַפֵּר עַל יִשְׂרָאֵל עַל טוּמְאַת מִקְדָּשׁ וְקָדָשָׁיו – כָּךְ דַּם הַפָּר מְכַפֵּר עַל הַכֹּהֲנִים עַל טוּמְאַת מִקְדָּשׁ וְקָדָשָׁיו, וּכְשֵׁם שֶׁוִּידּוּיוֹ שֶׁל שָׂעִיר הַמִּשְׁתַּלֵּחַ מְכַפֵּר עַל יִשְׂרָאֵל בִּשְׁאָר עֲבֵירוֹת – כָּךְ וִידּוּיוֹ שֶׁל פָּר מְכַפֵּר עַל הַכֹּהֲנִים בִּשְׁאָר עֲבֵירוֹת.

The *baraita* continues: **Rabbi Shimon says: Just as the blood of the goat whose** blood presentation is **performed inside** the Sanctuary **atones for Israelites for** their **defiling of** the **Temple or its sacrificial** foods, **so too,** the **blood of the bull** of the High Priest, whose blood presentation is also performed inside the Sanctuary, **atones for the priests for** their **defiling of** the **Temple or its sacrificial** foods. **And just as** the **confession** made **over the scapegoat atones for Israelites for other transgressions, so too,** the **confession** made **over** the **bull atones for the priests for other transgressions.** It is apparent from the *baraita* that it is only according to the opinion of Rabbi Yehuda that the scapegoat atones for both Israelites and priests.

NOTES

This is referring to the innermost sanctum, etc. – זֶה לִפְנַי וְלִפְנִים וכו׳: Rashi explains that for all the places mentioned, people require atonement for having defiled them by entering while in a state of ritual impurity. For example, if a priest offering the incense in the Sanctuary once did so while he was ritually impure, he would require atonement for that. *Tosafot* and other early commentaries offer a different explanation. According to them, the verse is alluding only to the various places that the blood of the Yom Kippur offerings must be presented: In the Holy of Holies, parallel to the Ark; in the Sanctuary, toward the dividing curtain and upon the golden altar; and upon the foundations of the external altar.

וּלְרַבִּי שִׁמְעוֹן, הָא וַדַּאי הוּשְׁווּ! מַאי הוּשְׁווּ? דִּבְנֵי כַפָּרָה נִינְהוּ, מִיהוּ כָּל חַד וְחַד מְכַפֵּר בִּדְנַפְשֵׁיהּ.

The Gemara analyzes Rabbi Shimon's opinion: **And according to Rabbi Shimon,** one can ask: **Weren't** both Israelites and priests **certainly equated** in the verse in Leviticus? The Gemara explains: According to his opinion, in **what** way **are they equated** in the verse? They are equated in **that they are all subject to atonement** on Yom Kippur; **but each one** of the groups **achieves atonement in its own** way.

מַאי טַעְמֵיהּ דְּרַבִּי שִׁמְעוֹן? דִּכְתִיב: ״וְלָקַח אֶת שְׁנֵי הַשְּׂעִירִם״, אִיתְּקַשׁ שָׂעִיר הַמִּשְׁתַּלֵּחַ לְשָׂעִיר הַנַּעֲשֶׂה בִּפְנִים, מַה שָּׂעִיר הַנַּעֲשֶׂה בִּפְנִים אֵינוֹ מְכַפֵּר עַל הַכֹּהֲנִים עַל טוּמְאַת מִקְדָּשׁ וְקָדָשָׁיו, דִּכְתִיב בֵּיהּ: ״אֲשֶׁר לָעָם״ – אַף שָׂעִיר הַמִּשְׁתַּלֵּחַ אֵינוֹ מְכַפֵּר עַל הַכֹּהֲנִים בִּשְׁאָר עֲבֵירוֹת.

The Gemara asks: **What is the reason of Rabbi Shimon,** who holds that priests are not atoned for by the scapegoat? **As it is written: "He shall take the two goats"** (Leviticus 16:7); one is used for the scapegoat and the other for the internal goat. With this verse, the **scapegoat is juxtaposed with the goat whose** blood presentation is **performed inside** the Sanctuary. It teaches that **just as the goat whose** blood presentation is **performed inside does not atone for the priests for** their **defiling of** the **Temple or its sacrificial** foods, **as it is written with regard to** that goat: "The goat sin-offering **of the people"** (Leviticus 16:15), which indicates that it atones for Israelites and not for the priests, **so too, the scapegoat does not atone for the priests for** their **other transgressions.**

וְרַבִּי יְהוּדָה אָמַר לָךְ: לְהָכִי אִיתְּקוּשׁ, שֶׁיִּהְיוּ שָׁוִים בְּמַרְאֶה וּבְקוֹמָה וּבְדָמִים הוּא דְּאָתָא.

And as for **Rabbi Yehuda,** how does he understand the juxtaposition? He could have **said to you:** It is only **for this** reason that the goats **are juxtaposed:** The juxtaposition **comes** to teach **that they should be similar in appearance**[H] **and in height and in value.** They are not similar in the atonement that they effect.

מַאן תְּנָא לְהָא דְּתָנוּ רַבָּנַן: ״וְשָׁחַט אֶת שְׂעִיר הַחַטָּאת אֲשֶׁר לָעָם״ – שֶׁאֵין הַכֹּהֲנִים מִתְכַּפְּרִין בּוֹ; וּבַמֶּה מִתְכַּפְּרִין? בְּפָרוֹ שֶׁל אַהֲרֹן.

The Gemara asks: **Who is the** *tanna* who **taught that which the Sages taught** in a *baraita*: The verse states with regard to the internal goat: **"He shall slaughter the goat sin-offering of the people"** (Leviticus 16:15); the term "of the people" excludes Aaron and the priests, and therefore indicates **that the priests do not achieve atonement through** that goat. **But** then, **through what do they achieve atonement?** Presumably, **through** the **bull of Aaron,** i.e., the bull of the High Priest.

יָכוֹל לֹא יִתְכַּפְּרוּ בְּפָרוֹ שֶׁל אַהֲרֹן, שֶׁהֲרֵי כְּבָר נֶאֱמַר: ״אֲשֶׁר לוֹ״, מֵעַתָּה אֵין לָהֶן כַּפָּרָה? כְּשֶׁהוּא אוֹמֵר: ״יְכַפֵּר עַל הַכֹּהֲנִים״ – מָצִינוּ לָהֶן כַּפָּרָה;

One **might** have thought that **they would** also **not achieve atonement through** the **bull of Aaron, as it is already stated:** "Aaron shall bring near **his own** bull sin-offering" (Leviticus 16:6), which indicates that it atones only for Aaron's transgressions, not for the transgressions of others. And if **that is so,** then **they do not have** any means through which to achieve **atonement.** But **when** the verse **states: "And he shall effect atonement…upon the priests"** (Leviticus 16:33), **we have** clearly **found that they** do **have** a means of achieving **atonement.**

בְּמַה הֵן מִתְכַּפְּרִין? מוּטָב שֶׁיִּתְכַּפְּרוּ בְּפָרוֹ שֶׁל אַהֲרֹן, שֶׁהֲרֵי הוּתַּר מִכְּלָלוֹ אֵצֶל בֵּיתוֹ, וְאַל יִתְכַּפְּרוּ בְּשָׂעִיר הַנַּעֲשֶׂה בִּפְנִים שֶׁלֹּא הוּתַּר מִכְּלָלוֹ אֵצֶל בֵּיתוֹ.

The *baraita* continues: **Through which** means then **do they achieve atonement?** Do they achieve it through the internal goat or the bull of Aaron? It is **better** to say **that they achieve atonement through the bull of Aaron,** as in any event, **with regard to his household, an exception was made to its rule**[N] that it atones only for Aaron, and his household also achieves atonement from his bull. It is therefore not unreasonable to say that the priesthood should also achieve atonement from his bull. **And** one should **not** say that **they achieve atonement through the goat whose** blood presentation is **performed inside** the Sanctuary, **as it is not** found **with regard to** Aaron's **household** that **an exception was made to its rule** that it atones for the people, as his household does not achieve atonement from the scapegoat.

וְאִם נַפְשְׁךָ לוֹמַר – הֲרֵי הוּא אוֹמֵר: ״בֵּית אַהֲרֹן בָּרְכוּ אֶת ה׳, בֵּית הַלֵּוִי בָּרְכוּ אֶת ה׳, יִרְאֵי ה׳ בָּרְכוּ אֶת ה׳״;

And if it is your wish to say that this reasoning can be refuted, one can cite another proof, as the verse **states:** "House of Israel, bless the Lord; **house of Aaron, bless the Lord; house of Levi, bless the Lord; those who fear the Lord, bless the Lord"** (Psalms 135:19–20). It is apparent from this verse that "house of Aaron" is referring to all priests and not just to Aaron's immediate household, and so it is reasonable that Aaron's bull should atone for them.

HALAKHA

That they should be similar in appearance, etc. – שֶׁיִּהְיוּ שָׁוִים בְּמַרְאֶה וכו׳: It is a mitzva to have the two Yom Kippur goats be identical in every way, in appearance, in height, and in the price paid for them. Nevertheless, if they are not identical they are still fit for the service (Rambam *Sefer Avoda, Hilkhot Avodat Yom HaKippurim* 5:14).

NOTES

An exception was made to its rule – הוּתַּר מִכְּלָלוֹ: Generally, this term refers to a principle which is used in cases where there is a prohibition that encompasses many cases but where there is one or more instance in which the Torah indicates that the prohibition does not apply. The very fact that such exceptions exist indicates that the prohibition is less severe than other prohibitions that are applied absolutely. Therefore, it may be assumed that various other leniencies might exist with regard to it.

The Gemara here is discussing the atonement of various offerings, not prohibitions, and so the employment of this term is somewhat irregular. Nevertheless, the use of the term here is appropriate based on the term's underlying concept: Once it can be demonstrated that a *halakha* is not applied absolutely, there is room to suggest further exceptions to it. Similarly, in the case under discussion, the Gemara means that since the Torah is particular in requiring that the High Priest purchase his bull exclusively with his own funds, it would appear that the ability to achieve atonement through it is dependent on having a financial stake it in. Because the High Priest's family also achieves atonement through the bull, it is evident that the *halakha* that only an owner of an offering achieves atonement through it is not without exceptions. Therefore, it is reasonable to assume that there may be additional exceptions and that the entire priesthood might also achieve atonement through it.

מאן תנא? אמר רבי ירמיה: דלא כרבי יהודה, דאי רבי יהודה – האמר: כהנים יש להן כפרה בשעיר המשתלח. ומני? רבא אמר: רבי שמעון היא, דאמר: כהנים אין להם כפרה בשעיר המשתלח.

The Gemara repeats its question about this *baraita*: **Who is the** *tanna* who **taught** this *baraita*? **Rabbi Yirmeya says:** It **is not in accordance with** the opinion of **Rabbi Yehuda, as, if** one suggests that it is in accordance with the opinion of **Rabbi Yehuda,** one can counter: **Doesn't he say** that the **priests have** a means of **atonement through** the **scapegoat,** whereas the *baraita* indicates that they do not, as it states that if they do not achieve atonement through the bull of Aaron, then they do not have any means through which to achieve atonement? **But** then, **whose** opinion is expressed? **Rava says:** It **is** the opinion of **Rabbi Shimon, who says** that the **priests do not have** a means of achieving **atonement through** the **scapegoat.**

אביי אמר: אפילו תימא רבי יהודה, הכי קאמר: מעתה אין להם כפרה בטומאת מקדש וקדשיו? כשהוא אומר: "יכפר על הכהנים" – מצינו שיש להן כפרה בשאר עבירות, וכמו דמצינו שיש להן כפרה בשאר עבירות, כך יש להן כפרה

Abaye said: You may **even say** that the *baraita* is accordance with the opinion of **Rabbi Yehuda,** and **this** is what it **is saying:** If **that is so,** that the priests do not achieve atonement through the bull of Aaron, then **they do not have** any means through which to achieve **atonement for** the **defiling of** the **Temple or its sacrificial** foods. **When** the verse **states: "And he shall effect atonement…upon the priests," we have** clearly **found that they** do **have** a means of **atonement for other transgressions. And** it follows that **just as we have found that they have** a means of **atonement for other transgressions,** as Israelites do, **so** too, **they** must also **have** a means of **atonement**

בטומאת מקדש וקדשיו; במה הם מתכפרין? מוטב שיתכפרו בפרו של אהרן, שהרי הותר מכללו אצל ביתו, ואל יתכפרו בשעיר הנעשה בפנים, שהרי לא הותר מכללו.

for their **defiling of** the **Temple or its sacrificial** foods. **Through which** means, then, **do they achieve atonement** for this? Is it through the internal goat or the bull of Aaron? It is **better** to say **that they achieve atonement through the bull of Aaron, as** in any event **with regard to his household an exception was made to its rule** that it atones only for Aaron. **And** one should **not** say that **they achieve atonement through the goat whose** blood presentation **is performed inside** the Sanctuary, **as it is not** found that with regard to Aaron's household **an exception was made to its rule.**

ואם נפשך לומר – הרי הוא אומר: "בית אהרן ברכו את ה'" וגו'.

And if it is your wish to say that this reasoning can be refuted, one can bring another proof, as **it states: "House of Aaron, bless the Lord,"** which is referring to all priests and not just to Aaron's immediate household, and so it is reasonable that Aaron's bull should atone for them.

ומאי "אם נפשך לומר"? וכי תימא: "ביתו" כתיב – כולן קרויין ביתו, שנאמר: "בית אהרן ברכו את ה'... יראי ה' ברכו את ה'"

The Gemara clarifies the last part of the *baraita*: **And what** possible refutation is the *baraita* referring to when it says: **If it is your wish to say** that this reasoning can be refuted? The Gemara explains: **And if you would say** of the preceding proof that it is incorrect to suggest that all priests achieve atonement from the bull of Aaron, as with regard to it the term: **"His household"** (Leviticus 16:6), **is written,** which suggests that it atones only for his immediate family, then this can be refuted, as **all of** the priests **are** collectively **referred to as his household,** as is evident from **that** which **is stated: "House of Aaron, bless the Lord;** house of Levi, bless the Lord, **those who fear the Lord, bless the Lord."**

והאי "אשר לעם" להכי הוא דאתא? האי מיבעי ליה דקאמר רחמנא מדעם ליהוי! ההוא מ"ומאת עדת בני ישראל" נפקא.

The Gemara questions some of the expositions of the *baraita*: **And** with regard to **this** phrase: "Goat **of the people"** (Leviticus 16:15), **does it come to** teach **that** which the *baraita* teaches, i.e., that the priests do not achieve atonement through it? But **that** phrase **is necessary** to teach **that the Merciful One states** that the goat **must be** purchased with funds collected **from** the **people.** The Gemara refutes this: **That** requirement **is derived from** the verse: **"And from the assembly of the children of Israel** he shall take two goats" (Leviticus 16:5).

והאי "אשר לו" להכי הוא דאתא? האי מיבעי ליה לכדתניא: משלו הוא מביא ואינו מביא משל צבור;

The Gemara asks further: **And** with regard to **this** phrase: **"His own** bull sin-offering" (Leviticus 16:6), **does it come to** teach **that** which the *baraita* teaches, i.e., that it atones only for Aaron's transgressions, not for the transgressions of others? But **that** phrase **is necessary for that which is taught** in a *baraita*: The High Priest **brings,** i.e., purchases, the bull **from his own**[H] funds, **but he does not bring it from** funds collected **from the public.**

יכול לא יביא משל צבור, שאין הצבור מתכפרין בו, אבל יביא משל אחיו הכהנים, שאחיו הכהנים מתכפרין בו? תלמוד לומר: "אשר לו". יכול לא יביא, ואם הביא כשר? תלמוד לומר שוב: "אשר לו", הכתוב שנה עליו לעכב!

One **might** have thought that **he does not bring it from** funds collected **from the public because the public does not achieve atonement through it, but he may bring** it **from** funds belonging to **his brethren the priests because his brethren the priests achieve atonement through it.** To counter this, **the verse states: "His own** bull sin-offering," to indicate that he must purchase it using only his own funds. One **might** have thought that **he should not bring** it from others' funds, **but** nevertheless, **if he did** it would still be **valid.** To counter this, **the verse again states "his own." The verse repeats** the phrase **to render** the requirement **essential.**[N]

תנא הכי קא קשיא ליה: מאי שנא בדעם דלא מכפר – דלא קא חסרי ביה ממונא, דכתיב: "אשר לעם"; בדאהרן נמי לא קא חסרי ביה ממונא! וקאמר: כולן קרויין "ביתו".

If both mentions of the phrase "his own" are necessary to teach about the ownership of the bull, how can the above *baraita* suggest that the phrase indicates that the bull atones only for the High Priest's transgressions? The Gemara explains: **This is what** is **difficult for the** *tanna* of the *baraita*: **What is different about** the goat **of the people that** explains why **it does not atone** for the priests? The difference is **that** the priests **did not forfeit** any **money over** the purchase of **it.**[N] Therefore, it does not atone for the priests, but only for the Israelites, **as it is written** with regard to the internal goat: **"Of the people." With regard to** the bull **of Aaron as well,** the priests **do not forfeit** any **money over** the purchase of **it,** so it follows that they should not achieve atonement through it. **And** therefore, to explain why they do achieve atonement, the *baraita* **states** that **all of** the priests **are** collectively **referred to as: His household.**

בשלמא לרבי שמעון, היינו דכתיב תרי וידוין ודם הפר, חד כנגד שעיר הנעשה בפנים, וחד כנגד שעיר הנעשה בחוץ, וחד כנגד שעיר המשתלח;

§ The Gemara returns to its discussion of the dispute between Rabbi Yehuda and Rabbi Shimon. The Gemara asks: **Granted, according to Rabbi Shimon,** who holds that the priests do not achieve atonement through the scapegoat, **that is** why **it is written** in the Torah that **two confessions**[N] are to be recited over the bull **and** that the **blood of the bull** is to be presented inside the Sanctuary: Of these three forms of atonement, **one corresponds to** the atonement provided by the **goat whose** blood presentation is **performed inside** the Sanctuary, **one corresponds to** the atonement provided by the **goat whose** blood presentation is **performed outside** the Sanctuary, **and one corresponds to** the atonement provided by **the scapegoat.**

HALAKHA

The High Priest brings from his own – משלו הוא מביא: Although the High Priest purchases the Yom Kippur bull using his own funds, the Torah then gives ownership of it to all the other priests. Accordingly, they are considered to have a financial stake in it and can achieve atonement through it. Therefore, if the High Priest dies before the bull is slaughtered, the priest who takes his place does not have to purchase another bull (Rambam *Sefer Avoda, Hilkhot Avodat Yom HaKippurim* 5:13).

NOTES

To render the requirement essential – לעכב: Generally, when the Torah states that a certain requirement exists in order to fulfill a certain mitzva, that requirement is essential and one cannot fulfill the mitzva without it. With regard to offerings, there are many requirements that do not invalidate the offering even if they are not fulfilled. Therefore, in order to indicate that a certain requirement is essential to ensuring the validity of the offering, the Torah will emphasize this by repeating that requirement twice.

That they did not forfeit money over it – דלא קא חסרי ביה ממונא: Generally, a person is able to achieve atonement only through an offering that belongs to him. Therefore, the Gemara assumes that since the priests do not contribute to the purchase of the goat of the people, they cannot achieve atonement through its sacrifice. The Gemara then proceeds to challenge this, stating that by the same logic, they should not achieve atonement through the bull of Aaron, since it is purchased entirely with the private funds of the High Priest.

Two confessions, etc. – תרי וידוין וכו׳: These confessions are not explicitly mentioned in the Torah. The Gemara in tractate *Yoma* (36b) derives them from the phrase: "He shall atone for himself and his household," which is stated with regard to the bull of Aaron (see Leviticus 16:16–21). It is clear from the context that the verses are referring to a stage before the blood is actually presented. Therefore, the phrase must refer to some form of atonement that is not achieved through the bull's blood, but rather through a verbal confession. The fact that the phrase is repeated twice indicates that there are two such confessions.

אֶלָּא לְרַבִּי יְהוּדָה, תְּרֵי וִידּוּיִן וְדַם הַפָּר לָמָּה לִי? בְּחַד וִידּוּי וְדָמוֹ סַגְיָא!

But according to Rabbi Yehuda, who holds that the priests do achieve atonement through the scapegoat, **why do I** need the **two confessions** recited over the bull **and** the **blood of the bull** to be presented inside the Sanctuary? **One confession** over the bull **and its blood** being presented inside the Sanctuary **would be sufficient.**

אֶחָד לוֹ וְאֶחָד לְבֵיתוֹ, כִּדְתָנָא דְּבֵי רַבִּי יִשְׁמָעֵאל: כָּךְ הִיא מִדַּת הַדִּין נוֹהֶגֶת, מוּטָב יָבוֹא זַכַּאי וִיכַפֵּר עַל הַחַיָּיב, וְאַל יָבוֹא חַיָּיב וִיכַפֵּר עַל הַחַיָּיב.

The Gemara answers: Two confessions are necessary, **one for** the High Priest **himself, and one for his household,** i.e., the priests, **as the school of Rabbi Yishmael taught:** The High Priest must first confess his own transgressions and only afterward those of the priests, because **that is** how **the attribute of justice functions:** It is **better that the innocent come and atone for the guilty, than** that **the guilty come and atone for the guilty.** When the High Priest confesses the transgressions of those in his house, it is better that he already be considered innocent, having confessed and been absolved of his own transgressions.

הדרן עליך שבועות שתים

Summary of **Perek I**

This chapter focused mainly on the various forms of atonement for cases of defiling the Temple or its sacrificial foods. If one was initially aware of all the facts involved, i.e., he was aware that he was ritually impure and was aware of the identity of the Temple or the sanctity of the sacrificial foods involved, and then during a lapse of awareness he committed a violation, and then he regained awareness of what actions he had taken, he is liable to bring a sliding-scale offering as an atonement. In a situation where one was initially aware of the facts of the case but then forgot them, transgressed, and never regained his awareness, he is unable to bring an atonement offering for himself. The Yom Kippur internal sin-offering will atone for his transgression. This atonement provides him only with protection from punishment and only until he becomes aware of his transgression; at that point he is required to bring a sliding-scale offering to fully achieve atonement. If he never had awareness of the fact that he had become ritually impure, and he entered the Temple or partook of its sacrificial foods and then afterward became aware, then the sin-offering that is brought as part of the additional offerings on Yom Kippur will atone for him. For violations of which the perpetrator never had any awareness, the sin-offerings brought as part of the additional offerings on the New Moons atone.

For intentional violations, if they were committed by a priest, the bull brought by the High Priest on Yom Kippur atones, and if they were committed by a non-priest, then the scapegoat atones. In addition, the scapegoat atones for the minor sins of the entire Jewish people, and if a transgressor repented it atones even for his major sins.

Introduction to **Perek II**

Or if a person touches any impure thing, whether it is the carcass of a non-kosher undomesticated animal, or the carcass of a non-kosher domesticated animal, or the carcass of an unclean creeping animal, and it is hidden from him, so that he is impure, and guilty; or if he touch the impurity of man, whatever impurity it is with which a man shall become impure, and it is hidden from him; and he come to know of it, and be guilty.

(Leviticus 5:2–3)

The verses that serve as the source for the *halakhot* discussed in this chapter are obscure. As opposed to what one might have understood from the plain sense of the text, the Sages explain that coming into contact with an item that is ritually impure, whether one did so intentionally or unwittingly, does not in and of itself constitute a transgression. The verses speak here of one who contracted ritual impurity and then unwittingly entered the Temple grounds or partook of sacrificial food.

The unique wording of the verse: "And it is hidden from him; and he come to know of it, and be guilty," teaches that this case of unwitting transgression differs from other cases, in that in this case it does not suffice that one be unaware of the impure status. Here he must have prior knowledge, which he later forgets. The definition of prior knowledge, touched upon in the first chapter of this tractate, will be discussed once again and in greater detail in this chapter.

Once it is established that the phrase "and it is hidden from him" is referring to ritual impurity in connection with the Temple and sacrificial food, the question arises as to what exactly is hidden from him. Is it the fact that he is ritually impure or the fact that he is entering the Temple or partaking of sacrificial food? The Gemara considers what precisely is considered unawareness for this purpose.

Since the discussion revolves around one who enters the Temple in a state of ritual impurity, it is necessary to define which areas of the Temple may not be defiled, and which areas are not governed by this prohibition. In particular, the chapter will address the addition of an area to the Temple limits, how this addition is made, and what sanctity applies to it.

While the verse that speaks of impurity in the Temple is referring to one who contracted ritual impurity and then either entered the Temple or partook of sacrificial food, a further question arises with regard to one who entered the Temple in a state of purity, and contracted ritual impurity while in the Temple. What is the applicable *halakha* with regard to his liability to bring an offering, and what must he do to remedy the situation?

These and other related issues are the subject of this chapter.

מתני׳ יְדִיעוֹת הַטּוּמְאָה – שְׁתַּיִם שֶׁהֵן אַרְבַּע: נִטְמָא וְיָדַע, וְנֶעֶלְמָה מִמֶּנּוּ הַטּוּמְאָה וְזָכוּר אֶת הַקֹּדֶשׁ;

MISHNA With regard to cases of **awareness of the defiling** of the Temple by entering it while one is ritually impure, or defiling its sacrificial foods by partaking of them while one is ritually impure, there are **two** types **that are** actually **four.** How so? If **one became ritually impure and he was aware** that he was impure, **but** afterward his **impurity was hidden from him,**[H] **though he remembered** that he was partaking of **sacrificial** food, which is forbidden to one who is in a state of ritual impurity; this is one of the four types of awareness of impurity.

נֶעְלַם מִמֶּנּוּ הַקֹּדֶשׁ וְזָכוּר אֶת הַטּוּמְאָה; נֶעֶלְמוּ מִמֶּנּוּ זֶה וְזֶה, וְאָכַל אֶת הַקֹּדֶשׁ וְלֹא יָדַע, וּמִשֶּׁאָכַל יָדַע – הֲרֵי זֶה בְּעוֹלֶה וְיוֹרֵד.

If the fact that he was partaking of **sacrificial** food **was hidden from him, though he remembered the ritual impurity** that he had contracted; this is the second of the four types of awareness of impurity. And the same *halakha* applies if both **this and that were hidden from him,**[N] both the fact that he was impure and the fact that he was partaking of sacrificial food. In all these cases, if **he partook of the sacrificial** food **and was unaware** either that he was impure, or that the food was sacrificial food, or both, **and after he partook of** it **he became aware** of that which he had forgotten, **he is** required to bring **a sliding-scale** offering. In this type of offering, the sinner sacrifices an animal, bird, or meal-offering, depending on his financial status.

נִטְמָא וְיָדַע, וְנֶעֶלְמָה מִמֶּנּוּ טוּמְאָה וְזָכוּר אֶת הַמִּקְדָּשׁ; נֶעְלַם מִמֶּנּוּ מִקְדָּשׁ וְזָכוּר אֶת הַטּוּמְאָה; נֶעְלַם מִמֶּנּוּ זֶה וְזֶה, וְנִכְנַס לַמִּקְדָּשׁ וְלֹא יָדַע, וּמִשֶּׁיָּצָא יָדַע – הֲרֵי זֶה בְּעוֹלֶה וְיוֹרֵד.

And similarly with regard to entering the Temple: If **one became ritually impure and he was aware** that he was impure, **but** afterward his **impurity was hidden from him,** though **he remembered** that he was entering **the Temple,** which is prohibited for one who is in a state of ritual impurity; this is the third of the four types of awareness of impurity. If the fact that he was entering **the Temple was hidden from him,** though **he remembered the ritual impurity** that he had contracted; this is the fourth type of awareness of impurity. And the same *halakha* applies if both **this and that were hidden from him,** both the fact that he was impure and the fact that he was entering the Temple. In all these cases, if **he entered the Temple and was unaware** either that he was impure, or that he was entering the Temple, or both, **and after he left he became aware** of what was hidden from him, **he is** required to bring **a sliding-scale** offering.

HALAKHA

One became ritually impure and he was aware, but afterward his impurity was hidden from him – נִטְמָא וְיָדַע וְנֶעֶלְמָה מִמֶּנּוּ: With regard to the unwitting violation of the prohibitions against entering the Temple in a state of ritual impurity and against partaking of sacrificial food in a state of ritual impurity, one is liable to bring a sliding-scale offering only if he was aware of his impurity and of the consecrated nature of the Temple or of the food at the beginning, and at the end, and there was a lapse of awareness in the interim. How so? One was aware that he contracted ritual impurity, and he knew that the building was the Temple or that the food was sacrificial food, but then he forgot that he was impure; or else he remembered that he was impure, but he forgot that this was the Temple or that it was sacrificial food; or, he forgot that he was impure and that this was the Temple or that it was sacrificial food. If he entered the Temple or partook of the sacrificial food, and then afterward he became aware of the matter that he had forgotten, he is liable to bring a sliding-scale offering (Rambam *Sefer Korbanot, Hilkhot Shegagot* 11:1).

NOTES

If both this and that were hidden from him – נֶעֶלְמוּ מִמֶּנּוּ זֶה וָזֶה: This case is not an additional type of awareness of ritual impurity, with regard to which the mishna stated that there are two that are further subdivided into four. Rather, it is a combination of two types that have already been explained. It was necessary to include this case for the sake of completeness (see Rambam's Commentary on the Mishna and Rabbi Ovadya Bartenura).

אֶחָד הַנִּכְנָס לָעֲזָרָה וְאֶחָד הַנִּכְנָס לְתוֹסֶפֶת הָעֲזָרָה; שֶׁאֵין מוֹסִיפִּין עַל הָעִיר וְעַל הָעֲזָרוֹת אֶלָּא בְּמֶלֶךְ וְנָבִיא, וְאוּרִים וְתוּמִּים, וְסַנְהֶדְרִין שֶׁל שִׁבְעִים וְאֶחָד, וּבִשְׁתֵּי תוֹדוֹת וּבְשִׁיר;

As for the boundaries of the Temple with regard to the *halakhot* of impurity, **the same** *halakha* applies to **one who enters the** area that was part of the original Temple **courtyard**[H] **and to one who enters the** later **addition to the** Temple **courtyard,** because the additional section is sanctified with the full sanctity of the Temple courtyard. The mishna notes: **As, additions can be made to the city** of Jerusalem **or to the** Temple **courtyards only**[H] **by** a special body comprising the **king, a prophet, the** ***Urim VeTummim***,[B] **and the Sanhedrin of seventy-one**[B] judges, **and with two thanks-offerings**[B] **and with** a special **song.**[H] Once the addition to the courtyard is made by this body and this process, it is given the full sanctity of the original courtyard area.

וּבֵית דִּין מְהַלְּכִין וּשְׁתֵּי תוֹדוֹת אַחֲרֵיהֶן, וְכָל יִשְׂרָאֵל אַחֲרֵיהֶם.

The mishna provides certain details of the consecration ceremony. **And the court** would **move** forward, **and two thanks-offerings** would be brought **after them, and all of the Jewish people** would follow **behind them.**

HALAKHA

One who enters the courtyard – אֶחָד הַנִּכְנָס לָעֲזָרָה: One is liable to bring a sliding-scale offering for entering the Temple courtyard in a state of impurity only if he entered the Israelites' courtyard or beyond, or if he entered a fully consecrated addition to the courtyard (Rambam *Sefer Avoda, Hilkhot Biat HaMikdash* 3:12).

Additions can be made to the city or to the courtyards only, etc. – אֵין מוֹסִיפִין עַל הָעִיר וְעַל הָעֲזָרוֹת אֶלָּא וכו׳: Additions can be made to the city of Jerusalem or to the Temple courtyards only by a body comprising the king, a prophet, the *Urim VeTummim*, and the Sanhedrin of seventy-one judges (Rambam *Sefer Avoda, Hilkhot Beit HaBeḥira* 6:11).

With two thanks-offerings and with a song – וּבִשְׁתֵּי תוֹדוֹת וּבְשִׁיר: How are additions made to the city? The Sanhedrin brings two thanks-offerings, the priests take the leavened bread, and the Sanhedrin follows after the thanks-offerings. One thanks-offering follows the other. The Levites stand with harps, and lyres, and cymbals at each and every corner and on every single stone in Jerusalem and recite: "I will extol you, O Lord, for You have lifted me up" (Psalms 30:2) until they reach the end of the area that is to be consecrated. There they stand and partake of one of the thanks-offerings, and the second one is burned. This is in accordance with the description in the mishna, as elucidated in the Gemara (Rambam *Sefer Avoda, Hilkhot Beit HaBeḥira* 6:12).

BACKGROUND

Urim VeTummim – אוּרִים וְתוּמִּים: It is unclear precisely what the *Urim VeTummim* were, due to the cryptic description of them in the Torah (see Numbers 28:27–30). Rashi explains that this term refers to the name of God, which was presumably written on parchment and was inserted between the folds of the High Priest's breastplate. According to the mishna (*Yoma* 71a) and Gemara (*Yoma* 73a–b), the *Urim VeTummim* were a medium through which the High Priest, at the behest of the king, could communicate with God about important matters and receive guidance about the proper course of action. The Gemara states that in the many instances in the Bible where God is consulted, this was accomplished using the *Urim VeTummim*, although this is generally not explicit in the verses themselves. According to the Gemara, when a question was asked, certain letters on the breastplate would become illuminated, providing the answer.

The meaning of the terms *Urim* and *Tummim* is unclear. The Gemara (*Yoma* 73b) explains that *Urim* is related to the word *or*, light, because it illuminates and explains its words, and *Tummim* is related to the word *tam*, complete, because it fulfills its words, which always come true. The Sages taught (*Sota* 48a) that the *Urim VeTummim* were no longer extant during the Second Temple period.

Consulting the *Urim VeTummim*

Sanhedrin of seventy-one – סַנְהֶדְרִין שֶׁל שִׁבְעִים וְאֶחָד: The Great Sanhedrin, also referred to as the court of seventy-one, was the Jewish people's supreme legislative and religious body in antiquity. It met in the Chamber of Hewn Stone in the Temple courtyard, and was vested with the power to decide matters of national importance, i.e., permission to go to war, destruction of an idolatrous city, and promulgation of enactments, which were binding for the entire nation. It also judged cases involving the king, the High Priest, and false prophets. Furthermore, it decided cases that were left undecided by the lower courts, and was the final authority on *halakha*.

Sanhedrin in session in the Temple

Thanks-offering – קָרְבַּן תּוֹדָה: The thanks-offering is a type of peace-offering brought in appreciation of God's beneficence. The Sages had a tradition, based on Psalms, chapter 107, with regard to the types of salvation that render one obligated to bring a thanks offering. In addition to sacrificing an animal, typically a sheep, forty loaves of bread are brought as a meal-offering: Ten leavened loaves and ten of each of three types of unleavened bread: Loaves of matza [*ḥallot matza*], wafers [*rekikin*], and measures of flour mixed with water and oil [*revukhot*].

Thanks-offering in the Temple

הַפְּנִימִית נֶאֱכֶלֶת וְהַחִיצוֹנָה נִשְׂרֶפֶת. וְכׇל שֶׁלֹּא נַעֲשֵׂית בְּכׇל אֵלּוּ, הַנִּכְנָס לְשָׁם אֵין חַיָּיב עָלֶיהָ.

When they would reach the end of the place that they desired to consecrate, **the inner** thanks-offering would **be eaten and the outer one** would **be burned.** The details of this ceremony will be described in the Gemara. **And** with regard to **any** addition to the Temple **that was not made with all these** ceremonial procedures, **one who enters there** while ritually impure **is not liable** to bring an offering if his entry was unwitting, nor to be punished with *karet*, excision from the World-to-Come, if his entry was intentional.

נִטְמָא בָּעֲזָרָה, וְנֶעֶלְמָה מִמֶּנּוּ טוּמְאָה וְזָכוּר אֶת הַמִּקְדָּשׁ, נֶעְלַם הֵימֶנּוּ מִקְדָּשׁ וְזָכוּר הַטּוּמְאָה, נֶעְלַם מִמֶּנּוּ זֶה וָזֶה, וְהִשְׁתַּחֲוָה אוֹ שֶׁשָּׁהָה בִּכְדֵי הִשְׁתַּחֲוָאָה, אוֹ בָּא לוֹ בַּאֲרוּכָּה – חַיָּיב, בִּקְצָרָה – פָּטוּר.

The first part of the mishna discussed one who became ritually impure before entering the Temple. The mishna proceeds to consider a case involving one who was ritually pure when he entered the Temple but **who became impure** while **in the** Temple **courtyard,**[H] and afterward, his **impurity was hidden from him** but **he remembered** that he was standing in **the Temple,** or the fact that he was standing in **the Temple was hidden from him** but **he remembered** his **impurity,** or both **this** fact **and that** fact **were hidden from him.** In all these cases, if **he bowed** down, **or he tarried** in the Temple courtyard **long enough to bow down** even though he did not actually bow, **or he went out** by way of **a longer** route when he could have taken a shorter route, he is **liable** to bring a sliding-scale offering. But if he left the Temple via **the shortest** way, he is **exempt.**

זוֹ הִיא מִצְוַת עֲשֵׂה שֶׁבַּמִּקְדָּשׁ שֶׁאֵין חַיָּיבִין עָלֶיהָ.

This mitzva that the ritually impure must be sent out of the Temple **is the positive mitzva**[H] **concerning the Temple**[N] **for which,** as is taught elsewhere in the Mishna (*Horayot* 8b), the Sanhedrin **is not liable** to bring an offering for an erroneous ruling. A communal bull sin-offering is brought because of the unwitting transgression of a prohibition involving an action by the Jewish people resulting from an erroneous halakhic decision handed down by the Sanhedrin. But if the Sanhedrin mistakenly ruled that one who became impure while in the Temple may leave by way of a longer route, they do not bring this offering, as it is brought only for an erroneous ruling on a matter that requires the bringing of a fixed sin-offering, and not a sliding-scale offering, for its unwitting violation.

וְאֵיזוֹ הִיא מִצְוַת עֲשֵׂה שֶׁבְּנִדָּה שֶׁחַיָּיבִין עָלֶיהָ? הָיָה מְשַׁמֵּשׁ עִם הַטְּהוֹרָה, וְאָמְרָה לוֹ ״נִטְמֵאתִי״, וּפֵירֵשׁ מִיָּד – חַיָּיב, מִפְּנֵי שֶׁיְּצִיאָתוֹ הֲנָאָה לוֹ כְּבִיאָתוֹ.

And which is the positive mitzva with regard to a menstruating woman[N] **for which,** as is taught in *Horayot* there, the Sanhedrin **is liable** to bring a bull offering for an erroneous ruling? If a man **was engaging in intercourse with a ritually pure woman,**[H] **and** during the course of their act of intercourse **she** experienced menstrual bleeding and **said to him: I have become impure, and** unwittingly **he immediately withdrew** from her and did not wait until his penis became flaccid, he is **liable** to bring a sin-offering for engaging in intercourse with a menstruating woman, **because his withdrawal** from her **is as pleasant to him as his entry.** If the Sanhedrin mistakenly ruled that one may withdraw immediately, they bring a bull offering for their erroneous ruling.

HALAKHA

He became impure in the Temple courtyard – נִטְמָא בָּעֲזָרָה: If one became impure while in the Temple courtyard, and he knew that he was impure and that he was standing in the Temple courtyard, and then he forgot that he was impure or that he was in the Temple courtyard, or he forgot both that he was impure and that he was in the Temple courtyard, and then later he became aware of the matter or matters that he had forgotten, he is liable to bring a sliding-scale offering. This applies if he tarried long enough to have become liable to be punished with *karet* had he acted intentionally, or if he went out of the courtyard by way of a longer route when he could have taken a shorter route (Rambam *Sefer Avoda*, *Hilkhot Biat HaMikdash* 3:22–23).

This is the positive mitzva – זוֹ הִיא מִצְוַת עֲשֵׂה: With regard to any prohibition for which one would be liable to bring a fixed sin-offering for transgressing unwittingly, if the Sanhedrin issued an erroneous ruling permitting the matter, and the people mistakenly transgressed due to this ruling, and then the Sanhedrin became aware of its error, the Sanhedrin must bring a bull offering for its erroneous ruling. This does not apply if the Sanhedrin issued an erroneous ruling allowing ritually impure people to enter the Temple or partake of sacrificial foods, since for these prohibitions one would be liable to bring a sliding-scale offering (Rambam *Sefer Korbanot*, *Hilkhot Shegagot* 12:1).

He was engaging in intercourse with a ritually pure woman – הָיָה מְשַׁמֵּשׁ עִם הַטְּהוֹרָה: If a man is engaging in intercourse with a ritually pure woman, and during the course of their act of intercourse she notifies him that she has experienced menstrual bleeding and has become impure, he must not withdraw immediately because his withdrawal in an aroused state is as pleasant to him as his entry. If he withdraws immediately, he is liable to be punished with *karet* for engaging in intercourse with a menstruating woman. Rather, he must wait without moving until he loses his erection, and then withdraw. The Rema adds that he should be filled with fear and dread due to his transgression, and he should try not to rest upon her, but rather upon his hands and feet. If he unwittingly withdraws while still aroused, he should fast for forty days (Rambam *Sefer Kedusha*, *Hilkhot Issurei Bia* 4:11; *Shulḥan Arukh*, *Yoreh De'a* 185:4).

NOTES

The positive mitzva concerning the Temple – מִצְוַת עֲשֵׂה שֶׁבַּמִּקְדָּשׁ: This is one of the positive mitzvot with regard to ritual impurity, as it is stated: "That they put out of the camp… whoever is defiled by the dead" (Numbers 5:2). It is a positive mitzva for one who is impure to leave the area in which he is prohibited to remain. One who contracted impurity imparted by a corpse must leave the Temple courtyard, and one afflicted with leprosy must remove himself from all three camps, i.e., Jerusalem. But the Sanhedrin is not liable to bring a bull sin-offering if it issued an erroneous lenient ruling with regard to this matter, as this offering is brought only for an erroneous ruling about a prohibition that requires a fixed sin-offering, and not a sliding-scale offering, for its unwitting violation.

The positive mitzva with regard to a menstruating woman – מִצְוַת עֲשֵׂה שֶׁבְּנִדָּה: In addition to the prohibition of intercourse with a menstruating woman, there is also a positive mitzva to separate oneself from a menstruating woman if one was already engaged in intercourse with her before she began menstruating. There is a certain similarity between this positive mitzva and the positive mitzva concerning one who contracted ritual impurity in the Temple, as in both cases the impurity was contracted after the person had begun his action in a permitted manner. But in the case of impurity in the Temple, one who became impure must leave as rapidly as possible, whereas in the case of the menstruating woman, the man must withdraw in a manner that reduces his pleasure as much as possible, which means that he must wait until his penis becomes flaccid before withdrawing.

רַבִּי אֱלִיעֶזֶר אוֹמֵר: ״הַשֶּׁרֶץ...וְנֶעְלַם מִמֶּנּוּ״ – עַל הֶעְלֵם שֶׁרֶץ חַיָּיב, וְאֵינוֹ חַיָּיב עַל הֶעְלֵם מִקְדָּשׁ.

Rabbi Eliezer says: With regard to the sliding-scale offering the verse states: "Or if a person touches any impure thing, whether it is the carcass of a non-kosher undomesticated animal, or the carcass of a non-kosher domesticated animal, or the carcass of a non-kosher **creeping animal,**[B] **and it is hidden from him**" (Leviticus 5:2). A precise reading of this verse indicates that in a case where one has **a lapse of awareness** that he had contracted ritual impurity by touching **a creeping animal,** he is **liable** to bring a sliding-scale offering for having defiled the Temple or the sacrificial food, **but he is not liable** to bring such an offering in a case where he has **a lapse of awareness** that he is entering the **Temple**[N] or partaking of sacrificial food.

רַבִּי עֲקִיבָא אוֹמֵר: ״וְנֶעְלַם מִמֶּנּוּ וְהוּא טָמֵא״ – עַל הֶעְלֵם טוּמְאָה חַיָּיב, וְאֵינוֹ חַיָּיב עַל הֶעְלֵם מִקְדָּשׁ.

Similarly, **Rabbi Akiva says:** The verse states: **"And it is hidden from him, so that he is impure"** (Leviticus 5:2), thereby teaching that in a case when one has **a lapse of awareness** that he had contracted **ritual impurity,** he is **liable** to bring a sliding-scale offering, **but** one **is not liable** to bring such an offering in a case when he has **a lapse of awareness** that he is entering the **Temple** or partaking of sacrificial food.

רַבִּי יִשְׁמָעֵאל אוֹמֵר: ״וְנֶעְלַם״ ״וְנֶעְלַם״ שְׁתֵּי פְעָמִים, לְחַיֵּיב עַל הֶעְלֵם טוּמְאָה וְעַל הֶעְלֵם מִקְדָּשׁ.

Rabbi Yishmael says: The verse states: **"And it is hidden** from him" (Leviticus 5:2), and it states: **"And it is hidden**[H] from him" (Leviticus 5:3), **twice,** in order **to render one liable** to bring a sliding-scale offering both in a case where one has **a lapse of awareness** that he had contracted **ritual impurity and** in a case where one has **a lapse of awareness** that he is entering the **Temple.**

גמ׳ אָמַר רַב פַּפָּא לְאַבָּיֵי: שְׁתַּיִם שֶׁהֵן אַרְבַּע? שְׁתַּיִם שֶׁהֵן שֵׁשׁ הָוְיָין: יְדִיעוֹת הַטּוּמְאָה תְּחִלָּה וָסוֹף, יְדִיעוֹת הַקּוֹדֶשׁ תְּחִלָּה וָסוֹף, יְדִיעוֹת מִקְדָּשׁ תְּחִלָּה וָסוֹף!

GEMARA

The mishna teaches that the *halakhot* concerning awareness of ritual impurity are two that are further subdivided into four. **Rav Pappa said to Abaye:** Are these actually **two** states of awareness **that are** subdivided into **four?** As the mishna lists them, they seem to **be two that are** subdivided into **six: Awareness of the impurity** at the **beginning and** at the **end, awareness of the sacrificial** food at the **beginning and** at the **end,** and **awareness of** the **Temple** at the **beginning and** at the **end.**

וּלְטַעֲמֵיךְ, תְּמָנֵי הָוְיָין, דְּהָא אִיכָּא טוּמְאָה דְּקוֹדֶשׁ וְטוּמְאָה דְּמִקְדָּשׁ תְּחִלָּה וָסוֹף!

Abaye answered him: **According to your reasoning,** that you count all the various cases listed in the mishna, **there are eight** states of awareness, **as there is** also awareness of the **impurity** in connection **with** eating the **sacrificial** food, at the beginning and at the end, **and** awareness of the **impurity** in connection **with** entering the **Temple,** at the **beginning and** at the **end.** The mishna mentions awareness of the impurity both in the first clause, which discusses partaking of sacrificial food, and in the second clause, which discusses entering the Temple.

הָא לָא קַשְׁיָא, שֵׁם טוּמְאָה אַחַת הִיא. מִכׇּל מָקוֹם שִׁית הָוְיָין!

Rav Pappa refutes this: **This is not difficult,** as the status of **ritual impurity** carries **one name** in both cases: The person was aware that he had contracted ritual impurity and then it became hidden from him, and there is no reason to distinguish between impurity in connection with partaking of sacrificial food and impurity in connection with entering the Temple. Accordingly, Rav Pappa's first question remains: **In any case there are six** states of awareness.

אָמַר רַב פַּפָּא: לְעוֹלָם תְּמָנֵי הָוְיָין, אַרְבָּעֵי קַמַּיְיתָא דְּלָא מַיְיתָן לֵיהּ לִידֵי קׇרְבָּן לָא קָא חָשֵׁיב, אַרְבָּעָה בַּתְרַיְיתָא דְּמַיְיתָן לֵיהּ לִידֵי קׇרְבָּן קָא חָשֵׁיב.

Rav Pappa said in answer to his own question: **Actually, there are eight** states of awareness, two of the impurity in connection with partaking of sacrificial food, two of the impurity in connection with entering the Temple, two of awareness of the sacrificial food, and two of awareness of the Temple, each pair having one awareness at the beginning and one at the end. But **the first four**[N] states of awareness at the beginning **do not** in themselves **bring** the unwitting transgressor **to** liability to bring **an offering,** as if he does not reach awareness at the end, he will not have known that he transgressed. Therefore, the *tanna* **does not count** them. But the *tanna* **does count the last four** states of awareness, **which bring** the unwitting transgressor **to** the liability to bring **an offering.**

BACKGROUND

Creeping animal – שֶׁרֶץ: There are eight creeping animals, i.e., small mammals and lizards, whose carcasses impart ritual impurity upon contact (Leviticus 11:29–30). As there is no clear oral tradition with regard to the identity of the animals listed in the Torah, determining their identity involves educated conjecture. Among the suggestions offered are: *Ḥoled* – rat; *akhbar* – mouse; *tzav* – dabb lizard; *anaka* – gecko; *koaḥ* – monitor lizard; *leta'a* – lizard; *ḥomet* – skink; *tinshemet* – chameleon.

NOTES

But he is not liable where he has a lapse of awareness that he is entering the Temple – וְאֵינוֹ חַיָּיב עַל הֶעְלֵם מִקְדָּשׁ: *Tosafot* cite Rabbeinu Tam, who maintains that according to Rabbi Eliezer and Rabbi Akiva, even though such a person is exempt from bringing a sliding-scale offering, he is nevertheless liable to bring a fixed sin-offering, just like anyone else who unwittingly transgresses a prohibition that is punishable by *karet* when violated intentionally. *Tosafot* and others refute this opinion based on various sources (see *Tosefot Rabbi Akiva Eiger* on the Mishna) and claim that in such a case one is not liable to bring any offering.

The first four – אַרְבָּעֵי קַמַּיְיתָא: The requirement that the unwitting sinner have awareness at the beginning, according to Rabbi Akiva and those who agree with him, is found only in connection with the prohibitions against entering the Temple in a state of ritual impurity and against partaking of sacrificial food in a state of ritual impurity. But in all other cases of a prohibition that is punishable by *karet* when violated intentionally, even if he knew nothing at the beginning and later found out that he had unwittingly transgressed, he is liable to bring an offering.

HALAKHA

And it is hidden, and it is hidden – וְנֶעְלַם וְנֶעְלַם: With regard to the prohibitions against entering the Temple in a state of ritual impurity and against partaking of sacrificial food in a state of ritual impurity, one is liable to bring a sliding-scale offering only if he was aware of his impurity and unaware that this was the Temple or sacrificial food, both at the beginning and at the end, and had a lapse of awareness in the interim. This is in accordance with the opinion of Rabbi Yishmael, with whom Rabbi Yehuda HaNasi agrees on *daf* 4b (Rambam *Sefer Korbanot*, *Hilkhot Shegagot* 11:2 and *Kesef Mishne* there).

וְאִיכָּא דְּאָמְרִי, אֲמַר רַב פַּפָּא: לְעוֹלָם תְּמָנֵי הָוְיָין, וְאַרְבָּעֵי קַמַּיְיתָא דְּלֵיתְנְהוּ בְּכָל הַתּוֹרָה כּוּלָּהּ קָא חָשֵׁיב, אַרְבָּעֵי בַּתְרַיְיתָא דְּאִיתְנְהוּ בְּכָל הַתּוֹרָה כּוּלָּהּ לָא קָא חָשֵׁיב.

And there are those **who say that Rav Pappa said** as follows: **Actually, there are eight** states of awareness, **and** it is **the first four** states of awareness at the beginning, **which are not** found **in the entire Torah,** that the *tanna* **counts.** In all the other instances where one is liable to bring an offering for an unwitting transgression, it is not necessary that there be any awareness at the beginning. Since this is a novel requirement, the *tanna* counts these states of awareness. But the *tanna* **does not count the last four** states of awareness at the end, **which are found** also **in the entire Torah,** as a standard sin-offering is brought when one is made aware after the fact that he had transgressed.

בָּעֵי רַב פַּפָּא: נֶעֶלְמוּ מִמֶּנּוּ הִלְכוֹת טוּמְאָה, מַהוּ? הֵיכִי דָּמֵי? אִילֵימָא דְּלָא יָדַע אִי שֶׁרֶץ טָמֵא אִי צְפַרְדֵּעַ טָמֵא, זִיל קְרִי בֵּי רַב הוּא!

The *amora'im* try to define the awareness of the impurity mentioned in the mishna. **Rav Pappa raises a dilemma: If the** ***halakhot*** **of impurity became hidden from him,**[H] **what is the** ***halakha***? Is he liable to bring a sliding-scale offering in such a situation? The Gemara asks: **What are the circumstances** of the case under discussion? **If we say that he did not know whether a creeping animal is impure** or pure **or whether a frog is impure** or pure, this **is** a topic that you could **go learn in a children's school.**[N] As these matters are explicitly recorded in the Torah, they can never be considered hidden.

לְעוֹלָם דְּיָדַע בְּטוּמְאַת שֶׁרֶץ, וּכְגוֹן דְּנָגַע בְּכַעֲדָשָׁה, וְלָא יָדַע כַּעֲדָשָׁה אִי מְטַמֵּא אִי לָא מְטַמֵּא, מַאי? כֵּיוָן דְּיָדַע דִּמְטַמֵּא שֶׁרֶץ בָּעוֹלָם – יְדִיעָה הִיא, אוֹ דִּלְמָא כֵּיוָן דְּכַעֲדָשָׁה לָא יָדַע אִי מְטַמֵּא אִי לָא מְטַמֵּא – הַעֲלָמָה הִיא? תֵּיקוּ.

Actually, Rav Pappa must have been asking about a case **where he knew** the essential *halakha* with regard to **the ritual impurity of a creeping animal, and** it is a case **where he touched** a portion of the animal that was **of a lentil-bulk and he did not know** the *halakha* concerning **whether** a portion that was **of a lentil-bulk renders** a person **impure or does not render** him **impure. What** is the *halakha* in such a case? The Gemara explains the two possibilities: Does one say that **since he knows generally that a creeping animal renders** a person **impure, it is awareness? Or perhaps** one says that **since he does not know whether** a portion that was **of a lentil-bulk renders** a person **impure or does not render** a person **impure, it is** considered **hidden** from him. The Gemara comments: The dilemma **shall stand** unresolved.[B]

בָּעֵי רַבִּי יִרְמְיָה: בֶּן בָּבֶל שֶׁעָלָה לְאֶרֶץ יִשְׂרָאֵל וְנֶעְלַם מִמֶּנּוּ מְקוֹם מִקְדָּשׁ, מַהוּ?

Rabbi Yirmeya raises a dilemma concerning the awareness of the Temple: If **a Babylonian** or a resident of another country **ascended**[H] **to Eretz Yisrael, and the site of the Temple was hidden from him,** so that he unwittingly entered into the Temple in a state of ritual impurity, **what is the** *halakha*? Is he liable to bring a sliding-scale offering to atone for his offense, or not?

אַלִּיבָּא דְּמַאן? אִי אַלִּיבָּא דְּרַבִּי עֲקִיבָא דְּבָעֵי יְדִיעָה בַּתְּחִלָּה – הָא לָא מְחַיֵּיב עַל הֶעְלֵם מִקְדָּשׁ, אִי אַלִּיבָּא דְּרַבִּי יִשְׁמָעֵאל דִּמְחַיֵּיב עַל הֶעְלֵם מִקְדָּשׁ – הָא לָא בָּעֵי יְדִיעָה בַּתְּחִלָּה!

The Gemara clarifies: **In accordance with whose** opinion was this dilemma raised? **If** it was raised **in accordance with** the opinion **of Rabbi Akiva, who requires** that there be **awareness at the beginning** in order for one to become liable to bring an offering, that is difficult, as Rabbi Akiva **does not deem** one **liable** when he had **a lapse of awareness** that he was entering **the Temple.** And **if** the dilemma was raised **in accordance with** the opinion **of Rabbi Yishmael, who deems** one **liable** when he had **a lapse of awareness** that he was entering the **Temple,** that is difficult, as Rabbi Yishmael **does not require** that there be **awareness at the beginning.** According to both *tanna'im*, the dilemma is not relevant.

לָא צְרִיכָא, אַלִּיבָּא דְּרַבִּי דְּבָעֵי יְדִיעָה בַּתְּחִלָּה, וּמְחַיֵּיב עַל הֶעְלֵם מִקְדָּשׁ, וְאָמַר: יְדִיעַת בֵּית רַבּוֹ שְׁמָהּ יְדִיעָה, מַאי? כֵּיוָן דְּיָדַע דְּאִיכָּא מִקְדָּשׁ בָּעוֹלָם – יְדִיעָה הִיא, אוֹ דִּלְמָא כֵּיוָן דִּמְקוֹמוֹ לָא יָדַע לֵיהּ – הַעֲלָמָה הִיא? תֵּיקוּ.

The Gemara explains: **No,** it is **necessary** to raise the dilemma **only in accordance with** the opinion **of Rabbi** Yehuda HaNasi, **who requires awareness at the beginning and** also **deems** one **liable** when he had **a lapse of awareness** that he was entering the **Temple, and he** also **says** that **awareness** that one gains in **the house of his teacher is called awareness** (see 5a). **What** is the *halakha* in such a case? The Gemara explains the two possibilities: Does one say that **since he knows that there is a Temple** someplace **in the world, it is awareness? Or perhaps** one says that **since he does not know the** precise **location** of the Temple, **it is** considered **hidden** from him. The Gemara comments: This dilemma **shall stand** unresolved.

HALAKHA

The ***halakhot*** **of impurity became hidden from him** – **נֶעֶלְמוּ מִמֶּנּוּ הִלְכוֹת טוּמְאָה:** If one was unaware of some of the *halakhot* of ritual impurity, there is an unresolved uncertainty as to whether or not he is liable to bring an offering. An example of this type of unawareness is a case where he touched a portion of a dead creeping animal the size of a lentil, and he knew the essential *halakha* that a dead creeping animal is impure, but he did not know the size that renders a person impure, and then he forgot that he had touched the animal and he entered the Temple or partook of sacrificial food, and he subsequently remembered that he had touched a portion the size of a lentil. The Rambam writes that he should not bring an offering, lest he bring a non-consecrated animal into the Temple courtyard (Rambam *Sefer Korbanot, Hilkhot Shegagot* 11:2).

If a Babylonian ascended – **בֶּן בָּבֶל שֶׁעָלָה:** In a case where one who never saw the Temple and did not know its location contracted ritual impurity, and he knew that he was impure, if he entered the Temple but was unaware that it was the Temple, and then later he became aware of the impurity and that it was the Temple, there is an unresolved uncertainty as to whether awareness that there is a Temple in the world is considered awareness, or whether he is required to have known its location. Since this dilemma is left unresolved in the Gemara, he may not bring an offering (Rambam *Sefer Korbanot, Hilkhot Shegagot* 11:2).

NOTES

Go learn in a children's school – **זִיל קְרִי בֵּי רַב:** Most commentaries explain that a situation like this is not considered a case of lack of awareness, even if the person himself does not know this information at the time. The early commentaries disagree about the precise meaning of the expression used here. *Tosafot*, the Ramban, and others explain it in the sense of: Go ask a child in his teacher's house. That is to say, since the matter can easily be clarified by asking any school child, it is not considered a case of lack of awareness. The Ritva and others add that it is a situation where one would have reason to actually go and ask, and not a case where he is mistakenly certain that he is not impure, or where he is totally unaware of the *halakhot* of impurity. *Tosafot* explain that the Gemara here is in accordance with the opinion of Rabbi Yehuda HaNasi that awareness that one gains in the house of his teacher is called awareness. Consequently, the expression used here should be understood as follows: He certainly learned this when he was a child in school, and this kind of awareness is considered awareness.

BACKGROUND

It shall stand unresolved [*teiku*] – **תֵּיקוּ:** Various explanations have been offered with regard to the etymology of this term. Some suggest that the word is an abbreviated version of *tikom*, let it stand. Others propose that it is derived from the word *tik*, a case or pouch; just as one does not know the contents of a case from seeing the outside, the resolution of the question at hand is not known to us, as if it were hidden inside a case (*Arukh*). Although not the literal meaning, some interpret the term as an acrostic for the Hebrew phrase: *Tishbi yetaretz kushyot uve'ayot*, or: The Tishbite, i.e., Elijah the prophet, will resolve questions and dilemmas (*Tosefot Yom Tov*). This is in reference to the tradition that when Elijah returns to proclaim the coming of the Messiah he will also reveal the solutions to outstanding halakhic difficulties.

״אֶחָד הַנִּכְנָס לַעֲזָרָה״ וכו׳. מְנָא הָנֵי מִילֵּי? אֲמַר רַב שִׁימִי בַּר חִיָּיא, דְּאָמַר קְרָא: ״כְּכֹל אֲשֶׁר אֲנִי מַרְאֶה אוֹתְךָ אֵת תַּבְנִית הַמִּשְׁכָּן וְאֵת תַּבְנִית כָּל כֵּלָיו

§ The mishna teaches: **The same** *halakha* applies to **one who enters the** area that was part of the original Temple **courtyard** and to one who enters the later addition to the Temple courtyard, as additions can be made to the city of Jerusalem or to the Temple courtyards only by a special body comprising the king, a prophet, the *Urim VeTummim*, and the Sanhedrin of seventy-one judges, and with two thanks-offerings and with a special song. The Gemara asks: **From where is this matter** derived? **Rav Shimi bar Ḥiyya said: As the verse states: "According to all that I show you, the form of the Tabernacle, and the form of all its vessels,**

Perek **II**
Daf **15** Amud **a**

וְכֵן תַּעֲשׂוּ״ – לְדוֹרוֹת.

and so shall you do" (Exodus 25:9). The final words: "And so shall you do," are superfluous and serve to teach: As was done in the Tabernacle, so shall you do **in** future **generations.**[N]

מְתִיב רָבָא: כָּל הַכֵּלִים שֶׁעָשָׂה מֹשֶׁה – מְשִׁיחָתָן מְקַדַּשְׁתָּן, מִכָּאן וְאֵילָךְ – עֲבוֹדָתָן מְחַנַּכְתָּן; וְאַמַּאי? וְנֵימָא: ״וְכֵן תַּעֲשׂוּ״ לְדוֹרוֹת!

Rava raises an objection from a *baraita*: With regard to **all the** sacred **vessels that Moses fashioned,**[H] **their anointment** with oil **consecrates them.**[N] **From that point forward,** in the generations after Moses, new vessels do not require anointment to be consecrated; rather, **their** use in the Temple **service initiates them** and renders them fit for use. Rava clarifies the objection: **But why** is this so? **Let us say** here as well that the phrase **"and so shall you do"** teaches that the same must be done **in** future **generations.**

שָׁאנֵי הָתָם, דְּאָמַר קְרָא ״וַיִּמְשָׁחֵם וַיְקַדֵּשׁ אֹתָם״, אוֹתָם בִּמְשִׁיחָה וְלֹא לְדוֹרוֹת בִּמְשִׁיחָה.

The Gemara answers: **It is different there,** as **the verse states** with regard to the Tabernacle and its vessels: **"And he anointed them and consecrated them"** (Numbers 7:1). This teaches that it is only **"them,"** the vessels fashioned by Moses, that are consecrated **through anointment, but** vessels fashioned **in** later **generations are not** consecrated **through anointment.**

אֵימָא: אוֹתָם – בִּמְשִׁיחָה, לְדוֹרוֹת – אוֹ בִּמְשִׁיחָה אוֹ בַּעֲבוֹדָה! אֲמַר רַב פַּפָּא, אָמַר קְרָא: ״אֲשֶׁר יְשָׁרְתוּ בָם בַּקֹּדֶשׁ״, תְּלָאָן הַכָּתוּב בְּשֵׁירוּת.

The Gemara asks: Why not **say: "Them,"** the vessels made by Moses, he consecrated specifically **through anointment,** but vessels made **in future generations** are consecrated **either through anointment or through** their initial **service? Rav Pappa said: The verse states:** "And they shall take all the service vessels, **with which they will serve in the Sanctuary"** (Numbers 4:12). The future tense "they will serve," indicates that the verse is referring to future vessels, and **the verse makes them dependent upon service,**[N] teaching that in future generations vessels will be consecrated through their initial service.

הָשְׁתָּא דִּכְתַב רַחֲמָנָא ״אֲשֶׁר יְשָׁרְתוּ״, ״אוֹתָם״ לָמָּה לִי? אִי לָא כָּתַב רַחֲמָנָא ״אוֹתָם״, הֲוָה אָמִינָא: הָנֵי הוּא דְּבִמְשִׁיחָה, לְדוֹרוֹת – בִּמְשִׁיחָה וּבַעֲבוֹדָה, דְּהָא כָּתַב ״וְכֵן תַּעֲשׂוּ״; מִיעֵט רַחֲמָנָא ״אוֹתָם״, אוֹתָם בִּמְשִׁיחָה וְלֹא לְדוֹרוֹת בִּמְשִׁיחָה.

The Gemara asks: **Now that the Merciful One has written "with which they will serve,"** why do I need the restrictive term **"them"?** The Gemara answers: **Had the Merciful One not written "them," I would say that they,** the vessels made by Moses, were consecrated **through anointment** alone, but vessels made **in later generations** must be consecrated both **through anointment and through service, as** the Torah **wrote: "And so shall you do,"** referring to future generations. Therefore, **the Merciful One excluded** future vessels from anointment by stating **"them,"** teaching that it is only **them** that were consecrated **through anointment, but in** later **generations** they are **not** consecrated **through anointment.**

NOTES

And so shall you do in future generations – וְכֵן תַּעֲשׂוּ לְדוֹרוֹת: The early commentaries explain that when the Tabernacle was erected, this special body described in the mishna existed. Moses was a king, as it is stated: "And he was king in Jeshurun" (Deuteronomy 33:5), as well as being a prophet. He was accompanied by Aaron the High Priest, the Sanhedrin, and the *Urim VeTummim*. Rashi writes that the mishna's requirement of the loaves of the thanks-offering is not derived from the erecting of the Tabernacle, but rather from what is reported in the book of Nehemiah. Rabbeinu Ḥananel and the Ri Migash understand that the thanks-offerings mentioned in the mishna correspond to the offerings that were brought at the time of the construction of the Tabernacle (see also *Meshekh Ḥokhma*).

Their anointment consecrates them – מְשִׁיחָתָן מְקַדַּשְׁתָּן: That is to say, the anointment endows the vessels with inherent sanctity, in addition to sanctity that inheres in the value of a consecrated item, so that they are themselves holy. What this means is that they sanctify any substance placed into them, so that those substances become disqualified if left overnight.

The verse makes them dependent upon service – תְּלָאָן הַכָּתוּב בְּשֵׁירוּת: Rashi explains that this is derived from the repetition of the terms relating to "service" in the verse "And they shall take all the service vessels, with which they will serve in the Sanctuary," which indicates that in the future, vessels will become service vessels by being put into service.

HALAKHA

All the vessels that Moses fashioned – כָּל הַכֵּלִים שֶׁעָשָׂה מֹשֶׁה: All the sacred vessels fashioned by Moses in the wilderness were consecrated by being anointed with the anointing oil. This was not done in later generations. Rather, all the Temple vessels became consecrated when they were used for their intended service in the Temple (Rambam *Sefer Avoda, Hilkhot Kelei HaMikdash* 1:12).

״וּבִשְׁתֵּי תוֹדוֹת״. תָּנָא: שְׁתֵּי תוֹדוֹת שֶׁאָמְרוּ – בְּלַחְמָן וְלֹא בִּבְשָׂרָן. מְנָהָנֵי מִילֵּי? אָמַר רַב חִסְדָּא, דְּאָמַר קְרָא: ״וָאַעֲמִידָה שְׁתֵּי תוֹדֹת גְּדוֹלֹת וְתַהֲלֻכֹת לַיָּמִין מֵעַל לַחוֹמָה״;

§ The mishna teaches: **And with two thanks-offerings.** A *tanna* **taught** in a *baraita*: **And** with regard to the **two thanks-offerings that are mentioned**[H] here, the reference is **to their loaves, but not to their flesh.** An animal thanks-offering is accompanied by forty loaves of bread that are brought as a meal-offering. Ten loaves are leavened, and the remainder is comprised of ten each of three types of unleavened bread. The Gemara asks: **From where are these matters** derived? **Rav Ḥisda said: As the verse states** with regard to the consecration of the wall of Jerusalem in the days of Ezra: **"And I placed two large thanks-offerings, and we went in procession to the right upon the wall"** (Nehemiah 12:31).

מַאי גְּדוֹלוֹת? אִילֵימָא מִמִּין גָּדוֹל מַמָּשׁ – נֵימָא: פָּרִים! אֶלָּא גְּדוֹלוֹת בְּמִינָן.

The Gemara clarifies the meaning of this verse: **What** is meant by **"large"? If we say** that the animals of the thanks-offering were **literally from a large species,** i.e., oxen, rather than from a small species, i.e., sheep, **let** the verse **state** that they were **oxen. Rather,** let us say that he took animals from among **the largest** and the finest quality **of their species.**

מִי אִיכָּא חֲשִׁיבוּתָא קַמֵּי שְׁמַיָּא? וְהָתְנַן: נֶאֱמַר בְּעוֹלַת בְּהֵמָה ״אִשֵּׁה רֵיחַ נִיחֹחַ״, בְּעוֹלַת הָעוֹף – ״אִשֵּׁה רֵיחַ נִיחֹחַ״, בְּמִנְחָה – ״אִשֵּׁה רֵיחַ נִיחֹחַ״; מְלַמֵּד שֶׁאֶחָד הַמַּרְבֶּה וְאֶחָד הַמַּמְעִיט, וּבִלְבַד שֶׁיְּכַוֵּין אֶת לִבּוֹ לְאָבִיו שֶׁבַּשָּׁמַיִם!

The Gemara challenges this: **Is** the size of the offering **of** any **importance before Heaven? But isn't it taught** in a mishna (*Menaḥot* 110a): **It is stated with regard to an animal burnt-offering: "A fire offering, a pleasing aroma"** (Leviticus 1:9), and it is also stated **with regard to a bird burnt-offering: "A fire offering, a pleasing aroma"** (Leviticus 1:17), and it is also stated **with regard to a meal-offering: "A fire offering, a pleasing aroma"** (Leviticus 2:2). The same term is used in all three cases even though the three offerings are of different value. This **teaches that one who brings a substantial** sacrifice **and one who brings a modest** sacrifice have equal merit, and both offerings are accepted as having a pleasing aroma, **provided that one directs his heart to his Father in Heaven.**

אֶלָּא גְּדוֹלָה שֶׁבְּתוֹדָה, וּמַאי נִיהוּ? חָמֵץ; דִּתְנַן: הַתּוֹדָה הָיְתָה בָּאָה מִן חָמֵשׁ סְאִין יְרוּשַׁלְמִיּוֹת, שֶׁהֵן שֵׁשׁ מִדְבָּרִיּוֹת, שֶׁהֵן שְׁתֵּי אֵיפוֹת, וְהָאֵיפָה שָׁלֹשׁ סְאִין. עֶשְׂרִים עִשָּׂרוֹן – עֲשָׂרָה לְחָמֵץ וַעֲשָׂרָה לְמַצָּה. וּבְמַצָּה שְׁלֹשָׁה מִינִין: חַלּוֹת, רְקִיקִין, וּרְבוּכָה.

Rather, let us say that "large thanks-offerings" means **the larger** element **in the thanks-offering** loaves. **And what is that?** The **leavened** loaves, **as we learned** in a mishna (*Menaḥot* 76b): The meal part of **the thanks-offering came from five Jerusalem** ***se'a***[H] of flour, **which are** equivalent to **six wilderness** ***se'a***.[B] The *se'a* referred to in the Bible when the Jewish people were in the wilderness is smaller than the *se'a* used later in Jerusalem. **This is** equivalent to **two ephahs,** each **ephah** being **three** wilderness ***se'a***. These two ephahs are **twenty** measures of **a tenth** of an ephah. **Ten** of these tenths were used **to** make **leavened** loaves **and ten** of these tenths were used **to** make **unleavened** loaves. **And the unleavened** loaves were **of three types: Loaves** of matza, **wafers,** and **measures of flour mixed** with water and oil. Accordingly, the leavened loaves were three times the size of the unleavened ones, and it was the leavened loaves that were used to consecrate additions to the city.

אָמַר רָמִי בַּר חָמָא: אֵין הָעֲזָרָה מִתְקַדֶּשֶׁת אֶלָּא בְּשִׁירֵי מִנְחָה; מַאי טַעְמָא? כִּירוּשָׁלַיִם, מָה יְרוּשָׁלַיִם – דָּבָר הַנֶּאֱכָל בָּהּ מְקַדְּשָׁהּ, אַף עֲזָרָה – דָּבָר הַנֶּאֱכָל בָּהּ מְקַדְּשָׁהּ.

Rami bar Ḥama says: One can infer from this *baraita* that **the** Temple **courtyard is consecrated only with the remainder of the meal-offering,**[HN] and not by the loaves of a thanks-offering. The remainder of the meal-offering is the part left over after a handful of it and its frankincense have been sacrificed on the altar; this remainder is eaten by a priest. **What is the reason** for this? The consecration of the Temple courtyard is **like** the consecration of **Jerusalem. Just as** with regard to **Jerusalem, an item that is eaten** specifically **in it,** i.e., the loaves of a thanks-offering, which are eaten anywhere in the city, **consecrates** the city, **so too,** with regard to the Temple **courtyard, an item that is eaten** specifically **in it,** i.e., the remainder of the meal-offering, **consecrates** the courtyard.

HALAKHA

Two thanks-offerings that are mentioned – שְׁתֵּי תוֹדוֹת שֶׁאָמְרוּ: When an addition is made to the city of Jerusalem, the Sanhedrin offers two thanks-offerings, and the priests take the leavened loaves of these offerings to consecrate the addition. When they reach the farthest point that they wish to consecrate, they stand in that place and partake of the loaves of one of the thanks-offerings (Rambam *Sefer Avoda, Hilkhot Beit HaBeḥira* 6:12).

The thanks-offering came from five Jerusalem *se'a* – הַתּוֹדָה הָיְתָה בָּאָה מִן חָמֵשׁ סְאִין יְרוּשַׁלְמִיּוֹת: The loaves that are brought with a thanks-offering are formed as follows: Twenty measures of a tenth of an ephah of flour are taken, ten of which are used to make ten leavened loaves. The other ten are divided equally into thirty portions, to make thirty unleavened loaves: Ten loaves of matza, ten wafers, and ten measures of flour mixed with water and oil (Rambam *Sefer Avoda, Hilkhot Ma'aseh HaKorbanot* 9:17–18).

The Temple courtyard is consecrated only with the remainder of the meal-offering – אֵין הָעֲזָרָה מִתְקַדֶּשֶׁת אֶלָּא בְּשִׁירֵי מִנְחָה: If an addition is made to the Temple courtyard, it is consecrated with the remainder of a meal-offering. Just as Jerusalem is consecrated with the loaves of a thanks-offering, which can be eaten only in the city, so the Temple courtyard is consecrated with the remainder of a meal-offering, which can be eaten only in the Temple courtyard. They are eaten at the furthest point of the area that is being consecrated, in accordance with the opinion of Rami bar Ḥama and the conclusion in the Gemara (Rambam *Sefer Avoda, Hilkhot Beit HaBeḥira* 6:13).

NOTES

With the remainder of the meal-offering – בְּשִׁירֵי מִנְחָה: In other words, not with thanks-offering loaves, but with the remainders of the various meal-offerings offered in the Temple, as these remainders may be eaten only by priests and only within the confines of the Temple courtyard (Rashi).

BACKGROUND

Jerusalem *se'a* and wilderness *se'a* – יְרוּשַׁלְמִיּוֹת, מִדְבָּרִיּוֹת: Although the measures of volume used during the period of the Talmud retained the same names as the measures that had been used in the biblical period, they were not the same. As mentioned in several places, the Jerusalem measures used in the Second Temple period were one-fifth larger than the wilderness measures that are referred to in the Bible. The Tzippori measures, used later on, were one-fifth larger than the Jerusalem measures.

אַטּוּ לַחְמֵי תוֹדָה בַּעֲזָרָה מִי לָא מִתְאַכְלִי? אֶלָּא כִּירוּשָׁלַיִם, מָה יְרוּשָׁלַיִם – דָּבָר הַנֶּאֱכָל בָּהּ וְיוֹצֵא מִמֶּנָּה נִפְסָל, אַף עֲזָרָה – דָּבָר הַנֶּאֱכָל בָּהּ וְהַיּוֹצֵא מִמֶּנָּה נִפְסָל.

The Gemara asks: **Is that to say that the loaves of a thanks-offering are not eaten in the** Temple **courtyard? Rather,** the comparison should be drawn as follows: The consecration of the Temple courtyard is **like** the consecration of **Jerusalem. Just as Jerusalem** is consecrated with the loaves of a thanks-offering, which is **an item that is eaten inside** the city, **and** which, if **it emerges from** there, **is disqualified, so too,** the Temple **courtyard** is consecrated with **an item that is eaten inside** the courtyard, **and** which, if **it emerges from** there, **is disqualified.** This item is the remainder of a meal-offering, which can be eaten only by a priest and only in the Temple courtyard.

אִי מָה לְהַלָּן חָמֵץ, אַף כָּאן חָמֵץ! וְתִסְבְּרָא? מִנְחַת חָמֵץ מִי אִיכָּא?

The Gemara asks: **If** the consecration of the Temple courtyard is derived from the consecration of Jerusalem, let us say as follows: **Just as there,** with regard to the consecration of an addition made to Jerusalem, the loaves used in the ceremony are **leavened, so too here,** with regard to the consecration of an addition made to the Temple courtyard, the remainder of the meal-offering should be **leavened.** The Gemara expresses surprise at this suggestion: **And** how can **you understand** this? **Is there a leavened meal-offering?** A meal-offering is always unleavened.

Perek **II**
Daf **15** Amud **b**

HALAKHA

Even the priests' portion shall not be baked leavened – אֲפִילּוּ חֶלְקָם לֹא תֵאָפֶה חָמֵץ: The remainder of the meal-offerings, which is eaten by the priests, may be eaten with all other foods, even honey, but it may not be eaten leavened (Rambam *Sefer Avoda, Hilkhot Ma'aseh HaKorbanot* 12:14).

The two loaves become consecrated with the slaughter of the lambs – שְׁתֵּי הַלֶּחֶם בִּשְׁחִיטַת כְּבָשִׂים הוּא דְּקָדְשִׁי: The two lambs offered on *Shavuot* cause the loaves offered with them to become consecrated only when they are slaughtered (Rambam *Sefer Avoda, Hilkhot Pesulei HaMukdashin* 17:18).

The building of the Temple does not override the Festival – אֵין בִּנְיַן מִקְדָּשׁ דּוֹחֶה יוֹם טוֹב: The Temple is not built at night; nor does the building of the Temple override Shabbat or a Festival (Rambam *Sefer Avoda, Hilkhot Beit HaBeḥira* 1:12).

וְכִי תֵּימָא: דְּמַחְמִיץ לְהוּ לְשִׁירַיִם וּמְקַדֵּשׁ בְּהוּ – וְהָכְתִיב: ״לֹא תֵאָפֶה חָמֵץ חֶלְקָם״, וְאָמַר רֵישׁ לָקִישׁ: אֲפִילּוּ חֶלְקָם לֹא תֵאָפֶה חָמֵץ.

And if you would say that one leavens the remainder of the meal-offering, which the priests partake of, **and he consecrates** the Temple courtyard **with it,** that too is difficult, as **isn't it written: "It shall not be baked leavened, for their portion** I have given it to them" (Leviticus 6:10)? **And Reish Lakish says** in explanation of this verse: **Even** the priests' **portion shall not be baked leavened,**[H] as it is prohibited to bake even a portion of the meal-offering leavened.

אַלְמָה לָא? אֶפְשָׁר דִּמְקַדֵּשׁ בִּשְׁתֵּי הַלֶּחֶם בַּעֲצֶרֶת! מִשּׁוּם דְּלָא אֶפְשָׁר.

The Gemara asks: Still, **why not** consecrate the Temple courtyard with a leavened meal-offering? **It is possible to consecrate** it **with the two loaves** of bread that are brought as a communal offering **on the** festival of ***Shavuot***, which is a meal-offering that is leavened. The Gemara answers: **Because** actually **it is not possible** to do so.

הֵיכִי נִיעֲבֵיד? נִבְנְיֵיהּ מֵאֶתְמוֹל וְנִיקַדְּשֵׁיהּ מֵאֶתְמוֹל – שְׁתֵּי הַלֶּחֶם בִּשְׁחִיטַת כְּבָשִׂים הוּא דְּקָדְשִׁי!

The Gemara explains why not. **How could we do** it? If **we build** the addition to the Temple courtyard **on the eve** of *Shavuot* **and** also **consecrate it on the eve** of the Festival, there is a difficulty, as **the two loaves become consecrated** as a meal-offering **with the slaughter of the** two **lambs**[H] that are sacrificed together with them as peace-offerings, and this occurs on the Festival itself, not on the eve of the Festival.

נִבְנְיֵיהּ מֵאֶתְמוֹל וְנִיקַדְּשֵׁיהּ הָאִידָּנָא – בָּעֵינַן קִידּוּשׁ בִּשְׁעַת הַבִּנְיָן!

If **we build** the addition to the Temple courtyard **on the eve** of the *Shavuot* festival, **but consecrate it** only **now,** on the Festival, this too is difficult, as **we require consecration at the time of** the completion of **the building.**

נִבְנְיֵיהּ בְּיוֹם טוֹב וּנְקַדְּשֵׁיהּ בְּיוֹם טוֹב – אֵין בִּנְיַן מִקְדָּשׁ דּוֹחֶה יוֹם טוֹב!

If **we build it on the Festival and consecrate it on the Festival,** this also cannot be, as **the building of the Temple does not override the Festival.**[H]

נִשְׁבְּקָהּ לְבָתַר הָכִי וְנִבְנְיֵיהּ וְנִיקַדְּשֵׁיהּ – אִיפַּסְלָא לֵיהּ בְּלִינָה!

If **we leave** the two loaves **until after** the Festival **and build** the addition to the Temple courtyard on the day after the Festival, **and consecrate it** by eating the two loaves on that day, this is difficult as well, as the two loaves **were already disqualified by** virtue of being **left overnight** after the Festival.

נִבְנְיֵיהּ מִמַּעֲלֵי יוֹמָא וְנִשַׁיֵּיר בֵּיהּ פּוּרְתָּא, דְּעַד דְּקָדֵישׁ יוֹמָא לְאַלְתַּר נִגְמְרֵיהּ וְנִיקַדְּשֵׁיהּ – אֵין בִּנְיַן בֵּית הַמִּקְדָּשׁ בַּלַּיְלָה; דְּאָמַר אַבַּיֵי: מִנַּיִן שֶׁאֵין בִּנְיַן בֵּית הַמִּקְדָּשׁ בַּלַּיְלָה? שֶׁנֶּאֱמַר: "וּבְיוֹם הָקִים אֶת הַמִּשְׁכָּן", בַּיּוֹם מְקִימוֹ, בַּלַּיְלָה אֵין מְקִימוֹ. הִלְכָּךְ לָא אֶפְשָׁר.

If we **build** the addition to the Temple courtyard **on the eve of the Festival and leave a little** unbuilt until after the Festival, and **as soon as the day is over** and the Festival is finished, **we immediately finish** building the addition **and consecrate it** with the two loaves before they become disqualified, this too is impossible, as **the building of the Temple cannot** take place **at night.** This is **as Abaye says: From where is it derived that the building of the Temple cannot** take place **at night? As it is stated: "And on the day that the Tabernacle was erected"** (Numbers 9:15), from which it can be derived: One **may erect it during the day,** but one **may not erect it at night. Therefore, it is impossible**[N] to consecrate the Temple courtyard with the two loaves; it must be done with the remainder of an unleavened meal-offering.

"וּבְשִׁיר". תָּנוּ רַבָּנַן: שִׁיר שֶׁל תּוֹדָה, בְּכִנּוֹרוֹת וּבִנְבָלִים וּבִצְלְצָלִים עַל כָּל פִּנָּה וּפִנָּה וְעַל כָּל אֶבֶן גְּדוֹלָה שֶׁבִּירוּשָׁלַיִם, וְאוֹמֵר: "אֲרוֹמִמְךָ ה׳ כִּי דִלִּיתָנִי" וגו׳, וְשִׁיר שֶׁל פְּגָעִים, וְיֵשׁ אוֹמְרִין: שִׁיר שֶׁל נְגָעִים.

§ The mishna teaches concerning the consecration of an addition to the city of Jerusalem or the Temple courtyard: **And with a song. The Sages taught** in a *baraita*: They sang **the song of thanksgiving,**[H] i.e., Psalms, chapter 100, which begins: "A psalm of thanksgiving," accompanied **by harps, lyres, and cymbals, at every corner and upon every large stone in Jerusalem. And** they also **recited** Psalms, chapter 30, which begins: **"I will extol You, O Lord, for You have lifted me up,"**[N] **and the song of evil spirits,**[N] i.e., Psalms, chapter 91, which begins: "He that dwells in the secret place of the Most High." **And some say** that this psalm is called **the song of plagues.**

מַאן דְּאָמַר דִּנְגָעִים – דִּכְתִיב: "וְנֶגַע לֹא יִקְרַב בְּאָהֳלֶךָ", וּמַאן דְּאָמַר פְּגָעִים – דִּכְתִיב: "יִפֹּל מִצִּדְּךָ אֶלֶף".

The reason of **the one who says** that it is called the song **of plagues** is **that it is written: "Nor shall any plague come near your dwelling"** (Psalms 91:10). **And** the reason of **the one who says** that it is called the song of **evil spirits** is **that it is written: "A thousand shall fall at your side** and ten thousand at your right hand; but it shall not come near you" (Psalms 91:7).

וְאוֹמֵר: "יֹשֵׁב בְּסֵתֶר עֶלְיוֹן בְּצֵל שַׁדַּי יִתְלוֹנָן" עַד "כִּי אַתָּה ה׳ מַחְסִי עֶלְיוֹן שַׂמְתָּ מְעוֹנֶךָ", וְחוֹזֵר וְאוֹמֵר: "מִזְמוֹר לְדָוִד בְּבָרְחוֹ מִפְּנֵי אַבְשָׁלוֹם בְּנוֹ, ה׳ מָה רַבּוּ צָרָי" עַד "לַה׳ הַיְשׁוּעָה עַל עַמְּךָ בִרְכָתֶךָ סֶּלָה".

And they recited the psalm from the verse: **"He that dwells in the secret place of the Most High shall abide in the shadow of the Almighty"** (Psalms 91:1), **until** they completed the verse: **"Because You, O Lord, are my refuge;**[N] **You have made the most High Your habitation"** (Psalms 91:9). **And they would then recite** Psalms, chapter 3, which begins: **"A psalm of David, when he fled from Absalom his son. Lord, how many are my enemies become,"** until they reached the verse: **"Salvation belongs to the Lord; Your blessing be upon Your people. Sela"** (Psalms 3:9), which is the end of that psalm.

רַבִּי יְהוֹשֻׁעַ בֶּן לֵוִי אָמַר לְהוּ לְהָנֵי קְרָאֵי וְגָאנֵי. הֵיכִי עָבֵיד הָכִי? וְהָאָמַר רַבִּי יְהוֹשֻׁעַ בֶּן לֵוִי: אָסוּר לְהִתְרַפְּאוֹת בְּדִבְרֵי תוֹרָה! לְהָגֵן שָׁאנֵי.

It is related that **Rabbi Yehoshua ben Levi would recite these verses** to protect him from evil spirits during the night **and fall asleep**[H] while saying them. The Gemara asks: **How could he do that? But doesn't Rabbi Yehoshua ben Levi** himself **say: One is prohibited from healing himself with words of Torah?**[H] The Gemara answers: **To protect** oneself **is different,** as he recited these verses only to protect himself from evil spirits, and not to heal himself.

NOTES

Therefore it is impossible – הִלְכָּךְ לָא אֶפְשָׁר: Since it is impossible to consecrate additions to the Temple with a leavened meal-offering, this type of offering is not an indispensable element of the procedure. Accordingly, one must explain that the ruling of the mishna that any addition to the Temple that was not consecrated with all the ceremonial procedures listed there is not fully consecrated applies only to procedures that were found in the Tabernacle, as it is stated: "And so shall you do" (Exodus 25:9), as these procedures are required by Torah law. By contrast, the loaves of thanks-offerings, which are derived from what is stated in the book of Nehemiah, are not indispensable (Ritva).

I will extol You, O Lord, for You have lifted me up – אֲרוֹמִמְךָ ה׳ כִּי דִלִּיתָנִי: The introductory verse of this psalm is: "A psalm and song at the dedication of the House; of David," and therefore its recitation is suitable when consecrating the Temple courtyard (Rashi).

And the song of evil spirits – וְשִׁיר שֶׁל פְּגָעִים: This is the title that the Sages assigned to Psalm 91, which, based on its content, is a promise of salvation from evil spirits and plagues, as it is stated there: "A thousand shall fall at your side and ten thousand at your right hand." Rashi comments that this psalm was chosen because according to tradition this is one of the eleven psalms that were composed by Moses, from the psalm that begins: "A prayer of Moses" (Psalms, chapter 90) through the psalm that begins: "A psalm of thanksgiving" (Psalms, chapter 100). Moses recited this psalm at the time of the dedication of the Tabernacle, so it is fitting that it be recited also at the time of the dedication of the Temple in later times.

The *Baḥ* questions Rashi's interpretation, citing a source that claims that Moses did not recite this psalm at that time, but rather he recited the verse found at the end of the previous psalm: "And let the beauty of the Lord our God be upon us" (Psalms 90:17). Nevertheless, other passages in the Midrash understand that Moses did recite this psalm in connection with the dedication of the Tabernacle and the resting of the Divine Presence upon it. This is also how the Sages expounded the verse: "He…shall abide in the shadow of the Almighty" (Psalms 91:1): God dwells, as it were, in the shadow of the Tabernacle (see *Torat Ḥayyim*).

Until: Because You, O Lord, are my refuge – עַד כִּי אַתָּה ה׳ מַחְסִי: *Tosafot* note that until this verse the psalm is concerned with enemies, e.g., "And you will see the recompense of the wicked" (Psalms 91:8), which is appropriate for the time of the building of the Second Temple in the days of Ezra (see Ritva).

HALAKHA

Song of thanksgiving – שִׁיר שֶׁל תּוֹדָה: When an addition is made to the city of Jerusalem, people stand with harps, lyres, and cymbals, at each and every corner in Jerusalem, and recite: "I will extol you, O Lord, for You have lifted me up." The *Kesef Mishne* says that the Rambam does not mention the song of evil spirits or the psalm containing the verse "Lord, how many are my enemies become," because these psalms were recited only at the time of the construction of the Second Temple, when there were many enemies surrounding the Jewish people (Rambam *Sefer Avoda, Hilkhot Beit HaBeḥira* 6:12).

He would recite these verses and fall asleep – אָמַר לְהוּ לְהָנֵי קְרָאֵי וְגָאנֵי: When reciting *Shema* before going to sleep, one adds the following psalms: "He that dwells in the secret place of the Most High" (Psalms, chapter 91), and: "Lord, how many are my enemies become" until "Salvation belongs to the Lord" (Psalms 3:2–9), as did Rabbi Yehoshua ben Levi (*Shulḥan Arukh, Oraḥ Ḥayyim* 239:1, and see 481:2 in the comment of Rema).

One is prohibited from healing himself with words of Torah – אָסוּר לְהִתְרַפְּאוֹת בְּדִבְרֵי תוֹרָה: With regard to one who whispers an incantation over a wound and then recites a verse, and one who recites a verse over a child to dispel his fear, and one who places a Torah scroll or phylacteries on a child so that he will sleep, not only do they fall into the category of sorcerers, but they are regarded as those who deny the Torah, because they relate to the words of the Torah as a cure for the body, when in fact they cure only the soul. It is permitted for one who is healthy to recite psalms and other verses in order that the merit of reciting them will protect him from harm (Rambam *Sefer HaMadda, Hilkhot Avoda Zara* 11:12; *Shulḥan Arukh, Yoreh De'a* 179:8–11).

וְאֶלָּא כִּי אָמַר אָסוּר – דְּאִיכָּא מַכָּה; אִי דְּאִיכָּא מַכָּה אָסוּר וְתוּ לָא? וְהָתְנַן: הַלּוֹחֵשׁ עַל הַמַּכָּה – אֵין לוֹ חֵלֶק לָעוֹלָם הַבָּא! הָא אִיתְּמַר עֲלַהּ, אָמַר רַבִּי יוֹחָנָן: בְּרוֹקֵק שָׁנוּ, לְפִי שֶׁאֵין מַזְכִּירִין שֵׁם שָׁמַיִם עַל הָרְקִיקָה.

The Gemara challenges: **But rather, when** Rabbi Yehoshua ben Levi **said** that this **is prohibited,** he was referring to a situation **where there is** already **a wound** and one recites these verses in order to heal himself. But **if there is** already **a wound** and he recites these verses over it, is only this **prohibited, and nothing more? But didn't we learn** in a mishna (*Sanhedrin* 90a), that **one who whispers** an incantation **over a wound**[H] **has no share in the World-to-Come?** The Gemara answers: **Wasn't it stated with regard to that** mishna that **Rabbi Yoḥanan says:** The mishna was **taught with regard to one who spits** into the wound and then whispers these verses. And the reason for the severity of this action is **that the name of Heaven must not be mentioned in connection with spitting,** as doing so is a show of contempt for God.

״בֵּית דִּין מְהַלְּכִין וּשְׁתֵּי תוֹדוֹת אַחֲרֵיהֶן״ וכו׳. לְמֵימְרָא, דְּבֵית דִּין קַמֵּי תוֹדָה אָזְלִי? וְהָכְתִיב: ״וַיֵּלֶךְ אַחֲרֵיהֶם הוֹשַׁעְיָה וַחֲצִי שָׂרֵי יְהוּדָה״! הָכִי קָאָמַר: בֵּית דִּין מְהַלְּכִין, וּשְׁתֵּי תוֹדוֹת מְהַלְּכוֹת וּבֵית דִּין אַחֲרֵיהֶם.

§ The mishna teaches that as part of the consecration ceremony, **the court** would **move** forward, **and two thanks-offerings** would be brought **after them,**[H] and all of the Jewish people would follow behind them. The Gemara asks: **Is this to say that the** members of the **court walk in front of the thanks-offering? But isn't it written** in the verse from which this ceremony is derived: "And I placed two large thanks-offerings, and we went in procession to the right upon the wall, toward the dung gate; **and after them went Hoshaiah, and half of the princes of Judah**" (Nehemiah 12:31–32)? The Gemara answers: **This** is what the mishna **is saying: The court moves** forward. **And** how is this done? **The two thanks-offerings move** forward, **and the court** follows **after them.**

כֵּיצַד מְהַלְּכוֹת? רַבִּי חִיָּיא וְרַבִּי שִׁמְעוֹן בְּרַבִּי; חַד אָמַר: זוֹ כְּנֶגֶד זוֹ, וְחַד אָמַר: זוֹ אַחַר זוֹ. מַאן דְּאָמַר זוֹ כְּנֶגֶד זוֹ, הַפְּנִימִית – הַךְ דְּמִקַּרְבָא לַחוֹמָה; מַאן דְּאָמַר זוֹ אַחַר זוֹ, הַפְּנִימִית – הַךְ דְּמִקָּרְבָא לְבֵית דִּין.

The Gemara clarifies this point: **How** exactly did the two thanks-offerings **move** forward?[H] **Rabbi Ḥiyya and Rabbi Shimon, son of Rabbi** Yehuda HaNasi, disagree about this. **One** Sage **says: One** thanks-offering **alongside the other. And one** Sage **says: One behind the other.** According to **the one who says** that the two offerings moved **one alongside the other,** the thanks-offering that the mishna refers to as **the inner one** is **that which is closest to the wall.** According to **the one who says** that the two offerings moved **one behind the other,** the thanks-offering that is called **the inner one** is **that which is closest to** the members of **the court** advancing behind the thanks-offerings.

תְּנַן: הַפְּנִימִית נֶאֱכֶלֶת וְהַחִיצוֹנָה נִשְׂרֶפֶת; בִּשְׁלָמָא לְמַאן דְּאָמַר זוֹ אַחַר זוֹ, אַמְּטוּ לְהָכִי פְּנִימִית נֶאֱכֶלֶת – מִשּׁוּם דְּאָתְיָא חִיצוֹנָה קַמָּהּ וְקִדְּשָׁה לָהּ; אֶלָּא לְמַאן דְּאָמַר זוֹ כְּנֶגֶד זוֹ, תַּרְוַיְיהוּ בַּהֲדֵי הֲדָדֵי קָא מִיקַדְּשִׁי!

The Gemara analyzes these two opinions: **We learned** in the mishna: When they would reach the end of the place that they desired to consecrate, **the inner** thanks-offering would **be eaten and the outer one** would **be burned. Granted, according to the one who says** that the two thanks-offerings moved forward **one behind the other,** and that the inner one is the one that was in the rear, it is **due to this** that **the inner one is eaten, because the outer one came before it and consecrated** the additional area, so that it is now a sanctified place fit for the eating of the thanks-offering loaves. **But according to the one who says** that the two thanks-offerings moved forward **one alongside the other, the two of them together consecrated** the additional area. Why, then, is the inner one eaten and the outer one burned?

וְלִיטַעֲמִיךְ, לְמַאן דְּאָמַר זוֹ אַחַר זוֹ, חֲדָא מִי מִיקַדְּשָׁא? הָא ״כָּל שֶׁלֹּא נַעֲשֵׂית בְּכָל אֵלּוּ״ תְּנַן! וַאֲפִילּוּ לְמַאן דְּאָמַר בְּאַחַת מִכָּל אֵלּוּ, הָנֵי תַּרְוַיְיהוּ חֲדָא מִצְוָה הִיא!

The Gemara asks: **And according to your reasoning, according to the one who says** that the two offerings moved forward **one behind the other, does one** offering by itself **consecrate** the area? **Didn't we learn** in the mishna that with regard to **any** addition **that was not made with all these** ceremonial procedures, the addition is not consecrated? **And even according to the one who says** (see 16a) that the correct reading of the mishna is: With regard to any addition that was not made **with** any **one of all these** ceremonial procedures, the addition is not consecrated, nevertheless, **these two** thanks-offerings **are one mitzva,** and one without the other would not consecrate the area.

אֶלָּא אָמַר רַבִּי יוֹחָנָן:

Rather, Rabbi Yoḥanan said:

HALAKHA

One who whispers over a wound – הַלּוֹחֵשׁ עַל הַמַּכָּה: One who whispers an incantation over a wound or an ill person, and spits, and then reads a verse, has no share in the World-to-Come. If he does not spit, it is still prohibited. If the ill or injured person is in mortal danger, it is permitted even to spit. The Rema adds that some say that the prohibition applies only when the verse is recited in Hebrew, but not when it is recited in another language (Rashi; see *Beit Yosef*). In any event, if he spits, he should be careful not to recite a verse even in a language other than Hebrew, especially if he mentions the name of God, so as not to jeopardize his share in the World-to-Come (*Shulḥan Arukh, Yoreh De'a* 179:8, and in the comment of Rema).

And two thanks-offerings would be brought after them – וּשְׁתֵּי תוֹדוֹת אַחֲרֵיהֶן: When an area is added to the city of Jerusalem, the court offers two thanks-offerings, the priests take the leavened bread, and the court follows after the thanks-offerings (Rambam *Sefer Avoda, Hilkhot Beit HaBeḥira* 6:12).

How did the thanks-offerings move forward – כֵּיצַד מְהַלְּכוֹת: The two thanks-offerings move forward, one behind the other (Rambam *Sefer Avoda, Hilkhot Beit HaBeḥira* 6:12).

עַל פִּי נָבִיא נֶאֱכֶלֶת וְעַל פִּי נָבִיא נִשְׂרֶפֶת.

Based on a ruling of a prophet the loaves of one thanks-offering **were eaten,**[H] **and based on a ruling of a prophet** the loaves of the other thanks-offering **were burned.** The prophets Haggai, Zechariah, and Malachi, who lived at the time of Ezra and Nehemiah's reconsecration of Jerusalem, instructed the people concerning how the ceremony should be conducted, without providing reasons for the procedures.

"כָּל שֶׁלֹּא נַעֲשֵׂית בְּכָל אֵלּוּ" כו׳. אִיתְּמַר, רַב הוּנָא אָמַר: "בְּכָל אֵלּוּ" תְּנַן, רַב נַחְמָן אָמַר: "בְּאַחַת מִכָּל אֵלּוּ" תְּנַן.

§ The mishna teaches: And with regard to **any** addition to the Temple **that was not made with all these** ceremonial procedures, one who enters there while ritually impure is not liable. **It was stated** that *amora'im* disagreed about the text of the mishna. **Rav Huna says: We learned** in the mishna: **With all these,** which means that all of these procedures are indispensable, and if even one is missing, the consecration does not take effect. **Rav Naḥman says: We learned** in the mishna: **With one of all these;**[N] i.e., any one of these procedures suffices for the consecration to take effect.

רַב הוּנָא אָמַר: "בְּכָל אֵלּוּ" תְּנַן, קָסָבַר: קְדוּשָּׁה רִאשׁוֹנָה קִידְּשָׁה לִשְׁעָתָהּ וְקִידְּשָׁה לֶעָתִיד לָבֹא, וְעֶזְרָא זֵכֶר בְּעָלְמָא הוּא דַּעֲבַד;

The Gemara further clarifies this disagreement. **Rav Huna says: We learned** in the mishna: **With all these.** The Gemara explains: **He maintains** that **the initial consecration**[H] of the Temple in the days of David and Solomon **sanctified** it **for its time and sanctified** it **forever.** Therefore, the site of the Temple retained its original sanctity even during the days of the Second Temple. **And Ezra,** who reconsecrated the area, **did** so **merely as a commemoration** of the initial consecration. Accordingly, even though there was no king or *Urim VeTummim*, the entire area was fully consecrated. By contrast, in order to consecrate an area that had not been part of the initial consecration, all of these procedures are necessary and none can be omitted.

רַב נַחְמָן אָמַר: "בְּאַחַת מִכָּל אֵלּוּ" תְּנַן, קָסָבַר: קְדוּשָּׁה רִאשׁוֹנָה קִידְּשָׁה לִשְׁעָתָהּ וְלֹא קִידְּשָׁה לֶעָתִיד לָבֹא, וְעֶזְרָא קִדּוּשֵׁי קַדֵּישׁ אַף עַל גַּב דְּלָא הֲווּ אוּרִים וְתוּמִּים.

Rav Naḥman says: We learned in the mishna: **With one of all these.** The Gemara explains: **He maintains** that **the initial consecration** of the Temple **sanctified** it **for its time** only, **and did not sanctify** it **forever. And Ezra consecrated** the Temple and its courtyards, **even though there was no** king or ***Urim VeTummim***. Consequently, it follows that there is no need for all of these procedures in order for the consecration to take effect.

אֵיתִיבֵיהּ רָבָא לְרַב נַחְמָן: כָּל שֶׁלֹּא נַעֲשֵׂית בְּכָל אֵלּוּ! תְּנֵי: בְּאַחַת מִכָּל אֵלּוּ.

Rava raised an objection to Rav Naḥman: The mishna explicitly states: **Any** addition **that was not made with all these** procedures. Rav Naḥman said to him: Emend the mishna and **teach** it as stating: **With one of all these** procedures.

NOTES

With one of all these – בְּאַחַת מִכָּל אֵלּוּ: Rashi explains (15b) that this means that the presence of even one of all the items listed in the mishna suffices for the consecration to be complete. The later commentaries write that this relates only to the presence of a king, a prophet, the High Priest, the Sanhedrin, and the *Urim VeTummim*. All opinions require consecration by means of two thanks-offerings or the remainder of a meal-offering (see *Ḥazon Ish*).

HALAKHA

Based on a ruling of a prophet they were eaten – עַל פִּי נָבִיא נֶאֱכֶלֶת: When the procession reaches the end of the area they wish to consecrate, those present stand and partake of the loaves of one of the two thanks-offerings, and the loaves of the other offering are burned. A prophet determines which loaves are eaten and which are burned, in accordance with the opinion of Rabbi Yoḥanan (Rambam *Sefer Avoda*, *Hilkhot Beit HaBeḥira* 6:12, and Radbaz and *Kesef Mishne* there).

With all these…initial consecration – בְּכָל אֵלּוּ...קְדוּשָּׁה רִאשׁוֹנָה: Any place that was not consecrated with all of the elements mentioned in the mishna and in that order is not completely consecrated. Although Ezra offered two thanks-offerings, he did so merely as a commemoration of the initial consecration. He did not consecrate the area with his actions, as there was neither a king nor *Urim VeTummim*. Nevertheless, the area was consecrated during the initial consecration in the time of Solomon, who consecrated the Temple courtyard and the city of Jerusalem for their time and forever. Therefore, offerings may be sacrificed even when the Temple is not standing, and offerings of the most sacred order can be eaten in the entire area of the Temple courtyard, even when it is in a state of ruin and no longer enclosed by a wall. Offerings of lesser sanctity and second-tithe produce can be eaten in the entire city of Jerusalem, even when it has no walls.

In contrast to the initial consecration of Jerusalem and the Temple, which was for all time, the initial consecration of Eretz Yisrael with regard to the Sabbatical Year, tithes, and other matters, did not apply forever. This is because the sanctity of the Temple and Jerusalem is due to the Divine Presence, which can never be nullified, but the *halakhot* of the Sabbatical Year and tithes are based on the conquest of Eretz Yisrael by the Jewish people. When Eretz Yisrael was removed from the Jewish people, their conquest was negated, and the land was thereafter exempt by Torah law from the *halakhot* relating to the Sabbatical Year and tithes. This is in accordance with the opinion of Rabbi Naḥman and the Gemara's conclusion that even Rabbi Eliezer maintains that the initial consecration of Jerusalem and the Temple was for their time and forever.

The Ra'avad disagrees and rules that not only was the initial consecration of Jerusalem and the Temple nullified, but even the second consecration was nullified, as Ezra knew that the Temple and Jerusalem would eventually be eternally consecrated; therefore, he did not consecrate them forever (Rambam *Sefer Avoda*, *Hilkhot Beit HaBeḥira* 6:14).

תָּא שְׁמַע, אַבָּא שָׁאוּל אוֹמֵר: שְׁנֵי בִּיצְעִין הָיוּ בְּהַר הַמִּשְׁחָה, תַּחְתּוֹנָה וְעֶלְיוֹנָה, תַּחְתּוֹנָה נִתְקַדְּשָׁה בְּכָל אֵלּוּ, עֶלְיוֹנָה לֹא נִתְקַדְּשָׁה בְּכָל אֵלּוּ, אֶלָּא בְּעוֹלֵי גוֹלָה, שֶׁלֹּא בְּמֶלֶךְ וְשֶׁלֹּא בְּאוּרִים וְתוּמִּים.

The Gemara cites a proof against the opinion of Rav Naḥman: **Come** and **hear** a *baraita*: **Abba Shaul says: There were two ponds [*bitzin*]**[L] **on the Mount of Olives [*Har HaMishḥa*],**[L] **a lower** pond **and an upper** pond. **The lower** pond **was consecrated** during the time of the First Temple **with all** the procedures mentioned in the mishna, and it has the sanctity of Jerusalem for all purposes. By contrast, **the upper** pond **was not consecrated with all these** procedures, **but** rather it was consecrated **by those who returned from the exile** in Babylonia, **without a king and without** the ***Urim VeTummim.***

תַּחְתּוֹנָה שֶׁהָיְתָה קְדוּשָּׁתָהּ גְּמוּרָה – עַמֵּי הָאָרֶץ נִכְנָסִין לְשָׁם וְאוֹכְלִין שָׁם קָדָשִׁים קַלִּים אֲבָל לֹא מַעֲשֵׂר שֵׁנִי, וַחֲבֵרִים אוֹכְלִים שָׁם קָדָשִׁים קַלִּים וּמַעֲשֵׂר שֵׁנִי;

The *baraita* continues: With regard to **the lower** pond, **whose consecration was complete,** ***amei ha'aretz,***[N] uneducated people who were not scrupulous in their observance of the mitzvot relating to tithes and to ritual purity, **would enter into there and** would **partake of offerings of lesser sanctity**[B] that may be eaten in all of Jerusalem **there, but** they would **not** partake of **second tithe**[B] there because they conducted themselves stringently concerning this matter. **And *ḥaverim,*** who were meticulous in their observance of those mitzvot, **would partake of** both **offerings of lesser sanctity and second tithe there.**

עֶלְיוֹנָה שֶׁלֹּא הָיְתָה קְדוּשָּׁתָהּ גְּמוּרָה – עַמֵּי הָאָרֶץ הָיוּ נִכְנָסִין שָׁם וְאוֹכְלִין שָׁם קָדָשִׁים קַלִּים אֲבָל לֹא מַעֲשֵׂר שֵׁנִי, וַחֲבֵרִים אֵין אוֹכְלִין שָׁם לֹא קָדָשִׁים קַלִּים וְלֹא מַעֲשֵׂר שֵׁנִי; וּמִפְּנֵי מָה לֹא קִידְּשׁוּהָ? שֶׁאֵין מוֹסִיפִין עַל הָעִיר וְעַל הָעֲזָרוֹת אֶלָּא בְּמֶלֶךְ וְנָבִיא, וְאוּרִים וְתוּמִּים, וּבְסַנְהֶדְרִין שֶׁל שִׁבְעִים וְאֶחָד, וּבִשְׁתֵּי תוֹדוֹת וּבְשִׁיר;

The *baraita* continues: As for **the upper** pond, **whose consecration was incomplete,** ***amei ha'aretz* would enter into there and partake of offerings of lesser sanctity there, but** they would **not** partake of **second tithe** there. **And *ḥaverim* would partake of neither offerings of lesser sanctity nor second tithe there. And for what** reason **did they not consecrate** the upper pond? It was **because additions can be made to the city** of Jerusalem **or to the** Temple **courtyards only by** a special body comprising the **king, a prophet, the *Urim VeTummim,* and the Sanhedrin of seventy-one, and with two thanks-offerings and with** a special **song.**

LANGUAGE

Ponds [*bitzin*] – בִּיצְעִין: This Aramaic term is possibly related to the biblical words *bika* and *bitza*. The usual meaning of this word is swamp, or a place where water gathers to form a shallow pond.

Mount of Olives [*Har HaMishḥa*] – הַר הַמִּשְׁחָה: The word *mishḥa* means anointing in Hebrew, and is similar to the Aramaic *mashaḥ*, meaning oil. This was therefore used as another name for *Har HaZeitim*, the Mount of Olives. Allusions to this name are found in several places in the Bible, where the mountain is referred to as "the mountain that destroys [*Har HaMashḥit*]" (e.g., Jeremiah 51:25), because of the idol worship that was conducted there.

View of the Mount of Olives from the Old City of Jerusalem

NOTES

Amei ha'aretz – עַמֵּי הָאָרֶץ: According to the standard version of the Gemara, which is the version Rashi had, there is an obvious difficulty: Why did the *amei ha'aretz* refrain from eating second tithe in the areas that were added to the city, while at the same time they allowed themselves to partake of sacrificial food in places where the *ḥaverim* did not eat? Rashi explains at length that the *amei ha'aretz* who tithed their produce were extremely vigilant with regard to the mitzvot associated with it, because it requires each person to make a declaration that he performed the mitzva in a complete manner. Additionally, they were aware of the Sages' statement that one who fulfills this mitzva will be rewarded with wealth. Consequently, they were careful to partake of their second tithe in a place whose sanctity was definite. Many early commentaries had a different version of the text, according to which the *ḥaverim* and *amei ha'aretz* partook of sacrificial food and second tithe in the area of the lower pond and the only difference between these two groups was with regard to the upper pond, where the *amei ha'aretz* were stringent with regard to second tithe and lenient with regard to sacrificial food. *Tosefot HaRosh* explains that Rashi preferred the standard version of the Gemara, which is essentially the version found in the *Tosefta*, over the other, more straightforward version, because if everyone was stringent in the lower pond, there would be no need to mention it at all, since it is like the rest of Jerusalem, and the novelty would be only with regard to the upper pond.

BACKGROUND

Offerings of lesser sanctity – קָדָשִׁים קַלִּים: The offerings brought in the Temple are divided into two main categories: Offerings of the most sacred order and offerings of lesser sanctity. The offerings of the most sacred order include the Yom Kippur offerings, communal sin-offerings, burnt-offerings, and standard sin-offerings. The offerings of lesser sanctity include peace-offerings, animal tithe offerings, and the Paschal offering.

One of the primary differences between the two types of offerings is that offerings of the most sacred order are slaughtered only in the northern section of the Temple courtyard, while offerings of lesser sanctity may be slaughtered anywhere in the courtyard. Another difference is that the prohibition against misusing Temple property applies to offerings of the most sacred order as soon as they are consecrated, and it applies both to the portions that must be burned on the altar and to the portions that are to be eaten. For offerings of lesser sanctity, the prohibition applies only to those portions to be burned on the altar, and only after the blood has been sprinkled on the altar. Furthermore, offerings of the most sacred order may be consumed only on the day that the animal is sacrificed and that night, while most offerings of lesser sanctity may also be consumed on the following day.

Second tithe – מַעֲשֵׂר שֵׁנִי: The second tithe is separated after *teruma* has been given to the priests and the first tithe has been given to the Levites. Second tithe is to be given during the first, second, fourth, and fifth years of the Sabbatical cycle. After second tithe is separated, it is brought to Jerusalem to be eaten there by its owner. If this is difficult, because the journey to Jerusalem is too long, or if the produce became ritually impure, it can be redeemed for an equivalent sum of money. If one redeems his own produce, he is required to add one-fifth of its value to the redemption money. The money is then brought to Jerusalem, where it is spent on food. Second tithe can be redeemed only with minted coins; blank coins and promissory notes cannot be used. Today, second tithe is still redeemed, but only for a nominal sum, since in the absence of the Temple it is no longer brought to Jerusalem. The *halakhot* of second tithe are discussed in tractate *Ma'aser Sheni*.

וְלָמָּה קִידְּשׁוּהָ? לָמָּה קִידְּשׁוּהָ?! הָא אָמְרַתְּ: לֹא קִידְּשׁוּהָ! אֶלָּא לָמָּה הִכְנִיסוּהָ? מִפְּנֵי שֶׁתּוּרְפָּה שֶׁל יְרוּשָׁלַיִם הָיְתָה, וְנוֹחָה הִיא לִיכָּבֵשׁ מִשָּׁם!

The Gemara asks: **But why did they consecrate** the upper pond if they could not do so properly? This Gemara responds: **Why did they consecrate it? Didn't you say that they did not consecrate it? Rather,** the question should be asked as follows: Given that they could not consecrate the upper pond, **why did they bring it within** the walls of the city? The Gemara answers: **Because it was a weak point** [*turpa*][L] **of Jerusalem and it would have been easy to conquer** the city **from there,** it became necessary to include it within the wall. This *baraita* seems to present explicit proof against the opinion of Rav Naḥman, who holds that there is no need for all of the procedures listed in the mishna in order for the consecration to be complete.

תַּנָּאֵי הִיא; דְּתַנְיָא, אָמַר רַבִּי אֱלִיעֶזֶר: שָׁמַעְתִּי, כְּשֶׁהָיוּ בּוֹנִין בַּהֵיכָל עָשׂוּ קְלָעִים לַהֵיכָל וּקְלָעִים לַעֲזָרוֹת, אֶלָּא שֶׁבַּהֵיכָל בּוֹנִין מִבַּחוּץ, וּבַעֲזָרוֹת בּוֹנִין מִבִּפְנִים.

The Gemara rejects this proof: This **is** a dispute between ***tanna'im*** as to whether the initial consecration of Jerusalem and the Temple sanctified them only for their time or forever. Abba Shaul maintains that the initial consecration lapsed, and therefore the reconsecration required all of the procedures mentioned in the mishna. Where is this dispute taught? **As it is taught** in a mishna (*Eduyyot* 8:6): **Rabbi Eliezer says: I heard** that **when they were building the Sanctuary** in the Second Temple, **they fashioned** temporary **curtains for the Sanctuary and** temporary **curtains for the courtyards**[N] to serve as partitions until the construction of the stone walls was completed. The difference was **only that in the Sanctuary,** the workers **built** the walls **outside**[N] the curtains, without entering, **and in the courtyards,** the workers **built** the walls **within** the curtains.

אָמַר רַבִּי יְהוֹשֻׁעַ: שָׁמַעְתִּי שֶׁמַּקְרִיבִין אַף עַל פִּי שֶׁאֵין בַּיִת, אוֹכְלִין קׇדְשֵׁי קֳדָשִׁים אַף עַל פִּי שֶׁאֵין קְלָעִים, קֳדָשִׁים קַלִּים וּמַעֲשֵׂר שֵׁנִי – אַף עַל פִּי שֶׁאֵין חוֹמָה, מִפְּנֵי שֶׁקְּדוּשָּׁה רִאשׁוֹנָה קִידְּשָׁה לְשַׁעְתָּהּ וְקִידְּשָׁה לֶעָתִיד לָבֹא; לָאו מִכְּלָל דְּרַבִּי אֱלִיעֶזֶר סָבַר: לֹא קִידְּשָׁה לֶעָתִיד לָבֹא?

The mishna continues: **Rabbi Yehoshua says: I heard that one sacrifices offerings** on the altar **even if there is no Temple,** and **one partakes of offerings of the most sacred order** in the Temple courtyard **even if there are no curtains, and** one partakes of **offerings of lesser sanctity and second-tithe** produce in Jerusalem **even if there is no wall** surrounding the city. This is **due to** the fact **that the initial consecration sanctified** the Temple and Jerusalem **for their time and** also **sanctified** them **forever.** The Gemara concludes: From the fact that Rabbi Yehoshua based his opinion on the principle that the initial consecration sanctified the Temple and Jerusalem forever, can one **not** learn **by inference** that **Rabbi Eliezer maintains** that **it did not sanctify** them **forever?** Apparently, this issue is the subject of a dispute between *tanna'im*.

אֲמַר לֵיהּ רָבִינָא לְרַב אַשִׁי: מִמַּאי? דִּלְמָא דְּכוּלֵּי עָלְמָא – קְדוּשָּׁה רִאשׁוֹנָה קִידְּשָׁה לְשַׁעְתָּהּ וְקִידְּשָׁה לֶעָתִיד לָבֹא, וּמָר מַאי דִּשְׁמִיעַ לֵיהּ קָאָמַר, וּמָר מַאי דִּשְׁמִיעַ לֵיהּ קָאָמַר! וְכִי תֵּימָא, קְלָעִים לְרַבִּי אֱלִיעֶזֶר לָמָּה לִי? לִצְנִיעוּתָא בְּעָלְמָא!

Ravina said to Rav Ashi: From where do you draw this inference? **Perhaps everyone** maintains that **the initial consecration sanctified** the Temple and Jerusalem **for their time and** also **sanctified** them **forever. And one Sage,** Rabbi Eliezer, **stated that** tradition, **which he heard** from his teachers, **and one Sage,** Rabbi Yehoshua, **stated that** tradition, **which he heard** from his teachers, and there is no dispute between them. **And if you would say: Why do I** need **curtains** at all **according to Rabbi Eliezer?** The original sanctity remained when Jerusalem was not surrounded by walls, and similarly, the presence or absence of curtains is irrelevant to the sanctity of the Temple area. The Gemara answers: The curtains were established **merely for seclusion,** as it would have been unbecoming for the activity in this most sacred venue to be visible to all.

אֶלָּא הָנֵי תַּנָּאֵי; דְּתַנְיָא, אָמַר רַבִּי יִשְׁמָעֵאל בְּרַבִּי יוֹסֵי: לָמָּה מָנוּ חֲכָמִים אֶת אֵלּוּ? שֶׁכְּשֶׁעָלוּ בְּנֵי הַגּוֹלָה מָצְאוּ אֵלּוּ וְקִידְּשׁוּם, אֲבָל רִאשׁוֹנוֹת בָּטְלוּ מִשֶּׁבָּטְלָה הָאָרֶץ; אַלְמָא קָסָבַר: קְדוּשָּׁה רִאשׁוֹנָה קִידְּשָׁה לְשַׁעְתָּהּ וְלֹא קִידְּשָׁה לֶעָתִיד לָבֹא.

Rather, this matter is subject to a dispute between **these *tanna'im*, as it is taught** in a *baraita* with regard to the walled cities listed in the mishna in tractate *Arakhin* (32a): **Rabbi Yishmael, son of Rabbi Yosei, said: Why did the Sages enumerate** specifically **these** nine cities as cities that were walled since the days of Joshua, son of Nun? In fact, there were many more. The reason is **that when the exiles ascended** to Eretz Yisrael from Babylonia in the time of Ezra, **they found these** cities **and consecrated them**[H] as walled cities; **but the** sanctity of the **first** walled cities, enumerated in the book of Joshua, **was nullified when** settlement in **Eretz** Yisrael **was negated** and the Jewish people were exiled. The Gemara comments: **Apparently,** Rabbi Yishmael, son of Rabbi Yosei, **maintains: The initial consecration sanctified** the Temple and Jerusalem **for their time** only **and did not sanctify** them **forever.**

LANGUAGE

Weak point [*turpa*] – **תּוּרְפָּה:** The primary meaning of the word *toref* is nakedness, which was generalized to refer to any place that should be covered or hidden. Consequently, it is similar in meaning to *erva*, as in: "You have come to see the nakedness [*ervat*] of the land" (Genesis 42:12). In a broader sense it refers to a place with weak defenses, which can be used as an entry point for enemies. What is described here may refer to the fortifications that were built in the Hasmonean period. In similar fashion, during the reign of King Agrippa additional areas on the northern side of Jerusalem, which lacked natural barriers that could serve as obstacles against potential invaders, were included within the third wall of the city.

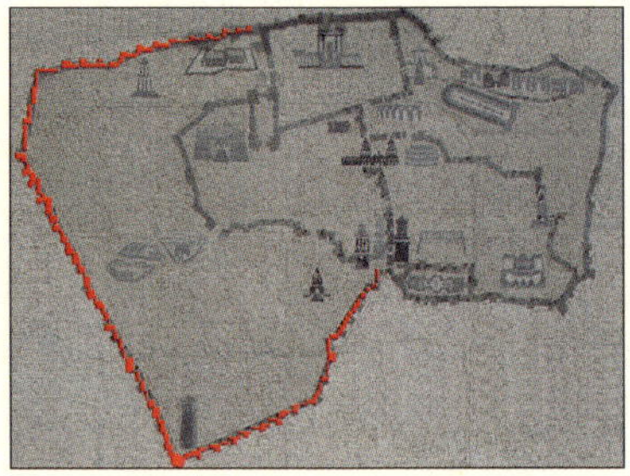

Mosaic of Jerusalem during the Second Temple period with the extension of the third wall shown

NOTES

They fashioned curtains for the Sanctuary and curtains for the courtyards – עָשׂוּ קְלָעִים לַהֵיכָל וּקְלָעִים לַעֲזָרוֹת: Rashi explains that at this point in the discussion the Gemara understands that the purpose of the curtains was to serve as a temporary substitute for the walls of the Sanctuary and the Temple courtyard so that offerings could be sacrificed there, as the initial sanctity of the site of the Temple had been nullified.

In the Sanctuary they built the walls outside – בַּהֵיכָל בּוֹנִין מִבַּחוּץ: This is because they tried to prevent people from seeing the inside of the Sanctuary. A similar procedure was adopted with respect to artisans called in to perform repairs in the Holy of Holies. In tractate *Megilla* (10a), Rashi explains that a partition was erected to prevent workers from mistakenly entering an area forbidden to them.

HALAKHA

They found these and consecrated them – מָצְאוּ אֵלּוּ וְקִידְּשׁוּם: When the Jews were exiled after the destruction of the First Temple, the sanctity of the cities that were walled in the time of Joshua was nullified. When Ezra ascended at the time of the second entry into Eretz Yisrael, all the walled cities that existed at that time were consecrated, as the Jewish people's entry into the land in the days of Ezra is compared to their entry in the days of Joshua. Just as when they entered in the days of Joshua, they counted Sabbatical and Jubilee Years, consecrated walled cities, and became obligated in tithes, so too, when they entered in the days of Ezra, they counted Sabbatical and Jubilee Years, consecrated walled cities, and became obligated in tithes. This is because the initial consecration was for their time and not forever, in accordance with the opinion of Rabbi Yishmael, son of Rabbi Yosei (Rambam *Sefer Zera'im, Hilkhot Shemitta VeYovel* 12:15; see *Hilkhot Terumot* 1:5).

וּרְמִינְהִי, אָמַר רַבִּי יִשְׁמָעֵאל בְּרַבִּי יוֹסֵי: וְכִי אֵלּוּ בִּלְבַד הָיוּ? וַהֲלֹא כְּבָר נֶאֱמַר: ״שִׁשִּׁים עִיר כָּל חֶבֶל אַרְגֹּב מַמְלֶכֶת עוֹג בַּבָּשָׁן. כָּל אֵלֶּה עָרִים בְּצֻרוֹת חוֹמָה גְבֹהָה״! אֶלָּא לָמָּה מָנוּ חֲכָמִים אֶת אֵלּוּ? שֶׁכְּשֶׁעָלוּ בְּנֵי הַגּוֹלָה, מָצְאוּ אֵלּוּ וְקִידְּשׁוּם.

And the Gemara **raises a contradiction** from a different *baraita*: **Rabbi Yishmael, son of Rabbi Yosei, says: Were these** cities that are enumerated in tractate *Arakhin* **the only** walled cities? **But isn't it already stated: "Sixty cities, all the region of Argob, the kingdom of Og, king of Bashan, all these were cities fortified with high walls,** gates and bars" (Deuteronomy 3:4–5), indicating that there were many walled cities in the time of Joshua? **Rather, why** then **did the Sages enumerate** specifically **these** cities? It is due to the fact **that when the exiles ascended** from Babylonia **they found these and consecrated them** as walled cities.

קִידְּשׁוּם? הַשְׁתָּא הָא אָמְרִינַן לְקַמָּן דְּלָא צְרִיכָא לְקִדּוּשֵׁי! אֶלָּא: מָצְאוּ אֵלּוּ וּמְנָאוּם.

The Gemara asks: **They consecrated them?** If their sanctity remained, it should not have been necessary to consecrate them. **Now, don't we say later** in the same *baraita* **that it is not necessary to consecrate** them? The Gemara clarifies: **Rather,** this is what the *baraita* means to say: When the exiles ascended from Babylonia **they found these and enumerated them.**

וְלֹא אֵלּוּ בִּלְבָד, אֶלָּא כָּל שֶׁתַּעֲלֶה בְּיָדְךָ מָסוֹרֶת מֵאֲבוֹתֶיךָ שֶׁמּוּקֶּפֶת חוֹמָה מִימוֹת יְהוֹשֻׁעַ בִּן נוּן – כָּל מִצְוֹת אֵלּוּ נוֹהֲגוֹת בָּהּ, מִפְּנֵי שֶׁקְּדוּשָּׁה רִאשׁוֹנָה קִידְּשָׁה לְשַׁעְתָּהּ וְקִידְּשָׁה לֶעָתִיד לָבֹא. קַשְׁיָא דְּרַבִּי יִשְׁמָעֵאל בַּר יוֹסֵי אַדְּרַבִּי יִשְׁמָעֵאל בַּר יוֹסֵי!

The *baraita* continues: **And not only these, but** in **any** city with regard to **which you receive a tradition from your ancestors that it was surrounded by a wall from the days of Joshua, son of Nun, all these mitzvot**[N] with regard to walled cities **are observed in it, due to** the fact **that the initial consecration sanctified** the Temple and Jerusalem **for their time and sanctified** them **forever.** The Gemara comments: This **is difficult,** as there is a contradiction between one statement **of Rabbi Yishmael bar Yosei and** another statement **of Rabbi Yishmael bar Yosei.**

אִיבָּעֵית אֵימָא: תְּרֵי תַנָּאֵי אַלִּיבָּא דְּרַבִּי יִשְׁמָעֵאל בַּר יוֹסֵי. אִיבָּעֵית אֵימָא: חֲדָא מִינַּיְיהוּ רַבִּי אֶלְעָזָר בַּר יוֹסֵי אֲמָרָהּ; דְּתַנְיָא, רַבִּי אֶלְעָזָר בַּר יוֹסֵי אוֹמֵר: ״אֲשֶׁר לוֹא חֹמָה״ – אַף עַל פִּי שֶׁאֵין לוֹ עַכְשָׁיו וְהָיָה לוֹ קוֹדֶם לָכֵן.

The Gemara answers: **If you wish, say** that there are **two** *tanna'im* who disagree **with regard to** the opinion **of Rabbi Yishmael bar Yosei.** Each transmitted Rabbi Yishmael's opinion in a different manner. And **if you wish, say** instead that one of the traditions is mistaken, as **one of the** *baraitot* **was stated by Rabbi Elazar bar Yosei,** and not his brother, Rabbi Yishmael. **As it is taught** in a *baraita*: **Rabbi Elazar bar Yosei says** that the verse with regard to walled cities states: **"Which has [*lo*] a wall"** (Leviticus 25:30).[HB] The word *lo* is written with an *alef*, meaning no, and accordingly the verse would be stating to the contrary, that the city does not have a wall, but its vocalization is in the sense of its homonym, *lo* with a *vav*, meaning that it has a wall. This indicates that **even if it does not presently have** a wall **but it had** a wall **previously,** it retains its status as a walled city. It is Rabbi Elazar bar Yosei who maintains that the first consecration sanctified the Temple and Jerusalem forever.

NOTES

All these mitzvot – **כָּל מִצְוֹת אֵלּוּ**: Special *halakhot* govern the walled cities, whose unique sanctity sets them apart from other places in Eretz Yisrael. These include the obligation to send lepers out of the city, the prohibition against turning the outer sections of the city into fields, and the *halakha* with regard to redemption of sold property.

HALAKHA

Which has a wall – **אֲשֶׁר לוֹא חוֹמָה**: With regard to the *halakha* governing a walled city, a city is defined as walled according to its status at the time of the conquest of Eretz Yisrael. How so? A city that was not walled at the time of Joshua's conquest, even if it is walled now, is considered an unwalled city, whereas a city that was walled in the days of Joshua, even if it is not walled now, is considered a walled city. This is in accordance with the opinion of Rabbi Yishmael, son of Rabbi Yosei. The Ra'avad asks: If the initial consecration was nullified, why should the critical factor be the city's status at the time of Joshua's conquest? The *Kesef Mishne* and others understand that the Rambam is describing the classification of walled cities during the period of the First Temple, but that from the time of Ezra, a city is defined as a walled city in accordance with its status in the days of Ezra. Although the Rambam maintains that the initial consecration of Eretz Yisrael was nullified, this *halakha* does not contradict the ruling of Rabbi Elazar bar Yosei with regard to the issue of walled cities (Rambam *Sefer Zera'im*, *Hilkhot Shemitta VeYovel* 12:15).

BACKGROUND

Redemption of houses in a walled city – **גְּאוּלַּת בָּתֵּי עָרֵי חוֹמָה**: The Torah (Leviticus, chapter 25) states that an ancestral field cannot be permanently sold. Even if the original owner fails to redeem his land after selling it, the field returns to him during the Jubilee Year. A different *halakha* applies to houses in walled cities; one who sells a house in a walled city has a year to redeem it, and if he fails to do so, it becomes the permanent property of the buyer. The owner of a house in a walled city receives fewer protections than the owner of a field since a house is only a place of residence, while a field is considered a primary source of one's livelihood (Ramban). Houses in the walled cities of Levites are governed by the same *halakhot* as ancestral fields.

Perek **II**
Daf **16** Amud **b**

״נִטְמָא בָּעֲזָרָה וְנֶעֶלְמָה מִמֶּנּוּ טוּמְאָה״ וכו׳. טוּמְאָה בָּעֲזָרָה מְנָלַן? אָמַר רַבִּי אֶלְעָזָר: כָּתוּב אֶחָד אוֹמֵר: ״אֶת מִשְׁכַּן ה׳ טִמֵּא״, וְכָתוּב אֶחָד אוֹמֵר: ״כִּי אֶת מִקְדַּשׁ ה׳ טִמֵּא״; אִם אֵינוֹ עִנְיָן לְטוּמְאָה שֶׁבַּחוּץ, תְּנֵהוּ עִנְיָן לְטוּמְאָה שֶׁבִּפְנִים.

§ The mishna teaches about one who was ritually pure when he entered the Temple but **who became impure** while **in the** Temple **courtyard, and** afterward his **impurity was hidden from him.** The Gemara asks: **From where do we** derive that one is liable even if he contracted **impurity in the** Temple **courtyard** and failed to leave immediately by way of the shortest route, and not only if he entered the Temple courtyard when he was already impure? **Rabbi Elazar says: One verse states: "He has defiled the Tabernacle of the Lord"** (Numbers 19:13), **and one verse states: "For he has defiled the Temple of the Lord"** (Numbers 19:20). **If** this second verse **is not** needed for the **matter**[B] **of** one who contracted **impurity outside** before he entered the Temple courtyard, as this situation is already referred to in the previous verse, **apply it** to the **matter of** one who contracted **impurity inside** the Temple courtyard.

BACKGROUND

If it is not needed for the matter – **אִם אֵינוֹ עִנְיָן**: This form of reasoning is one of the thirty-two hermeneutical principles of Rabbi Eliezer, son of Rabbi Yosei. According to most commentaries, the conclusions drawn from these principles are as authoritative as *halakhot* explicitly written in the Torah (see *Yad Malakhi*). This principle is based on the superfluity of a verse in the context in which it is written. Owing to this superfluity the verse is applied to another context, though never to a matter totally unrelated to the plain meaning of the text.

וְקְרָאֵי מְיַתְּרֵי? הָא מִיצְרַךְ צְרִיכִי! דְּתַנְיָא, רַבִּי אֶלְעָזָר אוֹמֵר: אִם נֶאֱמַר "מִשְׁכָּן" לָמָּה נֶאֱמַר "מִקְדָּשׁ", וְאִם נֶאֱמַר "מִקְדָּשׁ" לָמָּה נֶאֱמַר "מִשְׁכָּן"? אִילּוּ נֶאֱמַר "מִשְׁכָּן" וְלֹא נֶאֱמַר "מִקְדָּשׁ", הָיִיתִי אוֹמֵר: עַל מִשְׁכָּן יְהֵא חַיָּיב, שֶׁהֲרֵי מָשׁוּחַ בְּשֶׁמֶן הַמִּשְׁחָה, וְעַל מִקְדָּשׁ לֹא יְהֵא חַיָּיב; וְאִם נֶאֱמַר "מִקְדָּשׁ" וְלֹא נֶאֱמַר "מִשְׁכָּן", הָיִיתִי אוֹמֵר: עַל מִקְדָּשׁ יְהֵא חַיָּיב, שֶׁהֲרֵי קְדוּשָּׁתוֹ קְדוּשַּׁת עוֹלָם, וְעַל מִשְׁכָּן לֹא יְהֵא חַיָּיב; לְכָךְ נֶאֱמַר "מִשְׁכָּן", לְכָךְ נֶאֱמַר "מִקְדָּשׁ"!

The Gemara asks: But is it really **superfluous** to have both of these **verses**, one having been sufficient? **Aren't they** each **necessary** to teach a novel ruling? **As it is taught** in a *baraita*: **Rabbi Elazar says: If it is stated: "Tabernacle," why does it state: "Temple"? And if it is stated: "Temple," why does it state: "Tabernacle"?** He explains: **Had** the verse **stated** only: **"Tabernacle," and not stated: "Temple," I would have said** that one is **liable** for entering **the Tabernacle** in a state of impurity, **since it was anointed with the anointing oil,** and therefore it carries greater sanctity, **but he is not liable** for entering **the Temple,** which was not anointed with the anointing oil. **And had** the verse **stated** only: **"Temple," and not stated: "Tabernacle," I would have said** that one is **liable** for entering **the Temple** in a state of impurity, **since its sanctity is an eternal sanctity, but he is not liable** for entering **the Tabernacle,** whose sanctity was only for its time. **For this reason, it is stated: "Tabernacle," and for this reason, it is stated: "Temple."**

רַבִּי אֶלְעָזָר הָכִי קָא קַשְׁיָא לֵיהּ: מִכְּדֵי מִשְׁכָּן אִיקְּרֵי "מִקְדָּשׁ" וּמִקְדָּשׁ אִיקְּרֵי "מִשְׁכָּן", נִכְתּוֹב אוֹ אִידֵּי וְאִידֵּי מִקְדָּשׁ אוֹ אִידֵּי וְאִידֵּי מִשְׁכָּן, "מִשְׁכָּן" וּ"מִקְדָּשׁ" לָמָּה לִי? שְׁמַע מִינַּהּ תַּרְתֵּי.

The Gemara answers: **Rabbi Elazar** did not base his derivation on a superfluous verse, but on the change in wording between the two verses. **This is what is difficult for him: Since the Tabernacle** is also **called Temple and the Temple is** also **called Tabernacle, then let** the verse **write either** in **both** verses: **Temple, or** in **both** verses: **Tabernacle; why do I need** both **"Tabernacle" and "Temple"? Conclude two** conclusions **from it,** i.e., that one is liable even for impurity contracted inside the grounds, and that the *halakha* applies both in the Tabernacle and in the Temple.

בִּשְׁלָמָא מִקְדָּשׁ אִיקְּרֵי "מִשְׁכָּן", דִּכְתִיב: "וְנָתַתִּי מִשְׁכָּנִי בְּתוֹכְכֶם". אֶלָּא מִשְׁכָּן דְּאִיקְּרֵי "מִקְדָּשׁ" מְנָלַן? אִילֵּימָא מִדִּכְתִיב: "וְנָסְעוּ הַקְּהָתִים נֹשְׂאֵי הַמִּקְדָּשׁ" – הַהוּא בָּאָרוֹן כְּתִיב! אֶלָּא מֵהָכָא: "וְעָשׂוּ לִי מִקְדָּשׁ וְשָׁכַנְתִּי בְּתוֹכָם", וּכְתִיב: "כְּכֹל אֲשֶׁר אֲנִי מַרְאֶה אוֹתְךָ אֵת תַּבְנִית הַמִּשְׁכָּן".

The Gemara questions its previous assumption: **Granted, the Temple is** also **called Tabernacle, as it is written: "And I will set My Tabernacle among you"** (Leviticus 26:11),[N] where the reference is to the Temple, as the verse is referring to that which will transpire after the Jewish people have settled in their land. **But from where** do we derive **that the Tabernacle is** also **called Temple? If we say** that it is derived **from that which is written: "And the Kehatites, the bearers of the Temple, set forward"** (Numbers 10:21), **that** instance of the term Temple **is** not written with regard to the Tabernacle; rather, it is **written with regard to the Ark** and the other sacred vessels. **Rather,** it is derived **from here: "And let them make Me a Temple, that I may dwell among them"** (Exodus 25:8), where the reference is to the Tabernacle, as immediately afterward **it is written: "According to all that I show you, the pattern of the Tabernacle"** (Exodus 25:9).

"וְהִשְׁתַּחֲוָה אוֹ שֶׁשָּׁהָה כְּדֵי הִשְׁתַּחֲוָאָה". אָמַר רָבָא: לֹא שָׁנוּ אֶלָּא שֶׁהִשְׁתַּחֲוָה כְּלַפֵּי פְנִים; אֲבָל הִשְׁתַּחֲוָה כְּלַפֵּי חוּץ, שָׁהָה – אִין, לֹא שָׁהָה – לָא.

§ The mishna teaches: If **he bowed down, or he tarried**[N] in the Temple courtyard **long enough to bow down,** or he went out by way of a longer route when he could have taken a shorter route, he is liable to bring a sliding-scale offering. **Rava says: They taught** this **only when he bowed down** in the Temple courtyard **facing inward,**[H] toward the Holy of Holies, as that alone is proper bowing. **But if he bowed down facing outward,** that is not considered bowing. When he bows facing outward, if **he tarried** in the Temple courtyard long enough to bow down, **yes,** he is liable, but if **he did not tarry** long enough to bow down, he is **not** liable.

אִיכָּא דְּמַתְנֵי לַהּ אַסֵּיפָא: אוֹ שֶׁשָּׁהָה כִּכְדֵי הִשְׁתַּחֲוָאָה – מִכְּלָל דְּהִשְׁתַּחֲוָאָה גּוּפַהּ בָּעֲיָא שְׁהִיָּיה. אָמַר רָבָא: לֹא שָׁנוּ אֶלָּא שֶׁהִשְׁתַּחֲוָה כְּלַפֵּי חוּץ, אֲבָל כְּלַפֵּי פְנִים – אַף עַל גַּב דְּלָא שָׁהָה; וְהָכִי קָאָמַר: הִשְׁתַּחֲוָה כְּלַפֵּי פְנִים, אוֹ שֶׁשָּׁהָה כְּדֵי הִשְׁתַּחֲוָאָה בְּהָךְ הִשְׁתַּחֲוָאָה דִּכְלַפֵּי חוּץ – חַיָּיב.

There are those **who teach** the statement of Rava **with regard to the latter clause:**[N] **Or if he tarried** in the Temple courtyard **long enough to bow down,** he is liable to bring a sliding-scale offering. It may be said **by inference that bowing down itself entails tarrying,** and the mere act of bowing does not render one liable. With regard to this **Rava says: They taught** this **only when he bowed down facing outward.** In such a case, he is liable only if he tarried long enough to bow down. **But** if he bowed down **facing inward** toward the Holy of Holies, he is liable **even if he did not tarry** for that length of time. **And this** is what the mishna **is saying:** If **he bowed down facing inward,** or if he **tarried long enough to bow down while** he was **bowing down facing outward,** he is **liable.**

NOTES

As it is written, and I will set My Tabernacle among you – דִּכְתִיב וְנָתַתִּי מִשְׁכָּנִי: Rashi explains here that this means that any dwelling for the Divine Presence that is placed "among you" is called a Tabernacle. In tractate *Eiruvin* (2a) he explains that this verse must be referring to the Temple, as when it was stated, the Tabernacle had already been constructed. Consequently, the verse must be speaking only of the Temple, which was to be built in the future.

If he bowed down or he tarried – הִשְׁתַּחֲוָה אוֹ שָׁהָה: The mishna is discussing one who exerted himself and completed his bowing in less time than is usually required to bow (Ri Migash).

There are those who teach this with regard to the latter clause – אִיכָּא דְּמַתְנֵי לַהּ אַסֵּיפָא: The disagreement is with regard to the matter about which Rava made his statement, and the meaning of the mishna according to each opinion. With regard to the practical *halakha*, there is no difference between the two versions (Ri Migash).

HALAKHA

He bowed down facing inward – הִשְׁתַּחֲוָה כְּלַפֵּי פְנִים: If one became ritually impure while in the Temple courtyard, if he then tarried, or turned his face to the Sanctuary and bowed, even without tarrying, he is liable to be punished with *karet* if he acted intentionally, and he must bring an offering if he acted unwittingly. If he did not turn his face to the Sanctuary, but bowed facing outward, he is exempt unless he tarried long enough for a standard act of bowing. This is in accordance with the opinion of Rava (Rambam *Sefer Avoda, Hilkhot Biat HaMikdash* 3:22–23).

היכי דמי השתחואה דאית בה שהייה, והיכי דמי השתחואה דלית בה שהייה? דלית בה שהייה – זו כריעה בעלמא היא, דאית בה שהייה – פישוט ידים ורגלים.

The Gemara asks: **What are the circumstances of bowing in which there is tarrying, and what are the circumstances of bowing in which there is no tarrying?** The Gemara answers: With regard to bowing **in which there is no tarrying, that is merely kneeling.** As for bowing **in which there is tarrying,** that is prostrating oneself while **spreading** one's **arms and legs** in total submission.

וכמה שיעור שהייה? פליגי בה רבי יצחק בר נחמני וחד דעימיה, ומנו? רבי שמעון בן פזי; ואמרי לה רבי שמעון בן פזי וחד דעימיה, ומנו? רבי יצחק בר נחמני, ואמרי לה רבי שמעון בר נחמני; חד אמר: כמימריה דהאי פסוקא, וחד אמר: כמ״ויכרעו״ לסיפא, ״וכל בני ישראל ראים ברדת האש וכבוד ה׳ על הבית ויכרעו אפים ארצה על הרצפה וישתחוו והודות לה׳ כי טוב כי לעולם חסדו״.

The Gemara asks: **And what is the measure of** that **tarrying? Rabbi Yitzḥak bar Naḥmani and one** other Sage **who was with him disagree about this. And who is** that other scholar? **Rabbi Shimon ben Pazi. And some say** that it was **Rabbi Shimon ben Pazi and one** other Sage **who was with him. And who is** that other scholar? **Rabbi Yitzḥak bar Naḥmani. And some say** it was **Rabbi Shimon bar Naḥmani. One** Sage **says:** It is as long **as** the time it takes **to recite this** following **verse** in its entirety, **and one** Sage **says:** It is as long **as** the time it takes to recite **from** the term **"and they bowed"** in the middle of that verse **until the end.**[H] What is the verse? **"And when all the children of Israel saw how the fire came down, and the glory of the Lord upon the House, and they bowed with their faces to the ground upon the pavement, and prostrated themselves, and praised the Lord, saying: For He is good, for His steadfast love endures forever"** (II Chronicles 7:3).

תנו רבנן: קידה – על אפים, וכן הוא אומר: ״ותקד בת שבע אפים ארץ״; כריעה – על ברכים, וכן הוא אומר: ״מכרע על ברכיו״; השתחואה – זו פישוט ידים ורגלים, וכן הוא אומר: ״הבוא נבוא אני ואמך ואחיך להשתחות לך ארצה״.

The Gemara discusses the different forms of bowing in greater detail. **The Sages taught:** The term ***kidda*** indicates falling **upon** one's **face,**[H] **and so** the verse **states: "Then Bathsheba bowed [*vatikkod*] with her face to the ground"** (I Kings 1:31). ***Keria*** means descending **upon** one's **knees, and so** the verse **states** with regard to Solomon: "He rose from before the altar of the Lord, **from kneeling [*mikero'a*] upon his knees"** (I Kings 8:54). ***Hishtaḥava'a*, this** is prostrating oneself while **spreading** one's **arms and legs**[B] in total submission, **and so** the verse **states** that Jacob asked, in response to Joseph's relating of his dream: **"Shall I and your mother and your brothers indeed come to bow down [*lehishtaḥavot*] to you to the ground"** (Genesis 37:10), i.e., spread out completely on the ground.

בעי רבא: צריך שהייה למלקות, או אין צריך שהייה למלקות? לקרבן גמירי שהייה, למלקות לא גמירי שהייה;

§ **Rava raises a dilemma:** Is **tarrying** long enough to bow down **necessary to** incur **lashes?** If one was warned not to remain in the Temple courtyard in a state of impurity, is he liable to receive lashes only if he remains there long enough to bow down, completely spread out on the ground? **Or is tarrying not necessary to** incur **lashes,** and he is immediately liable to receive lashes? The Gemara clarifies the two possibilities: Is it **learned** as a tradition that **tarrying** is necessary in order to incur liability **to** bring **an offering,** but **not learned** as a tradition that **tarrying** is necessary to become liable **to** receive **lashes?**

BACKGROUND

Spreading one's arms and legs – פישוט ידים ורגלים:

Onlookers spreading their arms and legs during the Yom Kippur service in the Temple

HALAKHA

From: And they bowed, until the end – כמויכרעו לסיפא: The measure of tarrying for which one is liable is the time it takes to recite the second portion of the verse, i.e., "And they bowed themselves with their faces to the ground upon the pavement, and prostrated themselves, and praised the Lord, saying: For He is good, for His steadfast love endures forever." The *Kesef Mishne* notes that the Rambam understands from the Jerusalem Talmud that according to the first opinion in the Gemara here, the period of tarrying is the time required to recite the verse until the words "and they bowed," whereas according to the second opinion it is the time required to recite from "and they bowed" until the end of the verse. The Rambam rules in accordance with the second, more lenient, opinion (Rambam *Sefer Avoda*, *Hilkhot Biat HaMikdash* 3:23).

Kidda indicates falling upon one's face – קידה על אפים: *Keria* means descending upon one's knees, *kidda* indicates falling upon one's face, and *hishtaḥava'a* refers to bowing on the ground with outstretched arms and legs (Rambam *Sefer Ahava*, *Hilkhot Tefilla* 5:13; see *Sefer HaMadda*, *Hilkhot Avoda Zara* 6:6).

אוֹ דִּלְמָא בִּפְנִים גְּמִירִי שְׁהִיָּה, לָא שְׁנָא לְקׇרְבָּן וְלָא שְׁנָא לְמַלְקוֹת? תֵּיקוּ.

Or perhaps it is **learned** as a tradition that **tarrying** is necessary to incur any liability for impurity **within** the Temple, and **it is no different** whether the liability is **to** bring **an offering, and it is no different** whether it is **to** receive **lashes?** The Gemara concludes: The dilemma **shall stand** unresolved.

בָּעֵי רָבָא: תָּלָה עַצְמוֹ בַּאֲוִיר עֲזָרָה, מַהוּ? כִּי גְּמִירִי שְׁהִיָּה – שְׁהִיָּה דְּבַת הִשְׁתַּחֲוָאָה, דְּלָאו בַּת הִשְׁתַּחֲוָאָה לָא גְּמִירִי. אוֹ דִּלְמָא בִּפְנִים שְׁהִיָּה גְּמִירִי, לָא שְׁנָא דְּבַת הִשְׁתַּחֲוָאָה וְלָא שְׁנָא דְּלָאו בַּת הִשְׁתַּחֲוָאָה? תֵּיקוּ.

Rava raises another **dilemma:** If an impure person **suspended himself in the airspace of** the Temple **courtyard**[H] long enough to bow down, **what is the** *halakha*? **When it is learned** as a tradition that an impure person is liable for **tarrying** in the Temple, is this only with regard to **tarrying that is suited for bowing;** but with regard to tarrying **that is not suited for bowing,** as in this case, where the person cannot bow down as long as he is suspended in the air, it **is not learned** as a tradition that one is liable? **Or perhaps** it **is learned** as a tradition that there is liability for **tarrying within** the Temple, and **it is no different** whether the tarrying **is suited for bowing, and it is no different** whether the tarrying **is not suited for bowing.** The Gemara concludes: The dilemma **shall stand** unresolved.

בָּעֵי רַב אַשִׁי: טִימֵּא עַצְמוֹ בְּמֵזִיד, מַהוּ? בְּאוֹנֶס גְּמִירִי שְׁהִיָּה, בְּמֵזִיד לָא גְּמִירִי שְׁהִיָּה. אוֹ דִּלְמָא בִּפְנִים גְּמִירִי שְׁהִיָּה, לָא שְׁנָא בְּאוֹנֶס וְלָא שְׁנָא בְּמֵזִיד? תֵּיקוּ.

Rav Ashi also **raises a dilemma** relating to this matter: If one **intentionally rendered himself ritually impure**[NH] while he was in the Temple courtyard, **what is the** *halakha* with regard to tarrying? Is it **learned** as a tradition that **tarrying** is necessary when one contracts impurity while in the Temple **in circumstances beyond his control,** but **not learned** as a tradition that **tarrying** is necessary when he renders himself impure **intentionally? Or perhaps** it is **learned** as a tradition that **tarrying** is necessary for any liability for impurity **within** the Temple, and **it is no different** whether the impurity was contracted **in circumstances beyond his control, and it is no different** whether it was contracted **intentionally.** The Gemara concludes: The dilemma **shall stand** unresolved.

בָּעֵי רַב אַשִׁי: נָזִיר בְּקֶבֶר, בָּעֵי שְׁהִיָּה לְמַלְקוֹת אוֹ אֵינוֹ צָרִיךְ? בִּפְנִים גְּמִירִי שְׁהִיָּה, בַּחוּץ לָא גְּמִירִי שְׁהִיָּה. אוֹ דִּלְמָא בְּאוֹנֶס גְּמִירִי שְׁהִיָּה, לָא שְׁנָא בִּפְנִים וְלָא שְׁנָא בַּחוּץ? תֵּיקוּ.

Rav Ashi raises another **dilemma:** If **a nazirite,** who is prohibited from contracting impurity imparted by a corpse, found himself **alongside a grave,**[NH] **is tarrying** there **a necessary** condition for him **to** incur **lashes, or is** tarrying **not necessary,** and he is liable immediately? Is it **learned** as a tradition that **tarrying** is necessary **within** the Temple, but **not learned** as a tradition that **tarrying** is necessary **outside** the Temple, and the nazirite is liable immediately? **Or perhaps** it is **learned** as a tradition that **tarrying** is necessary for liability for impurity contracted **in circumstances beyond** one's **control,** and **it is no different** whether the impurity was contracted **within** the Temple, **and it is no different** whether it was contracted **outside** the Temple. The Gemara concludes: The dilemma **shall stand** unresolved.

NOTES

One intentionally rendered himself ritually impure – **טִימֵּא עַצְמוֹ בְּמֵזִיד**: That is, he intentionally rendered himself impure while he was in the Temple courtyard. This dilemma apparently relates to the issue of one's liability to receive lashes. Rashi explains the dilemma against the backdrop of the dilemma Rava raised at the end of 16b: Even if the *halakha* is that one who became impure unwittingly or in circumstances beyond his control is liable to receive lashes only if he tarried, what is the *halakha* concerning one who intentionally rendered himself impure?

By contrast, the Ri Migash had a version of the Gemara that read: Or perhaps it is learned as a tradition that tarrying is necessary for bringing an offering, and it is no different whether the impurity was contracted in circumstances beyond his control, and it is no different whether it was contracted intentionally. According to this version, Rava is discussing liability to bring an offering in a case where one forgot that he was impure after he had intentionally rendered himself impure. *Tosafot* note that when he became impure he did not know, or he forgot, that he was in the Temple courtyard. Otherwise he certainly does not bring an offering, as he is not in the category of one who suffered a lapse in awareness.

The Ritva explains that even if one intentionally rendered himself impure, it could be that afterward he regretted his action, and forgot that he was impure. Accordingly, the dilemma is whether even in a case like this, where he is liable to bring an offering, tarrying is necessary to incur liability, or perhaps since his original action was intentional, he is liable immediately even without tarrying.

A nazirite alongside a grave – **נָזִיר בְּקֶבֶר**: Rashi, citing the Gemara in tractate *Nazir* (17b), explains that the nazirite contracted impurity in the cemetery in circumstances beyond his control, e.g., he entered the cemetery in a box and another person removed the cover. The Ri Migash explains that the nazirite entered the cemetery unwittingly. The question is whether the nazirite is liable to receive lashes only if he tarries in the cemetery long enough to bow down, or whether, since this is not a case of impurity in the Temple courtyard, he is liable to receive lashes if he does not leave immediately.

HALAKHA

He suspended himself in the airspace of the Temple courtyard – **תָּלָה עַצְמוֹ בַּאֲוִיר עֲזָרָה**: If one who is ritually impure suspended himself in the airspace above the Temple courtyard he does not bring an offering as there is an unresolved dilemma as to whether the airspace is considered like the Temple courtyard itself (Rambam *Sefer Korbanot*, *Hilkhot Shegagot* 11:4).

One intentionally rendered himself ritually impure – **טִימֵּא עַצְמוֹ בְּמֵזִיד**: There is an unresolved dilemma as to whether tarrying is necessary to incur liability only when one contracts impurity in circumstances beyond his control or even when he intentionally renders himself impure, and therefore he does not bring an offering. So too, he is not liable to receive lashes unless he tarries for the measure of time required for bowing (Rambam *Sefer Avoda*, *Hilkhot Biat HaMikdash* 3:21 and *Mishne LaMelekh* there).

A nazirite alongside a grave – **נָזִיר בְּקֶבֶר**: If a nazirite unwittingly entered a cemetery or a structure containing a corpse, and then he was informed and warned, but he did not immediately leave, he is liable to receive lashes, provided that he tarried long enough to bow down. The *halakha* is like that of a ritually impure person who entered the Temple (Rambam *Sefer Hafla'a*, *Hilkhot Nezirut* 5:19; see 6:9 and Ra'avad and Radbaz there).

״בָּא לוֹ בַּאֲרוּכָּה – חַיָּיב, בִּקְצָרָה – פָּטוּר״ וכו׳. אָמַר רָבָא: קְצָרָה שֶׁאָמְרוּ – אֲפִילּוּ עָקֵב בְּצַד גּוּדָל, וַאֲפִילּוּ כָּל הַיּוֹם כּוּלּוֹ.

§ The mishna teaches: If, at the time that one was unaware either that he was impure, or that he was in the Temple, **he went out** by way of **a longer** route when he could have taken a shorter route, he is **liable** to bring a sliding-scale offering. But if he left the Temple via **the shortest** way, he is **exempt. Rava says:** With regard to the **short** route, **which** the Sages **said**[H] here that he is exempt for, this does not necessarily mean that he left the Temple as quickly as possible, as if he took the most direct route he is exempt **even** if he walked with exceedingly small steps, **heel to toe, and even** if it took him **all day long.**

בָּעֵי רָבָא: שְׁהִיּוֹת מַהוּ שֶׁיִּצְטָרְפוּ? וְתִיפְשׁוֹט לֵיהּ מִדִּידֵיהּ! הָתָם בִּדְלָא שָׁהָה.

Rava raised a dilemma: What is the *halakha* with regard to **combining periods of tarrying,**[H] each of which is less than the amount of time necessary to recite the second portion of the verse mentioned above (II Chronicles 7:3)? If an impure person tarried in the Temple for less than the amount of time needed to bow down, and then started to leave, and then tarried again for less than the amount of time needed to bow down, do those two periods of tarrying combine together, so that if he tarried in total long enough to bow down, he is liable? The Gemara challenges: **Let** Rava **resolve** his dilemma **from his own** statement with regard to one who left the Temple with small steps, heel to toe, as such a person tarries intermittently between steps. The Gemara answers: **There** Rava is referring to one **who did not tarry** at all, walking continuously without interruption, albeit slowly. When Rava raised his dilemma here, it was with regard to one who stopped walking altogether and tarried.

בְּעָא מִינֵּיהּ אַבָּיֵי מֵרַבָּה: בָּא לוֹ בַּאֲרוּכָּה שִׁיעוּר קְצָרָה, מַהוּ? שִׁיעוּר גְּמִירִי, וְכִי בָּא לוֹ בַּאֲרוּכָּה שִׁיעוּר קְצָרָה – פָּטוּר. אוֹ דִּלְמָא דַּוְקָא גְּמִירִי: בַּאֲרוּכָּה – חַיָּיב, בִּקְצָרָה – פָּטוּר? אֲמַר לֵיהּ: לֹא נִתְּנָה אֲרוּכָּה לְהִדָּחוֹת אֶצְלוֹ.

Abaye raised a dilemma to Rabba that is the very opposite of the dilemma raised by Rava: If the impure person quickly **went out the longer** way **in the measure of time** ordinarily needed to go out **the shortest** way,[H] **what is** the *halakha*? Is it **learned** as a tradition that he is liable for tarrying for a certain **measure** of time, **and if he went out the longer** way in the **measure** of time ordinarily needed to go out the **shortest** way, he is **exempt? Or perhaps** it is **learned** as a tradition **specifically** that if he left the **longer** way, he is **liable,** whereas if he left the **shortest** way, he is **exempt.** Rabba **said to** Abaye: The liability for leaving using **the longer** way **was not given so that it would be overridden for him;** i.e., he is liable if he exits via the longer way, even if he runs.

מַתְקִיף לַהּ רַבִּי זֵירָא: אֶלָּא דְּקַיְימָא לָן טָמֵא שֶׁשִּׁימֵּשׁ בְּמִיתָה, הֵיכִי מַשְׁכַּחַתְּ לַהּ? אִי דְּלָא שָׁהָה – הֵיכִי עָבֵיד עֲבוֹדָה? אִי דְּשָׁהָה – בַּר כָּרֵת הוּא!

Rabbi Zeira objects to this: But as for this *halakha* **that we maintain,** that **an impure** priest **who** intentionally **served** in the Temple is liable **to** receive the punishment of **death**[H] at the hand of Heaven, **how can you find these** circumstances? **If he did not tarry** in the Temple long enough to bow down, **how could he have performed** any **service** in such a short period of time? And **if he tarried** long enough to bow down, **he is liable** to be punished with ***karet,*** which is a more severe punishment than death at the hand of Heaven.

HALAKHA

The short route which they said – קְצָרָה שֶׁאָמְרוּ: The longer route is referring to any route other than the most direct one. If one leaves via the most direct route, even if he does not run, but rather he walks with exceedingly small steps, heel to toe, and it takes him a very long time to exit, he is exempt, in accordance with the opinion of Rava (Rambam *Sefer Avoda, Hilkhot Biat HaMikdash* 3:24).

What is the *halakha* with regard to combining periods of tarrying – שְׁהִיּוֹת מַהוּ שֶׁיִּצְטָרְפוּ: If an impure person left the Temple via the most direct route, walking and tarrying intermittently, so that in total he tarried long enough to bow down, there is an unresolved dilemma as to whether the periods of tarrying combine together; therefore, he does not receive lashes if he acted intentionally, and he does not bring an offering if he acted unintentionally. He is liable, by rabbinic law, to receive lashes for rebelliousness (Rambam *Sefer Avoda, Hilkhot Biat HaMikdash* 3:24).

He went out the longer way in the measure of time needed to go out the shortest way – בָּא לוֹ בַּאֲרוּכָּה שִׁיעוּר קְצָרָה: If an impure person left the Temple via a longer route, but he exerted himself and ran, so that he exited in less time than is ordinarily required to leave via the shortest way, he is liable, in accordance with the opinion of Rabba (Rambam *Sefer Avoda, Hilkhot Biat HaMikdash* 3:24).

An impure person who served is liable receive death – טָמֵא שֶׁשִּׁימֵּשׁ בְּמִיתָה: A service performed in the Temple by a ritually impure priest is not valid, and the priest is liable to be punished with death at the hand of Heaven, even if he did not tarry there (Rambam *Sefer Avoda, Hilkhot Biat HaMikdash* 4:1).

אִי אָמְרַתְּ בִּשְׁלָמָא שִׁיעוּרָא גְּמִירִי, מַשְׁכַּחַתְּ לָהּ – דְּאָנֵיס נַפְשֵׁיהּ בִּקְצָרָה וְעָבַד עֲבוֹדָה.

Rabbi Zeira explains his objection: **Granted, if you say** that it is **learned** as a tradition that one is liable for tarrying for a certain **measure** of time, and if he did not tarry for the time it takes to bow down and leave the Temple via the shortest way, he is exempt, then **you can find** a case where the priest could have served in a state of impurity without becoming liable to be punished with *karet*. The case is **where he exerted himself** and ran out very quickly via the **shortest** way after having **performed a service** in a state of impurity, so that the total time that he was in the Temple was less time than it would ordinarily take him to bow and leave the shortest way. In such a case he is exempt from being punished with *karet*, and liable only to be punished with death at the hand of Heaven for having performed the Temple service while impure.

Perek **II**
Daf **17** Amud **b**

אֶלָּא אִי אָמְרַתְּ דַּוְקָא גְּמִירִי, הֵיכִי מַשְׁכַּחַתְּ לָהּ?

But if you say that it is **learned** as a tradition **specifically** that if an impure person tarries long enough to bow down, he is liable even if he does not exceed the time required to go out the shortest way, then **how can you find these** circumstances?

אֲמַר אַבַּיֵי: מַאי קוּשְׁיָא? מַשְׁכַּחַתְּ לָהּ – כְּגוֹן שֶׁבָּא בַּקְּצָרָה וְהָפַךְ בְּצִינּוֹרָא, וְכִדְרַב הוּנָא; דְּאָמַר רַב הוּנָא: זָר שֶׁהָפַךְ בְּצִינּוֹרָא – חַיָּיב מִיתָה.

Abaye said: What is the difficulty? You find it in a case **such as** where **he went out** from the Temple via the **shortest** way, **but** as he was leaving **he turned over** one of the limbs of an offering on the altar **with a fork** [***betzinnora***].[NBH] This is an action that takes only a brief moment to perform, **and** yet it is considered priestly service, **in accordance** with the opinion **of Rav Huna. As Rav Huna says: A non-priest who turns over** part of an offering on the altar **with a fork**[H] **is liable** to receive the **death** penalty, because he engaged in Temple service restricted to priests.

גּוּפָא, אָמַר רַב הוּנָא: זָר שֶׁהָפַךְ בְּצִינּוֹרָא – חַיָּיב מִיתָה. הֵיכִי דָּמֵי? אִי דְּלָא הָפַךְ לָהּ לָא מִיעַכְלִי – פְּשִׁיטָא! וְאִי דְּלָא הָפַךְ בְּהוּ נַמִי מִיעַכְלִי – מַאי קָא עָבֵיד?

The Gemara proceeds to analyze **the matter itself: Rav Huna says: A non-priest who turns over** part of an offering on the altar **with a fork is liable** to receive the **death** penalty. **What are the circumstances** of such a case? **If** in the event **that he had not turned it over,** the offering **would not have been consumed** by the fire, then it is **obvious** that the non-priest is liable, as he performed the service of burning the offering on the altar. **And if** in the event **that he had not turned it over, it would also have been consumed** by the fire, then **what** service **did he perform?** Even without his action, the offering would have been burned.

לָא צְרִיכָא, דְּאִי לָא הָפַךְ בְּהוּ מִיעַכְלִי בְּתַרְתֵּי שָׁעֵי, וְהַשְׁתָּא מִיעַכְלִי בְּחַד שַׁעְתָּא. וְהָא קָא מַשְׁמַע לָן, דְּכָל קָרוּבֵי עֲבוֹדָה – עֲבוֹדָה הִיא.

The Gemara answers: **No,** it is **necessary** for Rav Huna to state this *halakha* with regard to a case **where,** had the non-priest **not turned it over, it would have been consumed** by the fire **in two hours, but now** that he turned it over, **it is consumed** by the fire **in one hour. And he teaches us this: That** any act **that accelerates the service,** causing it to be performed more quickly, **is** itself considered **a service.**

NOTES

But he turned over with a fork [*betzinnora*] – וְהָפַךְ בְּצִינּוֹרָא: Rashi and other commentaries understand the word *tzinnora* according to its usual meaning of a type of fork. This was a large fork that was used to turn over the limb of an offering that had not yet been fully consumed by the fire on the altar, thereby accelerating its burning. Others understand the term as *be'atzei nora*, wood of the fire; that is, wood that is burning in the fire on the altar, which the person would turn over so that it would burn more quickly (Rabbeinu Ḥananel; Ri Migash).

BACKGROUND

Fork [*tzinnora*] – צִינּוֹרָא: *Tzinnora* is the name for curved or bent metal instruments, which have different shapes depending on their purpose. Some curve into hooks, while others have a ring at the end of a metal handle. The *tzinnora* used in the Temple was apparently a large fork that was used to turn over the burning wood or the limbs and fats that had been placed on the altar. The biblical term used for such an instrument, *mazleg*, is rendered in the Aramaic translation in the *Targum* as *tzinnora*.

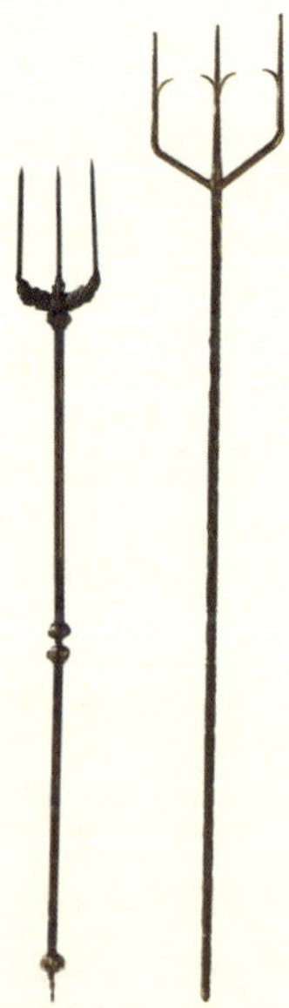

Modern reconstructions of forks used in the Temple

HALAKHA

He went out the shortest way but he turned over an offering with a fork – שֶׁבָּא בַּקְּצָרָה וְהָפַךְ בְּצִינּוֹרָא: How is it possible for an impure priest to serve in the Temple without tarrying, such that he will be liable only to be punished with death at the hand of Heaven and not *karet*? An example is where he became impure in the Temple courtyard and went out the shortest way, but as he was leaving he turned over one of the limbs of an offering on the altar with a fork, thereby accelerating its burning. Any act that accelerates the service is itself considered a service, in accordance with the opinion of Abaye (Rambam *Sefer Avoda, Hilkhot Biat HaMikdash* 4:3).

Non-priest who turns over with a fork – זָר שֶׁהָפַךְ בְּצִינּוֹרָא: If a non-priest burns an offering on the altar, or even if he turns over a limb that has not yet been fully consumed by the fire, thereby accelerating its burning, he is liable to receive the punishment of death at the hand of Heaven. This applies if he turns over at least a portion of the sacrifice the size of an olive-bulk, in accordance with the opinion of Rav Huna, as explained by the Gemara (Rambam *Sefer Avoda, Hilkhot Biat HaMikdash* 9:4).

אֲמַר רַבִּי אוֹשַׁעְיָא, בָּעֵינָא דְּאֵימָא מִילְּתָא וּמִסְתַּפֵינָא מֵחַבְרַיָּא: הַנִּכְנָס לַבַּיִת הַמְנוּגָּע דֶּרֶךְ אֲחוֹרָיו, וַאֲפִילּוּ כּוּלּוֹ חוּץ מֵחוֹטְמוֹ – טָהוֹר, דִּכְתִיב: ״וְהַבָּא אֶל הַבַּיִת״, דֶּרֶךְ בִּיאָה אָסְרָה תּוֹרָה.

The Gemara returns to the general topic of one who enters the Temple while in a state of ritual impurity, citing **Rabbi Oshaya,** who **said: I wish to say something, but I am afraid of my colleagues,** i.e., I am afraid that they will raise an objection against me. What did he want to say? With regard to **one who enters a house afflicted with leprosy,**[B] if he enters the house **backward,**[H] then **even** if **his entire** body entered **except for his nose,** which remained outside the house, he remains **pure, as it is written: "He that enters into the house** all the time that it is shut up shall be impure until evening" (Leviticus 14:46), teaching that **the Torah prohibited,** i.e., conferred impurity, only with regard to **the normal manner of entering into** a house, i.e., face-first.

וּמִסְתַּפֵינָא מֵחַבְרַיָּא, אִי הָכִי כּוּלּוֹ נַמִי! אֲמַר רָבָא: כּוּלּוֹ – לָא גָּרַע מִכֵּלִים שֶׁבַּבַּיִת, דִּכְתִיב: ״וְלֹא יִטְמָא כָּל אֲשֶׁר בַּבָּיִת״.

But I am afraid of my colleagues, as they might raise the following objection: **If so,** that the impurity depends on the person entering the house in the normal manner, then even if **his entire** body entered the house, he would **also** be pure, as he did not go into the house in the normal fashion. **Rava said:** This is not difficult, as if **his entire** body entered in this manner, he is impure, because he is **no worse** now, i.e., his *halakha* should be no more lenient, **than vessels that are in the house,** which become impure, **as it is written:** "And they shall empty the house…**so that all that is in the house shall not be made impure**" (Leviticus 14:36).

תַּנְיָא נַמִי הָכִי: גַּגִּין הַלָּלוּ – אֵין אוֹכְלִין שָׁם קָדְשֵׁי קָדָשִׁים, וְאֵין שׁוֹחֲטִין שָׁם קָדָשִׁים קַלִּים, וְטָמֵא שֶׁנִּכְנָס דֶּרֶךְ גַּגִּין לַהֵיכָל – פָּטוּר, שֶׁנֶּאֱמַר: ״וְאֶל הַמִּקְדָּשׁ לֹא תָבֹא״, דֶּרֶךְ בִּיאָה אָסְרָה תּוֹרָה.

The Gemara comments: **This is also taught** in a *baraita*, in accordance with the opinion of Rabbi Oshaya, that wherever entering is mentioned in the Torah, the reference is to the normal manner of entering: With regard to **those roofs**[H] that covered the various chambers found in the Temple courtyard, **offerings of the most sacred order may not be eaten there,** on them, **and offerings of lesser sanctity may not be slaughtered there,** because those roofs do not have the sanctity of the Temple courtyard. **And a ritually impure person who enters the Sanctuary via** those **roofs**[H] **is exempt, as it is stated** with regard to a woman who became ritually impure: **"And she shall not enter into the Sanctuary"** (Leviticus 12:4), teaching that **the Torah prohibited** only **the normal manner of entering** the Temple. So too, in the case of a house afflicted with leprosy, where mention is made of entering, only one who enters into the house in the normal manner becomes impure, as stated by Rabbi Oshaya.

״זוֹ הִיא מִצְוַת עֲשֵׂה שֶׁבַּמִּקְדָּשׁ שֶׁאֵין חַיָּיבִין עָלֶיהָ״ וכו׳. הֵיכָא קָאֵי, דְּקָאָמַר ״זוֹ הִיא״? הָתָם קָאֵי: אֵין חַיָּיבִין עַל עֲשֵׂה וְעַל לֹא תַעֲשֶׂה שֶׁבַּמִּקְדָּשׁ,

§ The mishna teaches: **This** mitzva that the ritually impure must be sent out of the Temple **is the positive mitzva concerning the Temple for which** the Sanhedrin **is not liable** to bring a bull offering for an erroneous ruling. The Gemara asks: **To what does** the *tanna* of the mishna **refer when he says: This is** the positive mitzva concerning the Temple for which the Sanhedrin is not liable to bring a bull offering for an erroneous ruling? Where was it taught that there is such a mitzva for which they are not liable? The Gemara answers: **He is referring to** a mishna found **there** in tractate *Horayot* (8b), which teaches: The Sanhedrin **is not liable** to bring a bull offering for an erroneous ruling **with regard to a positive mitzva or prohibition concerning** ritual impurity **in the Temple,**[H] as this offering is brought only for an erroneous ruling on a matter whose unwitting violation requires the bringing of a fixed sin-offering, and not a sliding-scale offering.

BACKGROUND

House afflicted with leprosy – **בַּיִת הַמְנוּגָּע:** Leviticus, chapter 14, introduces the topic of houses afflicted with leprosy. Any four-walled structure built of stone, wood, or mud is considered a house with regard to the *halakhot* of leprosy, which apply only in Eretz Yisrael, although not in Jerusalem. Leprous marks on the walls of a house are a very dark green or a very dark red. If a leprous blemish, a very dark green or very dark red mark on the wall, is detected within a house, the house is quarantined for a certain period of time. If the blemish spreads, the blemished area is removed. If the blemish returns, the entire house must be destroyed. Any person or utensil that enters the house during the quarantine period becomes ritually impure.

HALAKHA

One who enters a house afflicted with leprosy backward – **הַנִּכְנָס לַבַּיִת הַמְנוּגָּע דֶּרֶךְ אֲחוֹרָיו:** If a ritually pure person enters backward into a house afflicted with leprosy, then even if his entire body entered except for his nose, he remains pure, since he did not enter the house in the normal manner. This is in accordance with the opinion of Rabbi Oshaya (Rambam *Sefer Tahara, Hilkhot Tumat Tzara'at* 16:5).

HALAKHA

Those roofs – **גַּגִּין הַלָּלוּ:** The roofs and upper stories of the Temple were not consecrated. Therefore, one may not partake of offerings of the most sacred order there, and one may not slaughter offerings of lesser sanctity there (Rambam *Sefer Avoda, Hilkhot Beit HaBeḥira* 6:7).

A ritually impure person who enters…via those roofs – **טָמֵא שֶׁנִּכְנָס דֶּרֶךְ גַּגִּין:** A ritually impure person who enters the Temple via the roofs is exempt since he did not enter in the normal way. Nevertheless, even though he is exempt from receiving the punishment of *karet*, he is flogged for rebelliousness. The same *halakha* applies to one who enters in a box carried in the air, whether via the roofs or through one of the entrances. The *Mishne LaMelekh* writes that, in any event, if he tarries afterward in the Temple while in a state of impurity, he is liable like anyone who contracts impurity in the Temple and does not leave immediately (Rambam *Sefer Avoda, Hilkhot Biat HaMikdash* 3:19).

Not liable with regard to a positive mitzva or prohibition concerning impurity in the Temple – **אֵין חַיָּיבִין עַל עֲשֵׂה וְעַל לֹא תַעֲשֶׂה שֶׁבַּמִּקְדָּשׁ:** The court brings a bull offering for an erroneous ruling only when it concerns a transgression for which one is required to bring a fixed sin-offering, but not when it concerns a transgression for which one is required to bring a sliding-scale offering, e.g., entering the Temple in a state of impurity (Rambam *Sefer Korbanot, Hilkhot Shegagot* 12:1).

וְאֵין מְבִיאִין אָשָׁם תָּלוּי עַל עֲשֵׂה וְעַל לֹא תַעֲשֶׂה שֶׁבַּמִּקְדָּשׁ,

The mishna there continues: **And** one who is uncertain whether or not he unwittingly transgressed a prohibition that requires a sin-offering **does not bring a provisional guilt-offering**[HB] **for a positive mitzva or prohibition concerning** ritual impurity **in the Temple,** as this offering is brought only when certainty about the unwitting transgression would require a fixed sin-offering, not a sliding-scale offering. Unwitting transgression of a mitzva concerning ritual impurity in the Temple results in an obligation to bring a sliding-scale offering.

אֲבָל חַיָּיבִין עַל עֲשֵׂה וְעַל לֹא תַעֲשֶׂה שֶׁבְּנִדָּה, וּמְבִיאִין אָשָׁם תָּלוּי עַל עֲשֵׂה וְעַל לֹא תַעֲשֶׂה שֶׁבְּנִדָּה.

The mishna there continues: **But** the Sanhedrin **is liable** to bring a bull offering for an erroneous ruling **with regard to a positive mitzva or prohibition concerning a menstruating woman. And** one who is uncertain whether or not he unwittingly transgressed a prohibition that requires a sin-offering **brings a provisional guilt-offering for a positive mitzva or prohibition concerning a menstruating woman.**

וְקָאָמַר: זוֹ הִיא מִצְוַת עֲשֵׂה שֶׁבַּמִּקְדָּשׁ שֶׁאֵין חַיָּיבִין עָלֶיהָ. וְאֵיזוֹ הִיא מִצְוַת עֲשֵׂה שֶׁבְּנִדָּה שֶׁחַיָּיבִין עָלֶיהָ? הָיָה מְשַׁמֵּשׁ עִם הַטְּהוֹרָה, וְאָמְרָה לוֹ ״נִטְמֵאתִי״ וּפֵירֵשׁ מִיָּד – חַיָּיב, מִפְּנֵי שֶׁיְּצִיאָתוֹ הֲנָאָה לוֹ כְּבִיאָתוֹ.

And it is in reference to that mishna that the *tanna* in the mishna here **says: This** mitzva, that the ritually impure must be sent out of the Temple, **is the positive mitzva concerning the Temple for which** the Sanhedrin **is not liable** to bring a bull offering for an erroneous ruling. **And which is the positive mitzva with regard to a menstruating woman for which** the Sanhedrin is **liable** to bring a bull offering for an erroneous ruling? If a man **was engaging in intercourse with a ritually pure woman, and** during the course of their act of intercourse **she** experienced menstrual bleeding and **said to him: I have become impure, and** unwittingly **he immediately withdrew** from her and did not wait until his penis became flaccid, he is **liable** to bring a sin-offering for engaging in intercourse with a menstruating woman, **because his withdrawal** from her **is as pleasant to him as his entry.** If the Sanhedrin mistakenly ruled that one may withdraw immediately, they bring a bull offering for their erroneous ruling.

אִיתְּמַר, אַבָּיֵי אָמַר מִשְּׁמֵיהּ דְּרַבִּי חִיָּיא בַּר רַב: חַיָּיב שְׁתַּיִם; וְכֵן אָמַר רָבָא אָמַר רַב שְׁמוּאֵל בַּר שַׁבָּא אָמַר רַב הוּנָא: חַיָּיב שְׁתַּיִם, חֲדָא אַכְּנִיסָה וַחֲדָא אַפְּרִישָׁה.

§ The Gemara further clarifies the matter of a man who immediately withdrew from the woman after she told him that she had experienced menstrual bleeding. **It was stated** that **Abaye says in the name of Rabbi Ḥiyya bar Rav:** He is **liable** to bring **two** sin-offerings[H] for this unwitting transgression. **And so Rava says** that **Rav Shmuel bar Shaba says** that **Rav Huna says:** He is **liable** to bring **two** sin-offerings, **one for** his initial **entry and one for** his immediate **withdrawal.**

הֲוֵי בָּהּ רַבָּה: בְּמַאי? אִילֵּימָא סָמוּךְ לְוִסְתָּהּ, וּבְמַאן? אִילֵּימָא בְּתַלְמִיד חָכָם, בִּשְׁלָמָא אַכְּנִיסָה לִיחַיֵּיב – קָסָבַר: יְכוֹלְנִי לִבְעוֹל, אֶלָּא אַפְּרִישָׁה אַמַּאי לִיחַיֵּיב? מֵזִיד הוּא!

Rabba discusses this matter, raising a question: **About what** case are we speaking? **If we say that it was near her expected date**[N] of menstruation, when sexual intercourse is prohibited due to a concern that the woman might already be menstruating or that she might begin to menstruate during the act of intercourse, and nevertheless they engaged in intercourse, there is a difficulty: **With whom** are we dealing? **If we say** that we are dealing **with a Torah scholar, granted** that **he will be liable** to bring a sin-offering **for** his initial **entry.** That was an unwitting transgression, as **he thought** to himself: **I can engage in intercourse** with her before she begins to menstruate. **But why will he be liable** to bring a sin-offering **for** his immediate **withdrawal?** That transgression was **intentional,** since he is a Torah scholar and he knows that in such a case he must not withdraw immediately, and a sin-offering is not brought for an intentional transgression.

NOTES

Near her expected date – סָמוּךְ לְוִסְתָּהּ: Since it was near the expected date of her menstruation, he knew that she might experience bleeding at any moment. Rashi writes that this is not considered an intentional sin since the man did not intentionally engage in intercourse with a menstruating woman, as he thought that he could complete the act before she began to menstruate. Nevertheless, he is not considered a victim of circumstances beyond his control, as he knew from the outset that she might begin to menstruate at any time. Therefore, there is room to treat him as an unwitting transgressor and deem him liable to bring a sin-offering.

HALAKHA

One does not bring a provisional guilt-offering – אֵין מְבִיאִין אָשָׁם תָּלוּי: With regard to any transgression for which one is liable to bring a fixed sin-offering when he sins unwittingly, if he is uncertain as to whether he unwittingly transgressed, he brings a provisional guilt-offering. One does not bring a provisional guilt-offering in a case of uncertainty concerning a transgression for which he would be liable to bring a sliding-scale offering for transgressing it unwittingly, such as entering the Temple in a state of impurity (Rambam *Sefer Korbanot, Hilkhot Shegagot* 8:1).

He is liable to bring two sin-offerings – חַיָּיב שְׁתַּיִם: If one engages in intercourse with a woman near the expected time of her menstruation, thinking that he will complete the act of intercourse before she begins to menstruate, and during the act the woman informs him that she is experiencing bleeding, then if he does not know that it is prohibited for him to withdraw immediately and he withdraws immediately, he is liable to bring two sin-offerings, one for his initial entry, as he engaged intercourse with a menstruating woman, and one for his withdrawal, as withdrawal is as pleasant as entry. This is in accordance with the opinion of Abaye (Rambam *Sefer Korbanot, Hilkhot Shegagot* 5:7).

BACKGROUND

Provisional guilt-offering – אָשָׁם תָּלוּי: The provisional guilt-offering is mentioned in the Torah (Leviticus 5:17–19), and its *halakhot* are explained in detail primarily in tractate *Karetot*. The Torah itself does not specify the transgressions for which one is liable to bring this offering. The Sages had a tradition that a provisional guilt-offering is brought by one who is uncertain whether or not he committed an unwitting transgression for which he would be liable to bring a fixed sin-offering. If it later becomes known to him that he definitely transgressed, he then brings a sin-offering.

There was a dispute among the Sages about the type of uncertainty for which one brings this offering. The halakhic conclusion is that one brings a provisional guilt-offering only in certain cases. One example is a case where a person ate one of two pieces of meat, one forbidden and one permitted. There is no doubt about the existence of the prohibited item, but only about whether he actually committed the transgression. Another possibility is if he definitely committed a transgression, but is uncertain whether or not he ate a sufficient amount to render him liable. If he is uncertain about the very existence of the prohibition, this is not an uncertainty for which one is liable to bring a provisional guilt-offering.

וְאִי בְּעַם הָאָרֶץ, אִידִי וְאִידִי אָכַל שְׁנֵי זֵיתֵי חֵלֶב בְּהֶעְלֵם אֶחָד הוּא!

And if we say that we are dealing **with an** ***am ha'aretz***,[H] an ignoramus, who does not know that it is prohibited for him to engage in intercourse with a woman near the expected onset of her menstruation, and who also does not know that it is prohibited for him to immediately withdraw from her if she experiences menstrual bleeding during intercourse, then for both **this and that,** his entry and his withdrawal, he should be liable to bring only a single sin-offering, since he had no awareness of his transgression between his two actions. This **is** like one who **ate two olive**-bulks **of** forbidden **fat**[B] **in** the course of **one lapse of awareness**[N] and is therefore liable to bring only one sin-offering. Here too, although he performed two actions for which one could be liable to bring sin-offerings, entry and withdrawal, there was only one lapse of awareness.

וְאֶלָּא בְּשֶׁאֵין סָמוּךְ לְוִסְתָּהּ, וּבְמַאן? אִילֵימָא בְּתַלְמִיד חָכָם – וְלָא חֲדָא לָא מִיחַיַּיב, אַכְּנִיסָה אָנוּס, אַפְּרִישָׁה מֵזִיד! אִי בְּעַם הָאָרֶץ – חֲדָא הוּא דְּמִיחַיַּיב, אַפְּרִישָׁה!

Rather, it must be a case **where it was not near her expected date** of menstruation,[H] and there was no reason for the man to think that the woman would experience menstrual bleeding. **And with whom** are we dealing? **If we say** that we are dealing with **a Torah scholar,** then **he should not be liable** to bring **even one** sin-offering, because **with regard to** his initial **entry,** he was **a victim of circumstances beyond his control,** and **with regard to** his **withdrawal,** after he knew that she was a menstruating woman, his transgression was **intentional,** and he would be liable to receive *karet*. And **if** we are dealing **with an** ***am ha'aretz***, **he should be liable** to bring only **one** sin-offering, **for** his immediate **withdrawal.**

הֲדַר אָמַר רָבָא: לְעוֹלָם בְּסָמוּךְ לְוִסְתָּהּ, וּבְתַלְמִיד חָכָם, וְתַלְמִיד חָכָם לְזוֹ וְאֵין תַּלְמִיד חָכָם לְזוֹ.

Rava reconsidered and **then said: Actually,** it is a case where it was **near the expected date of** the woman's menstruation, **and** we are dealing **with a Torah scholar. But** he is **a Torah scholar** only **with regard to this** ***halakha***,[H] that it is prohibited to engage in intercourse with a woman near the expected onset of her menstruation, and he erred in thinking that he could complete the act of intercourse before she experienced menstrual bleeding. Therefore, once he learns that she has experienced menstrual bleeding, he is liable to bring a sin-offering for his unwitting transgression at the time of his entry. **But** he is **not a Torah scholar with regard to that** ***halakha***, that it is prohibited for one to immediately withdraw from a woman if she experiences menstrual bleeding during intercourse. Since he had awareness of his transgression between his two actions, this is not an instance of one lapse of awareness, and therefore he is liable to bring a second sin-offering for his unwitting transgression at the time of his withdrawal.

אָמַר רָבָא: וְתַרְוַיְיהוּ תְּנֵינְהוּ, כְּנִיסָה תְּנֵינָא, פְּרִישָׁה תְּנֵינָא; פְּרִישָׁה תְּנֵינָא, דְּקָתָנֵי: הָיָה מְשַׁמֵּשׁ עִם הַטְּהוֹרָה, וְאָמְרָה לוֹ "נִטְמֵאתִי", וּפֵירַשׁ מִיָּד – חַיָּיב;

Rava said: And we learn both of these matters for which he is liable to bring a sin-offering; **we learn** about **entry,** and **we learn** about **withdrawal.** Rava now clarifies the matter: **We learn** about **withdrawal, as** the mishna **teaches:** If a man **was engaging in intercourse with a ritually pure woman, and** during the course of their act of intercourse **she** experienced menstrual bleeding and **said to him: I have become impure, and** unwittingly **he immediately withdrew** from her, he is **liable** to bring a sin-offering for engaging in intercourse with a menstruating woman.

HALAKHA

And if we are dealing with an *am ha'aretz* – וְאִי בְּעַם הָאָרֶץ: If one is unaware that it is prohibited for him to engage in intercourse with a woman near the expected date of her menstruation, and he also does not know that it is prohibited to immediately withdraw from the woman if she experiences bleeding during the act of intercourse, then even if he withdraws immediately, before losing his erection, he is liable to bring only one sin-offering. Although he performed two prohibited actions, there was only one lapse of awareness (Rambam *Sefer Korbanot, Hilkhot Shegagot* 5:7).

Where it was not near her expected date of menstruation – בְּשֶׁאֵין סָמוּךְ לְוִסְתָּהּ: If one engages in intercourse with a woman not near the expected date of her menstruation, and she experiences menstrual bleeding during their act of intercourse, they are both exempt from bringing a sin-offering, as they are regarded not as unwitting sinners, but as victims of circumstances beyond their control (Rambam *Sefer Korbanot, Hilkhot Shegagot* 5:6).

A Torah scholar with regard to this *halakha* – תַּלְמִיד חָכָם לְזוֹ: If one knows that it is prohibited for him to engage in intercourse with a woman near the expected date of her menstruation, but thinks that he can complete the act of intercourse before her bleeding commences, and he does not know that it is prohibited for him to immediately withdraw from the woman if she tells him that she has experienced bleeding, and she told him that she experienced bleeding and he withdrew immediately, he is liable to bring two sin-offerings, as there were two lapses of awareness. This is in accordance with the opinion of Rava (Rambam *Sefer Korbanot, Hilkhot Shegagot* 5:7).

BACKGROUND

Forbidden fat – חֵלֶב: This refers to animal fats forbidden by Torah law, in contrast to permitted fat. Intentionally eating the forbidden fats of kosher domesticated animals is punishable by *karet* (Leviticus 7:22–25), and a sin-offering must be brought for partaking of them unwittingly. The fats of non-domesticated kosher animals and of kosher birds may be eaten. Among the signs differentiating forbidden fats from permitted fats is the fact that forbidden fats lie above the meat and are not intertwined with it. They are enclosed by a thin membrane and are easily peeled away from the meat. Most of the forbidden fats of a sacrificial animal were sacrificed on the altar.

NOTES

Two olive-bulks of fat in one lapse of awareness – שְׁנֵי זֵיתֵי חֵלֶב בְּהֶעְלֵם אֶחָד: Although he performed two prohibited actions, eating two olive-bulks of forbidden fat, each one carrying liability for a sin-offering, since he ate both in a single lapse of awareness, e.g., he was not aware that what he was eating was forbidden fat, and he ate one olive-bulk after the other, this is considered a single transgression and he is liable to bring only one sin-offering. Similarly, an *am ha'aretz*, who did not know that he was sinning, is considered like one who engaged in intercourse with a menstruating woman twice in a single lapse of awareness. *Tosafot* and others comment that although she informed him during their act of intercourse that she was experiencing bleeding, and so there was awareness in the middle, this is not considered awareness of transgression, since he did not think that he was sinning, but rather that he was a victim of circumstances beyond his control.

כְּנִיסָה תָּנֵינָא: נִמְצָא עַל שֶׁלּוֹ – טְמֵאִין וְחַיָּיבִין בְּקָרְבָּן; מַאי לָאו בְּסָמוּךְ לְוִסְתָּהּ, וַאֲכְּנִיסָה?

Rava continues: **We learn** about **entry** in a mishna (*Nidda* 14a): If a spot of blood **is found on his** rag,[H] i.e., the rag that he uses to wipe his penis after intercourse, then it is clear that this blood came from the woman during their act of intercourse. Consequently, both the man and the woman **are impure and are liable to** bring a sin-**offering** for their unwitting transgression. Rava explains: **What, is it not** the case that the mishna speaks here of one who engaged in intercourse with a woman **near the expected date of** her menstruation, **and** it teaches that he is liable to bring a sin-offering **for** his initial **entry** at that time?

אֲמַר לֵיהּ רַב אַדָּא בַּר מַתָּנָא לְרָבָא: לְעוֹלָם אֵימָא לָךְ בְּשֶׁלֹּא סָמוּךְ לְוִוסְתָּהּ, וַאֲפְרִישָׁה. וְכִי תֵּימָא: פְּרִישָׁה לָמָּה לִי? הָא תְּנָא לֵיהּ! הָא אִיצְטְרִיךְ לַאֲשְׁמוֹעִינַן: נִמְצָא עַל שֶׁלָּהּ – טְמֵאִים בְּסָפֵק וּפְטוּרִין מִן הַקָּרְבָּן, וְאַיְּידֵי דְּבָעֵי מִיתְנָא נִמְצָא עַל שֶׁלָּהּ, תְּנָא נַמִּי נִמְצָא עַל שֶׁלּוֹ.

Rav Adda bar Mattana said to Rava: Actually, I could **say to you** that the mishna speaks here of one who engaged in intercourse with a woman **not near the expected date of** her menstruation, **and** he is liable to bring a sin-offering **for** his immediate **withdrawal** upon learning that she had experienced menstrual bleeding. **And if you would say: Why do I need** to be taught once again about **withdrawal? Didn't** the *tanna* already **teach this** in the mishna here? One can respond: **It was necessary to teach us this,** i.e., the continuation of the mishna in tractate *Nidda*, which states: If a spot of blood **is found on her** rag,[HN] i.e., the rag that she uses to wipe herself after intercourse, **they are impure** only **because of an uncertainty,** as perhaps the bleeding commenced only after they completed their act of intercourse, **and** therefore **they are exempt from** bringing a sin-**offering. And since** the mishna **had to teach** the case where the blood **was found on her** rag, **it also taught** the case where **it was found on his** rag, even though there is no novel element in this ruling.

אֲמַר לֵיהּ רָבִינָא לְרַב אַדָּא: מִי מָצֵית לְאוֹקְמָהּ לְהַהִיא בְּשֶׁלֹּא סָמוּךְ לְוִסְתָּהּ, וַאֲפְרִישָׁה? וְהָא "נִמְצָא" קָתָנֵי, וְ"נִמְצָא" לְבָתַר הָכִי מַשְׁמַע, וְאִי אַפְּרִישָׁה – מֵעִיקָּרָא כִּי פָּרֵישׁ לֵיהּ, מֵעִיקָּרָא הֲוָיָא לֵיהּ יְדִיעָה!

Ravina said to Rav Adda: Can you really **interpret that** mishna as referring to a case **where it was not near the expected date of** the woman's menstruation, **and** that he is liable to bring a sin-offering **for** his **withdrawal? But isn't it taught** in that mishna: If blood **is found** on his rag? **And** these words **indicate** that the blood **was found** only **afterward,** after the man had already withdrawn from the woman. That is to say, only after he withdrew from the woman he learned that she had experienced menstrual bleeding. Ravina clarifies the difficulty: **And if** the mishna is referring to a case where he is liable **for** his **withdrawal, at the outset, when he withdrew** from the woman, it was **from then that he had knowledge** of her menstrual status, as he withdrew because she had informed him that she had experienced bleeding. Of what significance is his finding blood on his rag?

אֲמַר לֵיהּ רָבָא: צַיֵּית מַאי דְּקָאָמַר רַבָּךְ. הֵיכִי מָצֵית? דְּתַנְיָא עֲלַהּ: זוֹ הִיא מִצְוַת עֲשֵׂה שֶׁבְּנִדָּה שֶׁחַיָּיבִין עָלֶיהָ; וְאִם אִיתָא, מִצְוַת לֹא תַעֲשֶׂה הִיא!

Rava said to Rav Adda: **Listen to what your teacher,** Ravina, **is saying,** as he has explained the matter. Rav Adda said to Rava: **How can I** listen to his words and accept his explanation? **As it is taught** in a *baraita* **with regard to** this mishna concerning blood found on a rag: **This is the positive mitzva with regard to a menstruating woman for which one is liable.** Rav Adda explains: **And if it is so** that the mishna is referring to a case where the man is liable for his initial entry, this wording is difficult, as engaging in intercourse with a menstruating woman is not the violation of a positive mitzva, but **a prohibition.**[N]

אֲמַר לֵיהּ: אִי תָּנֵיתָא – חָסֵר, וּתְנֵי הָכִי: זוֹ הִיא מִצְוַת לֹא תַעֲשֶׂה שֶׁבְּנִדָּה שֶׁחַיָּיבִין עָלֶיהָ. הָיָה מְשַׁמֵּשׁ עִם הַטְּהוֹרָה וְאָמְרָה לוֹ "נִטְמֵאתִי" וּפֵירֵשׁ מִיָּד – חַיָּיב, זוֹ הִיא מִצְוַת עֲשֵׂה שֶׁבְּנִדָּה כו'.

Rava **said to him: If you learned** this *baraita* in this manner, its wording is imprecise, as **it is missing** words, **and you should teach** it **like this:** When blood is found on the man's rag, **this is the prohibition with regard to a menstruating woman for which one is liable.** And additionally, if a man **was engaging in intercourse with a ritually pure woman, and** during the course of their act of intercourse **she** experienced menstrual bleeding and **said to him: I have become impure, and** unwittingly **he immediately withdrew** from her, he is **liable** to bring a sin-offering for that act, and **this is the positive mitzva** for which one is liable **with regard to a menstruating woman.**

HALAKHA

It is found on his rag – נִמְצָא עַל שֶׁלּוֹ: If one engages in intercourse with a woman near the expected date of her menstruation, thinking that he can complete the act of intercourse before her bleeding commences, and she experiences bleeding during their act of intercourse, they are both liable to bring a sin-offering, as this was an unwitting transgression. Therefore, if blood is found on the rag that he uses to wipe himself after intercourse, they are both impure and are liable to bring a sin-offering (Rambam *Sefer Korbanot*, *Hilkhot Shegagot* 5:6).

If it is found on her rag – נִמְצָא עַל שֶׁלָּהּ: If blood is found on the rag that the woman uses to wipe herself after intercourse, and she had wiped herself immediately after separating from the man, both are impure and liable to bring a sin-offering. If she waited long enough that she could have stretched her hand under the pillow and taken an inspection cloth, and only then did she wipe herself and find blood, it is uncertain whether or not they are impure, and therefore they are exempt from bringing a sin-offering. If she waited long enough that she could have gotten out of bed and washed herself, and only then did she wipe herself and find blood, the man is pure (Rambam *Sefer Korbanot*, *Hilkhot Shegagot* 5:6).

NOTES

It is found on her rag – נִמְצָא עַל שֶׁלָּהּ: Rashi explains that the woman did not find the blood on her rag immediately after intercourse, because in such a case it may be presumed that the bleeding occurred during intercourse. Rather, she wiped herself only some time later. She is certainly impure, but since it is not clear whether the bleeding occurred during intercourse or only afterward, the status of the man is uncertain. Therefore, no sin-offering is brought.

And if it is so it is a prohibition – וְאִם אִיתָא מִצְוַת לֹא תַעֲשֶׂה הִיא: If the mishna is referring to a case where the man is liable for his entry, this does not involve the violation of a positive mitzva, but rather the transgression of the prohibition against engaging in intercourse with a menstruating woman (Rashi). The Ramban, the Ritva, and others raise several objections to this explanation, including the fact that there is no *baraita* relating to that mishna in tractate *Nidda* that states: This is the positive mitzva. Therefore, they prefer Rabbeinu Ḥananel's version of the text, which reads: And if it is so, it is a positive mitzva and a prohibition. The difficulty is from the mishna here, and the Gemara essentially repeats that which was stated on the previous *amud*, namely, that the man is liable for two transgressions, one for entry and one for withdrawal, and asks: If in fact he is liable for engaging in intercourse near the expected date of the woman's menstruation, there is not only the violation of a positive mitzva, but also the violation of the prohibition of: "And a woman who is impure by her uncleanness you shall not approach, to uncover her nakedness" (Leviticus 18:19). The Ritva notes that even Rashi's version of the text can be understood in this manner.

אָמַר מָר: פֵּירֵשׁ מִיָּד – חַיָּיב. הֵיכִי עָבֵיד? אָמַר רַב הוּנָא מִשְּׁמֵיהּ דְּרָבָא: נוֹעֵץ עֶשֶׂר צִפָּרְנָיו בַּקַּרְקַע עַד שֶׁיָּמוּת, וְטוּבֵיהּ.

§ The Gemara resumes its discussion of the mishna: **The Master said** above in the mishna: If **he immediately withdrew** from the woman after having been informed that she had experienced menstrual bleeding, he is **liable** to bring a sin-offering for engaging in intercourse with a menstruating woman. The Gemara asks: **What should** one **do** in such a situation? **Rav Huna said in the name of Rava:** He should **press his ten fingernails**[H] **into the ground,** i.e., the bed, and restrain himself and do nothing **until** his penis **becomes flaccid,** and only then should he withdraw from her, **and it is good for him**[N] to do so.

אָמַר רָבָא, זֹאת אוֹמֶרֶת: הַמְשַׁמֵּשׁ מֵת בַּעֲרָיוֹת – פָּטוּר; דְּאִי סָלְקָא דַעְתָּךְ חַיָּיב, הָכָא מַאי טַעְמָא פָּטוּר – מִשּׁוּם דְּאָנוּס הוּא; אִי אָנוּס הוּא, כִּי פֵּירֵשׁ מִיָּד נַמִי נִיפְטַר, אָנוּס הוּא!

Rava said: That is to say, one who engages in intercourse, with a flaccid penis,[N] **with those with whom relations are forbidden** is **exempt. As if it enters your mind** to say that he is **liable, here,** in the mishna, **what is the reason** that he is **exempt** if he waits and withdraws only later, after he has lost his erection? You might say that **it is because he is a victim of circumstances beyond his control** in that the woman experienced menstrual bleeding while he was in the middle of the act of intercourse, and not because he withdrew with a flaccid penis, as one who engages in intercourse with a flaccid penis is liable. But **if** he is exempt from liability because **he is a victim of circumstances beyond his control,** then even **if he withdraws immediately,** before losing his erection, **he should also be exempt,** for the same reason, that **he is a victim of circumstances beyond his control.**

אָמַר לֵיהּ אַבָּיֵי, לְעוֹלָם אֵימָא לָךְ: הַמְשַׁמֵּשׁ מֵת בַּעֲרָיוֹת – חַיָּיב, וְהָכָא מַאי טַעְמָא פָּטוּר? מִשּׁוּם דְּאָנוּס הוּא. וְהָא דְּאָמְרַתְּ: כִּי פָּרֵישׁ מִיָּד אַמַּאי חַיָּיב? שֶׁהָיָה לוֹ לִפְרוֹשׁ בַּהֲנָאָה מוּעֶטֶת וּפֵירֵשׁ בַּהֲנָאָה מְרוּבָּה.

Abaye said to Rava: **Actually, I** could **say to you** that **one who engages in intercourse, with a flaccid** penis, **with those with whom relations are forbidden**[H] **is liable. And here, what is the reason** that one who waits and withdraws only later, after he has lost his erection, is **exempt?** It is **because he is** considered **a victim of circumstances beyond his control. And** concerning **that which you said: Why,** then, is he **liable if he withdrew immediately,** i.e., when you said: He should also be exempt, it is because **he should have withdrawn with** a flaccid penis and experienced **little pleasure, but** instead **he withdrew with** an erect organ and experienced **great pleasure.**

אָמַר לֵיהּ רַבָּה בַּר חָנָן לְאַבָּיֵי: אִם כֵּן, מָצִינוּ אֲרוּכָּה וּקְצָרָה בְּנִדָּה,

Rabba bar Ḥanan said to Abaye: If so, according to your opinion, **we find** a difference in *halakha* between **a long** way **and a short** way **with regard to a menstruating woman.**[N] If he withdrew the short way, i.e., without waiting, he has committed a transgression, and if he withdrew the long way, i.e., after waiting, he has not committed a transgression.

HALAKHA

He should press his ten fingernails – נוֹעֵץ עֶשֶׂר צִפָּרְנָיו: If one was engaging in intercourse with a woman, and during the act of intercourse she told him that she was experiencing menstrual bleeding, he must not withdraw immediately with an erect penis, but rather he should press his ten fingernails into the ground, and wait without moving until his penis becomes flaccid, and only then withdraw from her (Rambam *Sefer Kedusha, Hilkhot Issurei Bia* 4:11; *Shulḥan Arukh, Yoreh De'a* 185:4).

One who engages in intercourse with a flaccid penis with those with whom relations are forbidden – הַמְשַׁמֵּשׁ מֵת בַּעֲרָיוֹת: If one engages in intercourse while his penis is flaccid, even if he inserts his penis into the vagina manually, he is not liable to be punished with *karet* or lashes, and certainly not with a court-imposed death penalty. This is because his action is not considered intercourse, in accordance with the opinion of Rava (Rambam *Sefer Kedusha, Hilkhot Issurei Bia* 1:11; *Tur, Even HaEzer* 20 and *Beit Yosef* there).

NOTES

And it is good for him – וְטוּבֵיהּ: Rashi and other early commentaries explain this as follows: It is good for him to do so; he is fortunate if he conducts himself in the required manner. The *Arukh* provides a completely different interpretation. The word *vetov* is a reference to the penis, so that the whole phrase means: Until his penis becomes flaccid. Elsewhere the *Arukh* records a version where the word *vetov* is replaced by *hagid*, another term denoting the penis.

That is to say, one who engages in intercourse with a flaccid penis – זֹאת אוֹמֶרֶת הַמְשַׁמֵּשׁ מֵת: The fact that the *halakha* requires that the man wait until his penis becomes flaccid and only then withdraw indicates that this withdrawal is not considered prohibited intercourse, the reason being that there is no Torah prohibition against engaging in intercourse with a flaccid penis.

A long way and a short way with regard to a menstruating woman – אֲרוּכָּה וּקְצָרָה בְּנִדָּה: The opinion of Rava is that the difference is not in the time of withdrawal, whether it is immediate or delayed, but rather that if he withdraws with a flaccid penis there is no prohibition. This is similar to the opinion that the airspace above the Temple courtyard is not considered like the Temple courtyard with regard to ritual impurity in the Temple. But the opinion of Abaye is that both cases involve prohibited intercourse, but there is a difference between immediate and delayed withdrawal, the former being prohibited and the latter permitted in the situation under discussion. Consequently, it is found that with regard to the prohibition of engaging in intercourse with a menstruating woman, there is a long way and a short way. This is similar to what is found with regard to the prohibition of ritual impurity in the Temple, that even though leaving through either route would be prohibited if his presence in the Temple courtyard could be resolved in some other manner, nevertheless it is permitted to exit via the short way, but not the long way (see Ritva).

וַאֲנַן בַּמִּקְדָּשׁ תְּנַן! אֶלָּא מִשּׁוּם דְּלָא דָּמֵי, אֲרוּכָּה דְּהָכָא קְצָרָה דְּהָתָם, וַאֲרוּכָּה דְּהָתָם קְצָרָה דְּהָכָא.

And we learned this difference in the mishna specifically **with regard to** ritual impurity in **the Temple.** If such a distinction were also in effect with regard to a menstruating woman, the mishna would mention it. **Rather,** one can explain: No parallel distinction is made, **because** the two cases **are not similar** in their details. The **long** way **here,** with regard to a menstruating woman, namely, that the man must wait, is like the **shortest** way **there,** with regard to impurity in the Temple, namely, that the impure person must leave the Temple by way of the most direct route. **And** the **long** way **there,** with regard to the Temple, is like the **shortest** way **here,** with regard to a menstruating woman.

מַתְקִיף לַהּ רַב הוּנָא בְּרֵיהּ דְּרַב נָתָן: מִי אֲמַר אַבַּיֵּי אָנוּס הוּא? אַלְמָא בְּשֶׁלֹּא סָמוּךְ לְוִסְתָּהּ קָאָמְרִינַן; וְהָא אַבַּיֵּי דְּאָמַר חַיָּיב שְׁתַּיִם, אַלְמָא בְּסָמוּךְ לְוִסְתָּהּ עָסְקִינַן!

Rav Huna, son of Rav Natan, objects to what Abaye said: **Did Abaye** really **say** with regard to the mishna that if the man withdraws with a flaccid penis he is exempt because **he is** considered **a victim of circumstances beyond his control? Apparently,** then, **we are speaking** of a man who engaged in intercourse with a woman **not near the expected date of** her menstruation, and therefore the situation is considered beyond his control. **But** is it not **Abaye who says** that he is **liable** to bring **two** sin-offerings for this transgression, one for his initial entry and one for his withdrawal? **Apparently, we are dealing with** a man who engaged in intercourse with a woman **near the expected date of** her menstruation, so he is considered an unwitting transgressor, who is liable to bring a sin-offering, and is not the victim of circumstances beyond his control. Consequently, Abaye's two statements contradict each other.

כִּי אִיתְּמַר דְּאַבַּיֵּי – בְּעָלְמָא אִיתְּמַר.

The Gemara answers: **When** this statement **of Abaye was stated,** that the man is liable to bring two sin-offerings, it **was stated in general.** It was not relating to the case in the mishna, but was an independent ruling concerning one who engages in intercourse with a woman near the expected date of her menstruation.

בְּעָא מִינֵּיהּ רַבִּי יוֹנָתָן בֶּן יוֹסֵי בֶּן לָקוֹנְיָא מֵרַבִּי שִׁמְעוֹן בֶּן יוֹסֵי בֶּן לָקוֹנְיָא: אַזְהָרָה לְבוֹעֵל נִדָּה מִנַּיִן מִן הַתּוֹרָה? שְׁקַל קָלָא פְּתַק בֵּיהּ: אַזְהָרָה לְבוֹעֵל נִדָּה? "וְאֶל אִשָּׁה בְּנִדַּת טֻמְאָתָהּ לֹא תִקְרַב"!

§ **Rabbi Yonatan ben Yosei ben Lakonya asked Rabbi Shimon ben Yosei ben Lakonya: From where in the Torah** is the **prohibition concerning one who engages in intercourse with a menstruating woman** [*nidda*] derived? Rabbi Shimon ben Yosei ben Lakonya **took a clod** [*kala*][L] of earth **and threw** it **at him** in reproach and said to him: Is there a need to search the Torah for a derivation for the **prohibition concerning one who engages in intercourse with a menstruating woman?** The verse states: **"And a woman who is impure by her uncleanness** [*nidda*] **you shall not approach,** to uncover her nakedness" (Leviticus 18:19)?

אֶלָּא, אַזְהָרָה לִמְשַׁמֵּשׁ עִם הַטְּהוֹרָה וְאָמְרָה לוֹ "נִטְמֵאתִי" דְּלָא נִיפְרִישׁ מִיָּד, מְנָלַן? אֲמַר חִזְקִיָּה, אָמַר קְרָא: "וּתְהִי נִדָּתָהּ עָלָיו", אֲפִילּוּ בִּשְׁעַת נִדָּתָהּ תְּהֵא עָלָיו.

The Gemara explains the intent of the question of Rabbi Yonatan ben Yosei ben Lakonya: **Rather, from where do we** derive the **prohibition with regard to** the case in the mishna concerning one who **was engaging in intercourse with a ritually pure woman, and she** experienced menstrual bleeding and **said to him: I have become impure, that he must not withdraw immediately?** In response to this question **Ḥizkiyya said: The verse states:** "And if any man lies with her, **and her menstrual flow shall be upon him"** (Leviticus 15:24), teaching that **even** at any time **when she is menstruating,** the prohibition **shall be upon him;** therefore, he must not withdraw from her immediately.

אַשְׁכְּחַן עֲשֵׂה, לֹא תַעֲשֶׂה מְנָלַן? אֲמַר רַב פַּפָּא, אָמַר קְרָא: "לֹא תִקְרַב"; "לֹא תִקְרַב" נַמִי לֹא תִפְרוֹשׁ הוּא, דִּכְתִיב: "הָאֹמְרִים קְרַב אֵלֶיךָ אַל תִּגַּשׁ בִּי כִּי קְדַשְׁתִּיךָ".

The Gemara asks: **We found** a source for **a positive mitzva** with regard to the manner in which one must withdraw from a menstruating woman; **from where do we** derive that immediate withdrawal is also subject to **a prohibition? Rav Pappa said: The verse states:** "And a woman who is impure by her uncleanness **you shall not approach,** to uncover her nakedness" (Leviticus 18:19). The Gemara explains: **"You shall not approach** [*tikrav*]"[L] means **also** the opposite: **You shall not withdraw, as it is written: "Those who say: Withdraw** [*kerav*] **to yourself, come not near to me, for I am holier than you"** (Isaiah 65:5), where "*kerav*" means remove or withdraw.

LANGUAGE

Clod [*kala*] – קָלָא: Apparently from the Syriac kul'a, meaning stone. The sense of the word in the Talmud is a clod of earth or bunch of stones.

You shall not approach [*tikrav*] – לֹא תִקְרַב: The expression "*kerav* to yourself" can be understood to mean: Do not approach me; withdraw to yourself. In similar fashion, Rav Pappa interprets the words "You shall not approach," stated with regard to a case where a woman began menstruating during intercourse: You shall not withdraw to be by yourself, but rather you shall remain where you are. Likewise, the word "*vayakrev*" is used in the Bible in the sense of distance or removal: "And the brazen altar that was before the Lord he removed [*vayakrev*] from before the house" (II Kings, 16:14).

תָּנוּ רַבָּנַן: ״וְהִזַּרְתֶּם אֶת בְּנֵי יִשְׂרָאֵל מִטֻּמְאָתָם״, אָמַר רַבִּי יֹאשִׁיָּה: מִיכָּן אַזְהָרָה לִבְנֵי יִשְׂרָאֵל שֶׁיִּפְרְשׁוּ מִנְּשׁוֹתֵיהֶן סָמוּךְ לְוִסְתָּן. וְכַמָּה? אָמַר רַבָּה: עוֹנָה.

§ Having mentioned that it is prohibited for a man to engage in intercourse with a woman near the expected date of her menstruation, the Gemara cites a *baraita* in which **the Sages taught:** The verse with regard to a menstruating woman states: **"And shall you separate**[N] **the children of Israel from their uncleanness"** (Leviticus 15:31), **Rabbi Yoshiya says: From here** we derive **a prohibition to the children of Israel that they must separate from their wives near the expected date of** their menstruation.[H] **And how long** before must they separate? **Rabba says: A set interval of time**[N] for the ritual impurity of a menstruating woman, which is half of a twenty-four hour day, either the daytime or the nighttime.

אָמַר רַבִּי יוֹחָנָן מִשּׁוּם רַבִּי שִׁמְעוֹן בֶּן יוֹחַאי: כָּל שֶׁאֵינוֹ פּוֹרֵשׁ מֵאִשְׁתּוֹ סָמוּךְ לְוִסְתָּהּ, אֲפִילּוּ הָוְיָין לוֹ בָּנִים כִּבְנֵי אַהֲרֹן – מֵתִים, דִּכְתִיב: ״וְהִזַּרְתֶּם אֶת בְּנֵי יִשְׂרָאֵל מִטֻּמְאָתָם...וְהַדָּוָה בְּנִדָּתָהּ״, וּסְמִיךְ לֵיהּ: ״אַחֲרֵי מוֹת״.

Rabbi Yoḥanan says in the name of Rabbi Shimon ben Yoḥai: With regard to **anyone who does not separate from his wife near the expected date of** her menstruation, **even** if **he has sons** who are fit to be great and holy **like the sons of Aaron,** these sons **will die** due to his sin, **as it is written: "And shall you separate the children of Israel from their uncleanness…** this is the law… **of her that is sick with her menstrual flow"** (Leviticus 15:31–33), **and** it is stated **near it: "After the death of** the two sons of Aaron" (Leviticus 16:1).

אָמַר רַבִּי חִיָּיא בַּר אַבָּא אָמַר רַבִּי יוֹחָנָן: כָּל הַפּוֹרֵשׁ מֵאִשְׁתּוֹ סָמוּךְ לְוִסְתָּהּ – הָוְיָין לוֹ בָּנִים זְכָרִים, דִּכְתִיב: ״לְהַבְדִּיל בֵּין הַטָּמֵא וּבֵין הַטָּהֹר״, וּסְמִיךְ לֵיהּ: ״אִשָּׁה כִּי תַזְרִיעַ וְיָלְדָה זָכָר״. רַבִּי יְהוֹשֻׁעַ בֶּן לֵוִי אָמַר: הָוְיָין לוֹ בָּנִים רְאוּיִין לְהוֹרָאָה, דִּכְתִיב: ״לְהַבְדִּיל וּלְהוֹרוֹת״.

Concerning this matter, **Rabbi Ḥiyya bar Abba says** that **Rabbi Yoḥanan says: Anyone who separates himself from his wife near the expected date of** her menstruation **will have male children, as it is written: "To distinguish between the impure and the pure"** (Leviticus 11:47), **and** it is stated **near it: "If a woman conceive and bear a male child"** (Leviticus 12:2). **Rabbi Yehoshua ben Levi says: He will have sons who are worthy of teaching** *halakha*, **as it is written: "To distinguish…** between the impure and the pure, **and to teach** the children of Israel all the statutes" (Leviticus 10:10–11).

אָמַר רַבִּי חִיָּיא בַּר אַבָּא אָמַר רַבִּי יוֹחָנָן: כָּל הַמַּבְדִּיל עַל הַיַּיִן בְּמוֹצָאֵי שַׁבָּתוֹת – הָוְיָין לוֹ בָּנִים זְכָרִים, דִּכְתִיב: ״לְהַבְדִּיל בֵּין הַקֹּדֶשׁ וּבֵין הַחוֹל״, וּכְתִיב הָתָם: ״לְהַבְדִּיל בֵּין הַטָּמֵא וּבֵין הַטָּהוֹר״, וּסְמִיךְ לֵיהּ: ״אִשָּׁה כִּי תַזְרִיעַ״. רַבִּי יְהוֹשֻׁעַ בֶּן לֵוִי אָמַר: בָּנִים רְאוּיִן לְהוֹרָאָה, דִּכְתִיב: ״לְהַבְדִּיל וּלְהוֹרוֹת״.

The Gemara continues to expound these verses: **Rabbi Ḥiyya bar Abba says** that **Rabbi Yoḥanan says: Anyone who recites *havdala* over wine at the conclusion of *Shabbatot*,** and not over some other beverage, **will have male children, as it is written: "To distinguish between the holy and the unholy,**[N] and between the impure and the pure" (Leviticus 10:10), **and it is written there** once again: **"To distinguish between the impure and the pure"** (Leviticus 11:47), **and** it is stated **near it: "If a woman conceive** and bear a male child" (Leviticus 12:2). **Rabbi Yehoshua ben Levi says:** Anyone who recites *havdala* over wine at the conclusion of *Shabbatot* **will have sons who are worthy of teaching** *halakha*, **as it is written: "To distinguish** between the holy and the unholy… **and to teach"** (Leviticus 10:10–11).

אָמַר רַבִּי בִּנְיָמִין בַּר יֶפֶת אָמַר רַבִּי אֶלְעָזָר: כָּל הַמְקַדֵּשׁ אֶת עַצְמוֹ בִּשְׁעַת תַּשְׁמִישׁ – הָוְיָין לוֹ בָּנִים זְכָרִים, שֶׁנֶּאֱמַר: ״וְהִתְקַדִּשְׁתֶּם וִהְיִיתֶם קְדֹשִׁים״, וּסְמִיךְ לֵיהּ: ״אִשָּׁה כִּי תַזְרִיעַ״.

Rabbi Binyamin bar Yefet says that **Rabbi Elazar says: Anyone who sanctifies himself** with modest conduct **while engaging in sexual intercourse**[H] **will have male children, as it is stated: "You shall sanctify yourselves, and you shall be holy"** (Leviticus 11:44), **and** it is stated **near it: "If a woman conceive** and bear a male child" (Leviticus 12:2).

NOTES

And shall you separate – וְהִזַּרְתֶּם: After issuing this general warning about separating from that which is ritually impure, the Torah elucidates the *halakhot* of menstrual and non-menstrual bleeding (Rashi). Most halakhic authorities maintain that the obligation to separate from one's wife near her expected date of menstruation is not by Torah law, but by rabbinic law, as it is stated in tractate *Nidda* (16a). Accordingly, this verse is a mere support, and not the source of this *halakha*. Others maintain that it is a mitzva by Torah law, but it applies only very near the expected time of the woman's menstruation, and not for half of a daily cycle, either the daytime or the nighttime, which is a rabbinic decree aimed at distancing people from possible transgression (Ritva, citing Ramban).

A set interval of time – עוֹנָה: This interval of time is defined as half of a daily cycle, either the daytime or the nighttime. That is to say, if a woman expects to begin menstruating during the night, her husband must separate from her at the beginning of the night; and if she expects to begin menstruating during the day, he must separate from her at the beginning of the day. Rabbeinu Ḥananel writes that it is a period of twelve hours.

As it is written, to distinguish between the holy and the unholy – דִּכְתִיב לְהַבְדִּיל בֵּין הַקֹּדֶשׁ וּבֵין הַחוֹל: These words are preceded by the verse: "Do not drink wine or strong drink…when you enter the Tent of Meeting" (Leviticus 10:9). This teaches that there, in the Tent of Meeting, they may not drink; but when may they drink? In the case of a mitzva, such as the recitation of *havdala* over wine (Maharsha).

HALAKHA

That they must separate from their wives near the expected date of their menstruation – שֶׁיִּפְרְשׁוּ מִנְּשׁוֹתֵיהֶן סָמוּךְ לְוִסְתָּן: It is prohibited for one to engage in intercourse with his wife near the expected time of her menstruation, as it is stated: "And shall you separate the children of Israel from their uncleanness." From when must one refrain from engaging in intercourse? If the woman was accustomed to commencing menstruating during the daytime, she is forbidden to him from the beginning of the day; if at night, she is forbidden to him from the beginning of the night. This is in accordance with the opinion of Rabba. Others rule more stringently, in accordance with the opinion of the Ra'avan and the *Or Zarua*, that if the woman usually begins menstruating during the day, her husband must separate from her starting the night before; and if at night, he must separate from her starting the day before. This obligation of separation is limited to actual intercourse, and does not apply to other acts of intimacy, such as hugging and kissing. Nevertheless, one who refrains from all types of intimacy shall be blessed (Rambam *Sefer Kedusha, Hilkhot Issurei Bia* 4:12; *Shulḥan Arukh, Yoreh De'a* 184:2 and *Shakh* there).

Anyone who sanctifies himself while engaging in sexual intercourse – כָּל הַמְקַדֵּשׁ אֶת עַצְמוֹ בִּשְׁעַת תַּשְׁמִישׁ: Although a man's wife is permitted to him, it is fitting for a Torah scholar to conduct himself with sanctity. Whoever does so not only sanctifies himself, purifies himself, and perfects his character, but he will also have modest sons who are fit to acquire wisdom and piety (Rambam *Sefer HaMadda, Hilkhot Deot* 5:4).

״רַבִּי אֱלִיעֶזֶר אוֹמֵר: ׳הַשֶּׁרֶץ וְנֶעְלַם מִמֶּנּוּ׳״ כו׳. מַאי בֵּינַיְיהוּ?

§ The mishna teaches: **Rabbi Eliezer says:** With regard to the sliding-scale offering the verse states: "Or if a person touches any impure thing, whether it is the carcass of a non-kosher undomesticated animal, or the carcass of a non-kosher domesticated animal, or the carcass of a non-kosher **creeping animal, and it is hidden from him,** so that he is impure" (Leviticus 5:2). The juxtaposition of the words "and it is hidden" to the words "a creeping animal" teaches that one is liable to bring a sliding-scale offering when it was hidden from him that he had contracted ritual impurity from a creeping animal, but not when it was hidden from him that he was entering the Temple or partaking of sacrificial food. Rabbi Akiva says that it is from the words "and it is hidden from him, so that he is impure" that it is derived that one is liable to bring a sliding-scale offering for a lapse of awareness about his impurity, but not for a lapse of awareness about the Temple or the sacrificial food. The Gemara asks: Since Rabbi Eliezer and Rabbi Akiva agree about the *halakha*, **what is** the practical difference **between them?**

אָמַר חִזְקִיָּה: שֶׁרֶץ וּנְבֵלָה אִיכָּא בֵּינַיְיהוּ, רַבִּי אֱלִיעֶזֶר סָבַר: בָּעֵינַן עַד דְּיָדַע אִי בְּשֶׁרֶץ אִיטְמֵי אִי בִּנְבֵלָה אִיטְמֵי; וְרַבִּי עֲקִיבָא סָבַר: לָא בָּעֵינַן עַד דְּיָדַע, דְּכֵיוָן דְּיָדַע דְּאִיטְמַא בְּעוֹלָם, לָא צָרִיךְ אִי בְּשֶׁרֶץ אִיטְמֵי אִי בִּנְבֵלָה אִיטְמֵי.

Hizkiyya says: There is a practical difference **between them** in a case where one initially knew that he had contracted ritual impurity, but he did not know whether the impurity was contracted from **a creeping animal or** from **the carcass of an unslaughtered animal.**[B] **Rabbi Eliezer holds** that for him to be liable to bring an offering, **we require that he** initially **know whether he contracted impurity from a creeping animal or he contracted impurity from an unslaughtered animal carcass,** and if he never knew this, he does not bring an offering. **And Rabbi Akiva holds** that for him to be liable to bring an offering, **we do not require that he know** this detail; **since he knows in general** terms **that he contracted impurity,** it is **not necessary** that one know **whether he contracted the impurity from a creeping animal or he contracted the impurity from an unslaughtered animal carcass.**

וְכֵן אָמַר עוּלָּא: שֶׁרֶץ וּנְבֵלָה אִיכָּא בֵּינַיְיהוּ. דְּעוּלָּא רָמֵי דְּרַבִּי אֱלִיעֶזֶר אַדְּרַבִּי אֱלִיעֶזֶר וּמְשַׁנֵּי; מִי אָמַר רַבִּי אֱלִיעֶזֶר: בָּעֵינַן עַד דְּיָדַע אִי בְּשֶׁרֶץ אִיטְמֵי אִי בִּנְבֵלָה אִיטְמֵי?

And Ulla also says: There is a practical difference **between them** in a case where the person did not know whether he contracted impurity from **a creeping animal or** from **the carcass of an unslaughtered animal.**[H] Ulla did not say this explicitly, but rather he **raises a contradiction** between this statement **of Rabbi Eliezer and** another statement **of Rabbi Eliezer, and** then **resolves** it. He asked: **Does Rabbi Eliezer** actually **say** that in order to be liable to bring a sliding-scale offering, **we require that** one initially **know whether he contracted impurity from a creeping animal or he contracted impurity from an unslaughtered animal carcass?**

וּרְמִינְהִי, אָמַר רַבִּי אֱלִיעֶזֶר: מַה נַּפְשָׁךְ? חֵלֶב אָכַל – חַיָּיב, נוֹתָר אָכַל – חַיָּיב! שַׁבָּת חִילֵּל – חַיָּיב, יוֹם הַכִּפּוּרִים חִילֵּל – חַיָּיב! אִשְׁתּוֹ נִדָּה בָּעַל – חַיָּיב, אֲחוֹתוֹ בָּעַל – חַיָּיב!

And he raises a contradiction from a *baraita* with regard to one who ate a forbidden food but did not know whether it was forbidden fat or it was *notar*, part of a sacrifice left over after the time allotted for its consumption; or one who performed labor but did not know whether it was Shabbat or Yom Kippur; or one who engaged in intercourse but did not know whether it was with his menstruating wife or with his sister. In all these cases Rabbi Eliezer holds that he must bring a sin-offering, whereas Rabbi Yehoshua deems him exempt. **Rabbi Eliezer says: Whichever way you** look at it, he is liable. If he **ate forbidden fat** he is **liable;** if he **ate *notar*** he is **liable.** If he **desecrated Shabbat** he is **liable;** if he **desecrated Yom Kippur** he is **liable. If he engaged in intercourse with his menstruating wife,** he is **liable;** if **he engaged in intercourse with his sister,** he is **liable.** In all these cases, he knows that he transgressed, and he is liable to bring a sin-offering.

אָמַר לוֹ רַבִּי יְהוֹשֻׁעַ, הֲרֵי הוּא אוֹמֵר: ״אוֹ הוֹדַע אֵלָיו חַטָּאתוֹ אֲשֶׁר חָטָא בָּהּ״, עַד שֶׁיִּוָּדַע לְךָ בַּמֶּה חָטָא!

Rabbi Yehoshua said to Rabbi Eliezer: The verse **states** with regard to a sin-offering: **"Or if his sin, in which he sinned, became known to him"** (Leviticus 4:23), teaching that there is no liability for an offering **until it becomes known to** the sinner the manner **in which he sinned.**[H] According to this *baraita*, Rabbi Eliezer himself holds that in order to become liable to bring a sin-offering, it is not necessary that one know precisely which prohibition he violated.

BACKGROUND

Unslaughtered animal carcass [*neveila*] – נְבֵילָה: Not all animal carcasses fall within the halakhic definition of *neveila*. Specifically, this term includes the carcasses of large mammals, whether or not they are kosher animals. Among kosher animals, a *neveila* is an animal that died of natural causes or died as a result of an improperly carried out act of ritual slaughter. An animal that was not properly slaughtered is forbidden for eating. It is a primary source of ritual impurity and renders those who touch or carry it ritually impure until nightfall. While the carcass of a kosher animal that was not properly slaughtered may not be eaten, one may derive financial benefit from it. Certain types of severe anatomical defects, e.g., a completely broken neck, place an animal in this category even while alive. Special *halakhot* of ritual impurity apply to the carcass of a kosher bird that was not properly slaughtered.

HALAKHA

There is a difference between them, a creeping animal or the carcass of an unslaughtered animal – שֶׁרֶץ וּנְבֵלָה אִיכָּא בֵּינַיְיהוּ: In a case where one contracted ritual impurity but did not know the source of his impurity, and then he forgot that he was impure and entered the Temple or partook of sacrificial food, if afterward he learned the source of his impurity, he is liable to bring a sliding-scale offering. This is in accordance with the opinions of Rabbi Akiva and Rabbi Yishmael in the mishna, as even Rabbi Akiva agrees that one is liable only if in the end he knew the precise source of his impurity (Rambam *Sefer Korbanot*, *Hilkhot Shegagot* 11:2 and *Leḥem Mishne* there).

Until it becomes known to the sinner the manner in which he sinned – עַד שֶׁיִּוָּדַע לְךָ בַּמֶּה חָטָא: If one knows that he unwittingly committed a transgression that is punishable with *karet*, but he does not know precisely which prohibition he violated, he is exempt from bringing a sin-offering, as it is stated: "His sin, in which he sinned," which indicates that he must know precisely which sin he committed. How so? If one ate a forbidden food, but did not know whether it was forbidden fat or *notar*; or if he engaged in intercourse with a woman forbidden to him, but did not know whether she was his menstruating wife or his sister; or if he performed labor on Shabbat or Yom Kippur but did not know which, he is exempt from bringing a sin-offering, in accordance with the opinion of Rabbi Yehoshua (Rambam *Sefer Korbanot*, *Hilkhot Shegagot* 2:3).

וּמְשַׁנֵּי: הָתָם "אֲשֶׁר חָטָא וְהֵבִיא" אָמַר רַחֲמָנָא – חֵטְא כׇּל שֶׁהוּא. הָכָא, מִכְּדִי כְּתִיב: "בְּכׇל דָּבָר טָמֵא", "אוֹ בְּנִבְלַת שֶׁרֶץ טָמֵא" לָמָּה לִי? שְׁמַע מִינָּהּ: בָּעֵינַן עַד דְּיָדַע אִי בְּשֶׁרֶץ אִיטַּמִּי אִי בִּנְבֵלָה אִיטַּמִּי.

And Ulla **resolves** the contradiction: **There,** with regard to liability to bring a sin-offering, **the Merciful One states:** "Or if his sin, **in which he sinned,** became known to him, **he shall bring** his offering" (Leviticus 4:23), teaching that it suffices that he knows that he committed **some** type of **sin. Here,** with regard to ritual impurity in the Temple, **since it is written** at the beginning of the verse: "Or if a person touches **any impure thing**" (Leviticus 5:2), **why do I** need that which is stated immediately afterward: **"Or the carcass of a non-kosher creeping animal"? Conclude from it** that **we require that he** initially **know whether he contracted impurity from a creeping animal or he contracted impurity from an unslaughtered animal carcass,** and if he never knew this, he does not bring an offering.

וְרַבִּי עֲקִיבָא? אַיְּידֵי

The Gemara asks: **And Rabbi Akiva,** who does not expound the verses in this way, what does he say to this? The Gemara answers: He maintains that **since**

Perek **II**
Daf **19** Amud **a**

דְּבָעֵי לְמִיכְתַּב בְּהֵמָה וְחַיָּה לְכִדְרַבִּי, כְּתִיב נָמֵי שֶׁרֶץ. כִּדְתָנָא דְּבֵי רַבִּי יִשְׁמָעֵאל: כׇּל פָּרָשָׁה שֶׁנֶּאֶמְרָה וְנִשְׁנֵית, לֹא נִשְׁנֵית אֶלָּא בִּשְׁבִיל דָּבָר שֶׁנִּתְחַדֵּשׁ בָּהּ.

the Torah **needs to write** both **"domesticated animal"** and **"undomesticated animal"** in the verse "or the carcass of a non-kosher undomesticated animal, or the carcass of a non-kosher domesticated animal" **to teach** that *halakha* **that** the school of **Rabbi** Yehuda HaNasi taught (see 7a), **"creeping animal" is also written,** even though there is no novel element taught by the addition of that term. This is **in accordance with what was taught** in **the school of Rabbi Yishmael: Every passage** in the Torah **that was stated and repeated was repeated only for the novel element introduced therein.** It is the style of the Torah to repeat an entire passage to teach even one additional *halakha*, in this case, that which was taught by Rabbi Yehuda HaNasi.

וְרַבִּי אֱלִיעֶזֶר, הַאי "בָּהּ" מַאי עָבֵיד לֵיהּ? פְּרָט לְמִתְעַסֵּק.

The Gemara asks: **And Rabbi Eliezer,** who maintains that in general it is not necessary that the unwitting transgressor know precisely which prohibition he violated, **what does he do with** the words **"in which** he sinned," the words from which Rabbi Yehoshua learned that there is no liability to bring an offering unless he knows precisely which sin he committed? The Gemara answers: According to Rabbi Eliezer, these words emphasize the fact that one is liable only when he intends to do the prohibited act, **to the exclusion of one who acts unawares**[N] and has no intention to perform the action. That is to say, if one was preoccupied with another matter and, acting unawares, he transgressed a prohibition, he is not liable to bring a sin-offering.

וְרַבִּי יוֹחָנָן אָמַר: מַשְׁמָעוּת דּוֹרְשִׁין אִיכָּא בֵּינַיְיהוּ. וְכֵן אָמַר רַב שֵׁשֶׁת: מַשְׁמָעוּת דּוֹרְשִׁין אִיכָּא בֵּינַיְיהוּ, דְּרַב שֵׁשֶׁת מַחְלִיף דְּרַבִּי אֱלִיעֶזֶר לְרַבִּי עֲקִיבָא וּדְרַבִּי עֲקִיבָא לְרַבִּי אֱלִיעֶזֶר.

Until now the Gemara has discussed Ḥizkiyya's understanding of the practical difference between the opinions of Rabbi Eliezer and Rabbi Akiva in the mishna. **And Rabbi Yoḥanan says:** There is no halakhic difference between Rabbi Eliezer and Rabbi Akiva, as they both agree that one must know the exact source of his ritual impurity. The difference **between them** is limited to **the interpretation of the meaning** of the verses, i.e., they disagree about the source in the Torah for this *halakha*. **And similarly,** it can be reasoned that **Rav Sheshet says:** The difference **between them** is limited to **the interpretation of the meaning** of the verses, **as Rav Sheshet would switch** the opinion **of Rabbi Eliezer for** that of **Rabbi Akiva and** that **of Rabbi Akiva for** that of **Rabbi Eliezer.** He was not meticulous in his attributions of the respective opinions, as he held that there is no halakhic difference between them.

NOTES

To the exclusion of one who acts unawares – פְּרָט לְמִתְעַסֵּק: Rashi explains the difference between an unwitting transgressor and one who sins unawares as follows: One who wishes to perform an act with a particular entity, be it a person or an item, but does not know or is mistaken about its halakhic status, e.g., he thought the woman was his wife and she turned out to be his sister, or he thought that the food before him was permitted fat and it turned out to be forbidden fat, is considered an unwitting transgressor. But one who intends to perform an act with a particular entity that is permitted to him, and unawares, he performs that same act with a different entity that is forbidden to him, such a person is considered one who sins unawares.

Tosafot and others note that Rashi's examples with regard to sexual intercourse and forbidden fat are not precise, as the *halakha* is that even one who engages in intercourse or eats forbidden fat unawares is liable to bring a sin-offering, because he derives pleasure from his actions. The Riaz writes that this principle with regard to sexual intercourse and forbidden fat is in accordance with the opinion of Rabbi Yehoshua, but the opinion of Rabbi Eliezer is that one who sins unawares is exempt even in those cases.

The Ri Migash offers a different definition of sinning unawares: One who intends to perform a certain act that is permitted, but ends up doing a different act that is prohibited, e.g., one who intends to pick up a certain item on Shabbat, but ends up detaching it from the ground. This is apparently the understanding of Rabbeinu Ḥananel as well.

בְּעָא מִינֵּיהּ רָבָא מֵרַב נַחְמָן: הֶעְלֵם זֶה וְזֶה בְּיָדוֹ, מַהוּ? אֲמַר לֵיהּ: הֲרֵי הֶעְלֵם טוּמְאָה בְּיָדוֹ וְחַיָּיב. אַדְּרַבָּה, הֲרֵי הֶעְלֵם מִקְדָּשׁ בְּיָדוֹ וּפָטוּר!

Rava asked Rav Naḥman: According to both Rabbi Eliezer and Rabbi Akiva, if **one had a lapse of awareness of** both **this and that,** his having contracted ritual impurity and his having entered the Temple, **what is the** *halakha*? Rav Naḥman **said to him: He has a lapse of awareness about** his **impurity,** and therefore he is **liable.** The Gemara disputes this: **On the contrary, he has a lapse of awareness about the Temple, and** he should therefore be **exempt.**[N]

אֲמַר רַב אַשִׁי: חָזֵינַן, אִי מִטּוּמְאָה קָא פָּרֵישׁ – הֲרֵי הֶעְלֵם טוּמְאָה בְּיָדוֹ וְחַיָּיב, אִי מִמִּקְדָּשׁ קָא פָּרֵישׁ – הֲרֵי הֶעְלֵם מִקְדָּשׁ בְּיָדוֹ וּפָטוּר. אֲמַר לֵיהּ רָבִינָא לְרַב אַשִׁי: כְּלוּם פָּרֵישׁ מִמִּקְדָּשׁ אֶלָּא מִשּׁוּם טוּמְאָה, כְּלוּם פָּרֵישׁ מִטּוּמְאָה אֶלָּא מִשּׁוּם מִקְדָּשׁ! אֶלָּא לָא שְׁנָא.

Rav Ashi said: We observe his behavior. **If he leaves** the Temple **because of the impurity,** i.e., when he is told that he is impure, it is clear that **the lapse of awareness** that **he had is about the impurity, and** he is **liable.** And **if he leaves because of the Temple,**[N] i.e., when he is told that he is in the Temple, then **the lapse of awareness** that **he had is about the Temple, and** he is **exempt. Ravina said to Rav Ashi:** There is no indication from here; **didn't he leave because** he became aware of the **Temple only because** he became aware also **of the impurity?** Otherwise, why would he leave the Temple? And **didn't he leave because** he became aware of the **impurity only because** he became aware also of the **Temple?** Otherwise, why would he leave the Temple? **Rather, there is no difference,** so there is no indication from here.

תָּנוּ רַבָּנַן: שְׁנֵי שְׁבִילִין אֶחָד טָמֵא וְאֶחָד טָהוֹר, וְהָלַךְ בָּרִאשׁוֹן וְלֹא נִכְנַס, בַּשֵּׁנִי וְנִכְנַס – חַיָּיב;

§ The Gemara begins a discussion about another topic related to awareness of impurity. **The Sages taught** in a *baraita*: If there were **two paths** in a certain place, **one** of them **impure,** as a corpse was buried there, **and** the other **one pure,** but it was not clear which of the two paths was impure, **and** someone **walked on the first** path **and did not** then **enter** the Temple, and then afterward he walked **on the second** path, forgot that he was ritually impure, **and entered** the Temple, he is **liable** to bring a sin-offering, since he certainly contracted impurity on one of the paths and entered the Temple in a state of impurity.

הָלַךְ בָּרִאשׁוֹן וְנִכְנַס, הִזָּה וְשָׁנָה וְטָבַל וְאַחַר כָּךְ הָלַךְ בַּשֵּׁנִי וְנִכְנַס – חַיָּיב, רַבִּי שִׁמְעוֹן פּוֹטֵר; וְרַבִּי שִׁמְעוֹן בֶּן יְהוּדָה פּוֹטֵר בְּכוּלָּן מִשּׁוּם רַבִּי שִׁמְעוֹן.

If **he walked on the first** path **and entered** the Temple, and on the third day he was **sprinkled** with waters of purification to purify him from the uncertain impurity imparted by a corpse, **and** on the seventh day he was sprinkled upon **again, and he immersed** himself in a ritual bath, thereby completing his purification, **and** then **afterward he walked on the second** path **and entered** the Temple, he is **liable** to bring a sin-offering, since one of the paths was certainly impure and he entered the Temple after having walked on it. **Rabbi Shimon deems him exempt** in this latter case, because neither time that he entered the Temple was it certain that he was impure, the first time because he might not yet have become impure, and the second time because he might already have purified himself. **And Rabbi Shimon ben Yehuda, in the name of Rabbi Shimon, deems him exempt in all of** these cases.

בְּכוּלָּן,

The Gemara asks: Does Rabbi Shimon ben Yehuda really exempt him **in all of** these cases,

NOTES

He has a lapse of awareness about the Temple and should be exempt – הֶעְלֵם מִקְדָּשׁ בְּיָדוֹ וּפָטוּר: Rabbeinu Tam, cited by *Tosafot* and other early commentaries, maintains that even according to those who hold that the person is exempt, he is exempt only from bringing a sliding-scale offering, the special offering brought in the case of impurity in the Temple. He is liable to bring a fixed sin-offering, as he transgressed a prohibition which is punishable with *karet* when violated intentionally. *Tosafot* and others understand from the Gemara's wording, and from the *halakhot* governing other offerings that are brought for atonement, that he is exempt from bringing any offering.

If he leaves because of the Temple – אִי מִמִּקְדָּשׁ קָא פָּרֵישׁ: If one is informed that he is in the Temple, and he immediately leaves, this demonstrates that he had a lapse of awareness about the Temple. If he is informed that he is impure, and he leaves, this demonstrates that he had a lapse of awareness about his impurity (Rashi). The Ritva suggests a different explanation: When people admonish him, asking him what he is doing, the nature of his lapse of awareness will become known depending on his answer, i.e., whether he asks: Was I perhaps impure, or: Did I perhaps enter the Temple.

Tosafot and others claim that the nature of his lapse of awareness cannot be determined by his reaction to the notification that he received, as it is possible that he would also have left immediately if he were told something else. Nor can it be determined, as the Ritva claims, from the words that he uttered, as perhaps he mentioned only one of the issues but had a lapse of awareness about both. Rather, Rav Ashi means to say that sometimes one's lapse of awareness can be determined through a clarification of which issue he had forgotten to a greater extent. For example, if when notified about the impurity, he would remember that he was in the Temple, but when notified that he was in the Temple, he would not remember the impurity, the lapse of awareness is about the impurity; and vice versa. *Tosafot* also offer a different explanation, that the subject of his lapse of awareness is assessed according to the last notification that he received. If ultimately they informed him that he was in the Temple and he left, it is a lapse of awareness about the Temple and he is exempt; but if he was last notified about the impurity, it is a lapse of awareness about the impurity and he is liable to bring an offering.

Perek **II**
Daf **19** Amud **b**

וַאֲפִילּוּ בְּקַמַּיְיתָא? מִמָּה נַפְשָׁךְ טָמֵא הוּא! אֲמַר רָבָא: הָכָא בְּמַאי עָסְקִינַן – כְּגוֹן שֶׁהָלַךְ בָּרִאשׁוֹן, וּבְשָׁעָה שֶׁהָלַךְ בַּשֵּׁנִי שָׁכַח שֶׁהָלַךְ בָּרִאשׁוֹן, דַּהֲוָיָא לֵיהּ מִקְצָת יְדִיעָה.

even in the first case, where he walked on both of the paths and did not purify himself in between? This is difficult, as **whichever** way **you** look at it, **he is impure,** since he certainly contracted impurity on one of the two paths. **Rava said: What are we dealing with here?** We are dealing with a case **where he walked on the first** path,[H] **and** then afterward **when he was walking on the second** path **he forgot that he had** already **walked on the first** path, **so that** his lapse of awareness when he entered the Temple **was** only a lapse of **partial awareness.** That is, when he entered the Temple he forgot only that he had walked on the first path, and for this lapse of knowledge by itself he is not liable to bring a sin-offering, as it is not certain that he contracted impurity there.

HALAKHA

A case where he walked on the first path – כְּגוֹן שֶׁהָלַךְ בָּרִאשׁוֹן: If there were two paths in a certain place, one impure and the other pure, and someone walked on one of them, and then forgot that he had done so and walked on the other one, so that he certainly contracted ritual impurity, and then he forgot that he was impure and entered the Temple or partook of sacrificial food, and then he became aware of all he had forgotten, he is liable to bring an offering, because partial awareness of definite impurity is considered complete awareness, In accordance with the opinion of the first *tanna* and the Gemara's explanation (Rambam *Sefer Korbanot*, *Hilkhot Shegagot* 11:6).

NOTES

Awareness of uncertain impurity – סְפֵק יְדִיעָה: To be precise, the case is one of definite awareness of an uncertain situation. That is to say, one knows with certainty that he walked along a certain path, but there is uncertainty as to whether or not the path is impure. Consequently, whenever he becomes aware of the situation, he has only awareness of uncertain impurity.

וּבְהָא קָא מִיפַּלְגִי, תַּנָּא קַמָּא סָבַר: אָמְרִינַן מִקְצָת יְדִיעָה כְּכׇל יְדִיעָה, וְרַבִּי שִׁמְעוֹן סָבַר: לָא אָמְרִינַן מִקְצָת יְדִיעָה כְּכׇל יְדִיעָה.

Rava continues: **And** the *tanna'im* **disagree with regard to this** issue: **The first *tanna*,** who teaches that Rabbi Shimon deems the person exempt only where there was purification between the two entries, but not in the first case, **maintains** that **we say** that **partial awareness** of definite impurity **is counted as complete awareness. And Rabbi Shimon** ben Yehuda, who teaches that Rabbi Shimon deems the person exempt even in the first case, where there was no purification between the two entries, **maintains** that **we do not say** that **partial awareness** of definite impurity **is counted as complete awareness.**

"הָלַךְ בָּרִאשׁוֹן וְנִכְנַס, הִזָּה וְשָׁנָה וְטָבַל, חָזַר וְהָלַךְ בַּשֵּׁנִי וְנִכְנַס – חַיָּיב, וְרַבִּי שִׁמְעוֹן פּוֹטֵר". וְאַמַּאי חַיָּיב? סְפֵק יְדִיעָה הוּא!

§ The *baraita* teaches: If **he walked on the first** path **and entered** the Temple, and on the third day he was **sprinkled**[H] with waters of purification, **and** on the seventh day he was sprinkled upon **again, and he immersed** himself in a ritual bath, **and** then **he walked on the second** path **and entered** the Temple, he is **liable** to bring a sin-offering; **and Rabbi Shimon deems him exempt** from bringing an offering. The Gemara asks: **But why** is he **liable** according to the first *tanna*? Each time he entered the Temple **it was** only with a lapse of **awareness of uncertain** impurity,[N] the first time because he might not yet have become impure, and the second time because he might already have purified himself.

אָמַר רַבִּי יוֹחָנָן: כָּאן עָשׂוּ סְפֵק יְדִיעָה כִּידִיעָה; וְרֵישׁ לָקִישׁ אָמַר: הָא מַנִּי? רַבִּי יִשְׁמָעֵאל הִיא, דְּאָמַר: לָא בָּעֵינַן יְדִיעָה בַּתְּחִלָּה.

Rabbi Yoḥanan says: Here, since he certainly contracted impurity on one of the paths and entered the Temple in a state of impurity, **they made awareness** of **uncertain** impurity **like awareness** of **definite** impurity. **And Reish Lakish says:** In accordance with **whose** opinion **is this? It is** in accordance with the opinion of **Rabbi Yishmael, who says: We do not require** any **awareness** of impurity whatsoever **at the beginning,** before he enters the Temple, and it suffices if it becomes known to him at the end that he had been impure at the time of his entry.

וְרָמֵי דְּרַבִּי יוֹחָנָן אַדְּרַבִּי יוֹחָנָן, וְרָמֵי דְּרֵישׁ לָקִישׁ אַדְּרֵישׁ לָקִישׁ; דְּתַנְיָא: אָכַל סְפֵק חֵלֶב וְנוֹדַע, סְפֵק חֵלֶב וְנוֹדַע – רַבִּי אוֹמֵר: כְּשֵׁם שֶׁמֵּבִיא חַטָּאת עַל כׇּל אֶחָד וְאֶחָד, כָּךְ מֵבִיא אָשָׁם תָּלוּי עַל כׇּל אֶחָד וְאֶחָד.

And the Gemara **raises a contradiction** between this statement **of Rabbi Yoḥanan and** another statement **of Rabbi Yoḥanan; and** the Gemara **raises a contradiction** between this statement **of Reish Lakish and** another statement **of Reish Lakish. As it is taught** in a *baraita*: If one **ate** an item concerning which there was **uncertainty** as to whether or not it was **forbidden fat, and** he later **became aware** of it, and then he ate some other item concerning which there was **uncertainty** as to whether or not it was **forbidden fat, and** he later **became aware** of it, **Rabbi** Yehuda HaNasi **says: Just as he would bring a sin-offering for each and every one** of his instances of consumption were he to learn that what he ate was actually forbidden fat, **so too, he brings a provisional guilt-offering,** brought by one who is uncertain as to whether he committed a transgression that requires a sin-offering, **for each and every one**[H] of his instances of consumption if after each instance he became aware that he might have eaten forbidden fat.

HALAKHA

He walked on the first path and entered and was sprinkled – הָלַךְ בָּרִאשׁוֹן וְנִכְנַס הִזָּה: If there were two paths in a certain place, one impure and the other pure, and someone walked on one of them, and then entered the Temple or partook of sacrificial food, he is exempt from bringing an offering, as there is no certainty that he ever contracted impurity. If after walking on one path he entered the Temple, and was then sprinkled with waters of purification on the third and seventh days, and he immersed in a ritual bath, and then he walked on the other path and again entered the Temple, he is liable to bring an offering, since he certainly entered the Temple in a state of impurity, either the first time or the second time. Even though each time he entered, this followed awareness of uncertain impurity, the Sages treated awareness of uncertain impurity like definite awareness. This is in accordance with the opinion of Rabbi Yoḥanan, whose opinion is upheld in cases where he and Reish Lakish disagree (Rambam *Sefer Korbanot*, *Hilkhot Shegagot* 11:7).

He brings a provisional guilt-offering for each and every one – מֵבִיא אָשָׁם תָּלוּי עַל כׇּל אֶחָד וְאֶחָד: If there were two pieces of fat before an individual, one forbidden and one permitted, and he ate one without knowing which piece was forbidden; and then afterward there were two other pieces of fat before him, one forbidden and one permitted, and he ate one without knowing which piece was forbidden, he must bring a provisional guilt-offering for each instance of consumption, since he was aware of his uncertainty in each instance. The *halakha* is in accordance with the opinion of Rabbi Yehuda HaNasi even though the Sages disagree with him, because the *amora'im* explain his opinion in detail (Rambam *Sefer Korbanot*, *Hilkhot Shegagot* 8:7 and *Kesef Mishne* there).

רַבִּי שִׁמְעוֹן בֶּן יְהוּדָה וְרַבִּי אֶלְעָזָר בְּרַבִּי שִׁמְעוֹן אָמְרוּ מִשּׁוּם רַבִּי שִׁמְעוֹן: אֵינוֹ מֵבִיא אֶלָּא אָשָׁם תָּלוּי אֶחָד, שֶׁנֶּאֱמַר: "עַל שִׁגְגָתוֹ אֲשֶׁר שָׁגָג", הַתּוֹרָה רִיבְּתָה שְׁגָגוֹת הַרְבֵּה וְאָשָׁם תָּלוּי אֶחָד;

Rabbi Shimon ben Yehuda and Rabbi Elazar, son of Rabbi Shimon, said in the name of Rabbi Shimon: He brings only one provisional guilt-offering, as it is stated with regard to a provisional guilt-offering: "He shall bring an unblemished ram ... for a guilt-offering ... to the priest; and the priest shall make atonement for him **concerning his unwitting transgression wherein he unwittingly transgressed** and knew it not" (Leviticus 5:18). This wording teaches that **the Torah included many instances of unwitting** transgressions **in one provisional guilt-offering.** One brings one provisional guilt-offering even if he had committed many unwitting transgressions.

וְאָמַר רֵישׁ לָקִישׁ, כָּאן שָׁנָה רַבִּי: יְדִיעוֹת סְפֵיקוֹת מְחַלְּקוֹת לְחַטָּאוֹת.

Reish Lakish and Rabbi Yoḥanan disagree about how to understand the opinion of Rabbi Yehuda HaNasi: With regard to which case did he say that one brings a separate sin-offering for each and every one of his instances of consumption? **And Reish Lakish says: Here Rabbi** Yehuda HaNasi **taught** that **awareness** of the **uncertain** status **separates** the acts **with regard to sin-offerings.** If it later became known with certainty that he had actually eaten forbidden fat both times, he would be liable to bring two sin-offerings for the two instances of consumption, despite the fact that the two actions were separated only by awareness of the uncertain status, because such awareness is sufficient to separate the two acts.

וְרַבִּי יוֹחָנָן אָמַר: כְּשֵׁם שֶׁיְּדִיעוֹת וַדַּאי בְּעָלְמָא מְחַלְּקוֹת לְחַטָּאוֹת, כָּךְ יְדִיעוֹת סָפֵק מְחַלְּקוֹת לַאֲשָׁמוֹת;

And Rabbi Yoḥanan says: Rabbi Yehuda HaNasi does not mean to say that awareness of the uncertain status separates the acts with regard to sin-offerings. He merely established the principle: **Just as definite awareness in general separates** the acts **with regard to sin-offerings,**[H] e.g., where one ate forbidden fat and then became aware that it was definitely forbidden fat that he had eaten, and then he forgot and once again ate forbidden fat, **so** too, **awareness** of the **uncertain** status **separates** the acts **with regard to provisional guilt-offerings.** But awareness of the uncertain status does not separate the acts with regard to sin-offerings. If the awareness between the acts was only awareness of the uncertain status, he does not bring a sin-offering for each act when he later learns with certainty that it was forbidden fat that he had eaten. Evidently, Rabbi Yoḥanan maintains that awareness of the uncertain status is not like definite awareness, and Reish Lakish maintains that it is like definite awareness. This contradicts what they said above.

בִּשְׁלָמָא דְּרַבִּי יוֹחָנָן אַדְּרַבִּי יוֹחָנָן לָא קַשְׁיָא: כָּאן עָשׂוּ, וְלֹא בְּכָל הַתּוֹרָה כּוּלָּהּ עָשׂוּ; הָכָא הוּא דְּלָא כְּתִיבָא יְדִיעָה בְּהֶדְיָא – מִ"וְנֶעְלַם" הוּא דְּקָא אָתֵי, וְלָא בְּכָל הַתּוֹרָה כּוּלָּהּ עָשׂוּ – דִּכְתִיב "אוֹ הוֹדַע אֵלָיו", יְדִיעָה מְעַלַּיְיתָא בָּעֵינַן;

The Gemara comments: **Granted,** the apparent contradiction between one statement **of Rabbi Yoḥanan and** the other statement **of Rabbi Yoḥanan is not difficult,** as one can explain that Rabbi Yoḥanan is precise in his wording, as he says: **Here,** with regard to impurity in the Temple, **they made** awareness of the uncertain status like definite awareness; **but they did not do** so **everywhere in the entire Torah.** There is a basis for this distinction, as **here,** with regard to impurity in the Temple, **awareness** at the beginning **is not written explicitly** in the Torah, but rather **it is derived from: "And it is hidden** from him" (Leviticus 5:2),[N] which indicates that there must be some awareness that became hidden from him, and for this, awareness of the uncertain status suffices. **But** by contrast, **they did not make** awareness of the uncertain status like definite awareness **everywhere in the entire Torah, as it is written: "Or** if his sin, which he has sinned, **becomes known to him"** (Leviticus 4:28), which indicates that in general **we require full-fledged awareness** at the beginning.

NOTES

It is derived from, and it is hidden from him – מִ״וְנֶעְלַם״ הוּא דְּקָא אָתֵי: The fact that the verse states: "And it is hidden from him," indicates that at some point he had awareness. This is not explicitly stated in the verse, but understood from the context. Therefore, one can say that even awareness of uncertain status should be considered awareness with regard to impurity in the Temple.

HALAKHA

Just as definite awareness in general separates the acts with regard to sin-offerings – כְּשֵׁם שֶׁיְּדִיעוֹת וַדַּאי בְּעָלְמָא מְחַלְּקוֹת לְחַטָּאוֹת: Just as definite awareness separates two prohibited actions with regard to liability to bring a sin-offering, so too, awareness of uncertain status separates those actions with regard to liability to bring a provisional guilt-offering. Therefore, if one ate five olive-bulks of forbidden fat in one lapse of awareness, and then became aware that he might have sinned with regard to one of them, and later he became aware that he might have sinned with regard to a second one, and then with regard to the rest, he is liable to bring a provisional guilt-offering for each one of them (Rambam *Sefer Korbanot, Hilkhot Shegagot* 8:8).

אֶלָּא לְרֵישׁ לָקִישׁ, אַדְּמוֹקִים לֵיהּ כְּרַבִּי יִשְׁמָעֵאל, נוֹקְמָהּ כְּרַבִּי! הָא קָא מַשְׁמַע לַן, דְּרַבִּי יִשְׁמָעֵאל לָא בָּעֵי יְדִיעָה בַּתְּחִלָּה.

But as for **Reish Lakish, rather than interpreting** this *baraita* concerning the two paths **in accordance with** the opinion of **Rabbi Yishmael,** who does not require any awareness whatsoever at the beginning, **let him interpret it in accordance with** the opinion of **Rabbi** Yehuda HaNasi, who holds that awareness of the uncertain status is like definite awareness. The Gemara explains: Reish Lakish **teaches us this: That** with regard to impurity in the Temple, **Rabbi Yishmael does not require** any **awareness at the beginning.**

פְּשִׁיטָא דְּלָא בָּעֵי, מִדְּלָא מְיַיתְּרֵי לֵיהּ קְרָאֵי "וְנֶעְלַם", דְּמִיחַיַּיב עַל הֶעְלֵם מִקְדָּשׁ! מַהוּ דְּתֵימָא: כִּי לֵית לֵיהּ – מִקְּרָאֵי, אֲבָל מִגְּמָרָא אִית לֵיהּ, קָא מַשְׁמַע לַן.

The Gemara challenges: It is **obvious that** Rabbi Yishmael **does not require** awareness at the beginning, **since he has no superfluous verses** from which to derive such a requirement. Rabbi Akiva learns from the superfluous phrase: **"And it is hidden** from him" (Leviticus 5:4), that awareness at the beginning is necessary, but Rabbi Yishmael says the verse serves to teach another *halakha*, **that one is liable** to bring an offering **for a lapse of awareness** that he was entering **the Temple.** The Gemara rejects this challenge: **Lest you say: When** Rabbi Yishmael **does not accept** this *halakha* requiring awareness at the beginning, it means that he does not derive it **from a verse, but he accepts** it **as a tradition;** to counter this, Reish Lakish **teaches us** that according to Rabbi Yishmael there is no requirement whatsoever for awareness at the beginning.

הדרן עליך ידיעות הטומאה

Summary of **Perek II**

The precise wording used by the Torah teaches that one is liable to bring an offering for unwittingly entering the Temple in a state of ritual impurity or unwittingly partaking of sacrificial foods in a state of ritual impurity, only if initially he was aware of the basic components of the prohibition, and afterward he forgot them, and in the end he was notified about what he had done. His initial awareness need not include the finer details, e.g., the source of his ritual impurity or its measure, but he must have basic knowledge that he was impure.

It is accepted as *halakha* that this unwitting transgression can involve one of two lapses of awareness: A lapse of awareness with regard to the ritual impurity, i.e., one forgot that he had contracted impurity, or a lapse of awareness with regard to the Temple or the sacrificial food, i.e., he forgot that he was entering the Temple or partaking of sacrificial food. If one forgets either or both of these, enters the Temple or partakes of sacrificial food in a state of impurity, and then becomes aware of what he has done, he is liable to bring a sliding-scale offering for his unwitting transgression. If he acted intentionally, he is liable to receive *karet*. If there were witnesses to his transgression, and they had forewarned him, he is liable to receive lashes and is exempt from *karet*.

Two questions remained unresolved: Does a lapse of awareness with regard to ritual impurity also include a lapse of awareness with regard to the *halakhot* of impurity? And is a lapse of awareness with regard to the location of the Temple considered a lapse of awareness for which one is liable?

As one who enters the Temple in a state of ritual impurity is liable to bring an offering, it was necessary to clarify the physical boundaries of the Temple. It was ruled that the area of the Temple includes the Temple courtyard, both the original area of it, and the area that was later added to it. When adding to a consecrated area, i.e., to the city limits of Jerusalem or to the Temple, a special procedure, which involves a king, a prophet, the *Urim VeTummim*, the Sanhedrin, and two thanks-offerings, must be followed. The addition to the Temple is done not with two thanks-offerings but with the remainder of a meal-offering. Any area that was not consecrated in this manner does not assume the full sanctity of the original area being added to.

With regard to one who became impure in the Temple courtyard itself and forgot about this, if he bowed or tarried in the courtyard longer than the time it takes to leave the Temple by the shortest route, he is liable to bring an offering. He is liable both for the violation of the prohibition against entering the Temple in a state of

impurity, and for the violation of the positive mitzva to leave the Temple, which is incumbent upon one who is impure.

A similar *halakha,* although it works in the opposite direction, relates to a man who was engaging in intercourse with a woman who was ritually pure, and in the course of their act of intercourse she informed him that she was experiencing menstrual bleeding. In such a case it is prohibited for him to immediately withdraw; rather, he must wait until he has lost his erection and only then withdraw. If he withdraws immediately, he transgresses both a positive mitzva and a prohibition.

Image **Credits**

My Notes

My Notes

My Notes

My Notes

My Notes

My Notes